Seymour M. Hersh

# Kennedy. Das Ende einer Legende

Aus dem Amerikanischen von Markus Schurr,
Heike Schlatterer und Norbert Juraschitz

Hoffmann und Campe

Die Originalausgabe erschien 1996 unter dem Titel *The Dark Side of Camelot*
im Verlag Little, Brown and Company, New York.

Der Text wurde für die deutsche Fassung
mit Zustimmung des Autors leicht gekürzt.

Die Deutsche Bibliothek – CIP-Einheitsaufnahme
Hersh, Seymour M.:
Kennedy : das Ende einer Legende / Seymour Hersh. Aus dem
Amerikan. von Büro Mihr. – 1. Aufl. – Hamburg : Hoffmann und
Campe, 1998
Einheitssacht.: The Dark Side of Camelot ⟨dt.⟩
ISBN 3-455-11257-9

Schutzumschlaggestaltung: Thomas Bonnie
Foto: Association Press
Satz: Dörlemann Satz, Lemförde
Druck und Bindung: Graphischer Großbetrieb Pößneck
Printed in Germany

Für Elizabeth, Matthew, Melissa und Joshua

# Inhalt

Vorbemerkung 9

1 22. November 11

2 Jack 26

3 Honey Fitz 49

4 Joe 56

5 Der Botschafter 67

6 Konflikt mit Roosevelt 80

7 Nominierung zu kaufen 94

8 Kandidatur in Gefahr 108

9 Lyndon B. Johnson 125

10 Der Wahlbetrug 134

11 Wahlkampfgeheimnisse 160

12 Nixon in der Falle 175

13 Executive Action 189

14 Die Schweinebucht 208

15 Geheime Dienste 229

16 Die Berlinkrise 255

17 Zielscheibe Castro 279

18 Judy 304

19 Erste Ehe     336

20 Die Kubakrise     353

21 Täuschungsmanöver     386

22 Ellen     401

23 Vietnam     428

24 Die letzten Tage     456

25 Epilog     470

Danksagung     478

Anmerkungen     480

Register     498

# Vorbemerkung

Dieses Buch handelt nicht von John Kennedys persönlichen Sternstunden und seinen politischen Glanzleistungen. Ebensowenig geht es um den schrecklichen Moment seiner Ermordung und deren Hintergründe.

John Kennedys politisches wie privates Leben hatte viele Höhepunkte. Die Aura von Geist und Glamour, die ihn umgab, und seine echten und vermeintlichen Erfolge in der Außen- und Innenpolitik verschmolzen nach seinem Tode zum Mythos von Camelot – in Anspielung auf die legendäre Tafelrunde des König Artus. Doch es gab auch eine dunkle Seite bei Camelot und bei John Kennedy.

Als ich die Arbeit an diesem Buch begann, war mir klar, daß ich zwangsläufig in einen sensiblen Bereich vorstoßen würde: Wann wird es nötig, über das Privatleben eines Mannes zu schreiben, der im Rampenlicht der Öffentlichkeit stand? Fünf Jahre Recherche und mehr als tausend Interviews mit Menschen, die John F. Kennedy kannten und mit ihm arbeiteten, haben im wesentlichen zu der Erkenntnis geführt, daß Kennedys Privatleben und persönliche Obsessionen – sein Charakter – die Staatsgeschäfte und die Außenpolitik sehr viel stärker beeinflußten als bislang bekannt war.

Dieses Buch handelt von einem Mann, dessen charakterliche Schwächen seine Fähigkeit einschränkten, die Pflichten des Präsidentenamtes zu erfüllen. Das Buch handelt auch von der Macht des Schönen. Es erzählt von ansonsten starken und selbstbewußten Männern und Frauen, die Kennedys magnetischer Anziehung

9

und seinen Verführungskünsten erlagen. Sie wetteiferten darum, dem charismatischsten Führer in der Geschichte Amerikas gefällig zu sein. Viele sind noch heute verblendet.

Mit diesem Buch hoffe ich, einen Beitrag zu leisten, damit die Nation einen Teil ihrer Geschichte wieder für sich beanspruchen kann.

Seymour M. Hersh
Oktober 1997

# 1

# 22. November

Es war Amerikas schwärzester Freitag.

Um 12.30 Uhr am 22. November 1963 wurde Präsident John F. Kennedy in Dallas auf offener Straße niedergeschossen. Vizepräsident Lyndon B. Johnson, der den Präsidenten nach Dallas begleitet hatte, eilte sofort zur Präsidentenmaschine *Air Force One* und wurde dort vereidigt; an seiner Seite die Witwe Jack Kennedys in blutbefleckten Kleidern. Die Maschine hob ab und ließ das mörderische Texas hinter sich, um in die Sicherheit Washingtons zurückzukehren.

Als die *Air Force One* endlich in der Luft war, lösten sich einige der verantwortlichen Militärs und Sicherheitsleute von ihrer Wut und Verzweiflung und begannen, die nötigen Fragen zu stellen. War Jack Kennedys Tod der erste Schachzug einer internationalen Verschwörung? War Lyndon B. Johnson das nächste Ziel? Diese Sorgen teilte man auch in Washington, wo die Bürokratie sich langsam auf den nächsten Präsidenten einzustellen begann.

Doch vor allem der Mann, der John F. Kennedy am nächsten stand, mußte seine Trauer verdrängen und sich sofort daran machen, jeden Hinweis auf Kennedys Geheimnisse vor der Nation zu verbergen – auch vor dem neuen Präsidenten, der womöglich bereits am frühen Abend seinen Platz im Oval Office einnehmen würde. Als die Nachricht vom Attentat auf seinen Bruder eintraf, saß Justizminister Robert F. Kennedy, der zweitmächtigste Mann in Washington, zu Hause in Hickory Hill in einem Vorort in Virginia beim Mittagessen mit Muschelsuppe und Thunfisch-Sandwiches. Bei ihm war neben einigen anderen Personen auch

Robert Morgenthau, der Bundesanwalt für den südlichen Bezirk New York.*

In diesen ersten Stunden des Schreckens wurde der bemerkenswerte jüngere Bruder des Präsidenten seinem Ruf als harter Pragmatiker gerecht. Er benachrichtigte die Familienmitglieder, sorgte sich um die Überführung der Leiche, beantwortete rechtliche Fragen des neuen Präsidenten und tat, wie es schien, was zu tun war. Für Trauer blieb später noch Zeit. Nun war ein Staatsbegräbnis vorzubereiten, die Witwe und die Kinder des Präsidenten mußten getröstet werden. Eines der vielen Telefongespräche führte Kennedy an diesem frühen Nachmittag mit McGeorge Bundy, Präsident Kennedys Sicherheitsberater. Bundy erhielt die Anweisung, Jack Kennedys Unterlagen zu sichern. Nach Rücksprache mit dem Außenministerium gab er den Auftrag, die Kombinationen der Schlösser an den Aktenschränken mit den vertraulichen Unterlagen des Präsidenten sofort zu ändern – bevor Lyndon Johnsons Leute anfangen konnten, darin herumzuwühlen.

Bobby Kennedy wußte, daß die im Weißen Haus aufbewahrten Akten seines Bruders, sollten sie an die Öffentlichkeit gelangen, den Ruf Jack Kennedys als Präsident und seinen eigenen als Justizminister für alle Zeit ruinieren würden. Er hatte fast drei Jahre in einer verzwickten Situation zugebracht: als Wächter über die Landesgesetze, geheimer Strippenzieher seines Bruders bei Krisen im Ausland und persönlicher Wachhund für einen älteren Bruder, der sich privaten Exzessen überließ und äußerst leichtsinnig verhielt.

Als sie mit Gerüchten über eine erste Heirat Jack Kennedys mit einer gewissen Durie Malcolm aus der gehobenen Gesellschaft von Palm Beach konfrontiert wurden, belogen die beiden Brüder Journalisten und Öffentlichkeit gleichermaßen. Im Jahr 1947 waren Kennedy, damals zum ersten Mal Kongreßabgeordneter, und

---

* Robert Kennedy hatte vorgehabt, Morgenthau an diesem Nachmittag darüber zu informieren, daß er von seinem Kabinettsposten zurücktreten wolle und für die Position des Justizministers ihn, Morgenthau, als Nachfolger vorschlagen werde. Morgenthau erfuhr davon erst, als er für das vorliegende Buch interviewt wurde. Joseph F. Dolan, einer von Kennedys Vertrauten im Justizministerium, äußerte in einem ebenfalls für dieses Buch geführten Interview, Kennedy habe geplant, für seinen Bruder den Wahlkampf 1964 zu organisieren.

Malcolm in einer frühmorgendlichen Zeremonie in Palm Beach getraut worden. Bei einem Interview für dieses Buch brach Chris Spalding, einer von Kennedys ältesten Freunden, fünf Jahrzehnte des Schweigens von Familie und Freunden und bestätigte, daß er von der Heirat wußte. »Ich erinnere mich, wie ich zur Zeit der Heirat zu Jack sagte: ›Du mußt verrückt sein. Du willst Präsident werden und treibst Dich herum und heiratest.‹« Die Ehe hielt nicht lange. Spalding fügte hinzu, daß er und ein Anwalt vor Ort einige Tage später das Gerichtsgebäude von Palm Beach aufsuchten und alle Heiratsunterlagen beseitigten. »Jack hatte mich gefragt«, erinnerte sich Spalding, »ob ich nicht die Papiere holen könnte.« Die Recherchen für das vorliegende Buch ergaben keine Anhaltspunkte für eine Scheidung.

Die Unterlagen des Präsidenten hätten enthüllt, daß Jack und Bobby Kennedy über Pläne des CIA zur Ermordung des kubanischen Ministerpräsidenten Fidel Castro mehr als nur informiert waren: Sie waren die treibenden Kräfte. Die Vorstellung, Castro ermorden zu lassen, wurde zu einer Obsession des Präsidenten, nachdem im April 1961 die Invasion in der Schweinebucht kläglich gescheitert war. Und eine Obsession blieb sie bis zum Ende. In den Akten des Weißen Hauses tauchten auch drei ausländische Regierungschefs auf, die im Verlauf der tausend Tage während Präsidentschaft Kennedys ermordet worden waren: Patrice Lumumba (Kongo), Rafael Trujillo (Dominikanische Republik) und Ngo Dinh Diem (Südvietnam). Schon vor seinem Amtsantritt am 20. Januar 1961 wußte Jack Kennedy von den Mordplänen des CIA gegen Lumumba und Trujillo und billigte sie. Sehr viel aktiver war er im Herbst 1963, als ein brutaler Staatsstreich in Saigon zur Ermordung Diems führte. Zwei Monate vor der Aktion rief Kennedy den Luftwaffengeneral Edward G. Lansdale zu sich. Lansdale, ein ehemaliger CIA-Agent, war an dem Mordkomplott der Regierung gegen Fidel Castro beteiligt gewesen. Kennedy fragte ihn, ob er nach Saigon zurückkehren und zur Verfügung stehen würde, falls der Präsident entscheiden sollte, Diem »loszuwerden«. Lansdale erwiderte: »Mr. President, das könnte ich nicht.« Die Verschwörung nahm ihren Lauf. Bis zur Veröffentlichung dieses Buches drang nichts davon an die Öffentlichkeit, und auch der damalige Vizepräsident Lyndon Johnson war nicht eingeweiht.

Der Vizepräsident wußte auch nicht, daß Jack Kennedys bejubelter Triumph in der kubanischen Raketenkrise Oktober 1962 alles andere als ein Sieg war. Einige Tage lang hatte die Welt am Rande einer nuklearen Katastrophe geschwebt. Die Weltöffentlichkeit erfuhr, daß der Präsident der sowjetischen Drohung nicht nachgegeben und Ministerpräsident Nikita Chruschtschow zum Einlenken gezwungen habe. Nur wenig davon entsprach der Wahrheit, wie Bobby Kennedy sehr wohl wußte. Die Brüder waren sich darüber im klaren, daß ihre politische Zukunft auf dem Spiel stand, und darum war ihnen nichts anderes übriggeblieben, als mit den Sowjets in letzter Minute einen Kompromiß auszuhandeln. Die tatsächliche Vereinbarung – und die wahre Bedeutung der Raketenkrise – blieb für mehr als fünfundzwanzig Jahre ein Staatsgeheimnis.

Bobby Kennedy mußte noch mehr Geheimnisse verbergen.

In den letzten Monaten der Eisenhower-Regierung war mit Senator Jack Kennedys Wissen ein berüchtigter Mafioso aus Chicago namens Sam Giancana für die Pläne zur Ermordung Castros ins Spiel gebracht worden. Doch Giancana war nicht nur einer von mehreren Gangstern, die der Regierung einen Gefallen tun sollten und im Gegenzug eine Gefälligkeit erwarteten. Giancana und seine Kumpane, eines der mächtigsten Verbrechersyndikate der Vereinigten Staaten, waren im Namen Kennedys schon für den Präsidentschaftswahlkampf 1960 gegen den Republikaner Richard Nixon angeheuert worden. Sie hatten für Geld und die Unterstützung der Gewerkschaften gesorgt. Mit Hilfe der Mafiosi gewann Kennedy in Illinois und in mindestens vier weiteren Bundesstaaten, wo er nur einen geringen Stimmenvorsprung hatte. Den Kontakt zu Giancana hatten Frank Sinatra, der den Gangstern und der Kennedy-Familie nahestand, und ein bekannter Richter aus Chicago eingefädelt. Der Richter hatte, was bis heute nicht bekannt war, ein Treffen zwischen dem Gangster und Jack Kennedys millionenschwerem Vater, dem noch immer brennend ehrgeizigen Joseph P. Kennedy, vermittelt. Das Treffen fand im Winter vor der Wahl im Amtszimmer des Richters statt. Einige

Monate nach der Wahl wurden Bobby Kennedys Justizministerium Behauptungen über einen Wahlbetrug in Illinois zugetragen – doch es geschah nichts. Der Sieg in der Präsidentschaftswahl 1960 war ein Schwindel.

Wie Bobby Kennedy wußte, teilten Präsident Kennedy und Sam Giancana nicht nur das Wissen um eine erschlichene Wahl und ein Mordkomplott. Sie teilten auch die Bekanntschaft einer geschiedenen Frau aus Los Angeles: Judith Campbell Exner. Exner und Kennedy lernten sich Anfang 1960 kennen. Interviews für dieses Buch haben ihre Behauptung gestützt, daß sie mehr gewesen sei als nur eine Bettgespielin des Präsidenten. Vielmehr überbrachte sie Dokumente von Jack und Bobby Kennedy an Giancana und seine Leute sowie mindestens zwei Taschen voller Bargeld. Auf einer Zugreise von Washington nach Chicago wurde sie von einem Mitarbeiter des Präsidenten beschattet. Dieser Mann, Martin E. Underwood, erklärte in einem 1996 geführten Interview, er sei von Kenneth O'Donnell, Jack Kennedys engem Berater, in den Zug beordert worden. »Kenny war der Meinung, es wäre eine gute Idee, mit dem Zug nach Chicago zu fahren«, erzählte mir Underwood. »Ich sagte zu ihm: ›Welcher Zug?‹ Und es war derselbe Zug, den Judy nahm.« Er habe beobachtet, wie Exner in Chicago ausgestiegen sei und dem wartenden Sam Giancana eine Tasche übergeben habe. In mehreren Interviews erzählte Exner außerdem, daß sie dem Präsidenten große Mengen Bargeld von kalifornischen Geschäftsleuten überbracht habe, die an Ausschreibungen für Bundesaufträge teilnahmen.

Kennedys persönliche Unterlagen enthielten weitere Anhaltspunkte für Korruptionsfälle. Als der Präsidentschaftswahlkampf 1964 näherrückte, bekam Kennedy von Charles Bartlett, einem Journalisten und guten Freund, den Hinweis, daß Wahlkampfgelder in die Taschen seiner Helfer flössen. »Es werden keine Bücher geführt«, schrieb Bartlett dem Präsidenten im Juli 1963, »alles geht bar über den Tisch, und es sieht nach einer reichen Ernte aus. ... Ich fürchte, die Sache wird dir über den Kopf wachsen, wenn du dich nicht persönlich darum kümmerst.«

Eigene Nachforschungen überzeugten Robert Kennedy, daß es für Bartletts Behauptungen Beweise gab: Ein Vertrauensmann des Justizministers hatte eidesstattliche Erklärungen zusammengestellt, denen zufolge von Wahlkampfspenden für JFKs Wiederwahl einiges zu persönlichen Zwecken abgezweigt worden war. Bartletts Briefe durften Lyndon Johnson nicht in die Hände fallen.

Noch eine Art von Dokumenten mußte beseitigt werden: Unterlagen über Jack Kennedys Gesundheitszustand. Während seiner gesamten politischen Laufbahn hatte Kennedy über seinen Gesundheitszustand die Unwahrheit gesagt und immer wieder bestritten, daß er an der Addison-Krankheit litt. Tatsächlich wußten er und seine Ärzte, daß die Erkrankung, die die Abwehrkräfte des Körpers gegen Infektionen schwächt, durch Cortison erfolgreich unter Kontrolle gehalten wurde – und das seit Ende der vierziger Jahre. Politisch weitaus brisanter war die Tatsache, daß der Präsident mehr als dreißig Jahre lang an einer Geschlechtskrankheit litt, wiederholt mit hohen Dosen von Antibiotika behandelt worden war und sich wegen seiner fortgesetzten sexuellen Aktivitäten ebenfalls wiederholt neu angesteckt hatte. Diese Unterlagen blieben in den nächsten dreißig Jahre vor der Öffentlichkeit verborgen. Es haben sich keine Anhaltspunkte ergeben, daß Kennedy irgendeiner seiner vielen Partnerinnen davon erzählt hätte. Kennedy konsumierte außerdem während seiner Amtszeit reichlich Mittel, die euphemistisch als »Muntermacher« bezeichnet wurden: hochdosierte Amphetamine. Der New Yorker Arzt Dr. Max Jacobsen, der die Injektionen verabreichte, war ein häufiger Gast im Weißen Haus und begleitete den Präsidenten auf vielen Auslandsreisen; sein Name fand sich durchgehend in den offiziellen Aufzeichnungen. Jacobson und seine Injektionen waren die Ursache für ständige Konflikte zwischen den persönlichen Beratern des Präsidenten und einigen Mitgliedern seiner Geheimdienstabteilung, die beharrlich versuchten, den Arzt und seine Amphetamine vom Weißen Haus fernzuhalten. 1975 wurde Jacobson die ärztliche Zulassung entzogen.

Jack und Bobby Kennedy waren rücksichtsloser, als ihre glühendsten Anhänger es sich vorstellen konnten. Unbeirrt schienen sie durch Jack Kennedys drei Jahre währende Präsidentschaft zu gleiten, die von ständigen innen- und außenpolitischen Krisen geprägt war. Doch in Wirklichkeit lebten und arbeiteten sie am Rande eines Abgrunds. Die Brüder wußten – ganz im Gegensatz zur Öffentlichkeit –, daß nur eine Zeitungsmeldung ausreichen würde, um einen riesigen politischen Skandal auszulösen.

Wie man Informationen verschweigt und seine Machenschaften ungerührt fortsetzt, hatten die Kennedy-Brüder von ihrem Vater gelernt, einem erfolgreichen Geschäftsmann und umstrittenen Politiker, der verschleierte, wie groß sein Vermögen war und wie es zustande kam. Gelernt hatten Jack und Bobby Kennedy auch vom Großvater mütterlicherseits, John Francis »Honey Fitz« Fitzgerald, einem korrupten Bostoner Politiker, der die unangenehmen Tatsachen seines öffentlichen Lebens einfach ignorierte. Und sie hatten vom Vater und Großvater gelernt, daß sie als Kennedys Freiheiten genießen konnten, die anderen Menschen verwehrt waren. Um die Konsequenzen ihres Tuns sollten sich andere Sorgen machen.

Der wichtigste Gegenspieler der Familie war J. Edgar Hoover, Direktor des FBI, des Federal Bureau of Investigation. Er wußte von den dunkelsten Geheimnissen der Kennedys, so auch von der Heirat mit Durie Malcolm. Hoover brannte darauf, dieses Wissen zu seinem Vorteil zu nutzen, davon waren die Kennedys überzeugt. Hoovers Biographen haben detailliert und überzeugend beschrieben, wie er brisante politische und private Informationen über die Männer im Weißen Haus zusammenzutragen und die Informationen als Waffe einzusetzen verstand. Der unnachgiebige FBI-Direktor sammelte seit den frühen vierziger Jahren Material über die Kennedys, den Vater wie die Söhne, und war entsetzt von ihren Ausschweifungen im Privatleben und in der Öffentlichkeit. Den Kennedys war jedoch klar, daß Hoover trotz seiner moralischen Bedenken fest an die Institution des Präsidentenamtes glaubte und daß man in kritischen Augenblicken auf ihn zählen konnte, selbst dann, wenn zornige Frauen nach einer Möglichkeit suchten, dem Präsidenten Ärger zu bereiten.

Hoovers erneute Berufung an die Spitze des FBI war Jack Kennedys erste Ankündigung als gewählter Präsident.

Die peinlichen Akten über Jack Kennedy waren nicht das einzige Material, das am 22. November aus dem Weißen Haus fortgeschafft wurde. Die Präsidentenmaschine *Air Force One* befand sich noch in der Luft, als ein hochrangiger Agent des Secret Service namens Robert I. Bouck begann, ein weiteres dunkles Geheimnis der Kennedy-Brüder zu beseitigen: die Tandberg-Bandaufzeichnungsgeräte im Oval Office, im Cabinet Room und in den Wohnräumen des Präsidenten im ersten Stock des Weißen Hauses. Daneben gab es noch ein Dictabelt-Aufzeichnungsgerät, das für die Telefonleitungen im Büro des Präsidenten und das Schlafzimmer im Obergeschoß verwendet wurde. Im Sommer 1962 hatte Kennedy Bouck kommen lassen und ihn angewiesen, die Geräte anzubringen, auch für den Wechsel der Bänder sollte Bouck zuständig sein. Offenbar erzählte Bouck nur zwei Personen von der Anlage: seinem unmittelbaren Vorgesetzten James J. Rowley, dem Chef des Secret Service, und einem Untergebenen, der ihm half, die Geräte zu überwachen. Nach Boucks Kenntnis wußten zu Lebzeiten von JFK nur zwei weitere Personen von der Abhöreinrichtung: Bobby Kennedy und Evelyn Lincoln, die langjährige Privatsekretärin des Präsidenten.

Der scheinbar so offene und freimütige junge Präsident konnte die Aufzeichnungsanlage einschalten, wann immer er wollte. Er bediente sie mittels einer Reihe versteckter Schalter, die Bouck im Oval Office und an seinem Schreibtisch angebracht hatte. »Der Schreibtisch hatte eine Halterung mit zwei oder drei Füllfederhaltern und eine Ablage für Büroklammern«, sagte Bouck in einem 1995 für dieses Buch geführten Interview. »Ich präparierte eine der Öffnungen für die Füllfederhalter so, daß er einen goldenen Knopf berühren – die Vorrichtung war sehr empfindlich – und es [das Tonbandgerät] in Gang setzen konnte.« Ein anderer versteckter Schalter war in einer Bücherstütze plaziert, die der Präsident unauffällig erreichen konnte, während er in seinem Sessel saß. »Er mußte sich nur dagegenlehnen«, erzählte mir Bouck. Ein dritter Schalter lag versteckt auf einem kleinen Tisch vor dem Schreibtisch des Oval Office, wo Kennedy oft mit Beratern und Besuchern zusammentraf. (Bouck sagte über den Schalter auf der Tischplatte nur, daß er »unter etwas angebracht war, das aller Wahrscheinlichkeit nach nicht weggenommen wurde«.) Mikrofone waren auch in der Wand des Kabinettzimmers und auf dem Schreib- und Kaffeetisch im Arbeitszimmer des Präsidenten versteckt. In den privaten Wohnräumen habe Kennedy die Geräte nur wenig benutzt, erzählte Bouck. Der Präsident konnte Telefongespräche aufzeichnen, wenn er einen Schalter auf dem Schreibtisch betätigte. Der Schalter ließ eine Lampe in Evelyn Lincolns Büro aufleuchten, das Signal für die Sekretärin, die Dictabelt-Anlage einzuschalten. In den sechzehn Monaten, solange die Aufzeichnungsanlage in Betrieb war, wurden Bouck zufolge »mindestens zweihundert« Tonbandspulen aufgenommen. »Mir sagten sie nicht, wozu sie die Bänder brauchten«, so Bouck, »und ich bekam auch nie eines der bespielten Bänder in die Hand.«

Bouck hatte keine Skrupel, als er das Arbeitszimmer des neuen Präsidenten Lyndon Johnson auf den Kopf stellte. Jack Kennedy zuliebe schaffte er die Bänder und das Aufzeichnungssystem beseite »Ich wollte nicht, daß Lyndon Johnson sich die Bänder anhörte.« Die Anlage war innerhalb weniger Stunden demontiert, genauso wie die Tonbandspulen mit den Aufzeichnungen aus dem Oval Office und dem Kabinettzimmer.*

Am späten Nachmittag des 22. November fanden sich immer mehr Menschen in Hickory Hill ein. Freunde der Familie, Nachbarn und Berater aus dem Justizministerium machten sich auf den Weg zum Justizminister, als würde sie eine Art Überlebensinstinkt dorthin ziehen. Umgeben von mitfühlenden Trauergästen, fand Robert Kennedy noch immer Zeit, insgeheim seine Fäden zu ziehen. Nun ließ er kurz die Notwendigkeit außer acht, seinen Bruder zu schützen, und versuchte herauszufinden, wer ihn erschossen haben könnte. Sein erster Verdacht fiel auf Sam Giancana, den geheimen Helfer der Kennedy-Familie bei der Wahl 1960 und in Kuba. Das

---

* Die Bandaufzeichnungen verblieben bis Mai 1976 in der Verfügungsgewalt der Familie Kennedy, dann wurden sie der John F. Kennedy Library in Boston übergeben. In einem 1985 veröffentlichten Bericht räumte ein Sprecher der Library ein, daß sich »unmöglich mit Sicherheit feststellen« lasse, wieviel vor 1975 aus der Sammlung »entfernt« worden sein könnte: »Daß zumindest einige Teile gelöscht wurden, steht außer Zweifel.« Einige Dictabelt-Bänder mit Telefongesprächen wurden nach dem Tod von Evelyn Lincoln 1995 unter ihren Hinterlassenschaften gefunden.

FBI hatte bei seinen Abhöraktionen aufgezeichnet, daß sich Giancana wiederholt darüber beklagt hatte, er sei seit 1961 das Opfer eines Doppelspiels: Bobby Kennedy hatte die Verbrecherorganisation in Chicago zur Hauptzielscheibe des Justizministeriums erklärt, und die Geldeinnahmen der Gangster gingen zurück.

Bobbys Krieg gegen das Verbrechen richtete sich auch gegen Jimmy Hoffa und seine korrupte Transportarbeiter-Gewerkschaft. Einer der erfahrendsten Agenten in diesem Kampf war Julius Draznin, seit 1963 in Chicago in leitender Position für das National Labor Relations Board tätig und verantwortlich für die Verbindung zum Justizministerium. Robert Kennedy hatte persönlich veranlaßt, daß in Draznins Wohnung an der Chicago South Side ein abhörsicheres Telefon eingebaut wurde – eines der vielen Telefone in einem außergewöhnlichen und wenig bekannten Kommunikationsnetz, das den Justizminister quer durch die Vereinigten Staaten mit einer ausgewählten Gruppe loyaler Regierungsermittler verband. Draznin hatte über dieses Telefon mehrmals mit Kennedy selbst gesprochen, doch meistens waren hochrangige Berater Kennedys in der Leitung wie etwa Walter Sheridan, ein Beamter des Justizministeriums, der eine maßgebliche Rolle bei den Untersuchungen gegen Hoffa spielte. Draznin war klar, daß seine Vorgesetzten im Labor Board von diesen Kontakten nichts wissen durften. Ebensowenig durften sie gegenüber irgend jemandem von Hoovers FBI erwähnt werden.

Am 22. November klingelte Draznins abhörsicheres Telefon zweimal. Der erste Anruf kam von Sheridan, »vier oder fünf Stunden« nach dem Attentat, wie mir Draznin bei einer Reihe von Interviews für dieses Buch erzählte. »Bobby wird Sie anrufen«, sagte Sheridan. »Er hat einige Fragen, bei denen er Ihre Hilfe braucht – es geht um das Attentat.« Kennedys Anruf kam nur Minuten später. »Wir brauchen jede nur mögliche Unterstützung von Ihnen. Können Sie uns in Chicago ein paar Türen öffnen?« Kennedy sagte klipp und klar, er vermute, daß Sam Giancanas Gangster hinter dem Mord an seinem Bruder steckten.

Wenige Augenblicke nach dem Anruf bei Draznin eilte Kennedy zum Pentagon und flog zusammen mit Verteidigungsminister

Robert S. McNamara und weiteren Personen an Bord eines Hubschraubers zur Andrews Air Force Base, dem in Maryland gelegenen Luftwaffenstützpunkt der Präsidentenmaschine *Air Force One*. Dreitausend trauernde Amerikaner sahen schweigend zu, wie die Präsidentenmaschine kurz nach 18 Uhr landete. Mitfühlend umarmte der Bruder des Präsidenten die Witwe. Einige Personen, darunter Bobby, folgten dem Transport der Leiche zum Bethesda Naval Hospital, wo eine Autopsie durchgeführt werden sollte.

Trotz seiner Trauer verlor Bobby keinen Augenblick die Aufgabe aus den Augen, den Ruf der Kennedys zu schützen. Im Krankenhaus nahm er Evelyn Lincoln beiseite. »Bobby sagte zu mir, daß Lyndons Leute im Schreibtisch des Präsidenten herumwühlten«, erzählte sie mir kurz vor ihrem Tod 1995 in dem freimütigsten Interview, das sie jemals gegeben hatte. Sie und ihr Mann hätten am nächsten Morgen um 8 Uhr an ihrem Schreibtisch gestanden und die Unterlagen des Präsidenten eingepackt, wie sie erzählte. Um 8.30 Uhr seien sie von Präsident Johnson in das Oval Office gerufen worden. »Er sagte: ›Ich brauche Sie mehr, als Sie mich‹« – eine Bemerkung, die Johnson gegenüber allen Mitarbeitern Kennedys machte – »und dann fügte er hinzu: ›Ich möchte, daß Sie bis neun Uhr das Büro verlassen haben.‹« Evelyn Lincoln informierte unverzüglich Bobby Kennedy, der in einem nahe gelegenen Zimmer wartete. »Er konnte es nicht fassen. Er brachte Johnson dazu, daß er mit zwölf Uhr mittags einverstanden war.« Johnson entschied sich schließlich, den Einzug in JFKs Büro einige Tage aufzuschieben, doch Bobby Kennedy wollte kein Risiko eingehen. Er hatte bereits Anweisung gegeben, daß die Akten seines Bruders aus dem Oval Office und dem National Security Council über Nacht verpackt und im Morgengrauen des 23. November in ein versiegeltes Büro transportiert werden sollten.

Die persönlichen Unterlagen des Präsidenten und die Tonbänder aus dem Weißen Haus kamen schließlich in die strenggeheimen Räume einer von Jack Kennedy besonders gehegten Regierungsabteilung, der Special Group for Counterinsurgency (Spezialeinheit zur Aufstandsbekämpfung). Deren Aufgabe war es, von Kommunisten geführte Befreiungskriege in Mittelamerika und Südostasien zu bekämpfen. Der Korridor dieser Abteilung auf der zweiten Etage im nahen Executive Office Building zählte zu den am besten gesicherten Bereichen im Gebäudekomplex des Weißen Hauses, mit bewaffneten Wachen, die rund um die Uhr patrouillierten. Dort waren die Unterlagen und die Tonbänder des Präsidenten sicher.

Ein letzter Akt der Verschleierung wurde in den frühen Morgenstunden am Samstag, dem 23. November, vollzogen, als Bobby Kennedy und eine erschöpfte Jacqueline Kennedy mit dem Leichnam des Präsidenten ins Weiße Haus zurückkehrten. Kennedy traf sich kurz mit J. B. West, dem Chefpförtner des Weißen Hauses, der die Pförtnerbücher übergab – die detailliertesten Aufzeichnungen über offizielle und private Besucher in den Privaträumen des Präsidenten im ersten Stock. Die Bücher enthielten gewissermaßen eine genaue Auflistung der Bettgespielinnen des Präsidenten, die meist von David Powers, dem langjährigen persönlichen Berater JFKs, hinaufbegleitet wurden. West sah die Bücher, die gewöhnlich als die öffentlich zugänglichen Aufzeichnungen eines Präsidenten betrachtet wurden, nie wieder, und sie befinden sich auch nicht unter den Beständen der Kennedy Library.

Wie so viele der Männer und Frauen im Weißen Haus wußte auch Bobby Kennedy, daß Jack Kennedy der Öffentlichkeit eine Lüge vorgelebt hatte, wenn er sich als der aufmerksame Ehemann von Jacqueline, der schönen First Lady im Rampenlicht, präsentierte. Insgeheim verzehrten ihn fast tägliche sexuelle Affären und ausschweifende Partys von einem Ausmaß, das viele Mitglieder seines persönlichen Secret Service schockierte. Die Anzahl von Kennedys Sexpartnerinnen und der Leichtsinn, den er in den Affären an den Tag legte, wuchs während seiner Präsidentschaft immer mehr. Bei den Frauen handelte es sich manchmal um bezahlte Prostituierte, die Powers und andere Mitglieder der sogenannten Irish Mafia, die den Präsidenten umgab und schützte, ausfindig gemacht hatten. Sie wurden ohne vorheriges Wissen und Genehmigung des Secret Service in Kennedys Arbeitszimmer oder Privaträume geführt. »Siebzig bis achtzig Prozent der Agenten fanden das vollkommen verrückt«, erinnerte sich Tony Sherman in einem Interview 1995. Sherman hatte zu der im Weißen Haus tätigen Secret-Service-Truppe Kennedys gehört. »Viele von uns waren anständig erzogen worden. Unsere Väter und Mütter taten so etwas nicht. Wir lebten einfach in einer anderen Welt. Und plötzlich bin ich hier Mr. Geheimagent. Ich sehe den Präsidenten der Vereinigten Staaten und sage mir: ›Dies ist das Weiße Haus, und wir schützen das Weiße Haus.‹«

Ein anderer Secret-Service-Mann hatte die wenig feierliche Pflicht, sexuell eindeutige Fotos eines nackten Präsidenten mit verschiedenen Geliebten für die Rahmung zur Mickelson Gallery zu bringen, einer der vornehmsten Kunstgalerien Washingtons. In einem nur widerwillig gewährten Interview Mitte 1996 gab Sidney Mickelson, dessen Galerie in den sechziger Jahren (und danach noch dreißig Jahre) für das Weiße Haus Bilder gerahmt hatte, die Existenz solcher Fotos zu. »Ein paar Jahre lang haben wir Fotos von nackten Leuten, oft auf Betten liegend, gerahmt, die im Lincoln-Zimmer aufgenommen worden waren. Die Frauen waren immer sehr schön.« In einigen Fällen zeigten die Fotos auch den Präsidenten, mit, wie es Mickelson vorsichtig beschrieb, »einer Gruppe von Personen mit Masken vor dem Gesicht«. Ein weiteres denkwürdiges Bild habe den Präsidenten und zwei Frauen gezeigt, alle drei mit Masken. »Der Secret-Service-Agent sagte, es sei Kennedy«, erzählte mir Mickelson. »Und ich hatte keinen Grund, daran zu zweifeln.« Mickelson fügte hinzu, die Bilder seien stets von hoher Qualität gewesen, ähnlich den Bildern der offiziellen Fotografen des Weißen Hauses.

Mickelson erklärte, man sei immer auf die gleiche Art und Weise mit dem ungewöhnlichen Material verfahren: Frühmorgens kam ein Agent des Secret Service mit einem Foto in sein Geschäft, zehn Häuserblocks vom Weißen Haus entfernt. »Ich warf einen Blick darauf, schrieb die Maße auf, und dann nahm er es wieder mit.« Der Agent kehrte am selben Abend zurück, nachdem die Galerie geschlossen hatte. In einem Raum mit Mickelson wartete er, bis die Rahmung fertig war. Mickelson zufolge habe er selbst nie die Möglichkeit gehabt, ein Bild zu kopieren – was er in Erwägung gezogen habe –, denn »der Agent des Secret Service war immer dabei«.

Mickelson, der bei unserem Gespräch siebzig Jahre alt war, erzählte mir, daß ihm der Gedanke an die Fotos und seine Aufgabe, sie zu rahmen, ihn immer noch auf besondere Weise aufwühle. Damals sei sein Geschäft stark an der von der First Lady geleiteten Renovierung des Weißen Hauses beteiligt gewesen. »Ich hatte ein sehr gutes Verhältnis zu Jackie, ich schätzte sie.« Mit einem Achselzucken fügte er hinzu: »Aber ich denke, was immer mir das Weiße Haus schickt ... Kein anderer Präsident hat so etwas getan.«

John F. Kennedys Leichtsinn hat ihn möglicherweise in den letzten Wochen seines Lebens eingeholt. Eine seiner Affären in Washington, die Frau eines Militärattachés der westdeutschen Botschaft, wurde von einer Gruppe von republikanischen Senatoren verdächtigt, eine Agentin des DDR-Geheimdienstes zu sein. In der folgenden Panik wurden die Frau und ihr Ehemann rasch aus Washington ausgeflogen, und Robert Kennedy setzte seine ganze Macht als Justizminister ein, um mit Hilfe von J. Edgar Hoover jegliche Untersuchungen durch den Kongreß und das FBI zu unterdrücken. Den besorgten Kennedy-Brüdern war klar, daß die Brisanz der präsidentiellen Liaison durch den Sexskandal um den britischen Verteidigungsminister John Profumo noch vergrößert wurde. Dieser Skandal fesselte London – und die britische Boulevardpresse – den ganzen Sommer 1963 hindurch, und die Regierung Harold Macmillans überlebte ihn nicht lange.

Dennoch mag Kennedy den höchstmöglichen Preis für seine sexuellen Eskapaden und seine Obsessionen bezahlt haben. Bei einer Reise an die Westküste in der letzten Septemberwoche 1963 verletzte er sich beim Herumtollen mit einer seiner Gespielinnen am Rand eines Schwimmbeckens schwer an einem Muskel in der Leistengegend. Der Schmerz war so stark, daß die Ärzte im Weißen Haus ein von der Schulter bis zur Leiste reichendes steifes Stützband verordneten, das den Körper in einer starr aufrechten Haltung fixierte. Dies behinderte Kennedy weitaus mehr als das übliche Rückenkorsett, das er weiterhin trug. Das Stützband und das Korsett sollten ihm die anstrengenden Wahlkampfauftritte erleichtern, den in Dallas eingeschlossen.

Tatsächlich machten sie es dem Präsident unmöglich, sich im Reflex zu ducken, als er von Lee Harvey Oswalds erster Kugel in den Nacken getroffen wurde. Oswalds erster Schuß, der das Ziel erreichte, war nicht unbedingt tödlich, doch der Präsident blieb aufrecht sitzen – und bot damit ein ausgezeichnetes Ziel für den zweiten, tödlichen Schuß in den Kopf. Im veröffentlichten Autopsiebericht, der heute im Besitz des Nationalarchivs in Washington ist, wurde weder Kennedys Leistenstützband erwähnt noch die Verletzung, die es erforderlich gemacht hatte.

Der 22. November 1963 sollte für die kommenden Jahrzehnte ein Tag der wohlgehüteten Familiengeheimnisse bleiben.

# 2
# Jack

Jack Kennedy war als erwachsener Mann eine attraktive Erscheinung, er sah verdammt gut aus, war scharfsinnig und besaß einen bissigen, oft selbstironischen Humor. Wenn ihm Bewunderung entgegengebracht wurde, blühte er auf, und er umgab sich gern mit Freunden und Kollegen, die sich von ihm beeindrucken ließen. Frauen sanken dahin. Männer beobachteten fasziniert, wie leicht er bei Frauen Erfolg hatte, und sie waren dankbar für die Aufmerksamkeit, die er ihnen entgegenbrachte. Heute, mehr als dreißig Jahre nach seinem Tod, sind Kennedys enge Freunde noch immer von ihm hingerissen. Wenn JFK auf einer Party erschien, erzählte mir Charles Spalding, »dann stieg die Temperatur auf sechzig Grad«.

Seine engen Freunde wußten, daß ihr fröhlicher Freund unter ständigen Schmerzen litt und mit chronischen Rückenproblemen zu kämpfen hatte. Auch daraus erwuchs ihm Bewunderung. Jewel Reed, die ehemalige Frau von James Reed, der im Zweiten Weltkrieg mit Kennedy bei der Marine gedient hatte, sagte in einem Interview für dieses Buch: »Er sprach nicht darüber. Er beklagte sich nie, und das war eine von Jacks netten Seiten.«

Kennedy behielt die Schmerzen Zeit seines Lebens für sich.

Schon in Kennedys jungen Jahren drehte sich alles um seine Gesundheit. Er litt an einer schweren Form der Addisonschen Krankheit, einer oft tödlich verlaufenden Erkrankung der Nebennierenrinde, durch die das Immunsystem derart geschwächt wird, daß es banale Infektionen nicht mehr abwehren kann. Erst nach dem Zweiten Weltkrieg konnte die Erkrankung erfolgreich mit Kortison behandelt werden. Infolge der Krankheit (Addison wurde bei ihm erst 1947 diagnostiziert) schien Kennedy häufig dem Tod nahe: Er wurde von bis zu 42 Grad hohem Fieber befallen, viermal erhielt er die letzte Ölung. Als Erwachsener litt er zudem an heftigen Rückenschmerzen, was von einer Football-Verletzung herrührte, die er sich auf dem College zugezogen hatte. Während seines Einsatzes im Zweiten Weltkriegs auf dem Schnellboot *PT-109* im Südpazifik verschlimmerten sich die Schmerzen noch. In den Jahren 1944 und 1954 wurde er ohne Erfolg am Rücken operiert, die Addison-Krankheit erhöhte das Operationsrisiko und erschwerte den Heilungsprozeß.

Wie krank Kennedy wirklich war, verheimlichten er und seine Familie sein ganzes Leben lang – und seine ganze politische Laufbahn hindurch. Bobby gab zwei Wochen nach der Ermordung des Bruders die Anweisung, daß sämtliche Akten des Weißen Hauses, die mit Jacks Gesundheitszustand zu tun hatten, »als vertrauliche Mitteilungen« zu betrachten und unter Verschluß zu halten seien. Biographien und Memoiren gaben über die Jahre hinweg jedoch preis, wie sehr der junge Kennedy gelitten hatte. Weniger bekannt ist, wie stark die Krankheiten Kennedys Persönlichkeit beeinflußten und wie sie sein Verhalten als erwachsener Mann und als 35. Präsident der Vereinigten Staaten prägten.

Kennedys Überlebenskampf begann bei seiner Geburt. Als Säugling hatte er Schwierigkeiten, Nahrung bei sich zu behalten, und erbrach viel. Im Alter von zwei Jahren kam er mit Scharlach ins Krankenhaus und wurde anschließend, nachdem er die Krankheit überstanden hatte, für drei Monate zur Erholung nach Maine in ein Sanatorium gegeben. Getrennt von den Eltern, der Obhut von Fremden überlassen, zeigte Jack erstmals Anzeichen einer Fähigkeit, die ihn sein Leben lang auszeichnen sollte: Er konnte andere bezaubern und zog damit die Aufmerksamkeit auf sich. Das Kind entzückte seine Krankenschwester derart, daß sie, wie es hieß, darum bat, ganz bei ihm bleiben zu dürfen. Seine angeschlagene Gesundheit plagte Jack während der ganzen Schulzeit. Mit vier Jahren konnte er nur zehn von dreißig Wochen in den Kindergarten gehen. In einem katholischen Internat in Connecticut – Kennedy war damals dreizehn Jahre alt – verlor er stark an Gewicht, und man stellte eine Blinddarmentzündung fest. Bei der Notoperation (ein Arzt der Familie wurde eigens eingeflogen) starb er beinahe, und er kehrte nicht mehr in die Schule zurück. Auch während er in Choate die Vorbereitungsschule für das College besuchte, war er immer wieder schwer krank. Die dortigen Ärzte konnten seine chronischen Magenschmerzen und die »grippeähnlichen Symptome« nicht behandeln. Man diagnostizierte bei ihm unter anderem Leukämie und Hepatitis – Leiden, die auf wundersame Weise wieder verschwanden, als seine Ärzte und seine Familie beinahe schon die Hoffnung aufgegeben hatten. Wieder glich er die Kränklichkeit mit Charme, guter Laune und einer sprühenden Lebensfreude aus, was ihm die Bewunderung seiner Kameraden einbrachte. Und dies blieb so für den Rest seines Lebens.

Ein alter Freund, Henry James, der Jack 1940 an der Stanford University kennengelernt hatte, hatte schließlich begriffen, wie er einem Biographen erzählte, daß es Kennedy nicht nur widerstrebte, über Schmerzen und seinen Gesundheitszustand zu klagen, sondern daß er aus psychologischen Gründen einfach nicht anders konnte. Er habe sich »zutiefst geschämt« für seine Krankheiten, sagte James. »Sie waren ein Zeichen von Verweichlichung und Schwäche, und das wollte er nicht eingestehen. Dieses ganze Macho-Getue – daß er den Frauen hinterherjagte – war meiner Ansicht nach Kompensation, eine Kompensation für etwas, das ihm vorenthalten worden war.« Kennedy achtete geradezu fanatisch darauf, immer intensive Sonnenbräune zu besitzen, sein Leben lang war er tief gebräunt. James zufolge erklärte Kennedy es so: »Es gibt mir Selbstvertrauen. ... Dadurch fühle ich mich stark, gesund und attraktiv.« Tatsächlich ist die dunkle Bronzefärbung der Haut, wenn sie dem Sonnenlicht ausgesetzt wird, eines der Symptome der Addison-Krankheit.

Kennedy hatte keine andere Wahl, als stark und attraktiv zu sein; dafür sorgte sein Vater. Joseph Kennedy betrachtete die Krankheit seines Sohnes als eine Prüfung auf dem Weg ins Erwachsenenleben. »Ich habe ihn im Fernsehen gesehen, im Regen und in der Kälte, ohne Kopfbedeckung«, erzählte Kennedy 1961 dem Schriftsteller William Manchester. »Und ich mache mir keine Sorgen. Ich weiß, daß ihm nichts passieren kann. Er hat einen Schutzengel. Ich habe viermal an seinem Sterbebett gestanden. Jedesmal habe ich ihm Lebewohl gesagt, und jedesmal ist er wieder zurückgekommen. ... Man kann es nicht genau benennen, aber es gibt diesen Unterschied. Wenn man diese Rückenbeschwerden überstanden hat und den Pazifik, was kann einem da noch wehtun? Wer kann einem da noch Angst einjagen?«

Stets war Jack darauf bedacht, seinem Vater zuliebe Stärke zu zeigen, immer wollte er als erster durchs Ziel gehen und stets sein Leben so gestalten, daß Joe zufrieden war. Jacks älterer Bruder Joseph jr., der sich immer bester Gesundheit erfreute, war der Liebling seines Vaters gewesen. Und Joseph jr. war der Sohn gewesen, der für eine politische Karriere in Washington bestimmt war. Nach dem Tod von Joe jr. als Marineflieger 1944 rückte Jack in den Mittelpunkt von Joe Kennedys Ambitionen. In Jacks Augen war sein Vater nahezu unfehlbar. Viele von Jacks Freunden dachten anders, lernten jedoch, besser nichts zu sagen.

Charles Bartlett, ein alter Freund, erkannte sowohl Joe Kennedys Härte als auch die Bedeutung des Vaters für den Sohn. Bartlett, der sich nach dem Krieg in Palm Beach mit Jack anfreundete, sagte, Joe Kennedy habe »immer ein Wörtchen mitgeredet. Ich glaube, es verging keine Sekunde, in der er nicht darüber nachdachte, wie er Jack voranbringen könnte«, vor allem als sein Sohn 1960 nach der Präsidentschaft strebte.

»Er trieb sie alle vorwärts«, sagte mir Bartlett, der später in Washington Redaktionsleiter der *Chattanooga Times* wurde. »Er brachte Bobby ins Justizministerium, und er brachte Jack dazu, Dinge zu tun, die Jack wahrscheinlich lieber nicht gemacht hätte. Er war sehr stark; er hatte für die Kinder etwas getan, und er wollte, daß die Kinder etwas für ihn taten, Er gab nicht auf. Joe war zäh.« Allerdings, ergänzte Bartlett, »fand ich, daß sein Scharfblick in allen möglichen Dingen wirklich unglaublich war. Man mußte ihn einfach bewundern.«

Jewel Reed erinnerte sich lebhaft an ihren ersten Besuch bei einem Familientreffen in Hyannis Port in Massachusetts und an die

Entschlossenheit, mit der sich Joe Kennedy auf seine Kinder konzentrierte. »Am Tisch war was los, und Mr. Kennedy prüfte alle darauf hin, ob sie beim Tennis, beim Segeln oder bei sonst etwas den ersten, zweiten oder dritten Platz belegt hatten«, sagte sie in einem Interview für dieses Buch. »Und er wollte, daß sie die Nummer Eins waren. Das ist bei mir lange Zeit hängengeblieben. Ich erinnerte mich, wie er darauf fixiert war, daß sie gewinnen.«

Der Preis sei hoch gewesen, ergänzte Reed. »Er zwang seinen Kindern ziemlich zweifelhafte Wertvorstellungen auf. Er machte alles mit Geld. Ich verwende sehr ungern das Wort Bestechung, doch auf seiner Tagesordnung stand oft Bestechung.« In Jack Kennedys erstem Wahlkampf für den Senat 1952, als er die Fachleute durch den Sieg über den Republikaner Henry Cabot Lodge jr. verblüffte, »waren die Wahlplakate in Massachusetts bis zu einer Viertelmillion Dollar wert. Das liegt sehr, sehr lange zurück, und eine Viertelmillion war unheimlich viel Geld.« Reed erzählte auch, daß Joe Kennedy Tausende Exemplare von *Zivilcourage* kaufte, dem Buch, mit dem Jack 1956 den Pulitzer-Preis gewonnen hatte, »damit es an der Spitze der Bestsellerlisten blieb. Ich weiß nicht, was er mit den ganzen Büchern gemacht hat. In gewisser Weise war das Bestechung. Er drängte voran, und wenn es Geld kostete, zahlte er. Ich bin mir sicher, daß das den Kindern nicht recht gewesen sein kann.«

Ausschlaggebend war Reed zufolge jedoch, daß Joe Kennedy »seine Familie liebte. Das war augenfällig, und ich erinnere mich, wie Teddy [Edward M. Kennedy, Joes jüngstes Kind] das bestätigte, indem er sagte, daß der Vater immer dagewesen sei, wenn sie ihn gebraucht hätten. Das sagt eine Menge.«

Mit Rose Kennedy hingegen verhielt es sich anders. Wie Jacks Freunde wußten, zweifelte er an der Zuneigung seiner Mutter. Kennedy sagte einmal zu seinem Berater Kenny O'Donnell, er könne sich nicht entsinnen, daß seine Mutter je »ich liebe dich« zu ihm gesagt habe. In einem 1990 geführten Interview mit dem britischen Biographen Nigel Hamilton, dem Autor des Buches *John F. Kennedy. Wilde Jugend*, der maßgeblichen Darstellung von Kennedys jungen Jahren, spekulierte Charles Spalding, daß Jacks Drang nach Frauen und sein Duschzwang – oft duschte er bis zu fünfmal täglich – von einem Mangel an mütterlicher Fürsorge herrührten. Kennedy, so Spalding, »haßte körperliche Berührung – Leute, die sich körperliche Freiheiten mit ihm herausnahmen –, was nach meiner Vermutung auf seine Mutter und die Tatsache zurückzuführen sein muß, daß sie so kalt war.«

In mehreren bemerkenswerten Interviews beschrieb eine der Geliebten Jack Kennedys freimütig seine Stärken und Schwächen, die sie während ihres bittersüßen Verhältnisses erlebt hatte. Die Beziehung zog sich über vier Jahre hin, in denen Kennedy einen Wahlkampf führte und die Präsidentschaft gewann. Die Frau, die später heiratete und in ihrem Beruf Karriere machte, wollte ihre Erfahrungen nur unter der Bedingung mitteilen, daß sie anonym bleiben würde. Ende der fünfziger Jahre hatte sie den damaligen US-Senator Kennedy bei einem Wohltätigkeitsdinner in Boston kennengelernt. Sie war neunzehn, Studentin in Radcliffe, und er begann mit ihr zu flirten.

»Es war bezaubernd«, erinnerte sie sich. »Es war so, wie man es sich vorstellt, wie es sich jeder wünscht, wie es sich jede Frau wünscht. Zuerst waren es Blicke, die mir zugeworfen wurden. Ein Nicken. Er lehnte sich über den Tisch, um ausgerechnet mir etwas zu sagen. Alle diese kleinen Zeichen besonderer Aufmerksamkeit. Und das in der Öffentlichkeit. Das war natürlich sehr schmeichelhaft. Ich dachte: ›Mein Gott, ich muß ja wirklich etwas besonderes sein.‹«

Das Verhältnis wurde intensiver. Sie verliebte sich bis über beide Ohren in den gutaussehenden Kennedy und verbrachte mit ihm, nachdem sie miteinander geschlafen hatten, Stunden beim Essen oder bei langen Gesprächen im Bett. »Ich war vor Aufregung ganz außer mir«, erzählte sie mir. »Da saß ich mit meinen zwanzig Jahren, speiste im Weißen Haus, im Abraham-Lincoln-Schlafzimmer. Es war unglaublich. Manchmal mußte er zu irgend etwas, das in der Welt passierte, eine Erklärung abgeben. Dann ging [er] und kam eine halbe Stunde später wieder und war ganz begeistert, weil ihm sechs Sätze eingefallen waren, die das, was er sagen wollte, einfach ausdrückten.« Die Beziehung »sollte geheim bleiben, und so machte ich eben einfach weiter und verlor kein

Wort darüber«. Was Kennedys scheinbar ideale Ehe mit Jackie anging, sagte sie: »Ich empfand nicht den Hauch eines Solidaritätsgefühls mit anderen Frauen. Da rührte sich einfach nichts. Ich kann Ihnen nicht sagen, wie unreif ich als Frau war, es war einfach selbstverständlich, daß Frauen um die besten Männer kämpften. Ich war damit einverstanden. Irgendwie kam es mir auf einer tieferen Ebene gar nicht in den Sinn, daß das, was ich da tat, ein völlig unmoralisches, abscheuliches Verhalten war.«

Kennedy, derweil höflich und einnehmend, habe in der Zeit, in der sie zusammen waren, selten über seine Kindheit gesprochen. Heute verstehe sie, daß seine Fähigkeit, ein perfektes Doppelspiel zu treiben, ein so enormes Risiko auf sich zu nehmen – während er nach der Präsidentschaft strebte und das Amt des Präsidenten ausübte –, mit seiner Heirat so im Mittelpunkt der Öffentlichkeit zu stehen und insgeheim so hinter den Frauen her zu sein –, daß diese Fähigkeit von den Erfahrungen seiner Kindheit herrührte. Er sei ein Junge gewesen, »der häufig krank war, zerbrechlich, und das in einer Familie, in der ungeheuer viel Wert auf aggressives, rivalisierendes, erfolgreiches und energisches Handeln gelegt wurde. In der gesellschaftlichen Schicht, aus der John Kennedy stammte, zählte die äußere Erscheinung sehr, sehr viel, und wie sah sie aus? Nun, Schmerzen durfte man nicht sehen. Man durfte sich nicht anmerken lassen, wie man sich fühlte, daß man etwas nicht wußte oder nicht verstand, was in der Familie oder in der Welt vor sich ging. Gewandtheit zählte alles, man mußte jederzeit bereit sein, Verantwortung zu übernehmen und die Fäden in der Hand zu halten.« Kennedy entschied sich, den Schmerz zu verdrängen. »Darüber machte er sich einfach keine Gedanken, er wollte nicht daran denken« – über die Gefühle in seiner Kindheit –, »und er sorgte dafür, daß er nicht daran denken mußte.«

Kennedy sprach mit der Frau, wie sie sich erinnerte, nur einmal darüber, daß er ein verläßlicher Vater sein wolle. Sollte seine 1957 geborene Tochter Caroline jemals irgendwelche Probleme haben, dann »hoffte er, sie würde zu ihm kommen und nicht das Gefühl haben, die Probleme vor ihm verbergen zu müssen. Sein Vater habe immer den Wunsch gehabt, daß er ihn so erlebe. Das war eine wirklich wichtige Sache.« Kennedys Geliebte begriff, daß das

Verhältnis zu seinem Vater »die aufwühlendste Beziehung war, die er jemals gehabt hatte – Liebe, Angst, Herzklopfen und das beständige Streben, ihn zufriedenzustellen.« Auf die Frage, ob Kennedy das Gefühl gehabt habe, sich an seine Mutter wenden zu können, wenn er Hilfe brauchte, antwortete sie: »Das weiß ich nicht. Ich habe ihn nie von seiner Mutter reden hören. Nie.«

An seinen eigenen Kindern und an Kindern überhaupt hatte Jack Kennedy große Freude. Das fiel auch den Beratern seines Stabes auf, die seine Familiengeschichte nicht kannten. Marcus Raskin, der sich für den Nationalen Sicherheitsrat mit Fragen der nuklearen Abrüstung beschäftigte, erinnerte sich in einem Interview, daß er und die Kollegen in internationalen Krisensituationen immer gefragt hätten: »Wo sind die Kinder?« Wenn Caroline und ihr jüngerer Bruder John »in Washington waren, dann würde es keinen Krieg geben. Wenn die Kinder weg waren, dann konnte man nicht so sicher sein.« Raskin betonte, daß die Frage durchaus einen ernsten Hintergrund gehabt habe. Jerome B. Wiesner, der Wissenschaftsberater des Präsidenten, habe den von McGeorge Bundy geleiteten Stab zur nationalen Sicherheit angewiesen, sie sollten aufpassen, »wo die Kinder sind. Wenn sie hier [in Washington] sind, dann wird es in dieser Woche keinen Krieg geben. Wenn sie nicht hier sind, dann müssen wir vorsichtig sein.« Wiesners Bemerkung war Raskin zufolge offensichtlich ironisch gemeint, doch »viele Dinge, in denen ein Körnchen Wahrheit steckt, werden so im Spaß dahingesagt.« Er und seine Kollegen hätten in Augenblicken der Krise »nach der menschlichen Dimension gesucht, um die aktuellen Probleme zu verstehen, mit denen wir zu tun hatten.«

Wie Kennedys Berater für nationale Sicherheit wußte auch der Secret Service um die Kinderliebe des Präsidenten. Larry Newman, einer der im Weißen Haus tätigen Agenten, begleitete Kennedy an jenen Abend im August 1963, als der Präsident sein jüngstes Kind Patrick im Krankenhaus besuchte. Patrick war zu früh und mit einem Lungenfehler geboren worden. In der Kinderklinik von Boston kämpfte er um sein Leben. Newman stand mit Kennedy und Patricks Arzt im Aufzug, als dieser Kennedy mitteilte, daß sein neugeborener Sohn wohl nicht überleben werde. Der Lift hielt auf der vierten Etage, wo sich die Kinderintensivstation befand. Das ganze Stockwerk war für andere Besucher gesperrt worden. Der Gang war dunkel; die Zimmer der Patienten wurden von einem Nachtlicht erhellt. Newman erinnerte sich, während er mit dem Präsidenten zur Intensivstation gegangen sei, »kamen wir an einem Zimmer vorbei, wo sich zwei liebenswert aussehende kleine Mädchen in ihren Betten aufgesetzt hatten. Sie waren vielleicht drei oder vier Jahre alt, und sie redeten und lachten miteinander. Das einzige Problem war – eines der Mädchen war bis zum Kinn bandagiert. Sie hatte schwere Brandwunden. Und das andere hatte Verbrennungen an den Armen und war an den Händen dick [mit Bandagen] umhüllt. Präsident Kennedy blieb stehen und blickte die beiden Mädchen einfach an. Er fragte den Arzt: ›Was fehlt ihnen?‹ Der Arzt erklärte, daß eines der Mädchen wohl nie mehr die Hände würde gebrauchen können. Der Präsident stand dort. Am Ende des Ganges lag sein todkranker Sohn. Wir standen mit ihm einfach nur da, eine kleine Zusammenkunft in der Dunkelheit. Er wühlte in den Hosentaschen. Das war stets ein Zeichen, daß er einen Füllfederhalter brauchte. Jemand gab ihm einen. Er sagte: ›Ich möchte den Kindern gern etwas aufschreiben.‹ Und keiner hatte ein Stück Papier für den 35. Präsidenten der Vereinigten Staaten, auf dem er etwas aufschreiben konnte. Schließlich hastete die Schwester auf die Krankenstation, schaute die Namen der Kinder und ihrer Familie nach, und Kennedy schrieb für jedes Kind etwas auf. Es gab kein Tamtam, keinen Fototermin, nichts. Die Krankenschwester nahm die Zettel entgegen und sagte, sie werde dafür sorgen, daß die Familie sie bekomme. Und dann gingen wir weiter den Gang hinunter, um seinen Sohn zu besuchen, der einen Tag darauf starb. Kennedy hatte etwas getan, was er nicht tun mußte, bei Kindern schien er seine reservierte Bostoner [Art] abzulegen.

Nichts verlautete je darüber. Keine Pressemitteilung oder sonst etwas. Er tat einfach, was er tun mußte – seinen Sohn besuchen. Das war eines der zwei Gesichter dieses Mannes – der grobgeschliffene Diamant. Man konnte so viele Qualitäten an ihm erkennen, die nur kurz aufblitzten. Es war einfach nicht zu verstehen, warum er sonst so verderbliche Wege einschlug. Es tat weh, das mit anzusehen.«

Die Frauen, die Jack Kennedy kannten, ob sie nun mit ihm ein Verhältnis hatten oder nicht, sprachen in den Interviews für dieses Buch ausnahmslos von seiner überwältigenden Anziehungskraft. Die Autorin Gloria Emerson war eine ehrgeizige Journalistin, als sie in den fünfziger Jahren auf einer Cocktail-Party Kennedy vorgestellt wurde. »Der Anblick dieses Mannes hypnotisierte mich beinahe«, erzählte mir Emerson in einem 1997 geführten Interview. »Er war eine phantastische Erscheinung. Er mußte keinen Finger rühren, um auf Frauen anziehend zu wirken. Sie drängten sich in Scharen um ihn. Und dabei ließ es ihn völlig kalt, wenn man versuchte, sich bei ihm interessant zu machen. Er war die Freundlichkeit in Person – doch im Grunde berührte ihn das ganze Aufsehen nicht.«

Kennedy, so Emerson weiter, »schien immer von Männern umgeben zu sein. Und sie sprachen ständig über Strategie und das Treiben anderer Leute. Das war ziemlich geheimnisvoll und aufregend. Man selbst war natürlich als junges Mädchen von keinerlei Bedeutung. Jack nannte jede *kid*, weil er sich die Namen der Frauen nicht merken konnte. Es war nicht nur das Aussehen – es war auch Spott dabei und diese Art ungebändigter Intelligenz. Er mochte Leute nicht, die quasselten. Und er war sehr ungeduldig und oft sehr angespannt. Damals merkte ich das nicht, doch ich glaube, er mußte die meiste Zeit Schmerzen ertragen. Nicht weil er die Schultern hängenließ, sondern auch, weil er im Sessel dauernd die Sitzposition änderte.«

Emerson ging mit einem von Kennedys Studienkollegen aus Harvard aus, als sie und Jack sich das erste Mal trafen. Das war vor seiner Heirat mit Jacqueline Bouvier. Bei den zahllosen Wochenendpartys war Kennedy, wie sie meinte, »völlig ungehemmt. Er lief halbnackt herum, hatte sich gerade mal ein Handtuch umgebunden – mit entblößten Unterschenkeln und freiem Oberkörper. Er mußte ungeheuer viel Selbstsicherheit besitzen. Ich habe nie wieder jemanden wie ihn getroffen. Es war eine Mischung aus Wagemut, Eifer, Ungeduld und sogar Schroffheit. Er war ein

Mann, der nicht wartete, sondern sich nahm, was er wollte. Damals war er auf dem Weg vom Repräsentantenhaus in den Senat, und von dort wollte er weiter ins Weiße Haus. Das alles war ziemlich aufregend.«

Eine andere Seite seines Charmes sei seine völlige Gleichgültigkeit gegenüber »seinem attraktiven Aussehen« gewesen. »Ihm war es egal, ob eine Frau ja oder nein sagte. Es gab genug andere. Er ließ sich nicht wirklich auf die Frauen ein, mit denen er Affären hatte. In New York hatte ich einmal eine Zimmergenossin, wir waren beide sehr jung. Sie hatte eine vergnügliche Affäre mit Jack und nahm sie nicht sehr ernst, was meiner Ansicht nach nur klug war. Er konnte sich nicht einmal ihren Namen merken. ›Hallo *kid*. Wie geht's dir?‹ Er wußte weder ihren Namen noch ihre Adresse. Deshalb mußte er den Pförtner des Wohnheims anrufen und die Frau beschreiben, damit der ihm sagen konnte, wer sie war.«

Etwas bekümmert beschrieb Kennedys langjährige heimliche Geliebte die Nacht vor der Amtseinführung im Januar 1961, als sie mit dem gewählten Präsidenten in dem Haus in Georgetown schlief, in dem er mit seiner Ehefrau und den zwei Kindern lebte. Ihr Vater, ein bekannter Geschäftsmann, kam damals in der neuen Regierung für eine hochrangige Position in Betracht. »Er [Kennedy] zog sich an, eine weiße Krawatte«, und dabei habe er »rein zufällig« gefragt, ob sie mit dem Kandidaten verwandt sei. Sie und Kennedy hatten seit zwei Jahren eine Liebesaffäre, und er wußte nicht, wer sie war.

Rückblickend, so fügte die Frau hinzu, erkannte sie, daß die Beziehung mit Kennedy einzig seinem Bedürfnis nach »Eroberungen« entsprungen sei. »Ich war zufällig von seinem Radarschirm erfaßt worden. Und so sagte er: ›Du da. Dich nehme ich.‹ Fordern und fortjagen. Ich war jung und schön. Ich konnte munter plaudern. Ich war aufgeregt und dachte mir: ›Mann, das ist klasse. Da ist dieser gutaussehende ältere Mann. Er steht vor mir. Und er interessiert sich für mich.‹ Im Rückblick jedoch ist es eine traurige Geschichte. Ich war nur ein Mädchen von vielen. Es gab eine Schublade für Mädchen, und war man erst einmal in der Sex-Schublade gelandet, dann war man kein Mensch mehr.« Das sexuelle Verhältnis zu Kennedy habe sie erniedrigt, sie habe ihre Persönlichkeit verloren.

»Über seine Ehe sprach er nicht mit mir«, ergänzte sie. »Wie kommt man innerlich mit einem Verhalten zurecht, das Verrat am Vertrauen eines anderen Menschen ist? Es gibt ›Arrangements‹, das ganze Gerede, die Leute erzählen viel Unsinn, doch im Grunde ist es Verrat. Für einen Menschen ist es schwer, vertrauenswürdig zu sein, wenn man es in der eigenen Familie nicht ist. Ich glaube, daß er irgendwie zwischen seinem Geld, seiner Position, seinem Charme und sonst etwas dergleichen von dem Gefühl gefangen war, er habe gar nichts damit zu tun. Daß die Leute sich schon darum kümmern würden. Dieses Gefühl, daß man nicht verantwortlich ist und daß für einen die Gesetze der Welt nicht gelten. Für ihn und für seinen Vater galten nie Gesetze.« Dabei half der Umstand, daß »auch Reporter mit ihm befreundet sein wollten, mit ihm zusammensein wollten. Ich weiß nicht, ob sie über ihn an Frauen herankommen wollten, auf jeden Fall umschwärmten ihn immer eine Menge Reporter. Ich glaube, er nahm an, sie würden ihn nicht fallenlassen. Und so war es dann auch.«

Kennedys Geliebte kam zu der Einsicht, daß seine wichtigsten Beziehungen nicht die zu Frauen waren, sondern zu Männern. Er war ein Männer-Typ. Männer bewunderten ihn, genau wie er seinen stets anspruchsvollen Vater bewunderte. »Er bevorzugte die Gesellschaft von Männern«, erinnerte sich Gloria Emerson. »Sie bewunderten ihn und wollten sein wie er. Und sie wollten genau wie die Frauen seine Gunst erringen. Doch noch wichtiger war, daß sie ihn allem Anschein nach liebten. Die Leute wollten Jack zufriedenstellen.« Mitschüler, die Kumpels aus der Marinezeit, politische Helfer und jene Kollegen im Repräsentantenhaus und im Senat, mit denen er Frauen nachjagte – sie alle zog Kennedy in seinen Bann, und so war es immer gewesen seit der Zeit, als er noch ein schlaksiger Jugendlicher war. »Er war unterhaltsam«, erinnerte sich Benjamin Bradlee, Chefredakteur einer Zeitung, in einem Interview. »Das vergißt man oft. Mit ihm hatte man immer Spaß. Er hatte einen großartigen Sinn für Humor und umgab sich mit Menschen, die Humor hatten. Er foppte die Leute und mochte es, gefoppt zu werden. Man war gern mit ihm zusammen.« Doch er gab Menschen auch das Gefühl, daß sie sich nach seinen Prioritäten zu richten hatten. »Oft paßte es gerade nicht, wenn er jemanden bat, ihn irgendwohin zu begleiten«, erzählte mir George Smathers, der damals mit Kennedy im Senat saß. »Er drängte: ›Komm schon, gehen wir. Na los, komm mit.‹ Er und ich unternahmen ein paar Reisen zusammen. Er war wunderbar, freundlich und loyal.«

Kennedys Impulsivität war unwiderstehlich. Hugh Sidey, der Korrespondent des *Time*-Magazins für das Weiße Haus, der in einem engen Verhältnis zu Kennedy stand, hatte ein Interview im Oval Office zu einer, wie er schlußfolgerte, falschen Zeit geplant. Er habe den Raum genau in dem Augenblick betreten, so erinnerte sich Sidey in einem Interview, als der Präsident bei einem Disput über eine unbedeutende außenpolitische Frage einen Wutanfall hatte. »Er starrte auf seinen Schreibtisch und bellte Anweisungen. Dann sah er auf und warf mir einen Blick zu. Er sagte: ›Kommen Sie, Sidey, gehen wir schwimmen.‹ Ich entgegnete ihm: ›Mr. President, ich habe wirklich nicht daran gedacht, gerade dieses Kleidungsstück mitzubringen.‹ Er antwortete: ›Oh, in dem Schwimmbecken brauchen Sie keine Badehose.‹« Am Schwimmbeckenrand sah sich Sidey »mit dem Problem konfrontiert, wer von uns als erster die Hosen auszieht – der Präsident oder der Gast?« Sidey lachte bei der Erinnerung an die Szene. »Kennedy verblüffte mich. Offensichtlich hatte er Übung. Wir sprangen ins Wasser.«

Den deutlichsten Eindruck von Kennedy habe er, Sidey, bekommen, als er Kennedy gebeten habe, für einen Artikel im *Life*-Magazin über die Lesegewohnheiten des Präsidenten seine zehn Lieblingsbücher aufzulisten. »Ohne zu zögern nannte er mir *Melbourne*«. Damit meinte er die hochgelobte, 1939 erschienene Biographie von Lord Melbourne, dem Premierminister und politischen Berater Königin Victorias. Sofort las Sidey das Buch. »Es handelte von den jungen Aristokraten Großbritanniens …, die ihr Leben in militärischen Feldzügen aufs Spiel setzten und das Ideal des Empire und der nationalen Ehre über alles andere stellten. Und an den Wochenenden, auf ihren Landgütern, spielten sie Bäumchen-wechsle-dich in den Schlafzimmern. Damit meine ich, sie tauschten ihre Ehefrauen untereinander, sie schliefen mit anderen Frauen. Der Kodex jener Zeit verlangte, daß niemand ein Wort darüber verlor. Scheiden ließ man sich nicht, das wäre eine Schande gewesen.«

Kennedy verstand es perfekt, andere zu beruhigen. Im Jahr 1961 brannte das Haus des aufstrebenden Fernsehproduzenten Joe Naar ab. Der Präsident schickte ihm ein Foto von Smokey, dem Bär, mit der Zeile, er frage sich, wo der Bär während des Feuers gewesen sei. Kurz darauf gab es einen Empfang in Los Angeles, und Naars Frau sollte Kennedy vorgestellt werden. Sie war sehr nervös und übte, wie sie ihm die Hand schütteln und sich für das Foto bedanken würde. Als es dann soweit war, erinnerte sich Naar, sei seine Frau herausgeplatzt: »Danke, Mr. Picture.« Ihr sei es schrecklich peinlich gewesen, doch Kennedy »nahm sie einfach in die Arme, drückte sie an sich und lachte. Er hatte verstanden, was in ihr vorgegangen war. Und das kann ich nicht vergessen.«

Kennedys Wissen um seinen Einfluß auf seine Freunde beunruhigte einige von deren Ehefrauen, sie beurteilten Kennedy weitaus kritischer als ihre Männer. Charles Spaldings einstige Frau Betty hatte die Kennedys Mitte der dreißiger Jahre auf Cape Cod kennengelernt und verstand sich besonders gut mit Eunice, der drittältesten Tochter. Ihr Mann, sagte sie, habe Jack Kennedy nach dessen glanzvoller Hochzeit mit Jacqueline Bouvier für eine ganz spezielle Aufgabe gedient wie auch alle anderen Freunde: Sie begleiteten in der Öffentlichkeit jene Frauen, die in Wirklichkeit für Jack bestimmt waren. »Er hielt für ihn die Stellung. Das taten sie alle, auch Bobby, sie räumten danach auf und hielten die Stellung.« Wie ihr Mann fand Betty Spalding Jack Kennedy »charmant«, und »es war wirklich amüsant, mit ihm zusammenzusein.« Doch man habe nie gewußt, »ob man manipuliert wurde.«

Jewel Reed sagte, sie sei schließlich sehr beunruhigt gewesen wegen Kennedys »enormer Macht über Männer – mehr als über Frauen. Jack empfand die Gegenwart von Männern angenehmer als die von Frauen. Er maß Frauen keine Bedeutung zu, außer für einen bestimmten Zweck.« Reed erzählte mir, daß Kennedy ihren Mann häufig aufgefordert habe, sich ihm für einen »Männerabend« anzuschließen und sie zu Hause zu lassen. Kennedy habe nicht verstehen können, daß Jim gelegentlich bei seiner Frau zu Hause habe bleiben wollen. Die Ehe der Reeds zerbrach wie auch die Ehe der Spaldings während Kennedys Zeit im Weißen Haus.

Gloria Emerson kam zu der Einsicht, daß die Frauen von Jacks Freunden Jack nicht mochten, »weil er ihre Ehemänner so sehr vereinnahmte«. Die Frauen blieben »vollkommen draußen«, sagte Emerson, »einfach abgeschoben. Es war ein anderes gesellschaftliches Klima. Und ich denke, sie waren auf JFK eifersüchtig, weil er Menschen dazu bringen konnte, Dinge für ihn zu tun. Und weil er ein großartiger Schauspieler war. Er konnte sie in den Glauben versetzen, daß er sie wirklich brauchte, damit sie diese Dinge für ihn taten – und warum auch nicht? Das ist Teil der Rolle eines geschickten Politikers.«

Jack Kennedys Einstellung zur Ehe folgte dem von seinem Vater vorgegebenen Muster: Er und seine Söhne sollten sich verheiraten, verheiratet bleiben, viele Kinder haben und mit möglichst vielen Frauen schlafen. Rose Kennedy ging ganz im katholischen Glauben auf und ignorierte, was ihre Söhne und ihr Mann trieben. Die Kennedy-Töchter machten es zu ihrer Lebensaufgabe, sich mit dem untreuen Verhalten der Männer in der Familie abzufinden. Oft erleichterten sie ihren Brüdern die Seitensprünge noch.*

---

* Kein Außenstehender kann die in einer Familie herrschende Dynamik vollständig begreifen, jedoch können Außenstehende oft von dem schockiert sein, was sie im Haus der Kennedys erlebten. Im Jahr 1957 wurde Lyndon Johnson, der Führer der Senatsmehrheit, gebeten, in Palm Beach eine Rede zu halten. Es war selbstverständlich, daß Rose Kennedy ihn anrief und ihn einlud, zum Essen in das am Strand gelegene Haus der Familie zu kommen. Johnson, der sich damals von einem schweren Herzanfall erholte, kam in Begleitung seiner Frau Lady Bird, seines Beraters und Vertrauten Bobby Baker und mit Senator George Smathers aus Florida. »Und so gingen wir hinüber zum Essen«, erinnerte sich Baker. Rose Kennedy, liebenswürdig und charmant, war allein zu Hause. Plötzlich, so Baker weiter, »kam der alte Joe mit einem 17- oder 18jährigen Mädchen herein. Er sagte kein einziges Wort. Spaziert herein und geht geradewegs nach oben.« Dort habe er laut und vernehmlich mit dem Mädchen Geschlechtsverkehr gehabt. »Und hier stand also der Führer der Senatsmehrheit, und er und Jack hatten ein sehr gutes Verhältnis zueinander«, sagte mir Baker. »Ich dachte, das ist das Primitivste, was mir je untergekommen ist.« Das Essen ging dann vonstatten, als wäre nichts geschehen. Später erfuhr Baker, daß Joe die junge Frau von der französischen Riviera mitgebracht hatte, wo die Kennedys ein Ferienhaus besaßen.

Neben dem Vater war der wichtigste Mann für Jack Kennedy sein Bruder Bobby. Und doch passierte es Emerson zufolge Anfang der fünfziger Jahre mehrmals, daß Jack selbst ihn reinlegte. »In einem Hotelzimmer hatte Jack eine Affäre mit einer meiner Zimmergenossinnen, und plötzlich stand Bobby vor der Tür. Jack schob die Frau in einen Schrank, während er mit Bobby sprach«, erinnerte sich Emerson. »Manches verheimlichte er tatsächlich, doch im Verlauf der Zeit immer weniger. Die Kennedys haben sich immer belagert gesehen und mißtrauten der Welt um sie herum. Deshalb wollten so viele Männer Kennedy glauben machen, daß man ihnen vertrauen konnte – es war ein Test, den man absolvieren mußte.«

Hugh Sidey beschrieb das Verhältnis der Brüder als eine »fast wortlose Verständigung. Es war beinahe wie Osmose. Fast jedesmal, wenn ich bei Jack war und mit ihm sprach, klingelte das Telefon, und einmal oder zweimal war es Bobby. Gedämpfte Worte über irgendwelche Dinge gingen hin und her. Ich glaube nicht, daß es wichtige Geheimnisse gab, die sie voreinander verbargen.«

Richard N. Goodwin, der für Kennedy während des Wahlkampfes 1960 Reden schrieb und ihn ins Weiße Haus begleitete, beschrieb Robert Kennedy als einen Menschen, der »voll und ganz für seinen Bruder da war«. »In seinem Leben drehte sich alles darum, die Karriere John Kennedys voranzubringen und zu schützen.« In einem 1997 geführten Interview für dieses Buch erinnerte sich Goodwin an ein Treffen zwischen dem Präsidenten und einer Gruppe von Senatoren aus den Südstaaten auf dem Balkon des Weißen Hauses. Einer der Senatoren »beugte sich vor und sagte: ›Nun, Mr. President, ich fürchte, ich muß Sie wegen der Bürgerrechte scharf kritisieren.‹ Kennedy erwiderte: ›Könnten Sie nicht lieber Bobby kritisieren?‹ Und Bobby schlüpfte in die Rolle.« Der jüngere Kennedy habe stets die Gefühle seines Bruders widergespiegelt. Goodwin war auch bei einem Treffen im Weißen Haus nach der Invasion in der Schweinebucht zugegen. Damals habe Bobby einen hohen Beamten des Außenministeriums angegriffen, weil er nach dem militärischen Einsatz einem Reporter mitgeteilt hatte, er, Bobby, habe sich gegen die Invasion ausgesprochen. »Ich beobachtete, wie Bobby ihn zusammenstauchte«, erinnerte sich

Goodwin. »›Sie können doch die Position meines Bruder nicht schwächen.‹ Und John Kennedy saß ruhig da, sagte während der ganzen Zeit kein Wort. Aber ich habe keine Zweifel, daß Bobby Gespräche zwischen den beiden wiedergab.«

Jewel Reed, deren Mann im Südpazifik ebenfalls PT-Boote befehligt hatte, glaubte, daß Bobby durch seinen älteren Bruder ausgenutzt wurde. »Bobby wollte immer nur seinen Bruder zufriedenstellen. Ich hatte das Gefühl, daß Jack rücksichtsloser war als Bobby.«

Nach der Wahl 1960 brachte Kennedy seine langjährige, aus einer vermögenden und bekannten Familie stammende Geliebte in einem Arbeitsbeschaffungsjob im Weißen Haus unter, der mit internationalen Angelegenheiten zu tun hatte. Sie machte sich hinter den Kulissen der Macht ein Bild und entwickelte große Skepsis gegenüber den Männern in der Umgebung des Präsidenten. »Er war von Menschen umgeben, die wie er waren, von klugen Mitarbeitern, von Typen aus dem Showgeschäft, von Familienangehörigen, von treuen Dienern der Familie, von vielen Leuten, die Bekannte waren, aber keine wirklichen Freunde.«

Kennedys Freunde seien wie viele seiner Freundinnen von seiner glanzvollen Erscheinung angezogen gewesen. »Jeder schmeichelte ihm«, erzählte sie. »›Du bist großartig, das ist ausgezeichnet, alles läuft hervorragend.‹ Wirkliche Freunde mischen sich ein und sagen dir: ›Junge, das ist schwierig. Das geht schief.‹ Ich glaube, daß die Leute, die ihm helfen wollten, wenn sie alles rosig darstellen, ihn im Grunde aufgegeben hatten, auch wenn sie immer wieder fragten: ›Wie kann ich dir Steine aus dem Weg räumen?‹«

Wer es dann ins Weiße Haus geschafft hatte, Mitarbeiter wie McGeorge Bundy, der Sicherheitsberater, und Robert McNamara, der Verteidigungsminister, dem habe Kennedy »nicht das Gefühl gegeben, ein ›intellektueller Eierkopf‹ aus Harvard und klug zu sein, sondern das Gefühl, hart zu sein. Ein Teil von Jack frohlockte, das zu wissen, was man wissen mußte, das zu tun, was getan werden mußte«, erzählte sie. »Bundy kannte die Schmutzarbeit nicht oder das, was Jack im Kampf nach oben gelernt hatte. Diese Männer bekamen nur die schlechten Seiten von Jack mit;

sie hatten das Gefühl, noch härter sein zu müssen, päpstlicher als der Papst.«

Alle Mitarbeiter Kennedys wollten von ihm akzeptiert werden, erzählte sie. »In gewisser Weise kommt es mir so vor, als konnte er nur den geringsten Teil der Intelligenz, die ihn in Gestalt seiner Mitarbeiter umgab, nutzen. Das lag an der Konkurrenz der Leute untereinander. ›Was müssen wir tun, um noch mehr von Daddy zu bekommen? Wie können wir ihn noch stärker auf uns aufmerksam machen? Wie können wir noch mehr von seiner Anerkennung kriegen?‹« Viele neue Ideen der Männer, die dem Präsidenten doch angeblich die besten Ratschläge erteilten, seien deshalb verlorengegangen. Männer wie Bundy, McNamara und Arthur M. Schlesinger jr., der Harvard-Historiker und Sonderberater, »hätten ihren Verstand besser einsetzen können, wenn sie sich nicht in einen Konkurrenzkampf um seine Gunst und seine Zeit verrannt hätten. Es war ihnen genauso wichtig, [mit Kennedy] zusammenzusein, wie über Politik zu reden. Sie wollten bei den Dinners dabeisein, bei Fahrten mit dem Boot, beim Kinobesuch.«

Auch Gloria Emerson registrierte das gleiche Verhaltensmuster. Die Männer, die für ihn im Weißen Haus arbeiteten, »liebten ihn zu sehr. Sie wollten ihm eher gefallen als ihn belehren, und das ist nun mal sehr gefährlich. Jeder wollte ihn lächeln sehen.«

Mit seinem Glanz und seiner Intelligenz schien Kennedy besonders die Unsicherheit der Intellektuellen zu entblößen. Und niemand war mehr darauf aus, ihm zu gefallen, als Ted Sorensen, Jack Kennedys engster Berater im Senat und im Weißen Haus. Mitte der fünfziger Jahre schloß sich Ralph A. Dungan dem Senatsstab als Gewerkschaftsexperte an. Sorensen, mit dem er das Büro teilte, verleidete ihm sofort die Lust an der Arbeit. »Er war bestimmt kein herzlicher Mann«, erzählte Dungan 1967 in einem Interview für die Kennedy Library. »Ein Vorfall hat mich ganz besonders geärgert, und der war sehr vielsagend. Der Senator kam brüllend in unser Büro, schrie wie verrückt wegen etwas herum, ... und richtete seinen Zorn gegen mich. Ich sagte nichts. Ich hatte mich mit dem verdammten Problem nicht befaßt. Sorensen hatte daran gearbeitet. Er saß einfach da und sah zu, wie ich die ganze Wut abbekam, und nicht ein einziges Mal sagte er: ›Das habe ich getan, nicht er.‹ An dem Punkt begriff ich, daß Sorensen in so einem Fall, wenn irgend etwas seine Beziehung zum Chef zu belasten drohte, jeden über die Klinge springen lassen würde.«

Kennedys Freunde hatten schreckliche Angst, ihn zu langweilen. »Wir trugen zu seiner Entspannung bei«, so glaubt Ben Bradlee. »Wir brachten ihn zum Lachen. Wir sprachen meistens über andere Leute und was so passierte. ... [Kennedy] mochte den Tratsch, was die Leute im Schilde führten und was sie so dachten.« Man habe ihn bei der Stange halten müssen, sagte Bradlee, »wenn er sich nur fünf Minuten langweilte, stand er auf und ging. Er konnte keine Langeweile aushalten. Es reichte ihm dann einfach. Er stand auf und ging.« Viele Männer in seiner Umgebung, selbst solche, die als alte Freunde galten, hatten das Gefühl, daß sie austauschbar seien. Der Journalist Charles Bartlett, von dem man wußte, daß er bei einer Dinner-Party Jack mit Jackie bekannt gemacht hatte, profitierte gesellschaftlich wie beruflich von seiner Nähe zu Kennedy. Doch das hatte seinen Preis. »Er war sehr verwöhnt«, erzählte mir Bartlett. »Eines durfte man mit Jack auf keinen Fall machen, nämlich ihn langweilen. Das war eine der unangenehmsten Seiten von Jack – wie schnell er sich abwenden konnte.«

Gloria Emerson meinte, Jack Kennedy habe sich gelangweilt, »wenn die Leute zuviel redeten – wenn sie ihre Angelegenheit zu ausführlich vortrugen. Er mochte Bewegung und Ergebnisse. Bei ihm gab es keine Konversation. Er wollte über Strategien und politische Schachzüge reden, und da war man ausgeschlossen. Alles mußte für ihn einen Zweck haben, und Partys waren Zeitverschwendung, wenn dabei nicht ein politischer Vorteil heraussprang.«

Kennedys Geliebte erlebte das gleiche Gefühl der Ungeduld und die gleiche Angst, die Ungeduld durchdringen zu können. »Nicht nur die Frauen gerieten völlig aus dem Häuschen«, sagte sie. »Jeder wollte gut sein, intelligent sein, geistreich sein. Ich versuchte ihn auszustechen – ich wollte einfach umwerfend sein. Bei Bundy und McNamara war das schon regelrecht kriminell.«

Zu ihrer Beunruhigung beigetragen habe Kennedys »Rastlosigkeit, ein Gefühl, daß er dauernd auf dem Sprung war. Er knirschte mit den Zähnen, klopfte mit dem Fuß, trommelte mit den Fingern. Man hatte das Gefühl, daß es harte Arbeit war. Man mußte sich wirklich anstrengen, um seine Aufmerksamkeit zu erhalten, außer [...] er wollte etwas von einem. Und dann, mein Lieber, wurdest du zum Objekt überaus großen Interesses.«

Ihr Ziel als Geliebte sei es gewesen, ihn »mit Adrenalin« zu versorgen. »›Welche aufregenden Dinge werden wir machen?‹ Mit was wird er sich befassen, damit ihm nicht düstere Ereignisse und düstere Gefühle in den Sinn kommen? Wenn man etwas Aufregendes erleben will, wenn man mit etwas beschäftigt sein und aus sich herausgehen will, dann gibt man damit auf eine gewisse Weise zu verstehen, daß man nicht über schmerzliche Dinge grübeln will, über Dinge, die sehr unangenehm sein können. Er steckte in einer schwierigen Situation, und genauso die Menschen in seiner Umgebung.«

Kennedy erkannte seine Macht über Menschen, und er nutzte sie. Ende der fünfziger Jahre arbeitete der aus Wisconsin stammende Jerry Bruno in Washington für Senator William Proxmire, einen Demokraten aus Wisconsin. Bruno und Kennedy begannen eine Unterhaltung in dem unterirdischen Zubringer, der das Bürogebäude des Senats mit dem Kapitol verbindet. Kennedy lud ihn ein, für eine Plauderei in seinem Büro vorbeizukommen. Bruno wußte, daß Kennedy vorhatte, sich 1960 für die Präsidentschaftswahlen aufstellen zu lassen und daß Wisconsin bei den Vorwahlen eine Schlüsselposition hatte. »Ich gehe also hin, und Kennedy ist nicht da«, erzählte Bruno in einem 1995 geführten Interview. »Ich warte anderthalb Stunden. Dann sagt mir Evelyn [Lincoln, Kennedys Sekretärin], daß er mich morgen früh um acht Uhr zum Frühstück in seinem Haus sehen möchte. Ich gehe zu ihm, klingle, und der Butler kommt und führt mich zur Veranda. Ich sitze da, und der Butler gibt mir eine Zeitung.« Eine halbe Stunde später sei Kennedy heruntergekommen, habe sich an einen anderen Tisch auf der Veranda gesetzt, gefrühstückt und die Zeitung gelesen. Seine Tochter Caroline sei ihm kurz auf die Knie geklettert und habe Hoppereiter mit ihm gespielt. »Er wußte, daß ich da war, doch er sagte kein Wort«, erinnerte sich Bruno. Er wartete weiter. Auf die Frage, warum er das gemacht habe, erklärte er: »Na hören

Sie mal. Ich bin ein Fabrikarbeiter, der es nur bis zur neunten Klasse geschafft hat.« Er wußte, wo sein Platz war.

Schließlich wandte sich Kennedy ihm zu und stellte ihm »eine Menge Fragen über Wisconsin. Er bittet mich, für ihn in leitender Position im Wahlkampf in Wisconsin tätig zu werden. Später dämmerte mir, daß er von mir nichts wußte, daß er mich nur über [die Arbeit für] Bill Proxmire kannte.« Bruno übernahm den Job und wurde, nach der Wahl, ein Verbindungsmann im Weißen Haus. Er ist bis zum heutigen Tag loyal geblieben.

Wie Kennedy Bruno behandelte, entsprach Gutsherrenart, genauso wäre sein Vater Joe mit einer angeheuerten Hilfskraft umgesprungen. Kennedys einstige Geliebte sprach in unseren Interviews ausführlich darüber, was sie als seine »enorme Akzeptanz von Ungleichheit« beschrieb. Nun ja, Kennedy habe die Ansicht geäußert, daß bestimmte »Dinge sich verbessern sollten«. Auch »konnte er manches aus persönlicher Liebenswürdigkeit« heraus tun. Doch »die Hinnahme von Ungleichheit auf allen Ebenen« sei ihm in Fleisch und Blut übergegangen – »daß Frauen gegenüber Männern nicht gleichberechtigt sind, daß farbige Amerikaner gegenüber Weißen nicht gleichberechtigt sind, Juden nicht gegenüber Christen. Diese Vorstellungen waren für ihn ganz normal, und das heißt nicht, daß er ein schrecklicher Rassist, Antisemit, ein Verfechter der Klassengesellschaft oder ein Sexist gewesen wäre. Er war einfach ein Mensch seiner Zeit. Und das brachte viel Beschränktheit mit sich.«

Wenn über die Armen, die Schwarzen und die Juden diskutiert wurde, dann »sagte er gewöhnlich ›Arme Schweine‹. Basta. In seiner Welt gab es eine Menge armer Schweine. Es gab Menschen, die weder den gewünschten Job bekamen noch das gewünschte Parteiprogramm durchsetzen konnten. Diese Wendung reichte ihm viele Male aus, wenn er jemanden für einen Job ablehnte oder sich gegen ein Gesetz sperrte, das man ihm aufdrängen wollte. Sie wissen schon: ›Arme Schweine. Die werden sich schrecklich fühlen.‹« Kennedy habe offenbar geglaubt, daß »unterschiedliche Menschen unterschiedliche Reaktionen zeigen. Der Kummer armer Menschen unterscheidet sich von ›unserem‹ Kummer.«

Kennedy war sich dieser Abgrenzung bewußt. Bei einem Interview, das Hugh Sidey Ende der fünfziger Jahre für eine Titelgeschichte des *Time*-Magazins mit dem Kandidaten Kennedy führte, fragte er ihn unerwartet, ob er eine Erinnerung an die Zeit der Depression habe. Sidey war im ländlichen Iowa aufgewachsen und entsann sich eindringlich an jene harten Zeiten. »Kennedy hatte seine Füße auf den Tisch gelegt und blickte zu mir herüber«, erzählte Sidey 1997. »Und er sagte: ›Ich erinnere mich nicht an die Depression. Wir haben besser gelebt als je zuvor. Wir hatten größere Häuser, mehr Dienstpersonal. Von der Depression erfuhr ich in Harvard – aus Büchern.‹« Jack Kennedy, so Sidey ernüchtert, »hatte einfach nie eine Schlange von Bedürftigen vor einer Lebensmittelausgabestelle zu Gesicht bekommen, war nie Obdachlosen begegnet, die gewöhnlich an unsere Haustür kamen und um ein Almosen bettelten. Er war der Sohn des Botschafters, und das bedeutete ein sehr vornehmes Dasein. Er war nie mit der Realität der Depression in Kontakt gekommen.«

Kennedys frühere Geliebte glaubte, daß Kennedy in Anbetracht seines sorgenfreien familiären Hintergrundes und des festen Glaubens an seine Bestimmung die Bedürfnisse der Menschen in Kuba und Südvietnam nicht verstehen konnte – jenen Nationen, die zur Zielschiebe seiner Wut und Obsessionen wurden und zu Schauplätzen seiner Mißerfolge. Kennedy habe »etwas Wunderbares« getan, »indem er bei Menschen das Gefühl weckte, an etwas mitzuwirken. Doch ich glaube, das geschah meist, weil er sich selbst für etwas Besonders hielt und sich mit den besten und klügsten Köpfen umgab – mit Menschen, deren Leistungen ihren Wert ausmachte.« Wenn es dann wirklich schwierig wurde, hätten der Präsident und seine engsten Berater »ihre Isolation gegenseitig verstärkt. Sie verschanzten sich in ihrer außergewöhnlichen Stellung und schotteten sich von der Wirklichkeit ab. Es war, als hätten Bundy und McNamara – alle diese außergewöhnlichen Männer – bei ihrem Aufstieg die Fähigkeit verloren, ihren persönlichen Schmerz zu empfinden. Nie habe ich bei John Kennedy einen Augenblick der Nachdenklichkeit, des Kummers oder der Trauer erlebt.«

Ende 1962 sei die Affäre beendet worden, so Kennedys frühere Geliebte, aber zuvor habe sie noch erfahren, wie ausgiebig Ken-

nedy Frauen nachstellte. Sie sei von der Erkenntnis »niederge-
schmettert« gewesen. »Ich dachte eigentlich: ›Meine Güte, vielleicht bin ich wirklich etwas Besonderes.‹ Aber nein, ich war eine
von vielen, vielen anderen. Auf lange Sicht gesehen hat mir das
geholfen, weil ich mich entschied, Washington zu verlassen, und
es war höchte Zeit zu gehen.«

Nachdenklich meinte sie: »Und was ist die Moral der Geschichte?
Die Moral ist, daß dieser großartige Mann, der sich durch seine
Energie und Intelligenz, seinen Glanz und seine Macht auszeich-
nete, zu einem gewissen Grad entmenschlicht wurde durch die
Privilegien, die ihn zu dem gemacht hatten, was er war. Er erlaubte es uns zu glauben, es gebe Menschen, die vollendet seien.
Das ist eine sehr gefährliche Illusion, weil diese Menschen irgendwann merken, daß sie es nicht sind. Diesen Mann zum Mythos zu
erheben hat ihm nicht genützt, und auch uns nicht, weil es uns erlaubte, die Verantwortung für unseren Beitrag zum öffentlichen
Leben abzuschieben. Wir sagten uns: ›Nun ja, das kann dieser
großartige Führer erledigen.‹ So eine Haltung fördert nicht gerade
das Denken.«

Der Glaube der Kennedys, außergewöhnliche Menschen zu sein,
die sich ihre eigenen Regeln schaffen können, hatte seinen Ursprung in einer Zeit lange vor Jacks Geburt. Dieser Glaube erwuchs mit Jacks Großvater.

# 3

# Honey Fitz

Bei Historikern und Biographen kommt John F. »Honey Fitz« Fitzgerald, Jack Kennedys Großvater mütterlicherseits, gut weg. Ausnahmslos beschreiben sie ihn als liebenswerten altgedienten Bostoner Politiker, der bekannt dafür war, daß er energisch seine
Wahlkämpfe führte und bei politischen Veranstaltungen lauthals
»Sweet Adeline« sang, ein altes irisches Volkslied. Es heißt, der ath-
letische, gutaussehende Fitzgerald habe als erster Politiker Wahlkampf mit dem Automobil gemacht: In spektakulärer Weise raste
er quer durch Boston und verkündete am letzten Abend seines
erfolgreichen Wahlkampfes 1905 für den Posten des Bürgermeisters auf nicht weniger als achtundzwanzig Wahlkampfveranstaltungen seine reformerische, gegen das politische Establishment
gerichtete Botschaft. Niemand, so erzählte man sich, habe mehr
Hände geschüttelt, öfter das Tanzbein geschwungen, schneller geredet, größere Menschenmengen angezogen und mehr begeistert
als Honey Fitz.

Dieses Bild hat überlebt – und nicht die Wahrheit. Fitzgerald
war in seinen beiden Amtszeiten als Bostoner Bürgermeister umstritten, unter Eid wurde gegen ihn der Vorwurf erhoben, er habe
Schmiergelder gezahlt und Vetternwirtschaft betrieben. Doch
seine Biographen spielten dies herunter als ein Beispiel der in den
Großstädten üblichen politischen Gepflogenheiten. Die politische
Allianz zwischen Fitzgerald und seinen vier Brüdern, die mit Ämtern und anderen großzügigen Gaben versorgt wurden, darunter
einträglichen Spirituosen-Konzessionen, war das Muster einer
Form brüderlicher Loyalität, die sich in der nächsten Generation

ständig fortsetzen sollte. Über Fitzgeralds politische Schmach von 1919, als im Repräsentantenhaus acht Monate gegen ihn ermittelt wurde mit dem Ergebnis, daß er sein Mandat verlor, gehen die meisten Historiker und Biographen mit ein oder zwei beiläufigen Sätzen hinweg.

Die Unvollständigkeit der Darstellungen resultiert zum Teil daraus, daß die Kennedys unangenehme Ereignisse aus der Familiengeschichte tilgten und daß die Mitglieder der Familien ohne weiteres logen, wenn es nötig erschien. Die Fakten und Umstände von Fitzgeralds Mandatsverlust wurden durch eine auf das Jahr 1880 zurückgehende Regelung geschützt, nach der sämtliche Untersuchungsdokumente für fünfzig Jahre unter Verschluß zu halten sind. Mehr als 3000 Seiten Akten und eidesstattliche Aussagen vor der Wahlkommission des Repräsentantenhauses im Zusammenhang mit der Wahl 1918 waren der Öffentlichkeit bis 1969 nicht zugänglich und blieben seitdem ungeprüft und unveröffentlicht. Bis zu den Nachforschungen für dieses Buch.

Am 5. November 1918 gewann Fitzgerald einen Sitz im Repräsentantenhaus; er schlug im zehnten Wahlbezirk von Massachusetts den demokratischen Abgeordneten Peter F. Tague denkbar knapp mit 238 Stimmen von insgesamt abgegebenen 15 293 Stimmen. Die kürzlich erstmals gesichteten Akten des Wahlausschusses zeigen, daß Fitzgeralds Truppen, darunter auch sein Schwiegersohn Joseph P. Kennedy, italienische Einwanderer rekrutierten, die damals in großer Zahl in die Vereinigten Staaten strömten. Die Italiener wurden in die Wahlkreise geschickt und angewiesen, die Anhänger Tagues mit Drohungen und Gewaltanwendung an der Stimmabgabe zu hindern. Sogar einige Berufsboxer wurden engagiert. Das Untersuchungskomitee des Repräsentantenhauses stellte fest, daß mindestens ein Drittel der in drei Wahlkreisen von Bostons fünftem Wahlbezirk abgegebenen Stimmen betrügerisch zustandegekommen waren: sogenannte »Matratzen«-Stimmen, von Männern abgegeben, die sich eigens für die Wahl in dem Bezirk hatten registrieren lassen, damit sie dort wählen konnten. Einige Stimmen für Fitzgerald stammten von Männern, die im Ersten Weltkrieg bei Kampfeinsätzen umgekommen oder noch in Übersee stationiert waren. Die meisten illegalen Stimmen kamen aus einer Reihe berüchtigter Nachtclubs und Bordelle, und diese Stimmen, so das Fazit des Ausschusses, hatten Fitzgerald zu seinem betrügerischen Wahlsieg verholfen. Fitzgerald brachte während der Nachforschungen wenig zu seiner Verteidigung vor. Er beharrte darauf, man habe ihm etwas »angehängt«, und bestritt, daß Betrug bei seiner Wahl im Spiel gewesen sei. Am 24. Oktober 1919 wurde mehr als vier Stunden über den Bericht der Wahlkommission diskutiert. Das Repräsentantenhaus votierte mit überwältigender Mehrheit dafür, Fitzgerald seinen Sitz abzuerkennen und auf der Stelle seinen Gegenkandidaten zu vereidigen.

Gegenüber Zeitungsreportern kommentierte Fitzgerald vor dem Kapitol den Vorgang lapidar: »Nun, McKinley hat seinen Sitz durch den Kongreß verloren, kandidierte für das Präsidentenamt und wurde gewählt. Sie sehen also, welcher Weg vor mir liegt.« Doris Kearns Goodwins erwähnt in ihrer 1987 veröffentlichter Bestseller-Biographie *The Fitzgeralds and the Kennedys* (Die Fitzgeralds und die Kennedys) kurz die Wahl von 1918 und ihre Nachwirkungen. Sie stellt fest, daß Fitzgerald nach seiner Amtsenthebung »so fröhlich blieb wie immer; er tauchte abermals wie eine Ente im Wasser aus seiner erlittenen Schmach auf, und die Lokalzeitungen betrachteten ihn weiterhin als den führenden Bürger Bostons.«

Warum war Fitzgerald so ausgelassen?

Zum einen praktizierte er wohl erfolgreich das, was man heute politische Schadensbegrenzung nennt: Er bemühte sich, die Bedeutung des Vorfalls gegenüber der Öffentlichkeit und der Presse so weit wie möglich herunterzuspielen.

Zum zweiten zeichnete ihn lebenslang die Fähigkeit aus, die Konsequenzen seines Handelns zu ignorieren. Er hatte sich 1905 als Reformer für das Amt des Bürgermeisters aufstellen lassen, doch nach seinem Amtsantritt war die Stadtverwaltung bald für Vetternwirtschaft und Korruption berüchtigt. »Von den ersten Tagen in der Politik an«, schreibt Goodwin, »führte Fitzgerald ein Doppelleben, so daß er am Image des ›guten‹ Menschen und Reformpolitikers festhalten konnte« – während er gleichzeitig an korrupten Machenschaften beteiligt war. Die Fähigkeit zum Doppelspiel und die Bereitschaft zu schmutzigen politischen Tricks gingen an seinen Schwiegersohn Joe Kennedy und an Kennedys zweiten Sohn John über.

Außerdem war Fitzgerald wohl klar, daß er noch glimpflich davongekommen war; die Wahlkommission hätte noch sehr viel mehr Belastendes veröffentlichen können. In den unveröffentlichten Aufzeichnungen des Ausschusses von den Anhörungen erscheint Fitzgerald als ein Politiker, der sich wie andere korrupte Großstadtpolitiker seiner Zeit mit Alkohol, Prostitution und Gewalt Geld und die Unterstützung der Wähler verschaffte.

Die Akten zeigen weiter, daß Joe Kennedy in viele Machenschaften seines Schwiegervaters direkt verstrickt war, was die Historiker in der Regel übersehen haben. Daß Fitzgerald Kennedy protegierte, geht aus etlichen Dokumenten hervor, so auch aus den lange Zeit schlummernden Wahlkampfunterlagen von 1918. Unter anderem hatte Tague Briefe veröffentlicht, nach denen Fitzgerald ihn gedrängt hatte, Kennedy für einen Direktorposten bei der Bundesbehörde Farm Loan Board zu empfehlen (Kennedy erhielt den Position schließlich nicht). Weitere Aussagen und Dokumente zeigten, daß der Wahlausschuß Kennedy verdächtigte, einer der Drahtzieher bei den Einschüchterungs- und Betrugsmanövern am Wahltag im November 1918 gewesen zu sein.

Fitzgerald ärgerten seine Niederlage 1919 und spätere politische Fehlschläge, doch in den Biographien wird er als glücklicher, seine Enkel abgöttisch liebender Großvater beschrieben, der sich in den zwanziger Jahren an vielen Nachmittagen mit den Kindern seiner ältesten Tochter Rose Kennedy beschäftigt habe. Roses beständig wachsende Familie lebte bis Ende 1927 nur wenige Meilen entfernt. Fitzgerald nahm sich besonders der zwei ältesten Enkel Joseph jr. und John an, ging mit ihnen in den Zoo, ruderte auf einem See im Stadtpark und besuchte Spiele der Boston Red Sox und der Boston Braves. Unerwähnt bleibt in diesen Darstellungen, daß Härte und Hartnäckigkeit ein vorrangiges Merkmal der großen Fitzgerald-Familie waren, Eigenschaften, die an künftige Generationen weitergegeben wurden und letztlich auch den Präsidenten prägten.

Die Fitzgeralds und die Kennedys hatten immer schon vor allem ihren eigenen Vorteil im Auge. Mitte der dreißiger Jahren drängte Joe Kennedy mit dem ganzen Gewicht seiner Stellung in der Regierung Roosevelt, einen von Fitzgeralds Brüdern für die Position eines für Spirituosenhandel zuständigen Bundesbeamten zu ernennen. Präsident John F. Kennedy setzte die Familientradition fort, ignorierte das Gerede über Vetternwirtschaft und machte seinen Bruder zum Justizminister. Ebenso 1962, als er dafür sorgte, daß Edward M. Kennedy, sein jüngster Bruder, nominiert und in den Senat von Massachusetts gewählt wurde.

Nach der Darstellung von Biographen der Familie Kennedy hatte Fitzgerald zu seinem häufig abwesenden Schwiegersohn Joe keine sehr enge Beziehung. Honey Fitz zeichnete neben seiner ungebrochenen Beliebtheit bei den Bostoner Wählern eine Eigenschaft aus, die dem stetig nach oben strebenden Joe Kennedy fremd blieb: Der Bürgermeister war ein altmodischer Politiker, der zu seiner bescheidenen Herkunft stand und sich gerne als ein Mann des Volkes präsentierte.

Joe Kennedy aber wollte ganz nach oben. Als Roosevelts Botschafter in London sammelte er, wie wir sehen werden, skrupellos brisante Informationen über den Präsidenten – ein kläglicher Versuch, Franklin D. Roosevelt aus dem Amt zu drängen und sich selbst in die Position eines möglichen Kandidaten zu rücken. Ende der vierziger Jahre war Joe Kennedy mit seinen Ambitionen gescheitert, doch er lernte aus seinen Fehlern. Sein Sohn Jack eiferte dem Großvater nach und baute sich in Boston eine starke politische Basis auf.

Honey Fitz blieb nach seiner politischen Blamage der Familie gegenüber loyal und tat, was sein wohlhabender Schwiegersohn ihm sagte. Mit 79 Jahren übernahm Fitzgerald für Joe noch einmal eine Aufgabe: In Massachusetts kandidierte er als Störenfried bei der Senatsvorwahl gegen den aussichtsreichen Demokraten Joseph E. Casey, einen Vertreter des New Deal, der einer von Roosevelts Favoriten im Kongreß war. Fitzgeralds Wahlkampf wurde von Kennedy finanziell erheblich unterstützt und sorgsam durch einen von Joes mächtigen und gut bezahlten Redenschreibern überwacht. Fitzgerald zog in der Vorwahl 80 000

Stimmen von Casey ab, der Republikaner Henry Cabot Lodge jr. gewann die Hauptwahl mit Leichtigkeit. Die Niederlage brachte den Präsidenten wie erwartet in eine schwierige Lage und bremste Caseys Karriere. Kennedy sah in Casey eine Bedrohung für die politischen Ambitionen seines ältesten Sohnes Joe jr. – bis zu dessen Tod 1944 der große Hoffnungsträger. Die Kennedys lernten 1942 eine wichtige Lektion: Selbst ein sehr guter Kandidat wie Joseph Casey konnte mit Geld besiegt werden.

Honey Fitz rückte ein weiteres Mal ins Rampenlicht, als Joe Kennedy 1946 seinen ältesten Sohn Jack, der den Krieg überlebt hatte, als den politischen Erben der Familie inthronisierte. Jack kehrte als Held der Marine aus dem Krieg zurück, für die Scharmützel mit Torpedobooten hatte er einen Orden erhalten. Man entschied, daß er als einer von zehn Kandidaten in den Vorwahlen der Demokraten den Wahlkampf um Fitzgeralds alten Sitz im Kongreß aufnehmen solle. Die Public-Relations-Maschine der Kennedys wurde erneut in Gang gebracht, und man spielte das enge Verhältnis zwischen Enkel und Großvater aus – sorgfältig geplant von Joe, der sich während des Wahlkampfes wie später während der gesamten politischen Laufbahn seines Sohnes im Hintergrund hielt. In den Zeitungen erschienen Dutzende schmeichelhafter Artikel und berichteten, wie der junge Mann und sein Großvater zusammen in der Arbeiterbezirken von Bostons North End und West End Wahlkampf machten. Der einstige Bürgermeister führte seinen Enkel bei den Honoratioren der Stadt ein. Honey Fitz schien im Wahlkampf eine wichtige Rolle zu spielen.

Als engsten Wahlkampfberater hatte Joe persönlich Joseph L. Kane ausgewählt, einen erfahrenen, dickköpfigen Bostoner Politiker. Kane war Joe Kennedys Vetter ersten Grades und ein Freund aus Kindertagen. Die Wahl fiel auf ihn, weil Joe Hunderttausende Dollar aus eigener Tasche in den Wahlkampf steckte und Kane mit seiner vierzigjährigen Erfahrung in der Bostoner Politik ganz genau wußte, wen man schmieren mußte und mit wieviel Geld. Kanes politische Theorie war sehr einfach, wie er Martin Plaut Jahre später erläuterte: »Drei Dinge braucht man, um zu gewinnen: erstens Geld, zweitens Geld und drittens Geld.« Ein Konkurrent in der Vorwahl bekam 7500 Dollar bezahlt, »damit er blieb oder damit er sich zurückzog«, je nachdem wie sich das Rennen entwickelte. Ein weiterer Konkurrent wurde ausgeschaltet, indem Kane Geld springen ließ, damit jemand mit dem gleichen Namen an der Vorwahl teilnahm. Das verwirrte die Wähler, und der Gegner verlor Stimmen. Die Kennedys kauften im Wahlbezirk den Großteil der vorhandenen Werbeplakatfläche und betrieben im großen Stil Werbung im Hörfunk. Der Werbespruch für den Wahlkampf war, wie von Kane angeraten, vage gehalten: »Ein Politiker der neuen Generation«. Tausende von Flugblättern und Broschüren wurden per Post verschickt, viele potentielle Wählerinnen erhielten eine persönliche Einladung zu einem glanzvollen Empfang der Familie in einem Hotel. Der Erfolg war durchschlagend. Kane meinte, Joe Kennedy sei es gewohnt gewesen, für alles zu bezahlen, was er bekam. »Sie zahlten eine schwindelerregende Summe für den Kongreßwahlkampf 1946, doch Jack hätte wie jeder andere auch für zehn Cent in den Kongreß einziehen können.«

John F. Kennedy führte einen entschlossenen und erfolgreichen Wahlkampf. Er errang den Sitz im Kongreß, den einst sein Großvater innegehabt hatte, und das mit viel Charme, Intelligenz und wachsendem Selbstbewußtsein. In seinem ersten Wahlkampf finden wir bereits all die Strategien, die ihm auch später politische Erfolge bescheren sollten: früher Beginn, der wirkungsvolle Einsatz von Freiwilligen und eine ihm gegenüber absolut loyale Organisation, die auch Familienmitglieder umfaßte, alte Freunde, frühere Mitschüler und Kameraden aus Kriegstagen, als Kennedy im Pazifik das Patrouillenboot PT-109 kommandiert hatte.

Die wichtigsten Lehren aus dem Wahlkampf des Jahres 1946 vergaß Jack Kennedy die nächsten vierzehn Jahre nicht mehr, als er die Kommunalpolitik seines Großvaters hinter sich ließ und den langen Weg zur Präsidentschaft einschlug: Gutes Aussehen, eine gute Organisation und harte Arbeit reichten nicht. Vor allem brauchte er seinen Vater – und dessen unerschöpfliche Geldquellen.

# 4

# Joe

Geld machte Joseph P. Kennedy unabhängig und seinen Sohn zum Präsidenten.

Bei Joe Kennedys Tod 1969 schätzte die *New York Times* seinen privaten Besitz und seine verschiedenen Firmenanteile auf »vielleicht 500 Millionen Dollar«. Eine vollständige Auflistung seiner Besitztümer, und wie er sie erworben hatte, war damals nicht möglich und existiert bis heute nicht. Joe Kennedy verbrachte sein Leben damit, Geld zu verdienen und dies zu verbergen.

Die Biographen der Familie schrieben anhand des Materials, das ihnen Joe Kennedy selbst, seine Frau Rose und andere Familienmitglieder zur Verfügung gestellt hatte, die bekannte Erfolgsstory. Sie beginnt damit, daß Kennedy wenige Jahre nach seinem Abschluß an der Harvard-Universität Präsident einer kleinen Bostoner Bank wurde, der Columbia Trust Company, als jüngster Bankpräsident des Landes. Weil er dem Militärdienst im Ersten Weltkrieg entgehen wollte, schied er 1917 bei der Bank aus und wurde stellvertretender Direktor auf der Schiffswerft von Bethlehem Steel im nahe gelegenen Quincy. Nach dem Krieg verließ er die Werft und stieg bei den Börsenmaklern Hayden, Stone and Company in Boston ein, wo er sofort Erfolg hatte. Innerhalb eines Jahres verdiente er mit Börsenspekulationen genug Geld, daß er ein neues Haus mit zwölf Zimmern im Vorort Brookline – Joe Kennedy und Rose hatten mittlerweile vier Kinder – und einen Rolls-Royce kaufen konnte. Er verließ Hayden, Stone and Company 1923 und machte sich als Bankier mit Börsengeschäften selbständig. Mit seiner beständig wachsenden Familie – und mittlerweile als Millionär – war er 1927 in einen Vorort von New York gezogen, und ins Filmgeschäft eingestiegen, wo er angeblich weitere Millionen verdiente. Mit seinem untrüglichen Instinkt zog er sich noch während des Booms kurz vor dem Börsenkrach im Oktober 1929 aus dem Aktiengeschäft zurück.

Im Jahr 1931 hatte Kennedy dem Filmgeschäft den Rücken gekehrt. Er unterstützte Franklin D. Roosevelt finanziell im Präsidentschaftswahlkampf und sammelte weitere Gelder für ihn. Roosevelt versetzte Washington und die Wall Street Mitte des Jahres 1934 in Erstaunen, als er Kennedy, der berüchtigt dafür war, Börsenkurse zu manipulieren, zum Leiter der staatlichen Börsenkommission *Securities and Exchange Commission (SEC)* ernannte, einer New-Deal-Einrichtung zur Reform und Regulierung der Finanzmärkte. Man erzählte sich die Geschichte, daß Roosevelt seine ungewöhnliche Wahl lachend mit einer alten Weisheit erklärt habe: »Man braucht einen Dieb, wenn man Diebe fangen will.« Später übernahm Kennedy für kurze Zeit den Vorsitz der Kommission für die Handelsmarine, und danach vertrat er sein Land drei Jahre lang auf katastrophale Weise als Botschafter in Großbritannien. Im Jahr 1940 war Kennedy wegen seiner isolationistischen Haltung und seiner offen geäußerten Skepsis, ob England den Krieg gegen Deutschland weiterführen könne, im In- und Ausland äußerst unpopulär. Der Botschafterposten war sein letztes Amt in der Regierung. Die nächsten zwanzig Jahre verbrachte er damit, zwischen seinen Anwesen in Palm Beach in Florida und Hyannis Port in Massachusetts hin und her zu reisen, dafür zu sorgen, daß aus seinen neun fotogenen Kindern etwas wurde, und Geld zu scheffeln. Nach der Wahl seines Sohnes zum Präsidenten fungierte Joe Kennedy bis zu seinem schweren Schlaganfall im Dezember 1961 als »Einmannküchenkabinett«. Er blieb bis zu seinem Tod 1969 ein Pflegefall, verstand zwar alles, konnte aber nicht sprechen. Der Familienpatriarch überlebte seine Tochter Kathleen und drei seiner Söhne – Joe, Jack und Bobby.

Joe Kennedy war nach allem, was über ihn erzählt wurde, ein skrupelloser Geschäftsmann, ein Experte im Manipulieren von Aktienkursen und Geschäftspartnern. Aus veröffentlichten Berichten und offiziellen Dokumenten geht allerdings nicht hervor, wie er von seinen Kenntnissen der Korruptionspraktiken in den Großstädten profitierte, die er sich an der Seite seines Schwiegervaters Honey Fitz erworben hatte.

Den Akten des Wahluntersuchungsausschusses im Repräsentantenhaus ist zu entnehmen, daß Kennedy bei Fitzgeralds Wahlkampf gegen Peter Tague zumindest für die Finanzen zuständig war. Aus den Akten geht weiter hervor, daß Fitzgerald zu der Entscheidung, gegen seinen demokratischen Parteifreund Tague anzutreten, von Parteibossen gedrängt wurde, nachdem Tague als Kongreßabgeordneter bei einer Reihe von korrupten und sehr profitablen Grundstücksgeschäften um die Fore River Werft nicht hatte kooperieren wollen. Tague sagte, daß er es ablehne, Fitzgerald und seinen Freunden beim Kauf von Grundstücken am Fore River zu helfen, wo ein großes staatliches Wohnungsbauprojekt geplant war. Damals war Joe Kennedy stellvertretender Direktor der Werft, und die Art, wie die Mitglieder des Untersuchungsausschusses fragten, läßt vermuten, daß Kennedy ihrer Meinung nach am Profit beteiligt war. Illegal verdientes Geld spielte bei Kennedys frühem Reichtum wohl eine außerordentlich große Rolle – vielleicht eine genauso große wie sein Instinkt für die Börse.

Wer in der Politik mit Kennedy zusammenarbeitete, lernte rasch, daß der scheinbar so aufrichtige Kennedy bestenfalls äußerst verschlossen und im schlimmsten Fall ein unverbesserlicher Lügner war, soweit es seine finanziellen Interessen betraf. Selbst für seine Frau und andere Familienmitglieder blieb es immer ein Geheimnis, wieviel Geld Kennedy verdiente und auf welche Weise. Sie merkten bald, daß sie keine Fragen stellen durften. Man wußte nur, wie ein Biograph der Familie schrieb, daß das Geld seit den frühen zwanziger Jahren »in die Familie strömte«. Das war der Beginn der Prohibition, und Bundesbeamte, für die Joe Kennedy noch ein Unbekannter war, machten Jagd auf illegal eingeführten Alkohol, der ungeachtet des Verbots in die USA geschmuggelt wurde und dort auf große Nachfrage stieß.

Kennedy sicherte sich als einer der ersten eine wichtige Position beim Import von Alkohol. Mit Hilfe medizinischer Genehmigungen umging er die Beschränkungen der Prohibition. Bei seinen Geschäften gewann er Einblicke in die Branche, und das verschaffte ihm später beim legalen Handel Vorteile gegenüber seinen Konkurrenten. Im Herbst 1933, als das Ende der Prohibition absehbar war, kam er nach London und unterzeichnete mehrere Verträge, die ihn zum amerikanischen Generalvertreter für zwei Marken Scotch Whiskys und Gordon's Gin machten.* Er gründete das Unternehmen Somerset Importers Ltd. und führte es bis zum überraschenden Verkauf 1946, der Verkauf brachte ihm 8 Millionen Dollar (was 1997 der Summe von 55 Millionen Dollar entspräche).

Kennedys finanziell sehr erfolgreicher Einstieg ins Spirituosengeschäft gab Anlaß zu Gerüchten, die zu der Zeit, als sein Sohn ins Weiße Haus einzog, bereits im ganzen Land verbreitet waren, aber nie bestätigt wurden. Man munkelte, Joe Kennedy sei seit Beginn der Prohibition tief in das Geschäft mit illegal eingeführtem Alkohol verstrickt gewesen – ein Geschäft, das von den Bossen des organisierten Verbrechens wie Frank Costello in New York, Abner »Longy« Zwillman in Newark und Al Capone in Chicago beherrscht wurde. Die Gerüchte erschienen vor dem Hintergrund von Joe Kennedys Erfahrungen mit dem Schiffsbau bei der Fore River Werft während des Ersten Weltkriegs plausibel – ein Großteil der illegalen Alkoholimporte kam per Schiff nach Amerika – und durch die große Anzahl von Familienangehörigen der Kennedys und Fitzgeralds, die vor Beginn der Prohibition im Jahre 1920 im Spirituosengeschäft tätig gewesen waren. Joe Kennedys Vater besaß mindestens drei Wirtshäuser in Boston sowie eine gutgehende Spirituosenimportfirma, die Lieferungen aus Europa und Südamerika abwickelte. Zwei Onkel von Rose Kennedy, jüngere Brüder von Honey Fitz, blieben auch während der Prohibition im Spirituosengeschäft aktiv.

Es ist schwierig, die vielen Berichte über Joe Kennedys Beteiligung an illegalen Alkoholgeschäften richtig einzuordnen, weil so gut wie keine offiziellen Dokumente existieren. Das FBI veröf-

---

* Bei der London-Reise wurde Kennedy von James Roosevelt begleitet, dem Sohn des neugewählten, im Ausland sehr angesehenen Präsidenten. Der damals 45jährige Kennedy und der erst 27jährige Roosevelt waren während des Präsidentschaftswahlkampfes 1932 enge Freunde geworden. Die Freundschaft gründete auf Roosevelts Schwäche für Frauen und Alkohol und Kennedys Geschick, diese Schwächen auszunutzen.

fentlichte seit Joe Kennedys Tod auf Anfragen gemäß dem Freedom of Information Act (FOIA) Hunderte von Seiten aus Kennedyakten – eine Sammlung von Sicherheitsberichten und Briefen zwischen Hoover und Kennedy –, doch darin findet sich kein Hinweis auf eine Verbindung zwischen Joseph Kennedy, dem organisierten Verbrechen und dem Geschäft mit illegal importiertem Alkohol. Dennoch behaupteten in den vielen Interviews, die ich für dieses Buch über vier Jahre hinweg führte, ehemalige hochrangige Regierungsbeamte der fünfziger und sechziger Jahre, darunter auch Chefankläger aus dem Justizministerium, CIA- und FBI-Agenten, daß Joe Kennedy während der Prohibition ein bekannter Alkoholschmuggler gewesen sei. »Ich weiß mit Sicherheit, daß er Partner beim organisierten Verbrechen hatte, die Respekt vor ihm hatten«, erzählte mir 1997 Cartha D. DeLoach, stellvertretender FBI-Direktor unter J. Edgar Hoover. »Aber ich kannte ihn nur über Mr. Hoover. Kennedy war in der längst vergangenen Ära des Schmuggelns sehr aktiv gewesen, und nach Hoovers Ansicht hatte er damit sein Vermögen gemacht.«

Es ist eine unbestrittene Tatsache, daß Joe Kennedy bei seinen Alkoholimporten allen Risiken und Gerüchten trotzte – die gleiche Unbekümmertheit legte später sein Sohn Jack an den Tag –, und auch nach Ende der Prohibitionszeit, in den dreißiger und noch in den vierziger Jahren, wickelte er Spirituosengeschäfte mit den berüchtigsten Gruppen des organisierten Verbrechens ab.

Am deutlichsten hat die Anschuldigung, Kennedy sei am Alkoholschmuggel beteiligt gewesen, Frank Costello erhoben, der mächtigste Mafiaboß der vierziger und fünfziger Jahren, der sich später als erfolgreicher Geschäftsmann darstellte. Im Februar 1973 entschloß sich der damals zweiundachtzigjährige Costello, dem angesehenen New Yorker Journalisten Peter Maas seine Lebensgeschichte zu erzählen. Zehn Tage später erlitt er einen Herzanfall und starb, bevor Maas der Beziehung zwischen ihm und Kennedy auf den Grund gehen konnte. Maas berichtete später der *New York Times,* Costello habe ihm vertraulich mitgeteilt, daß er und Kennedy während der Prohibition »Partner« im illegalen Alkoholgeschäft gewesen seien – nach Costellos Schilderung hatte die Partnerschaft damit begonnen, daß Kennedy ihn aufsuchte und um Hilfe bat.

Ähnlich berichtete der ehemalige New Yorker Mafiaboß Joseph Bonanno in seinen Memoiren *A Man of Honor* (Ein Ehrenmann) aus dem Jahr 1983, daß Costello ihm immer erzählt habe, »er und Joe Kennedy aus Boston seien während der Prohibitionszeit Partner im Spirituosengeschäft gewesen, ich habe keinen Grund, daran zu zweifeln ... Im Sommer fuhr ich manchmal nach Sag Harbor auf Long Island. Die kleine Bucht dort, so wurde mir erzählt, sei eine der Stellen gewesen, wo die Kennedy-Leute während der Prohibition Whisky geschmuggelt hätten.«

Ein weiterer Hinweis auf eine frühe Verbindung zwischen Kennedy und dem Alkoholschmuggel gab Q. Byrum Hurst in einem 1996 geführten Interview. Hurst war Anwalt in Hot Springs in Arkansas und vertrat über zwanzig Jahre lang den berüchtigten Gangster Owney Madden bis zu dessen Tod 1965. Madden stammte aus England, hatte in seiner Jugend in New York City brutale Morde begangen, entwickelte sich aber in den zwanziger Jahren zu einem raffinierten Gangster und bewegte sich unter den korrupten Politikern und Bossen der kriminellen Szene an der Ostküste wie unter seinesgleichen. Er beendete seine Karriere als Kasinobetreiber in Hot Springs, seine Einrichtungen – die von der örtlichen Polizei nie genauer untersucht wurden – standen Verbrecherbossen, die eine Zeitlang untertauchen mußten, stets zur Verfügung. »Owney und Joe Kennedy waren einige Jahre lang Partner im Geschäft mit illegalem Alkohol«, erzählte Hurst. »Ich habe oft mit ihm darüber gesprochen ... Owney kontrollierte damals alle Nachtklubs in New York. Er beherrschte New York in den zwanziger Jahren absolut, und Joe suchte Absatzmöglichkeiten für seine Spirituosen.« Hurst, der mehr als zwanzig Jahre im Senat von Arkansas gesessen hatte, fügte hinzu, daß Madden ihm erzählt habe, »er habe Kennedys Urteilsvermögen in Geschäftsdingen geschätzt. Er erkannte Kennedys Intelligenz.«

Abraham Lincoln Marovitz aus Chicago, ein weiterer intimer Kenner der Szene, der viele führende Gestalten des organisierten Verbrechens vertreten hatte, bevor er vierzig Jahre lang in Chicago als Richter und Bundesrichter tätig war, bestätigte ebenfalls, daß Joe Kennedy an illegalen Alkoholgeschäften beteiligt gewesen sei. »Ich weiß über diese Zeit Bescheid«, sagte der 92jährige in einem Interview für dieses Buch. »Ich habe damals einige Leute vertreten. Kennedy hat drüben in Neuengland illegal mit Alkohol gehandelt und kannte die ganzen Leute. Er hatte Verbindungen zum organisierten Verbrechen. Ohne Billigung der Mafia hätte Kennedy nie solche Geschäfte machen können. Sie hätten ihn genauso aus dem Weg geräumt wie viele andere.« Marovitz, langjähriger Weggenosse des legendären Bürgermeisters von Chicago Richard J. Daley, wurde 1963 von John F. Kennedy zum Richter am Bezirksgericht ernannt.

Die wichtigste, allerdings auch am wenigsten bekannte Sammlung konkreter Beweise für Kennedys illegale Geschäfte findet sich in den Tausende von Seiten umfassenden Zeugenaussagen zum organisierten Verbrechen, die zu Beginn der fünfziger Jahre vor dem von Estes Kefauver, einem Demokraten aus Tennessee, geleiteten Untersuchungsausschuß des Senats gemacht wurden. Bei unzähligen öffentlichen Anhörungen im ganzen Land spürten die Mitglieder des Untersuchungsausschusses und Polizeibeamte vor Ort besonders der Zunahme von Glücksspiel und Erpressung im Raum Miami vor und während des Zweiten Weltkriegs nach. Einer der wichtigsten Strohmänner für das organisierte Verbrechen in diesem Gebiet war Thomas J. Cassara, ein Rechtsanwalt aus New London in Connecticut. Er erregte zum ersten Mal Ende der dreißiger Jahre die Aufmerksamkeit der Polizei, als er einen Mietvertrag für das neu erbaute Raleigh Hotel in Miami Beach als Miteigentümer unterzeichnete. Es war bekannt, daß das Hotel von Familien des organisierten Verbrechens unter Führung von Capones Nachfolgern in Chicago und Costello in New York finanziert worden war. Wenige Jahre später, kurz vor Ausbruch des Zweiten Weltkrieges in Europa, übernahm Cassara die Pachtverträge für zwei Hotels ganz in der Nähe, das Grand Hotel und das Wofford. Daniel P. Sullivan, ein ehemaliger FBI-Agent, der Leiter der Verbrechenskommission für den Großraum Miami wurde, sagte vor Kefauvers Sonderausschuß zur Untersuchung der Rolle des organisierten Verbrechens im Güterverkehr, das Gebiet um Cassaras

Hotels in Miami Beach »entwickelte sich zu einem landesweit bekannten Treffpunkt für wahrscheinlich mehr bekannte Verbrecher und Gangster als irgendein anderes Gebiet in den USA«. Das Wofford Hotel wurde laut Sullivan zu einem bevorzugten Hotel der kriminellen Elite und beherbergte so illustre Gäste wie Costello, Joey Adonis, Longy Zwillman und führende Mitglieder von Meyer Lanskys in Miami ansässiger Gruppe. Damals investierten amerikanische Gangster, so Sullivan, mit Männern wie Cassara als Deckung »schmutziges« Geld bevorzugt in legale Geschäfte wie Hotels und Nachtklubs.

Cassara verließ Miami 1941. Im Jahr 1944 arbeitete er nach Aussage eines Zeugen vor dem Kefauver-Ausschuß ausschließlich für Joe Kennedys Somerset Importers. Der Zeuge war Joseph Charles »Joey« Fusco, ein ehemaliger Alkoholschmuggler und Schläger in den Diensten Al Capones in Chicago. Im Oktober 1950 wurde Fusco vorgeladen und unter Ausschluß der Öffentlichkeit unter anderem zu seinen Geschäften mit Cassara befragt. Fusco antwortete zögernd: »Als er [Cassara] zum ersten Mal nach Chicago kam, ich glaube, [es] war 1944, arbeitete er für Kennedy und dessen Somerset Import Company. Er war ihr dortiger Repräsentant. Er stattete den Geschäftspartnern Hausbesuche ab, und bei einem solchen Besuch lernte ich ihn in Chicago kennen. Er kam in unser Büro und stellte sich vor. Von da an wußten wir, daß Tom Cassara für Somerset in Chicago arbeitete. Später machte er sich hier mit der Raleigh Distributing Company selbständig. Er wurde einer unserer Händler. Oder anders gesagt, er kam und wurde Vertreter für die Somerset-Produkte.« Der Hinweis auf Kennedys Firma fiel ganz beiläufig, und obwohl der Ausschuß wußte, über wen Fusco sprach, taucht Joseph P. Kennedys Name nicht im Register zu den Befragungen auf. Journalisten, die sich durch die umfangreichen Protokolle arbeiteten, brachten Kennedy nicht mit Cassara oder Fusco in Verbindung, daher wurde Fuscos wichtiger Hinweis auf Joe Kennedys Spirituosenimport nicht öffentlich bekannt.

Ende Januar 1946 wurde Cassara vor einem Nachtlokal der Mafia namens Trade Winds in Chicagos schicker Rush Street von einer Kugel in den Kopf getroffen. Die Rush Street gehörte zu einem

Viertel mit Nachtklubs, Bars und Restaurants im berüchtigten Polizeidistrikt East Chicago Avenue, wo das organisierte Verbrechen eine fast vollständige Kontrolle über alle illegalen – und legalen – Geschäfte ausübte. Die Zeitungen in Chicago machten einen gewissen Rocco DeStefano als Geschäftspartner von Cassara ausfindig, berichteten aber nicht, daß DeStefano ein Cousin von Al Capone und Joe Fusco war. In den Zeitungen stand auch nicht zu lesen, daß Cassara bei Joe Kennedys Spirituosenimportfirma angestellt war. Cassara überlebte den Anschlag, der Fall blieb ungelöst, und die Presse wandte sich bald wieder anderen Themen zu. Cassara verließ den Spirituosenhandel und ging nach Los Angeles, wo er wieder als Schläger für Mafia-Familien in New York und Chicago arbeitete.

Joe Kennedy verhandelte nur wenige Monate nach den Schüssen auf Cassara über seinen Ausstieg aus dem Spirituosengeschäft. Am 31. Juli 1946 verkaufte er Somerset offiziell an eine New Yorker Firma, die teilweise von dem Gangster Longy Zwillman aus New Jersey und von seinem langjährigem Partner während der Prohibitionszeit Joseph Reinfeld kontrolliert wurde.

Mit dem Verkauf brach Kennedy die letze bekannte Verbindung zum Alkoholgeschäft ab. Doch nur wenige Geschäftsleute besaßen vergleichbare Kenntnisse über die vielfältigen Beziehungen von Politikern, Gewerkschaften und dem organisierten Verbrechen in den amerikanischen Großstädten nach dem Zweiten Weltkrieg. Joe Kennedys Wissen und seine Kontakte spielten bei den Präsidentschaftswahlen 1960 eine große Rolle – als Richard Nixon der Wahlsieg dank der Unterstützung des organisierten Verbrechens gestohlen wurde.

Im Jahr 1945 kaufte Kennedy den Merchandise Mart in Chicago, das damals größte Gebäude der Welt, nördlich des Chicago River gelegen und damit im Polizeidistrikt East Chicago Avenue. Kennedy reihte sich mit dem Kauf in die lange Liste der Geschäftsleute ein, die monatlich Bestechungsgelder bezahlten, um im Geschäft zu bleiben. Der Merchandise Mart war in der Prohibitionszeit berühmt für sein ein Block langes Lokal, in dem trotz des Verbots Alkohol ausgeschenkt wurde. Das Lokal nahm kurz nach der Eröffnung des Gebäudes 1930 den Betrieb auf und wurde nicht ein einziges Mal von der Polizei kontrolliert. »Das kostenlose Mittagessen war wundervoll«, erinnerte sich der Reporter der *New York Times* Harrison E. Salisbury. »Ich habe nie erfahren, ob Old Joe die Bar gehörte, wir nahmen es damals an. Sie brachte jedenfalls eine Menge Geld ein.« Ein ehemaliger Angestellter Kennedys sagte in Interviews für dieses Buch, er wisse nichts über eine Beteiligung Kennedys an dem Lokal im Merchandise Mart während der Prohibitionszeit, doch er erinnerte sich daran, daß Kennedy zumindest bis Ende der fünfziger Jahre der Besitzer von zwei altmodischen Chicago-Saloons in der Nähe des Mart gewesen war, die ebenfalls in den Zuständigkeitsbereich des Reviers East Chicago Avenue fielen.

Das Gebiet war berühmt für seine, wie ranghohe Polizeibeamte es ausdrückten, »feste Korruptionsordnung«. Lokale, Glücksspiel und Prostitution, ein wesentlicher Wirtschaftszweig in jenem Gebiet, wurden wie Bostons Fifth Ward vom organisierten Verbrechen kontrolliert. Es war ein ungeschriebenes Gesetz, daß jede illegale Machenschaft ungestört blieb, solange zu Beginn eines jeden Monats zwei Schmiergeldzahlungen geleistet wurden: eine an die Polizei des Bezirks East Chicago Avenue und die andere an den Vorsitzenden des Stadtbezirkskomitees, der die Bosse der Demokratischen Partei Chicagos vertrat. Der Journalist Sandy Smith, der in den achtziger Jahren als Enthüllungsreporter für das *Time*-Magazin in Washington arbeitete, war 1946 als Polizeireporter der *Chicago Tribune* nach East Chicago Avenue gekommen. »Die Mafia war sehr mächtig«, erinnerte sich Smith in einem Interview für dieses Buch, »sie hatte die Polizei und die Politiker in der Hand. Wer pünktlich zum Ersten zahlte, hatte einen Monat lang Ruhe.«

Nur ein Dokument des FBI zeigt eine direkte Verbindung zwischen Mitgliedern des organisierten Verbrechens und Kennedys Spirituosenimport. Es befand sich nicht unter den Akten zu Kennedy, die das FBI routinemäßig für Journalisten freigegeben hat. In dem stark zensierten Dokument, das zu einer Untersuchung über »wichtige Bandenmitglieder und Gangster« im Großraum Miami gehört, berichtet das FBI, daß ein Spieler namens Charlie Block

»der Repräsentant von Somerset Importers aus New York City für den Süden« sei. »Er [Block] gilt in der Spirituosenindustrie als wichtige Figur.« In dem FBI-Dokument wird hinzugefügt, daß Somerset Joe Kennedy gehörte. Block betrieb später zusammen mit einem Partner ein sehr beliebtes Restaurant in Miami Beach, das Park Avenue. Sein Partner war Bert »Wingy« Grober, ein professioneller Glücksspieler und enger Freund Joe Kennedys, der auch an den von der Mafia kontrollierten Kasinos in Las Vegas beteiligt war. Jack Kennedy teilte später die Vorliebe seines Vaters für Las Vegas, wo es so viele schöne Frauen gab, wo immer etwas los war und wo man so leicht zu Geld für die Politik kommen konnte.

Joe Kennedys Entscheidung, Somerset 1946 an Longy Zwillman und Joe Reinfeld zu verkaufen und aus dem Alkoholgeschäft auszusteigen, brachten einige Historiker in Zusammenhang mit Jack Kennedys Entschluß, sich im selben Jahr für den Kongreß aufstellen zu lassen – ein Entschluß, zu dem sein Vater nach Kräften beigetragen hatte. »Er hatte dreizehn finanziell erfolgreiche Jahre hinter sich«, schrieb Richard J. Whalen 1964 in seinem Bestseller *The Founding Father* (dt.: *Der Kennedy-Clan,* 1966), »doch der Handel mit Whisky brachte eine gewisse Peinlichkeit mit sich und paßte überhaupt nicht zu dem würdevollen Eindruck, den Kennedy in der Öffentlichkeit hinterlassen wollte.«

Arthur Schlesinger schreibt in seinem Buch *A Thousand Days* (dt.: *Die tausend Tage Kennedys,* 1965), Jack Kennedy habe ihm einmal gesagt, sein Vater »setzte für uns Standards und konnte sehr hart sein, wenn wir diesen Standards nicht entsprachen. Härte war wichtig.« Kennedy brachte die Härte und die Vergangenheit seines Vaters in seine Präsidentschaft ein und damit ein Gefühl, daß er wie sein Vater wußte, wie die Welt funktionierte. Über ein vergleichbares Gespür verfügten die ehrgeizigen jungen Geschäftsleute, Beamten und Akademiker in seiner Regierung nicht – und das verstärkte ihre Bewunderung und Ehrfurcht gegenüber dem Präsidenten noch. Joe Kennedys Vergangenheit galt ironischerweise als weiterer Beweis dafür, daß Jack Kennedy für das Präsidentenamt qualifiziert war.

# 5

# Der Botschafter

Joe Kennedy kannte im Privatleben wie beim Geldverdienen nur seine eigenen Regeln. Er verhielt sich seiner Frau gegenüber genauso rücksichtslos und verschlossen wie gegenüber Geschäftspartnern, Mafiabossen, Reportern und Politikern. Seine Aufgaben als Vorsitzender der Securities and Exchange Commisssion und später als Vorsitzender der Maritime Commission in der Regierung Roosevelt erledigte er mit Bravour und brachte so sein Wissen und seine Fähigkeiten, die in der Geschäftswelt so hilfreich waren, in den Staatsdienst ein. Sein größter Ehrgeiz lag darin, Franklin Roosevelt zu überzeugen, daß er ihn zum Botschafter in Großbritannien ernannte, denn das war der prestigeträchtigste Posten, den die amerikanische Regierung zu vergeben hatte. »Der Botschafterposten in England«, erläuterte ein Biograph, »bedeutete für die Kennedys und ihre Nachkommen einen sozialen Aufstieg und bot ihm eine Gelegenheit, den alteingesessenen Bostoner Familien ›zu zeigen‹, daß er ohne ihre Unterstützung ›nach oben‹ kommen konnte. Als Botschafter würde er ihnen sozial überlegen sein – den größten Snobs in Boston!« Kennedy arbeitete 1937 monatelang auf eine Ernennung hin. Dabei unterstützte ihn James Roosevelt, der Sohn des Präsidenten. Dessen Begleitung hatte Joe Kennedy schon einmal eine bevorzugte Behandlung gesichert, und zwar 1933, als James mit ihm zu den Verhandlungen mit britischen Spirituosenproduzenten gereist war.

Der Präsident und seine Berater erkannten den Zynismus hinter Joe Kennedys Freundschaft mit Jimmy Roosevelt, doch sie unternahmen nichts. Kennedys Einfluß auf den Sohn des Präsidenten blieb sehr groß. Kennedy war reich und kam bei Frauen an, beides wollte der junge Roosevelt auch. Er und Kennedy arbeiteten auf der Grundlage lockerer Partnerschaft bei verschiedenen Geschäften zusammen. Roosevelt nutzte die Berühmtheit seines Vaters und betätigte sich als Versicherungsmakler. Mit Ende der Prohibition erlaubte Joe Kennedy ihm, auf Spirituosenlieferungen aus Übersee Versicherungsscheine auszustellen. Immer waren Frauen im Spiel. Als Botschafter in England sagte Kennedy einmal zu einem Botschaftsangestellten, Jimmy Roosevelt sei »so verrückt nach Frauen, daß er jedem Rock nachläuft«.

Mit Kennedys Unterstützung wurde James Roosevelt 1935 Leiter der National Grain Yeast Corporation von Belleville in New Jersey, einer mit der Hefeproduktion befaßten Firma, die nach Aufhebung der Prohibition einen ungeheuren Aufschwung erlebte. Hefe brauchte man für die Bierproduktion, und der Handel mit Hefe war eines der legalen Geschäfte, das ehemalige Alkoholschmuggler anzog. Roosevelt versagte und war binnen sechs Monaten ohne Job.

James Roosevelts Mißerfolge in der Geschäftswelt spielten ohne Zweifel eine große Rolle bei der Entscheidung seines Vaters, ihn trotz des Widerstandes seiner Berater zu Beginn der zweiten Amtszeit zu seinem persönlichen Sekretär zu ernennen. Kennedy überschüttete den Präsidentensohn natürlich weiter mit seiner Aufmerksamkeit und versorgte ihn mit Schmeicheleien und Frauen. »Wissen Sie«, schrieb Kennedy im Januar 1937 an Roosevelt und seine Frau in einem Brief, der sich in einer Akte der Franklin D. Roosevelt Bibliothek findet, »ich denke, Sie sind junge Leute, die versuchen, ihren Weg zu finden, und ich bin Ihr Pflegevater.«

Pflegevater war stark übertrieben, doch James Roosevelt spielte als persönlicher Sekretär seines Vaters eine große – und noch nicht ganz aufgeklärte – Rolle bei Kennedys Ernennung zum Botschafter in England. Die ausführlichste Darstellung seiner Machenschaften enthält Arthur Krocks 1968 erschienenen Autobiographie. Krock, damals Kolumnist und Leiter des Washingtoner Büros der *New York Times,* führte ein Doppelleben.

Ende der dreißiger Jahre war er einer von Kennedys Hofberichtserstattern – ein Journalist, der in Kennedys Haus in Florida Urlaub machte, an seinem aufwendigen Lebensstil teilhatte und sehr oft das schrieb, was Kennedy wollte. Dieses Muster wiederholte sich später noch vielfach bei den Reportern, die über Joe und dann über Jack Kennedy berichteten. In seiner Autobiographie schilderte Krock ein Abendessen mit Kennedy, der damals noch Vorsitzender der Maritime Commission war. James Roosevelt kam dazu und führte mit Kennedy in einem anderen Zimmer eine ausgedehnte Unterhaltung unter vier Augen. Zu der Zeit waren Gerüchte über Kennedys Ernennung zum Botschafter im Umlauf, und es gab, wie Krock bemerkte, im Weißen Haus und bei den Liberalen im Kongreß eine starke Opposition gegen ihn. Nach der Besprechung teilte Kennedy Krock sehr verärgert mit, daß der junge Roosevelt ihm eine Ernennung zum Handelsminister vorgeschlagen habe. »Tja, das werde ich nicht annehmen«, erklärte Kennedy. »Roosevelt hat mir London versprochen, und ich habe Jimmy gesagt, er soll seinem Vater sagen, daß ich keinen anderen Job akzeptiere.«

Im Dezember 1937 wurde Kennedy zum Botschafter ernannt. Am Vorabend des Weltkriegs traf er mit großen Plänen in London ein.


Kennedys Aufstieg und Fall als Botschafter in London wurden schon oft geschildert: Nach kurzen Flitterwochen mit der britischen Presse und der Öffentlichkeit, bei denen meist seine sehr hübschen, fotogenen Kinder im Mittelpunkt standen, fiel er bald für immer in Ungnade. Der Botschafter wurde wegen seines Defätismus scharf angegriffen. Seine häufig zitierte Ansicht war, daß Großbritannien weder über den Willen noch über die erforderliche militärische Macht verfügte, um einen Krieg gegen das nationalsozialistische Deutschland zu gewinnen. Und er wurde für seine angebliche Feigheit während der deutschen Luftangriffe auf London 1940 verspottet, als er es vorzog, die Nächte auf einem Landsitz zu verbringen, weit weg von den Angriffszielen im Stadtzentrum. Nach dem Zweiten Weltkrieg veröffentlichte Dokumente des deutschen Auswärtigen Amtes zeigen, daß Kennedy ohne das Einverständnis des US-Außenministeriums kurz vor Ausbruch des deutschen Blitzkrieges wiederholt ein persönliches Gespräch mit Hitler zu arrangieren versuchte, »um ein besseres Verständnis zwischen den USA und Deutschland zustande zu bringen«. Kennedy wollte Amerika aus einem Krieg heraushalten, der nach seiner Meinung nach den Kapitalismus vernichten würde.

Es gibt keinen Anhaltspunkt dafür, daß Botschafter Kennedy vor Ausbruch des Krieges begriffen hätte, daß es ein Gebot der Moral war, Hitler aufzuhalten. »Einzelne Juden sind in Ordnung, Harvey«, sagte Kennedy einmal zu Harvey Klemmer, einem seiner wenigen Vertrauten in der amerikanischen Botschaft, »aber als Rasse stinken sie. Sie beschmutzen alles, was sie anfassen. Sehen Sie sich doch an, was sie mit dem Kino gemacht haben.« Klemmer erinnerte sich später in einem Interview, das für dieses Buch zur Verfügung gestellt wurde, daß Kennedy und sein »Gefolge« von den Juden immer als *kikes* oder *sheenies* sprachen.

Kennedy und seine Familie bestritten später energisch alle Vorwürfe über eine antisemitische Haltung während seiner Jahre als Botschafter. Akten des deutschen diplomatischen Dienstes zeigen jedoch, daß Kennedy im Sommer und Herbst 1938 während seiner viermonatigen Bemühungen um ein Gespräch mit Hitler die Situation der Juden in Deutschland konsequent bagatellisierte. Am 13. Juni, zu einer Zeit, als das nationalsozialistische Regime die Juden in der deutschen Gesellschaft bereits systematisch ausgrenzte, wies Kennedy Herbert von Dirksen, den deutschen Botschafter in London, darauf hin – wie Dirksen nach Berlin berichtete –, den Deutschen schade »nicht unbedingt die Tatsache, daß wir die Juden loswerden wollten, als vielmehr das lärmende Getöse, das wir mit dieser Absicht verbänden. Er selbst habe durchaus Verständnis für unsere Judenpolitik.« Am 13. Oktober 1938, wenige Wochen vor der Kristallnacht, als die SA mit ihrem Terror gegen jüdische Geschäfte und Synagogen vorging, traf sich Kennedy erneut mit dem deutschen Botschafter. Dirksen berichtete anschließend seinen Vorgesetzten: »Wie bei früheren Unterhaltungen so erwähnte Kennedy auch heute, daß in den Vereinigten Staaten sehr starke antisemitische Tendenzen bestünden und daß weite Teile der Bevölkerung für die deutsche Haltung gegenüber den Juden Verständnis hätten.«*

Kennedy wußte vor seiner Ernennung zum Botschafter nur wenig über die europäische Geschichte und Kultur und unternahm auch keinerlei Anstrengung, sich zu informieren, nachdem er einmal in London war. So kam er zu ständigen Fehleinschätzungen der politischen Lage. In den veröffentlichten Tagebüchern von Roosevelts Innenminister Harold Ickes wird ein Brief erwähnt, in dem Kennedy dem Präsidenten im Sommer 1938 munter versicherte, »er betrachte die Situation in Europa als nicht besonders kritisch«. Die im britischen Außenministerium für Amerika zuständigen Diplomaten begannen bald, Kennedy zu fürchten und zu hassen. Sie stellten ein geheimes Dossier über ihn zusammen, das als »Kennediana«-Akte bekannt war und erst nach dem Krieg freigegeben wurde. Zu Beginn des Jahres 1940, als der Krieg sich in Europa immer weiter ausbreitete, kritzelte der Staatssekretär im Außenministerium, Sir Robert Vansittart, auf eine Seite der Akte: »Mr. Kennedy ist ein besonders gemeines Exemplar eines Falschspielers und Defätisten. Er denkt an nichts anderes als an seine eigene Tasche. Ich hoffe, daß der Krieg zumindest die Ausrottung dieser Sorte mit sich bringt.«

---

* Kennedy stand dem Schicksal der Juden auch gegen Ende des Krieges, als viele über die Konzentrationslager Bescheid wußten, bestenfalls gleichgültig gegenüber. In einem Interview im Mai 1944 mit seinem alten Freund Joe Dinneen vom *Boston Globe* räumte Kennedy ein, als er auf seinen angeblichen Antisemitismus angesprochen wurde: »Es stimmt, daß ich von einigen Juden in öffentlichen Ämtern und in meinem Privatleben keine hohe Meinung habe. Das heißt nicht, daß ich alle Juden hasse oder daß ich der Ansicht bin, sie sollten ausgerottet werden ... Andere Rassen haben ihre eigenen Probleme. Sie sind froh, wenn sie den Juden helfen und sie auf dem Weg zu mehr Toleranz unterstützen können, doch sie werden nicht alles stehen- und liegenlassen, um die Probleme der Juden für sie zu lösen. Juden, die einen Vorteil daraus ziehen, daß sie eine verfolgte Rasse sind, sind keine große Hilfe ... Die Veröffentlichung ungerechter Angriffe gegen Juden trägt vielleicht dazu bei, die Ungerechtigkeit zu lindern, doch wenn das Problem ständig diskutiert wird, erreicht man nur, daß es ständig präsent ist.« Kennedys Äußerungen zum Antisemitismus wurden damals von den Redakteuren des *Globe* nicht veröffentlicht, doch 1959 versuchte Dinneen einen Teil davon in seine ansonsten schmeichelhafte Familienbiographie zu übernehmen, die im Vorfeld des Wahlkampfes erschien. Ein Vorabdruck seines Buches *The Kennedy Family* ging an Jack Kennedy. Er erkannte, wie brisant die Kommentare seines Vaters waren, und konnte Dinneen ohne weiteres davon überzeugen, die belastenden Passagen zu streichen. Der Vorfall wird in Richard Whalens Biographie über Joe Kennedy beschrieben.

Die Unterlagen des britischen Außenministeriums enthielten auch Behauptungen, daß Kennedy sich mit Beginn des Krieges bereichert habe. Kennedy, der immer noch über großen Einfluß bei Somerset Importers verfügte, wurde verdächtigt, wertvollen Laderaum auf Transatlantik-Frachtern für den kontinuierlichen Import von britischem Scotch und Gin requiriert zu haben; außerdem glaubte man, daß er seine Vertrauensposition als Regierungsmitglied für seine Spekulationen an der Wall Street nutzte. Damals besaß das britische Außenministerium – zumindest offiziell – keine Beweise für derartige Geschäfte Kennedys, doch er selbst schien besorgt, daß er etwas Illegales tun könnte: Kurz nach seiner Rückkehr in die USA rief er im April 1941 im amerikanischen Außenministerium an und fragte, ob es bestimmte Vorschriften zu privaten finanziellen Transaktionen von US-Beamten im Ausland gebe. Kennedy wurde mitgeteilt, daß der Kongreß 1915 ein Gesetz erlassen hatte, das jede geschäftliche Transaktion, die mit Profit verbunden war, für illegal erklärte.

Im Jahr 1992 gab der ehemalige Reporter Harvey Klemmer, der Kennedys persönlicher PR-Berater bei der Maritime Commission und in London gewesen war, in einem Interview des britischen Fernsehens zu, daß das britische Außenministerium vor mehr als fünfzig Jahren durchaus zu Recht Verdacht gegen Kennedy gehegt hatte: Kennedy betätigte sich tatsächlich weiterhin als Investor und Spekulant an der Wall Street. Er plazierte seine An- und Verkäufe telefonisch über John J. Burns, einen ehemaligen Richter am Obersten Gerichtshof von Massachusetts. Burns war von Kennedy damit beauftragt worden, sein Büro in New York zu führen, und er tat dies bis in die fünfziger Jahre.

Genauso skrupellos nutzte Kennedy seine Privilegien als Botschafter. Klemmer sagte gegenüber Thames TV, zu seinen Hauptpflichten in der Botschaft habe der Versand von Kennedys Spirituosen per Seefracht gehört. »Ich nutzte seinen Namen, das Prestige der Botschaft und meine Verbindungen zur Maritime Commission, und so gelang es mir zu einer Zeit, als der Frachtraum auf Schiffen [von England nach Amerika] sehr begrenzt war, Frachtraum für, sagen wir, bis zu 200000 Kisten Whisky zu organisieren.«

Londons Sorgen über den amerikanischen Botschafter gingen weit über Defätismus und Profitmacherei hinaus. Die britische Haltung wurde zwar nicht explizit ausgesprochen, war aber nach dem Scheitern von Neville Chamberlains Appeasement-Politik in München klar: Die USA mußten auf irgendeine Weise dazu gebracht werden, in den Krieg gegen Deutschland einzutreten. Im Mai 1940, als Frankreich am Rand der Niederlage stand, löste Winston Churchill, bis dahin Erster Lord der Admiralität, Chamberlain als Premierminister ab. Wenige Tage später verkündete Churchill seinem Sohn Randolph: »Ich glaube, ich kann es schaffen.« Randolph, der das Gespräch in seinen 1963 erschienenen Memoiren schilderte, fragte: »Meinst du damit, daß wir eine Niederlage vermeiden können oder den Bastarden eine Niederlage zufügen werden?« Sein Vater erwiderte: »Natürlich können wir sie schlagen.« Auf Randolphs Frage, wie er sich das vorstelle, meinte der neue Premierminister einfach: »Ich werde die USA hineinziehen.«

Schon bevor Churchill Premierminister wurde, war offensichtlich, daß Joe Kennedy mit seinem Zugang zu Roosevelt, mit seinem Wunsch nach einem Gespräch mit Hitler und mit seinem Bestreben, einen Kriegseintritt der USA unter allen Umständen zu verhindern, für England ein nationales Sicherheitsrisiko darstellte. Historiker sind sich darüber einig, daß Kennedy für Großbritanniens berühmte Spionageabwehr MI5 ein Ziel mit höchster Priorität war, daß er unter ständiger Beobachtung stand und intensiv abgehört wurde. Entsprechende Unterlagen wurden von der britischen Regierung trotz wiederholter Anfragen nicht freigegeben und nicht veröffentlicht.

Bedenkt man die prekäre Lage in London, erscheinen einige Schritte Kennedys in der Tat höchst verwunderlich.

Kurz nach der Besetzung der Tschechoslowakei durch Deutschland unterstützte er im Frühjahr 1939 - entgegen seinen Anweisungen aus Washington - den bizarren und bisher wenig bekannten Plan eines amerikanischen Automanagers. Ihm war in Berlin gesagt worden, daß das Naziregime als Gegenleistung für eine angloamerikanische Goldanleihe im Wert zwischen 500 Millionen und einer Milliarde Dollar zu Friedenszugeständnissen und Abrüstungsschritten bereit sei. Besagter Amerikaner mit Namen James

D. Mooney, Präsident von General Motors in Europa, flog nach London und diskutierte den deutschen Vorschlag mit Kennedy in der amerikanischen Botschaft. Kennedy zeigte sich ebenso beeindruckt wie Mooney. Mooneys unveröffentlichten Memoiren zufolge, die für dieses Buch zur Verfügung gestellt wurden, drängte Kennedy ihn, nach Berlin zurückzukehren und den Deutschen mitzuteilen, er wolle »natürlich sehr gerne mit ihnen in Ruhe und vertraulich darüber sprechen«. Aus Mooneys Unterlagen geht hervor, daß man übereinkam, Kennedy solle sich heimlich in Paris mit Dr. Helmut Wohltat treffen, einem hochrangigen Nazi, Stellvertreter von Generalfeldmarschall Hermann Göring. Erst nach dieser Vereinbarung mit Mooney sandte Kennedy ein vage gehaltenes Telegramm an das amerikanische Außenministerium, in dem er anfragte, ob es »Einwände« gebe, wenn er nach Paris fliegen und sich dort mit Mooney und einem »persönlichen Freund Hitlers« treffen würde. Außenminister Cordell Hull lehnte eine solche Reise kategorisch ab. Mooney wollte Kennedy unbedingt mit einbeziehen, er reiste erneut nach London und präsentierte dem Botschafter eine Liste der deutschen Zugeständnisse als Gegenleistung für die Goldanleihe. »Was für eine wundervolle Rede man aus diesen Punkten daheim machen könnte!« rief Kennedy Mooneys Aufzeichnungen zufolge aus. Kennedy wandte sich wegen eines Treffens direkt an Präsident Roosevelt und wurde erneut angewiesen, sich nicht auf den Vorschlag einzulassen.

Dennoch traf sich Kennedy am 9. Mai 1939 heimlich mit Mooney und Wohltat in einem Hotel in London. »Beide waren voneinander angetan«, notierte Mooney in seinen unveröffentlichten Memoiren. »Es war ermutigend, dabeizusitzen und mitzuerleben, wie sie sich ernsthaft bemühten, zu einem konstruktiven Ergebnis zu kommen.« Das Geheimnis flog nach nur wenigen Tagen auf, als der Londoner *Daily Express* auf der Titelseite unter der Überschrift »Geheimnisvoller Bote Görings in London« berichtete, daß Wohltat »wegen eines Sonderauftrags« nach London gekommen sei. In dem Artikel wurden weder Kennedy noch Mooney namentlich genannt, doch wenige Tage später lüftete die radikale Wochenzeitschrift *The Week* Kennedys Identität. Der Chefredakteur Claud Cockburn schrieb, Kennedy gebrauche bei seinen Kontakten mit den Deutschen »eine Sprache, die nicht nur defätistisch ist, sondern sich auch gegen Roosevelt richtet ... Kennedy geht sogar so weit, daß er andeutet, die demokratische Politik der USA sei eine jüdische Erfindung, daß Roosevelt aber 1940 stürzen werde.« Der Artikel wurde in der *New York Post* abgedruckt, und Harold Ickes machte Roosevelt darauf aufmerksam. In seinem Tagebuch schrieb Ickes: »Der Präsident las den Artikel und meinte zu mir: ›Es ist wahr.‹«

Kennedys Indiskretion war grenzenlos. Nach dem Münchener Abkommen zitierte er amerikanische Journalisten zu sich in die Botschaft und informierte sie unter anderem vertraulich über eine geheime Verschwörung von regimekritischen deutschen Generälen zum Sturz Hitlers. James Reston von der *New York Times* faßte die Besprechung in seinen 1991 erschienen Memoiren *Deadline* (Sperrlinie) zusammen: »Vor dem Münchener Abkommen war in London bekannt ..., daß eine Gruppe deutscher Offiziere unter der Führung der Generäle Halder und Beck den Sturz des Führers plante. Die Verschwörer fürchteten einen Dreifrontenkrieg. Botschafter Kennedy zufolge informierten sie Regierungsbeamte in Westminster [dem britischen Außenministerium], daß sie Hitler festnehmen würden, falls Großbritannien und Frankreich eine Militäraktion als Reaktion auf einen deutschen Einmarsch in der Tschechoslowakei planten.« Erst nach dem Krieg wurde bekannt, daß die Verschwörer, der Chef des deutschen Generalstabs General Ludwig Beck und sein Stellvertreter Franz Halder, sich unter Einsatz ihres Lebens an das britische Außenministerium gewandt hatten. Der gemeinsame Vorstoß von Beck und Halder war ein ernsthafter früher Versuch des Widerstandes gegen Hitler. Einigen Berichten zufolge beinhaltete der Plan auch ein Attentat auf Hitler.

Es ist unmöglich nachzuvollziehen, was wohl in Kennedy vorging, als er sich entschloß, die amerikanischen Korrespondenten beiläufig über den Plan zu informieren – und die Namen der Beteiligten zu nennen. Seine Indiskretion kann ganz unschuldig als die Handlung eines ehrgeizigen Mannes gesehen werden, der gerne als Insider gelten und sich um jeden Preis bei der Presse einschmeicheln wollte. Doch es gibt auch eine weniger wohlwollende Erklärung. Die Kennediana-Akte des britischen Außenministeriums, die nach dem Krieg veröffentlicht wurde, zeigt, daß Kennedy jeden Plan ablehnte, der auf Adolf Hitlers Ermordung aufbaute – aus Furcht, daß der sowjetische Kommunismus nach Hitlers Tod nicht mehr zurückgehalten werden könnte. Ende September, drei Wochen nach Hitlers Einmarsch in Polen, brachte Kennedy seine Besorgnis bei einer Konferenz mit dem britischen Außenminister Lord Halifax zur Sprache. Halifax zitierte Kennedy mit den Worten, er »selbst war geneigt, die ständigen Hinweise auf eine Eliminierung Hitlers zu mißbilligen. Wie konnten wir sicher sein, daß der Tod Hitlers nicht den entgegengesetzten Effekt auf die Deutschen hatte? ... Kennedy zufolge war man in Amerika der Ansicht, daß Rußland aufgrund seiner kommunistischen Doktrin den Weltfrieden weit mehr gefährde als Deutschland. Er dachte, die amerikanische Öffentlichkeit würde sehr beunruhigt auf die Vorstellung reagieren, daß der gegenwärtige Kampf eine weitere Ausdehnung des Bolschewismus in Europa zur Folge hätte ... Er schätzte die starke Haltung der Briten gegenüber Hitler und dem nationalsozialistischen System, aber wenn am Ende nur ein allgemeiner Bankrott stand, sah er die Zukunft in düsteren Farben.«

Seinen Aufzeichnungen für das Außenministerium zufolge gab Halifax auf Kennedys Bemerkung zum Attentat auf Hitler keine Antwort.

Während Joe Kennedys Zeit in London spitzten sich seine politischen und persönlichen Auseinandersetzungen mit Franklin D. Roosevelt und dessen ranghöchsten Beratern zu, eine Folge seiner übersteigerten Ambitionen auf das Amt des Präsidenten und seiner ungeschickten Versuche, den Ehrgeiz zu verbergen. »Er hielt sich für den am besten für das Präsidentenamt geeigneten Kandidaten weit und breit«, sagte Klemmer in seinem Fernsehinterview 1992. »Natürlich besaß er, wie jeder weiß, ein unerschütterliches Selbstvertrauen, und er war der Meinung, das amerikanische Währungssystem müsse revidiert werden, und ... es war eines seiner Ziele, das ganze Währungssystem zu verändern.« Kennedy verbrachte viel Zeit mit der Planung einer Kampagne für seine

Nominierung zum Präsidentschaftskandidaten der Demokraten für die Wahl 1940 – was dem Weißen Haus nicht verborgen blieb. Die Kennedy-Claqueure und Schmeichler bei den Zeitungen lancierten unter der Führung Arthur Krocks immer wieder Geschichten über eine mögliche Kandidatur. Krocks Artikel in der *New York Times* erbosten die Männer im Weißen Haus. Finanzminister Henry Morgenthau beschrieb in einem Tagebucheintrag vom 22. Mai 1939 wie Thomas G. Corcoran, ein ranghoher politischer Berater Roosevelts, bei einem Gespräch über Kennedy und Krock »sehr heftig wurde. Er sagte, Krock führe eine Kampagne, um Joe Kennedy zum Präsidenten zu machen.« Krock wurde außerdem als »das Gift Nummer Eins im Weißen Haus« bezeichnet. Harold Ickes hatte in seinem Tagebuch bereits früher Besorgnis über Kennedys Qualifikation und seine Ambitionen geäußert: »Zu einer Zeit, als wir unseren besten Mann nach Großbritannien hätten schicken sollen, haben wir es nicht getan. Wir schickten einen reichen Mann, der keine Erfahrung in der Diplomatie hat, der wenig von Geschichte und Politik versteht, die Publicity liebt und offensichtlich den Ehrgeiz hat, der erste katholische Präsident der Vereinigten Staaten zu werden.«

Roosevelt war fest entschlossen, entgegen der politischen Tradition 1940 für eine dritte Amtszeit zu kandidieren; er lancierte Geschichten genauso geschickt wie Kennedy. Walter Trohan, Büroleiter der *Chicago Tribune*, dessen Verbindung zu Kennedy bekannt war, erinnerte sich, wie er von Roosevelts Pressesprecher Steve Early ins Weiße Haus zitiert und provozierend gefragt wurde. »›Sind Sie ein Freund von Joe Kennedy?‹ Ich antwortete: ›Ja, ich mag Joe.‹ Er sagte: ›Sie würden ihn nicht kritisieren?‹ Ich erwiderte: ›Aber natürlich. Ich würde jeden Vertreter des New Deal kritisieren. Was hat Joe angestellt?‹« Early gab Trohan daraufhin zwei Briefe Kennedys. Der erste, berichtete mir Trohan 1997 in einem Interview, war an Arthur Krock gerichtet und enthielt die Botschaft: »Wir dürfen in keinen Krieg hineingezogen werden.« Der zweite Brief, adressiert an das Außenministerium, »war äußerst britenfreundlich und enthielt die Empfehlung, den Briten zur Seite zu stehen«. Trohan schrieb für den *Tribune* einen Artikel über Kennedys Ablenkungsmanöver. Wenige Wochen später wurde Kennedy zu einer Besprechung nach Washington gerufen. »Er traf mich zufällig und deutete einen Schnitt durch die Kehle an«, erzählte Trohan. »Joe wußte, daß ich die Informationen aus dem Weißen Haus bekommen hatte.« Der Botschafter, fügte Trohan hinzu, »vergab mir schließlich«.

Roosevelt reagierte auf die politische und die diplomatische Bedrohung durch Kennedy, indem er ihn in London beließ und ihn zunehmend von der amerikanischen Öffentlichkeit und wichtigen politischen Entscheidungen abschirmte. Der Präsident sandte Mitte des Jahres 1940, nachdem Hitler in Dänemark und Norwegen eingefallen war und seinen Vormarsch durch die Niederlande und Belgien Richtung Frankreich begonnen hatte, eine Reihe persönlicher Vertreter nach Großbritannien. Sie hatten den Auftrag, sich vor Ort ein Bild vom Kampfgeist und der militärischen Entschlossenheit der Briten zu machen. Unter den Gesandten waren Colonel William J. »Wild Bill« Donovan, Colonel Carl Spaatz, General George Strong und Admiral Robert L. Ghormley. Sie kamen nach London, erledigten ihren Auftrag und kehrten nach Washington zurück – ohne oder mit nur wenig Kontakt zur Botschaft, was Kennedy sehr verärgerte. Damals wurde auch ein größerer Teil der amerikanischen Vereinbarungen mit England direkt über das britische Außenministerium unter Führung von Lord Halifax abgewickelt, darunter der streng vertrauliche Vorschlag, den Amerikanern im Austausch für fünfzig dringend benötigte amerikanische Zerstörer die britischen Überseestützpunkte langfristig zu überlassen. Als der Krieg immer mehr Länder in Europa erfaßte, wurde dem Botschafter William C. Bullitt in Paris die Hauptverantwortung für die amerikanische Diplomatie übertragen. Bullitt war ein Vertrauter Roosevelts und teilte dessen Verachtung für Nazi-Deutschland.

Kennedy war sich darüber im klaren, daß Roosevelt trotz seiner anderslautenden Behauptungen beabsichtigte, Amerika in den Krieg zu führen. Präsident Roosevelt hatte im Herbst 1939 eine geheime Korrespondenz mit Winston Churchill aufgenommen, neun Monate vor Churchills Ernennung zum Premierminister. Die beiden Männer achteten auch bei ihrem verschlüsselten Austausch darauf, Hitler nicht offen zu erwähnen, doch sie vereinbarten, sich neben dem Austausch anderer Informationen auch von der Position deutscher U-Boote und anderer Schiffe zu unterrichten. Wenn die Isolationisten im Kongreß von dem Briefwechsel erfahren hätten, hätte er zumindest einen Aufschrei bewirkt und Roosevelts Aussichten auf eine Wiederwahl gefährdet. Dem britischen Außenministerium stand keine Abschrift der streng vertraulichen Korrespondenz zur Verfügung; die beiden Staatsmänner kommunizierten über das Codierungszimmer der amerikanischen Botschaft – Joe Kennedys Botschaft.

# 6

# Konflikt mit Roosevelt

Anfang Oktober 1940 war das Verhältnis zwischen dem amerikanischen Präsidenten und seinem widerspenstigen Botschafter in England äußerst gespannt. Kennedy wollte das Land verlassen und scherte sich nicht darum, wer davon erfuhr. Am 10. Oktober nutzte er ein Abschiedstreffen mit dem britischen Außenminister Halifax in London, um Roosevelt eine Warnung zukommen zu lassen – zu Recht ging er davon aus, daß das britische Außenministerium über die Botschaft in Washington die Drohung an das amerikanische Außenministerium weiterleiten würde. Halifax meldete dem britischen Botschafter Lord Lothian, Kennedy beschwere sich in erster Linie darüber, daß »sie ihn nicht angemessen über ihre Politik und ihre Unternehmungen in den vergangenen zwei oder drei Monaten informiert hätten ... Er sagte mir, er habe einen Artikel in die Vereinigten Staaten geschickt, der am 1. November erscheinen werde, falls es ihm nicht möglich sein sollte, selbst dorthin zu kommen, und der fünf Tage vor der Präsidentschaftswahl erheblich Staub aufwirbeln werde. Auf meine Frage, was denn seine Hauptanklage sei, gab er mir zu verstehen, daß er der Regierung Präsident Roosevelts vorwerfe, viel geredet und wenig unternommen zu haben. Er ist wirklich ein sehr enttäuschter und verbitterter Mann.«

Kennedy war mehr als nur verbittert, er war wütend. »Ich gehe zurück und sage die Wahrheit. Ich gehe nach Hause und sage den Amerikanern, daß dieser Hurensohn im Weißen Haus ihre Söhne umbringen wird«, sagte er zu Harvey Klemmer beim Mittagessen am Vortag seiner Abreise aus London, wie Klemmer in dem Fernsehinterview mitteilte, das für dieses Buch zur Verfügung gestellt wurde.

Kennedys treuer Sekretär Arthur Krock schilderte in seinen Erinnerungen Kennedys erpresserische Intrige ausführlich:

»Am 16. Oktober schickte Kennedy ein Telegramm an den Präsidenten, in dem er darauf drängte, daß ihm die Heimreise gestattet werde ... Noch am selben Tag telefonierte Kennedy ... und sagte, falls er keine positive Antwort auf sein Telegramm erhalte, werde er trotzdem nach Hause fahren, ... und daß er einen ausführlichen Bericht an Edward Moore, seinen Sekretär in New York, geschickt habe mit der Anweisung, die Geschichte an die Presse weiterzuleiten, falls der Botschafter nicht bis zu einem bestimmten Tag wieder in New York sei. Wenige Stunden nach diesem Gespräch ging per Telegramm die Erlaubnis zur Rückkehr ein.«

Der »ausführliche Bericht« bezog sich auf den umfangreichen Austausch von Telegrammen zwischen Roosevelt und Churchill, der über die amerikanische Botschaft abgewickelt worden war. Diese vertraulichen Telegramme haben eine geheime Geschichte, von der im Frühjahr 1940 nur wenige Menschen in Amerika und England wußten. Im Mai hatte Kennedy mit Entsetzen von einem nächtlichen Einbruch der britischen Spionageabwehr in die Wohnung Tyler Kents erfahren, des für die Verschlüsselung von Texten zuständigen Botschaftsangestellten. Dabei war eine Kiste mit über 1500 entschlüsselten diplomatischen Telegrammen erbeutet worden, die Kent mit nach Hause genommen hatte. Kennedy griff zu der ungewöhnlichen Maßnahme, Kents diplomatische Immunität sofort aufzuheben – seither ist nie wieder die Immunität eines Mitarbeiters des Außenministeriums aufgehoben worden –, und Kent wurde in einem Geheimprozeß von einem Londoner Gericht verurteilt. Er verbrachte die Kriegsjahre in einem abgeschirmten britischen Gefängnis auf der Insel Wight.

Kennedys entschlossenes Handeln, damit Kents Verrat an seinem Land sowie die Korrespondenz zwischen Roosevelt und Churchill nicht publik gemacht wurden, ist von Historikern als edel und beispielhaft gewürdigt worden. Wenn Kennedy anders gehandelt hätte, dann wäre Kent möglicherweise in Amerika vor Gericht gestellt worden. Seine Dokumente wären in diesem Fall Teil der Prozeßunterlagen geworden und hätten im Kongreß und bei den vielen Amerikanern, die ein Eingreifen der USA in den Krieg in Europa ablehnten, Aufsehen erregt. Der Skandal hätte, wie der Historiker Michael Beschloss in seinem Buch *Kennedy and Roosevelt. The Uneasy Alliance* (Kennedy und Roosevelt: Das unbequeme Bündnis) im Jahr 1980 schrieb, »die Aussicht auf eine dritte Amtszeit als Präsident zunichte gemacht, und es wäre ihm [Roosevelt] nahezu unmöglich gewesen, die öffentliche Meinung so rasch zugunsten einer Unterstützung der Alliierten zu bewegen ... [Kennedy] wollte nicht, daß die amerikanische Politik von einer Tat bestimmt wurde, die sowohl illegal als auch illoyal erschien.«

Kennedy aber konnte viel mehr gewinnen, wenn er Tyler Kents Material in seiner Privatfehde mit Franklin D. Roosevelt nutzte. Die Akten der amerikanischen Botschaft belegen, daß Botschafter Kennedy am 20. Mai 1940, dem Tag der Verhaftung Kents, die Versendung eines Kuriersacks voller »persönlicher Post und verschiedener Pakete« nach Washington arrangierte, Empfänger war ein Freund im US-Außenministerium. Am 23. Mai, drei Tage nach Kents Verhaftung, beantragte Kennedy beim Außenministerium, daß sein treu ergebener persönlicher Sekretär Edward Moore mit Rose Kennedy und ihrer behinderten Tochter Rosemary nach New York zurückkehren dürfe, und noch am selben Tag erhielt er die Erlaubnis. Moore reiste am 28. Mai aus London ab und kehrte nie wieder zurück.

Der vom Haß gegen Kennedy besessene Tyler Kent lebte nach dem Krieg unauffällig als Gutsbesitzer in einer ländlichen Gegend von Maryland. Die FBI-Akten zu seinem Fall blieben bis 1982 verschlossen, dann wurden sie nach dem Freedom of Information Act dem britischen Journalisten John Costello, einem Experten für die Geschichte des Zweiten Weltkrieges, zur Verfügung gestellt. Der im Jahr 1995 verstorbene Costello erhielt auch unzählige Dokumente des US-Außenministeriums über die Affäre Kent, darunter einen Großteil der Telegramme des Botschafters Kennedy nach Washington. Kent war durch einige kurz zuvor veröffentlichte Dokumente neugierig geworden, und als Costello an ihn herantrat, erklärte er sich bereit, eine Reihe ausführlicher Interviews zu geben. Darin sagte Kent, sein Interesse an den vertraulichen Telegrammen sei erst dadurch geweckt worden, daß Kennedy ihn angewiesen habe, »von den nicht zur täglichen Routine zählenden Nachrichten, die an der Botschaft ein- und ausgingen, Kopien für Kennedys persönliche Unterlagen anzufertigen«. Kennedy wies Kent auch an, sich die gesamte verschlüsselte Korrespondenz bis zum Münchener Abkommen von 1938 mit Botschafter William C. Bullitt in Paris und mit Botschafter Anthony Drexel Biddle in Warschau zu beschaffen, letzterer war allgemein bekannt für seine heftige Aversion gegen Hitler.

Das Interesse an der Affäre Kent verflog, bis sich Ende der achtziger Jahre der Offizier der Spionageabwehr Robert T. Crowley, der sich auf die sowjetischen Aktivitäten im Westen spezialisiert hatte, zur Ruhe setzte. »Es waren noch einige Männer übrig, als ich in den Ruhestand ging, einer davon war Kent«, erinnerte sich Crowley in einem Interview für dieses Buch. »Ich hielt den Mann für labil« – und für einen potentiellen KGB-Agenten. Als ehemaliger CIA-Offizier hatte Crowley Beziehungen und konnte sich in den folgenden Jahren Zugang zu bis dahin verschlossenen Regierungsakten über Tyler Kent verschaffen. Die Suche nach einem KGB-Spion Kent sei rasch im Sande verlaufen, wie Crowley sagte: »Tyler bestätigte unsere Vermutungen nicht. Wir konnten nicht nachweisen, daß er für die Sowjets gearbeitet hatte, auch nicht für die Deutschen oder für die Italiener. Er hatte für Tyler gearbeitet – und versucht, die Vereinigten Staaten vor Roosevelt zu bewahren. Er wurde von allen als Werkzeug benutzt. Er war nur ein verrückter Schwachkopf.« Crowley stieß jedoch auf Dokumente, wie er mir mitteilte, die ihn zu der Überzeugung brachten, daß Kennedy ein politisches Dossier über Franklin D. Roosevelt zusammengetragen und Kent benutzt hatte, um sich Zugang zu brisanten Telegrammen von Roosevelt und Churchill zu verschaffen.

In Crowleys Augen war es ein brillanter Schachzug von Kennedy, Kent die diplomatische Immunität zu entziehen und damit sicherzustellen, daß Kent keinen amerikanischen Reporter zu Gesicht bekommen würde. Der nächste brillante Schachzug sei die Versendung der politisch sensiblen und belastenden Kopien der Roosevelt-Churchill-Telegramme nach Amerika gewesen. Edward Moore konnte sich nach seiner Rückkehr nach Amerika die Kopien beschaffen und den Showdown mit Roosevelt vorbereiten. Die Telegramme, meinte Crowley, hätten »Kennedy in eine hervorragende Ausgangsposition gegen FDR gebracht. Er hatte ihn beim Kragen und konnte ihm die Wiederwahl verderben. Er hatte eine Waffe.«

Joe Kennedy erklärte dem Weißen Haus den Krieg. Die Historiker sind sich darüber einig, wie es weiterging: Am Abend des 26. Oktober traf Kennedy in Washington ein. Zu der Zeit spekulierte die Presse darüber, daß er die Absicht habe, den Republikaner Wendell Willkie zu unterstützen. Bis zur Wahl waren es nur noch zehn Tage. Kennedys Flug von London war wegen schlechten Wetters tagelang verschoben worden, unterwegs erreichten ihn eine ganze Reihe dringender und vertraulicher Nachrichten von FDR und auch eine Einladung zum Dinner im Weißen Haus. Kennedy und Roosevelt telefonierten am Morgen des 26. Oktober miteinander, kurz bevor Kennedy in Bermuda das letzte Teilstück seines Flugs mit einem Pan-Am-Clipper nach New York antreten wollte. Auf Roosevelts Seite hörte Lyndon Baines Johnson das Gespräch mit an, damals ein ehrgeiziger junger Kongreßabgeordneter aus Texas und zufällig anwesend im Oval Office des Präsidenten. »Ach, Joe«, sagte der Präsident, »es ist schön, Ihre Stimme zu hören. Kommen Sie doch bitte heute abend ins Weiße Haus zu einem kleinen, familiären Dinner.« Noch Jahre später schilderte Johnson immer wieder Journalisten dramatisch, was als nächstes geschah: FDR legte langsam die Hand um die Kehle und fügte hinzu: »Ich *sterbe* vor Sehnsucht nach Ihnen.«

Was sich genau bei dem Treffen zwischen Kennedy und Roosevelt im Weißen Haus abgespielt hat, wird möglicherweise nie bekannt werden. Nach Joe Kennedys vielzitierter Version, die er Arthur Krock erzählt hat, tat FDR sein Möglichstes, um Kennedy und seine Frau, die Roosevelt persönlich zum Dinner eingeladen hatte, für sich zu gewinnen. Natürlich war der Präsident voll des Lobes über Kennedys Kinder, und bereitwillig hörte er sich Kennedys Klagen an, wie er während seiner Zeit in London übergangen und schlecht behandelt worden sei. Krocks Memoiren zufolge behauptete Roosevelt, daß er nichts davon gewußt habe und daß das

Außenministerium schuld sei. FDR habe seine Schmeicheleien fortgesetzt. Kennedy gab sich für den Augenblick geschlagen und willigte ein, in einer Rundfunkrede zur Wiederwahl Roosevelts aufzurufen.

Diese Erklärung ist in Anbetracht der gut dokumentierten erbitterten Feindschaft zwischen dem Präsidenten und dem Botschafter schlichtweg unglaubwürdig. Später lieferte Kennedy zumindest zwei andere Beweggründe für seine Kehrtwende. Dem Journalisten Stewart Alsop erzählte er, der Präsident habe durchblicken lassen, daß er sich für eine deutliche Unterstützung in der Rundfunkrede mit der Unterstützung eines Präsidentschaftskandidaten Kennedy im Jahr 1944 revanchieren könnte. Zu Clare Boothe Luce, der Frau seines langjährigen Freundes, des *Time*-Herausgebers Henry Luce, sagte Kennedy hingegen, sie hätten sich folgendermaßen geeinigt: »Wenn ich ihn [FDR] bei der Präsidentschaftswahl 1940 unterstützte, dann wollte er meinen Sohn Joe bei der Gouverneurswahl in Massachusetts im Jahr 1942 unterstützen.« Da Kennedy und Roosevelt sich aber gegenseitig für ausgemachte Lügner hielten, hätte ein Versprechen des Präsidenten – selbst wenn tatsächlich ein solches gegeben worden sein sollte – wenig bedeutet.

Einen überzeugenderen Grund für Kennedys Entscheidung, eine Rundfunkansprache zu halten, nannte Winston Churchills Sohn Randolph. Im Jahr 1960 sagte er in einem Gespräch mit dem Kolumnisten der *New York Times* C. L. Sulzberger, der britische Geheimdienst MI5 habe Roosevelt eine Sammlung abgefangener Telegramme und Telefongespräche übergeben, in denen sich der Botschafter negativ über den Präsidenten geäußert habe. Die Telegramme wurden Brendan Bracken ausgehändigt, Winston Churchills engem Freund und Ratgeber, der sie wiederum mit Churchills Billigung an Roosevelts getreuen Mitarbeiter Harry Hopkins weiterleitete. Es kursiert noch eine weitere Version, die Joe Kennedy einmal Harvey Klemmer erzählte. Genau wie viele andere in London wunderte sich Klemmer, daß Kennedy in letzter Minute doch noch den geschmähten Präsidenten unterstützte. In dem bereits erwähnten Fernsehinterview erinnerte sich Klemmer an eine spätere Unterhaltung mit Kennedy über die Radioansprache. »Ich sagte, die Presse mutmaße, daß FDR ihm eine alte Steuererklärung vorgelegt habe mit den Worten: ›Joe, Sie wollen doch nicht, daß ich das der Öffentlichkeit zeige, oder?‹ Und [Kennedy] erwiderte: ›Das ist eine verdammte Lüge. Ich habe das schon längst beglichen.‹ Also muß irgendwann einmal eine Steuerklärung manipuliert worden sein.«

Welche Version auch immer der Wahrheit entsprechen mag, auf jeden Fall belauerten sich der Präsident und sein Botschafter wie zwei Skorpione in einer Flasche: Kennedy konnte Roosevelts Aussichten auf eine Wiederwahl erheblich schmälern oder gar zunichte machen, indem er Tyler Kents Dokumente veröffentlichte; Roosevelt hatte dank Churchills Hilfe ein gleichermaßen tödliches Dossier aus abgehörten Telefongesprächen und abgefangenen Telegrammen in den Händen. Die volle Wahrheit liegt vielleicht für immer in geheimen amerikanischen und britischen Archiven begraben.

In der halbstündigen Radioansprache am 29. Oktober versicherte Kennedy den Amerikanern, daß die Vereinigten Staaten »sich aus dem Krieg heraushalten müssen und werden«. Die Regierung Roosevelt habe den Briten keine geheimen Zusagen gemacht. Über den oft erhobenen Vorwurf, der Präsident versuche, sein Land in einen Weltkrieg hineinzuziehen, sagte Kennedy: »Eine derartige Beschuldigung ist falsch.« Die Rede versetzte alle in einen Schock, die wußten, was Kennedy wirklich von Roosevelts Kriegspolitik hielt. Arthur Krock schreibt in seinen Erinnerungen dazu: »Die Rede fiel vollkommen aus dem Rahmen, nicht nur wegen der ganz entgegengesetzten Ansichten, die er (mir und anderen gegenüber) privat geäußert hatte, sondern auch weil er sich den Ruf erworben hatte, einer der freimütigsten Männer im öffentlichen Leben zu sein.«

Nur drei Tage nach der Präsidentschaftswahl beging Kennedy politischen Selbstmord. In einem Interview mit Louis Lyons vom *Boston Globe* und zwei anderen Journalisten sagte er im wesentlichen, daß Hitler den Krieg in Europa bereits gewonnen habe. »Die Demokratie in England ist erledigt. Glauben Sie niemandem, der Ihnen sagt, man könne sich an einen unablässigen Bombenhagel gewöhnen. In ganz England bleibt kein einziger Fleck verschont ... Es ist nur eine Frage der Zeit, wie lange England das durchstehen kann ... Ich bin bereit, alles hinzugeben, was ich besitze, um uns aus dem Krieg herauszuhalten. Es hat keinen Sinn, daß wir uns daran beteiligen. Am Ende haben wir die ganze Last zu tragen.« Die Antwort der Amerikaner vernichtete Kennedy: Tausende Bürger schrieben Roosevelt und drängten ihn, er solle seinen defätistischen Botschafter entlassen. Die Briten nahmen es gelassen auf und wunderten sich mehr über die selbstmörderische Indiskretion, die Kennedy veranlaßt hatte, dieses Interview zu gewähren, als über dessen Inhalt. Kennedys Abreise aus London während der Schlacht um England mit den nächtlichen Bombenangriffen und den Zweikämpfen in der Luft hatten viele als Feigheit vor dem Feind gewertet. T. North Whitehead, Amerikaexperte im britischen Außenministerium, fügte der Kennedy-Akte einen bissigen Kommentar hinzu: »Es hat eher den Anschein, als habe er sich in London vor Angst in die Hose gemacht und sei infolgedessen zusammengebrochen.«

Nach diesem Interview verlor Kennedy seinen Rückhalt in der Öffentlichkeit und mußte den Traum begraben, 1940 für ein hohes Regierungsamt zu kandidieren. Außerdem hatten seine Feinde nunmehr den Mut, öffentlich als seine Feinde aufzutreten.

Roosevelt versetzte Kennedy nach einem privaten Gespräch an Thanksgiving den Todesstoß. Der Botschafter war als Gast des Präsidenten und seiner Frau übers Wochenende in ihren Wohnsitz in Hyde Park eingeladen. Was sich dort genau ereignet hat, ist nie bekannt geworden, aber jedenfalls forderte Roosevelt Kennedy auf, seinen Abschied einzureichen. Eleanor Roosevelt erzählte später dem Schriftsteller Gore Vidal, sie habe ihren Mann noch nie zuvor so wütend gesehen. Kennedy habe höchstens zehn Minuten allein mit dem Präsidenten gesprochen, dann habe ein Dienstbote ihr mitgeteilt, sie solle sofort in das Arbeitszimmer ihres Mannes kommen:

Ich *rannte* in das Arbeitszimmer, und dort saß Franklin, bleich wie der Tod. Er forderte Mr. Kennedy auf, auf der Stelle zu gehen, und sagte mit *zitternder* Stimme: ›Ich möchte diesen Mann in meinem Leben nie wieder sehen. Schaff ihn hinaus.‹ Ich sagte: ›Aber Lieber, du hast ihn über das Wochenende eingeladen, wir erwarten Gäste zum Mittagessen, und der Zug fährt erst um zwei Uhr ab.‹ Franklin erwiderte darauf: ›Dann fahr ihn eben selbst zum Zug.‹ Das tat ich dann auch, es waren die vier schrecklichsten Stunden meines Lebens.«

Wir wissen zwar nicht, was sich zwischen den beiden Männern abgespielt hat, doch Vidal, der die Szene in einem Essay von 1971 für die Zeitschrift *New York Review of Books* schilderte, zitierte die hellsichtige Bemerkung von Eleanor Roosevelt: »Ich frage mich, ob wir die wahre Geschichte Joe Kennedys jemals erfahren werden.« (Jahre später, als Vidal über die Szene in einem Interview für das vorliegende Buch nachdachte, sagte er, damals sei er der Ansicht gewesen, Mrs. Roosevelt habe damit nicht allein ausdrücken wollen, daß die Wahrheit über Kennedy womöglich nie ans Licht kommen werde, sondern auch, daß es »zu gefährlich wäre, sie auszusprechen«.)

Kennedys Rücktritt als Botschafter wurde Anfang 1941 offiziell bekannt gegeben. Danach trat er nie wieder in den Staatsdienst ein.

Kennedy mußte schon bald erfahren, daß jeder, der Roosevelt zu seinem Feind hatte, auch den FBI-Direktor J. Edgar Hoover zum Feind hatte. Veröffentlichte und private Berichte, die dem Weißen Haus und dem britischen Außenministerium zur Verfügung standen, deuteten Anfang 1941 darauf hin, daß ein berüchtigter Börsenspekulant namens Bernard E. »Ben« Smith ins Vichy-Frankreich gereist sei, weil er einen isolationistischen Plan erneut aufgreifen wollte, den Kennedy befürwortete: Deutschland sollte im Austausch für eine Friedensgarantie eine hohe Goldanleihe erhalten. Kennedy war immer noch entschlossen, den amerikanischen Kapitalismus vor den verheerenden Auswirkungen eines Krieges zu bewahren, und in einem britischen Dokument hieß es, er tue »alles, was in seiner Macht steht, um das zu erreichen«. Smith, der aus seiner Glanzzeit an der Wall Street als »Sell 'Em Ben« (»Verkauf sie Ben«) bekannt war, wurde als Emissär Kennedys identifiziert. In einer vertraulichen Meldung an das britische Außenministerium vom 4. Februar wurde über Kennedy berichtet, er habe Smith zu einem Treffen mit ranghohen Politikern der Vichy-Regierung entsandt. Diese sollten Hitler ermuntern, »nach einer Lösung für den Wiederaufbau Europas zu suchen ... Sobald diese gefunden sei, hoffte [Kennedy], er werde mit der Hilfe zweier bekannter Persönlichkeiten in England ... eine Werbekampagne in England zugunsten eines Verhandlungsfriedens starten können.« Roosevelt hatte dem Bericht im britischen Außenministerium zufolge frühzeitig von Kennedys Plan erfahren und konnte ihn durchkreuzen. Smith, der Wendell Wilkies Präsidentschaftswahlkampf großzügig unterstützte, reiste zwar Ende 1940 ins Vichy-Frankreich, doch die Reise führte zu nichts. Am 3. Mai 1941 teilte Hoover – der hier etwas verwechselte – Roosevelt mit, das FBI habe von einem »öffentlich bekannten« Informanten erfahren, daß Kennedy und Smith sich insgeheim mit Hermann Göring in Vichy getroffen hätten und »daß Kennedy und Smith danach eine beträchtliche Geldsumme für die deutsche Sache gespendet hätten«. Weder gab es Hinweise, daß Kennedy mit Smith nach Europa gereist war, noch Anhaltspunkte für ein Treffen mit Göring; Hoover hatte jedoch klar erkannt, daß der diskreditierte Kennedy eine leichte Beute sein würde – zumindest wenn im Weißen Haus ein Präsident Roosevelt regierte.

Am 7. Dezember 1941, nach dem japanischen Überfall auf Pearl Harbor und dem amerikanischen Kriegseintritt, war Joe Kennedy endgültig erledigt. Gefangen von seinem Ehrgeiz und seinen Befürchtungen für die Weltwirtschaft, hatte er nicht erkannt, wie Franklin Roosevelt das amerikanische Volk zusammenschweißte. In seinem skrupellosen Streben nach oben und politischen Ränkespiel hatte sich Kennedy in der größten moralischen Entscheidung seines Lebens auf die falsche Seite geschlagen: bei der Notwendigkeit, Hitlerdeutschland aufzuhalten. Diesen Fehler sollte sein Sohn Jack nicht noch einmal begehen.

Joe Kennedys politischer Ehrgeiz verlagerte sich nun ganz auf seine beiden ältesten Söhne, sie sollten seine politischen Erben werden und profitieren von seinem Geld, seiner Klugheit und seiner Bereitschaft, alles auf eine Karte zu setzen. Joe Jr. schloß um diese Zeit seine Pilotenausbildung bei der Marine in Jacksonville in Florida ab; der Marineleutnant Jack wurde dem Hauptquartier des Marinenachrichtendienstes in Washington zugeteilt, wo er die Tages- und Wochenberichte schrieb.

Selbst als der Krieg bereits im Gange war, fand Jack Kennedy immer noch genügend Zeit für Partys. Kurz vor Ende des Jahres begann er eine heiße Liebesaffäre mit der verheirateten dänischen Journalistin Inga Marie Arvad, die sich von ihrem Mann getrennt hatte, dem ungarischen Regisseur Paul Fejos. Die ehemalige Schönheitskönigin Arvad hatte Hitler im Jahr 1936 interviewt und für kurze Zeit mit ihm und anderen Nazis verkehrt, während sie für eine dänische Zeitung von den Olympischen Spielen in Berlin berichtete. Arthur Krock hatte sie im Jahr 1941 entdeckt, als sie die Columbia School of Journalism besuchte. Krock empfahl sie Frank Waldrop, dem Chefredakteur des isolationistischen *Washington Times-Herald,* und Waldrop wiederum stellte sie für eine seichte Kolumne über menschliche Schicksale ein. Sie schrieb über Menschen, die der Krieg nach Washington verschlagen hatte. Eines ihrer Interviews führte sie mit Jack Kennedy. Der gutaussehende 24jährige Marineoffizier verliebte sich in die ältere, erfahrenere und weltgewandtere ehemalige Schönheitskönigin.

Das FBI, von einem neidischen Kollegen im *Times-Herald* auf Arvads Begegnung mit Hitler aufmerksam gemacht, nahm sie als potentielle Nazispionin ins Visier und stellte Nachforschungen über ihre Herkunft an. Nach einer anfänglichen und später widerlegten Behauptung war ihr Onkel angeblich Polizeichef in Berlin. Anfang 1942 schaltete sich J. Edgar Hoover auf Drängen Roosevelts hin persönlich in die Ermittlungen ein. Der nächste Schritt war typisch für Hoover. Walter Winchell, der Lieblingskolumnist des FBI-Direktors, veröffentlichte am 12. Januar folgende Meldung: »Die Leidenschaften einer Washingtoner Kolumnistin richten sich auf einen der talentierten Söhne des ehemaligen Botschafters Kennedy. Sie hat bereits mit ihrem Anwalt über die Scheidung von ihrem Ehemann gesprochen, der ihre Schritte allzu genau überwacht. Papa Kennedy wird das gar nicht gefallen.« Einige Tage später ließ Hoover persönlich Joe Kennedy eine Warnung zukommen, Jack sei »in großen Schwierigkeiten und er solle ihn sofort aus Washington wegbringen«, wie John F. Kennedy später selbst erzählt hat.

Darauf bedacht, die politische Laufbahn seines Sohnes zu retten, arrangierte Joe Kennedy die sofortige Versetzung Jacks an einen Schreibtischjob in einem Stützpunkt in Charleston in South Carolina. Jack traf sich in den folgenden beiden Monaten dennoch mit Arvad, und das FBI überwachte sie – auf Hoovers Anweisung – weiterhin rund um die Uhr, die Telefonleitungen in Charleston und in ihrer Wohnung in Washington waren angezapft. FBI-Agenten schlichen sich sogar in ihre Wohnung, installierten Abhörgeräte und durchsuchten ihre Unterlagen und andere persönliche Dinge. Es fand sich nicht der geringste Hinweis, der Arvad in Zusammenhang mit irgendeinem Verbrechen gebracht hätte, doch das FBI – und damit Hoover – trug eine umfassende Akte mit eindeutigen Bandaufnahmen der beiden Verliebten zusammen. Joe Kennedy wurde ebenfalls abgehört, als er mit seinem Sohn über Politik diskutierte, der, wie aus den Mitschnitten hervorgeht, Entwürfe für die Reden seines Vaters schrieb. Eine Zusammenfassung des FBI, die in dem Buch *JFK. Reckless Youth* (dt.: *John F. Kennedy. Wilde Jugend*) von dem britischen Biographen Nigel Hamilton zitiert wird, zeigt, daß Joe Kennedy schon sehr früh in der Politik nicht nur mit Joe Jr. Großes vorhatte, wie allgemein bekannt ist, sondern auch mit seinem zweitältesten Sohn. In der Zusammenfassung heißt es, Jack habe zu Arvad gesagt, daß sein Vater seine sehr unpopulären politischen Standpunkte nicht mehr öffentlich verfechte, weil er glaube, »dies könne später seinen beiden Söhnen in der Öffentlichkeit schaden«.

Die Affäre des jungen Kennedy mit Inga Arvad ging Anfang März zu Ende. Sie wurde im Juni 1942 geschieden, zog nach Kalifornien, heiratete den Western-Star Tim McCoy und erhielt die amerikanische Staatsbürgerschaft. Als Referenz benannte sie unter anderem Frank Waldrop, ihren ehemaligen Chefredakteur. In einem unveröffentlichten Essay aus dem Jahr 1978, der für dieses Buch zur Verfügung gestellt wurde, gab der inzwischen längst pensionierte Waldrop eine etwas schrullige Schilderung, wie die FBI-Untersuchung begann, die viel Lärm um Nichts machte. Eine junge Journalistin des *Times-Herald,* wie Waldrop schreibt, die Rivalin Arvads um die Gunst des stattlichen Jack Kennedy, habe

ihn eines Tages aufgeregt in seinem Büro davon in Kenntnis gesetzt, daß Arvad während der Olympischen Spiele 1936 in Hitlers
Loge fotografiert worden sei. »Das reichte«, sagte Waldrop. »Der
Krach war da. Also schnappte ich mir Inga auf der einen Seite und
das andere Mädchen auf der anderen, führte das Paar schnurstracks zur Dienststelle des FBI in Washington und sagte zu dem
diensthabenden Beamten: ›Diese junge Dame behauptet, daß diese
andere junge Dame eine deutsche Spionin ist.‹« Zu der Zeit, als
Waldrop dies niederschrieb, wußte er nicht, daß eine Mitstudentin
an der Columbia School of Journalism schon ein Jahr zuvor eine
ähnliche Meldung zu Protokoll gegeben hatte. »Ebensowenig
hätte ich erraten können, was als nächstes geschah«, daß nämlich
Roosevelt direkt an Hoover ein Memorandum schickte, »in dem er
Hoover aufforderte, Inga ›besonders sorgfältig überwachen‹ zu
lassen. Wie hat FDR denn von Inga erfahren? Wer störte seine
Kriegspläne mit einer so banalen Angelegenheit, gerade zu dem
Zeitpunkt, als der kritischste Moment im Pazifik – die Schlacht
um Midway – bevorstand? Ich weiß es nicht, und ich habe wirklich versucht, es herauszubekommen.« Letzten Endes, schloß
Waldrop, »war Inga keine Spionin, war nie eine gewesen. Mir liegt
der offizielle Abschlußbericht des Justizministeriums vor.«

Joe Kennedy erkannte sehr wohl, was hier vor sich ging. Ein paar
FBI-Agenten mochten glauben, daß sie in Gestalt der schönen
Inga Arvad eine echte Bedrohung der nationalen Sicherheit vor
sich hätten, doch die Männer an der Spitze – Franklin Roosevelt
und J. Edgar Hoover – wollten Kennedy seine Aufsässigkeit heim-
zahlen, ihn daran erinnern, daß er Kurs halten sollte, und ihm vor
Augen führen, daß er mit Feinden zu tun hatte, die ihm schaden
würden, wo sie nur konnten. Joe Kennedy sollte wissen, daß das
FBI in seiner Akte über Jack Kennedy so viel Material, komplett
mit Geräuschkulisse, zusammengetragen hatte, daß es eine künftige politische Laufbahn jederzeit beenden konnte.
   Joe Kennedy wußte, was zu tun war, wenn er seinen in den
Krieg gezogenen Söhnen eine politische Laufbahn sichern wollte.
Er war dem großen Meister Hoover untreu geworden und trach-
tete jetzt nach Wiedergutmachung. Nach dem Freedom of Infor-

mation Act zugänglich gewordene Akten belegen, daß Kennedy sich im September 1943 freiwillig bei der FBI-Dienststelle in Boston als »Special Service Contact« (Sonderkontakt) meldete und erklärte, er werde »gern der Bundesbehörde in jeder erdenklichen Weise behilflich sein, falls seine Dienste benötigt würden«. In einem Brief an Hoover fügte der diensthabende Beamte in Boston, Edward A. Soucy, hinzu: »Mr. Kennedy lobt die Bundesbehörde und ihren Direktor in den höchsten Tönen und hat angedeutet, daß es, wenn er jemals in der Position sein würde, eine offizielle Empfehlung zu geben, dann nur eine bundesweite Ermittlungsbehörde geben und diese von J. Edgar Hoover geleitet würde.« Hoover war geschmeichelt, er akzeptierte Kennedys Angebot und umriß in einem Brief an Soucy umgehend einige Voraussetzungen: »Unbedingt sollten ihm [Kennedy] Ermittlungen zugeteilt werden, die seinem besonderen Talent entsprechen, und die Bundesbehörde sollte über die Art der Untersuchungen informiert werden sowie über die erzielten Ergebnisse.«

Das volle Ausmaß von Joe Kennedys Machenschaften wird nie bekannt werden, mit Sicherheit überließ er aber kaum etwas dem Zufall. Verantwortlich für die Nachforschungen über Inga Arvad und seinen Erben Jack Kennedy war im Justizministerium James M. McInerney gewesen, der im Jahr 1942 die Abteilungen für nationale Verteidigung und innere Sicherheit leitete. Der ehemalige FBI-Agent sollte in den folgenden zehn Jahren immer hohe Posten im Justizministerium innehaben. Ende 1952 setzte McInerney durch, daß Bobby Kennedy, der erst ein Jahr zuvor sein Jurastudium abgeschlossen hatte, den Posten eines Rechtsberaters im mächtigen Ständigen Unterausschuß des Senats zu den Ermittlungen erhielt. Im Jahr 1953 wechselte McInerney ins Anwaltsfach und eröffnete als alleiniger Inhaber ein Anwaltsbüro in der F Street im Herzen Washingtons. Joe Kennedy und seine drei Söhne Jack, Bobby und Ted zählten zu seinen ersten Klienten und blieben mit Sicherheit seine bedeutendsten. In den folgenden zehn Jahren regelte James McInerney zahlreiche heikle Fälle zugunsten der Familie Kennedy und im Sinne der Kandidatur Jacks um die Präsidentschaft. Gespräche mit Frauen wurden geführt, Schmiergelder wurden angeboten, Streitfälle geschlichtet – alles sehr diskret.

# 7
# Nominierung zu kaufen

John F. Kennedys Aufstieg wurde in unzähligen Biographien und historischen Darstellungen immer wieder neu erzählt. Ende der fünfziger Jahre erschienen Monat für Monat Artikel in großen Zeitschriften über den allzeit braungebrannten Senator, seine attraktive Frau und seine kleine Tochter. Wenn es einmal kein aktuelles Interview gab, veröffentlichte der Senator mit Hilfe der Redenschreiber in seinem Stab und von Autoren, die sein Vater bezahlte, stapelweise Artikel für Tageszeitungen und Magazinen oder auch einmal einen Bestseller wie *Profiles in Courage* (dt.: *Zivilcourage*, 1960*)*, mit dem er im Jahr 1957 den Pulitzer-Preis in der Kategorie Biographie gewann.

Kennedys politisches Ansehen vergrößerte sich schlagartig nach dem Parteitag der Demokraten 1956, als er bei einer dramatischen Kampfabstimmung Senator Estes Kefauver knapp unterlag. Es ging damals um die Nominierung des Kandidaten für das Amt des Vizepräsidenten in dem von vornherein aussichtslosen Wahlkampf gegen Dwight D. Eisenhower. Kennedys Auftreten, seine scheinbar gute Miene zur Niederlage und seine jugendliche Erscheinung – Millionen Fernsehzuschauer erlebten den Parteitag mit – machten sein glanzloses Auftreten im Senat wett, und schon bald war er der Favorit für die Nominierung im Jahr 1960. Kennedy arbeitete in den folgenden vier Jahren hart, hielt an fast allen Wochenenden Ansprachen und trat bei Wohltätigkeitsveranstaltungen in ganz Amerika auf.

Im Senat erregte er kein besonderes Aufsehen, seine Gesetzesinitiativen blieben eher Mittelmaß, aber bei den Wählern kam er außerordentlich gut an, sie feierten ihn so begeistert wie einen berühmten Sportler oder einen beliebten Filmstar. Von Anfang an leitete Joe Kennedy persönlich den Wahlkampf. Als ehemaliger Hollywoodmäzen hatte er genau erkannt, daß sein Sohn als Star und nicht als ein Politiker unter vielen für die Präsidentschaft kandidieren mußte. In einem ungewöhnlich offenen Interview Ende 1959 in Hyannis Port mit dem Journalisten Ed Plaut, der damals eine Biographie über Jack schrieb, sagte Joe Kennedy, daß sein Sohn »heute die größte Attraktion des Landes [ist]. Ich werde Ihnen sagen, wie Sie Ihr Buch besser verkaufen können: Setzen Sie ein Bild von ihm auf den Einband.« Plaut stellte eine Abschrift des Interviews für dieses Buch zur Verfügung.

»Warum«, so fragte Kennedy, »verkaufen die Magazine *Life* oder *Redbook* Rekordauflagen, wenn John auf dem Titelbild zu sehen ist? Kündigen Sie an, daß er zu einer Abendgesellschaft erscheinen wird, und die Besucherzahlen werden alle Rekorde brechen. Er lockt zu einer wohltätigen Veranstaltung mehr Menschen als Cary Grant oder Jimmy Stewart oder wer Ihnen sonst einfällt. Woran liegt das? Er übt überall eine große Anziehungskraft aus. Ich kann das nicht erklären. Für Jacks Anziehung gibt es keine Erklärung. Er ist heute die größte Attraktion des Landes. Deshalb wird ihn die Demokratische Partei auch nominieren. Die Parteiführer sind sich darüber im klaren, daß sie ihn nominieren müssen, wenn sie gewinnen wollen.«

Joe Kennedy vertraute dem Reporter noch an: »Die Nominierung ist das reinste Kinderspiel. Ich mache mir überhaupt keine Sorgen deswegen.«

Bei Jacks Präsidentschaftskandidatur 1960 fungierten sein Bruder Bobby als Wahlkampfmanager und sein Vater Joe als Ein-Mann-Beraterstab – und heimlicher Geldgeber. Im Sommer fuhr Jack Kennedy dann als haushoher Favorit zum demokratischen Parteitag nach Los Angeles. Unbestritten hatte er sich den Anspruch auf die Kandidatur erworben, weil er in ganz Amerika bei den Vorwahlen der Demokraten angetreten war und sie gewonnen hatte. Er hatte einen großartigen Wahlkampf geführt, der für künftige Generationen ehrgeiziger Politiker Maßstäbe setzen sollte, vor allem mit seinem unermüdlichen Gespür und Ausnutzen von politischen Lagern in seiner Partei. Kennedys treuer Mitarbeiter Ted Sorensen schildert in seinen 1965 erschienenen Erinnerungen *Kennedy* (dt.: *Kennedy,* 1966) voller Bewunderung, wie Kennedy sich über die Politiker hinwegsetzte, die auf die übliche Weise ihre Fäden zogen, und sich mit seinem Wahlkampf direkt ans Volk wendete:

»Allein im Laufe des Jahres 1960 war er an die 100 000 Kilometer geflogen. Er hatte mehr als zwei Dutzend Staaten besucht, viele davon in der Zeit, in der die Entscheidungsschlachten der Vorwahlen tobten. Meistens war seine Frau dabei. Er hatte fast 350 Reden über jedes denkbare Thema gehalten. Er hatte an Senatsabstimmungen teilgenommen, Gesetzentwürfe eingebracht, sich zu jedem aktuellen Thema geäußert und sich nachher nicht ein einziges Mal dementieren müssen. Er war persönlich zu den Parteitagen in den einzelnen Staaten gereist, hatte mit Parteifunktionären, Delegierten und Tausenden und Abertausenden von Wählern gesprochen. Jede freie Minute nutzte er zu Telefongesprächen. Er hatte nichts versprochen, was er nicht halten konnte – auch keine Ämter.«

Kein Außenseiter konnte sich jedoch vorstellen – und Sorensen schreibt darüber kein Wort –, welche Hindernisse aus dem Weg geräumt und welche sorgfältig geheimgehaltenen Absprachen getroffen wurden, während Kennedy auf dem Weg nach Los Angeles einen politischen Triumph nach dem anderen feierte.

Den wichtigsten Sieg bei den Vorwahlen errang Kennedy am 10. Mai in West Virginia. Bei seinen Wahlkampfauftritten in diesem Staat sprach er direkt das Thema Religion an und erklärte seinen Zuhörern etwa, daß niemand sich darum gekümmert habe, daß er Katholik sei, als er im Zweiten Weltkrieg für sein Land kämpfen sollte. Er schlug Senator Hubert H. Humphrey aus Minnesota mit einem Vorsprung von mehr als 84 000 Stimmen. In seinen Erinnerungen zitiert Sorensen Senator Stuart Symington aus Missouri, einen weiteren unterlegenen Rivalen Kennedys bei der Nominierung, nach dem Parteitag mit den Worten: »Er hatte ein bißchen mehr Mut, ... Durchhaltevermögen, Klugheit und Charakter als wir anderen.«

Sorensens Darstellung gibt, wie viele Kennedy-Biographien aus dem engeren Kreis seiner Mitarbeiter, durchaus manches wahrheitsgemäß wieder, erzählt aber längst nicht die volle Wahrheit. Die Kennedys verließen sich nicht allein auf harte Arbeit und Ausdauer, um die Vorwahlen bis zur Nominierung als Kandidat der Demokraten zu gewinnen. Sie warfen vielmehr mit soviel Geld um sich wie nie zuvor ein Politiker in der amerikanischen Geschichte. Allein in West Virginia gaben die Kennedys mindestens zwei Millionen Dollar aus (nach heutigem Geldwert annähernd elf Millionen Dollar), womöglich sogar das Doppelte dieser Summe – ein Großteil floß als Schmiergelder an Bundesstaats- und Lokalpolitiker.

Ein weit vollständigeres Bild des Wahlkampfes entsteht aus den unveröffentlichten Erinnerungen von Hyman B. Raskin, einem engen Berater Kennedys während des Wahlkampfs 1960. Raskin war Anwalt in Chicago und in der Öffentlichkeit wenig bekannt, obwohl er schon die Präsidentschaftskandidaturen Adlai Stevensons in den Jahren 1952 und 1956 mit betreut hatte. Joe Kennedy warb Raskin Ende 1957 an und bezahlte ihn heimlich dafür, daß er den Griff seines Sohnes nach dem Amt des Präsidenten gemeinsam mit anderen plante und organisierte. Nach den Wahlen von 1960 zog sich Raskin in seine Anwaltspraxis zurück, er starb 1995 unbekannt und zurückgezogen im Alter von sechsundachtzig Jahren in Rancho Mirage in Kalifornien. Seine Witwe Frances stellte später für dieses Buch eine Kopie seiner Erinnerungen mit dem Titel *A Laborer in the Vineyards* (Ein Arbeiter im Weinberg) zur Verfügung, die einen selten authentischen Einblick gewähren, auf welche Weise Joe Kennedy zugunsten seines Sohnes politisch die Fäden zog – die Presse bekam davon im allgemeinen nichts mit. Nach Raskins Darstellung gaben ein unbegrenztes Wahlkampfbudget, Joe Kennedys politische Beziehungen auf höchster Ebene und Jack Kennedys gutes Abschneiden bei den Vorwahlen der Demokraten – vor allem sein Sieg in West Virginia – zusammengenommen den Ausschlag dafür, daß die Kennedys mit der Gewißheit nach Los Angeles fliegen konnten, genug Delegiertenstimmen für eine Nominierung im ersten Wahlgang in der Tasche zu haben.

In letzter Minute, wenige Tage vor dem Konvent, erklärte der texanische Senator Lyndon B. Johnson, daß er doch für die Nominierung kandidieren werde, und seine Ankündigung löste eine Flut von Pressemeldungen aus. Nach Raskins Ansicht war die Erklärung aber zu zaghaft formuliert und kam zu spät. »Der Favorit war nicht zu schlagen«, schreibt er. »Aus unbekannten Gründen weigerten sich einige Presseleute, die Nominierung Kennedys als sicher anzunehmen, sie ignorierten einfach die von ihren Kollegen gemeldeten Zahlen ... Johnson und seine Wahlkampfmanager mußten die Zahlen auch kennen. Ein Großteil war veröffentlicht worden und konnte von Johnsons Leuten in beinahe jedem Staat überprüft werden. Warum, so fragte ich mich selbst, setzten die Gegner Kennedys dann ihren aussichtlosen Kampf fort?« Johnson blieb bis zur Kampfabstimmung bei seiner Kandidatur und erlitt auf dem Konvent eine vernichtende Niederlage.

Die Tatsache, daß Kennedy schon Wochen vor dem Parteitag keine weiteren Nominierungen zugelassen hatte, zählt zu den großen Geheimnissen dieses Wahlkampfs. Aber es gab noch viel schwerer wiegende Geheimnisse, und jedes hätte, wenn es aufgedeckt worden wäre, den jungen, gutaussehenden Kandidaten seine scheinbar so sichere Nominierung kosten können.

Vor dem Konvent drohte den Kennedys eine sehr große Gefahr, die besonders schwer abzuwenden war, weil sie von einer Gruppe von Reportern des *Wall Street Journal* ausging. Die Reporter stellten Fragen zu den enormen Geldbeträgen, die für den Sieg bei der Vorwahl in West Virginia geflossen waren. Ein vor Ort recherchierender Journalist hatte Wind von der Story bekommen, sie wurde jedoch nie gedruckt.

Alan L. Otten, der Wahlkampfkorrespondent des *Journal*, hatte sich sehr über Kennedys glänzendes Abschneiden gewundert. Wochenlang hatte er in großen und kleinen Städten des Kohlereviers recherchiert und war zu dem Schluß gekommen, wie er dem *Journal* meldete, daß Humphrey von dem ausgeprägten Antikatholizismus in West Virginia profitieren und die Vorwahl der Demokraten mühelos gewinnen werde. »Alle Bergarbeiter, mit denen ich sprach, wollten für Humphrey stimmen«, erinnerte sich Otten

1994 in einem Interview. Der spätere Chef der Nachrichtenredaktion des *Journal* wurde mißtrauisch, als die Zahlen bekanntgegeben wurden, und drängte seine Zeitung, intensiv nachzuforschen, ob die Kennedys Stimmen gekauft hätten. »Wir waren so gut wie sicher, daß immense Beträge von Hand zu Hand gegangen waren«, sagte Otten zu mir.

Stimmenkauf war durchaus nichts Neues in West Virginia, die Sheriffs und die Mitglieder der politischen Ausschüsse in jedem der 55 Counties des Staates hatten eindeutig das Sagen. Ihre Kontrolle wurde durch die große Zahl der Kandidaten, die sich bei der Vorwahl der Demokraten um lokale Ämter bewarben, noch verstärkt. Es mußten ellenlange Stimmzettel gedruckt werden, was die Abstimmung endlos in die Länge ziehen konnte. Theodore H. White bemerkte in seiner mit dem Pulitzer-Preis gekrönten Darstellung des Wahlkampfs von 1960 *The Making of the President, 1960* (Der Präsident wird gemacht), daß die Stimmzettel für die Vorwahl in Kanawha County, dem größten Kreis von West Virginia, drei volle Seiten füllten, als sie am Vortag in der *Charleston Gazette* veröffentlicht wurden. Sheriffs und andere politische Führer eines jeden County erleichterten den Wählern die Entscheidung, indem sie Kandidatenlisten mit den offiziell bestätigten Parteikandidaten für jedes Amt zusammenstellten. Einige Kandidaten für bundesstaatliche oder wichtige lokale Ämter wie Sheriff oder Steuerschätzer landeten stets auf zwei, drei oder mehr Kandidatenlisten, die Listen wurden am Wahltag von Wahlkampfhelfern ausgegeben. Dieses umständliche Verfahren wird bis heute praktiziert.

Die Sheriffs und die Parteiführer waren auch zuständig für die Anstellung von Helfern in den Wahlbezirken und von Wahlaufsehern für den Wahltag. Nach der politischen Tradition des Staates mußten die Kandidaten auf Bundesstaatsebene als Gegenleistung dafür, daß sie an der Spitze der Kandidatenliste eines politischen Führers plaziert wurden, die Wahlausgaben der County ganz oder teilweise begleichen. Am Wahltag ein paar Dollar für eine Stimme zu bezahlen, war in einigen Gegenden gang und gäbe, genau wie die Bezahlung der sogenannten »Lever Brothers« (nach dem bekannten Waschmittelhersteller): In etlichen

Wahlbezirken gab es solche Wahlhelfer, die angewiesen waren, mit den Wählern in die Wahlkabine zu gehen und die Stimmzettel für sie auszufüllen.

Das Rechercheteam des *Wall Street Journal,* zu dem auch Roscoe C. Born aus der Redaktion in Washington zählte, forschte in den folgenden fünf Wochen im Mai und Juni in West Virginia nach und fand heraus, daß die Kennedys die Art von Wahlbetrug, die in der Vergangenheit eher vereinzelt vorgekommen war, systematisch betrieben und Hubert Humphrey ganz offensichtlich den Wahlsieg gestohlen hatten. Die Reporter rekonstruierten, daß die Kennedys gewaltige Geldbeträge in den Staat geschleust hatten, und zwar zum großen Teil von Chicago aus, wo R. Sargent Shriver, seit 1953 mit Jacks Schwester Eunice verheiratet, die Geschäftsinteressen des Familienclans wahrnahm. Wie die Reporter erfuhren, war ein Großteil des Geldes von Shrivers langjährigem Freund James B. McCahey jr. überbracht worden, dem Direktor einer Chicagoer Kohlebergbaugesellschaft, die den staatlichen Schulen in den Städten Kohle lieferte. Als ehemaliger Kohleeinkäufer war McCahey lange Zeit durch ganz West Virginia gereist; die Minen dort förderten gewöhnlich über 100 Millionen Tonnen Kohle jährlich. Roscoe Born und ein Kollege reisten nach Chicago, um McCahey zu interviewen, doch dieser »streute uns mit seinem Gerede Sand in die Augen«, erinnerte sich Born in einer Reihe von Interviews für dieses Buch. Dennoch »zweifelte ich nicht mehr daran, daß [Kennedy-]Gelder an lokale Parteiapparate verteilt worden waren, die den Wahlvorgang beaufsichtigten«.

In der sicheren Überzeugung, er und seine Kollegen hätten genug Material für einen vernichtenden Enthüllungsbericht gesammelt, quartierte sich Born mit seiner Schreibmaschine in einem Hotel in der Nähe des Redaktionsgebäudes des *Journal* im Stadtzentrum von Washington ein. Er hatte nicht mehr viel Zeit bis zum Parteitag der Demokraten, und er mußte die erheblichen Bedenken der Chefredaktion aus dem Weg räumen.

Wie bei vielen Hintergrundreportagen gab es keine handfesten Beweise: Kein einziger Informant berichtete, er habe gesehen, wie ein Mitglied von Kennedys Wahlkampfteam Geld an einen potentiellen Wähler in West Virginia übergeben hatte. »Wir wußten, daß sie sich getroffen hatten«, entsann sich Otten in unserem Interview, »aber wir hatten keinen Beweis für die Geldübergabe.« Die Chefredaktion des *Wall Street Journal* verlangte eidesstattliche Erklärungen von einigen Informanten, die in dem Enthüllungsbericht zitiert werden sollten, doch die Reporter konnten keine solchen Erklärungen vorlegen, und so beschloß die Redaktion, daß der Artikel nicht erscheinen könne. »Wir hätten die Story schreiben können, aber wir hätten einige Punkte nur andeuten dürfen, statt Nägel mit Köpfen zu machen«, sagte Born. »Ich war dazu fest entschlossen, aber ich sehe ein, daß der Redaktion die Veröffentlichung der Geschichte so kurz vor dem Konvent zu heiß war.«

Das Rechercheteam des *Journal* war der Wahrheit viel näher gekommen, als die Redaktion ahnte. Jack Kennedy hatte schon bei den Vorwahlen der Demokraten am 5. April in Wisconsin alles klar machen wollen und in jedem Wahlbezirk stundenlange Wahlkampfveranstaltungen organisiert, weil er Hubert Humphrey in allen zehn Bezirken schlagen wollte. Kennedy war schwer enttäuscht, daß er nur sechs Bezirke gewann und vor allem, daß sein Abschneiden den ebenso hart kämpfenden Humphrey nicht entmutigt, sondern sogar in seiner Entschlossenheit bestärkt hatte, weiterhin in West Virginia als Präsidentschaftskandidat anzutreten. Erfahrenen Politikern war klar, daß auch Humphrey soviel Geld wie möglich investieren würde, um den unvermeidlichen Schmiergeldforderungen der County-Sheriffs nachzukommen. Das Kennedy-Team befürchtete darüber hinaus, andere demokratische Bewerber um die Nominierung, unter anderen Lyndon Johnson und Adlai Stevenson, könnten ihre Hintermänner drängen, zugunsten von Humphrey Geld in den Staat zu pumpen, um Kennedy aufzuhalten und ein Patt auf dem Parteitag zu erreichen.

Und so wurde West Virginia zum Schauplatz der Entscheidungsschlacht um die Nominierung der Demokraten. Die Kennedys mobilisierten jedes Familienmitglied und jeden prominenten Freund der Familie und investierten viel Geld, um Humphrey zu schlagen. Nicht nur Jacks Präsidentschaft stand auf dem Spiel, sondern auch Joe Kennedys Traum von einer Familiendynastie: Bobby sollte der Nachfolger seines Bruders werden.

In Interviews für dieses Buch enthüllten zahlreiche County- und Bundesstaatsbeamte von West Virginia, daß die Kennedys vor der Vorwahl am 10. Mai 1960 über zwei Millionen Dollar für Schmiergeld- und Bestechungszahlungen ausgaben. Einige Sheriffs in wichtigen Countys strichen sogar mehr als 50 000 Dollar dafür ein, daß sie Kennedys Name an die Spitze ihrer Kandidatenliste setzten. Einen Großteil des Geldes verteilten Bobby und Teddy Kennedy persönlich. Die Wahlkampfleitung erklärte nach dem Parteitag öffentlich, daß in West Virginia lediglich 100 000 Dollar ausgegeben worden seien (bei Gesamtaufwendungen für den Wahlkampf in Höhe von 912 500 Dollar). Insidern war jedoch nicht verborgen geblieben, was sich in West Virginia abgespielt hatte. Theodore White schreibt in seinen Memoiren aus dem Jahr 1978 *In Search of History*, was er in seinem Buch über den Wahlkampf von 1960 verschwiegen hat: daß nämlich sowohl Humphrey als auch Kennedy in West Virginia Stimmen kauften. White gestand in seinen Memoiren weiter ein, ihm wie vielen seiner Kollegen habe die Begeisterung für Jack Kennedy den Blick getrübt, und sie hätten sich von objektiven Journalisten zu getreuen Claqueuren entwickelt. White blieb bis zum Ende Claqueur und behauptet in seinen Memoiren, ohne einen Beweis anzuführen, »die Stimmenkäufer von Kennedy und von Humphrey haben sich nichts geschenkt«.

In späteren Jahren gaben selbst die loyalsten Anhänger der Kennedys zu, daß es bei den Vorwahlen in West Virginia nicht mit rechten Dingen zugegangen war. In einem Interview im Jahr 1994 sagte Evelyn Lincoln, Präsident Kennedys langjährige Sekretärin: »Ich weiß, daß sie die Wahl gekauft haben.«

Es gibt Anhaltspunkte dafür, daß Robert Kennedy – und vor ihm bereits sein Bruder Teddy – in den hektischen Wochen vor der Vorwahl vom 10. Mai als Zahlmeister auftrat. Victor Gabriel aus Clarksburg, ein Kontrolleur der West Virginia Alcoholic Beverage Control Commission, der Kennedys Wahlkampf in Harrison County leitete, erinnerte sich in einem Interview im Jahr 1996 an ein Treffen mit Bobby und dem allzeit treu ergebenen Charles

Spalding. Gabriel sagte den beiden Männern, er brauche lediglich 5000 Dollar für Ausgaben am Wahltag, um die County für sie zu gewinnen. Der inzwischen zweiundachtzigjährige Gabriel sagte zu mir, Spalding habe in Anbetracht des erstaunlich geringen Betrags ausgerufen: »Wissen Sie überhaupt, wovon Sie da reden?«

Gabriel weigerte sich, mehr Geld anzunehmen und übergab seine County wie versprochen am Wahlabend. Er traf sich mit allen Helfern der Kennedys bei einem Gala-Abend anläßlich des Sieges im Kanawha-Hotel in Charleston. Gabriel berichtete, während der Party habe ihn ein dankbarer Bobby Kennedy in einen Waschraum gewinkt, wo sie ungestört waren, und ein kleines schwarzes Buch aus der Tasche geholt. »Soviel hätten Sie haben können, um die Leute für die siegreiche Partei zu gewinnen.« In Kennedys Notizbuch sei verzeichnet gewesen, daß sage und schreibe 40 000 Dollar an den Anwalt Sid Christie gegangen seien, den einflußreichsten Demokraten in McDowell County im Herzen des Kohlegürtels im südlichen West Virginia. Das Notizbuch habe eindeutig belegt, daß die Kennedys sich die alles entscheidende Unterstützung der Sheriffs und maßgeblicher Politiker im Süden »einen schönen Batzen« hatten kosten lassen.

Gabriel sagte mir, er habe sich bei der relativ geringen Summe, die er von Bobby Kennedy verlangt habe, nicht viel gedacht. »Ich sagte [Bobby], was ich brauchte, und habe keinen Cent mehr genommen. Ich hätte nur 15 000 oder 20 000 sagen müssen anstelle von 5000, und ich hätte das Geld bekommen. Aber das ist nicht meine Art. Entweder bin ich für einen Mann oder nicht.« Alle Sheriffs, die mehr als 5000 Dollar angenommen hatten, meinte Gabriel, hätten das Geld in die eigene Tasche gesteckt.

Bonn Brown aus Elkins, ein ehemaliger Beamter des Bundesstaats und der persönliche Anwalt von W. W. »Wally« Barron, dem 1960 gewählten demokratischen Gouverneur von West Virginia, räumte in einem Interview 1995 ein, daß auch er von den immensen Ausgaben der Kennedys gewußt habe. Er schätzte die Ausgaben der Kennedys auf drei bis fünf Millionen, einigen Sheriffs seien bis zu 50 000 Dollar gezahlt worden. Auf die Frage, woher er das wisse, erwiderte er kurz und bündig: »Ich weiß es. Wenn man diese Jungs [die Sheriffs] nicht auf seine Seite bekommt, dann werden sie einen regelrecht bekämpfen.« In seiner Funktion als Berater des demokratischen Kandidaten für den Gouverneursposten sprach Brown mit Robert Kennedy und anderen Wahlkampffunktionären. »[Ich] sagte ihnen, mit wem sie sprechen und was sie tun sollten, hielt mich selbst aber zurück. Bobby war klug und gerissen wie eine Schlange. Ich glaube, er war die treibende Kraft in West Virginia [bei dem Wahlsieg und den Schmiergeldzahlungen]. Bobby leitete das Ganze, er war auch derjenige, der alles einfädelte.« Gouverneur Barron wurde später wegen Bestechlichkeit verurteilt, und Brown wurde wegen versuchter Bestechung eines Geschworenen in diesem Verfahren ebenfalls verurteilt.

Die Darstellungen von Gabriel und Brown wurden von dem ehemaligen FBI-Agenten Rein Vander Zee bestätigt, der seit Anfang Januar 1960 bei Humphreys Wahlkampf in West Virginia mitgewirkt hatte. Vander Zee war verantwortlich für die Verhandlungen mit den Sheriffs in West Virginia und hatte sie – zu einem gewissen Preis natürlich – politisch auf Humphrey eingeschworen. »Vier oder fünf Tage vor der Vorwahl«, sagte mir Vander Zee, der mittlerweile im texanischen Bandera lebt, in einem Interview 1995, »konnte ich keinen meiner Leute telefonisch erreichen. Ich bekam einen ziemlichen Schreck, stieg ins Auto und fuhr los. Die Sheriffs warfen mit Geld nur so um sich, ich wußte sofort, daß da etwas faul war. Humphreys Plakate waren weg, überall hingen die Plakate der Kennedys. Ich sprach mit Sid Christie, den wir die ganze Zeit über für unseren Mann [in McDowell County] gehalten hatten. Er war dort unten unangefochten der Boss.« Vander Zee arrangierte ein Treffen mit Christie in der ländlichen Kleinstadt Keystone. »Wir saßen vor einem verlassenen Filmtheater in seinem Wagen, es war wie eine Szene aus dem Film *Die letzte Vorstellung*. Ich sagte: ›Was können wir tun?‹« Christie entgegnete trocken: »Es ist zu spät. Ich hab nicht erwartet, daß der andere so viel Unterstützung bekommen würde.«

Vander Zee sagte, er und Humphrey hätten bei Wally Barron, dem künftigen Gouverneur, noch einen letzten Versuch unternommen: »Wir fragten ihn, was wir tun könnten. Ich habe Wally immer gemocht.« Barron überbrachte Humphrey die schlechte Nachricht: Die Kennedys hatten ein Vielfaches von dem ausgegeben, was er aufgewendet hatte. »Er sagte, er habe eine Zahl [der Kennedy-Ausgaben], die so hoch sei, daß wir nicht mithalten könnten«, erzählte Vander Zee. Jahre später sagte ein einflußreicher Politiker zu Vander Zee, er habe verfolgt, wie Christie von einem Kennedy-Vertrauten eine immense Summe Schmiergeld »bar in einer Schuhschachtel« erhalten habe – mindestens 40000 Dollar. Auf Jack Kennedy entfielen bei den Vorwahlen der Demokraten am 10. Mai in County McDowell 84 Prozent der Stimmen.

In den Jahren nach Kennedys Ermordung beanspruchten viele Menschen das Verdienst für sein gutes Abschneiden in West Virginia.

Hubert Humphrey schildert in seiner 1976 erschienenen Autobiographie *The Education of a Public Man* ein Gespräch mit dem Erzbischof von Boston, Kardinal Richard Cushing, im Jahr 1966. Cushing habe seinem Ärger über die, wie er es nannte, »Selbsterhöhung« mancher junger Berater wie Ted Sorensen Luft gemacht. »Ich lese ständig diese Bücher von den jungen Leuten um Jack Kennedy und daß er ihnen die Wahl verdanke«, sagte Cushing zu Humphrey. »Ich werde Ihnen sagen, wer Jack Kennedy gewählt hat. Das waren sein Vater und ich, *und zwar hier in diesem Raum.*« Sprachlos vor Erstaunen hörten Humphrey und ein Mitarbeiter zu, als Cushing erzählte, wie er und Joe Kennedy übereingekommen seien, der antikatholischen Einstellung in West Virginia durch Geldspenden an protestantische Kirchen entgegenzuwirken, vor allem in der schwarzen Gemeinde. Cushing fuhr nach Humphreys Darstellung fort: »Wir beschlossen, welcher Kirche und welchem Prediger wir 200 Dollar geben wollten und wem 100 oder 500 Dollar.«

Die Rolle des organisierten Verbrechens bei der Wahl in West Virginia ist immer wieder falsch dargestellt worden. In zahllosen Zeitschriftenartikeln und Büchern aus den vergangenen dreißig Jahren steht zu lesen, Gangster hätten das Geld beschafft, das Kennedy den Sieg brachte. Die Anschuldigungen konzentrieren sich auf Paul »Skinny« D'Amato, einen Nachtklubbesitzer aus New Jersey, der 1960 Geschäftsführer eines Spielcasinos in Nevada wurde, an dem Frank Sinatra und sein guter Freund Sam Giancana aus Chicago finanziell beteiligt waren. Nach D'Amatos mehrfach zitierter Darstellung trat Joe Kennedy während des Wahlkampfs für die Vorwahlen an ihn heran und bat ihn, für West Virginia Geld aufzutreiben. D'Amato war unter einer Bedingung einverstanden: Falls Jack Kennedy ins Weiße Haus einzog, sollte er die 1956 gegen den Bandenchef Joey Adonis aus New Jersey verhängte Verbannung aus den Staaten aufheben. Mit Joe Kennedys Zusicherung trieb D'Amato bei ausgesuchten Gangstern 50000 Dollar für West Virginia ein. Der im Jahr 1984 verstorbene D'Amato hat angeblich einem Geschäftsfreund gesagt, daß die Summe nicht direkt für Schmiergelder verwendet worden sei, sondern für den Kauf von Schreibtischen, Stühlen und anderen Gegenständen, die Lokalpolitiker benötigten. Nach Kennedys Wahl habe D'Amato Joe Kennedy an sein Versprechen erinnert. Joe Kennedy habe erwidert, sein Sohn, der Präsident, sei mit der Abmachung einverstanden, aber der neue Justizminister Bobby lege sich quer. Es gibt keinen Grund, an D'Amatos Geschichte zu zweifeln, doch 50000 Dollar waren verglichen mit den tatsächlich in West Virginia ausgegebenen Summen zu wenig, um sich die ewige Dankbarkeit der Kennedys zu sichern.

D'Amatos Plaudereien brachten ihn in Schwierigkeiten. Kurz nach der Amtsübernahme setzte das FBI Bobby Kennedy davon in Kenntnis, daß D'Amato sich in einem abgehörten Telefongespräch damit gebrüstet habe, in Las Vegas Geld für Jack Kennedys Wahlkampf beschafft zu haben. Einige Monate später flatterte D'Amato eine Bundesanklage wegen Steuerhinterziehung ins Haus, weil er es versäumt hatte, eine Steuererklärung für seinen Nachtklub abzugeben. Die Anklage kam auf den Schreibtisch von Milton »Mikkey« Rudin, einem bekannten Anwalt aus Los Angeles, der Frank Sinatra und andere Hollywood-Größen vertrat.

»Skinny [war] Franks Freund«, sagte mir Rudin in einem Interview. »Bobby [Kennedy] und der Alte [Joe Kennedy] wußten über die Beziehung Bescheid. Als Skinny angeklagt wurde, war ich stocksauer und rief Steve Smith an. Ich sagte ihm, ich wolle mit ihm sprechen. Er traf sich mit mir im University Club in New York. Ich bestellte mir einen Gin. ›Was kann ich für Sie tun?‹ fragte

Smith. Ich sagte: ›Es gefällt mir nicht, daß Skinny wegen dieser dummen Vorwürfe angeklagt wird. Das ist nicht fair. Es wurden keine Steuern gezahlt, weil kein Gewinn gemacht wurde.‹« Rudin sagte, er habe D'Amatos politische Dienste für den Wahlkampf Kennedys nicht angesprochen, habe Smith aber gesagt: »Das ist eine politische Anklage.« Smith antwortete: »Nun, von Politik verstehen Sie eben nichts.« Rudin entgegnete »Ja, und ich bin froh darüber«, trank seinen Gin aus und ging.

Rudin zufolge war Steve Smiths Botschaft eindeutig: Das FBI hatte mitgehört, als D'Amato davon sprach, den Kennedys sei Geld aus Las Vegas zugeflossen, und die Anklage beugte dem politischen Schaden vor, der aus solchem Gerede möglicherweise hätte entstehen können. »Wenn ein Mann wie Skinny etwas mit Geldschiebereien zu tun hatte, dann gingen sie nach folgendem Muster vor: Gegen ihn wurde Anklage erhoben, damit es als ein Racheakt erschien, falls er etwas ausplauderte.« Rudin sagte mir, er habe sich bei seiner Rückkehr nach Los Angeles gedacht – und zu Sinatra und anderen auch gesagt –, daß die Kennedys sich als ein viel härterer Brocken erweisen würden, als manche gedacht hätten.

Das organisierte Verbrechen spielte, wie wir noch sehen werden, eine wichtige Rolle bei Kennedys knappem Sieg über Richard Nixon im November. Aber sowohl vor als auch nach der Wahl hatte Jack Kennedy größere Sorgen als ein paar Wahlkampfversprechen an Gangster.

# 8

# Kandidatur in Gefahr

Nach dem Erfolg in West Virginia war Jack Kennedy der aussichtsreichste Kandidat, aber auf seinem Weg ins Weiße Haus lauerten noch immer viele Gefahren. Mindestens vier Frauen konnten über sein Schicksal entscheiden. Eine war die amerikanische Filmgöttin Marilyn Monroe. Ihre Affäre mit Kennedy hatte irgendwann vor der Wahl 1960 begonnen und ging auch nach seinem Einzug ins Weiße Haus weiter.

Wie sein Vater fühlte sich Jack Kennedy besonders zu Hollywoodberühmtheiten hingezogen. Die talentierte und gefeierte Monroe, geboren als Norma Jean Mortenson, war in den frühen fünfziger Jahren als Sexsymbol am Himmel von Hollywood erschienen. Ihr Leben mit mehreren Ehemännern, etlichen Liebhabern, Pillen, Alkohol und Aufenthalten in psychiatrischen Kliniken endete im August 1962 mit einem allem Anschein nach unbeabsichtigten Suizid. Einigen veröffentlichten Darstellungen zufolge soll Kennedys Affäre mit Marilyn Monroe bereits Mitte der fünfziger Jahre begonnen haben, als die Ehe mit ihrem zweiten Mann, dem Baseballstar Joe DiMaggio, langsam in die Brüche ging und ihre Beziehung zu dem Dramatiker Arthur Miller begann, der ihr dritter Ehemann wurde. Alle Berichte stimmen darin überein, daß ihre Affäre mit Kennedy loderte, als der Wahlkampf für das Präsidentenamt begann. Sie trafen sich häufig im Haus von Kennedys Schwager und Schwester Peter und Patricia Lawford in Santa Monica, die mit Marilyn Monroe eng befreundet waren. In einigen Veröffentlichungen ist zu lesen, sie sei von Kennedy schwanger geworden und habe das Kind in Mexiko abtreiben lassen. Die Wahrheit wird sich wohl nie mehr aufklären lassen, aber seit ihrem Selbstmord und seiner Ermordung tauchten immer neue Berichte über ihre Affäre und eine Abtreibung auf.

In Interviews für das vorliegende Buch haben langjährige Freunde und Mitarbeiter von Monroe und Kennedy eingeräumt, daß die beiden Stars, die beide den Kitzel der Gefahr liebten, eine heftige und risikoreiche gegenseitige Anziehung empfanden. »Sie war eine wundervolle Schauspielerin«, sagte mir George Smathers, Kennedys engster Freund im Senat, »eine unvergleichlich schöne Frau. Und Jack – jeder wußte, daß er hübsche Mädchen mochte. Als er die Gelegenheit hatte, Marilyn Monroe kennenzulernen, na, da ergriff er sie, und er lernte sie ein bißchen kennen.« Es war mehr als Sex im Spiel. Die Schauspielerin hatte einen skurrilen Humor und war außerordentlich lernbegierig. »Marilyn brachte Jack zum Lachen«, sagte Patricia Newcomb, die in den frühen sechziger Jahren als Presseagentin für Monroe gearbeitet hatte, in einem Interview für dieses Buch. Außerdem bestand über die Lawfords hinaus eine Beziehung zur Familie Kennedy. Charles Spalding, seit Ende der vierziger Jahre und bis zu Jacks Ermordung ein enger Vertrauter der Familie, erinnerte sich gut an einen Privatbesuch Marilyn Monroes auf dem Familiensitz in Hyannis Port. Damals wurde sie begeistert als eine Freundin von Jack empfangen – obwohl er verheiratet war.

Es wurde immer wieder gesagt, Marilyn Monroe habe Kennedy sehr geliebt. Nach ihrem Tod erhielt John Miner, der Leiter der Gerichtsmedizin beim Bezirksstaatsanwalt von Los Angeles, vertraulich Zugang zu einem Tonband mit freien Assoziationen, das Monroe wenige Wochen zuvor auf Anraten ihres Psychoanalytikers Dr. Ralph Greenson aufgenommen hatte. Miner fertigte eine möglichst wortgetreue Transkription der Tonbandaufnahme an. 35 Jahre später, im Jahr 1997, brach er sein Schweigen und stellte, nachdem er die Einwilligung von Greensons Familienangehörigen eingeholt hatte, seine Abschrift für das vorliegende Buch zur Verfügung. Ein Großteil der Aufzeichnungen dreht sich um Sexuelles. Über weite Passagen spricht Monroe – in einer sehr kruden Sprache – über ihre Schwierigkeiten, zum Orgasmus zu kommen. Dieser Teil war nur für die Analytikercouch bestimmt, aber ihre schrankenlose Bewunderung für Jack Kennedy hätte auf jeder Tribüne verlesen werden können:

»Marilyn Monroe ist Soldatin. Ihr Befehlshaber ist der größte und mächtigste Mann der Welt. Die erste Pflicht einer Soldatin lautet, ihrem Befehlshaber zu gehorchen. Wenn er sagt, tu dies, dann tust du es. Wenn er sagt, tu jenes, dann tust du es. Dieser Mann wird unser Land verändern. Kein Kind wird mehr hungern, niemand wird mehr auf der Straße schlafen und Abfalleimer nach Eßbarem durchsuchen. Menschen, die es sich nicht leisten können, werden gute medizinische Versorgung erhalten. Die Industrieprodukte werden die besten der Welt sein. Nein, ich will keine Utopie beschreiben – das ist eine Illusion. Aber er wird Amerika heute so sehr verändern, wie es Franklin Delano Roosevelt in den dreißiger Jahren verändert hat. Ich sage Ihnen, Doktor, wenn er all das umgesetzt hat, wird er als einer unserer großen Präsidenten seinen Platz an der Seite von Washington, Jefferson, Lincoln und Franklin Roosevelt einnehmen. Ich bin froh, daß er Bobby hat. Es ist wie in der Navy – der Präsident ist der Kapitän, und Bobby ist sein Erster Offizier. Bobby würde alles für seinen Bruder tun, genau wie ich. Ich werde ihm nie Schwierigkeiten machen. Solange ich denken kann, wird John Fitzgerald Kennedy bei mir sein.«

Menschen aus dem Showgeschäft, die hinter den Kulissen mit Marilyn Monroe zusammengearbeitet haben, berichteten davon, daß sich hinter der leuchtenden Fassade ein dunkler Abgrund verbarg. Mehrfach erlitt sie Zusammenbrüche und drohte damit, ihre Beziehung zu Kennedy publik zu machen – eine Gefahr für seine Kandidatur und ein Damoklesschwert nach seinem Einzug ins Weiße Haus. George Smathers sagte dazu: »Es kam so, daß sie, [wie] natürlich jede Frau, dem Präsidenten nahe sein wollte. Und nachdem sie dann zusammengewesen waren, wollte sie nach Washington kommen, und dann wollte sie ins Weiße Haus kommen und all so etwas. Da wandte sich Jack an mich und bat mich, ihm zu helfen und mit ihr zu sprechen.« Die Monroe, so deutete Smathers an, habe »einige Forderungen gestellt«. Er habe einen gemeinsamen Freund »zu Marilyn Monroe geschickt, der ihr sagen sollte, sie solle sich zusammennehmen und ihre Zunge hüten und nicht zuviel reden, weil man langsam im Land über die Sache munkelte«. Eine ähnliche Situation hatte es schon einmal zuvor gegeben. Charles Spalding erinnerte sich, daß Kennedy ihn während des Wahlkampfs 1960, als Marilyn Monroe mit Pillen und Alkohol versackt war, gebeten hatte, von New York nach Los Angeles zu fliegen und zu schauen, ob mit ihr alles in Ordnung war – mit anderen Worten, dafür zu sorgen, daß sie nichts Unbedachtes sagen würde. »Ich kam hin, und es ging ihr wirklich schlecht«, erzählte Spalding. Mit Lawfords Hilfe habe er sie ins Krankenhaus gebracht.

Marilyn Monroes Instabilität war eine beständige Bedrohung für Kennedy. Michael Selsman, in den sechziger Jahren einer ihrer Presseagenten, beschrieb sie als eine »losgerissene Kanone«, schlingernd zwischen sprühendem Charme und selbstquälerischer Depression. »Von Zeit zu Zeit mußte sie das Marilyn-Monroe-Kostüm anziehen. Ansonsten war sie diese andere Person, Norma Jean, und sie fühlte sich mißbraucht, ausgenützt und dumm. Als Marilyn Monroe hatte sie ungeheure Macht. Als Norma Jean war sie eine körperlich abhängige Drogensüchtige.«

Marilyn Monroes Affäre mit Kennedy war in Hollywood kein Geheimnis. Anfang Januar 1961, vor der Amtseinführung des neugewählten Präsidenten, wurde Michael Selsman über die Beziehung informiert. »Es war das erste, was man mir sagte«, schilderte Selsman die Szene. »Wir sollten aufpassen. Wir sollten sie schützen und ihr [Privatleben] unter Verschluß halten. Ansonsten würde es schlimme Folgen für mich haben. Damals war das nicht schwierig. Heute wäre es unmöglich, etwas in der Art geheimzuhalten.« Selsmans Kollegin Patricia Newcomb, die im selben Public-Relations-Büro arbeitete, erinnerte sich gleichfalls, gewußt zu haben, daß »etwas war mit dem Präsidenten«, und sie fügte hinzu: »Ich bin nie auf die Idee gekommen, darüber zu sprechen. Das konnte ich nicht.«

James Bacon, der den größten Teil seines Berufslebens damit verbracht hat, für Associated Press (AP) aus Hollywood zu berichten, sagte in einem Gespräch für das vorliegende Buch, er sei zwar mit Marilyn Monroe schon seit den Anfängen ihrer Karriere befreundet gewesen, doch erst während des Präsidentschaftswahlkampfs habe sie ihm freimütig von ihrer Beziehung zu Kennedy erzählt: »Sie sprach sehr offen über ihre Affäre mit JFK. Ja, ich glaube, sie liebte ihn wirklich.« Auf die Frage, warum er, Bacon, keine Story daraus gemacht habe, antwortete er, damals, »vor Watergate, haben Reporter sich auf so etwas nicht eingelassen. Ich hätte unter dem Bett liegen und es für AP aufnehmen müssen. Es gab keine Absprache. Es war einfach eine Entscheidung der Reporter.«

Bacon fügte noch hinzu, er habe Kennedys »Begeisterung für Hollywood« nachvollziehen können: »Dort sind nun mal die schönen Mädchen, und deswegen war Kennedy so gern dort. Er war süchtig nach Sex, und wenn man Sex will, ist Hollywood der richtige Ort.«

Kennedy legte damit sein politisches Schicksal in die Hände einer Gruppe von Hollywoodschauspielerinnen, Reportern und Presseagenten. Sein Zutrauen, daß die Affäre mit Marilyn Monroe geheim bleiben würde, ist um so verblüffender, als er bereits vor Bekanntgabe seiner Kandidatur zur Zielscheibe einer Briefkampagne einer Hausfrau mittleren Alters geworden war. Diese Frau namens Florence M. Kater befand 1959, daß es ihre Lebensaufgabe sei, die Washingtoner Journalisten zu zwingen, daß sie sich mit Kennedys Jagd nach Frauen befaßten. Kater hatte mehr über das Privatleben des Senators erfahren, als ihr lieb war, nachdem sie in ihrem Haus in Georgetown eine Wohnung in einem oberen Stockwerk an Pamela Turnure vermietet hatte, eine Mitarbeiterin im Büro des Senators Kennedy. Kennedy und Turnure hatten ziemlich offen eine Affäre, und konsterniert beobachtet Kater reges Kommen und Gehen am späten Abend und am frühen Morgen. Turnure zog um in eine andere Wohnung ein paar Blocks weiter. In den letzten Wochen des Jahres 1958 lauerte Kater dort Kennedy auf, und als er eines Morgens um drei Uhr die Wohnung verließ, schoß sie ein Foto, das den unglücklichen Senator zeigte, wie er versuchte, sein Gesicht mit einem Taschentuch zu verbergen.

Die Begegnung schreckte Kennedy auf, und er schlug zurück. Einige Wochen später, so gab Kater an, sei Kennedy auf der Straße vor ihrem Haus wütend auf sie zugekommen, habe mit dem Zeigefinger herumgefuchtelt und sie angefahren: »Lassen Sie mich in

Ruhe. Wenn Sie so etwas noch einmal tun oder wenn einer von Ihnen Lügen über mich verbreitet, werden Sie von einem Tag auf den anderen ohne Arbeit dastehen.« Kennedy bat schließlich James McInerney, der früher im Justizministerium gearbeitet hatte und den Joe Kennedy 1953 als Anwalt engagiert hatte, er solle einen Weg suchen, Kater von ihrem Feldzug abzubringen. Der den Kennedys treu ergebene McInerney opferte unzählige Stunden, entsprechend auf sie einzuwirken.

Siebenmal habe McInerney mit ihr gesprochen, schrieb Kater später, aber in diesem Fall versagte die übliche Kennedy-Mischung aus Glamour, Geld und Macht. Im Mai 1959 schickte Kater eine Kopie des Fotos mit einem Begleitbrief, in dem sie detailliert die Umstände ihrer Begegnung mit Kennedy beschrieb, an fünfzig Prominente in Washington und New York, darunter Verleger, Kolumnisten und Politiker. Ein Abzug des Fotos mit Begleitbrief landete auf dem Schreibtisch von J. Edgar Hoover. In den nächsten vier Jahren sollten noch etliche ähnliche Briefe folgen. Das FBI legte natürlich eine Akte über Kater an, die auf der Grundlage des Freedom of Information Act für das vorliegende Buch eingesehen werden konnte. In ihrem Brief schrieb Kater, als irische Katholikin habe sie Kennedy »wärmstens unterstützt«, das Foto habe sie aus der Überzeugung heraus aufgenommen, daß eine »Schockbehandlung« nötig sei. »Doch Senator Kennedy befand, sein Benehmen gehe uns nichts an. Wir denken, daß er damit irrt. Es gehört dazu, wenn jemand eine öffentliche Person ist und für das Präsidentenamt kandidiert.«

Kater verbiß sich um so mehr in die Angelegenheit, je näher der Nominierungsparteitag der Demokraten rückte. Sie verschickte stapelweise Briefe, in denen sie Kennedy anklagte, er sei ein heuchlerischer Schürzenjäger und moralisch ungeeignet für das Präsidentenamt. Die großen Zeitungen des Landes nahmen Kater nicht ernst, aber beinahe hätte sie es doch geschafft, die Aufmerksamkeit der Medien auf sich zu ziehen. Am 14. Mai 1960, vier Tage nach Kennedys Sieg bei den Vorwahlen in West Virginia, trat sie bei einer politischen Veranstaltung an der Universität von Maryland auf Kennedy zu, in der Hand ein Plakat mit einer Vergrößerung des Fotos, das ihn frühmorgens vor Pamela Turnures

Apartment zeigte. Kennedy ignorierte sie, aber am nächsten Tag veröffentlichte der *Washington Star* ein Foto der Begegnung mit einem kurzen Begleittext, in dem sie als lästige Verfolgerin beschrieben wurde. Kennedys Mitarbeiter hätten behauptet, schrieb Kater später, das Foto auf dem Plakat sei eine Fälschung, und niemand habe dem Kandidaten jemals eine Frage gestellt, obwohl seine Wahlkampfhelfer und die Reporter, die über den Wahlkampf berichteten, von seiner nach wie vor bestehenden Beziehung zu Turner gewußt hätten.

Kein seriöser Journalist griff die Story auf. Katers FBI-Akte zufolge demonstrierte sie mit ihrem Plakat auf dem Nominierungsparteitag der Demokraten und marschierte in den letzten Wochen des Wahlkampfs vor dem Weißen Haus auf und ab. Die Journalisten ignorierten sie wie üblich, aber auch Passanten nahmen sie nicht ernst und sagten zu ihr, sie solle »zurück in die Klapsmühle« gehen. Nach der Wahl machte Kennedy deutlich, daß er sich nicht um Kater kümmerte, indem er Pamela Turnure zur Pressebeauftragten seiner Frau ernannte.

Nach Kennedys Amtseinführung bezog Kater unübersehbar, doch ohne daß es irgendeine Wirkung hatte, Posten vor dem Weißen Haus und überschüttete Politiker und Reporter weiterhin mit einer Flut gewandt formulierter Briefe, in denen sie die mangelnde moralische Qualifikation des Präsidenten beklagte, gleichfalls ohne irgendeine Wirkung. In einem ihrer Briefe schrieb sie:

»Im Jahr 1960 führten die Presse, das Fernsehen und viele einflußreiche Personen die übergroße Mehrheit der Frauen in Amerika hinters Licht und machten sie glauben, John Kennedy sei tatsächlich der unbescholtene Mann, von dem sie tagtäglich lasen oder hörten. Dies war nicht der übliche politische Zynismus, sondern eine brutale Vermischung der Macht, die die Wahrheit über John Kennedys wohlbekanntes lasterhaftes Treiben perfekt unterdrücken konnte und dies auch tat, mit seiner Neigung, jeden zu ruinieren, der es wagte, ihn deswegen zu kritisieren. Und ich bin ausgezogen, ich ganz allein, und habe mit meinem kleinen, verwitterten Schild den Kampf gegen ihn aufgenommen! Aber ich bin keineswegs eine Irre, ich bin vielmehr die einzige Frau in Amerika, die John Kennedy nicht irre gemacht hat.«

Die besessene Hausfrau aus Georgetown war eine Bombe, die den Wahlkampf bedrohte, aber nicht explodierte. Es gab noch anderen, genauso gefährlichen Sprengstoff.

Senator Kennedys Kampf, seinen guten Ruf als künftiger Präsident zu schützen, begann richtig Ende 1959, als ein politischer Gegner herausfand, daß er eine Affäre mit einer neunzehnjährigen Studentin hatte. Es handelt sich um die Frau, mit der das in Kapitel zwei zitierte Interview geführt wurde. Sie studierte damals am Radcliffe College, dem Frauen-College der Harvard University, und Kennedy saß im Verwaltungsausschuß des Colleges. Von der Angelegenheit wußten viele: Man hatte beobachtet, wie Kennedys Wagen und sein Fahrer die Studentin vor ihrem Schlafsaal abholten und wieder dorthin zurückbrachten.

In diesem Fall bereiteten Kennedy nicht seine republikanischen Widersacher die größten Sorgen, sondern seine politischen Freunde bei den Demokraten, die Mittel und Wege suchten, Konkurrenten zu diskreditieren. Gerüchte über die Affäre drangen auch zu Charles W. Engelhard, einem südafrikanischen Diamantenhändler und Investor, der Büros in New Jersey unterhielt. Engelhard unterstützte Robert B. Meyner, den demokratischen Gouverneur von New Jersey, als Bewerber um das Präsidentenamt; die beiden konnten der Chance, Kennedy loszuwerden, nicht widerstehen. Sie schickten einen von Engelhards Mitarbeitern zu einem ehemaligen New Yorker Polizisten, der mittlerweile privat Ermittlungen durchführte, und boten ihm 10 000 Dollar an, wenn er nach Boston fliegen und Kennedy in einer verfänglichen Situation mit der Studentin fotografieren würde. Doch der ehemalige Polizist stand fest auf Kennedys Seite. Er lehnte das Angebot ab und informierte über einen gemeinsamen Freund einen Anwalt in Washington mit Verbindungen zu den Demokraten. Der Anwalt war viele Jahre Mitarbeiter im Senat gewesen und ließ sich sofort einen Termin bei Kennedy geben.

In einem 1996 für das vorliegende Buch geführten Interview erinnerte sich der Anwalt, der nicht namentlich genannt werden möchte, an die Begegnung: »Evelyn Lincoln führte mich hinein, und ich nannte den Namen der Studentin. Darauf er: ›Mein Gott!

Sie haben ihren Namen!‹ Er setzte zu einer Erklärung an – irgendein Mist –, und ich unterbrach ihn: ›Mir ist es egal. Ich wollte Sie nur informieren.‹ Er war sehr dankbar, daß ich ihm davon erzählt hatte.«

Es sei klar gewesen, so der Anwalt weiter, daß »Charles Engelhard versuchte, Kennedy etwas anzuhängen, damit er ihn aus dem Rennen werfen konnte. Sie wollten ihn drankriegen.« Etliche Monate später, im Wahlkampf, lief der besagte Anwalt Kennedy zufällig über den Weg, und Kennedy bedankte sich noch einmal für die frühzeitige Information. Kennedy erzählte dem Anwalt, daß er einen seiner langjährigen Mitarbeiter, Carmine Bellino, beauftragt habe herauszufinden, was los war. Bellino habe »ein Ohr« auf den Angestellten von Engelhards Firma, der den ehemaligen New Yorker Polizisten anzuheuern versuchte. Der Anwalt erhob Einwände gegen das Abhören, aber Kennedy beruhigte ihn und sagte: »Wir zapfen sein Telefon nicht an – wir zeichnen nur auf, wen er anruft.«

Wie bereits geschildert, führte Kennedy die Affäre mit der Studentin weiter. Nach seiner Amtseinführung sorgte er dafür, daß sie zur rechten Hand von McGeorge Bundy ernannt wurde, der in Harvard Dekan gewesen war. Sie blieb bis Ende 1962 in Bundys Stab im Weißen Haus. »Es war sehr unangenehm«, erinnerte sie sich in einem unserer Gespräche. »Es brachte McGeorge in eine schwierige Situation.«

Die vierte Frau stellte im Frühjahr 1960 die größte unmittelbare Bedrohung für Kennedys Kandidatur dar. Es handelte sich um eine selbsternannte Künstlerin namens Barbara Maria Kopszynska, die nach dem Zweiten Weltkrieg zusammen mit ihrer Mutter als heimatloser Flüchtling von Polen nach Boston gekommen war. Den stark zensierten FBI-Akten zufolge, die nach dem Freedom of Information Act 1977 veröffentlicht wurden, begann sie nach der Wahl 1960 Reportern zu erzählen, sie sei 1951 mit dem damaligen Kongreßabgeordneten Jack Kennedy verlobt gewesen, aber Joe Kennedy habe dafür gesorgt, daß die Verlobung wieder gelöst wurde, weil sie zur Hälfte jüdischer Abstammung war. Im März 1957 heiratete die blonde, schöne Kopszynska, die sich inzwischen Alicia Darr nannte, einen englischen Schauspieler und Playboy namens Edmund Purdom und zog mit ihm nach Rom. Die Ehe hielt nicht lange, Anfang der sechziger Jahre prozessierten die Purdoms vor einem italienischen Gericht gegeneinander.

Alicia Darrs FBI-Akte erregte nach ihrer Freigabe 1977 kurz Aufsehen. Sie enthielt unter anderem ein Interview mit der italienischen Wochenzeitschrift *Le Ore* vom 31. Januar 1961, in dem Darr die Anfänge ihrer Beziehung zu Jack Kennedy schilderte und sagte, sie »hätte First Lady werden können«. Der FBI-Vertreter in Rom sagte J. Edgar Hoover am 30. Januar, zehn Tage nach Kennedys Amtsübernahme, das Interview deute darauf hin, daß Alicia Darr »die Preisgabe weiterer Informationen erwägt«. Die amerikanischen Medien nahmen 1961 von dem Interview keine Notiz.

Doch 1977 tauchte ein zweites Dokument aus Darrs FBI-Akte in den Schlagzeilen auf, datiert vom 4. Juni 1963, das seinerzeit J. Edgar Hoover an Bobby Kennedy geschickt hatte (wie zwei Jahre zuvor die englische Zusammenfassung ihres Interviews mit *Le Ore).* Nach der Watergate-Affäre hatten die Journalisten ihre Ehrfurcht vor dem Präsidentenamt verloren, und nun rissen sich die amerikanischen Zeitungen um jeden neuen Bericht über Kennedys Frauengeschichten. Hoover schrieb dem Justizminister, daß der Name des Präsidenten in New York in einem Disziplinarverfahren gegen zwei mit dem Fall Darr befaßte Anwälte, Simon Metrik und Jacob W. Friedman, aufgetaucht sei. Metrik und Friedman hätten dem Gericht Dokumente vorgelegt, in dem Kennedys Beziehung zu Darr beschrieben und behauptet werde, Bobby Kennedy sei »unmittelbar vor Amtsantritt des Präsidenten nach New York gekommen, um gegen Zahlung von 500000 Dollar eine außergerichtliche Einigung herbeizuführen«. Reporter stöberten Alicia Darr auf, die inzwischen wieder verheiratet war und auf den Bahamas lebte; sie bestritt, jemals Geld von den Kennedys erhalten zu haben. Hoovers Memoranden waren, obgleich sie nur stark zensiert freigegeben wurden, der Aufhänger für eine ganze Reihe von Geschichten, die, wären sie während JFKs Amtszeit veröffentlicht worden, seinen Ruf schwer beschädigt und seine Chancen auf eine Wiederwahl drastisch verringert hätten. Die meisten Zeitungen beließen es unter Hinweis auf die FBI-Dokumente bei der Meldung, Kennedy habe eine halbe Million dafür gezahlt, daß eine von Alicia Darr eingereichte Klage niedergeschlagen worden sei.

Diese Meldungen waren falsch. Die ganze Wahrheit – oder vielmehr der Teil der Wahrheit, der für das vorliegende Buch recherchiert werden konnte – ist viel schlimmer.

Aus den uns zugänglich gemachten unzensierten Fassungen von Hoovers Berichten an Bobby Kennedy geht hervor, daß Alicia Darr im Jahr 1960 höchst gefährlich für Jack Kennedy war; die Streichungen in den 1977 freigegebenen Dokumenten dienten dazu, das ganze Gefahrenpotential zu verschleiern. Die unzensierten Fassungen zeigen, daß Darr der Bundespolizei und der New Yorker Polizei bestens bekannt war als teure Edelnutte und Bordellchefin in Manhattan. Bobby Kennedy erfuhr von Hoover, daß sie 1951, in dem Jahr, als sie Jack Kennedy kennenlernte, ein Bordell in Boston betrieben hatte. 1952 war sie nach New York gezogen, wo sie ihr Gewerbe weiterführte und, so das FBI, »Personen erpreßte, die in den ›Jelke-Fall‹ verwickelt gewesen waren«, einen Sex-Skandal im New Yorker Nachtklub-Milieu, der 1952 hohe Wellen geschlagen hatte. Der Skandal endete damit, daß Minot Frazier Jelke III., der dreiundzwanzigjährige Erbe eines Öl- und Margarine-Imperiums, wegen Zuhälterei zu einer Haftstrafe zwischen drei und sechs Jahren verurteilt wurde. 1953 galt Darr dem unzensierten FBI-Bericht zufolge als eine »talentierte Prostituierte« und betrieb einen »Call-Girl-Ring« im Stadtzentrum von New York. In einem anderen FBI-Dokument wird sie als »bekannte, wenngleich hochklassige ›Nutte‹« bezeichnet.

Darrs Ehe mit Purdom lag im Dezember 1959 in Scherben, und sie beschuldigte ihn in Rom, daß er sie tätlich angegriffen, geschlagen und ihr den Unterhalt entzogen habe. Anfang 1960 stand sie ohne Geld da und, wie damals in europäischen Zeitungen zu lesen war, stellte ungedeckte Schecks aus, bis sie verhaftet wurde und für kurze Zeit ins Gefängnis wanderte. Im September 1961, einen Monat nachdem sie sich in Mexiko hatte scheiden lassen, verbesserte sich ihre finanzielle Situation auf einen Schlag: Sie heiratete Alfred Corning Clark, einen Millionenerben aus der Nähmaschinendynastie Singer. Zwei Wochen nach der Hochzeit starb Alfred Clark im Norden des Bundesstaates New York an einem Herzanfall, und sie erbte den größten Teil seines Vermögens von rund zehn Millionen Dollar.

Hoover schrieb, seinen Quellen zufolge sei Alicia Darr im Besitz von Briefen mit John F. Kennedys Unterschrift und von Fotos, die bewiesen, daß sie und Kennedy eine Beziehung gehabt hatten. 1977 berichtete die Presse, Hoover habe geschrieben, daß Darr vor Kennedys Amtseinführung Klage gegen ihn eingereicht habe, angeblich sei Bobby Kennedy nach New York gefahren und habe die Sache mit 500 000 Dollar aus der Welt geschafft.

Hoovers Informationen waren offensichtlich falsch. Es wurde kein Hinweis auf eine Klage Darrs gegen Kennedy gefunden und auch kein Hinweis darauf, daß die Kennedys Geld gezahlt haben, um das Verfahren niederzuschlagen. Etliche ehemalige Mitarbeiter von Jack und Robert Kennedy wurden 1977 von Reportern befragt. Alle erklärten, sie wüßten nichts von einer Zahlung in Höhe von 500 000 Dollar, und meldeten Zweifel an der Richtigkeit des FBI-Berichts an. Möglicherweise lag Hoover mit dem Gerichtsverfahren tatsächlich falsch, aber es gibt reichlich Anhaltspunkte dafür, daß Darr jahrelang versuchte, Geld von den Kennedys zu erpressen.

Anfang 1960 hatte Alicia Darr Geldprobleme, genau auf dem Höhepunkt des Präsidentschaftswahlkampfes, und sie beunruhigte den Kandidaten. Am 8. April 1960, drei Tage nach der enttäuschenden Vorwahl in Wisconsin, faßte Kennedy handschriftlich auf zwei Seiten eine Unterredung mit Bobby Baker zusammen, dem Sekretär der demokratischen Fraktion im Senat und einem Günstling Lyndon Johnsons. Der Inhalt des Dokuments wird in diesem Buch erstmals veröffentlicht. Baker traf sich heimlich mit Kennedy und informierte ihn darüber, daß er von einem Anwalt aus New Jersey namens Mickey Weiner angesprochen worden sei. Der Mann habe ihm gesagt, die Frau eines »bekannten Filmschauspielers« – zu dem Zeitpunkt war Darr noch nicht geschieden – wolle gegen Zahlung von 150 000 Dollar Johnson in einer eidesstattlichen Erklärung eine Affäre mit Kennedy bestätigen. »Baker hielt dies für Erpressung«, schrieb Kennedy, »und unterrichtete Johnson nicht über das Angebot.« Baker war zwar ein Günstling von Johnson, aber er hatte doch wiederholt mit Kennedy an einem Strang gezogen. Schließlich gewann die Loyalität gegenüber dem Parlament die Oberhand gegenüber der Treue zu seinem Mentor Johnson. Kennedy war sich offensichtlich bewußt, welche Gefahr Alicia Darr bedeutete, und er verfuhr mit seiner Niederschrift so, als handelte es sich um ein juristisches Dokument: Noch am selben Tag ließ er das Papier von seinem Pressesprecher Pierre Salinger gegenzeichnen und steckte es in einen Umschlag. Salinger versiegelte ihn drei Tage später, wie er auf dem Umschlag vermerkte. In diesem versiegelten Umschlag fand man das handschriftliche Dokument nach dem Tod von Kennedys persönlicher Sekretärin Evelyn Lincoln im Jahr 1995 unter ihren Papieren.

In einem 1995 geführten Interview für dieses Buch sagte Bobby Baker, er erinnere sich nicht mehr an den Erpressungsversuch und auch nicht daran, daß er mit Kennedy darüber gesprochen habe, aber er könne sich noch sehr gut an Mickey Weiner erinnern: »Er war ein geldgieriger Hurensohn. Er jagte Mandaten hinterher.« Salinger sagte, er erinnere sich weder an Kennedys Niederschrift noch daran, daß er sie gegenzeichnet und den Umschlag versiegelt habe.

Zwar gibt es keinen Anhaltspunkt dafür, daß die Kennedys Erpressungsgelder an Alicia Darr gezahlt hatten, aber gewiß ist, daß sie in einer Angelegenheit - möglicherweise derselben, von der Bobby Baker Kennedy unterrichtete -, Hilfe bei Clark M. Clifford suchten, einem hochkarätigen Washingtoner Anwalt. In einem Interview für das vorliegende Buch erinnerte sich Clifford daran, daß Kennedy ihn im Frühjahr 1960, wenige Monate vor dem demokratischen Parteitag, gebeten habe, sich um eine, wie er sagte, »außerordentlich gefährliche« Sache zu kümmern. Dabei sei es um eine Frau gegangen, »die ihn hätte vernichten können«, so Clifford. »Meine Unterredung mit Jack Kennedy war so dramatisch, daß ich sie in einer Million Jahren nicht vergessen würde.« Der Senator sei in eine »sehr heikle Angelegenheit« verstrickt gewesen. »Wenn die Öffentlichkeit Wind davon bekommen hätte, wäre seine Nominierung geplatzt.«

Zu dem Zeitpunkt, als Clifford von Kennedy angesprochen wurde, arbeitete er im Wahlkampfteam von Stuart Symington, und er wies Kennedy auch sofort darauf hin. »Ich dachte, er würde sagen, daß er mir dann keine so explosive Information geben dürfe. Aber er sagte es nicht. Statt dessen sagte er: ›Ich will, daß Sie mich in dieser Sache vertreten. Arbeiten Sie ruhig weiter für Symington, aber bitte kümmern Sie sich um meine Sache. Wenn das bekannt wird, ist für mich alles aus.« Clifford fügte hinzu, er habe die Angelegenheit so weit abgewickelt, »bis ich sie dem Alten [Joe Kennedy] überlassen konnte«. Genauer wollte er sich dazu nicht äußern, aber er merkte noch an, daß er grundsätzlich nicht bei Schweigegeldzahlungen an Frauen mitgemacht habe. »Bei so etwas hatte ich nie die Hände im Spiel.« Einmal sei dieses Thema aufgekommen: »Ich sagte Jack, daß ich nicht der Richtige für so etwas sei. Daraufhin wandten sie sich an [James] McInerney.« Welche Rolle McInerney gespielt hatte, ließ sich nicht mehr klären, denn er starb 1963 bei einem Autounfall.

Welche Gefahr Alicia Darr darstellte, wird auch aus einem weiteren FBI-Dokument deutlich. Es stammt vom 9. August 1963 und wurde 1977 nicht freigegeben, auch nicht in einer zensierten Fassung. Demnach warnte Hoover Bobby Kennedy, daß einige vertrauliche Dokumente aus dem Disziplinarverfahren gegen Metrik unter Kennedys Feinden kursierten und daß sie als »Dynamit« und »H-Bombe« qualifiziert würden. Im Juli seien die Dokumente über einen »Privatdetektiv«, der sich »Robert Garden« genannt habe, dem republikanischen Senator John G. Tower aus Texas angeboten worden. Tower war Mitglied des Streitkräfteausschusses und unterstützte massiv Barry Goldwater als Bewerber um die Präsidentschaftskandidatur der Republikaner bei der Wahl 1964. Tower wurde gesagt, in den Dokumenten werde eine brisante Angelegenheit der nationalen Sicherheit behandelt. Er schickte seinen Büroleiter H. Edward Munden nach New York, der Kontakt mit Garden aufnehmen und sich die Dokumente ansehen sollte. Munden gab wenig später in einem Gespräch mit dem FBI an, in den Papieren gehe es um eine Affäre, die Kennedy in den fünfziger Jahren mit einer Frau namens Clark gehabt habe. Die Frau sei irgendwann vor Kennedys Bewerbung um die Präsidentschaftskandidatur schwanger geworden. Zu den Dokumenten gehörte auch ein Brief Clarks an ihren Anwalt, in dem laut FBI-Zusammenfassung zu lesen stand, daß »ihre Position« – gemeint sind Clark und Metrik – »nun, nachdem Mr. Kennedy zum Präsidenten gewählt worden ist, sehr viel besser sei«. Munden wurde bei seinem Besuch in New York außerdem gesagt, daß es noch weitere Dokumente und belastende Fotos gebe.

Munden erinnerte sich in einem Interview 1995, daß Gegenstand seiner Unterredung mit Garden – offensichtlich war das nicht sein richtiger Name – die Wahl 1964 gewesen sei. Der angebliche Detektiv habe klargemacht, daß er eine beträchtliche Summe für die Dokumente haben wolle; im übrigen habe er Senator Tower Informationen zukommen lassen wollen, die den Republikanern im Wahlkampf hätten nützlich sein können. Bei den Papieren seien auch »juristische Dokumente über ein uneheliches Kind von Präsident Kennedy« gewesen. »Die Mutter gehörte zur Singer-Familie.« Munden hatte erwartet, daß das Material mit Fragen der nationalen Sicherheit oder militärischen Angelegenheiten zu tun haben würde, und nachdem er gesehen hatte, was die Papiere tatsächlich enthielten, gab er sie Garden zurück mit der Bemerkung, sie hätten »mit der Sicherheit der Vereinigten Staaten nichts zu tun«. Munden kehrte nach Washington zurück und schilderte Senator Tower die seltsame Begegnung, woraufhin Tower umgehend den Justizminister anrief. »Er sagte ihm, daß wir mit diesen Informationen nichts zu tun hätten«, erzählte Munden 1995. »Bobby dankte ihm und sagte, er wisse, daß solche Informationen kursierten.« Danach habe er, Munden, von der Angelegenheit nichts mehr gehört, aber für ihn habe außer Frage gestanden, daß irgend jemand Barry Goldwater dazu bringen wollte, »das Material zu kaufen und damit Kennedy unter Druck zu setzen«, bevor er für die Wiederwahl 1964 kandidieren würde. Es sei auch außer Zweifel gestanden, daß Robert Garden – was immer sein richtiger Name gewesen sein mochte – davon überzeugt gewesen sei, daß irgendwann Ende der fünfziger Jahre »ein uneheliches Kind Kennedys« zur Welt gekommen sei, obwohl in den Dokumenten, die er eingesehen habe, von der Geburt eines Kindes nichts gestanden habe.

Alicia Darr beteuerte in einem unserer Gespräche für dieses Buch, daß sie kein uneheliches Kind von Kennedy geboren und niemals Geld von ihm gefordert habe. Doch ihr einstiger Ehemann Edmund Purdom sagte 1997 in einem Telefongespräch – er lebt immer noch in Rom –, er erinnere sich, daß von einem Kind die Rede gewesen sei. »Sie sagte mir, sie sei schwanger. Deshalb habe ich sie [1957] geheiratet. Natürlich ist nie ein Kind zur Welt gekommen.« Purdom ist nach wie vor in der Unterhaltungsbranche tätig, und er denkt mit größter Bitterkeit an seine Ex-Frau zurück. Sie sei »äußerst gefährlich«, habe viele Fakten aus ihrem Leben verdreht und sei stets habgierig gewesen. Nach der Eheschließung habe er erfahren, daß sie seinen New Yorker Freunden als Callgirl bestens bekannt gewesen sei. Anfang der sechziger Jahre habe Simon Metrik ihm unter anderem erzählt, daß er sie »zweimal in letzter Minute vor der Polizei gerettet habe«. Metrik habe ihm weiter erzählt, daß Darr damals zusammen mit einer Frau aus Westdeutschland einen Callgirl-Ring betrieben habe. »Ich will ihr nichts anhängen«, sagte Purdom zum Abschluß unseres Gesprächs, »ich will sie vergessen.«

Alicia Darr, heute Mrs. Alicia Clark, lehnte es in Interviews 1996 und 1997 entschieden ab, über Einzelheiten ihrer Vergangenheit Auskunft zu geben, aber sie war nur zu gern bereit, über ihre Beziehung zu dem »gutaussehenden und charmanten« Jack Kennedy zu sprechen. »Ich gehörte zu seinen Freunden«, sagte sie über die Zeit, als er Kongreßabgeordneter war und sie sich kennenlernten. »Ich wollte nicht First Lady werden. Er liebte mich, das können Sie mir glauben. Er kannte mich als junges Mädchen und liebte mich bis zu dem Tag, als er starb. Aber mir war die Ehe mit einem Filmstar lieber. Wenn ich Jack geheiratet hätte, hätte ich dauernd mit dem alten Joe zu tun gehabt und hätte ihm gefallen müssen. John Kennedy war sehr großzügig. Er brachte dauernd Blumen und Geschenke. Er sagte mir, er hätte mir gerne Diamanten gekauft, aber er habe Ärger mit seinem Vater, weil sein Vater finde, er gebe zuviel Geld aus.« Darr behauptete steif und fest, Kennedy habe sie heiraten wollen, aber sie habe abgelehnt. »Er wollte mich, aber ich wollte ihn nicht. Er rief in Rom an. Er wollte alles hinter sich lassen und mit mir weggehen – nach Europa, einfach verschwinden. Aber ich sagte zu ihm: ›Jack, du hast nicht genug Geld.‹«

Nachdem Kennedy schließlich sicher als Präsident im Weißen Haus saß, schien sie eine größere Verlockung für ihn zu sein denn je – sie oder der Kitzel der heimlichen Beziehung. Maxwell Raab, ein Bostoner Anwalt, der in der Regierung Eisenhower Kabinettssekretär gewesen war, tanzte in den frühen sechziger Jahren einmal mit ihr auf einer Party der Britischen Botschaft. Als Präsident Kennedy den Saal betrat, flüsterte Alicia Clark Raab zu: »Ich möchte den Präsidenten begrüßen. Tanzen Sie mit mir zu ihm hinüber. Ich kenne ihn sehr gut.« Bei unserem Interview 1995 sagte Raab im Rückblick auf diese Szene, er habe rasch verstanden, was »sehr gut kennen« bedeutet habe.

Tatsächlich sei der Präsident erfreut darüber gewesen, Clark zu sehen, und habe sie sogleich mit Beschlag belegt. »Mir war klar, daß ich störte«, erzählte Raab, »und so ging ich weg.«

# 9
# Lyndon B. Johnson

Als Jack Kennedy nach Los Angeles kam, hatte er mehr als genug Delegierte für eine Nominierung im ersten Wahlgang sicher, aber auch soviel belastendes Gepäck – die großen Barzahlungen in West Virginia und die Frauengeschichten –, daß sein sicherer Sieg gefährdet war. Nur für jemanden, der zur Zeit des Parteitags von der dunklen Seite Kennedys wußte, war die überraschende Entscheidung für Lyndon Johnson als Kandidat für das Amt des Vizepräsidenten verständlich.

Nach außen hin wurde verbreitet, Kennedy habe Johnson die Vizepräsidentschaft angeboten, um die Einheit der Partei zu stärken, aber in der festen Erwartung, daß Johnson das Angebot ablehnen würde. Nachdem Johnson dann jedoch zugesagt hatte, sei Kennedy nichts anderes übriggeblieben, als an der Entscheidung festzuhalten. Daß Bobby Kennedy die Nominierung Johnsons überhaupt nicht gefiel, war für die Scharen von Journalisten und Politikern auf dem Parteitag offensichtlich; die beiden Männer blieben denn auch die nächsten acht Jahre erbitterte Feinde. Nach dem Parteitag erzählte man, Joe Kennedy habe auf die Nominierung Johnsons gedrängt, weil Johnson als ein eher konservativer Politiker galt, der von den Südstaaten akzeptiert wurde, und Texas mitbringen würde. Aber die Kennedy-Brüder und ihre Helfer verwischten diesen Eindruck wieder. Sie lieferten politischen Insidern und ausgewählten Journalisten ganz unterschiedlichen Versionen, was sie vor, während und nach dem Parteitag gedacht hatten. So blieb mancher Widerspruch unaufgelöst.

Hugh Sidey vom Time-Magazin, der über Kennedy im Wahlkampf und als Präsident berichtete, erinnerte sich in einem Interview für dieses Buch lebhaft an ein Gespräch mit Kennedy am Vorabend des Parteitags, unmittelbar vor Kennedys Abflug von New York nach Los Angeles. Sidey hatte einen Tag mit Johnson verbracht, und Kennedy »wollte wissen, in was für einer Stimmung er war und so weiter. In jener Nacht erklärte er mir wortreich: ›Wenn ich wählen könnte, würde ich am liebsten Lyndon Johnson als Vizepräsident haben. Ich werde es ihm anbieten, aber er wird nicht annehmen.‹ Viele von den Geschichten, daß Bobby verärgert war und daß er nichts davon wußte, waren schlicht Unsinn.«

In einem 1965 für die Kennedy Library geführten Interview bestritt Bobby Kennedy rundweg, daß sein Bruder sich so gegenüber Sidey geäußert haben sollte. Er sagte, alle Berichte, daß »der Präsident vor seiner eigenen Nominierung an Lyndon Johnson als Vizepräsident gedacht haben soll, sind einfach falsch. Die Vorstellung, daß er hingehen und ihm [Johnson] die Nominierung antragen würde in der Hoffnung, daß er annehmen würde, ist falsch.« In einem früheren Interview für die Kennedy Library beschrieb Bobby Kennedy die Ernennung Johnsons als »die längste Phase der Unentschlossenheit, die wir je hatten. ... Wir haben vielleicht siebenmal eine Entscheidung getroffen und wieder verworfen. Diskutiert wurde die Frage nur zwischen Jack und mir. Niemand anderes hatte damit zu tun.«

Bobby Kennedy beruhigte sich auch nach dem Parteitag nicht. Am Tag nach Jacks Nominierung war Charles Bartlett, Zeitungsreporter aus Chattanooga und Freund der Familie, eingeladen, sich mit der Familie an einem abgeschiedenen Ort in Santa Monica zu treffen. »Bobby sagte mir, dies sei der schlimmste Tag seines Lebens«, erzählte Bartlett in einem Interview für das vorliegende Buch. »Es gefiel ihm überhaupt nicht, daß Lyndon Johnson der Kandidat für die Vizepräsidentschaft sein sollte. Jack wirkte irgendwie fassungslos.«

Sogar Joe Kennedy fand es angebracht, seine Söhne aufzumuntern. »Eine Szene werde ich nie vergessen«, sagte Bartlett in Erinnerung an den Tag mit den Kennedys in Santa Monica. »Der alte Joe stand in Dinnerjacket und Samtpantoffeln da, die Abendsonne schimmerte in seinen Augen. ›Jack‹, sagte er in breitestem Bostoner Tonfall, ›in zwei Wochen werden sie sagen, daß es der klügste Schachzug war, den du jemals gemacht hast.‹«

Johnsons Nominierung riß einen Graben zwischen den beiden Brüdern auf, und wie Kennedys knappes Ergebnis in der Wahl im November zeigen sollte, bot sie keineswegs die Gewähr für den Wahlsieg der Demokraten. Was hatte Johnson den anderen Kandidaten voraus?

Eine unveröffentlichte Darstellung stammt von dem inzwischen verstorbenen Hyman Raskin. Sie ist in einem Kapitel seiner unveröffentlichten Memoiren dokumentiert, das für das vorliegende Buch zur Verfügung gestellt wurde, und wurde von ihm in Interviews 1994 und 1995 bekräftigt. Raskin zufolge habe ganz oben auf Kennedys Wunschzettel möglicher Kandidaten für die Vizepräsidentschaft immer Stuart Symington gestanden. Von der Liste sei »auf einmal keine Rede mehr gewesen«, als Kennedy sich am Morgen nach seiner Nominierung mit Johnson und Sam Rayburn getroffen habe, dem Sprecher des Repräsentantenhauses. Bei dem Treffen sei Kennedy »ein Angebot gemacht [worden], das er nicht ablehnen konnte«. Mit anderen Worten: Raskin nahm an, daß Johnson seine Nominierung erpreßt hatte. Raskin bekam nicht heraus, mit welcher Geschichte Johnson und Rayburn Druck ausübten, aber er hatte keinen Zweifel, daß die morgendliche Begegnung mit Johnson monatelange sorgfältige Planungen über den Haufen warf und Kennedys Wahlkampfteam in helle Aufregung versetzte.

Zu dem Zeitpunkt, als Kennedy die Nominierung gewann, war Hy Raskin bereits seit mehr als zwei Jahren ein wichtiger Stratege und geschätzter Wahlkampfhelfer. Er wußte sehr viel besser über die Vorgänge hinter den Kulissen Bescheid, als öffentlich bekannt war.

Auf dem Parteitag wurde Raskin mit der wichtigen Aufgabe betraut, im Wahlkampf die Kommunikationszentrale zu leiten. Es war mehr als naheliegend, daß Bobby Kennedy sich an ihn wandte mit der Bitte, ihm vertraulich bei der Lösung des Vizepräsidentenproblems zu helfen. Kaum war am dritten Abend des Parteitags, am Mittwoch, dem 13. Juli – einen Tag vor dem entscheidenden Treffen –, Kennedys Nominierung perfekt gemacht, wies Bobby Kennedy Raskin an, einige diskrete Telefongespräche zu führen und eine spätabendliche Zusammenkunft zwischen Kennedy und einer Gruppe ausgewählter demokratischer Parteiführer zu arrangieren. Die Unterredung sollte stattfinden, unmittelbar nachdem Kennedy vor den Parteitagsdelegierten eine kurze Dankesrede gehalten hatte. Die Zusammenkunft diente, das wurde Raskin rasch klar, nur der Kosmetik: »Es sollten die Gefühle einiger ehrgeiziger Männer besänftigt werden, die geglaubt hatten, sie wären ernsthaft für die Vizepräsidentschaft im Gespräch. Außerdem hätten damit die wichtigen Parteiführer, die noch nicht konsultiert worden waren, eine Gelegenheit, ihre Empfehlungen abzugeben, und sie würden auch als erste erfahren, wer als Kandidat für die Vizepräsidentschaft auserkoren war. Das war ein übliches Verfahren, den Eitelkeiten der politischen Primadonnen Rechnung zu tragen.«

Johnson und Rayburn standen nicht auf Bobbys Liste derjenigen, die zu der Zusammenkunft gebeten werden sollten. Raskin schrieb später, ihm sei klar gewesen, warum: »Auf Johnson verwendete keiner der Kennedys auch nur einen Gedanken.« In allen bisherigen Diskussionen im Wahlkampf hatte immer der attraktive Symington, der unter Präsident Truman für die Air Force zuständig gewesen war, die wichtigste Rolle gespielt. »Nach dem, was ich mitbekommen habe«, so Raskin im Interview mir gegenüber, »sah es immer so aus, daß Symington Vizepräsident werden sollte. Die Kennedy-Familie hatte Symington ihren Segen gegeben.« Für den Senator aus Missouri habe in erster Linie seine Popularität in Kalifornien gesprochen. Ein Sieg Kennedys in Kalifornien würde die zu erwartenden Verluste im Süden wettmachen.

Raskins Schilderung wurde durch Interviews mit Clark Clifford gestützt, der sich ebenfalls an ein geheimes Treffen am Abend des 13. Juli erinnern konnte. Damals habe Jack Kennedy zu ihm gesagt: »Wir haben es durchgesprochen – ich, mein Vater und Bobby –, und wir haben uns für Symington als Vizepräsident entschieden.« Kennedy habe ihn, Clifford, gebeten, Symington davon in Kenntnis zu setzen und »herauszufinden, ob er bereit dazu wäre«. Nach einer Beratung in Symingtons Suite durfte Clifford

Kennedy offiziell mitteilen, daß Symington die Nominierung für die Vizepräsidentschaft annehmen werde. »Stuart und ich gingen mit der Überzeugung zu Bett, daß wir eine klare, eindeutige Absprache mit Jack hätten«, sagte Clifford in einem Interview.

Raskin zufolge habe man erwartet, daß der frisch nominierte Kennedy vor seinem Auftritt vor den Delegierten kurz in der Kommunikationszentrale vorbeischauen und seine loyalen Mitarbeiter begrüßen würde, doch er sei nicht aufgetaucht. Es hieß, er sei spät dran. »Als ich dann die Umstände und Fakten erfuhr«, schrieb Raskin in seinen Memoiren, »war mir klar, daß der Grund für Jacks ›Verspätung‹ ein Telefonanruf von Rayburn oder Johnson gewesen sein mußte. Ich weiß, daß sein Bruder, Bob, nicht bei ihm war«, als der Anruf einging, denn der jüngere Kennedy verließ den Kommandoposten nicht, bis Jack Kennedy zu seiner Rede vor den Delegierten erschienen war. Ein paar Stunden später, nach Kennedys kurzer Ansprache, rief ein aufgebrachter Bobby Kennedy Raskin an und teilte ihm mit, er solle die Begegnung mit den Parteiführern absagen. Raskin erkundigte sich, wie er auf Fragen reagieren solle, die unvermeidlich gestellt würden. »Sagen Sie ihnen die Wahrheit«, erwiderte Bobby, »daß Sie es nicht wissen.« Raskin begriff, daß er nichts Genaueres erfahren würde.

Die Parteiführer stellten allerlei Mutmaßungen an, warum das Treffen abgesagt worden war. »Es war ihnen ebenso klar wie mir, daß etwas Außergewöhnliches vorgefallen sein mußte«, schrieb Raskin. »Solange ich mit den Kennedys zusammenarbeitete, hatte ich nie erlebt, daß eine bedeutsame Entscheidung innerhalb so kurzer Zeit rückgängig gemacht wurde ... Bob [Kennedy] wurde immer in jede wichtige Entscheidung mit einbezogen, ich grübelte darüber nach, warum es diesmal nicht so war.« An jenem Abend ging Raskin mit dem unguten Gefühl ins Bett, daß die Entscheidung, Johnson und Rayburn von dem Treffen am späten Mittwochabend auszuschließen, ins Auge gegangen sein könnte.

Am nächsten Morgen, es war Donnerstag, der 14. Juli, redeten alle auf dem Parteitag darüber, daß Johnson Kennedys Kandidat für die Vizepräsidentschaft sein würde.

Clark Clifford erinnerte sich, daß er früh am Morgen – noch bevor er sich rasiert hatte – zu einer neuerlichen Unterredung mit

Jack Kennedy bestellt wurde. Kennedy sei deprimiert gewesen und habe zu ihm gesagt: »Ich muß etwas tun, was ich noch nie getan habe. Ich habe eine feste Absprache getroffen, und nun muß ich sie rückgängig machen. Ich habe keine Alternative.« Damit war Symington aus dem Spiel und Johnson dabei. Clifford sagte, Kennedy habe ausgesehen, als sei er die ganze Nacht wach gewesen.

Es war geplant, daß Jack Kennedy später am Tag ein Essen für seine engsten Mitarbeiter geben sollte. Er betrat den Speisesaal, gefolgt von einer Horde Journalisten und Kameraleute, und sein Blick fiel auf den jovialen, weißhaarigen Raskin. Wie Raskin sich erinnerte, zog Kennedy ihn ans Fenster und raunte ihm zu: »Kommen Sie mit. Ich muß Ihnen etwas sagen.« Im Hinausgehen habe Kennedy gefragt:

»Haben Sie die Neuigkeiten gehört?«

»Ja.«

»Und was halten Sie davon?«

Raskin zuckte mit den Achseln, und Kennedy fuhr fort: »Sie wissen, daß wir Lyndon niemals in Erwägung gezogen haben, aber mir blieb keine andere Wahl. Er und Sam Rayburn haben mir unmißverständlich klargemacht, daß nur Lyndon in Frage kommt. Diese beiden Mistkerle wollten mich in die Zange nehmen. Sie haben gedroht, daß ich Probleme bekommen würde, und ich kann nicht noch mehr Probleme gebrauchen. Ich werde schon genug Probleme mit Nixon haben.«

In einem 1995 geführten Interview verwies Raskin lachend darauf, daß buchstäblich Dutzende von Schilderungen jener Vorfälle veröffentlicht worden seien, alle mit dem Anspruch, die wahren Gründe zu enthüllen, warum Lyndon Johnson überraschend für die Vizepräsidentschaft vorgeschlagen wurde. Raskin betonte noch einmal, Jack Kennedy habe »Lyndon nicht gewollt. Symington war der Richtige. Mit Lyndon haben sie Kalifornien verloren, mit Symington wäre ihnen das nicht passiert.«

Kennedys allzeit loyale Vertraute reagierten auf die Benennung Johnsons, indem sie der Presse und den Wahlkampfmitarbeitern umgehend erzählten, Kennedy sei genauso erstaunt gewesen wie alle anderen, als Johnson das Scheinangebot angenommen habe. Diese Geschichte war zwar ziemlich dünn, aber sie wirkte, und das war um so erstaunlicher, als entweder Johnson selbst oder jemand, der ihm nahestand, seine Version der Geschichte unverzüglich einem vertrauten Journalisten erzählte, John S. Knight, Chefredakteur und Herausgeber des *Miami Herald*. Und so blickten die Zeitungsleser in Miami am Freitagmorgen auf eine dicke, über acht Spalten gehenden Schlagzeile im *Herald*: »Exklusivstory: Wie Johnson den zweiten Platz forderte (und bekam).« Knight schrieb, am Donnerstagmorgen – wann am Donnerstagmorgen, schrieb er nicht – habe Bobby Kennedy Johnson aus Höflichkeit angerufen und verschiedene Kandidaten für die Vizepräsidentschaft mit ihm durchgesprochen. Zu Kennedys »Verblüffung« habe »Lyndon Johnson ihn davon in Kenntnis gesetzt, daß er und Sam Rayburn ein Gespräch gehabt hätten und übereingekommen seien, daß er, Johnson, für die Vizepräsidentschaft nominiert werden sollte«. Johnson habe weiterhin gesagt, daß er sich auf jeden Fall für die Nominierung ins Spiel bringen werde, unabhängig von Kennedys Zustimmung, und daß er notfalls die offene Auseinandersetzung auf dem Parteitag suchen werde. Der Präsidentschaftskandidat sei informiert worden und sofort zu Johnson gegangen, Johnson habe darauf seine Drohung wiederholt. Kennedy habe dann eine Versammlung der Parteiführer einberufen, die alle ursprünglich Symington unterstützt hätten, doch schließlich hätten alle Anwesenden der Auffassung zugestimmt, daß »sie keinen Kampf mit Johnson riskieren konnten, weil das die Wahlaussichten der Partei im November gefährdet hätte. Das war die Kapitulation.«

Der in dem Artikel zitierte Grund – Johnson habe Kennedy mit der Drohung, er werde einen offenen Konflikt um die Nominierung herbeiführen, dazu gebracht, ihn als Vizepräsident zu nominieren – ist lächerlich. Eine solche Drohung wäre zu schwach gewesen, das hätte jeder Neuling im politischen Geschäft gewußt: Man hätte ihm vorgehalten, er störe am Vorabend des Wahlkampfbeginns die Einmütigkeit der Delegierten, und das hätte seine Position in der Partei stark beeinträchtigt. Gleichwohl wird in dem Artikel klar gesagt, Johnson habe Kennedy gezwungen, ihn als Vizepräsidentschaftskandidaten zu nominieren. Bobby Kennedy wies seinen Pressesprecher im Wahlkampf, Pierre Salinger, an, ein Dementi herauszugeben. Salinger schilderte die Ereignisse jenes Tages in seinen 1966 erschienen Erinnerungen *With Kennedy* (dt.: *Mit J. F. Kennedy. Der Bericht eines seiner engsten Mitarbeiter,* 1967). Sein Dementi, schreibt er, habe umgehend ärgerlichen Widerspruch sowohl bei Johnson als auch bei Rayburn ausgelöst. Die beiden Männer hatten offensichtlich wesentlichen Anteil daran, daß die Story zu Knight durchgedrungen war, aber nun stritten sie aufgebracht jegliche Verantwortung ab. Salinger zufolge verlangten sie, Jack Kennedy solle Knight selbst zu Hause anrufen, und ihm sagen, daß die Geschichte falsch sei. Johnson habe »das Gerücht mit den Wurzeln ausrotten« wollen, bevor es weitere Kreise ziehen konnte. Schließlich habe Bobby Kennedy Knight angerufen. Salinger berichtet offenherzig: »Durch die entschlossene Nachtaktion gelang es uns, die Weiterverbreitung der Meldung zu verhindern. Ich verbrachte einen guten Teil des Freitags (15. Juli) damit, den Reportern Bob Kennedys Version von den Vorgängen klarzumachen.« Die zur Vertuschung ersonnene Geschichte – daß Jack Kennedy von Anfang an Johnson als Kandidaten für die Vizepräsidentschaft gewollt habe – hielt, und Knights Exklusivbericht auf Seite eins verschwand in der Versenkung.

Ein paar Tage später, so Salinger in seinen Erinnerungen weiter, habe er Jack Kennedy gefragt, ob er wirklich erwartet habe, daß Johnson die Vizepräsidentschaft annehmen werde, oder ob er das Angebot nur pro forma gemacht habe. Kennedy setzte zu einer Antwort an, hielt aber plötzlich inne und sagte: »Wie es wirklich war, das wird niemals herauskommen. Und das ist gut so.« Salinger fügt hinzu, er habe mit dieser »rätselhaften Bemerkung« nichts anfangen können.

Die einzige Person aus dem engsten Kreis um Kennedy, die in den nächsten 35 Jahren das Thema der Nominierung des Vizepräsidenten immer wieder aufgriff, war Kennedys Privatsekretärin Evelyn Lincoln. Dem britischen Journalisten Anthony Summers sagte sie, sie sei Mitte der sechziger Jahre überzeugt gewesen, daß J. Edgar Hoover und Johnson sich die Sache ausgedacht hätten. Von Hoover wußte man, daß er Johnson persönlich nahe stand – sie wohnten in derselben Straße im Nordwesten Washingtons –, er hatte Johnson jahrelang mit Informationen über Kennedys

Privatleben versorgt. In Summers 1993 veröffentlichter Hoover-Biographie *Official and Confidential* (dt.: *J. Edgar Hoover: Der Pate im* FBI, 1993) wird Lincoln mit der Bemerkung zitiert, Johnson »hatte alle Informationen verwandt, die Hoover über Kennedy in Erfahrung bringen konnte – während der Wahlkampagne, selbst noch unmittelbar vor dem Konvent. Und Hoover konnte während des Parteikonvents Druck auf Kennedy ausüben ... [mit Informationen] über Frauengeschichten, einige Punkte in Joe Kennedys Leben und alles andere, das er hatte ausgraben können. Johnson benutzte dies wie einen Schlag beim Baseball. Kennedy war wütend, weil sie ihn in eine Ecke getrieben hatten. Er war völlig eingekeilt.« In einem späteren, für das vorliegende Buch geführten Interview erzählte Lincoln, früh am Morgen des 15. Juli habe sie Bobby und Jack tief in ein Gespräch versunken angetroffen: »Ich ging hinein und hörte zu. Sie waren sehr aufgebracht und suchten nach einer Lösung, aber sie fanden keine.« Sie habe nicht mitbekommen, daß von einer bestimmten Drohung Johnsons die Rede gewesen wäre. Doch, so fügte sie hinzu, »Jack wußte, daß Hoover und LBJ alle möglichen Frauengeschichten verbreiten würden.«

Die Hauptbeteiligten sind lange tot, und möglicherweise wird die Welt nie erfahren, mit welchen Drohungen Lyndon Johnson seine Nominierung für die Vizepräsidentschaft durchsetzte. Kennedy wußte, wieviel Hoover wußte, und er wußte auch, daß diese Informationen mehr als ausreichend waren, wenn Johnson ein Druckmittel suchte. Kennedys Frauengeschichten forderten einen hohen Preis: Nicht nur seine ehemaligen Geliebten konnten ihn jederzeit erpressen, sondern darüber hinaus jeder, dem es gelang, genug Einzelheiten über seine Affären zusammenzutragen – auch ein ehrgeiziger Kollege aus dem Senat. Kennedy fand schließlich einen Weg, auch nach dem Verwirrspiel um die Vizepräsidentschaft gelassen zu bleiben. Kenny O'Donnell, der eine langjährige Abneigung gegen Johnson hegte, zitierte in seinen Erinnerungen Kennedy mit den Worten: »Ich bin dreiundvierzig. Ich werde nicht im Amt sterben. Somit ist die Vizepräsidentschaft bedeutungslos ...«

# 10

# Der Wahlbetrug

Joseph P. Kennedy investierte 1960 in den Präsidentschaftswahlkampf seines ältesten noch lebenden Sohnes nicht nur unermüdlich Geld und Zeit. Durch einen Handel mit Sam Giancana und dem mächtigen Syndikat des organisierten Verbrechens in Chicago riskierte er auch das Ansehen der Familie – und die politische Zukunft seiner Söhne Bobby und Teddy. Joe Kennedy wollte den Sieg seines Sohnes in Illinois und all den anderen Staaten sichern, in denen das Syndikat über Einfluß verfügte. Er erreichte sein Ziel, nachdem er ein dramatisches und bis heute nicht bekanntes Treffen mit Sam Giancana im Amtszimmer eines höchst angesehenen Richters in Chicago arrangiert hatte. Der Deal beinhaltete die Zusicherung, daß Giancanas Männer bei der Basis der von der Mafia kontrollierten Gewerkschaften in Chicago und anderen Orten Wählerstimmen für Kennedy organisieren würden, und eine Verpflichtung, zur Unterstützung des Wahlkampfs Geld aus dem korrupten Pensionsfonds der Transportarbeitergewerkschaft fließen zu lassen.

Als Jack Kennedy und sein Bruder ihre Ämter antraten, wußten sie, daß das organisierte Verbrechen und Giancana ihnen zum Sieg bei der Wahl 1960 verholfen hatten. Es ist nicht bekannt, was genau Joe Kennedy Giancana als Gegenleistung versprach, doch der Gangster war überzeugt, daß er durch seine Hilfe bei der Präsidentenwahl einen großen Coup gelandet hatte. Für das Syndikat in Chicago bestand fortan keine Gefahr mehr.

Die Präsidentschaftswahlen 1960 waren ein spannendes Kopf-an-Kopf-Rennen, schließlich gewann John Kennedy mit einem Vorsprung, von nur 118000 bei insgesamt mehr als 68 Millionen abgegebenen Stimmen vor Richard Nixon. Seit dem Wahltag rätseln Journalisten und Historiker über Kennedys Sieg in Illinois mit weniger als 9400 Stimmen Vorsprung. Illinois war einer der letzten Staaten, die ihr Ergebnis übermittelten, und Illinois besiegelte in den frühen Morgenstunden Kennedys Triumph. Schon bald war die Rede von Wahlbetrug; die Republikaner beschuldigten die Demokraten, unter der Führung des Bürgermeisters Richard Daley die Ergebnisse in Illinois manipuliert zu haben. Es war allgemein bekannt, daß Bürgermeister Daley seit seinem Amtsantritt 1955 die Ergebnisse bei Einzelstaats- und Kommunalwahlen in Chicago kontrollierte und daß er 1960 Druck auf seine Wahlbezirksleiter ausgeübt hatte, Stimmen für Kennedy zu besorgen. Der Vorwurf des Wahlbetrugs brachte Daley, den Inbegriff eines amerikanischen »Großstadtbosses«, nicht aus der Fassung. Er wies die Anschuldigungen stoisch von sich und erklärte gegenüber Reportern: »Das ist eine Verschwörung der Republikaner. Sie wollen die Präsidentschaft dem Mann vorenthalten, den das Volk gewählt hat.«

Schließlich lagen in elf Staaten Vorwürfe gegen die Demokraten wegen Wahlbetrugs vor. Nach mehreren Sitzungen der republikanischen Führungsgremien in Washington beschloß die Partei Ende November, in sieben der elf Staaten Regierungsbeamte zu entsenden, die der Angelegenheit auf den Grund gehen sollten – nach New Jersey, Texas, Missouri, New Mexico, Nevada, South Carolina und Pennsylvania. Kennedys Mehrheit war in einigen Staaten so knapp – in Nevada und New Mexico hatte er mit weniger als 2500 Stimmen Vorsprung gewonnen –, daß jeder handfeste Beweis für einen Wahlbetrug den Sieg in eine Niederlage hätte verwandeln können. Doch alle Nachforschungen blieben ergebnislos.

Doch gerade die Wahl in Illinois erregte das Interesse der Öffentlichkeit. Die Wahlbeteiligung in Chicago war wie üblich hoch gewesen: Über 89 Prozent der Wahlberechtigten hatten ihre Stimme abgegeben, oder waren zumindest eingetragen worden, ihre Stimme abgegeben zu haben. Die demokratische Parteiorganisation hatte bei den Präsidentschaftswahlen 1952 und 1956 über 80 Prozent der Wähler in der Stadt mobilisiert. Ungewöhnlich groß war Kennedys Vorsprung in Chicago bei den Wahlen 1960, damit konnte er eine Reihe republikanischer Siege im Süden des Bundesstaates ausgleichen. Er gewann in Chicago mit einer Mehrheit von 456 312 Stimmen, was viermal soviel wie sein gesamter Vorsprung im Land war.

Diese Zahlen wurden bereits in vielen Artikeln und Büchern über die Wahlen in Illinois zitiert, gewöhnlich mit der Bemerkung, daß die Wahl in Illinois doch nicht so ausschlaggebend und darum auch weniger dramatisch gewesen sei als ursprünglich angenommen. Kennedys knappe Siege in Texas, Michigan, New Jersey und Missouri, so das Argument, brachten ihm 303 Stimmen im Wahlmännergremium – 34 mehr als er für den Einzug ins Weiße Haus gebraucht hätte. Tatsächlich aber war Illinois für Kennedys Sieg entscheidend. Ohne die 27 Stimmen aus Illinois hätte er im Wahlmännergremium nur einen Vorsprung von sieben Stimmen gegenüber Nixon gehabt. 26 demokratische Wahlmänner aus Mississippi, Georgia und Alabama drohten abzuspringen, falls ihnen die Partei nicht bei der Bürgerrechtspolitik entgegenkäme. Eine Niederlage in Illinois hätte diesen Wahlmännern, die sich noch nicht festgelegt hatten – 14 stimmten schließlich für den demokratischen Senator Harry F. Byrd aus Virginia – enormes Gewicht verliehen. Wenn Kennedy Illinois verloren hätte, hätte es in ihrer Hand gelegen, die Wahl zum ersten Mal im 20. Jahrhundert dem Repräsentantenhaus zu überlassen.

Damals erschien Kennedys enormer Vorsprung in Chicago allgemein suspekt – selbst dem neugewählten Präsidenten. »Mr. President«, zitierte Kennedy Bürgermeister Daleys Worte aus der Wahlnacht, »mit etwas Glück und der Hilfe einiger guter Freunde werden Sie es in Illinois schaffen.« Die Zusicherung löste, als der Journalist Benjamin Bradlee sie 1977 bekannt machte, einen Skandal aus. Bradlee war ein enger Freund Kennedys und aß am Abend nach der Wahl mit dem neugewählten Präsidenten in Hyannis Port zu Abend. In seiner Autobiographie versicherte er später nicht sehr überzeugend: »Ich wußte überhaupt nicht, was

Daley meinte.« Zweimal wurde in Chicago nach der Wahl eine Anklagejury einberufen, doch beide Verhandlungen endeten damit, daß fünf niedere Parteifunktionäre der Demokraten wegen Stimmenkaufs und Wahlbetrugs verurteilt wurden. Die Untersuchungen dauerten bis Juli 1961 an, als ein demokratischer Amtsrichter im Süden des Staates die letzte der insgesamt 677 Anklagen wegen Wahlbeeinflussung abwies. Bei dem Vorfall ging es darum, daß demokratische Wahlhelfer sich absichtlich bei der Stimmenauszählung verrechnet hatten. Ein Journalist beschrieb dies als einen »krassen Fall von Parteilichkeit«. Der Richter befand, es gebe nicht ausreichend Beweise dafür, daß die demokratischen Parteifunktionäre in Chicago absichtlich Fehler bei der Auszählung gemacht hätten.

Richard Nixon hatte keine Illusionen über die Vorgänge in Illinois, dennoch entschied er sich, keine Nachauszählung zu verlangen, obwohl ihn einige führende Republikaner dazu drängten. Viele Amerikaner sahen in Nixons Verzicht auf die Anfechtung der Wahl eine überaus noble Geste. In seinen Memoiren *RN* gab er ganz offen zu, daß er aus Eigeninteresse gehandelt hatte: »Und was wäre gewesen, wenn ich eine Nachauszählung verlangt und es sich herausgestellt hätte, daß Kennedy trotz des Wahlbetrugs gewonnen hatte? Der Ruf des schlechten Verlierers hätte mich durch die Geschichte verfolgt und jede Aussicht auf eine weitere politische Karriere zunichte gemacht.«

Nixon hatte recht. Die Nachauszählung in Illinois lag in den Händen der Demokratischen Partei und hätte nicht einmal annähernd die Wahrheit über die Wahl ans Licht gebracht.

Joe Kennedy machte mit der Mafia Geschäfte, weil es für ihn notwendig war. Als Besitzer des Merchandise Mart wußte er so gut wie jeder andere, in welchem Ausmaß das organisierte Verbrechen Ende der fünfziger Jahre die wichtigen Gewerkschaften in Chicago dominierte. Das Syndikat in Chicago hatte unter Führung Al Capones vor dem Zweiten Weltkrieg im Bereich der legalen Geschäfte und Gewerkschaften expandiert; Ende der vierziger Jahre kontrollierte die Mafia mehr als hundert Gewerkschaften. Das brachte ihr jährlich Millionen Dollar ein und – was von großer

Bedeutung für die Politiker in Chicago war – ein Heer von Menschen, das bei Bedarf mobilisiert werden konnte. Der Fachmann für Arbeiter- und Gewerkschaftsfragen beim Syndikat war Murray Humphreys, »das Kamel«. In einer Biographie heißt es über ihn, in der Blütezeit des Al-Capone-Imperiums habe er persönlich 61 Gewerkschaften kontrolliert.

Joe Kennedys Hilferuf an die Adresse von Giancana war wegen Jacks und Bobbys bekannter Abneigung gegen das organisierte Verbrechen besonders risikoreich. Die ablehnende Haltung der beiden Kennedy-Brüder ging auf die Mitarbeit in einem Sonderuntersuchungsausschuß des Senats zurück, der sich Ende der fünfziger Jahre mit dem organisierten Verbrechen im Arbeiter- und Gewerkschaftsbereich befaßte und unter dem Namen *Select Committee on Improper Activities in the Labor or Management Field* bekannt war. Robert Kennedy war bei seiner ersten dokumentierten Begegnung mit Giancana bei einer Befragung des Gangsters vor dem Ausschuß im Juni 1959 besonders aggressiv und beleidigend aufgetreten. Giancana berief sich auf den fünften Verfassungszusatz und beschränkte sich darauf, bei jeder Frage Kennedys zu lächeln. »Ich dachte immer, nur kleine Mädchen kichern, Mr. Giancana«, bemerkte Kennedy bissig. Der Auftritt sorgte für Schlagzeilen.

Wie die Kennedy-Biographen berichteten, lehnte Joe Kennedy die Mitarbeit seiner Söhne im Senatsausschuß zur Bekämpfung des organisierten Verbrechens entschieden ab. Er hatte große Angst, bei der Wahl 1960 womöglich die Unterstützung der Gewerkschaften zu verlieren, und wußte nur zu gut, daß die Gewerkschaften, ob auf ehrliche Weise oder nicht, Wahlkämpfe massiv mit Geld und Fußvolk unterstützen konnten – beides brauchte Jack nach Ansicht seines Vaters reichlich, wenn er gewinnen wollte. Joe Kennedy war überzeugt, daß er in Chicago einen Handel abschließen mußte, und bat seinen alten Freund William J. Tuohy um Hilfe, den obersten Richter am Bezirksgericht von Cook County in Chicago. Tuohy, der 1964 starb, wurde mit der Aufgabe betraut, ein heimliches Treffen zwischen Joe Kennedy und Sam Giancana zu arrangieren, der unter Kollegen als »Mooney« bekannt war. Tuohy hatte für die Staatsanwaltschaft in Cook County gearbeitet, bevor er 1950 Richter wurde; er kannte Giancana nicht. Doch ein ehemaliger Schützling aus seiner Zeit bei der Staatsanwaltschaft, ein gewisser Robert J. McDonnell, war damals einer der wichtigsten Rechtsanwälte der Mafia.

»Tuohy bat mich in sein Amtszimmer«, erinnerte sich der 71jährige McDonnell in einem Interview für dieses Buch. Es müsse wohl im Winter 1959/60 gewesen sein. »Ich ging hin. Wir plauderten. Er sagte: ›Ich weiß nicht, wie ich diese Frage stellen soll. Kennen Sie Mooney Giancana?‹ Ich sagte ja. Er fragte: ›Was meinen Sie, wie könnte ich ein Treffen zwischen Giancana und Joseph Kennedy arrangieren?‹« McDonnell nannte dem Richter einen Lokalpolitiker, der enge Verbindungen zum Syndikat unterhielt. Wenige Tage später wurde McDonnell zu einem Treffen mit Giancana in das Armory Lounge im Vorort Forest Park gerufen. Dort wurde ihm mitgeteilt, daß das Treffen mit Kennedy in Tuohys Amtszimmer stattfinden sollte. »Können Sie garantieren, daß das Treffen ganz und gar ungestört bleiben wird?« fragte Giancana McDonnell zufolge.

Tuohy lud in seiner Nervosität McDonnell ein, an dem Treffen teilzunehmen. »Also«, fuhr McDonnell fort, »erschien ich gegen 17 Uhr. Die Leute verließen gerade das Gerichtsgebäude, und im Gerichtssaal wurde es dunkel. Die Stimmung um diese Tageszeit ist dort immer melodramatisch.« McDonnell betrat das Amtszimmer des Richters und wurde Joe Kennedy vorgestellt. Nach ungefähr zwanzig Minuten, erzählte McDonnell, »hörten wir Schritte im Gerichtssaal, und herein kam Mooney Giancana« mit einem seiner Leute. McDonnell stellte die Anwesenden einander vor. »Die drei setzten sich. Richter Tuohy und ich verließen das Zimmer. Wir gingen zur Geschworenenbank im Gerichtssaal. Ich erinnere mich, daß Richter Tuohy zu mir sagte: ›Bin ich froh, daß ich nicht eingeweiht bin.‹ Er wirkte sehr deprimiert. Tuohy war durch und durch integer, und er wurde von Joe Kennedy um einen Gefallen gebeten. Ich weiß, daß er das empörend fand.« McDonnell und Tuohy verließen das Gerichtsgebäude, während die Besprechung zwischen Kennedy und Giancana noch andauerte.

Er habe später von seinen Klienten gehört, erzählte McDonnell, Joe Kennedy »sei von der Wahl John Kennedys besessen gewesen – absolut besessen. Ich weiß nicht, was ausgehandelt wurde;

ich weiß nicht, welche Versprechen gegeben wurden. Aber ich kann Ihnen sagen, Mooney hatte überall seine Leute an der richtigen Stelle. Sie konnten Fahrer in jeden Wahlbezirk schicken, die den Wahlbezirksleitern helfen würden, die Wähler zu mobilisieren. Und sie brachten die Gewerkschaften auf Kennedys Seite. Ich weiß, daß die Gewerkschaften heutzutage nicht mehr das wählen, was man ihnen sagt, aber 1960 war es noch so. Mooney hatte bei allem seine Hände im Spiel.«

Robert McDonnells Schilderung der Ereignisse ist überzeugend und erinnert an einen ähnlichen Bericht über Joe Kennedys Bemühungen, Giancana zu treffen. Er war Teil einer Miniserie, die Frank Sinatras Tochter Tina für CBS produziert hatte und die 1992 im Fernsehen gezeigt wurde. Im Drehbuch zu einer Episode der Serie sagt der Darsteller von Joe Kennedy zu dem Darsteller von Frank Sinatra, »das Beste, was Sie für Jack tun können« sei, »sich an die Leute zu wenden«, die »die Gewerkschaft [der Transportarbeiter] kontrollieren«. Sinatra gibt die Bitte in einer Folgeszene an Sam Giancana weiter und erhält dessen Zustimmung.

Tina Sinatra räumte 1997 in einem Interview für das vorliegende Buch ein, daß die Informationen für die Szenen von ihrem Vater stammten und daß er das Drehbuch ausdrücklich gebilligt habe. Tatsächlich enthüllte Sinatra ein lange gehütetes Geheimnis, damit seine Tochter in ihrer Sendung mit einer kleinen Sensation Furore machen konnte: Er gab zum ersten Mal öffentlich zu, daß er bei der Vermittlung von Giancanas Unterstützung für Jack Kennedy 1960 eine Rolle gespielt hatte.

»Soweit ich weiß«, erzählte mir Tina Sinatra, »wurde [Ende 1959 in Hyannis Port] ein Treffen einberufen. Dad war nur zu gerne bereit hinzugehen. Er war schon früher dort gewesen. Beim Essen sagte Joe: ›Ich glaube, Sie können mir in West Virginia und Illinois mit unseren Freunden helfen. Sie verstehen doch, Frank, daß ich nicht hingehen kann. Sie sind auch meine Freunde, aber ich kann mich nicht direkt an sie wenden. Aber Sie schon.‹ Ich weiß, daß das Dad nachdenklich stimmte. Aber er kam nicht zu dem Schluß, daß er es nicht tun sollte. Also ging er zu Giancana.« Ihr Vater habe die Begegnung mit Giancana auf einem Golfplatz arrangiert, erzählte Tina, außerhalb der Reichweite des FBI, das Giancana ständig zu beobachten schien. Tina zufolge sagte Sinatra zu ihm: »Ich glaube an diesen Mann. Er wird einen guten Präsidenten abgeben. Mit Ihrer Hilfe können wir es schaffen.«

Joe Kennedys Ziel, so Tina Sinatra, sei es gewesen, »den Sieg in Illinois und West Virginia sicherzustellen – die Leute zu mobilisieren, die Gewerkschaftler an die Wahlurnen zu bringen«.

Für ihren Vater sei es durchaus logisch gewesen, daß er als Mittelsmann auserkoren wurde. »Es stand aus offensichtlichen Gründen außer Frage, daß Joe sich direkt an Sam Giancana wandte. Daß Frank Verbindungen zu Sam Giancana und anderen Gangstern hatte – das wußten wir alle. Die Mafia war sehr schlau. Sie wußten, daß Macht und Kontrolle das Land zusammenhielten. Ich finde, sie hätten sich nicht gegenseitig erschießen müssen, aber sie taten es nun mal. In den dreißiger und vierziger Jahren, als Dad im Geschäft war, kontrollierten sie die Nachtclubs. Sie kontrollierten das Showgeschäft. Sie hatten Großes vor. Die Macht eines Entertainers und die Macht eines Gangsters – das gehört unbedingt zu Amerika. Sie stammten alle aus derselben Gegend. Mein Vater wuchs mit Gangstern in der Nachbarschaft auf. Er lebte mit ihnen. Sie waren seine Freunde, und er hätte niemals einen Freund abgewiesen. Loyalität geht für Frank Sinatra über alles. Er fühlt sich gegenüber Freunden und der Familie zutiefst verpflichtet. Eine sehr italienische Eigenschaft, die ihn den Gangstern vielleicht näher brachte.«

Weiter sagte Tina: »Es war nicht so, daß Joe [Kennedy] die Leute nicht kannte. Er unterhielt auch Verbindungen zu ihnen. Meine Großmutter nannte ihn ›diesen alkoholschmuggelnden Hurensohn‹. Sie benutzten die Unterwelt, um ihren Goldjungen an die Spitze zu bringen –. Sie zögerten [nicht], jemanden um einen Gefallen zu bitten; die Kennedys verstanden es sehr gut, um alles zu bitten, was sie brauchten. Und ich glaube, sie waren daran gewöhnt, es auch zu bekommen. Jeder fiel darauf herein«, fügte sie hinzu, und habe sich überzeugen lassen, als Robert Kennedy als Justizminister gegen das organisierte Verbrechen mit demselben Eifer vorgegangen sei wie zuvor in dem entsprechenden Ausschuß des Senats.

Frank Sinatra, so Tina, sei von Jack Kennedy begeistert gewesen. »Dad fand, daß Jack Kennedy frischen Wind brachte. Er sagte, er sei seit Roosevelt, dessen Wahlkampf er ebenfalls unterstützt hatte, bei einer Wahl nicht mehr so aufgeregt gewesen.« Andere Leute hätten im allgemeinen nicht vermutet, wie wichtig Politik ihrem Vater gewesen sei. »Er wuchs in einer Familie auf, die politisch sehr engagiert war«, erzählte sie. Seine Mutter Dolly habe in Hoboken in New Jersey als Wahlkampfhelferin für die Demokraten gearbeitet. »Dad sagt, er habe schon Plakate für Kandidaten getragen, bevor er überhaupt lesen konnte, was darauf stand. Die Politik wurde damals von den Küchen aus gemacht«, fügte Tina hinzu. Sie erinnere sich, wie er ihr von den »Topflappen-Kampagnen« erzählt habe. »Die Frau des Hauses bekam ein Geschenk, denn sie sorgte dafür, daß die Wahlberechtigten auch tatsächlich wählen gingen.«

Jack Kennedy sei etwas Besonderes gewesen. Ihr Vater habe sich sehr von seinem Lebenswandel angezogen gefühlt. »Und von seiner Macht. Ich weiß, daß sie sich zusammen bestens amüsierten.« Sowohl vor als auch nach dem Sieg bei der Präsidentschaftswahl habe Kennedy die Wochenendbesuche in Frank Sinatras Haus in Palm Springs sehr genossen, immer seien auch schöne Frauen dabeigewesen. »Es war nicht so, daß der Präsident und Dad sich zum Golfspielen trafen«, sagte Tina. »Ihr kleiner Freundeskreis kam zusammen und amüsierte sich. Es war ein Ort, wo man unter sich sein konnte. Ich war nie dabei. Zu so einem Wochenende nahm man keine Kinder mit.«

Ihr Vater, fügte Tina hinzu, »war der Typ des glücklichen Junggesellen. Er war ledig. Jack Kennedy nicht.«

J. Edgar Hoovers FBI besaß Hinweise, daß vor der Wahl ein Deal zwischen Kennedy und dem Verbrechersyndikat in Chicago vereinbart worden war, doch die Art, wie das FBI an die Informationen herangekommen war, schloß ihre Veröffentlichung aus. Ende der fünfziger Jahre hatten FBI-Agenten nach und nach landesweit in den Stammlokalen des organisierten Verbrechens Wanzen installiert, und dies ohne gerichtliche Erlaubnis. In Chicago brachte das FBI drei Wanzen an. Mit einer Wanze wurden vor und nach dem November des Jahres 1960 viele Gespräche abgehört – einige in sizilianischem Dialekt –, in denen Sam Giancana über ein Wahlabkommen mit Joe Kennedy sprach. William F. Roemer jr., der zu Beginn der sechziger Jahre als Special Agent für das FBI in Chicago arbeitete, enthüllte in seiner 1989 erschienen Autobiographie *Man against the Mob* (Ein Mann gegen die Mafia), daß Giancana über ein Abhörmikrofon des FBI belauscht wurde – die Protokolle sind bis heute nicht freigegeben –, wie er einen eindeutigen Deal für die Wahl vorschlug: die Unterstützung des organisierten Verbrechens im Austausch für eine Verpflichtung der Regierung Kennedy, »das FBI nicht weiter gegen Giancana ermitteln zu lassen«. Protokolle dieser Gespräche zirkulierten ohne Angabe der Quelle als wichtige Informationen im Justizministerium, einige während des Wahlkampfes.

Giancana prahlte, auch ohne daß ein Mikrofon eingeschaltet war, mit seinem Einfluß. Judith Campbell Exner aus Los Angeles unterhielt mit Kennedy in den frühen 60er Jahren eine sexuelle Beziehung und traf sich zur selben Zeit auch mit dem Mafiaboß Giancana. In ihren Memoiren *My Story*, die 1977 erschienen, wurde Giancana wie folgt zitiert: »Hör zu, Süße, ohne mich wäre dein Freund jetzt nicht im Weißen Haus.« Giancana hatte nicht übertrieben.

G. Robert Blakey, ein ehemaliger Chefankläger im Justizministerium, gab 1997 in einem Interview für dieses Buch an, daß die Abhörprotokolle des FBI – viele sind immer noch unveröffentlicht –, bestätigten, daß das Gangstersyndikat in Chicago Kennedy nach Kräften unterstützte. »In Chicago gibt es schon seit Anfang des Jahrhunderts Fälle von Wahlbetrug«, sagte Blakey, der Ende der siebziger Jahre als Ermittler für den Attentatsausschuß des Repräsentantenhauses Zugang zu den Protokollen hatte. Die FBI-Wanzen in Chicago zeigten »meiner Meinung nach zweifelsfrei, daß genug Stimmen gestohlen wurden – ich wiederhole das ausdrücklich –, gestohlen wurden, um Kennedy eine ausreichende Mehrheit für einen Sieg im Staat Illinois zu sichern«. Blakey zufolge ergab die elektronische Überwachung auch, daß der Einfluß des organisierten Verbrechens bei Wahlen viel größer war als bis dahin bekannt: Giancana wurde abgehört, wie er vor einer Wahl diskutierte, wie viele Stimmen genau ein korrupter Kongreßabgeordneter für Illinois erhalten sollte.

»Die Überwachung in Chicago beweist auch, daß Mafia-Geld für die [Präsidentschafts-]Wahl 1960 verwendet wurde«, sagte mir Blakey. Das Geld sei von dem eng mit Sam Giancana befreundeten Frank Sinatra zu Joe Kennedy gewandert. »Glauben Sie, daß das Geld der Mafia etwas bewirkte?« fragte Blakey. »Ich glaube schon.« Im Austausch dafür habe man Giancana und seinen Leuten den Eindruck vermittelt, »die Kennedys würden etwas für sie tun« – den Druck des FBI verringern.

Zwischen Jack Kennedy, der in Hyannis Port und Palm Beach lebte, und Sam Giancana aus Chicago lagen Welten. Dennoch hatten sie viele Gemeinsamkeiten. Beide waren unverbesserliche Schürzenjäger; beide waren von Hollywood fasziniert und übten selber Faszination aus; beide lernten, im geheimen ihre Fäden zu ziehen; und beide führten erfolgreich ein Doppelleben. Giancana war ein ruchloser Mafia-Killer, der 1960/61 einen Geheimauftrag für die CIA übernahm, darüber in der Öffentlichkeit aber kein Wort verlor. Kennedy war ein brillanter Politiker, er trat offen und mit Idealismus für seine New Frontier und das Peace Corps ein, während er gleichzeitig tief in geheime Eskapaden verstrickt war, die eine beständige Bedrohung für seine weitere Karriere bedeuteten.

Giancana, 1908 geboren, begann seine kriminelle Laufbahn als Killer in den Diensten Al Capones in einem Gebiet westlich der Chicagoer Innenstadt, das als Little Italy oder The Patch bekannt war. Mit zwanzig hatte er auf seinem Weg an die Spitze der Chicagoer Mafia angeblich bereits Dutzende Männer umgebracht. Seine erste Verurteilung erhielt er als Siebzehnjähriger wegen Autodiebstahls; noch bevor er zwanzig war, wurde er im Zusammenhang mit Mordermittlungen dreimal verhaftet. Insgesamt wurde Giancana sechzigmal festgenommen. Ende der fünfziger Jahre schöpfte seine Organisation Millionen Dollar von Spielkasinos in Las Vegas und Havanna auf Kuba ab, die von der Mafia kontrolliert wurden, und sie besaß die politische und wirtschaftliche Kontrolle über mindestens sechs dicht besiedelte Stadtbezirke in

Chicago. Die Mafia in Chicago übte außerdem direkten Einfluß auf die Aktivitäten der Gangster und der Transportarbeitergewerkschaften in Cleveland, St. Louis, Kansas City, Las Vegas und Los Angeles aus.

»Giancana war nichts anderes als ein Killer«, erinnerte sich der ehemalige Sensationsreporter Sandy Smith, der über zwanzig Jahre für das *Time Magazine* über das organisierte Verbrechen in Chicago berichtet hatte, in einem Interview für dieses Buch. »Und er war stolz darauf. Wenn es ein Problem gab, ließ er sich von einem seiner Leute eine ganz kurze Beschreibung geben und sagte dann: ›Mach ihn kalt! Mach ihn kalt!‹ Viele wurden kaltgemacht.« Der Mafiaboß »konnte sich nicht richtig mit jemandem unterhalten«, erzählte mir Smith. »Giancana fluchte und schrie und brüllte und versuchte, sein Gegenüber einzuschüchtern. Er war in so ziemlich jeder Hinsicht primitiv.«

Dennoch war Giancana in Hollywood unglaublich populär. Seine Biographen datieren seine Verbindungen mit der Filmmetropole gewöhnlich auf Mitte der fünfziger Jahre; damals verlagerten Chicagos Gangstersyndikate ihre Aktivitäten an die Westküste. Allerdings erwähnt Giancanas Tochter Antoinette in ihrem 1984 erschienenen Buch *Mafia Princess* (Mafiaprinzessin) eine Reise nach Hollywood bereits im Jahr 1949. Damals habe sich ein wichtiger Produzent die allergrößte Mühe gegeben, ihr, dem Teenager, höchstpersönlich das Studio von Metro Goldwyn Mayer zu zeigen. »Ich wurde mit dem gleichen Respekt behandelt wie ein Superstar des Studios«, schrieb sie. Ende der fünfziger Jahre verkehrte Giancana, der sich häufig Sam Flood nannte, in aller Öffentlichkeit mit Unterhaltungskünstlern in Las Vegas. Ihnen wurden enorme Summen gezahlt, damit sie in den Hotels auftraten, deren Kasinos er kontrollierte. Giancana war eng mit Frank Sinatra befreundet und wurde zu einem festen Bestandteil von Sinatras berühmtem »Rat Pack«, einer Gruppe von Sängern und Entertainern, die sich mühelos zwischen Hollywood, demokratischen Politikern und dem organisierten Verbrechen bewegten. Der Schauspieler Peter Lawford, der 1954 Patricia Kennedy heiratete, gehörte von Anfang an zu der Clique. Im Jahr 1960 begann Giancana eine langjährige Romanze mit der Sängerin Phyllis McGuire von den drei McGuire Sisters, die damals auf dem Höhepunkt ihrer Karriere standen. Der Hollywood-Photograph Bill Woodfield, der ausschließlich für Frank Sinatra arbeitete, erinnerte sich 1995 in einem Interview für dieses Buch, daß Giancana in den Glanzzeiten des Rat Pack fast jeden Tag bei den Dreharbeiten zu einem Film vorbeischaute, in dem McGuire und Sinatra mitspielten. Giancana saß neben Woodfield, der von jeder Szene Standbilder machen sollte. »Ich fotografierte niemals Sam«, erzählte mir Woodfield, »obwohl ich Hunderte von Aufnahmen von Phyllis machte. Ein Fotograf weiß, was er lieber nicht fotografieren soll.«

Ein weiterer Beweis für einen Deal zwischen den Kennedys und Sam Giancana stammt von Jeanne Humphreys, der zweiten Frau von Murray Humphreys. Der gebürtige Waliser Humphreys, der 1965 starb, arbeitete eng mit Giancana zusammen. Er galt als Kopf und treibende Kraft hinter dem Gangstersyndikat in Chicago. Die Position des Bosses blieb ihm jedoch offiziell versagt, da er kein Sizilianer war. Jeanne Humphreys, die heute allein und unter einem anderen Namen in einem Vorort einer größeren Stadt im Süden lebt, begann ihre Affäre mit ihrem späteren Ehemann Ende der vierziger Jahre, als sie als junges Mädchen in einer Bar arbeitete. Sie war mit dem eleganten jungen Gangsterboß, der bei den Journalisten Chicagos für seinen Stil und seine Intelligenz bekannt war, von 1957 bis 1962 verheiratet. »Murray erzählte mir alles«, sagte Mrs. Humphreys. »Ich steckte mittendrin. Er mußte mir alles erzählen.«

Auch über die Kennedy habe sie alles gewußt, die Wahl »beherrschte in dem Jahr [1960] unser Leben«. Nach ihrer Darstellung widersetzte sich Humphreys ursprünglich Giancanas Vorschlag, die Kennedys zu unterstützen. Er hatte vor allem Bedenken, weil er während der Prohibition mit Kennedy Alkohol-Geschäfte gemacht hatte und ihm nicht traute. »Murray nannte ihn einen Betrüger und falschen Hund«, erzählte sie. Kennedy sei am Alkoholschmuggel aus Kanada in den Raum Detroit beteiligt gewesen, berichtete Humphreys seiner Frau, »und kaperte seine eigene Ladung, die bereits bezahlt war, nahm sie und verkaufte sie woanders einfach noch einmal. Er [Humphreys] sprach ständig davon, was für ein Widerling [Kennedy] war.«

Schließlich stimmten Giancana, Humphreys und drei andere Mafiabosse aus Chicago – Paul Ricca, Anthony Accardo und Frank Ferraro – über die Frage ab. Humphreys war als einziger dagegen. »Es war schrecklich für ihn, daß er sich der Abstimmung des Syndikats fügen und Kennedy unterstützen mußte«, erinnerte sich Jeanne Humphreys. »Es konnte sich nicht damit abfinden. Wenn er bei etwas überstimmt wurde, waren es immer die Italiener. Er sagte dann, die Spaghettifresser hielten zusammen. Aber er fügte sich. Ihnen wurde garantiert, daß die Ermittler die Mafia in Ruhe lassen würden. Diese Zusicherung bekamen [sie] von Joe Kennedy.«

Jeanne Humphreys Erinnerungen werden durch ein handgeschriebenes Tagebuch gestützt, das sie während ihrer Ehe mit Humphreys führte. Das Tagebuch, das sie in Auszügen zur Verfügung gestellt hat, vermittelt einen anscheinend offenen und oft amüsanten Einblick in die Rolle, die Jeanne Humphreys Ehemann bei den Wahlen 1960 spielte. »Es hat eine gewisse Ironie«, lautet ein Eintrag, »daß ein Großteil der Beteiligten hinter den Kulissen bei Kennedys Wahlkampf wegen ihrer Vorstrafenregister nicht wählen dürfen.« Wahlkampf, schrieb Jeanne Humphreys an einer anderen Stelle, »war eine Gaunerei, die von einer Handvoll Gaunern betrieben wurde.«

Eine bisher unveröffentlichte FBI-Akte über Murray Humphreys aus den Jahren 1957 bis 1961 bestätigt die Schilderungen seiner Frau. In einer Notiz vom 17. Mai 1961 wird der kaum bekannte Humphreys als einer der »führenden Bosse der Unterwelt im Raum Chicago« bezeichnet. Mitte der fünfziger Jahre, so heißt es weiter, seien Humphreys, Giancana und die mit dem Wahlkampf befaßten Gangster »Mitglieder einer Art Führungsriege des organisierten Verbrechens im Raum Chicago« gewesen. Zu Humphreys Aufgabenbereich gehörte »die Kontaktpflege mit Politikern, Rechtsanwälten, Staatsbeamten und Gewerkschaftsführern, um sie entsprechend den Interessen der Unterwelt zu beeinflussen«. Das FBI vermerkte besonders Humphreys enge Verbindungen zur Transportarbeitergewerkschaft und beschrieb ihn als »Mittelsmann« zwischen dem organisierten Verbrechen und den Transportarbeitern bei dem Bestreben, das lukrative Geschäft mit Hotels und Spielkasinos in Las Vegas unter Kontrolle zu bringen.

Sandy Smith, der Humphreys während seiner Zeit bei der *Chicago Sun-Times* zu Beginn der sechziger Jahre mehrmals interviewte, beschrieb ihn als den »wichtigsten Strippenzieher« für das Syndikat in Chicago. »Humphreys konnte in das Amtszimmer eines Richters gehen und mit dem Richter reden«, erzählte Smith. »Er konnte ins Justizministerium gehen und mit den Rechtsanwälten dort reden. Er konnte mit dem Finanzamt reden. Es war schwer, Humphreys nicht zu mögen.«

Die Aussagen von Jeanne Humphreys über die Rolle ihres Ehemannes beim Wahlbetrug decken sich mit Smiths Einschätzung und der FBI-Akte. Nach ihrer Schilderung fanden, nachdem die Mafia Jack Kennedy prinzipiell ihren Segen gegeben und den Entschluß gefaßt hatte, ihm zum Wahlsieg zu verhelfen, zwei zweiwöchige Treffen in Chicago statt: eines im Juli vor dem Parteitag der Demokraten und eines im Oktober vor der Wahl. Während der Treffen lebten Humphreys, der die politischen Schachzüge koordinierte, und seine Frau von der Welt abgeschottet in einer Suite im Hotel Hilton. »Wir waren dort nicht untergebracht«, berichtete Mrs. Humphreys über das Hilton, »wir waren dort eingesperrt – jedes Mal zwei Wochen. Ich durfte nicht ausgehen, da wir sicher waren, daß wir beobachtet wurden. Alles war sehr geheim. Murrays Telefon klingelte ununterbrochen. Ständig riefen Politiker und Gewerkschafter an.«

Die Anrufe seien aus dem ganzen Land gekommen. »Im Hotel erschienen Gewerkschafter von überallher. Das Syndikat in Chicago koordinierte die Aktivitäten im ganzen Land – in Kansas, St. Louis, Cleveland. Sie kamen von überall und schwärmten dann überallhin aus.« Die Funktionäre der von der Mafia kontrollierten Gewerkschaften hätten sich in der Hotelsuite von Murray ihre Instruktionen geholt. »Als wir im Oktober dann wieder da waren, kontrollierte er nur, ob alles den richtigen Gang ging. Sie schafften es, daß Kennedy gewählt wurde.«

Regierungsakten, die nach dem Freedom of Information Act freigegeben wurden, zeigen, daß das FBI umgehend erfuhr, daß Humphreys sich Ende Oktober 1960 unter dem Namen Fishman ins Gästebuch des Hotel Hilton eingetragen hatte; genau wie Jeanne Humphreys berichtete. Murray Humphreys, der wußte, daß er ständig observiert wurde, schien sich sehr anzustrengen, seine Bewacher in die Irre zu führen. In einem während Humphreys Aufenthalt im Hilton abgehörten Telefongespräch taucht die beiläufige Bemerkung auf: »Da ich gehört habe, daß alle Iren Kennedy wählen, wähle ich den Protestanten Nixon.« In den vom FBI veröffentlichten Unterlagen des FBI findet sich keinerlei Verbindung zwischen Humphreys und Kennedys Wahlkampf.

Jeanne Humphreys, die bei unserem Gespräch Ende sechzig war und sich einer Krebsbehandlung unterziehen mußte, erzählte, sie habe erstmals etwas von der Verbindung zu Kennedy erfahren, als sie ihrem Ehemann vorgeworfen habe, sich bei einer Reise an die Westküste »mit den Stars zu amüsieren«. Er habe geantwortet: »Nein, wir arbeiten. Sam spielt mit Joe Kennedy Golf. Sie machen Geschäfte.« Frank Sinatra sei der »Mittelsmann« bei der Absprache der Golftermine zwischen Giancana und Kennedy gewesen. Humphreys vertraute seiner Frau an, daß Joe Kennedy versprochen hatte, im Gegenzug für die politische Unterstützung von Giancanas Organisation die Mafia »in Ruhe zu lassen«.

Mrs. Humphreys erinnerte sich, daß einige Mitglieder der von Jimmy Hoffa geführten Transportarbeitergewerkschaft sowohl in juristischer als auch in anderer Hinsicht Bedenken gehabt hätten, den Wahlsieg zugunsten von Kennedy zu manipulieren. Zu der Zeit war Hoffa wesentlich daran beteiligt, das riesige Vermögen des Pensionsfonds der Transportarbeiter in das Geschäft mit Spielkasinos und Hotels in Las Vegas zu lenken, wohin das organisierte Verbrechen von Chicago gerade expandierte: Millionen Dollar waren an Strohmänner des organisierten Verbrechens geflossen, noch mehr sollten folgen. Hoffa, ein entschiedener Anhänger Richard Nixons, stellte für Humphreys während des Wahlkampfs ein großes Problem dar, denn es gefiel ihm nicht, durch die Gewerkschaftskredite den Wahlkampf der verhaßten Kennedys zu unterstützen. Mrs. Humphreys hörte zufällig mit, wie sich Hoffa nach einem Treffen in Florida unwillig bei ihrem Ehemann beschwerte: »Durch meine Mitgliederbeiträge ... wird dieser Hundesohn gewählt.« Humphreys sagte ihr später, Hoffa sei »schwer zu überzeugen. Ich muß Hoffa diesen Robert Kennedy schmackhaft machen.«

Während das organisierte Verbrechen politisch die Fäden zog, ging J. Edgar Hoover die Berichte seiner Agenten durch und hielt die Akten auf dem neuesten Stand. Joe und Jack Kennedy behandelten Hoover wie ein rohes Ei; sie wußten, daß Hoover das Privatleben des Präsidentschaftskandidaten mißfiel.

Nach den Angaben von Cartha DeLoach, einem der Stellvertreter Hoovers, hatten sich Joe Kennedy und der Direktor des FBI Ende der fünfziger Jahre angefreundet. »Zwei mächtige Männer, die es als notwendig erachteten, sich gegenseitig zu kennen«, erzählte mir DeLoach in einem Interview. »beide hatten dieselben konservativen politischen Ansichten. Hoover stellte sich auf Kennedy ein, und Joe Kennedy, der die Fähigkeiten des FBI bei der Informationsbeschaffung kannte, stellte sich auf Hoover ein. Er wollte die Informationen nicht für erpresserische Zwecke mißbrauchen«, beharrte DeLoach, »sondern sie zusammentragen und Akten anlegen. Vielleicht klingt es für manche Leute heute seltsam, weil Hoover ständig beschuldigt wird, er habe Informationen durchsickern lassen oder sie zu Erpressungen verwendet, um sich seinen Posten zu sichern und das FBI zu schützen, aber er fühlte sich dem Amt des Präsidenten zutiefst verpflichtet.«

Hoover entschloß sich zu Beginn des Jahres 1960 aus Gründen, die im dunkeln liegen, zu behaupten, er wisse zu wenig über Jack Kennedy, und wies DeLoach an, die Akten durchzugehen. »Er kam am nächsten Tag vorbei«, erzählte mir DeLoach, »und ich sagte ihm, daß Jack eine Affäre mit Inga Arvad hatte und ein paar andere sexuelle Eskapaden. Und daß er, offen gesagt, trotz seiner strahlenden Erscheinung einen sehr unmoralischen Lebenswandel führte. Hoover sagte zu mir: ›Das stimmt nicht. Sie haben die Akten falsch interpretiert. Sie meinen den älteren Bruder von John F. Kennedy. Machen Sie sich noch einmal an die Arbeit und gehen Sie die Akten noch einmal durch.‹ Als er wieder nachfragte, konnte ich ihm mitteilen: ›Ich habe mich nicht getäuscht. Ich meine den Mann, der für das Amt des Präsidenten kandidiert.‹ Damals hörte Hoover zum ersten Mal davon. Hoover wußte nichts über die sexuellen Eskapaden, bis wir die Akten studierten.« Hoover sei wegen der Akten besorgt gewesen, meinte DeLoach, denn »er war der Ansicht, daß der Präsident ein sehr würdiges Amt innehatte, er repräsentierte das amerikanische Volk, die stärkste Nation der Welt. Jack Kennedy und seine unmoralische Lebensführung erregten mit Sicherheit Hoovers Mißfallen.«

Bis 1960 hatte der FBI-Direktor die Einschüchterung von Politikern perfektioniert. Hoover war 1895 in Washington zur Zeit der Rassentrennung als jüngstes von vier Kindern geboren worden und in einer soliden protestantischen Mittelschichtfamilie aufgewachsen. Als Jugendlicher hatte er gestottert, und als Erwachsener hatte er eine Reihe von Marotten und fixen Ideen entwickelt, die für seine Untergebenen eine Qual waren. Die FBI-Agenten mußten ihrer Kleidung und ihrem Aussehen nach Hoovers Vorstellungen entsprechen; schweißnasse Hände oder ein buntes Hemd konnten schon ausreichen, um jemanden zu entlassen. Die Agenten lernten, Hoover nichts zu sagen, was er nicht wissen wollte. Hoover versuchte, seine Vorgesetzten – die Präsidenten und Mitglieder des Kongresses, denen er Bericht erstattete – mit Hilfe von geheimen Dossiers zu kontrollieren, die er in seinem Büro aufbewahrte. Viele dieser Akten wurden angeblich nach seinem Tod 1972 vernichtet.

Hoovers erste wichtige Position nach dem Jurastudium war die Arbeit im Alien Enemy Bureau im Justizministerium, wo er mit Ausländern zu tun hatte, denen illoyales Verhalten und Verrat vorgeworfen wurden. 1919 war er im Justizministerium zum Experten für Radikale und Ausländer avanciert. 1920 war er an der berüchtigten Kampagne des Justizministers Palmer gegen mutmaßliche Kommunisten beteiligt, bei der über 4000 Personen verhaftet wurden. Während seiner gesamten Laufbahn war Hoover von der Idee besessen, Kommunisten, Sozialisten und andere verdächtige subversive Elemente in der amerikanischen Gesellschaft aufzuspüren und auszumerzen; er zerbrach sich nicht nur den Kopf darüber, was die Radikalen taten, sondern auch darüber, was sie dachten.

Im Jahr 1924 wurde Hoover zum Leiter des Bureau of Investigation ernannt, der späteren Bundespolizei FBI. Der neue Leiter bewährte sich und steigerte Größe, Kompetenz und Selbstbewußtsein dieser Institution. Er setzte sich als einer der ersten für eine landesweite Erfassung von Fingerabdrücken ein, was die Verbrechensbekämpfung revolutionierte. Hoover wußte auch um den Wert von Öffentlichkeitsarbeit. Mitte der dreißiger Jahre war er ständig bemüht, sich selbst und *sein* FBI als Kämpfer in vorderster Front im Krieg gegen das Verbrechen zu präsentieren, die Mörder wie Machine Gun Kelly und John Dillinger – mit großer Anteilnahme der Medien – zur Strecke brachten. Zu der Zeit begann seine dreißig Jahre dauernde enge Zusammenarbeit mit Hollywood, aus der eine Reihe äußerst beliebter Filme um FBI-Agenten hervorging. Ein Film mit James Cagney prägte Hoovers Image als führender Verbrechensbekämpfer der Nation. Als sich 1936 die Möglichkeit eines Krieges abzeichnete, betraute Präsident Roosevelt Hoover mit der Aufgabe, subversive nationalsozialistische und kommunistische Umtriebe in den USA zu verfolgen. Damit berechtigte er das FBI, überall dort Überwachungen durchzuführen, wo das FBI es für nötig hielt. Hoover vergrößerte den FBI-Fundus an Abhörgeräte und baute seine private Sammlung von Informationen über Politiker, Journalisten und sonstige Personen des öffentlichen Lebens aus.

Hoovers Scheinheiligkeit und persönliche Unsicherheit wuchsen mit seinem Prestige und seiner Autorität. Über dreißig Jahre lang fuhr er stets mit dem stellvertretenden FBI-Direktor Clyde Tolson in Urlaub, der in der Nähe von Hoovers Haus eine Wohnung hatte. Die beiden Männer machten mindestens zweimal im Jahr in schicken Urlaubsorten in Florida und Kalifornien ausgedehnt Ferien – was in der Öffentlichkeit allerdings nie als Urlaub dargestellt wurde. Bei solchen Aufenthalten frönte Hoover regelmäßig seiner Leidenschaft für Pferdewetten. Gerüchte über die beiden Junggesellen und ihr Verhältnis zueinander kursieren bis heute. Hoovers Besucher waren erstaunt, wenn sie die Sammlung von Nacktfotos im Aufenthaltsraum im Untergeschoß sahen, denn der FBI-Direktor gab sich prüde und ließ keine Gelegenheit verstreichen, über den Verfall der, wie er es nannte, öffentlichen Moral bei Amerikas Jugend zu wettern. Eines der Fotos zeigte Marilyn Monroe. Im Laufe der Jahre verbrachten FBI-Agenten Tausende von Stunden damit, Hoovers Heim instandzuhalten und zu verschönern. 1960, während Kennedys Wahlkampf, bestand Hoover darauf, daß er außerhalb von Washington nur in einer neuen schwarzen Cadillac-Limousine chauffiert wurde, die makellos sauber sein mußte. Die Chauffeure hatten die Anweisung, die Fahrt so zu planen, daß sie nicht links abbiegen mußten – ein Edikt, das Hoover erlassen hatte, nachdem sein Wagen einmal beim Linksabbiegen gerammt worden war. Auf Reisen durften Agenten nur Zimmer in von ihm eigens genehmigten Hotels buchen, die über ein spezielles Bett, eine spezielle Matratze und Daunenkissen verfügten.

Wie Jack Kennedy kannte Hoover nur wenige Grenzen.

Zu der Zeit, als Joe Kennedy sich mit so katastrophalen Folgen Roosevelts Absicht widersetzte, gegen das nationalsozialistische Deutschland Krieg zu führen, lernte er Hoover bestens kennen, seine Macht genauso wie seine Obsessionen. Von da an arbeitete er hart daran, ein gutes Verhältnis zu dem FBI-Direktor aufzubauen. Seine Rolle als Sonderkontaktmann für das FBI endete mit der Aufhebung des Programms nach dem Krieg; 1950 wurde er von Hoover als einer von zwei derartigen Agenten in Boston wieder eingestellt. In einem Brief des FBI hieß es über Kennedy, er sei ein Mann mit »unzähligen Kontakten in der internationalen Diplomatie« und er habe »die Bereitschaft gezeigt, seinen Zugang in diese Kreise jederzeit zugunsten des FBI zu nutzen ...«

Man konnte Hoover gar nicht genug schmeicheln, das war Joe Kennedy bald klar. In seiner FBI-Akte, die nach dem Freedom of Information Act freigegeben wurde, finden sich zahlreiche Briefe und Äußerungen des Vaters, der Söhne und Töchter, voll des Lobes für Hoover. In einem Bericht des FBI aus der Nachkriegszeit wird zitiert, daß Eunice Kennedy gegenüber Kollegen bei einer Konferenz in Boston gesagt habe, ihr Vater habe sich kürzlich mit Hoover getroffen und sei »sehr beeindruckt von der Organisation und der Arbeit des FBI« gewesen. Jack Kennedy wurde nach seiner Wahl in den Senat in einem vertraulichen FBI-Bericht an Hoover mit den Worten zitiert, seiner Ansicht nach sei »das FBI die einzige Regierungsbehörde, die etwas tauge, er brachte seine Bewunderung für Ihre Leistungen zum Ausdruck«. 1953 wurde Joe Kennedy in einen Bundesausschuß berufen, der sich mit der Effizienz von Regierungsbehörden befaßte und der zwar insgesamt nicht viel erreichte, aber doch eine Studie über Verteidigungsausgaben erstellte. Den FBI-Akten zufolge gelang es Kennedy, Hoover über sein »Entsetzen« angesichts der Verschwendung und der Mißwirtschaft im Pentagon zu informieren. »Je mehr er sich damit befaßt, desto größer ist seine Wertschätzung für Ihre Arbeit«, hörte Hoover.

Joe Kennedys Werben um Hoover machte sich 1956 bezahlt, als er von Eisenhower in einen hochrangigen neuen Beraterstab berufen wurde, den sogenannten Presidents Board of Consultants on Foreign Intelligence Activities. Bei Kennedys Überprüfung durch das FBI wurden die zahlreichen Anschuldigungen wegen Beteiligung am Alkoholschmuggel während der Prohibitionszeit ignoriert und seine dubiosen Leistungen als Botschafter in England beschönigt. Die Zusammenfassung des Berichts über Kennedy endete mit den Worten: »Er hat oft seine Bewunderung für den Direktor und die Arbeit des FBI zum Ausdruck gebracht.« Kennedy war sechs Monate lang Mitglied des Geheimdienstausschusses und unternahm mindestens eine geheime Reise nach Europa, um sich ein Bild von den Operationen der CIA zu machen. Bei seiner Reise versetzte er die CIA-Station in Rom in Aufruhr, als er Zugang zu den Namen der CIA-Undercover-Agenten in der italienischen Regierung und im Vatikan verlangte – und bekam. Thomas F. McCoy, damals ein leitender CIA-Beamter in Rom, erklärte in einem Interview für dieses Buch: »Er hatte nur eins im Sinn: die Ansichten seiner rechten Freunde im Vatikan durchzusetzen – jener alternden Monsignores, die sich in der Welt nicht mehr auskannten und die gute alte Zeit zurücksehnten.« McCoy fügte hinzu, Joe habe seinen eigenen Standpunkt gehabt, und nach Senator McCarthys Gesinnungsuntersuchungen hätten ihn viele geteilt. »Er wollte nicht, daß wir irgend jemanden unterstützten, der auch nur ein wenig links stand. ›Wenn sie keine Kommunisten sind, warum verhalten sie sich dann wie Kommunisten?‹, fragte er gern.«

Joseph Kennedy wußte somit bestens Bescheid über die guten – und die schlechten – Seiten des amerikanischen Geheimdienstes. Zweifellos teilte er seine Ansichten über die geheime Welt der CIA seinen Söhnen Jack und Bobby mit, vielleicht auch J. Edgar Hoover.

In den freigegebenen Unterlagen gibt es deutliche Hinweise darauf, daß Kennedy Hoover privat darüber unterrichtete, was er über die CIA erfuhr. Ein solches Gespräch, wenn es denn tatsächlich stattfand, hätte den bürokratischen FBI-Direktor, der mit der CIA und anderen Nachrichtendiensten der Regierung häufig auf Kriegsfuß stand, sicher erfreut. Aus FBI-Unterlagen geht hervor, daß Hoover am 16. Februar 1956 seinen wichtigsten Stellvertretern von einem Besuch Kennedys am Vortag berichtete. Kennedy habe ihm mitgeteilt, daß er eine Analyse der »doppelten Berichterstattung aus dem Ausland durch den militärischen Abwehrdienst, die CIA und das Außenministerium« plane. »Ich besprach mit Mr. Kennedy allgemein einige Schwächen, die ich bei den Aktionen der CIA beobachtet hatte, vor allem organisatorische Mängel und die Zersplitterung innerhalb der Behörde.« In den veröffentlichten Unterlagen finden sich keine Anhaltspunkte für einen weiteren Kontakt zwischen Hoover und Kennedy wegen der CIA, doch die Akten zeigen, daß Kennedy auch während des Präsidentschaftswahlkampfes seines Sohnes weiterhin schmeichlerische Briefe an Hoover schrieb.

Joe Kennedys Schmeicheleien waren indes nicht das einzige Eisen, das die Kennedys im Feuer hatten. Der FBI-Direktor war damals fünfundsechzig und damit nur noch fünf Jahre von der obligatorischen Pensionsgrenze für Regierungsbeamte entfernt; sein vorrangiges Ziel war es, im Amt zu bleiben. Hoover und Jack Kennedy wußten, daß nur der Präsident der Vereinigten Staaten, wie auch immer es um seine Moral bestellt war, die Autorität besaß, Hoover auf seinem Posten zu halten. Hoovers Wiederernennung war gesichert – doch zuerst mußte Kennedy die Wahl gewinnen.

Es gab mindestens einen Alternativplan für den Fall, daß Kennedys Wahlkampfmixtur aus harter Arbeit, Charme, Geld und

Mafiaverbindungen fehlschlagen sollte und Jack Kennedy in der Wahlnacht nur über einen kleinen Vorsprung bei den Wahlmännerstimmen verfügen würde. Kennedys Wahlkampfteam befürchtete, daß die 26 Wahlmänner aus Mississippi, Alabama und Georgia, die ihre Entscheidung noch offen ließen – 14 von ihnen verkündeten wenig später, begleitet von Berichten, daß andere sich ihrer Revolte anschließen könnten, ihre Entscheidung für Senator Harry Byrd – Kennedy die Präsidentschaft kosten könnten. Der Plan basierte natürlich auf Geld.

Oscar Wyatt, ein reicher Ölmagnat und Bankier aus Corpus Christi in Texas, der Spendengelder für die Demokratische Partei gesammelt hatte, verbrachte die Wahlnacht vor dem Fernseher und verfolgte wie die übrige Nation gespannt den Eingang der Ergebnisse. »Wir wußten nicht, ob Jack gewonnen hatte«, erinnerte sich Wyatt in einem Interview für dieses Buch. »Wenn Illinois nicht an Jack ging, mußten wir die Stimmen aus Missouri kriegen« – die acht Wahlmänner des Staates, die sich noch nicht festgelegt hatten. Wyatt erhielt am späten Abend zu Hause einen Anruf von Clifton Carter, einem Vertrauensmann Lyndon B. Johnsons. Carter sagte zu ihm: »Sie müssen heute Nacht 100 000 Dollar nach Mississippi schaffen.« Weiter wurde Wyatt gesagt, daß jeder Delegierte 10 000 Dollar kosten würde. »Ich besaß beträchtliche Anteile an einer Bank in Corpus Christi und erreichte, daß die Bank geöffnet wurde und ich das Geld erhielt«, erzählte mir Wyatt. Er fügte hinzu, daß es nicht leicht gewesen sei, einen Bankdirektor mitten in der Nacht dazu zu bringen, seinen Tresor zu öffnen. Wyatt ließ sein Privatflugzeug auftanken und für einen sofortigen Flug nach Jackson in Mississippi bereitstellen. Mittlerweile war es 23 Uhr, und Wyatt beschloß, auf dem Flughafen zu bleiben.

Um 2 Uhr rief Carter nochmals an und wies ihn an zu warten. »Fliegen Sie noch nicht.« Um 4 Uhr kam ein dritter Anruf: »Fliegen Sie noch nicht.« Morgens um 6.30 Uhr wurde Wyatt, der inzwischen auf einer Couch in seinem Hangar eingeschlafen war, zum letzten Mal angerufen. Carter teilte ihm mit: »Daley hat die nötigen Stimmen gebracht. Gehen Sie ins Bett.« Das Flugzeug wurde in den Hangar zurückgebracht. Bei unserem Interview

1995 war Wyatt in leitender Position für die Coastal Corporation in Houston tätig.

Die Wahlmänner aus Mississippi gaben am 19. Dezember 1960 ihre Stimmen ohne den Anreiz von 10 000 Dollar wie angekündigt für Senator Byrd ab. Ihre Wahl war nicht viel mehr als eine Geste; Kennedy schlug Nixon mit insgesamt 300 zu 219 Wahlmännerstimmen (die drei Stimmen Hawaiis wurden erst später hinzugefügt) und wurde als der 35. Präsident der USA vereidigt.

Hoover mit seinem Zugang zu den Geheimnissen der elektronischen Überwachung wußte, daß die Wahl nicht nur in Illinois mit Geld manipuliert worden war. Trotzdem unternahm er nichts. Am Tag nach der Wahl – dem Tag, als Jack Kennedy verkündete, daß er Hoover wieder zum FBI-Direktor ernennen werde – zitierte Hoover Philip Hochstein zu sich, den Redaktionschef der Newhouse-Zeitungsgruppe. »Als ich sein Büro betrat«, erzählte Hochstein später dem britischen Journalisten Anthony Summers, »drückte ich ihm meinen Glückwunsch zur Bekanntgabe seiner Wiederernennung durch den gewählten Präsidenten aus. Er reagierte mürrisch und entgegnete: ›Kennedy ist nicht der gewählte Präsident.‹ Er behauptete, daß die Wahl in einer Reihe von Staaten mit unzulässigen Mitteln entschieden worden sei, darunter waren New Jersey, wo sich mein Büro befand, und Missouri, wo Newhouse vor kurzem eine Zeitung erworben hatte ... Es war fast eine Strafpredigt, und ich glaube, daß Hoover von mir erwartete, daß ich mich dem Kreuzzug anschlösse, um die Wahl zu annullieren ... Ich sprach damals mit niemandem darüber.«

Kurz nach Kennedys Amtsantritt leitete das FBI in Chicago dem Justizministerium einen Bericht über die Wahlen in Illinois zu. »Ich kann Ihnen sagen«, erklärte Robert Blakey, der damals im Justizministerium arbeitete, »daß Robert Kennedy von dem Wahlbetrug unterrichtet wurde.« Es geschah nichts.

Diese mangelnde Handlungsbereitschaft war genau der Grund, warum Joe Kennedy nach der Wahl darauf bestand, daß Bobby Kennedy zum Justizminister ernannt wurde. Jack, der immer zögerte, sich mit seinem Vater anzulegen, wich zunächst aus. »Ich weiß nicht, was ich mit Bobby machen soll«, meinte er gegenüber

George Smathers. »Er hat alles für mich getan.« Die beiden Männer unterhielten sich, wie Smathers sich in einem Interview für dieses Buch erinnerte, während sie ihre Füße im Wasser am flachen Ende des Swimmingpools in Palm Beach baumeln ließen. Am anderen Ende saß Joe Kennedy und las die Morgenzeitung. »Der Alte will«, sagte Kennedy, »daß er Justizminister wird.« Smathers, ein ehemaliger US-Bundesanwalt und kein Bewunderer Bobbys, war fassungslos. »Er hat in seinem ganzen Leben noch keinen einzigen Fall bearbeitet. Er ist noch nie vor Gericht aufgetreten. Wenn du ihn zum Staatssekretär im Verteidigungsministerium machst, wird er großen Einfluß haben. Das wäre der richtige Posten für jemanden, der noch keinerlei Erfahrung hat.« Jack Kennedys Reaktion klang einschüchternd: »Warum sagst du das nicht meinem Vater?«

Tatsächlich nahm Smathers die Herausforderung an und ging zum anderen Ende des Swimmingpools. »Entschuldigen Sie bitte, Herr Botschafter, aber Jack und ich haben gerade über Bobby gesprochen. Er will etwas für Bobby tun. Ich dachte, er könnte Staatssekretär im Verteidigungsministerium werden und nach einem oder zwei Jahren aufsteigen.‹ Joe antwortete: ›Jack! Komm her!‹ Jack kam zu uns. [Joe] sagte: ›Ich will dir was sagen. Dein Bruder Bobby hat sein Herzblut für dich gegeben. Du weißt das und ich weiß das. Verdammt, er verdient es, Justizminister zu werden, und das wird er verdammt noch mal sein. Ist das klar?‹ Jack sagte: ›Ja, Sir.‹ Und so wurde Bobby Justizminister.«

Die Republikaner erfuhren schon bald, was die Loyalität der Kennedys bedeutete. Everett Dirksen, ein wichtiger Senator aus Illinois, rief später Cartha DeLoach an und bat um eine gründliche Untersuchung der Wahl durch das FBI; er habe Anhaltspunkte für Wahlbetrug. »Ich sagte ihm, daß das FBI bedenkenswerte Informationen habe und daß wir die Informationen an das [Justiz-] Ministerium weitergeleitet hätten«, erinnerte sich DeLoach. »Wir wären dankbar, wenn er uns seine und sonstige andere Informationen zukommen ließe, und würden [sie] an den Justizminister weiterleiten. Senator Dirksen fragte nach: ›Sie sagten, Sie leiten sie an den Justizminister weiter?‹ Ich antwortete: ›Das ist unsere einzige Möglichkeit.‹ Er sagte ›Besten Dank, verdammt noch mal‹, und knallte den Hörer auf die Gabel. Er wußte, daß Bobby Kennedy der Justizminister war.«

DeLoach fügte noch hinzu, Dirksen »wußte wahrscheinlich, daß das Justizministerium das FBI bereits angewiesen hatte, keine weiteren Ermittlungen durchzuführen«.

# 11

# Wahlkampfgeheimnisse

Jack Kennedy und Richard Nixon führten ihren Wahlkampf im Herbst 1960 als sicherheitsbewußte kalte Krieger, ohne grundlegende Differenzen in den außenpolitischen Positionen. Der entscheidende Unterschied lag – wie es Jacks Vater vorhergesehen und sorgfältig inszeniert hatte – in Kennedys Prominenz, seinem Selbstvertrauen und seinem ungezwungenen Verhalten vor den Fernsehkameras.

Kennedys gutes Aussehen verschaffte ihm bei den erstmals ausgestrahlten Fernsehdebatten, dem dramatischen Höhepunkt des Wahlkampfes, einen enormen Vorteil gegenüber dem stark schwitzenden Nixon mit seinen Hängebacken. Meinungsumfragen zeigten später, daß nicht Kennedys Worte, sondern sein Aussehen ihm bei der ersten der insgesamt vier Debatten, die von den meisten Zuschauern verfolgt wurde, zum Sieg verhalf. Wer die erste Debatte im Radio gehört hatte, neigte mehr dazu, Nixon mit seiner tiefen Stimme zu wählen.

Nixons größter Pluspunkt war seine Position als Vizepräsident Eisenhowers, dem jovialen Politiker, unter dessen Präsidentschaft das Land zu neuem Wohlstand gekommen war. Kennedy versuchte diesen Vorteil durch die Behauptung zu relativieren, daß Amerika von einer »Raketenlücke« bedroht sei, weil das Land bei der Produktion von Interkontinentalraketen hinter die Sowjetunion zurückgefallen sei. Die Behauptung war absurd, wie Kennedy von vielen Mitgliedern der Regierung Eisenhower vertraulich mitgeteilt worden war; Amerikas geheime U-2-Spionageflüge hatten enthüllt, daß die sowjetische Raketenproduktion gegenüber der amerikanischen seit 1956 zurückgefallen war. Doch die »Lücke« verschaffte Kennedy ein starkes politisches Argument. Im Vorfeld der Wahl zeigten Meinungsumfragen, daß die Amerikaner sich mehr um die auf Kuba stationierten Raketen kurzer Reichweite als um die nuklearen Massenvernichtungswaffen in Rußland sorgten. Überdies machte Fidel Castros Vorgehen seine antiamerikanische Politik zu einem Wahlkampfthema: Am 14. Oktober verkündete er die Verstaatlichung von 382 amerikanischen Unternehmen auf Kuba, darunter alle Banken und Fabriken.

Oberflächlich betrachtet, hatten Jack Kennedy und Fidel Castro viel gemeinsam. Sie waren junge, dynamische Politiker, attraktiv, redegewandt und athletisch, beide genossen das Leben in vollen Zügen und hatten einen ungezügelten Appetit auf Frauen. Beide stammten aus begüterten Familien und hatten Eliteschulen besucht. Doch Castro tat etwas, was Kennedy nie in den Sinn gekommen wäre: Er begehrte gegen seinen Vater auf, einen Landbesitzer in der Provinz Oriente, und beschuldigte ihn, seine Arbeiter auszubeuten. Mitte der fünfziger Jahre hatte der immer radikalere Castro die »Bewegung des 26. Juli« organisiert, eine kleine Guerillatruppe, die für Bodenreform, freie Wahlen, sozialen Wohnungsbau und eine Gewinnbeteiligung für alle eintrat – und für ein Ende der korrupten Präsidentschaft Fulgencio Batistas. Castros Bewegung gewann die Unterstützung schlecht bezahlter Fabrik- und Landarbeiter und zwang Batista schließlich am Neujahrstag 1959 zur Flucht.

Senator Kennedy sah Kuba jedoch mit den Augen seines Vaters: eine Insel, die vor Castro ein sicherer Ort für amerikanische Investitionen und legales Glücksspiel und Prostitution gewesen war. Unter Batista gehörten 40 Prozent der kubanischen Zuckerindustrie, 80 Prozent der kubanischen Energiewirtschaft und 90 Prozent der Bergwerke amerikanischen Unternehmen. Havannas florierende Spielkasinos, Nachtclubs und Bordelle, die Jack Kennedy bei privaten Aufenthalten 1957 und 1958 gern besucht hatte, wurden direkt von führenden Familien des organisierten Verbrechens kontrolliert, die dafür Bestechungsgelder in Millionenhöhe an das Batista-Regime gezahlt hatten.

Kennedy und Nixon traten während ihres unerbittlichen Wahlkampfs im Herbst 1960 als erklärte Feinde Fidel Castros auf. Doch Kennedy ging viel weiter als Nixon. Pathetisch sprach er von der Verpflichtung der USA, den »Freiheitskämpfern« im amerikanischen Exil zu helfen, die davon träumten, die Regierung Castro zu stürzen. Kennedys Angriffe gegen die kommunistische »Bedrohung« vor der Küste Floridas fand kurz vor den Wahlen bei der Bevölkerung Anklang, die nicht wissen konnte, daß der gutaussehende junge Senator sich auf Informationen über die geheimen Invasionspläne der Regierung Eisenhower stützte – wohlwissend, daß Nixon in der Öffentlichkeit nichts sagen konnte, was die Pläne aufgedeckt oder gefährdet hätte.

Die Wurzeln für Jack Kennedys erfolgreiche Wahlkampfstrategie lagen nicht im Jahr 1960, sondern bereits im Jahr 1952, als Nixons berühmte »Checkers-Rede« – so benannt nach seinem Hinweis auf den Familienhund – die Verantwortlichen der CIA gegen den jungen Bewerber um das Amt des Vizepräsidenten aufgebracht hatte. Nixon, ein antikommunistischer Hardliner, der für Kalifornien im Senat saß, war beim Parteitag der Republikaner als Überraschungskandidat für das Amt des Vizepräsidenten unter General Dwight Eisenhower nominiert worden. Der Wahlkampf geriet in Schwierigkeiten, als in den Zeitungen von einem privaten Schmiergeldfonds in Höhe von 18000 Dollar berichtet wurde, den angeblich sechsundsiebzig konservative kalifornische Geschäftsleute für den jungen Senator eingerichtet hatten. Aus dem »Fonds« wurde rasch ein großer Skandal, eine Bedrohung nicht nur für die Zukunft Nixons, sondern für die Wahlkampfchancen der Republikaner insgesamt. Am 23. September 1952 verteidigte sich Nixon in einer halbstündigen Fernsehansprache, bei der er abstritt, das Geld für persönliche Zwecke verwendet zu haben. Er versicherte den Zuschauern, daß seine Frau Patricia keinen Nerzmantel habe, sondern »einen respektablen republikanischen Stoffmantel«, und bekannte, daß seine Familie ein Geschenk angenommen hatte: »einen kleinen Cockerspaniel – und unsere kleine Tochter, die sechsjährige Tricia, hat ihn Checkers genannt.« Er fügte hinzu: »Die Kinder lieben den Hund und ... wir werden ihn behalten.« Die »Checkers-Rede« war eine Sensation, die die Nation spaltete: Die einen verehrten Nixon, die anderen haßten ihn. Die überwältigende Unterstützung machte Eisenhowers Absicht zunichte, den Kandidaten für die Vizepräsidentschaft fallenzulassen. Die beiden Männer setzten ihren Wahlkampf fort und besiegten die Demokraten Adlai Stevenson und John Sparkman bei den Wahlen im November.

Nixon war 1952 und 1960 wesentlich verwundbarer, als man allgemein ahnte, ausgenommen einige CIA-Mitarbeiter. Zur Zeit der »Checkers-Rede« verfügten die Verantwortlichen der CIA über einen unwiderlegbaren Beweis, daß Nixon sich hatte bestechen lassen: die Kopie eines Schecks über 100 000 Dollar, ausgestellt auf Nixon, den er auf sein Girokonto bei der Bank of California eingelöst hatte. Die Information der CIA war besonders brisant und politisch schädlich, weil Nixon das Geld von Nicolae Malaxa bekommen hatte, einem umstrittenen rumänischen Industriellen, der während des Zweiten Weltkriegs Geschäftspartner von Albert Göring gewesen war, dem Bruder von Reichsmarschall Hermann Göring. Malaxa hatte zu Beginn des Jahres 1941 die pronationalsozialistische rumänische Eiserne Garde finanziell unterstützt, als die Sturmtruppe der Garde ein grausames Pogrom in Bukarest durchführte, bei dem schätzungsweise 7000 Juden ermordet wurden. Nach dem Krieg arbeitete Malaxa für das kommunistische Regime in Rumänien und erhielt dafür ungefähr 2,4 Millionen an privaten Geldern; das Geld hatte die Partei beschlagnahmt. Über Nacht reich geworden, kam Malaxa 1946 mit einer Handelsmission in die USA und blieb trotz der wiederholten Ausweisungsversuche der Einwanderungs- und Einbürgerungsbehörden. Bis zu seinem Tod 1972 lebte er in der Fifth Avenue in New York, nach wie vor ohne Staatsbürgerschaft.

Malaxa überlebte in Amerika dank seines Geldes. 1951, auf dem Höhepunkt des Koreakrieges, gründete er als Alleininhaber die Firma Western Tube Corporation. Zweck der Firma sollte die Herstellung von Rohren für Ölbohrungen sein. Die Firma kündigte an, daß sie eine Fabrik im kalifornischen Whittier errichten wollte – Nixons Heimatstadt. Nixon unterzeichnete im September 1951 als Senator für Kalifornien einen Brief, in dem die

Bundesregierung gebeten wurde, der Firma eine »Dringlichkeitsbescheinigung« auszustellen und Malaxa bei der Genehmigung einer ständigen Wohnsitznahme in den USA bevorzugt zu behandeln, weil er für den Aufbau der Fabrik unbedingt gebraucht werde. Western Tube hatte damals in Whittier dieselbe Adresse und Telefonnummer wie Nixons ehemalige Anwaltskanzlei Bewley, Knoop & Nixon. Die Firma kam nie über das Planungsstadium hinaus; später wurde festgestellt, daß sie eine Scheinfirma gewesen war, die Malaxas Bemühungen um die amerikanische Staatsbürgerschaft unterstützen sollte. Im Jahr 1952 brachte Nixon im Senat eine Vorlage ein, die Malaxa das Recht geben sollte, in den USA bleiben zu dürfen, aber das Gesetz wurde von dem Abgeordneten Emanuel Celler aus New York abgelehnt. Der Demokrat Celler, Vorsitzender des Justizausschusses im Repräsentantenhaus, erklärte später, daß der Antrag ihm »sehr verdächtig« erschienen sei.

Nixon bestritt jegliches Fehlverhalten bei seinen Bemühungen um Malaxa, und die Angelegenheit stieß während des Wahlkampfes 1952 bei der Presse nur auf geringes Interesse. Sehr viel mehr Aufsehen erregte Nixons Schmiergeldfonds. Doch Malaxa blieb stets im Blick der rumänischen Emigrantengemeinde in den USA. Ihre Sprecher Constantin Visoianu und Alexandre Cretzianu fürchteten, daß Malaxas Verbindungen zur faschistischen Eisernen Garde alle Exilrumänen in Verruf bringen könnten, und bemühten sich nach Kräften um seine Ausweisung. Bei der Auseinandersetzung schien es sich nur um einen jener langweiligen Nachkriegsstreits unter Immigranten zu handeln, die sich gegenseitig ihre Position in Amerika streitig machten. Doch Visoianu und Cretzianu verfügten über weit mehr Einfluß, als es den Anschein hatte. Wie so viele andere Anführer antikommunistischer Emigrantengruppen in Amerika standen sie insgeheim auf der Gehaltsliste des CIA. Beide unterhielten besonders enge Verbindungen zu Gordon B. Mason, der von 1947 bis 1951 als Undercover-Agent für die CIA in Bukarest gearbeitet hatte und nach seiner Rückkehr in die USA bei der CIA in Washington die Einsatzleitung für Rumänien übernommen hatte.

Nach Nixons Nominierung für die Vizepräsidentschaft wandten

sich Visoianu, ehemals rumänischer Außenminister, und Cretzianu, ehemals rumänischer Botschafter in der Türkei, an Mason und eröffneten ihm, Malaxa habe Nixon im Rahmen seiner Bemühungen, weiterhin in den USA zu bleiben, bestochen. Ihre Beweise waren eindeutig, wie Mason 1996 in einem Interview für dieses Buch zögernd einräumte: Sie besaßen eine Fotokopie von Malaxas Scheck über 100000 Dollar, den Nixon bei seiner Bank in Whittier eingelöst hatte. Das Geld war offensichtlich Malaxas Bezahlung für Nixons Unterstützung im Kongreß. Ein Kassierer in der Bank sei rumänischer Emigrant gewesen, erzählte Mason, Visoianu und Cretzianu hätten ihn bezahlt, nachdem er ihnen die Kopie des Schecks gegeben habe.

Mason schrieb einen Bericht über die Transaktion, der rasch den Dienstweg in der CIA durchlief, von Frank Wisner, dem Direktor für geheime und verdeckte Aktionen, zum stellvertretenden Direktor Allen Dulles und schließlich zu Walter Bedell »Beedle« Smith, seit Oktober 1950 Direktor der CIA. Der pensionierte Generalleutnant Smith hatte Eisenhower im Zweiten Weltkrieg als treuer Stabschef gedient – in den Worten Eisenhowers war er der »Generaldirektor des Krieges« gewesen. Jeder wußte, daß Smith über eine Information nicht sehr erfreut sein würde, die Eisenhowers Wahlkampfchancen zunichte machen konnte. Mason war besonders nervös. »Ich war das jüngste Mitglied des Clans«, erinnerte er sich. »Ich reichte Beedle Smith die Akte. ›Sie Hurensohn‹, brüllte er. ›Was wollen Sie erreichen? Eisenhower vernichten?‹« Der CIA-Direktor sei vor Wut »puterrot« angelaufen. »Wo haben Sie solche Informationen her? Ich werde nicht zulassen, ... daß Eisenhower abgesägt wird.« Er befahl Mason und einem Kollegen, »jeden verdammten Schnipsel« Papier zu der Angelegenheit in sein Büro zu bringen. Mason folgte der Anweisung, und Smith sagte zu ihm: »Lassen Sie es einfach hier. Ich werde mich um alles kümmern ... alles.«

Nach einer Woche des Schweigens zitierte er Mason und dessen Vorgesetzte zu einer weiteren Besprechung zu sich und verkündete, er habe »gerade einen Anruf« von Präsident Harry S. Truman erhalten, »der sich nach dem Bericht erkundigt hat. Wer von Euch Mistkerlen hat nicht dichtgehalten?« Mason sagte nichts, war sich aber ziemlich sicher, daß die Führer der rumänischen Emigrantengruppe, nachdem sie nichts mehr von ihm gehört hatten, ihre Informationen an das Weiße Haus weitergegeben hatten. Smith teilte seinen Untergebenen bei der Besprechung mit, er habe dem Präsidenten im wesentlichen folgendes gesagt: »Wenn Sie diesen Bericht wollen, erhalten Sie ihn mit meinem Rücktrittsgesuch.« Weiter erklärte der CIA-Direktor, er habe Präsident Truman in irreführender Absicht gesagt, der Bericht sei »ein zweischneidiges Schwert«; Malaxa habe nicht nur mit Nixon zu tun gehabt, sondern auch mit Demokraten. Tatsächlich bestand Malaxas einzige Verbindung zu den Demokraten darin, daß er sich eine Reihe von Demokraten als Anwälte genommen hatte.

Mason erkannte rasch, daß Beedle Smith auf keinen Fall zulassen wollte, daß seine Behörde – oder die Wahrheit über Richard Nixon – der Wahl Eisenhowers im Wege stehen würde. Smith war seinem ehemaligen kommandierenden General Eisenhower treu ergeben und vertraute ihm mit Sicherheit an, was er über Nixon wußte. Diese Information, über die bis heute keine Unterlagen vorliegen, spielte vielleicht bei Eisenhowers ursprünglicher Entscheidung eine Rolle, Nixon als Kandidaten für das Amt des Vizepräsidenten fallenzulassen. Diese Entscheidung revidierte er, wie erwähnt, aufgrund der breiten öffentlichen Unterstützung für Nixon nach dessen Checkers-Rede. Unabhängig davon, ob Eisenhower je mit Nixon über die Gelder von Malaxa sprach, seine Einstellung gegenüber seinem Vizepräsidenten blieb jedenfalls während seiner beiden Amtsperioden ambivalent. Nixons Geschäft mit Malaxa schadete ihm politisch nicht, aber die CIA blieb ihm gegenüber für alle Zeit mißtrauisch.

Smith konnte seine Kollegen zwar davon abhalten, etwas gegen Nixon zu unternehmen, doch die Männer in der Führungsetage der CIA wußten, daß der Kandidat für das Amt des Vizepräsidenten log, als er abstritt, während seiner Zeit im Senat Bestechungsgelder angenommen zu haben. Richard Nixon war in den Augen der CIA kein »ehrbarer Mann«. Diese Haltung erklärt, wie mir George Mason sagte, warum sich einige hochrangige CIA-Beamte acht Jahre später, als sie nicht mehr von Smiths eiserner Faust regiert wurden, sehr für die Wahl Kennedys stark machten.

Die Wahl war ein Kopf-an-Kopf-Rennen der beiden Kandidaten, und Nixons Chance auf das Amt des Präsidenten konnte von der Kuba-Politik der Regierung Eisenhower abhängen – die nur Erfolg haben würde, wenn die CIA und die Mafia Fidel Castro vor November umbrachten.

Die Regierung Eisenhower beobachtete mit wachsender Sorge, wie Castro, während er von Menschenrechten und Demokratie sprach, die Kontrolle über die Presse an sich riß, Wahlen manipulierte, Betriebe verstaatlichte, die Spielkasinos schloß und sich immer mehr der Sowjetunion annäherte. Fünf Jahre zuvor war ein anderer linksorientierter südamerikanischer Staatschef, Präsident Jacobo Arbenz Guzmán in Guatemala, durch die CIA in einem unblutigen Staatsstreich gestürzt worden. Es blieb daher nicht aus, daß in Washington über einen weiteren Staatsstreich gesprochen wurde. Doch Castro war eine viel größere Bedrohung für die amerikanischen Interessen als Arbenz, und dieses Mal sollte Blut vergossen werden. Im Spätsommer 1959 wurde Kenneth M. Crosby, ein amerikanischer Börsenmakler und wichtiger Geschäftsmann in Havanna, nach Washington eingeladen, wo er Allen Dulles (seit 1953 Direktor der CIA) und zwei Berater heimlich über Castro informieren sollte. Für Crosby war Geheimdienstarbeit nichts Neues: Während des Zweiten Weltkrieges war er fünf Jahre beim FBI gewesen, und er arbeitete eng mit James Noel zusammen, dem damaligen Leiter der CIA-Station in Havanna. Crosby nahm kein Blatt vor den Mund, wie er sich 1996 in einem Interview für dieses Buch erinnerte. Er sagte dem CIA-Direktor, er und viele seiner Geschäftspartner in Havanna seien überzeugt, »daß es nur eine Möglichkeit gab, Castro loszuwerden, nämlich ihn zu töten. Er hatte eine ungeheuer starke Ausstrahlung und einen denkbar schlechten Einfluß.« Crosby erinnerte sich, daß er Castro als »einen neuen Hitler« beschrieben habe. »Wir wußten bereits, daß er Kommunist war.« Er berichtete Dulles von Castros »enormem Einfluß auf die Menschen« und verglich seine Wirkung mit der von Rasputin.

Die Vorbereitungen für ein Komplott gegen Castro wurden intensiviert, als zu Beginn des Jahres 1960 der stellvertretende sowjetische Ministerpräsident Anastas Mikojan während eines Kuba-Besuchs über ein Handelsabkommen zwischen der Sowjetunion und Kuba verhandelte. Aus den Unterlagen des Untersuchungsausschusses des Senats zu geheimdienstlichen Aktivitäten (nach dem Ausschußvorsitzenden Frank Church, einem Demokraten aus Idaho, Church-Report genannt) aus dem Jahr 1975 geht hervor, daß man sich an der Spitze der Regierung Eisenhower innerhalb weniger Wochen einig war, das Castro-Regime könne »nur durch die Anwendung von Gewalt gestürzt« werden. Eine Geheimaktion gegen die kubanische Regierung würde eine »langwierige und zähe Angelegenheit« sein, »es sei denn, Fidel und Raul Castro und Che Guevara könnten auf einen Streich erledigt werden«. Als die Sowjets am 1. Mai 1960 ein amerikanisches U-2-Spionageflugzeug mit dem Piloten Francis Gary Powers abschossen und Eisenhower im Anschluß nicht die Wahrheit sagte, war die Aussicht auf ein Gipfeltreffen mit Nikita Chruschtschow dahin und die Chance, die Spannungen des Kalten Krieges zu mildern, vertan.

Nach dem Church-Report unternahm die CIA zum ersten Mal Ende August 1960 offen den Versuch, die Mafia in das Mordkomplott gegen Castro einzubeziehen. Für die schmutzigen Tricks war Richard M. Bissell jr. zuständig, der stellvertretende Direktor für geheime Operationen bei der CIA. Bissell, ein ehemaliger Wirtschaftsprofessor an der Universität von Yale und am Massachusetts Institute of Technology, galt bei der CIA als Mann, dem alles gelang, er war berühmt für seinen scharfen Verstand und seine Ungeduld gegenüber Menschen, die ihm nicht intelligent genug schienen. Seine Fähigkeit, alles zu erreichen, was er sich vorgenommen hatte, stand außer Frage: Er hatte unter strengster Geheimhaltung die Entwicklung der U-2 geleitet, deren spektakuläre Erkundungsflüge in großer Höhe über der Sowjetunion den Blick in eine bis dahin verschlossene Gesellschaft ermöglicht hatten. Die Entwicklung der U-2 verlief von den Anfängen auf dem Zeichenbrett 1954 bis zu ihren ersten erfolgreichen Flügen zwei Jahre später reibungslos; kein einziger Hinweis auf ihre Existenz gelangte an die Öffentlichkeit, die Fertigstellung erfolgte früher, als es der Zeitplan vorsah, und mit geringeren Kosten. Jetzt hatte Bissell den Auftrag, das Castro-Regime zu beseitigen, und er wandte sich auf der Suche nach neuen Ideen an Sheffield Edwards, den Leiter des Sicherheitsbüros der CIA. Bissell genehmigte für die Operation eine Barzahlung über 150000 Dollar. Was dann geschah, wurde in den letzten zwanzig Jahren in unzähligen Untersuchungen des Kongresses, in Büchern und Fernsehdokumentationen erörtert.

Die CIA war überzeugt, daß die Mafia Kontakte zu verläßlichen Killern auf Kuba hatte, doch irgend jemand mußte als Mittelsmann tätig werden – und den Deal abschließen. Edwards und sein Stellvertreter James O'Connell kamen überein, daß der geeignete Mann für den Auftrag der ehemalige FBI-Agent Robert A. Maheu war, ein Privatdetektiv mit vielfältigen Kontakten in Los Angeles und in seinem Wohnort Las Vegas. Maheu erinnerte sich 1994 in einem Interview für dieses Buch, daß O'Connell ihn beauftragte, Kontakt mit Johnny Roselli aufzunehmen, der seit den dreißiger Jahren mit Glücksspiel, Erpressung und anderen Geschäften des Syndikats zu tun hatte. »Sie fragten, ob ich bei der ›Beseitigung‹ Castros behilflich sein könnte«, erinnerte sich Maheu. Er zögerte. »Es war keine leichte Entscheidung für mich. Ich sollte das Verbindungsglied zwischen Mafia und CIA sein – da stand auf jeder Seite eine große Armee.« Maheu entschied, daß die Ermordung Castros den Kriterien eines »gerechten Krieges« entsprach, und arrangierte in Los Angeles ein Essen mit Roselli, bei dem er ihm den Auftrag erläuterte und die CIA als Auftraggeber nannte. Roselli beschied Maheu, »er müsse das mit jemandem in Chicago besprechen«.

Im Jahr 1960 war der gutaussehende, eloquente Roselli zum Vertreter der Chicagoer Mafia an der Westküste geworden. Seine Referenzen als Gangster verliehen ihm ein besonderes Ansehen und einen gewissen Status; er bewegte sich mühelos in den besseren Kreisen von Los Angeles und versuchte sich Ende der vierziger Jahre sogar kurzzeitig als Filmproduzent. Über diese Verbindungen hatte er die Bekanntschaft von Maheu gemacht. Maheu wiederum stellte ihn bei einer Cocktailparty James O'Connell von der CIA vor. Die CIA sah Roselli unter einem weniger düsteren

Blickwinkel als das FBI: Beim FBI galt er als Gangster, der an mindestens dreizehn Mafia-Morden persönlich beteiligt gewesen war – ein Spitzenmann, Sam Giancana direkt unterstellt.

Im September 1960 fühlte sich die Regierung Eisenhower hinsichtlich Kuba unter Zugzwang. Am Abend des 14. September faßten Agenten der kubanischen Spionageabwehr drei CIA-Agenten bei dem Versuch, eine Wanze in der New China News Agency mitten in Havanna zu installieren. Die Männer, die sich als Touristen ausgaben (Reisen nach Kuba waren noch erlaubt), wurden entdeckt, als sie ein Loch in eine Decke bohrten, um sie herum lag ihre Abhörausrüstung. Wenige Monate später wurden sie in Havanna vor Gericht gestellt, wegen Spionage verurteilt und in ein kubanisches Gefängnis gesteckt. Am 21. April 1963 kamen sie wieder auf freien Fuß, die Regierung Kennedy hatte ihre Freilassung ausgehandelt.

Bis zur Veröffentlichung des vorliegenden Buches blieben alle Einzelheiten des Falles streng geheim. Einer der drei Agenten mit Namen David L. Christ war der wohl beste Abhörspezialist der CIA. Er arbeitete für eine Abteilung der CIA, die strengster Geheimhaltung unterlag: die Abteilung D für ausländische Nachrichtendienste (FI-D). Zu den wichtigsten Aufgaben der Abteilung D gehörten die Infiltration ausländischer Botschaften – von befreundeten wie verfeindeten Staaten gleichermaßen – und die Führung aktueller Codeverzeichnisse. Christ war der beste Einbrecher der CIA; verschiedenen Berichten zufolge war er in Dutzende europäischer und asiatischer Botschaften eingedrungen. In einer CIA-internen Beurteilung der Operation in der New China News Agency, die im Herbst 1960 vorbereitet worden war, wurde Christ als »der wahrscheinlich kenntnisreichste CIA-Agent für weltweite Abhöroperationen« beschrieben; er war über die Pläne der Regierung Eisenhower für eine Invasion Kubas informiert worden. Falls die Kubaner erfuhren, wer Christ war, und ihn, wie befürchtet wurde, zum Reden brachten, konnte er mit äußerst brisanten Informationen aufwarten. David Christ war für die amerikanischen Interessen ebenso gefährlich wie Francis Gary Power, nachdem er über Rußland abgeschossen, im Fernsehen vorgeführt und wegen

Spionage verurteilt worden war. Niemand in Washington wollte, daß David Christ öffentlich der Prozeß gemacht wurde oder daß er bei einer öffentlichen Kundgebung an Castros Seite auftrat. Zur Erleichterung der CIA kam es dazu nicht.

Die Verhaftungen verstärkten die Entschlossenheit der CIA. »Der Haß auf Castro war sehr groß«, erzählte mir ein leitender CIA-Beamter. »Man sagte, es sei eine sehr ehrenwerte Aufgabe, sich eine wirksame Methode zur Beseitigung Castros auszudenken.«

Zehn Tage nach der Verhaftung der CIA-Agenten im September in Havanna flog Maheu nach Miami. Dort traf er zum ersten Mal Giancana und sprach mit ihm und Roselli über die Bedingungen für eine Zusammenarbeit. »Ich schloß eine Vereinbarung mit ihnen«, erzählte mir Maheu. »Es würde bei diesem einen Geschäft bleiben, und ich würde nichts [über ihre Mafia-Geschäfte] weitergeben, was ich zufällig mithörte.« Giancana hatte den Auftrag, jemanden aus der Umgebung Castros zu finden, der den Mord übernehmen könnte.

Maheu, Giancana und Roselli arbeiteten während der folgenden acht Monate – vor und nach den Präsidentschaftswahlen – bis zu dem Disaster in der Schweinebucht eng zusammen. Während der ganzen Zeit, erzählte mir Maheu, machte Giancana keine Andeutung, daß er Joe und Jack Kennedy kannte.

Doch Abhörprotokolle des FBI und die Erinnerungen von Robert McDonnell, Jeanne Humphreys und Frank Sinatra, zitiert von seiner Tochter Tina, beweisen unwiderlegbar, daß Giancana seit Mitte des Jahres 1960 heimlich für Kennedys Wahl arbeitete. Im Frühherbst, zu einer Zeit der intensiven Kooperation zwischen der CIA und der Mafia, spielte Giancana auch eine wesentliche Rolle dabei, seine Männer im organisierten Verbrechen und in der Transportarbeitergewerkschaft davon zu überzeugen, daß sie sich im Wahlkampf legal und illegal für Jack Kennedy und gegen Richard Nixon einsetzten.

Giancana war daher theoretisch in der Lage, den Ausgang der Wahl 1960 entscheidend zu beeinflussen. Unternahm er vor den Wahlen im November wirklich alles, was in seiner Macht stand, um Castro zu ermorden, obwohl eine solche Tat Richard Nixon bei dem Kopf-an-Kopf-Rennen einen Vorteil verschafft hätte? Die Antwort auf diese Frage ist von zentraler Bedeutung.

Giancana wußte sicher genau, was die Republikaner von ihm erwarteten – und wann. Dem Church-Report zufolge prahlte er bei einem Abendessen in einem New Yorker Restaurant Anfang Oktober des Jahres 1960 vor befreundeten Gangstern, daß er sich schon dreimal mit Castros zukünftigem Mörder getroffen habe und daß der kubanische Staatschef »im November ... erledigt« sein würde. Doch trotz der Prahlerei passierte vor der Wahl am 8. November nichts.

Als die Wahl näher rückte, wurde Kuba für Nixon zu einer Obsession. Er dachte, wenn man Castro loswerden könnte, ob durch Sturz oder durch Ermordung, würde ihm das die Präsidentschaft einbringen. Die Pläne der CIA für Kuba, die ursprünglich so ausgesehen hatten, daß ein paar Dutzend Guerillaeinheiten ausgebildet und nach Kuba eingeschleust werden sollten, wo sie einen Umsturz provozieren würden, hatten sich zur Landung einer 600 Mann starken Streitmacht ausgeweitet. Die Invasionskräfte sollten am Strand in der Nähe der Stadt Trinidad an Land gehen und sich mit Unterstützung aus der Luft ins Landesinnere in die Escabray-Berge vorarbeiten. Jahre später berichtete der nationale Sicherheitsberater des Vizepräsidenten, Marinekorpsgeneral Robert E. Cushman jr., dem Autor Peter Wyden, daß Nixon Präsident Eisenhower wiederholt gedrängt habe, die Sache in Kuba endlich zu erledigen. »Der Vizepräsident betrachtete die Operation als ein wichtiges politisches Vorhaben«, schrieb Wyden in seinem 1979 erschienen Buch *Bay of Pigs: The Untold Story* (Schweinebucht. Die noch nicht erzählte Geschichte). »Es war ihm sehr daran gelegen, daß der republikanischen Regierung das Verdienst zufallen würde, Castro vor den Wahlen gestürzt zu haben. ›Was machen die Jungs drüben im Institut?‹ fragte er Cushman, immer darauf bedacht, vertrauliche Angelegenheiten nicht offen zu besprechen, nicht einmal in seinem Büro. ›Fallen die dort tot um? Was, um alles in der Welt, treiben sie, warum dauert es so lange?‹«

Im November 1960 lagen die CIA-Operationen in Guatemala, wo die Invasionstruppe ausgebildet wurde, im Zeitplan zurück, und es stand immer noch nicht fest, auf welche Weise Castro ermordet werden sollte. Giancana und seine Bande taten nicht viel – zumindest nicht in den Wochen vor der Wahl, wie aus den Berichten der beiden einzigen offiziellen Untersuchungen zur Verschwörung gegen Castro hervorgeht. Sowohl der Church-Report von 1975 als auch eine strenggeheime Untersuchung, die 1967 vom Generalinspekteur der CIA vorgelegt wurde, zeigen, daß das Mordkomplott im Spätherbst 1960 noch kaum über das Planungsstadium hinausgekommen war. Zu Beginn hatte es einige Fehlschläge gegeben. In dem internen CIA-Bericht, der 1993 nach dem Freedom of Information Act veröffentlicht wurde, ist nachzulesen, daß im Sommer von der medizinischen Abteilung der CIA eine Sendung vergifteter Zigarren zusammengestellt wurde, offensichtlich für Castro gedacht, der ein starker Raucher war. Die Zigarren waren am 7. Oktober 1960 verfügbar, wurden aber dem Bericht zufolge erst am 13. Februar 1961 für Einsatzzwecke bereitgestellt – drei Wochen nach Kennedys Amtseinführung – und nie nach Kuba geschickt. Nach dem Bericht des Generalinspekteurs gab es im Herbst 1960 – vor den Wahlen – auch Gespräche »über eine typische Ermordung nach Gangstermanier, bei der Castro niedergeschossen werden sollte. Giancana war strikt gegen den Einsatz von Feuerwaffen«, heißt es in dem Bericht weiter. »Er sagte, daß sich niemand dafür finden lassen würde, da die Chance, zu entkommen und zu überleben, zu gering sei. Giancana erklärte, er plädiere für eine Giftpille in Castros Essen oder einem Getränk.«

Die wissenschaftlichen Experten des CIA experimentierten Monate, bis sie endlich eine tödliche Tablette entwickelt hatten, die sich gleichermaßen in heißen und in kalten Flüssigkeiten auflöste. Aber ein erster Satz Pillen wurde zurückgezogen, und nach dem Church-Report erhielt Roselli »wahrscheinlich« erst im Februar nach der Wahl ein geeignetes Mittel zur Ermordung Castros. »Aus den Unterlagen geht hervor, daß die Pillen für den Transport auf die Insel irgendwann vor der Invasion in der Schweinebucht Mitte April 1961 einem Kubaner übergeben wurden«, heißt es im Church-Report. Zu dem Zeitpunkt hatten Giancana und sein Kumpan Santos Trafficante, ein Mafia-Boß aus Florida, der einen Großteil der Kasinos in Havanna kontrollierte, einen Kubaner mit

Zugang zu Castro ausfindig gemacht, der bereit war, Castro das Gift in einem Getränk zu verabreichen.

Die Unterlagen zeigen also eindeutig, daß Giancana vor der Wahl keinen Versuch zur Ermordung Castros machte und vor Kennedys Einzug ins Weiße Haus tatsächlich nichts unternahm. Sein langsames Vorgehen wirft eine zweite entscheidende Frage auf: Ließ Giancana die Kennedys wissen, was die Republikaner im Herbst 1960 auf Kuba planten?

In den veröffentlichten Dokumenten findet sich kein eindeutiger Beleg dafür, daß Jack Kennedy von Giancana über die Pläne zu Castros Sturz und Ermordung informiert wurde. Aber eine solche Information von Giancana war auch gar nicht notwendig. Wie aus den Interviews für dieses Buch hervorgeht, erfuhr der Kandidat vor der Wahl von mindestens drei Beteiligten von dem Komplott gegen Castro – auch von Richard Bissell, der die Aktion initiiert hatte und leitete.

Für den jungen Senator muß es beruhigend gewesen sein zu erfahren, daß sein Wahlkampf, der auf heimlich eingeschleustes Geld der Familie und der die Unterstützung des organisierten Verbrechens baute, moralisch ebenso zweifelhaft war wie das Verhalten der Republikaner, die einen ausländischen Staatschef zu ermorden versuchten und dabei genau dieselben Gangster aus Chicago zu Hilfe holten. So wurde die amerikanische Kuba-Politik zum wichtigsten und zugleich geheimsten Thema des Wahlkampfes zwischen Kennedy und Nixon.

# 12

# Nixon in der Falle

Richard Bissell hat nie die ganze Geschichte erzählt.

Der Großbürger Bissell entsprach mit seiner akademischen Bildung und seiner Begeisterung für das Segeln genau dem Bild des typischen CIA-Agenten Anfang der sechziger Jahre, als ganz Amerika die Romane Ian Flemings verschlang und seinen Helden, den verwegenen britischen Meisterspion James Bond, den Agenten 007 mit der Vorliebe für Martinis, ins Herz schloß. Der gutaussehende, hochgewachsene Bissell war bei der CIA zuständig für die Castro-Pläne. Er trug sein Teil zur Wahl John F. Kennedys bei, denn er traf sich schon vor der Wahl 1960 mit Kennedy und setzte ihn von den immer wilderen Plänen der CIA für den Sturz des Castro-Regimes in Kenntnis.

Der ursprüngliche, geheime Zeitplan der CIA, der von Eisenhower gebilligt worden war, sah eine Militäraktion vor: Die Ausbildung von Exilkubanern zu Guerillatruppen sollte noch vor den Wahlen im November abgeschlossen sein. Mitte des Sommers geriet die Ausbildung jedoch zeitlich in Rückstand; da Castro zugleich seine Macht festigte und seine Feindschaft gegen Washington immer deutlicher demonstrierte, faßten Bissell und seine Kollegen nunmehr eine Invasion Kubas und die Ermordung Castros ins Auge. Dabei waren sie sich im klaren darüber, daß die Pläne der CIA auch über Kennedys politische Zukunft entscheiden würden.

Am 23. Juli 1960 flog Allen Dulles nach Hyannis Port und sprach dort mehr als zwei Stunden mit Kennedy. Den CIA-Akten zufolge war der Kalte Krieg das beherrschende Thema der Unterredung: Dulles habe die sowjetischen Fortschritte bei der Entwicklung von strategischen Raketen geschildert. Die Akten des Geheimdienstes belegen, daß am 19. September eine kurzfristig angesetzte zweite Unterredung stattfand, in der Dulles Kennedy eine halbe Stunde lang über die aktuellen weltweiten Krisenherde informierte. Der stellvertretende CIA-Direktor General Charles P. Cabell suchte Kennedy am 2. November, weniger als eine Woche vor der Wahl, zu einem dritten Gespräch auf, das sich nach offizieller Lesart angeblich auf die weltweiten Spannungen beschränkte. Der 1995 veröffentlichte Bericht über eine CIA-interne Prüfung der verfügbaren Akten kommt zu dem Schluß, es gebe keinen Hinweis dafür, daß Dulles oder Cabell Kennedy ausdrücklich über die Pläne für die Invasion in Kuba informiert hätten.

Aber der Sergeant der US-Army Clarence B. Sprouse, der Mitte 1960 von der CIA für die Ausbildung der Exilkubaner angeworben worden war, erinnerte sich in einem Interview 1995 noch genau daran, daß er Bissell Monate vor der Wahl bei der Zusammenstellung von Unterlagen für eine vertrauliche Information Senator Kennedys über die Kuba-Pläne behilflich gewesen war. Sprouse, der sich nach dreißig Jahren beim Militär in der Nähe von San Antonio in Texas zur Ruhe gesetzt hat, war der befehlshabende Sergeant der 82. Luftlandedivision – der höchste Unteroffizier der Division –, als er dem Ausbildungslager in Guatemala zugewiesen wurde. Ende des Sommers wurde er ins CIA-Hauptquartier in Washington geschickt, wo er nichts zu tun hatte und nur »im Operationszentrum herumhing«, dem Hauptquartier von Bissells Invasionstruppe, das sich auf die Ausbildung kleiner Guerillaeinheiten konzentrierte. Damals habe ein hektisches Treiben geherrscht, weil Briefings des Vizepräsidenten Nixon und einen Tag später des Senators Kennedy angesetzt gewesen seien. Sprouse erinnerte sich vor allem daran, daß er Tabellen für »eine sehr genaue Information« Kennedys über die Kuba-Pläne vorbereitet hatte. Das Gespräch habe in einem abhörsicheren Gebäude im Nordwesten Washingtons, in der Nähe des CIA-Hauptquartiers, stattgefunden. »Ich ging hinüber und stellte sie [die Tabellen] zusammen. Bei dem Briefing ging es um die Landung auf Trinidad. Als erstes mußte man ins Land kommen, genau wie Castro eingedrungen war, und seine Guerrillas in den Bergen schlagen.« Sprouse gab an, er habe nicht persönlich an dem Informationsgespräch teilnehmen dürfen und Kennedy nicht selbst in dem Gebäude gesehen, aber er habe erfahren, daß Bissell den Senator persönlich ins Bild gesetzt habe. Über das Gespräch existiert kein offizieller Bericht in den CIA-Akten. Ein solches Informationsgespräch, sollte es tatsächlich stattgefunden haben, hätte im Weißen Haus unter Eisenhower ein Erdbeben ausgelöst.

Sprouses Darstellung wird durch Bissells Eingeständnis in seinen 1996 postum erschienenen Memoiren *Reflections of a Cold Warrior* (Gedanken eines Kalten Kriegers) erhärtet, daß er sich während des Wahlkampfes mit Kennedy inoffiziell getroffen habe. Bissell schreibt:

»Ungefähr einen Monat vor der Wahl erhielt ich einen Anruf von einem Mittelsmann Kennedys, der sagte, der Senator wolle gern mit mir über allgemeine Themen sprechen, die während des Wahlkampfes aufgetaucht seien. Vermutlich hatte Joe Alsop Kennedy vorgeschlagen, daß er mit mir Kontakt aufnehmen solle, weil ich als Insider gut in Washington Bescheid wußte. Ich bin mir sicher, daß ich Dulles von dem geplanten Treffen erzählt habe, und vermutlich habe ich ihm danach Bericht erstattet. Kennedy machte auf mich den Eindruck eines klugen Kopfes, und er sprach eine Reihe von Themen an, zu denen ich ihm einiges sagen konnte. Ich stellte aber ihm gegenüber klar, daß ich immer noch für Eisenhower arbeitete und ihn deshalb nicht aktiv unterstützen könne.«

In seinem Interview vom April 1967 für die John F. Kennedy Library gab Bissell einen anderslautenden, vermutlich falschen Bericht von seinem ersten Treffen mit John Kennedy während des Wahlkampfes. In dem Interview, das zu dem Zeitpunkt entstand, als der Mythos Camelot einen Höhepunkt erreicht hatte, sagte Bissell, er sei von Senator Kennedy nicht erst einen Monat vor der Wahl, sondern »in einem sehr frühen Stadium des Wahlkampfes« in sein Büro auf dem Kapitol gerufen worden. In dem Treffen seien aber keine Angelegenheiten der CIA besprochen worden. Kennedy »forderte mich auf, ihm schriftlich einige Gedanken meinerseits zukommen zu lassen, die im Wahlkampf verwendet werden und nützlich sein könnten. Ich hätte das auch gerne getan, aber wegen dringender Geschäfte war ich sehr beschäftigt, und letztlich habe ich ihm nichts geschickt. Ich habe während des Wahlkampfes vielleicht ein- oder zweimal mit ihm gesprochen.« Auf die Frage, weshalb sich Kennedy denn mit ihm treffen wollte, antwortete Bissell vage: »Ich neige zu der Ansicht, daß er sich mehr für die Wirtschaftspolitik interessierte [als für die CIA], aber wir sind nicht so weit gekommen, daß wir ein Gesprächsthema näher umrissen hätten.« Was die beiden Männer tatsächlich miteinander besprochen haben, läßt sich natürlich nicht mehr klären, doch es gibt keinen Grund zu der Annahme, daß ihr Gespräch sich auf die Wirtschaftspolitik beschränkt hat. Bezeichnenderweise hat Bissell allem Anschein nach der CIA nicht offiziell die erstaunliche Tatsache gemeldet, daß ein Präsidentschaftskandidat ihn – den Planungschef für geheime und verdeckte Operationen der CIA – aufforderte, seine Gedanken zu dessen Wahlkampf beizusteuern, während Bissell noch für die Regierung der Gegenpartei tätig war.

Bissells unterschiedliche Darstellungen in seinen Memoiren und in seinem Interview für die John F. Kennedy Library sind beide bestenfalls unvollständig. Bis zu seinem Tod im Jahr 1994 präsentierte er Journalisten, Wissenschaftlern, ehemaligen Kollegen und anderen Neugierigen, die ihn im Ruhestand aufsuchten, ein scheinbar unendliches Labyrinth widersprüchlicher Schilderungen seiner Rolle bei der Invasion der Schweinebucht. Im Laufe der Zeit räumte Bissell ein, daß er und Jack Kennedy sich bereits seit Anfang 1960 heimlich getroffen hätten, als sich abzeichnete, daß der junge Senator gute Aussichten auf eine Nominierung zum Präsidentschaftskandidaten der Demokraten hatte.

Geradezu lächerlich ist deshalb Bissells Andeutung, daß er oder Jack Kennedy im Spätherbst 1960 die Dienste eines Dritten benötigt hätten, des Zeitungskolumnisten Joseph Alsop, um »in Kontakt zu kommen«. Bissell und Alsop waren seit ihrer Kindheit Freunde und verloren sich auch in Washington nie aus den Augen. Alsop war seit dem Ende des Zweiten Weltkrieges ein enger Freund der Kennedys und wurde nach der Wahl einer von JFKs Vertrauten – er hatte begriffen, daß die Freundschaft von seinem

Gespür abhing, was er schreiben durfte und was nicht. Kennedy wußte Mitte 1960 auch ohne Joe Alsop, daß Bissell ein wichtiger Mann war.

Bereits seit langer Zeit unterhielten die Kennedys Beziehungen zur CIA. Wie erwähnt, hatte Joe Kennedy im Jahr 1956 in einem Geheimdienstuntersuchungsausschuß auf höchster Ebene mitgewirkt und war beauftragt worden, CIA-Stationen im Ausland vor Ort zu inspizieren. Allen Dulles teilte Kennedys Leidenschaft für Frauen, er kannte ihn aus Palm Beach, wo er regelmäßig auf dem Anwesen der Kennedys zu Gast war.

Die frühe Beziehung zwischen Dulles und Jack Kennedy war viel enger, als allgemein bekannt ist. In dem wenig beachteten Interview für die Kennedy Library im Jahr 1964 enthüllte Dulles, daß er und JFK sich seit Anfang der fünfziger Jahre, als er noch stellvertretender CIA-Direktor war, »ziemlich regelmäßig« getroffen hätten, »weil ich sehr häufig nach Palm Beach gekommen bin. Er [JFK] war oft anwesend, und wenn er da war, setzten wir uns zusammen. Ich schätzte seine Anschauungen. Ich fand, daß er eine sehr scharfe Auffassungsgabe für außenpolitische Themen hatte, und da ich im Nachrichtendienst tätig war, fragte ich ihn, so gut es ging, zu bestimmten Angelegenheiten und zu seinen Reaktionen aus. Das tat ich regelmäßig bis zu dem Zeitpunkt, als ich ihm für kurze Zeit als CIA-Direktor diente.« Dulles wurde 1953 CIA-Direktor und sprach weiterhin mit Kennedy über Außenpolitik. Jack Kennedy, fügte Dulles hinzu, »wollte immer Informationen bekommen. Ich meine nicht unbedingt Geheimnisse oder andere Dinge dieser Art, er wollte einfach Bescheid wissen. Er wollte meine Anschauungen hören, ... und wir haben uns viele Male miteinander unterhalten. Ich glaube, sehr oft war auch Joe [Kennedy] dabei.«

Jack Kennedy hatte noch einen anderen Zugang zu Richard Bissell und Allen Dulles, eine Verbindung, die Richard Nixon nicht offenstand: Er verkehrte in den entsprechenden Kreisen der Washingtoner Gesellschaft. Eine Anekdote, die in der Literatur über Kennedy mehrfach auftaucht, handelt von einer Dinnerparty im März 1960 in JFKs Haus in Georgetown und veranschaulicht die Ungezwungenheit des Senators im Umgang mit hochrangigen

CIA-Beamten. Ehrengast der Party war Ian Fleming, zu den übrigen Gästen zählten Joe Alsop und sein Bruder und Reporterkollege Stewart sowie der CIA-Beamte John Bross, der in den fünfziger Jahren erfolgreich verdeckte Operationen in Mittel- und Osteuropa geleitet hatte und eng mit Bissell befreundet war. Die Anwesenden kamen auf Kuba zu sprechen. Fleming schilderte auf Kennedys Drängen hin, wie er mit Hilfe einer »Verhöhnungskampagne« Castro aus dem Amt drängen würde. Da für die Kubaner nur Geld, Religion und Sex zählten, sagte Fleming, sollten gefälschte Dollarscheine über der Insel abgeworfen werden, um die Währung zu destabilisieren, und Flugblätter, auf denen Castro für impotent erklärt würde. Wie Fleming gewußt haben mag – oder vielleicht auch nicht –, erwogen die CIA-Planer damals ernsthaft ähnlich kindische Operationen wie den Einsatz von Enthaarungsmitteln, damit Castros Barthaare ausfielen.

In Georgetown gab es so gut wie keine Geheimnisse. Die namhaften Journalisten, Politiker und Geheimdienstbeamte besuchten dieselben Abendgesellschaften und hatten alle gleich viel Angst vor dem internationalen Kommunismus. Es wäre naiv zu glauben, daß in einem privaten Gespräch zwischen Bissell und Kennedy – wie es Clarence Sprouse zufolge über die Landung auf Trinidad geführt wurde – auf dem Höhepunkt des Präsidentschaftswahlkampfes keine wichtigen Themen angesprochen wurden. Alles, wofür Jack Kennedy und sein Vater in den letzten vier Jahren gearbeitet und großzügig Geld ausgegeben hatten, stand in einigen Wochen auf dem Spiel; deshalb konnten sie keinen erfolgreichen Schlag der Republikaner gegen Castro dulden. Die Wahlkampfleitung der Kennedys mußte eine Möglichkeit finden, die Invasion zu stoppen.

Kennedy benötigte aber nicht einmal Richard Bissells Hilfe, um von der geplanten Operation der republikanischen Regierung gegen Fidel Castro zu erfahren. Er hatte zahlreiche andere Informanten zur Hand, die ihm bereitwillig alles berichteten, obwohl dies einen Bruch der Loyalität gegenüber ihrem Auftraggeber bedeutete. Da war Sam Giancana, der bis September von der CIA in die Planung der Ermordung mit einbezogen wurde, und da war auch Allen Dulles, dessen Ernennung genau wie die J. Edgar Hoovers von Kennedy bereits am Tag nach seiner Wahl bekanntgegeben wurde. Hoover und Dulles unterhielten beide zu dem Kandidaten Kennedy eine engere Beziehung, als man bis heute allgemein wußte. Arthur Schlesinger spricht in seinen Erinnerungen davon, die rasche Ankündigung der beiden Bestätigungen im Amt sei Teil der »Beruhigungsstrategie« des neugewählten Präsidenten gewesen. Wie wir im Hinblick auf Hoover bereits wissen, hatte die Bestätigung im Amt ganz andere Gründe. War sie bei Dulles ebenfalls eine Belohnung für frühere vertrauliche Mitteilungen? Natürlich gibt es keinen stichhaltigen Beweis dafür, daß Dulles Kennedy während des Wahlkampfes persönlich die wesentlichen Punkte der Kuba-Invasion mitgeteilt oder zugespielt hat, doch es ist eine Tatsache, daß Kennedy schon vor der Wahl von den geheimen Plänen der Regierung Eisenhower zu Kuba informiert war. Wenn Kennedy aber gewußt hätte, daß der alte Familienfreund Dulles ihm Informationen vorenthalten hatte, die über seine Zukunft entscheiden konnten, weshalb hätte er nach seiner Wahl die Untreue belohnen sollen, indem er Dulles sofort wiederernannte?

Im Präsidentschaftswahlkampf 1960 verfügte Kennedy somit über eine Geheimwaffe: Kuba. Meinungsumfragen zeigten ihm, daß die Republikaner und damit Richard Nixon immer dann Erfolge verbuchten, wenn sich die außenpolitischen Themen nach dem Muster »harte gegen weiche Linie« einteilen ließen. Die meisten Wähler, die sich ein hartes Vorgehen gegen die Kommunisten wünschten, favorisierten anfangs Nixon. Kennedy hingegen konnte öffentlich Kuba attackieren, weil er wußte, daß sein Konkurrent nichts Vergleichbares entgegensetzen konnte. Nixon nannte 1962 in seinen Erinnerungen *Six Crises* (Sechs Krisen) den Grund: »Das [Anti-Castro-]Programm war schon sechs Monate vor dem Wahlkampf von 1960 angelaufen. Dazu durfte ich aber kein Wort verlieren. Die Operation war streng geheim. Unter keinen Umständen durfte sie aufgedeckt oder auf sie angespielt werden. Folglich befand ich mich angesichts der Angriffe Kennedys und dem neuerlichen Ruf nach ›hartem Durchgreifen‹ in der Lage eines Kämpfers, dem eine Hand auf den Rücken gebunden ist.«

Und Kennedy nutzte das aus. Ende September 1960 äußerte er sich öffentlich allmählich weniger zurückhaltend, ein deutliches Anzeichen dafür, daß ihm jemand – Giancana, Bissell oder Dulles – bereits gesagt hatte, was in Guatemala vor sich ging. Als Zeitungen Kennedy Fragen zu Kuba stellten, hob er in einer schriftlichen Antwort, die am 23. September veröffentlicht wurde, das Versäumnis der Regierung Eisenhower hervor, die Verfehlungen des Batista-Regimes anzuprangern. Dann schlug er anscheinend zum erstenmal im Wahlkampf vor, daß die Vereinigten Staaten eine aktive Rolle in Kuba übernehmen sollten, ja daß sie »den Kubanern helfen und unter die Arme greifen müssen, die aus dem Exil und in den Bergen Kubas gegen Fidel Castro für ihre Freiheit kämpfen«. Weiter erklärte er, falls der nächste Präsident »dazu beitragen kann, daß in Lateinamerika Bedingungen geschaffen werden, unter denen die Freiheit aufblüht, dann werden Castro und seine Regierung rasch vom übrigen Amerika isoliert werden – und das Streben des kubanischen Volkes nach Freiheit wird die kommunistische Herrschaft schließlich beenden«.

Nixon saß in der Falle. In der Kubapolitik gab es kein Zurück, obgleich seine Wahl auf dem Spiel stand. Fidel Castro abzusetzen hatte für Präsident Eisenhower erste Priorität und wurde im Sinne der nationalen Sicherheit für unerläßlich gehalten. Nixon reagierte auf Kennedys harte Linie, indem er die CIA verzweifelt drängte, Castro noch vor der Wahl zu entmachten. Er befürchtete, daß die Amerikaner, die einen Schlag gegen Castro befürworteten, Kennedy wählen würden, obwohl das Weiße Haus unter Eisenhower die maßgeblichen Entscheidungen getroffen hatte. Eine weitere Ironie des Schicksals: Falls Castro nicht vor der Wahl abgesetzt sein sollte, würde Nixon die Stimmen der friedliebenden Amerikaner erhalten, die Kennedys Forderung nach einem gewaltsamen Sturz ablehnten.

Während Nixon noch die CIA drängte, gegen Castro vorzugehen, und Sam Giancanas Mordverschwörung angelaufen war, schlug Kennedy Anfang Oktober einen noch schärferen Ton an. Am 6. Oktober weckte er mit einer flammenden Rede die schlimmsten Ängste des Kalten Krieges, schilderte kraß übertrieben Castros Expansionsstreben in der Region, wetterte über die Behandlung Kubas durch die Regierung Eisenhower und beschwor die Gefahr herauf, daß der kubanische Führer seine politischen Vorstellungen auf ganz Lateinamerika ausdehnen werde:

»Ich möchte heute abend über das eklatanteste Versagen der derzeitigen amerikanischen Außenpolitik zu Ihnen sprechen, über ein Desaster, das die Sicherheit der gesamten westlichen Hemisphäre bedroht, über eine kommunistische Gefahr, die direkt vor unseren Augen heraufziehen konnte ... Castro ist nicht einfach nur ein weiterer lateinamerikanischer Diktator – ein kleiner Tyrann, der es vor allem auf persönliche Macht und Bereicherung abgesehen hat. Seine Ambitionen reichen weit über seine eigene Küste hinaus. Er hat die Insel Kuba zu einem feindlichen und militanten kommunistischen Satelliten gemacht – zu einer Basis, von der aus die kommunistische Infiltration und Subversion in ganz Amerika vorangetrieben werden soll. Unter der Führung und mit Unterstützung und Waffen aus Moskau und Peking hat er ... den Vereinigten Staaten mit roten Raketen gedroht, und wir können nicht ihre Augen verschließen vor einer feindlichen Rakete und einem U-Boot-Stützpunkt nur 90 Seemeilen vor unserer Küste ... Die Amerikaner wollen wissen, wie man dies zulassen konnte – wie der Eiserne Vorhang beinahe bis in ihren Vorgarten vorstoßen konnte. Sie wollen die Wahrheit wissen ...«

Zwei Wochen später verschärfte Kennedy seine Wortwahl nochmals. Am Abend des 19. Oktober, zwei Tage vor der vierten und letzten Fernsehdebatte mit Nixon, gab Kennedys Wahlkampfleitung eine dramatische Presseerklärung heraus, die praktisch die Invasion in der Schweinebucht skizzierte: »Wir müssen versuchen, die demokratischen Nicht-Batista- und Anti-Castro-Kräfte im Exil und in Kuba selbst zu stärken, die auf einen Sturz Castros hoffen lassen. Bislang haben diese Freiheitskämpfer von unserer Regierung praktisch keine Hilfe erhalten.« Die *New York Times* berichtete am 21. Oktober über die Erklärung unter der Schlagzeile: »Kennedy fordert Hilfe für kubanische Rebellen gegen Castro. Aufruf zur Unterstützung der Exilkubaner und der ›Freiheitskämpfer‹ auf der Insel.« Der Aufmacher des von dem erfahrenen Reporter Peter Kihss verfaßten Artikels war unmißverständlich: »Senator John F. Kennedy forderte gestern Abend Hilfe der Vereinigten Staaten für jene ›Freiheitskämpfer‹ im Exil und in Kuba, die auf einen Sturz von Premier Fidel Castros Regime hinarbeiten.«

Durch das großartige Echo in der Presse war gewährleistet, daß Kuba bei der nächsten abendlichen Debatte ein Hauptthema darstellte und Nixon sich in der Defensive befand. In seinen Memoiren *RN* (dt.: *Memoiren*, 1978) ruft Nixon seine Vermutung in Erinnerung, Kennedy sei von Allen Dulles über Kuba informiert worden und habe beschlossen, die Information politisch auszunutzen. Kennedys Erklärung, so Nixon, »gefährdete den Erfolg dieser Aktion, die nur unter strengster Geheimhaltung erfolgreich sein konnte ... [Es] blieb mir keine andere Wahl, als genau den entgegengesetzten Standpunkt einzunehmen, und Kennedys ›offene Intervention‹ anzugreifen. Eine so unangenehme und paradoxe Aufgabe hatte ich niemals wieder in einem politischen Wahlkampf zu erfüllen.«

Dulles und Kennedy behaupteten nach der Wahl hartnäckig, daß in den Unterrichtungen des Kandidaten keine Informationen über verdeckte Operationen gegen Castro weitergegeben worden seien, dies wird auch durch die offiziellen CIA-Akten bestätigt. Nixon hingegen war überzeugt, daß sein Gegner davon wußte, und er war wütend über Dulles wegen der mutmaßlichen Indiskretion. Nixons Biograph Stephen E. Ambrose berichtete, daß der Vizepräsident bei einer Sitzung des Nationalen Sicherheitsrats im Weißen Haus kurz vor der Fernsehdebatte über Dulles »hergefallen« sei. Einem anderen Biographen zufolge rief Nixon immer wieder aus: »Das hätten Sie ihm nie sagen dürfen! Niemals!«

Während der Fernsehdebatte mit Kennedy war Nixon, der seit Mitte 1959 heimlich den Sturz des Castro-Regimes betrieben hatte, gezwungen, vor den Augen der Zuschauer die Argumente der Gegenseite zu vertreten: daß es den Vereinigten Staaten nach dem internationalen Recht verboten sei, Gruppen von Exilkubanern irgendeine Unterstützung zukommen zu lassen. Er bezeichnete Kennedys Vorschlag als »die vermutlich gefährlichste, unverantwortlichste Empfehlung, die er im Laufe des gesamten Wahlkampfes abgegeben hat«. Und Nixon fügte hinzu, daß jede Unterstützung der Anti-Castro-Rebellen gegen gültige Verträge verstoßen würde, daß die Vereinigten Staaten Gefahr liefen, »alle Freunde in Lateinamerika zu verlieren«, und daß Chruschtschow förmlich eingeladen würde, »Lateinamerika einen Besuch abzustatten«.

Pikanterweise erntete Nixon die wenigen Lobesworte für seine scheinbar grundsätzlich ablehnende Haltung gegen den Einsatz von Gewalt in Kuba ausgerechnet von den Liberalen in der amerikanischen Presse. In der *New York Times* berichtete James Reston aus Washington, daß Nixons Kritik an Kennedys Plan, »die Anti-Castro-Kräfte bei der Wiedererringung der Macht in Kuba zu unterstützen, von gutunterrichteten Personen hier gebilligt« worden sei. Der einflußreiche Zeitungskolumnist Walter Lippmann kritisierte Kennedy scharf dafür, daß er »Kuba so sehr zum Wahlkampfthema gemacht« habe, während doch an der Behandlung Castros durch die Regierung Eisenhower nicht das Geringste auszusetzen sei. Der bissige Murray Kempton schrieb in der *New York Post:* »Ich weiß wirklich nicht, welche demagogische Erklärungen sich Kennedy zu diesem Thema noch ausdenken kann. Es fehlt nur noch die Ankündigung, daß er, wenn er gewählt wird, Bobby und Teddy und Eunice in die Provinz Oriente schicken wird, damit sie Castro eigenhändig rauswerfen.«

In der Schlußphase des Präsidentschaftswahlkampfs brachten die Morgenzeitungen und die abendlichen Nachrichtensendungen ausführliche Berichte, aber nur wenige kannten die wahre Geschichte. Irgendwann im Laufe des Jahres 1960 hatte die Regierung Eisenhower ihr wichtigstes Geheimnis nicht sorgfältig genug gehütet, und prompt wurde es als Waffe gegen den republikanischen Kandidaten genutzt. Allen Dulles und Richard Bissell, die beiden Männer, die alle CIA-Operationen gegen Kuba leiteten, hatten offensichtlich beschlossen, aus den eigenen Reihen auszuscheren und ihr möglichstes zu tun, daß Kennedy gewählt wurde. Der Kandidat Kennedy hatte nichts an den Zielen und Methoden des CIA-Vorgehens gegen Castro auszusetzen, wie sich in den folgenden Monaten herausstellen sollte. Für den Augenblick lautete sein alles beherrschendes Ziel: die Wahl zu gewinnen. Und dafür schlug er ohne zu zögern aus einem streng vertraulichen Geheimnis Kapital.

Dulles und Bissell stellten sich mit ihrem Wissen in den Dienst von Kennedys Vater und der irischen Mafia und dienten damit dem Aufstieg Jack Kennedys.

Fidel Castro hat sehr wohl die Botschaft verstanden, als Kennedy und Nixon sich wegen Kuba gegenseitig die Köpfe einschlugen. Am 19. Oktober sagten Castros Sprecher voraus, daß die Vereinigten Staaten »eine große Invasion« starten würden. Am 25. Oktober, vier Tage nach der letzten Fernsehdebatte, verstaatlichte die kubanische Regierung die letzten Industriebetriebe in amerikanischem Besitz und behauptete erneut, dieses Mal vor den Vereinten Nationen, sie habe Beweise für amerikanische Invasionspläne, die durch »eine vorgetäuschte Provokation« auf dem Marinestützpunkt in der Bucht Guantanamo ausgelöst werden sollten. Einige Tage später sprach Castro in aller Öffentlichkeit davon, daß die Amerikaner Söldnertruppen ausbildeten. Die *New York Times* tat Castros Anschuldigungen als lächerlich ab. »Dr. Castro und seine Freunde«, hieß es in einem Leitartikel, »können doch nicht einen Moment lang glauben, daß die Vereinigten Staaten so niederträchtig oder so verrückt wären, eine Eroberung Kubas mit Waffengewalt zu versuchen.«

Unterdessen drängte Nixon bis zum Ende auf Castros Absetzung. Sein Pressesprecher während des Wahlkampfes Herbert G. Klein sagte später dem Autor Peter Wyden, er habe bis Ende Oktober erwartet, daß »unsere nicaraguanischen Freunde« den Sturz Castros einfädeln würden. Das wäre nach Kleins Ansicht ein »großes Plus« und »eine echte Trumpfkarte« für die Republikaner gewesen, als das Kopf-an-Kopf-Rennen sich seinem Ende näherte.

Bei Kennedys Wahlkampfleitung ging am 25. Oktober eine letzte Schreckensnachricht ein: Ein anonymer Anrufer warnte Wahlkampfmanager Bobby Kennedy, daß »die meisten Exilkubaner [in Miami] sagten, in Guatemala herrsche ein regelrechtes Invasionsfieber, aber sie hätten sich vorschnell hineingestürzt und seien noch nicht entsprechend ausgerüstet«. Der Kandidat machte sich an diesem Tag eine Notiz – sie wird in der Kennedy Library aufbewahrt –, daß er »mit Allen Dulles sprechen und sicherstellen [muß], daß in Kuba nichts unternommen wird«. Einige Tage später meldete die *Washington Post*, Kennedys Wahlkampfmannschaft sei besorgt, daß eine zugespitzte »außenpolitische Krise« Nixon in den letzten Tagen des Wahlkampfes zugute kommen könnte.

Nixon, ein politischer Pragmatiker durch und durch, hatte 1960 seinen Meister gefunden, aber nur er und einige wenige enge Berater wußten das. Die breite Bevölkerung, fasziniert vom Charme und dem Stil seines Gegners, sah sehr wenig vom wahren John F. Kennedy; Kennedys Zynismus und Härte erfaßte sie nie im vollen Ausmaß. Nixon schreibt in seinen Memoiren:

Ich hatte bereits einige sehr harte Wahlkämpfe hinter mir, aber verglichen mit den anderen war die Kandidatur von 1960 wie der Aufstieg von einer unteren Liga in die höchste Spielklasse. Ich hatte eine starke, engagierte, gut ausgestattete und hochmotivierte Organisation. Doch uns stand eine Organisation gegenüber, die ebenso zielstrebig zu Werke ging und über unbegrenzte Geldmittel verfügte. Kennedys Organisation war von der skrupellosesten Gruppe politischer Figuren geleitet, die je für eine Präsidentschaftskampagne mobilisiert wurden, die die schmutzigsten Wahltricks mit spitzbübischer Freude anwandte und sie mit solcher Sorglosigkeit durchführte, daß viele Politiker einfach gefesselt waren und die Kritikfähigkeit vieler Reporter praktisch überwältigt wurde.

Nixon gelangte später zu der Überzeugung, daß er durch Kennedys Machenschaften im Zusammenhang Kuba geschlagen worden sei und nicht durch Kennedys in jeder Hinsicht gefälligeres Auftreten in den Fernsehdebatten. Zu der vierten Debatte schreibt Nixon: »Kennedy vermittelte 60 Millionen Menschen den Eindruck, er sei gegen Castro und den Kommunismus unnachgiebiger als ich.« Er führt Umfragen des Meinungsforschungsinstituts Gallup an, die zeigen, daß Kennedys Vorsprung von zwei Prozentpunkten nach der ersten Debatte sieben Wochen später, nach allen vier Debatten, auf einen Vorsprung von einem Prozentpunkt geschrumpft war. Bis zum Wahltag deuteten die Umfragen auf ein Patt hin. »Wer behauptet, daß die ›großen Debatten‹ im Wahlkampf von 1960 den Ausschlag gegeben hätten, mißt ihnen zu viel Bedeutung zu«, schließt Nixon.

Der republikanische Verlierer hatte eine Lektion gelernt, die er in künftigen Wahlkämpfen beherzigte: »Von diesem Moment an hatte ich die Weisheit und die Vorsicht eines Menschen, der sich an der Macht der Kennedys und ihrem Geld sowie an der Freiheit, die ihnen von den Medien eingeräumt wurde, die Finger verbrannt hatte. Ich schwor mir, daß ich nie wieder mit dem Nachteil, ihnen – oder irgend jemandem – auf der Ebene der politischen Taktik ausgeliefert zu sein, zu einer Wahl antreten würde.«

Die Lektion führte Nixon 1968 zur Präsidentschaft und im August 1974 zu der Schmach eines erzwungenen Rücktritts, als ihm ein Impeachment, ein Amtsenthebungsverfahren, drohte. Jack Kennedy verfolgte nach seinem Einzug ins Weiße Haus 1960 die Mordpläne gegen Fidel Castro weiter.

# 13

# Executive Action

Bei der CIA und im Weißen Haus war man auf politischen Mord vorbereitet, als die neue Regierung ihre Arbeit aufnahm. Einige hochrangige CIA-Mitarbeiter erfuhren im Januar, daß der neue Präsident viel unnachgiebiger sein würde, als Außenstehende vermutet hatten. Kurz vor seiner feierlichen Amtseinführung bat Kennedy Richard Bissell, innerhalb des Geheimdienstes die formelle Fähigkeit für politische Mordanschläge herzustellen.

Noch in den letzten Monaten der Regierung Eisenhower waren drei ausländische Staatsoberhäupter – Fidel Castro, Patrice Lumumba im Kongo und Rafael Trujillo in der Dominikanischen Republik – als potentielle Ziele von politischen Mordanschlägen ausgewählt worden. Die Planung wurde unter der Federführung von Allen Dulles und Richard Bissell nach der Wahl im November und während der gesamten Übergangsperiode ohne Unterbrechung fortgeführt. Ein politischer Mord als Konzept war, wie Dulles und Bissell genau wußten, für die Regierung Eisenhower nichts Neues. Wie aus inzwischen freigegebenen Akten hervorgeht, stellte die CIA 1953 bei der Vorbereitung des Sturzes von Präsident Jacobo Arbenz Guzmán von Guatemala eine Liste mit 58 Guatemalteken zusammen, die kommunistischer Neigungen verdächtigt wurden, und bildete Killer für ihre Ermordung aus. Die Anschläge wurden im Außenministerium auf höchster Ebene eingehend erörtert.*

---

* Aus den CIA-Akten, die im Mai 1997 von den National Security Archives, einer Interessengruppe in Washington, der Öffentlichkeit zugänglich gemacht worden sind, geht nicht hervor, daß Präsident Eisenhower die Anschläge billigte. Die Akten enthalten aber
*Fortsetzung der Fußnote siehe S. 190*

Der Präsidentschaftskandidat Kennedy nutzte, wie gezeigt, unter anderem seine engen Beziehungen zu Dulles und Bissell, um in Erfahrung zu bringen, was er über die geplante Invasion Kubas durch vom CIA ausgebildete Exilkubaner wissen mußte, und mit Hilfe dieser Fakten schlug er dann seinen Gegenkandidaten Richard Nixon. Als gewählter Präsident traf sich Kennedy weiterhin offiziell und inoffiziell mit Bissell. Mit seinem klaren Verstand und der anmaßenden Art schien Bissell der ideale Partner für den neuen Präsidenten und die wortreich propagierte New Frontier. Einer Anekdote zufolge begeisterte er Kennedy und dessen enge Berater für sich, als er sich bei einem Mitarbeiter-Dinner der neuen Mannschaft als »Ihr ergebener menschenfressender Hai« vorstellte. Als professioneller Geheimdienstmitarbeiter verschrieb er sich dem Präsidenten bis zur »plausiblen Bestreitbarkeit«: So bezeichnete man das eiserne Verfahren der CIA, den Präsidenten unbedingt vor der Verantwortung für eine gescheiterte oder aufgedeckte Geheimdienstoperation zu schützen, die aus moralischen oder juristischen Gründen fragwürdig war – wie beispielsweise die Ermordung eines ausländischen Staatsoberhauptes.

Bissell besaß von Beginn an Kennedys Vertrauen; in den Dienstbüchern des Geheimdienstes sind allein in den ersten drei Monaten des Jahres 1961, als die Planung für die Invasion Kubas vorangetrieben wurde, dreizehn inoffizielle Gespräche im Oval Office mit Kennedy und anderen aufgeführt. »Er war dauernd dort«, erinnerte sich seine Sekretärin Doris Mirage in einem Interview für dieses Buch. »Wenn er mit [Kennedy] sprechen wollte, rief ich sofort Evelyn Lincoln an.« Bissell galt als nächster Anwärter für den Posten des CIA-Direktors; es war nur ein Frage der Zeit, bis der alternde Allen Dulles in den Ruhestand ging.

Natürlich gibt es keine schriftlichen Aufzeichnungen Kennedys oder eines anderen Präsidenten von irgendwelchen Gesprächen über politische Morde. Doch die Planungen der CIA gegen die drei

immerhin eine 22 Seiten umfassende Ausbildungsbroschüre der CIA mit dem Titel *A Study of Assassination*, eine Art Anleitung zum Mord. In der Broschüre findet sich die Warnung: »Kein Mordauftrag darf schriftlich formuliert oder auf Band aufgezeichnet werden.« In anderen Abschnitten werden verschiedene Mordtechniken und die geeigneten Waffen erörtert und Hinweise gegeben, wie man einen politischen Mord als Unfall tarnen kann.

ausländischen Staatsmänner gingen unter Kennedy nicht nur weiter, sie nahmen zur Zeit seines Amtsantritts sogar konkrete Konturen an: als streng geheimes Programm unter der Bezeichnung »Exekutivaktion«, Deckname ZR/RIFLE. William K. Harvey, ein besonders schillernder, aber auch besonders erfolgreicher Agent, wurde mit der Durchführung beauftragt.

Der 1976 verstorbene Bill Harvey war bei der CIA eine legendäre Gestalt. Er war klein und dick, hatte hervorquellende Augen, eine schnarrende Stimme und ein erhebliches Alkoholproblem – in seiner Glanzzeit waren zwei doppelte und ein einfacher Martini seine übliche Ration zum Mittagessen. Er trug meist zwei Pistolen mit Perlmuttgriff im Gürtel und prahlte gern mit seinen Erfolgen bei Frauen. Alle, die Harvey kannten, schilderten ihn als herausragenden, einsatzfreudigen Agenten und talentierten Verfasser von Memoranden, außerdem nahm er Vorgesetzten gegenüber kein Blatt vor den Mund. Geheimnisse waren bei ihm so sicher wie in einem Grab, gelegentlich sehr zum Leidwesen seiner Kollegen: In einem allgemein lobenden »Fitneß-Bericht« der CIA für die Jahre 1960–1962 wird er beschrieben als »nicht gerade freigiebig mit Informationen zu Operationen, an denen er beteiligt ist«. Der ehemalige FBI-Beamte Harvey trat nach dem Krieg in die Dienste der CIA ein. Er nahm Harold »Kim« Philbys gesellschaftliche Kontakte in Washington genauer unter die Lupe und kam Anfang der fünfziger Jahre zu dem Schluß, daß der britische Geheimdienstattaché einer der wertvollsten Sowjetspione war. Und er verschaffte der CIA einen Anfangserfolg im Kalten Krieg durch die Planung eines Tunnels nach Ostberlin, der es ermöglichte, die unterirdischen ostdeutschen und sowjetischen Telefonleitungen anzuzapfen. Daß Harvey zum Chef der Abteilung D des Auslandsgeheimdienstes ernannt wurde – der Elitetruppe, die verantwortlich war für die Infiltration ausländischer Botschaften und die Entwendung von Codebüchern –, war in Anbetracht seiner Leistungen nicht verwunderlich. Er war genau der richtige Mann für die Einfädelung und Durchführung der Aktion ZR/RIFLE.

Trotz der Geheimhaltung um ZR/RIFLE und trotz des Schutzes durch die »plausible Bestreitbarkeit« gibt es eine Fülle von Hinweisen, die Jack Kennedy und McGeorge Bundy mit ZR/RIFLE und den Mordkomplotten in Verbindung bringen. Vieles davon wurde 1975 im Untersuchungsausschuß des Senats unter dem Vorsitz von Frank Church ans Licht gebracht; aus politischen Gründen entschlossen sich dessen demokratische Mitglieder, den Bericht nicht anzufechten. Ich konnte noch viele weitere Hinweise aufspüren.

Ende Januar 1961, als sich die neue Regierung allmählich eingerichtet hatte, beorderte Richard Bissell William Harvey zu sich und wies ihn an, ein Programm »Exekutivaktion« für die Ermordung ausländischer Politiker auszuarbeiten. Harvey machte sich stets sehr sorgfältig Notizen, und in den Notizen zu dem Gespräch mit Bissell, die dem Generalinspekteur der CIA 1967 zur Verfügung gestellt wurden, findet sich folgendes Zitat Bissells: »Das Weiße Haus [unter Kennedy] hatte mich schon zweimal aufgefordert, endlich die entsprechenden Vorbereitungen zu treffen.« Der neue junge, tatendurstige Präsident wollte Ergebnisse sehen. Harveys Aufzeichnungen und andere Dokumente wurden 1967 von der Dienststelle des Generalinspekteurs zu den Akten gelegt, aber als der Church-Ausschuß 1975 nach der Watergate-Affäre seine Untersuchungen aufnehmen wollte, waren die Aufzeichnungen der Gespräche mit Bissell über das Drängen des Weißen Hauses verschwunden.* Harvey hatte allerdings in seinen Anfangstagen als Chef von ZR/RIFLE noch andere Aufzeichnungen gemacht. Diese übergab er 1975 dem Senat, doch sie wurden im Abschlußbericht nicht veröffentlicht – und die vollständigen, unzensierten Aufzeichnungen konnten erst für das vorliegende Buch herangezogen werden. Mit den Aufzeichnungen hielten die Mitglieder des Senatsausschusses eindeutige Beweise in Händen, daß die Angriffsziele von ZR/RIFLE Castro, Trujillo und Lumumba waren.

---

* Richard Helms, Direktor der CIA zu der Zeit, als der Bericht des Generalinspekteurs verfaßt wurde, ordnete die Vernichtung sämtlicher Aufzeichnungen und Arbeitspapiere an, die mit den Bestrebungen der CIA zur Ermordung Castros zu tun hatten. Ein internes Memorandum der CIA, das im Mai 1967 entstand, also einen Monat nach Abschluß des Berichts des Generalinspekteurs, stellte fest, daß Helms seine Kopie des Berichts der Dienststelle des Generalinspekteurs mit der Anweisung zurückgegeben habe, nur diese Kopie bei den Akten aufzubewahren. Alle anderen Kopien des 133seitigen Dokuments sollten vernichtet werden.

Nach den Senatsakten teilte Harvey dem Ausschuß ferner mit, daß die ausdrückliche »Zustimmung des Präsidenten« eine der drei notwendigen Vorbedingungen des CIA gewesen sei, ohne die sie dem Einsatz von »Mord als Mittel«, wie er formulierte, nicht zugestimmt hätte.[*]

Der Church-Ausschuß fragte Bissell nach Harveys weiteren Notizen und seinen erläuternden Ausführungen dazu, und Bissell tat, was für einen getreuen Gefolgsmann der Kennedys undenkbar war: Er brachte das Weiße Haus in Verbindung mit politischem Mord. Statt Harveys Beweismaterial anzuzweifeln, ergänzte Bissell von sich aus die außergewöhnliche Tatsache, daß er mit McGeorge Bundy, dem Nationalen Sicherheitsberater des Präsidenten, über die »Exekutivaktion« gesprochen habe. Doch er beeilte sich hinzuzufügen, er und Bundy hätten nur »allgemein über die ›Möglichkeit‹« gesprochen »und nicht über den Plan oder die Billigung einer konkreten Mordaktion«.

Die relativ ehrlichen, wenn auch längst nicht vollständigen Zeugenaussagen von Harvey und Bissell aus dem Jahr 1975 brachten McGeorge Bundy in ernstliche Verlegenheit. Der ehemalige Sicherheitsberater fürchtete – sehr viel mehr, als allgemein bekannt ist – eine Anklage wegen Meineids. Schon vor seinem Erscheinen vor dem Church-Ausschuß fühlte sich Bundy veranlaßt, seine beeidete Aussage vor einer präsidentiellen Kommission zu widerrufen.

Auslöser für die Ermittlungen des Church-Ausschusses war ein (von mir verfaßter) Artikel in der *New York Times* im Dezember 1974, der eine Reihe illegaler Aktionen der CIA im Land schilderte. Präsident Gerald R. Ford wollte offensichtlich eine Anhörung im Kongreß vermeiden und setzte als Reaktion auf die allgemeine Empörung über die Enthüllungen eine präsidentielle Kommission ein. Der Untersuchungsauftrag der Kommission, deren Leitung Vizepräsident Nelson Rockefeller übernahm, lautetc, die Tätigkeit der CIA zu durchleuchten. Fords Hoffnungen wurden

---

[*] Die weiteren Voraussetzungen, die Harvey nach den Akten des Church-Ausschusses nannte, waren die Existenz einer »realen Bedrohung« und die Möglichkeit, die Ermordung »erfolgreich durchzuführen«.

jedoch enttäuscht, der Senat entschied sich für die Einleitung einer umfassenden Untersuchung.

Am ersten Tag der Zeugenbefragung in der Rockefeller-Kommission, am 7. April 1975, bestritt der ehemalige Sicherheitsberater kategorisch, daß er irgendeine Kenntnis von einem »konkreten Beschluß« zur Ermordung eines ausländischen Politikers gehabt habe. Er sagte ferner aus, er erinnere sich nicht an ein Programm mit der Bezeichnung »Exekutivaktion«. Am folgenden Tag traf sich Bundy privat mit David W. Belin, dem stellvertretenden Vorsitzenden des Rockefeller-Ausschusses, »um einige Ergänzungen zu der Aussage zu machen«, weil er offenkundig eine Anklage wegen Meineids fürchtete. Nach der 1996 freigegebenen Mitschrift des Gesprächs erklärte Bundy: »Als ich mir bestimmte Fragen noch einmal über Nacht durch den Kopf gehen ließ, ist meine Erinnerung klarer geworden.« Bei der nochmaligen Befragung zu exekutiven Aktionen sagte er: »Inzwischen entsinne ich mich deutlicher als gestern an die Worte ›exekutive Aktionsfähigkeit‹ ... Ich glaube, es war so etwas wie ... ein Plan, eine Art Bereitschaftsabteilung für Aktionen gegen Einzelpersonen einzurichten.« Bundy hatte alle gesetzlichen Verpflichtungen, aus denen ihm Schwierigkeiten hätten erwachsen können, sorgfältig abgewogen, und verschwieg bestimmte Dinge weiterhin: »Ich erinnere mich aber nicht mehr, wann ich davon erfahren habe, wer ein solches Programm gefordert hat und wie weit die Sache bereits gediehen war.«

Bundys auf zwei Tage verteilte Aussage verärgerte Belin, einen ehemaligen Anwalt, der Mitglied der Warren-Kommission zur Untersuchung des Mordes an John Kennedy gewesen war. In einem Interview 1997 sagte Belin, immer noch wütend, was er zuvor nie hatte zugeben wollen: »Es besteht kein Zweifel, daß Bundy mich angelogen hat.« Belin, der inzwischen in Des Moines in Iowa als Anwalt tätig ist, fügte hinzu, er habe die Anhörung 1975 in der Überzeugung verlassen, daß Präsident Kennedy von dem Mordkomplott der CIA gewußt habe. »Bobby Kennedy wußte [auch] davon. Die Kennedys hatten es darauf abgesehen, Castro zu beseitigen.«

Nach Belins Ansicht hatten einige Zeugen gelogen, andere

nicht. William Harvey hatte seiner Ansicht nach die Wahrheit gesagt.

Bundy erschien im Juli 1975 vor dem Church-Ausschuß, nachdem Bissell und Harvey bereits befragt worden waren. Sein Gedächtnis hellte sich urplötzlich abermals auf. Entscheidend dazu beigetragen haben dürfte, daß Bundy genau wie Bissell mit den Kennedys brach und sich von ihren vierzehn Jahre währenden Lügen und Vertuschungsmanövern distanzierte. Er bestätigte Bissells Darstellung ihres Gesprächs und räumte ein, daß im Weißen Haus von Mord die Rede gewesen sei und die CIA-Leute bei ihrer Mordverschwörung nicht auf eigene Faust gehandelt hätten.

Der Mann des Präsidenten verwahrte sich in seiner Aussage jedoch gegen eine Reihe von Vorwürfen. Er wiederholte, daß er und Bissell nur über eine, wie es im Senatsbericht heißt, »nicht zielgerichtete Möglichkeit« gesprochen hätten »und nicht über eine Mordoperation«. Er habe den Eindruck gehabt, daß Bissell lediglich seine Reaktion habe testen und nicht »grünes Licht« für ZR/RIFLE habe bekommen wollen. »Ich bin mir sicher, daß ich keine Anweisung erteilt habe. Aber fairerweise muß ich hinzufügen, daß ich auch keine Steine in den Weg gelegt habe.« Er habe keine Anstalten gemacht, das Programm der CIA zu stoppen oder genauere Informationen einzuholen, weil es noch ein theoretisches Konzept gewesen sei und erst habe konkret werden sollen, sobald eine spezifische Einzelperson ins Visier genommen worden wäre. Auf die Frage, ob er mit dem Präsidenten über das neue Programm der CIA gesprochen habe, anwortete Bundy, so weit er sich erinnere, habe er das nicht getan.

John F. Kennedys Nationaler Sicherheitsberater, der ehemalige Dekan einer Fakultät der Universität Harvard, hat somit eingeräumt, daß er kurz nach seiner Amtsübernahme mit dem CIA-Planungschef für verdeckte Operationen darüber sprach, wie bei der CIA die Voraussetzungen geschaffen werden könnten, politische Morde zu begehen. Eben dieser Planungschef war zu der Zeit, wie er dem Untersuchungsausschuß berichtete, zuständig für eine große Geheimoperation, bei der drei unerwünschte politische Führer beseitigt werden sollten. Doch dieses außergewöhnliche Eingeständnis erregte kein größeres Aufsehen, als es im November 1975 vom Senat veröffentlicht wurde. Vielleicht wäre Bundys Aussage mehr Gewicht beigemessen worden, wenn die Washingtoner Presse gewußt hätte, daß Bundy sehr viel engere Verbindungen zur CIA unterhielt, als allgemein bekannt war.

Nach dem Gespräch mit Bissell Anfang Januar 1961 hatte Bill Harvey keine Illusionen mehr über das Ziel von ZR/RIFLE und des Programms »Exekutivaktion«. Er vereinbarte umgehend ein Treffen mit Bissells wissenschaftlichem Berater Dr. Sidney Gottlieb, der bei Bedarf einen tödlichen Virus oder ein Gift herstellen konnte. In einem 1994 für das vorliegende Buch geführten Interview sagte mir Gottlieb, Harvey habe sich mit folgenden Worten an ihn gewandt: »Ich bin gebeten worden, diese Gruppe zusammenzustellen, um Leute zu ermorden, und muß wissen, was Sie für mich tun können.« Harvey machte sich auch von diesem Gespräch Aufzeichnungen – und gab sie 1967 nicht an den Generalinspekteur der CIA weiter. Nach seinen Notizen fand die Unterredung am 25. Januar 1961 statt, fünf Tage nach Kennedys Amtsantritt. Die beiden Männer sprachen insbesondere über Castro, Lumumba und Trujillo als potentielle Ziele einer Aktion. Den Aufzeichnungen zufolge nannten er und Gottlieb eine Ermordung »das letzte Mittel« und »ein Eingeständnis der Schwäche«. Am nächsten Tag traf sich Harvey mit Arnold Silver, dem erfahrenen Leiter der CIA-Station in Luxemburg, mit dem er in vorherigen Operationen eng zusammengearbeitet hatte. Harveys Aufzeichnungen belegen, daß er und Silver über die Anwerbung von Agenten für die Aktion ZR/RIFLE gesprochen haben – Männern, die zuverlässig töten und schweigen würden. Sie erörterten ausführlich die Sicherheitsvorkehrungen und waren sich einig, daß nichts schriftlich festgehalten werden dürfte: »Keine anderen Geheimdienste. Nichts auf Papier ... Das Wort ›Ermordung‹ darf nicht fallen.«

Im Herbst 1961 wurde Harvey der Gruppe zugeteilt, die später unter dem Namen Task Force W bekannt wurde: CIA-Leute in einer vom Weißen Haus zusammengestellten Truppe, die Castro ergreifen sollte. In den folgenden eineinhalb Jahren schmiedete er ein Komplott nach dem anderen, um den kubanischen Führer zu stürzen und zu ermorden, und der ständige Druck von seiten Robert Kennedys frustrierte ihn immer mehr. Harveys Feindseligkeit gegen den Justizminister wuchs mit jedem gescheiterten Mordversuch. Offensichtlich war seine Enttäuschung schließlich so groß, daß er gegen seinen Grundsatz verstieß, niemals ein Wort zuviel zu reden: Zu Samuel Halpern, Leiter von Task Force W und ein geschätzter Kollege, sagte er, was dem Kongreß kein CIA-Mann je gesagt hat, daß nämlich Jack Kennedy noch vor seiner Amtseinsetzung persönlich Richard Bissell ermächtigt habe, das Programm ZR/RIFLE einzurichten. »Nach der Wahl«, erinnerte sich Halpern in einem Interview für dieses Buch, »bat Kennedy Bissell, die Voraussetzungen für einen politischen Mord zu schaffen. Aus diesem Grund rief Harvey ZR/RIFLE ins Leben.«

Zur Zeit von Kennedys Amtsantritt war die Dritte Welt – Länder wie Kuba, die Dominikanische Republik und der Kongo – das neue Schlachtfeld des Kalten Krieges. »Nun ruft uns die Trompete abermals«, erklärte Kennedy in seiner berühmten Antrittsrede, »nicht um die Waffen zu ergreifen, so nötig uns Waffen auch sind; nicht zum Kampf, so sehr wir zum Kampf auch bereitstehen, sondern um die Last eines langen Ringens im Dämmerlicht der Ungewißheit auf uns zu nehmen, Jahr um Jahr ...« Der neue heimliche Krieg des Präsidenten gegen die Sowjetunion sollte über Stellvertreter in der ganzen Welt geführt werden. Einige Tage zuvor hatten sowjetische Regierungsbeamte den Text einer Geheimrede Nikita Chruschtschows am 6. Januar herausgegeben. Darin hob der sowjetische Generalsekretär die Bedeutung der »gerechten Kriege« zur nationalen Befreiung hervor; die Rede zu lesen, war ein unbedingtes Muß für den gewählten Präsidenten. »Diese Kriege, die als Aufstände der Kolonialvölker gegen ihre Unterdrücker begannen, haben sich zu Guerillakriegen entwickelt«, sagte Chruschtschow. »Die Kommunisten unterstützen gerechte Kriege dieser Art rückhaltlos und mit ganzem Herzen.« Da der Atomkrieg nicht in Frage komme, sei die Unterstützung des Guerillakrieges nunmehr die einzige Möglichkeit, »mit den Imperialisten fertig zu werden«.

Der Historiker Michael Beschloss weist in *The Crisis Years* (dt.: *Powergame. Kennedy und Chruschtschow*, 1991), seiner Studie über das Verhältnis Chruschtschow-Kennedy, darauf hin, daß Chruschtschow viele Gedanken seiner Rede vom 6. Januar schon früher ausgesprochen hatte und daß die Rede als Absage an die Hardliner in Moskau und Peking mit ihrem hitzköpfigen Geschwätz über einen totalen Atomkrieg gedacht war. Eisenhower habe sich von der Rede unbeeindruckt gezeigt, schreibt Beschloss, weil er beobachtet habe, daß »der Parteichef seine Drohungen nur selten wahrmachte: Die starken Worte ersetzten gewöhnlich das Handeln.« Chruschtschow habe zweifellos kalkuliert, er werde den Westen beruhigen, wenn er ausdrücklich auf ein atomares Armageddon verzichte, doch er habe »nicht bemerkt, daß Kennedy den Zeitpunkt und den Inhalt seiner Rede als eine Provokation auffaßte und als Versuch verstand, einen neuen, jungen Präsidenten auf die Probe zu stellen«.

Für Kennedy war die Rede eine Herausforderung. Kaum im Amt, verschickte er Kopien an einflußreiche Mitglieder seiner Regierungsmannschaft zusammen mit einem Memorandum, in dem es heißt: »Lest sie, merkt sie euch, lernt sie und verdaut sie innerlich ... Unsere Aktionen, unsere Schritte sollten darauf ausgerichtet werden, diesen Problemen entgegenzutreten.« Der Verteidigungsminister Robert S. McNamara sagte Jahre später einem Interviewer, die Rede sei »ein bedeutendes Ereignis in unserem Leben« gewesen.

Der blutigste Stellvertreterkrieg tobte zur Zeit von Kennedys Amtsantritt in dem seit kurzem unabhängigen Kongo. Belgien hatte seine Kolonie mehr schlecht als recht auf die Unabhängigkeit vorbereitet, im ganzen Land gab es nicht einmal zwanzig Hochschulabsolventen, und die Armee wurde immer noch von weißen Offizieren kontrolliert. Als die kongolesischen Soldaten meuterten und es zu Gewaltausbrüchen kam, erreichten Meldungen den Westen, daß weiße Zivilisten ermordet und Nonnen vergewaltigt würden. Die belgische Regierung flog zum Schutz ihrer Bürger Fallschirmspringer ein. Ministerpräsident Patrice Lumumba erbat und erhielt von den Vereinten Nationen militärische Unterstützung, um die Belgier aus dem Land zu vertreiben, danach nahm er auch sowjetische Militärhilfe an, um die Abspaltung der Provinz Katanga zu verhindern. Politiker in der Regierung Eisenhower waren überzeugt, daß der kongolesische Ministerpräsident ein gefährlicher Radikaler war, den man nur schwer wieder loswerden könne. Für Washington war er um so gefährlicher, weil er breite Unterstützung in der Bevölkerung genoß: Im Mai 1960 gewann seine Partei Mouvement National Congolais mehr Sitze im neuen Parlament als alle Konkurrenten. Die Vereinigten Staaten antworteten darauf, wie Kennedy genau wußte, mit der Anweisung an die CIA, Lumumba zu ermorden.

Die amerikanischen Bemühungen konzentrierten sich auf die CIA-Abteilung für technische Dienste (TSD). Deren Wissenschaftler wurden gebeten, einen tödlichen Virus oder ein Gift herzustellen, das man in Lumumbas Essen schmuggeln oder seiner Zahnpasta zusetzen könnte. Die Männer der TSD zuckten bei diesem Ansinnen nicht zusammen, weil es durchaus nicht ihr erster Auftrag dieser Art war.

Im Jahr 1960 hatte die TSD bereits ein Taschentuch präpariert, das mit Billigung der obersten Führung des Geheimdienstes in das Haus von General Abdul Karim Kassem geschickt wurde, dem starken Mann des irakischen Militärs. Kassem hatte in einem blutigen Staatsstreich die Macht an sich gerissen, darauf zum Entsetzen der Vereinigten Staaten sofort die diplomatischen Beziehungen zur Sowjetunion wiederaufgenommen und das Verbot der kommunistischen Partei im Irak aufgehoben. Sidney Gottlieb hatte die Idee, ein Taschentuch zu infizieren und über die CIA-Station in Neu-Delhi in den Irak zu schleusen. »Es war kein Mord«, sagte mir Gottlieb in einem Interview. »Sie [die CIA-Leute im Nahen Osten] wollten lediglich, daß er für einige Zeit erkrankte. Ich ging zu Bissell, und er wies mich an, die Sache weiterzuverfolgen.« Andere Geheimdienstmitarbeiter widersprachen dieser Darstellung. Ein ranghoher Offizier enthüllte in einem Interview für das vorliegende Buch, daß die Männer in der Nahost-Abteilung General Kassem ein für allemal loswerden wollten. »Warum hätten sie sonst eine so drastische Maßnahme zugelassen?« Es ist nicht bekannt, ob das Taschentuch tatsächlich zu Kassem oder irgend jemandem aus seinem engeren Familienkreis

gelangte. Der General wurde 1963 in Bagdad von einem Erschie-
ßungskommando hingerichtet.

Der getreue Dr. Gottlieb spielte auch eine wichtige Rolle bei der
Zusammenstellung einer Art Mordbesteck für die CIA, das Injek-
tionsspritzen, Gummihandschuhe, Gazemasken und tödliche bio-
logische Stoffe enthielt. Mitte September 1960 schickte Richard
Bissell Gottlieb mit seiner Ausrüstung in den Kongo und ermächtigte ihn, Lawrence Devlin, dem Stationschef in Kinshasa (damals
noch Léopoldville), mitzuteilen, daß er das Gift oder ein anderes
geeignetes Mittel für die Ermordung Lumumbas verwenden solle.
Gottlieb sagte mir, vor seiner Abreise aus Washington habe er Bissell gefragt, ob das »unsere Idee« gewesen sei. »Die Antwort lautete, es sei aus ›höchster Quelle‹ gekommen« – Präsident Eisenhower. Devlin räumte 1994 in einem Interview ein, daß das
Mordkomplott gegen Lumumba mit enormen Risiken verbunden
war. »Wenn ich [dabei] erwischt worden wäre, dann hätten sie alle
Weißen in Kinshasa umgebracht.« Devlin fügte hinzu, Gottlieb sei
»genau wie ich nur ein kleines Rädchen bei der Sache« gewesen.

Lumumba flüchtete sich klugerweise in den schützenden Ge-
wahrsam der UN-Streitkräfte, weil er wußte, welcher Preis auf seinen Kopf ausgesetzt war und weil er von den rivalisierenden kongolesischen Splittergruppen bedrängt wurde. Im Gegensatz zu
den hochtrabenden Worten aus Washington über die Unantast-
barkeit von UN-Einrichtungen verfolgte die CIA das Ziel, Lumumba irgendwie aus seinem Schlupfwinkel herauszulocken und
ihn seinen Gegnern in der Provinz Katanga auszuliefern. Diese
wurden von den belgischen Bergbaugesellschaften unterstützt,
die hofften, ihren Kolonialbesitz zurückzubekommen.

Die offizielle amerikanische Politik im Kongo änderte sich
durch die Wahl Kennedys nicht. »Von Anfang an vertrat der neue
Präsident klar und unbeirrt die Überzeugung, falls die Vereinten
Nationen das Vakuum im Kongo nicht auszufüllen vermochten,
bleibe nichts anderes übrig als eine direkte sowjetisch-amerikani-
sche Konfrontation«, schreibt Arthur Schlesinger in *Die tausend
Tage Kennedys*. Diese Auffassung vertritt auch Ted Sorensen in
seinem Buch *Kennedy*. Er bezeichnet die Vereinten Nationen als
den wichtigsten Hebel für JFKs politisches Ziel, wieder einen un-

abhängigen, friedlichen, nichtkommunistischen Kongo zu schaffen. »Kennedys Kongo-Politik war weitgehend nur eine Erweiterung des Eisenhower-Konzepts«, faßt Sorensen zusammen.

Auch die inoffizielle amerikanische Politik – die blutigen Pläne der CIA – änderte sich nach Kennedys Wahlsieg nicht und wurde nach seinem Amtsantritt gar offiziell, wenngleich geheim weiterverfolgt. Bill Harvey und seine Kollegen hatten allen Grund zu der Annahme, daß Kennedy mit der Genehmigung von ZR/RIFLE einen Blankoscheck für den Mord an politischen Führern unterzeichnet hatte.

Mitte Januar 1961 wurde Lumumba überredet, den Schutz der Vereinten Nationen zu verlassen. Gegnerische Soldaten nahmen ihn gefangen, brachten ihn in die Provinz Katanga, dort wurde er irgendwann zwischen dem 17. Januar und Anfang Februar ermordet. Die genaue Rolle der CIA bei seinem Ende ist nicht bekannt, doch dem Church-Ausschuß vorgelegte Telegramme zeigen eindeutig, daß die CIA-Leute in Afrika genau wußten, daß Lumumba ermordet werden würde, sobald er den Schutz der UN-Truppen verlassen hätte. Präsident Kennedy wurde in seinen vom Fernsehen übertragenen Pressekonferenzen 1961 kein einziges Mal zum Tod Lumumbas befragt.

Der Aufwand für Trujillos Ermordung war weit geringer. Der dominikanische Staatsführer war ein gewalttätiger Diktator, der sein Volk gnadenlos unterdrückte. Im Jahr 1975 gelangte der Church-Ausschuß zu der Erkenntnis, daß die Regierungen Eisenhower und Kennedy mehrfach den Sturz seines Regimes durch dominikanische Dissidenten unterstützt hatten. Trujillo galt in ganz Lateinamerika als amerikanischer Schützling, was er in den vierziger und Anfang der fünfziger Jahre auch gewesen war, und die Regierung in Washington befürchtete seit neuestem, daß das Land in die Hände Castro-freundlicher, prokommunistischer Radikaler fallen würde, falls die Vereinigten Staaten nicht selbst den unvermeidlichen Sturz herbeiführten.

Im August 1960 brach die Regierung Eisenhower offiziell die diplomatischen Beziehungen zu Trujillos Regime ab, rief den größten Teil des diplomatischen Personals zurück, darunter auch den Chef der CIA-Station, und schloß die Botschaft. Der amerikanische Diplomat Henry Dearborn blieb als Konsul und de facto als CIA-Chef zurück. Er sprach mit Dissidentengruppen und äußerte immer unverblümter seine Ansicht, daß ohne die Ermordung Trujillos kein Putschversuch gegen das Regime Erfolg haben könne. Dearborn formulierte diese Ansicht auch in Telegrammen an das Außenministerium, die an Regierungsbehörden in ganz Washington verteilt werden sollten. Er sprach ausdrücklich von Mord und wurde deshalb nicht etwa zurechtgewiesen, sondern lediglich aufgefordert, seine Berichte – und seine Ratschläge – doch bitte über sicherere Nachrichtenverbindungen der CIA zu senden. Im Dezember 1960, während intensiv Mordkomplotte gegen Fidel Castro und Patrice Lumumba geschmiedet wurden, billigte die Regierung Eisenhower einen von Richard Bissell vorgelegten Plan, in dem gefordert wurde, die Gegner Trujillos mit Waffen und Bomben mit elektronischen Zündern auszustatten. Diese politische Linie änderte sich mit Kennedys Amtseinsetzung am 20. Januar nicht. Henry Dearborn blieb auf seinem Posten und schickte weiterhin reihenweise Telegramme, in denen von Mord die Rede war.

An diesem Punkt mischten sich Joe Kennedy und der Kreis in Palm Beach ein. Joe Kennedy war freundlich im Umgang in der Weise, wie reiche Leute freundschaftliche Beziehungen zu Journalisten unterhalten, so etwa zu einem Klatschkolumnisten namens Igor Cassini. Dessen Bruder Oleg, ein New Yorker Modedesigner, stattete zufällig Jacqueline Kennedy kostenlos mit maßgeschneiderten Abendkleidern aus. Igor Cassini wiederum, der unter dem Pseudonym Cholly Knickerbocker schrieb, war ein ausgezeichneter Golfer, interessierte sich wie Kennedy für schöne Frauen und war mit der Tochter eines Nachbars der Kennedys, Charles Wrightsman, verheiratet. Nach Dokumenten, die im Jahr 1962 in der Dominikanischen Republik der *New York Times* zur Verfügung gestellt wurden, trat Cassini im Februar 1961 an Joe Kennedy heran und schlug ihm vor, sie beide könnten eine Kommunikationskette von dem jungen Präsidenten zu Trujillo aufbauen. Zur selben Zeit war Cassini von Trujillos Regime ein Werbevertrag über 150000 Dollar jährlich angeboten worden. In einem Interview von 1996 sagte er, daß er den angebotenen Vertrag mit

Joe Kennedy durchgesprochen habe. Joe Kennedy habe ihm gesagt: »Das könnte ein Fehler sein.« Cassini nahm den Vertrag dennoch an.

Was genau sich Joe Kennedy von seiner Beteiligung an der Angelegenheit erhoffte – oder erhielt –, wird sich nie klären lassen. Doch sein Sohn billigte in der Folge ein geheimes Treffen zwischen Trujillo und dem ehemaligen Mitarbeiter der Regierung Eisenhower Robert D. Murphy im Auftrag der neuen Regierung. Cassini begleitete Murphy auf der Reise, die zur selben Zeit stattfand, als die Invasion in der Schweinebucht scheiterte. Nach den 1962 veröffentlichten Dokumenten stimmte Trujillo Murphys Besuch zu, weil er hoffte, daß darauf ein Treffen mit Joe oder mit Jack Kennedy auf See oder in Florida folgen würde. In einem der Dokumente heißt es, daß Murphy und Cassini »aus vertraulichen Gesprächen mit dem ältesten Kennedy [gewußt hätten], daß der Präsident bereits beschlossen hatte, die dominikanische Angelegenheit zu fördern und sich sogar über Andersdenkende im Außenministerium hinwegsetzen wollte«. Das Weiße Haus war nach dem Bericht in der *New York Times* peinlich berührt angesichts des klaren Beweises, daß Joe Kennedy sich nach Belieben in die Außenpolitik der Regierung einschalten konnte, und dementierte in einer Erklärung, daß der Präsident die Absicht habe, sich mit Trujillo zu treffen. Die Presse glaubte das Dementi unbesehen, und der ganze Vorfall war nach wenigen Tagen vergessen, ohne daß jemand ernsthaft nach Joe Kennedys Rolle gefragt hatte. Bobby Kennedy durfte die Sache dann wieder ins Lot bringen. Er wandte die gleiche Taktik an, mit der man bereits Skinny D'Amato aus Las Vegas ausgeschaltet hatte, nachdem das FBI seine Prahlerei mit der Wahlkampfunterstützung in West Virginia abgehört hatte. Igor Cassini wurde 1963 vom Justizministerium angeklagt, weil er nicht angegeben hatte, daß er im Dienst einer ausländischer Macht handelte.

Im Frühjahr 1961 unternahm Jack Kennedy von sich aus einen geheimen Vorstoß in der Angelegenheit Trujillo. Senator George Smathers aus Florida, Kennedys Freund aus seinen Tagen im Kongreß, sagte 1975 dem Church-Ausschuß, daß Kennedy ihn gebeten habe, sich mit Trujillo zu treffen. Er sollte dabei, »die Möglichkeit, daß er [Trujillo] auf seine Macht verzichtet und das Land verläßt«, ansprechen. Smathers führte den Auftrag aus, konnte Trujillo aber nicht überreden und verbrachte zwei angenehme Tage mit dem Diktator. »Er war eine sehr, sehr interessante Persönlichkeit«, sagte Smathers. »Er holte eine 45er Pistole heraus und legte sie vor sich auf den Schreibtisch, der Lauf zeigte auf mich, dann begannen wir unser Gespräch ... Als nächstes habe ich gehört, er sei ermordet worden.« Aus den Unterlagen geht nicht hervor, welche Absicht der Präsident verfolgte, als er den Missionen Murphys und Smathers' zustimmte, doch die Frage liegt auf der Hand: Wollten Jack Kennedy und sein Vater Trujillo noch eine Chance zur Flucht geben, ehe es zu spät war?

Trujillo blieb weiterhin auf der Mordliste des Programms »Exekutivaktion«. Anfang April 1961 wurde mit Zustimmung Bissells und des Weißen Hauses eine zweite Ladung Waffen und Munition zusammengestellt – eine erste war im Februar abgegangen –, die mit der diplomatischen Kurierpost zur Verteilung an die Dissidenten in die Dominikanische Republik geschickt werden sollte.

Nicht gerade überraschend schwenkte Washington nach der gescheiterten Invasion in der Schweinebucht am 17. April vollkommen um. Drei Tage später wurde Dearborn ermahnt, das Kriegsmaterial streng zu beaufsichtigen. In einem CIA-Telegramm, das von dem Senatsausschuß zitiert wird, heißt es, die Entscheidung, die Waffen von den Dissidenten fernzuhalten, »stützt sich auf die Einschätzung, daß die Ausfüllung eines durch die Ermordung geschaffenen Vakuums jetzt angesichts der ungeklärten Verhältnisse in der Karibik schwieriger denn je ist«. Trujillo wurde dennoch am 30. Mai 1961 von einer Gruppe Dissidenten ermordet, die zu einem früheren Zeitpunkt im selben Jahr amerikanische Waffen erhalten hatten, wie in einer späteren Studie des CIA ermittelt wurde. Das Weiße Haus, emsig darauf bedacht, auch nur den leisesten Verdacht einer Einmischung zu vermeiden, befahl allen Geheimdienstmitarbeitern, unverzüglich die Dominikanische Republik zu verlassen. Nach dem Bericht des Church-Ausschusses telegrafierte das Außenministerium an die CIA-Station, »das gesamte Material über die Kontakte zu Dissidenten zu vernichten«.

Zwei Tage nach Trujillos Ermordung diktierte Robert Kennedy

für die Akten ein vierseitiges Memorandum, in dem er seine Beteiligung zusammenfaßt; im Abschlußbericht des Church-Ausschusses ist es teilweise abgedruckt. Kennedy beklagte sich über mangelnde zuverlässige Informationen nach dem Mord, äußerte jedoch kein Wort des Bedauerns über die Lieferung von Waffen an Trujillos Mörder. »Es gibt auch keinerlei Hinweis«, heißt es in dem Bericht des Ausschusses, »daß irgend jemand nach der Ermordung einen beteiligten amerikanischen Regierungsbeamten vor Ort oder in Washington gemaßregelt oder auch nur kritisiert oder in anderer Form Einwände oder sein Mißfallen über das Ausmaß der Beteiligung der Vereinigten Staaten geäußert hat.« In späteren Dokumenten habe die CIA die Handlungsweise der Regierung Kennedy einen »Erfolg« genannt, »weil sie dazu beigetragen habe, die Dominikanische Republik weg von einer totalitären Diktatur und hin zu einer westlich geprägten Demokratie zu führen«.

In seinen tausend Tagen im Amt ignorierte Präsident Kennedy nach außen hin die zahlreichen Vorwürfe amerikanischer Beteiligung an der Ermordung ausländischer Staatschefs.

Einen Hinweis auf Kennedys tatsächliche Einstellung lieferte Smathers in einem Interview im März 1964 für die Kennedy Library. Er sprach während seiner Amtszeit mit Kennedy über die Folgen einer Ermordung Fidel Castros; die beiden Männer hatten das Thema auch zuvor schon erörtert. Smathers fiel auf, daß JFKs Sorge nicht so sehr der moralischen Seite eines politischen Mordes galt als den praktischen Schwierigkeiten einer Durchführung, die keine Spuren hinterläßt. »Wir sprachen noch über die Ermordung Fidel Castros«, sagte Smathers, »wie das aufgenommen würde, wie das Volk reagieren würde, ob es erfreut darüber wäre ... Soweit ich mich erinnere, warf er nur einen Schwall von Fragen in den Raum. Er war überzeugt, daß es möglich wäre – das weiß ich noch. Das war nicht das Problem. Die Frage war jedoch, ... ob ganz Südamerika positiv oder negativ darauf reagieren würde. Und darüber sprach ich mit ihm; offen gesagt, zum damaligen Zeitpunkt hatte ich das Gefühl, daß [er] nicht viel von der Idee eines Mordes hielt, vor allem wenn er den Vereinigten Staaten angehängt werden konnte.«

Tatsächlich sprach der Präsident mit dem CIA-Agenten Hans Tofte, der einen auffälligen Lebensstil führte, ausdrücklich über die mögliche Ermordung Castros. Tofte war lange Zeit in Asien im Einsatz gewesen und ein Dandy. Ein CIA-Kollege beschrieb ihn als einen »Prahlhans, der sich gut kleidete und ein hübsches Haus in Georgetown hatte«. Er sah genau so aus, wie man sich einen CIA-Agenten vorstellt, »Jack« – wie Tofte Kennedy in Gesprächen mit Freunden nannte – hatte er offensichtlich bereits während dessen Zeit im Senat kennengelernt. Der prahlerische Tofte bekam Mitte der fünfziger Jahre Schwierigkeiten mit der CIA, weil er geheimes Material bei sich zu Hause aufbewahrte. Seine Probleme wurden in *The Man Who Kept the Secrets* (dt.: *CIA*, 1980) geschildert, dem 1979 erschienen Standardwerk des Journalisten Thomas Powers über CIA-Direktor Richard Helms. Tofte ärgerte sich über das Material, das in dem Buch veröffentlicht wurde, und bat nach dem Erscheinen um eine Unterredung mit Powers. Sie kamen auch auf Kennedy zu sprechen, wie sich Powers 1994 in einem Interview erinnerte.

Tofte erzählte Powers von einem außergewöhnlichen Gespräch mit dem Präsidenten im März 1961. Tofte war soeben von einem CIA-Auftrag in Kolumbien zurückgekehrt, wo er umfassend den Versuch der Regierung beobachtet hatte, *La Violencia* zu beenden, den seit längerem tobenden Guerillaaufstand auf dem Lande. Die Untersuchungen hatten noch unter der Regierung Eisenhower begonnen, doch der dreibändige Bericht wurde erst zu Beginn der Amtszeit von Kennedy abgeschlossen. Wie kommunistische Bewegungen niedergeschlagen werden konnten, interessierte den neuen Präsidenten brennend, deshalb rief er Tofte ins Weiße Haus. Kennedy ließ sich stets gern von Einsatzbeamten vor Ort unterrichten. Tofte sagte Powers, er habe persönlich JFK eine Kopie des Berichts überreicht und ihm geschildert, was in Kolumbien vor sich ging. Er hatte auch die Kühnheit, die Invasion in Kuba anzusprechen. Wie so viele CIA-Leute in ganz Lateinamerika war ihm einiges über eine bevorstehende Invasion in Kuba durch Exilkubaner zu Ohren gekommen. Nach Powers Worten habe Tofte »bei der Gelegenheit darauf gedrängt, daß Castro vor einer Invasion ermordet werde, und er sagte, solange Castro an der Macht sei, könne man nichts erreichen. Doch die kubanische Regierung werde sich in Luft auflösen, sobald er tot sei.«

Kennedy habe aufmerksam zugehört und geantwortet: »Daran wird bereits gearbeitet. Sie brauchen sich deswegen keine Sorgen zu machen.« Er habe genau verstanden, sagte Tofte zu Powers, was der Präsident damit meinte. Deshalb sei er später erstaunt gewesen über die Nachricht, die Invasion habe stattgefunden, während Castro noch an der Macht war. Er sei davon ausgegangen, »daß die Tat ausgeführt würde«.

# 14

# Die Schweinebucht

Zu Beginn des Jahres 1961 erhielt Marcus Raskin, ein kluger, junger Mitarbeiter im Kongreß, ein unwiderstehliches Angebot: Ob er interessiert sei, im Nationalen Sicherheitsrat der Kennedy-Regierung in McGeorge Bundys Waffenkontrollstab einzutreten? Raskin sagte zu und traf sich Anfang April mit Bundy im Executive Office Building, einige Tage vor einer geplanten Invasion von Exilkubanern an einem einsamen Küstenabschnitt mit Namen Schweinebucht. Offiziell wußte Raskin nichts von der Invasion, doch er hatte wie viele in Washington gehört, daß etwas geplant war. Die brasilianische Regierung hatte öffentlich ihre Dienste als Vermittler zwischen den Vereinigten Staaten und Kuba angeboten. Raskin, der es gewohnt war, immer offen seine Meinung zu sagen, plädierte dafür, das Angebot in Betracht zu ziehen. »Oh nein«, entgegnete ihm Bundy. »Ein Kommando reicht, und er wird dort unten verschwinden.«

Die wenigen Vertrauten Kennedys, die vorab von der Landungsoperation unterrichtet worden waren, glaubten genauso fest wie Bundy an den Erfolg. Zweifel, wenn es denn welche gegeben hatte, wurden durch den Nimbus des Präsidenten ausgeräumt – und durch das allgemeine Gefühl, daß er einfach keinen Fehler machen konnte. Richard N. Goodwin war Redenschreiber und wurde nach der Wahl zu einem vertrauten Mitarbeiter des Präsidenten. »Ich erinnere mich«, meinte er rückblickend in einem Interview für dieses Buch, »daß ich irgendwann zu ihm sagte: ›Sie wissen, das Problem mit den Kubanern ist, daß sie bis zum letzten kämpfen werden. Und das kann bedeuten, daß durch uns eine Menge Leute in Kuba umkommen.‹ Kennedy wähnte sich jedoch auf Erfolgskurs. Er hatte die Nominierung und die Wahl gewonnen. Er hatte erlebt, daß die Dinge so liefen, wie er es wollte, und so warf er die Würfel noch einmal.«

Bundy wußte etwas, wovon Raskin und Goodwin keine Ahnung hatten: die Würfel waren hochexplosiv. Die Mafia hatte in Havanna die Hände mit im Spiel. Der kubanische Ministerpräsident Fidel Castro sollte von der Mafia am selben Tag oder am Tag vor der Landung in der Schweinebucht ermordet werden. Es schien eine ganz sichere Sache zu sein.

Castro war zu jener Zeit, als die neue US-Regierung gebildet wurde, nur eines von drei anvisierten Zielen für politische Mordanschläge. Doch er war das wichtigste. Sein Tod, so dachten die Strategen, würde eine Rebellion in Kuba auslösen.

»Castro auszuschalten war Teil des Invasionsplanes«, erklärte mir Robert Maheu, der Verbindungsmann der CIA zur Mafia. Die Ermordung Castros sollte »vor, aber lieber noch gleichzeitig mit der Invasion über die Bühne gehen. Wir sollten eine entsprechende Nachricht erhalten. Und so warteten wir, [ob] jemand Gift in sein Essen getan hatte.« Maheu brachte einen Großteil des Winters und Frühjahrs 1961 damit zu, Pläne für Castros Ermordung zu schmieden. Dazu traf er sich heimlich in Hotels in Miami mit Sam Giancana und zwei von Giancanas Männern, Johnny Roselli und Santos Trafficante.

Die Verbindung zwischen der Invasion und Castros Ermordung wurde von Richard Bissell öffentlich eingestanden. Doch er wartete damit zwanzig Jahre und entschied sich, die letzten Geheimnisse um die Schweinebucht in einer wenig gelesenen Fachzeitschrift zu enthüllen. »Ein politischer Mord sollte den Plan stützen«, sagte Bissell zu Lucien S. Vandenbroucke, einem Beamten im Auswärtigen Dienst, der ihn 1984 für einen Artikel befragte. Der Artikel erschien im Herbst des gleichen Jahres in *Diplomatic History*, einer wissenschaftlichen Vierteljahresschrift. »Es gab die Überlegung, daß Castro vor der Landungs-

operation tot sein würde. Allerdings hatten nur sehr wenige
Personen Kenntnis von diesem Teil des Plans.«*

Die Kubaner und die Sowjets wußten mit Sicherheit davon. Der
kubanische Geheimdienst, der eng mit dem sowjetischen KGB zusammenarbeitete, hatte im Januar 1961 ein großes Waffenlager
ausgehoben, dabei waren den Kubanern unter anderem Handfeu-
erwaffen mit Schalldämpfern in die Hände gefallen. Das Waffen-
versteck befand sich an einem Ort, den man für einen geheimen
Stützpunkt der CIA in Havanna hielt. Mitte der neunziger Jahre
präsentierten zwei Wissenschaftler namens Aleksandr Fursenko
und Timothy Naftali sowjetische Geheimdienstakten, aus denen
hervorgeht, daß der kubanische Geheimdienst und der KGB zu
dem Schluß kamen, die Pistolen seien für »den Mord an Fidel Castro« bestimmt gewesen. Fursenko und Naftali zogen in ihrer 1997
veröffentlichten Studie über die kubanische Raketenkrise *One Hell
of a Gamble: Khrushchev, Castro, and Kennedy, 1958–1964* (Ein
verdammt großes Wagnis. Chruschtschow, Castro und Kennedy
1958–1964) das Fazit, daß die Pistolen »ins Bild paßten«, nämlich
zu den Planungen für die Schweinebucht: »Die Kennedy-Regierung rechnete damit, daß Castro tot sein würde, bevor er einen
Gegenschlag vorbereiten konnte.« Der kubanische und der sowjetische Geheimdienst behaupteten später, sie hätten insgesamt
mehr als zwei Dutzend Mordkomplotte gegen Castro entlarvt.

Der Journalist Tad Szulc zitiert in seiner Castro-Biographie mit

---

* Vandenbroucke befragte Bissell im Mai 1984, nachdem er bei den Unterlagen von Allen
Dulles einen unveröffentlichten Aufsatz gefunden hatte, der sich mit der Schweinebucht
befaßte. Die Unterlagen wurden nach Dulles' Tod der Princeton University übergeben.
Vandenbroucke beschrieb in seinem Essay mit dem Titel »The ›Confessions‹ of Allen
Dulles: New Evidence on the Bay of Pigs« (»Die ›Bekenntnisse‹ des Allen Dulles: Neues
Material zur Invasion in der Schweinebucht«), daß Dulles eine Reihe von Entwürfen seines Aufsatzes verfaßt hatte, bevor er seine Bemühungen, die mißlungene Invasion zu
rechtfertigen, aufgab. Vandenbroucke brachte die Sache dann auf den Punkt. Bissells Eingeständnis, daß zwischen den Invasionsplänen und dem Mordkomplott ein Zusammenhang bestand, wurde in eine Fußnote am Ende des Artikels verbannt. In seinen 1996
postum veröffentlichten Memoiren zeigte sich Bissell weitaus vorsichtiger, was die Verbindung zwischen dem beabsichtigten Mord an Castro und dem Schweinebucht-Unternehmen betraf: »Zweifellos hoffte ich, während ich die Planungen für die Brigade voran-
trieb, daß die Mafia einen Erfolg erzielen würde.«

dem Titel *Fidel* Ramiro Valdés, der nach der Revolution 1959 den kubanischen Sicherheitsdienst aufgebaut hatte. Valdés behauptete, seine Agenten hätten die Planung der CIA für die Schweinebucht Schritt für Schritt aufdecken können, angefangen mit den ersten Tagen der Truppenausbildung in Guatemala. Aus Miami sei so viel an Informationen durchgesickert, daß man Mühe gehabt habe, die Wahrheit von den Gerüchten zu trennen.

Die Geschichte nimmt ihren Anfang – wie es 1975 im Bericht des Church-Ausschusses und bereits 1967 im strenggeheimen Bericht des CIA-Generalinspekteurs festgehalten wurde – bei Santos Trafficante, einem langjährigen Komplizen Sam Giancanas, und bei dem ehemaligen Boß der kubanischen Mafia, der Castro loswerden wollte, damit er sich wieder ungestört um das Geschäft mit dem Glücksspiel in Havanna kümmern konnte. Trafficante brachte Giancanas Gruppe mit zwei unzufriedenen Kubanern in Kontakt, die für das CIA-Angebot von 50000 Dollar bereit waren, Castro umzubringen.

Einer der beiden Kubaner war Juan Orta Cordova, mit dem offiziellen Titel Generaldirektor des Büros des Ministerpräsidenten, tatsächlich Castros Privatsekretär. Er hatte jederzeit Zugang zu Castro, und so sagte er Giancanas Männern, er könne Castro ohne weiteres mit einem Getränk Gift verabreichen. Nach langem Herumprobieren hatte der Geheimdienst eine tödlich wirkende, in kalter Flüssigkeit lösliche Pille vorbereitet. Anfang Februar 1961 wurden Giancanas Leuten mindestens sechs Pillen übergeben, die sie Orta in Kuba zukommen lassen sollten. Doch Orta hatte zu dem Zeitpunkt entweder sein Zugangsprivileg zu Castro bereits verloren oder war dabei, es zu verlieren. Eine Untersuchung der CIA zitierte später Mafia-Bosse, die sich darüber beklagten, daß Orta »kalte Füße« bekommen habe. Einige Tage vor der Operation in der Schweinebucht flüchtete er sich in die venezolanische Botschaft in Havanna. Dort stand er fortan unter diplomatischem Schutz, de facto war er ein politischer Gefangener, bis ihm Castro im Oktober 1964 die Flucht nach Mexiko City gestattete.

Giancana und Trafficante hatten noch einen weiteren Plan in der Hinterhand. Mit Hilfe Rosellis hatten sie Anfang des Jahres

1961 Kontakt mit Tony Varona (Dr. Manuel Antonio de Varona y Loredo) aufgenommen, einem Dissidenten, der eng, jedoch erfolglos, mit Leuten zusammengearbeitet hatte, die beim Glücksspiel in Havanna mitmischten. Varona lebte inzwischen in Miami und wollte mit Unterstützung dieser Leute Castro ausschalten. Er war zudem Führer einer gegen Castro gerichteten Koalition, der sogenannten Demokratischen Revolutionären Front, die maßgeblichen Anteil an den Planungen der CIA für die Schweinebucht hatte. Sollte Ortas Giftanschlag scheitern, würde Varona auf Kuba irgendwie die richtigen Leute finden, die die Sache erledigten. Varona und die Mafiosi in ihren Hotelzimmern in Miami wußten mehr von den Plänen für Kuba und Fidel Castro als die meisten CIA-Agenten, die in Guatemala die kubanischen Exilstreitkräfte trainierten.

Im April 1961 hatte Jack Kennedy allen Grund zu der Annahme, daß Sam Giancana und seine Männer in Miami und Havanna die Tat begehen würden. Bei der Wahl 1960 hatte Giancana Wort gehalten, und für einen Mord war Giancana, wie Kennedy sicher wußte, der richtige Mann.

Diese Zuversicht erleichterte es Kennedy und den Verantwortlichen der CIA vielleicht, die Stimmen ihrer Freunde in der CIA, bei der Presse und an anderen Stellen zu ignorieren. Diese Stimmen versuchten die Regierung zu warnen, daß das Geheimnis um die Ausbildung der Kubaner in Guatemala und um die geplante Invasion längst kein Geheimnis mehr war – nicht in Amerika und ganz gewiß nicht in Kuba. Ende 1960 informierte Axel Springer, der einflußreiche, konservative deutsche Verleger, den Chef der CIA-Station in Hamburg, Thomas Polgar, daß er Allen Dulles treffen wolle. Das Treffen war rasch arrangiert. Polgar erinnerte sich in einem 1994 geführten Interview, wie Springer nach seinem Eintreffen in Washington Dulles mitteilte, »er und seine Reporter hätten davon gehört, daß in Guatemala Exilkubaner ausgebildet würden«, und zwar mit dem Ziel einer Invasion Kubas. Polgar zufolge fügte Springer hinzu, daß er, »ideologisch gesehen damit keine Probleme« habe, »›doch wenn meine Reporter das herauskriegen können, dann können es Castros Leute mit Sicherheit auch herauskriegen.'« Dulles habe sich, so Polgar weiter, lachend über die Warnung hinweggesetzt und Springer entgegnet: »Es ist richtig, daß wir Kubaner ausbilden, doch es ist immer noch besser, sie auszubilden, als ihnen Wohlfahrtsgelder zu zahlen.'«

Dem ehemaligen Castro-Anhänger Ernest Betancourt, der nach Castros Machtübernahme geflüchtet war, schlug blanke Feindseligkeit entgegen, als er versuchte, das Weiße Haus auf die Dummheit einer mit Exilstreitkräften durchgeführten Invasion hinzuweisen. Betancourt erzählte mir in einem Interview, er habe sich an den Journalisten Charles Bartlett, einen Vertrauten Kennedys, gewandt und ihn darauf aufmerksam gemacht, daß die Regierung Kuba nur aus dem Blickwinkel des Kalten Kriegs beurteile und die Gründe außer acht lasse, warum Castro mit Recht bei der Bevölkerung so beliebt sei. »Meines Erachtens zeugte der Plan von mangelndem historischem Bewußtsein«, sagte Betancourt. »[Washington] fehlte vollkommen das Verständnis dafür, was Fidel vollbracht hatte.« Betancourt war innerhalb der Opposition gegen Castro einer der wenigen Kubaner, die sich gegen eine Invasion von Exilstreitkräften aussprachen. Er sei, wie er sagte, mit seiner Besorgnis zu Bartlett gegangen, weil er gewußt habe, »daß ein Gespräch mit ihm so ist, als spräche man mit Kennedy selbst«. Einige Tage später rief ihn Bartlett an. »[Er] warnte mich vor der [gegen die Invasion eingestellte] Gruppe, der ich mich angeschlossen hatte.« Der Hintergrund war klar: Betancourts Einwände gegen das bevorstehende Landungsunternehmen hatten seine politische Position in den Vereinigten Staaten erschüttert. Bartlett räumte in einem späteren Interview ein, daß Betancourt ihn gewarnt hatte: »Ganz Kuba weiß, daß eine Invasion bevorsteht.« Doch, so Bartlett weiter, »ich wollte Jack damit nicht belasten«. Statt dessen informierte er Allen Dulles über Betancourts Einwände. Wochen später, als die Operation angelaufen war, rief ihn Dulles an und meinte, »er habe die Sache geprüft und es stimme nicht, daß die Operation außer Kontrolle geraten sei«. Er versicherte Bartlett auch, die geplante Invasion sei »bei den Kubanern nicht durchgesickert«.

Am 17. April nahm das Verhängnis seinen Lauf. Die Armee und die Miliz Fidel Castros waren der vom CIA rekrutierten und ausgebildeten Brigade von 1400 Exilkubanern deutlich überlegen, die mit Amphibienfahrzeugen in der im Süden Kubas gelegenen Schweinebucht zu landen versuchten. Präsident Kennedy hatte man gesagt, daß die Landungsoperation sofort eine breite Revolte gegen das Regime auslösen werde. Doch der einzige Widerstand richtete sich gegen die Brigade der Exilkubaner, die in zwei Tagen heftiger Kämpfe vernichtende Verluste erlitt: 114 Männer starben, fast 1200 wurden gefangengenommen. In einer vierstündigen Fernsehsendung feierte Castro seinen Sieg und vergoß Hohn und Spott über die Kennedy-Regierung, weil sie das kubanische Volk falsch eingeschätzt hatte.

Damals blieb es ein Geheimnis des Weißen Hauses, daß Kennedy am Tag vor der Invasion einen zweiten Luftangriff persönlich absagte, der als entscheidend für einen Erfolg des Landungsunternehmens angesehen wurde. Zwei Tage vor der Operation hatte man acht Feindflüge von Nicaragua aus gestartet, doch den Piloten – Exilkubanern in uralten, aus dem Zweiten Weltkrieg stammenden B-26-Bombern ohne Hoheitsabzeichen – gelang es nicht, die kleine, aber schlagkräftige kubanische Luftwaffe auszuschalten. Eine neunte B-26 flog auf direktem Kurs von Nicaragua nach Miami, dort erklärte der Pilot, er gehöre einer Gruppe von Überläufern der kubanischen Luftwaffe an, die die Bombardements überraschend als Teil einer Revolte gegen das Castro-Regime ausgeführt hätten. Mit dieser Geschichte konnte man niemanden zum Narren halten, und Kennedy, der befürchtete, daß seine Regierung noch viel enger mit der Invasion in Verbindung gebracht werde, lehnte die zweite Bombardierung ab – mit den zwangsläufig tödlichen Konsequenzen für die Exilkubaner, die sich bereits der kubanischen Küste näherten. Welche Rolle der junge Präsident in seiner Unentschlossenheit bei der fehlgeschlagenen Militäroperation gespielt hatte, gelangte erst im Laufe der nächsten fünfzehn Jahre allmählich ans Licht der Öffentlichkeit. Im Frühjahr 1961 drang noch nichts nach außen.

Die Diskussion um die Frage, wer welche Befehle erteilt hatte, unterband Kennedy weitgehend, als er bei einer Pressekonferenz am 21. April erklärte: »Es gibt ein altes Sprichwort, daß der Sieg hundert Väter hat, die Niederlage aber eine Waise ist. [...] Ich bin

der verantwortliche Chef der Regierung, und das ist gut bekannt.«*
Seine scheinbare Bereitwilligkeit, die Verantwortung zu übernehmen, brachte ihm enorme Unterstützung durch die Öffentlichkeit
ein, die Kennedys Angst und Abscheu vor Castro teilte. Seine Popularitätskurve stieg steil nach oben. Inoffiziell beklagte sich Kennedy jedoch gegenüber jedem, einschließlich vieler Reporter, daß
er im Grunde nur Empfehlungen der CIA und der Vereinten Stabschefs gefolgt sei. »Ich habe einfach ihren Ratschlag angenommen«, beharrte er einige Tage später bei einem Treffen mit Dwight
Eisenhower, dessen Regierung ein Jahr zuvor die Planung einer
Invasion auf den Weg gebracht und Giancana und Roselli für den
Mord an Castro rekrutiert hatte. Damals griff kein Journalist den
Widerspruch auf, daß Kennedy einerseits nach außen hin die Verantwortung übernahm und andererseits danach trachtete, Sündenböcke zu finden. Ein Journalist tat dies zumindest in seinen
Memoiren. Der ehemalige *Time*-Herausgeber Hedley Donovan
schrieb 1987, der Präsident habe »absurdes Lob – und erstaunlich
gute Ergebnisse in den Umfragen – lediglich dafür« bekommen,
daß er »auf den konstitutionellen Umstand hinwies, daß er ›verantwortlich‹ war. Das hielt ihn nicht davon ab, unzähligen Freunden, Senatoren und Journalisten zu sagen, nur etwas inoffizieller,
es sei sein einziger Fehler gewesen, daß er auf die CIA und die hohen Tiere vom Militär gehört habe.«

Das Bild eines jungen Präsidenten, der von seinen Untergebenen hintergangen wurde, zeichnet auch Ted Sorensen in seinem Buch *Kennedy*, das 1965 (deutsche Ausgabe 1966) ein großer
Bestseller wurde. »John Kennedy«, schreibt Sorensen, »war zwar

---

* Kennedy eröffnete seine Pressekonferenz, indem er klipp und klar erklärte, keinerlei
Fragen zu Kuba zu beantworten: »Ich glaube nicht, daß der Nation damit auf irgendeine
Weise gedient wäre, wenn ich heute morgen weiter auf die Kuba-Frage eingehen würde.«
Dieser Ausweg sollte künftigen Präsidenten nach den schweren Belastungen durch Vietnam und Watergate verwehrt bleiben. Als ein Journalist wagte, das Thema dennoch anzusprechen, wiederholte Kennedy lediglich seine Ansicht, daß ein Gespräch über Kuba
»während der gegenwärtigen schwierigen Situation nichts« bringe. Er deutete jedoch an,
daß das, was den Reportern zu Ohren gekommen sei – vermutlich von Castro und seinen
weltweiten Anhängern – nicht die Wahrheit sei. Er fügte hinzu, und das war offensichtlich keineswegs ironisch gemeint: »Eines der Probleme in einer freien Gesellschaft, mit
dem eine Diktatur nichts zu tun hat, ist das Problem der Information.«

imstande, eine falsche, aber niemals eine dumme Politik zu machen. Um zu verstehen, wie er zu seinen Entscheidungen kam, ist es nicht nur nötig, die Tatsachen selbst zu kennen, sondern auch die Art und Weise, wie sie ihm dargestellt wurden.« Sorensen vertritt die Auffassung, Kennedy sei von der CIA und vom Militär falsch informiert worden, weil ausgerechnet jene Experten die Zweifel und Fragen des Präsidenten beantwortet hätten, die das Projekt am engagiertesten unterstützten. Arthur Schlesinger stellt in seinem ebenfalls 1965 erschienenen Buch *Die Tausend Tage Kennedys* die Theorie auf, daß Kennedys Fehler, die Invasion zu genehmigen, auf seine Unerfahrenheit zurückzuführen gewesen sei; er war gerade seit 77 Tagen im Amt. »Er konnte nicht wissen, wer von seinen Beratern kompetent war und wer nicht«, schreibt Schlesinger. Er schildert ein Essen nach dem Debakel, bei dem Kennedy eingestand: »Ich habe wahrscheinlich einen Fehler gemacht, als ich Allen Dulles [als Chef der CIA] behalten habe«.

Kennedy habe große Zweifel gehegt, ob die Invasion in der Schweinebucht tatsächlich durchführbar wäre. Doch er habe sich ebenso wie Dulles auch Sorgen über »Schadensbegrenzung« gemacht: Sollte die Operation gestoppt werden, bevor sie richtig begonnen hätte, und sollten die Exilkubaner, ohne einen Schuß abgegeben zu haben, nach Florida zurückkehren, dann würden sie, unzufrieden und enttäuscht, ihre Geschichte jedem Journalisten erzählen, der ihnen über den Weg lief. Schlesinger zitiert Kennedy mit folgenden Worten: »Wenn wir diese 800 Leute loswerden müssen, ist es viel besser, sie in Kuba abzusetzen als in den Vereinigten Staaten, besonders wenn sie selbst dahin wollen.« Die Bemerkung ist eines der seltenen Beispiele, wie Kennedys Selbsterhaltungstrieb offen zutage trat. Ihm war klar, daß für den Stopp der Invasion ein hoher politischer Preis bezahlt werden müßte, ein sehr viel höherer, als wenn die Operation ihren Lauf nahm und in einem Fehlschlag endete. Wenn er die Aktion vorzeitig stoppte, würde er schwach und unentschlossen erscheinen, und das gäbe den Republikanern die Gelegenheit, ihm Nachgiebigkeit gegenüber dem Kommunismus vorzuwerfen. So konkret beschreibt Schlesinger Kennedys Dilemma freilich nicht. Bei ihm heißt es, hätte der Präsident die Aktion abgesagt, dann »hätte ihn auf immer das Gefühl verfolgt, daß seine Skrupel Castros Machtposition geschützt hätten ... Das Engagement der kubanischen Patrioten« habe Kennedy motiviert weiterzumachen, und er habe »keine Verpflichtung gesehen, das Regime Castros vor demokratischen Kubanern zu schützen«.

Sorensen und Schlesinger kannten offenbar nicht die ganze Wahrheit über Kuba. Sie wußten nicht, daß der Präsidentschaftskandidat Kennedy vor der Wahl inoffiziell von CIA-Beamten und einigen Beteiligten darüber informiert worden war, daß die Insel in Kürze von den geheimen Exilstreitkräften angegriffen werden sollte – diese Informationen setzte er wirkungsvoll gegen Richard Nixon ein. Und sie wußten nichts über einen der Hauptgründe, warum Präsident Kennedy in letzter Minute zögerte: Auf Kuba hatten es Sam Giancanas Spießgesellen nicht geschafft, Castro kurz vor der Invasion zu ermorden.

Die Anweisung während des Schweinebucht-Unternehmens, das zweite Bombardement abzublasen, zählt zu Kennedys umstrittensten und am wenigsten verständlichen Entscheidungen. In den letzten Jahren wurde eine Unmenge an Unterlagen des Weißen Hauses über die Invasion freigegeben – nirgendwo stand etwas von politischem Mord. Doch Kennedys Entscheidung, den Schaden zu begrenzen, wird plausibel, wenn man weiß, daß Castro laut Plan nicht mehr leben sollte, wenn die ersten Exilkubaner an Land gingen, und daß dieser Teil des Plans nicht funktioniert hatte. Die Mafia hatte versagt, und ein quicklebendiger Castro trommelte seine Truppen zusammen.

Aus den freigegebenen Dokumenten des Weißen Hauses geht hervor, daß Kennedy, Bundy und andere Mitarbeiter des Präsidenten jederzeit an der Planung und dem Entscheidungsprozeß bei der Invasion beteiligt waren. Aus einem besonders wichtigen Memorandum Bundys an Kennedy, datiert vom 15. März 1961, einem Monat vor der Invasion, wird ersichtlich, daß Kennedys späterer Verzicht auf den zweiten Angriff mit B-26-Bombern – eine Entscheidung, von der die Öffentlichkeit damals nichts wußte – in voller Kenntnis der Konsequenzen erfolgte. »Ich glaube«, sagte Bundy dem Präsidenten, »es besteht allgemeine Übereinstimmung, daß Castros Luftwaffe zu einem bestimmten Zeitpunkt ausgeschaltet werden muß. ... Ich persönlich bin davon überzeugt, daß der Luftkampf früher oder später kommen muß, und daß er um so härter wird, je länger wir damit warten. ... Selbst das geänderte Landungsvorhaben hängt stark von einem unverzüglichen Vorgehen gegen Castros Luftwaffe ab.« Bundy empfahl einen Luftangriff, bei dem sechs oder acht B-26 eingesetzt würden und der »einige Zeit *vor* der Invasion« (Hervorhebung im Original) durchgeführt werden sollte. In den endgültigen von Kennedy gebilligten Plänen für die Invasion wurde die Anzahl der Angriffe mit B-26-Bombern verdoppelt: der erste am 15. April, der nächste zwei Tage später, am Morgen der Landung in der Schweinebucht, um Castros Luftwaffe endgültig zu zerstören. Der erste Angriff schlug fehl – und führte sofort zu kubanischen und sowjetischen Protesten vor den Vereinten Nationen.

Kennedys Entscheidung, auf das wichtige zweite Bombardement zu verzichten und zugleich keinen Stopp der Invasion zu verfügen, beruhte nicht auf militärischem, sondern auf politischem Kalkül. Wie er gewußt haben muß, lief seine Entscheidung auf ein Todesurteil für die gelandeten Exilkubaner hinaus. Doch er und Nikita Chruschtschow hatten nach wochenlangen, mühsamen Geheimverhandlungen endlich für Anfang Juni in Europa ein Gipfeltreffen vereinbart. Ein zweiter Bombenangriff hätte mit Sicherheit die Aufmerksamkeit auf die Rolle der Amerikaner gelenkt, er hätte Kennedys Begegnung mit dem sowjetischen Ministerpräsidenten und seine Chancen auf einen frühen Erfolg in der Außenpolitik gefährdet. Auch innenpolitisch, das begriff der Präsident, war ein Scheitern des Schweinebucht-Unternehmens besser als ein Stopp. Würde er die Invasion abblasen, hätte er mit erheblichem Druck seitens der Republikaner und der konservativen Demokraten zu rechnen. Man würde ihn dann wie den vielgeschmähten Adlai Stevenson für einen Liberalen halten. Und nichts – nicht einmal der Tod und die Gefangenschaft von Hunderten kubanischer Patrioten – konnte dies rechtfertigen.

In Miami bemühte sich Robert Maheu noch immer um die Mitarbeit der Mafia, denn er wußte, daß Castros Tod integraler Bestandteil des Invasionsplanes war. Doch dieser Umstand war derart heikel, daß ihn James O'Connell, Maheus Verbindungsmann zur CIA, nicht ermächtigt hatte, seine Kontaktleute bei der Mafia davon in Kenntnis zu setzen. Giancana und seine Männer hätten es auch nicht wissen müssen, wie mir Maheu in einem Interview erklärte: »Ihr Job war es, Castro zu beseitigen.«

Im Winter und Frühjahr 1961, so berichtete Maheu weiter, habe sich O'Connell, Chef der Abteilung für operative Unterstützung im Sicherheitsbüro der CIA, privat mit ihm getroffen und ihn über die Fortschritte bei der Ausbildung der Exilstreitkräfte in Guatemala auf dem laufenden gehalten. Die beiden Männer begriffen, daß die Invasion Kubas weitergehen würde, auch wenn die Mafia mit dem Mord an Castro scheitern sollte – aber nur so lange, wie Präsident Kennedy Luftunterstützung und die Bombardierung militärischer Ziele auf Kuba genehmigte. »Alle, die unseres Wissens nach beteiligt waren, hatten gesagt, daß die Invasion erfolglos sein würde ohne den Luftangriff und ohne ausreichende Unterstützung aus der Luft«, erzählte mir Maheu. Am Tag vor dem Landungsunternehmen teilte man Maheu mit, Kennedy habe den zweiten Luftangriff und die Luftunterstützung gestoppt. »Ich fragte, ob die Invasion nun abgeblasen sei«, erinnerte er sich. »Erst erfuhren wir nichts. Schließlich bekamen wir eine Antwort – daß man den Angriff nicht abgebrochen hatte. Und dann versuchte ich, den Präsidenten im Weißen Haus zu erreichen.« Maheu blieb in der Telefonzentrale hängen. Er wandte sich an David J. McDonald, einen Freund und früheren Klienten. McDonald war Präsident der Stahlarbeiter-Gewerkschaft United Steelworkers of America und ein Günstling Kennedys, er hatte unzählige Millionen in den Wahlkampf 1960 gepumpt. »Ich bat ihn, den Präsidenten dazu zu bewegen, daß er die Invasion stoppte. Dave berichtete mir, daß er den Präsidenten nicht habe erreichen können.«

An diesem Punkt, so erinnerte sich Maheu, sei ihm durch den Kopf gegangen: »Ich bin erledigt.« Er kehrte nach Las Vegas und zu seiner Arbeit als Sicherheitsberater zurück. Bis zu seiner Zeugenaussage 1975 vor dem Church-Ausschuß verlor er in der Öffentlichkeit kein Wort mehr über Kuba und die CIA. »Ich wollte nichts mehr damit zu tun haben. Mit Sam [Giancana] habe ich nie mehr gesprochen.«

Heute glaubt Maheu, daß die Kennedy-Regierung unverant-
wortlich, ja geradezu kriminell gehandelt hatte, als sie zuließ, daß
die Exilkubaner ohne die lebensnotwendige Hilfe in der Schweinebucht landeten. »Von dem Punkt an, als wir auf den [zweiten]
Luftangriff und eine ausreichende Luftunterstützung verzichte-
ten, hatten wir die Pflicht, das Landungsunternehmen zu stoppen.
Wir durften nicht zulassen, daß diese Kinder den Strand erreichten und durch die Waffen getötet wurden, die wir schon Stunden
zuvor hätten zerstören sollen. Und soweit es mich betrifft, haben
wir damit einen Massenmord möglich gemacht.«

Während die »Kinder« der Exiltruppen starben, organisierte Castro
mit großem Tamtam die erfolgreiche Verteidigung seines Landes.
Sam Giancanas Bemühungen, Castro aus dem Weg zu räumen,
waren fehlgeschlagen: Juan Orta floh in die Botschaft Venezuelas
und damit in die Sicherheit eines Asyls, und auch Tony Varonas
kriminelle Freunde in Kuba konnten Castro nicht erledigen.

Kennedy betrieb weiterhin Schadensbegrenzung nach innen
und außen, während die Invasion sich zu einer Katastrophe entwickelte. Er lehnte es kategorisch ab – worauf er zuvor bereits
die hochrangigen Offiziere im Pentagon hingewiesen hatte – den
Exilkubanern amerikanische Kampfflugzeuge und Kriegsschiffe
als Unterstützung zu schicken. Eine Sondereinheit der Marine,
Flugzeuge der Luftwaffe und Schiffe waren in den internationalen
Gewässern vor Kuba in Stellung gebracht und mußten mit ansehen, wie Castros Militär die Exilstreitkräfte aufrieb. Die Enttäu-
schung der Militärs wurde durch den damals kaum bekannten
Umstand noch vergrößert, daß das Weiße Haus – und nicht das
Pentagon – in den Gewässern und im Luftraum nahe Kuba das Sa-
gen hatte. Die Männer des Präsidenten, und nicht Generale und
Admirale, entschieden, welche Position jedes Schiff und jedes
Flugzeug beziehen sollte.

Kennedy fürchtete – und diese Furcht trat auch in späteren
Krisen wieder zutage –, daß er die Kontrolle über das Militär
verlieren könnte, wenn die Invasion ins Stocken käme. Anfang
der siebziger Jahre fand eine wichtige Befragung im US-Naval
Institute statt, die von Historikern übersehen worden ist. Admi-

ral Robert L. Dennison, Oberbefehlshaber der US-Marinestreitkräfte im Atlantik, zitierte dabei eine Anweisung des Pentagon, er solle mit den Zerstörern fünfzehn Meilen vor der Küste der Schweinebucht für einen sicheren Rückzugsort sorgen und dort auf mögliche Überlebende des Debakels warten. Die Befehle, die von General Lyman L. Lemnitzer, dem Vorsitzenden der Vereinten Stabschefs, übermittelt wurden, wiesen Dennison nicht nur an, was er zu tun habe, sondern auch wie. »Es war tatsächlich ein taktischer Befehl«, erinnerte sich Dennison. »Ich hätte das an keinen Kapitän geschickt. ... Deshalb rief ich Lemnitzer über das Zerhackertelefon an und sagte: ›Ich habe in meinem Leben ganz schön viele Befehle entgegengenommen, aber dieser ist eigenartig. ... Das ist der erste Befehl von jemandem, der es nötig fand, seine eigenen Befehl zu interpretieren.‹ [Lemnitzer] fragte: ›Von woher haben Sie die Anweisung bekommen?‹ Und ich entgegnete: ›Ich bekam sie von Ihnen.‹ Er fragte weiter: ›Wer, glauben Sie, hat sie ausgegeben?‹ Ich antwortete: ›Sie.‹ Er erwiderte: ›Nein. Dieser Befehl wurde in 1600 Pennsylvania Avenue ausgegeben.‹«

Der 1980 verstorbene Dennison wußte genau, wie in Washington Politik gemacht wurde. Er hatte fünf Jahre als Marineberater für Präsident Truman gearbeitet, bevor er wieder Aufgaben im Kampfeinsatz übernahm. Seiner Meinung nach, so sagte er im Interview des Naval Institute, »stammten viele der Befehle, die während der Krise von den Vereinten Stabschefs ausgingen, aus dem Weißen Haus oder von der CIA, und sie wurden mit sehr wenig Verständnis für die Erfordernisse der Lage erteilt. [...] Ich hoffe, daß jemand wie etwa Lemnitzer persönliche Notizen oder andere Aufzeichnungen darüber besitzt, immerhin steckt in dieser ganzen Geschichte zu viel drin, als daß man sie einfach in Vergessenheit geraten lassen kann. Doch allem Anschein nach sind meine Aufzeichnungen die einzigen.«

Lemnitzer verfaßte keine Memoiren, und keine der Darstellungen und historischen Untersuchungen zum Geschehen in der Schweinebucht und seinen Nachwirkungen hat ans Tageslicht gebracht, in welchem Umfang Jack Kennedy und seine Mannschaft im Weißen Haus die Ereignisse direkt steuerten.

Als sich das Scheitern der Operation in Kuba und die verhängnisvollen politischen Auswirkungen abzeichneten, wandte sich Jack Kennedy an seinen Bruder Bobby. Dieser blieb für die nächsten dreißig Monate sein einziger wahrer Vertrauter, ein treuer Beschützer des Präsidenten, der sich vor niemandem in der amerikanischen Regierung fürchtete. Nach der Katastrophe in der Schweinebucht ergriff Bobby die Flucht nach vorn und gab die schlechten Nachrichten bekannt, während der Präsident schwieg. Die beiden Brüder bemühten sich, die negativen politischen Auswirkungen möglichst gering zu halten. Ihr starrköpfiger Eifer führte zu einer letzten Erniedrigung für Bissell, dessen sichere Aussichten, nächster CIA-Direktor zu werden, mit dem Fiasko in Kuba dahinschwanden.

Im Verlauf des 19. April erhielten die Kennedys die alarmierende Nachricht, daß vier amerikanische Piloten, Angehörige der Alabama Air National Guard, die in Nicaragua heimlich die Kubaner ausbildete, sich der Weigerung des Präsidenten, grünes Licht für den zweiten Luftangriff zu geben, widersetzt hatten. Sie waren auf eigene Faust mit zwei B-26-Bombern gestartet und fügten den kubanischen Streitkräften schweren Schaden zu, bevor sie abgeschossen wurden. Zunächst war nicht klar, ob die Piloten überlebt hatten. Sollte ein Pilot überlebt haben, mußte man damit rechnen, daß Castro ihn im kubanischen Fernsehen vorführen würde – so wie ein Jahr zuvor Francis Gary Powers von Chruschtschow in Moskau vorgeführt worden war. Dadurch wären die wiederholten und beharrlichen Beteuerungen des Weißen Hauses in der Öffentlichkeit – in Washington und vor den Vereinten Nationen –, an der Invasion seien keine Amerikaner beteiligt gewesen, in sich zusammengefallen.

Am Nachmittag des 19. April – das Schicksal der eigenmächtigen Piloten war immer noch unklar – wurde Bissell zu einem Treffen mit John und Robert Kennedy ins Oval Office gerufen. Erst zweiunddreißig Jahre später offenbarte Bissell gegenüber Janet Weininger, der Tochter eines der umgekommenen Piloten, was sich bei dem Treffen abgespielt hatte. Weininger erinnerte sich in einem 1995 geführten Interview an Bissells Worte 1993: »Als alles vorüber war, ging ich zum Präsidenten, um ihn über den Sachver-

halt zu informieren. Bobby fing mich ab, als ich [in das Arbeitszimmer des Präsidenten] eintrat. Er war kurz und direkt. Seine ersten Worte lauteten: ›Diese amerikanischen Piloten hätte es
verdammt nochmal besser erwischt.‹ Sein einzige Sorge war ein
weiterer Fall Gary Powers. ... Er dachte nur an das Ansehen seines Bruders und daran, was die Piloten anstellen könnten, sollte
man sie gefangennehmen. Ich richtete mich kerzengerade vor ihm
auf, diesmal war ich froh, daß ich größer war als er. Bobby verhielt sich wie ein verwundetes Tier, während der Präsident sich
einfach zurücklehnte und ihm die Attacke überließ.« Die CIA, gab
Bobby Kennedy zu verstehen, »hätte besser dafür sorgen sollen,
daß die Familien [der Piloten] den Mund halten«. Der Justizminister beharrte darauf, man solle sich eine Geschichte für das Verschwinden der vier Alabama-Piloten ausdenken. Man entschied
für alle vier, daß sie umgekommen seien. Janet Weininger beschrieb mir Bissell als einen Mann, der »sehr lange gewartet hat«,
um seinen Schmerz über das Treffen im Weißen Haus mit jemandem zu teilen. Zur Zeit des Schweinebucht-Unternehmens habe
er, so Bissell zu Weininger, »den wahren Jack Kennedy nicht gekannt«.

Robert Kennedy war wegen der negativen politischen Konsequenzen besorgt für den Fall, daß die Nachricht vom Tod der
Piloten durchsickern würde, und versuchte, die Pensionszahlun-
gen für die Männer hinauszuzögern oder ganz zu streichen. Die
Ehefrau eines Piloten setzte sich mit Oscar Wyatt in Verbindung,
einem texanischen Ölbaron. Wyatt war 1960 ein begeisterter Anhänger des Kandidatenpaares Kennedy-Johnson gewesen. »Ich fuhr
zu Jack«, erzählte Wyatt 1995 in einem Interview. »Bobby war da.
Ich sagte ihm: ›Die Frau hat Kinder.‹ Bobby entgegnete mir: ›Das
ist eine verdammte Dummheit.‹« Damit meinte er, daß die Verbindung zwischen den Ehefrauen der Piloten und dem Weißem Haus
bekannt würde, wenn man für sie zahlte. Wyatt fuhr fort: »Ich
sagte zu ihm: ›Paß mal auf, wenn du das nicht machst, dann spa-
ziere ich rüber zur *New York Times* und zur *Washington Post* und
erzähle denen die ganze Geschichte über die Piloten.‹« Der Präsident beendete den Streit schließlich und sagte: »Wir machen das.
Wir zahlen die Pensionen.« Die CIA nahm sich schließlich einen

Anwalt aus Miami namens Alex Carlson, der die Zahlungen der Regierung an die Familien der vier Piloten abwickeln sollte. Die Familien bekamen zwar Geld, aber nicht die volle Höhe der Militärpension.

Bissell zahlte den Preis für sein Versagen: Er wurde aus dem Allerheiligsten verbannt, und Anfang 1962 wurde ihm gestattet, seinen Rücktritt einzureichen. Es folgten einige ruhige Jahre in einem Washingtoner Institut, doch seine Laufbahn als Mitarbeiter der Regierung war beendet. Er bekam keine hochkarätigen Positionen mehr, kehrte schließlich in seine Heimatstadt Hartford nach Connecticut zurück und verbrachte sein Leben mit Segeln, Lesen und Nachdenken.

In den zermürbenden Monaten des Jahres 1975, als der Church-Ausschuß herauszufinden versuchte, ob Eisenhower und Kennedy vom Mordkomplott gegen Castro gewußt und es gebilligt hatten, verhielt sich Bissell gegenüber den Personen und gegenüber der Institution, für die er gearbeitet hatte, stets loyal. Allem Anschein nach sahen die Ausschußmitglieder nicht, was doch offensichtlich war: Der entscheidende Punkt bei einer verdeckten Aktion ist, dem Präsidenten eine geheime Kommunikationsmöglichkeit zur Verfügung zu stellen, über die er Außenpolitik betreiben kann, ohne dafür Rechenschaft ablegen zu müssen. Die Mitarbeiter des Geheimdienstes, die vor den Ausschuß zitiert wurden, sahen es als ihre Pflicht an, die Rolle Eisenhowers und Kennedys zu verschleiern. Selbst bei einer Aussage unter Ausschluß der Öffentlichkeit wäre es einem Vertrauensbruch gegenüber dem Amt des Präsidenten gleichgekommen, die Wahrheit zu sagen. Und die CIA hätte als eine Bundesbehörde dagestanden, die Schuldzuweisungen verteilte.

Den Senatoren erläuterte Bissell, wie eine »plausible Verleugnung« genau funktionierte: Es gehe darum, »das allgemeine Ziel der in Betracht gezogenen Operation« anzudeuten; damit räume man dem Präsidenten die Möglichkeit ein, die Operation zu stoppen. Gleichzeitig habe man dafür gesorgt, »so wenig Informationen wie möglich über das allgemeine Ziel hinaus ... zu geben«. So könne der Präsident überzeugend »dementieren, von der Operation gewußt zu haben, falls davon etwas an die Öffentlichkeit dringen sollte«.

Eine plausible Verleugnung bedeutete, daß jene, die den Präsidenten informiert hatten, nicht wahrheitsgemäß darüber aussagen konnten. An einem gewissen Punkt drückte der enttäuschte Senator Church seine Überraschung aus, daß Bissell und Dulles zwar zugaben, den gewählten Präsidenten Kennedy über die geplante Invasion Kubas unterrichtet zu haben, daß sie aber zugleich behaupteten, ihm nichts von den Plänen eines Mordkomplotts gesagt zu haben: »Das ist doch sehr eigenartig, ... daß Sie Kennedy über die eine Angelegenheit informiert haben, aber nicht über die andere.« Bissell legte sich in seiner Antwort nicht fest: »Es ist durchaus möglich, daß Dulles doch etwas über einen Versuch oder über die Möglichkeit gesagt hat, für diesen Zweck Personen aus dem Syndikat einzusetzen. Ich erinnere mich nicht, daß er dies bei der damaligen Besprechung getan hat. Ich bin überzeugt, er hätte es, wenn er es getan hätte, wahrscheinlich eher allgemein erwähnt. Ich denke, keiner von uns war in der Lage, bei dieser Sache ins Detail zu gehen.«

Schlesinger und Sorensen waren in ihren Memoiren bestrebt, Jack Kennedy als Opfer ehrgeiziger Pläne der CIA darzustellen, als einen Staatschef, der von seinem Vorgänger den Plan einer Invasion geerbt hatte und der das Vorhaben nur widerstrebend in die Tat umsetzen ließ. Sorensen schreibt: »Das ganze Projekt schien sich auch auf geheimnisvolle und unerbittliche Weise der Ausführung zu nähern, ohne daß es dem Präsidenten gelungen wäre, es fest in den Griff zu bekommen oder es abzuändern. ... In späteren Monaten war er dankbar, daß er auf so verhältnismäßig glimpfliche Weise so wichtige Lehren erhalten hatte.« Schlesinger schildert, daß Kennedy sich Monate nach dem Schweinebucht-Unternehmen gefragt habe, »wie eine vernünftige, verantwortliche Regierung je in ein derartiges Abenteuer hatte hineingeraten können«.

Marcus Raskin kannte die Antwort. Sein erster Arbeitstag fiel auf den schicksalhaften Montag der Landung in der Schweinebucht. Einige Tage später bekam er eine Einladung, an einem

Stabstreffen teilzunehmen, bei dem die Invasion nachträglich analysiert wurde. Das Treffen fand im Büro von Walter W. Rostow statt, einem konservativen Volkswirtschaftler vom Massachusetts Institute of Technology, der Bundys Stellvertreter war. Viele Mitarbeiter des Stabes des Weißen Hauses waren anwesend, darunter Schlesinger, Richard Goodwin und Bromley Smith, der Leiter von Bundys Stab. »Walt hatte stets eine große Obstschale in seinem Büro stehen«, erinnerte sich Raskin. »Und so saßen wir zu zwölft da und aßen Obst, ganz so wie wohl einst die Gefolgsleute eines römischen Kaisers dagesessen, Obst verspeist und sich über entlegene Provinzen und Kriege unterhalten hatten. Dann kam Mac-Bundy ins Zimmer und sagte: ›Nun, ich glaube, Che hat mehr aus Guatemala gelernt als wir.‹« Ernesto »Che« Guevara, der radikale politische Führer aus Lateinamerika, galt in Washington allgemein als der Vordenker von Castros Revolution. Guevara hatte sich 1954 in Guatemala aufgehalten, als die CIA, mit erfolgreicher Unterstützung aus der Luft, das Arbenz-Regime stürzte.

»Mac«, fragte Raskin, »es ist sehr interessant, daß Che etwas aus Guatemala gelernt hat. Und was haben wir aus Kuba gelernt?« Einen Augenblick lang herrschte Schweigen, dann bemerkte Bromley Smith: »Es darf keine gegenseitigen Schuldzuweisungen geben. Loyalität ist das Wichtigste.« Später an diesem Tag oder vielleicht auch am nächsten Morgen erhielt Raskin einen Telefonanruf von einem Mitarbeiter Bundys. Dieser sagte ihm: »Mac würde es sehr zu schätzen wissen, wenn Sie sich bei keinen weiteren Stabstreffen mehr blicken ließen.« Wenn er etwas vorzubringen habe, dann könne er Bundy persönlich in dessen Büro treffen. Raskin blieb bis zum Juni 1962 in Bundys Stab, doch wie er sich mit einem Lachen erinnerte: »Ich war schon nach zwei Tagen erledigt.«

Präsident Kennedy suchte in seiner Verzweiflung Trost bei seinem Vater. Rose Kennedy berichtet in ihren Memoiren, sie habe ihren Mann am 19. April spätabends angerufen und erfahren, »Jack und Bobby hätten den ganzen Tag viel mit ihm telefoniert. Ich fragte ihn, wie [Jack] sich fühlte, und er sagte ›sterbenselend‹ – das Ergebnis seiner Versuche, Jack nach der Kuba-Katastrophe moralischen Halt zu geben … Jackie ging mit mir nach oben und sagte, er sei den ganzen Tag sehr aufgeregt gewesen. Er sei buchstäblich in Tränen gewesen und habe geglaubt, von der CIA und anderen getäuscht worden zu sein … Jackie sagte, … sie habe ihn außer zur Zeit seiner Operation [1954] noch nie so deprimiert gesehen.«

Kennedy rief Clark Clifford zu sich, der seit Harry Truman die demokratischen Präsidenten beriet. Kennedy bat ihn, das unter Eisenhower für geheimdienstliche Aktivitäten zuständige Board of Consultants wieder einzuberufen. Diese Kommission mit beratender Funktion war zusammen mit vielen anderen nach Kennedys Amtsübernahme aufgelöst worden. Clifford, den die irische Mafia während des Wahlkampfes 1960 kaltgestellt hatte, klang bei einem 1994 geführten Interview immer noch gekränkt. »Mein Gott«, schilderte er mir seinen Besuch im Weißen Haus nach dem Schweinebucht-Unternehmen, »so einen Haufen geprügelter Hunde hatte man noch nie gesehen. [Kennedy] war ganz unten, völlig entmutigt.« Clifford, ein alter Hase in der Politik, meinte, er habe die Katastrophe kommen sehen. Er habe nach der Wahl Kennedys Beratern Kenny O'Donnell und Lawrence O'Brien zugehört und sich gedacht: »Junge, Junge, die denken, daß sie die Politik und die Regierung völlig umkrempeln können – als trügen sie ein Schild mit der Aufschrift »Großartigkeit voraus«.«

Und Clifford fuhr fort: »Drei Monate später sah ich das Dach einstürzen.«

Das Unternehmen Schweinebucht war die erste politische Niederlage in Jack Kennedys Leben, und er trachtete nach Rache – die richtete sich aber nicht gegen die Berater und die Regierungsbehörden, die ihn, wie Kennedy jedem erzählte, angeblich getäuscht hatten. Fidel Castro war sein Ziel, und er hielt den Rest seiner Amtszeit verbissen daran fest, daß Castro dafür würde bezahlen müssen – möglichst mit dem Leben –, daß er die Ehre der Kennedys befleckt hatte.

Doch in der Welt gab es andere, dringendere Angelegenheiten, und nicht alles spielte sich vor Amerikas Haustür ab. Am 21. April schickte Walt Rostow dem Präsidenten ein Memorandum, in dem er erläuterte: »Unser größtes Problem ist dafür zu sorgen, daß wir nicht unsere ganze Außenpolitik durch unsere Gefühle und unsere

Überlegungen hinsichtlich Kuba bestimmen lassen.« Rostow unterrichtete den Präsidenten davon, daß er Bobby Kennedy zur Vorsicht gemahnt hatte. Bobby wollte am liebsten sofort und unerbittlich sich Castros Kuba vorknöpfen. »Wie ich anderntags schon dem Justizminister sagte: Wenn man sich mitten in einem Kampf befindet und eins drauf bekommen hat, dann ist es am gefährlichsten, unkontrolliert hin und her zu schwanken. Unbestreitbar müssen wir in den nächsten Jahren mit Castro fertigwerden ... Aber wir sollten erst unsere neuesten Hausaufgaben machen.«

Amerika müsse den Umgang mit der kommunistischen Aggression lernen, meinte Rostow. Und er empfahl gleich eine Region, wo man diese Lektion lernen könnte: »Vietnam ist der Ort, wo wir – wie es der Justizminister ausgedrückt hat – beweisen müssen, daß wir kein Papiertiger sind ... Wir müssen beweisen, daß man Vietnam und Südostasien halten kann.«

Aus den Pentagon Papers, einer geheimen Darstellung des Vietnamkriegs durch die US-Regierung, geht hervor, daß der Präsident bei einem Treffen des Nationalen Sicherheitsrates am 29. April eine Reihe von verdeckten Maßnahmen billigte, die den Krieg eskalieren lassen würden. Innerhalb einiger Wochen waren vierhundert Angehörige von Sondereinheiten der Armee nach Südvietnam unterwegs. Dort sollten sie mit der Ausbildung von Agenten für Operationen gegen den Norden des Landes beginnen. Die Amerikaner sollten den Südvietnamesen helfen, »ein Netz für den Widerstandskampf, von verborgenen Stützpunkten, von Sabotageteams und für einen Kleinkrieg aufzubauen.« Das nächste Verhängnis bahnte sich an.

Erneut wandte sich John F. Kennedy zur Lösung eines außenpolitischen Problems den im Verborgenen und Geheimen agierenden Truppen zu. Er hatte seine Lektion aus der Schweinebucht gelernt. In Südvietnam würde es sehr viel mehr Kontrolle des Präsidenten geben und sehr viel mehr Geheimhaltung. Diesmal würden er und sein Bruder die Sache selbst in die Hand nehmen.

# 15

# Geheime Dienste

Jack Kennedys Image bewahrte ihn und das Weiße Haus vor den Konsequenzen des Schweinebucht-Unternehmens. Das Fiasko führte zu keinem politischen Aderlaß – es wurden keine Anhörungen vor dem Kongreß verlangt, und es erschienen keine ausgiebigen Analysen in der *New York Times* oder der *Washington Post*. Amerika sammelte sich um seinen attraktiven, zeitgemäßen politischen Führer, und sein Popularitätswert stieg auf beachtliche 83 Prozent. Wie es über Ronald Reagan hieß, er sei ein »Teflon-Präsident« gewesen, weil von allen Affären an ihm nichts kleben blieb, war Jack Kennedy der Teflon-Präsident des Jahres 1961.

Das Ausmaß der Manipulation war atemberaubend. Nach außen vermittelte der Präsident das Bild des aufmerksamen Ehemannes und hart arbeitenden Regierungschefs, der Nacht für Nacht über dicken Ordnern mit Regierungsakten saß, die er in seinem bemerkenswerten Lesetempo studierte. Doch die Secret-Service-Agenten im Weißen Haus erlebten einen anderen Kennedy. Sie sahen einen sexbesessen Mann, der enorme Risiken auf sich nahm, um seine Obsession zu befriedigen. Sie sahen einen Präsidenten, der morgens oft verspätet im Oval Office eintraf, und bei dem es tagsüber manchmal Stunden dauerte, bis er seinem engsten Stab und seinen nationalen Sicherheitsberatern zur Verfügung stand. Sie sahen ein Verhalten, das manche als Entwürdigung des Amtes empfanden. Vier Personen erklärten sich bereit, in einer Reihe von ungewöhnlichen dokumentierten Interviews darüber zu sprechen, was sie gesehen hatten.

Schon bald, nachdem er das Präsidentenamt übernommen hatte, entstand ein Mythos um Kennedy. Die Medien umwarben ihn. Zeitungen und Magazine überboten sich mit reich bebilderten Exklusivberichten über das Familienleben im Weißen Haus oder den Alltag des Präsidenten. Selbst die gänzlich seriösen Publikationen machten mit. Im März 1961 füllte der so nüchterne *U.S. News & World Report* zehn Seiten mit Fotos von JFK bei der Arbeit. Im April erhielt ein Fotoreporter des *Washington Star* Zugang zum Oval Office und durfte den Präsidenten am Schreibtisch sitzend fotografieren. Er verließ das Weiße Haus mit einer ansprechenden Fotoserie über die damals dreijährige Caroline, wie sie am Telefon ihres Vaters ein Schwätzchen mit Großvater Joe hielt. Die Bilder wurden in allen Zeitungen des Landes abgedruckt.

Im selben Monat publizierte das *Life*-Magazin einen enthusiastischen Bericht über Kennedys »unstillbaren« Lesehunger. Es wurde minutiös beschrieben, wie der Präsident sich intensiv mit Zeitungsartikeln über seine Regierung beschäftigte. Der von Hugh Sidey verfaßte Bericht war illustriert mit einem Foto Kennedys, das ihn in eine Morgenzeitung vertieft zeigte. Aus Sideys Artikel war zu erfahren, daß die Geschwindigkeit, mit der Kennedy las, »nicht exakt bestimmt worden ist, doch sein Tempo liegt bei mindestens 1200 Wörtern pro Minute, manchmal auch darüber (der durchschnittliche Mensch liest 250 Wörter pro Minute).« Ein Berater Kennedys erzählte Sidey, daß er gesehen habe, wie der Präsident ein umfangreiches, sechsundzwanzigseitiges Wirtschaftsmemorandum in zehn Minuten durchgelesen habe und dann »fünfundzwanzig Fragen dazu stellte – intelligente Fragen«.*

Der Profifotograf Jacques Lowe wurde von der Familie eingestellt und bekam eine Blankovollmacht, durchs Weiße Haus zu

---

* Jahre später erzählte Sidey in einem Interview für die Kennedy Library, daß er bei einem Lesetraining-Institut in Baltimore angerufen habe. Dort habe man ihm gesagt, daß Senator Kennedy an einem Kurs für Schnellesen teilgenommen hatte. Niemand konnte eine solch hohe Geschwindigkeit beim Lesen bestätigen. »Sie deuteten an, daß er wahrscheinlich um die sieben- oder achthundert Worte pro Minute lese, doppelt so viel wie normal«, erinnert sich Sidey. »Das gefiel dem Präsidenten nicht.« Nach einigem Hin und Her hätten sie sich auf ein Lesetempo von 1200 Wörtern pro Minute geeinigt, und diese Zahl wurde dann in *Life* veröffentlicht. »Mir fiel auf«, sagte Sidey in dem Interview, daß »man diese Zahl monate- und jahrelang tatsächlich geglaubt hat.«

streifen und nach Gutdünken Fotos zu schießen. Die großen amerikanischen Fernsehgesellschaften erhielten ebenfalls in noch nie dagewesenen Ausmaß Zutritt zum Weißen Haus. Im Februar 1961 strahlte CBS eine halbstündige, aufgezeichnete Reportage aus, die von Walter Cronkite moderiert wurde. CBS nahm für sich in Anspruch, zum ersten Mal zu zeigen, wie »die offiziellen Regierungsgeschäfte« im Oval Office »tatsächlich geführt« wurden. Zwei Monate später wurde CBS eingeladen, in den Wohnräumen in der oberen Etage des Weißen Hauses, beim Stab bekannt als »die Villa«, einen Dokumentarfilm über das Familienleben des Präsidenten zu drehen. Offensichtlich ohne Ironie sagte Jacqueline Kennedy vor laufenden Kameras, sie wolle, daß ihre Tochter Caroline »ganz normal« aufwachse. John F. Kennedy jr. war damals fünf Monate alt.

Kennedy war der erste Präsident, der vor laufenden Fernsehkameras Pressekonferenzen gab, in den tausend Tagen seiner Präsidentschaft durchschnittlich eine alle zwei Wochen. Die erste Pressekonferenz fünf Tage nach seiner Amtseinführung verfolgten schätzungsweise 65 Millionen Amerikaner vor den Fernsehschirmen. Sie erlebten einen überaus gesprächigen Präsidenten, der alle Fragen – und ganz besonders die unangenehmen – mit Charme und Witz beantwortete. Die Pressekonferenzen und Fernsehreportagen förderten das schon Jahre zuvor von Joe Kennedy festgelegte Image John Kennedys: ein prominenter und machtvoller Politiker, der Loyalität und Vertrauen weckt, der die Auflage von Zeitschriften steigert und die Menschen scharenweise vor die Fernsehgeräte lockt.

John F. Kennedys Entscheidung für das Fernsehen als eine Art ideale Predigerkanzel fiel ganz gezielt, genau wie Franklin Delano Roosevelt bewußt den Hörfunk für seine Plaudereien am Kamin gewählt hatte. Vor seiner Amtseinsetzung traf sich Kennedy in Palm Beach privat mit Blair Clark, einem ehemaligen Kommilitonen aus Harvard, der inzwischen als Reporter für die Nachrichtensendung von CBS arbeitete. Die Gespräche drehten sich um eine mögliche Ernennung Clarks zum Botschafter und um das noch viel wichtigere Thema, auf welche Weise man das Fernsehen einsetzen konnte. »Ich glaube, er wandte sich ganz instinktiv dem

Fernsehen zu«, erinnerte sich Clark 1997 in einem Interview. »Er wußte, daß Zeitungen weniger wichtig waren. Er spürte instinktiv, daß es von entscheidender Bedeutung war, das Fernsehen richtig zu nutzen.« Der gewählte Präsident habe gewußt, daß er ein guter Darsteller war, ergänzte Clark. »Jack Kennedy vergaß nie, daß er Schauspieler in einem öffentlichen Drama war. Er machte geistreiche Bemerkungen und lächelte – insofern war er ein Schauspieler. Und das mußte er sein. Natürlich war es Roosevelt auch.«

Clark, der später Vizepräsident von CBS News wurde, schilderte, wie er mithalf, Jackie Kennedy zu überreden, daß sie einen Fernsehrundgang durch das Weiße Haus moderierte. Es mußten auch Jacks Bedenken ausgeräumt werden, der Vorwürfe fürchtete, daß er seine Frau für die Politik ausbeute. Es sei nicht schwierig gewesen, ihnen die Sache schmackhaft zu machen: »Die beiden waren so charmant und jung, es war eine neue Generation. Und die Kinder. Sie waren ein junges Paar, das sich mit Problemen herumschlug, allerdings keinen häuslichen Problemen, sondern Problemen von nationalem Rang. Das sprach die Leute an. Die Regierungsgeschäfte waren nebensächlich.«

Wie der Mann, der dort regierte, schien auch das Weiße Haus offener und zugänglicher zu sein. »Die Menschen beeindruckte seine Offenheit«, erinnerte sich 1995 Fred Holborn, ein Mitarbeiter aus der Senatzeit, den Kennedy mit ins Weiße Haus genommen hatte. »Er war nicht nervös, wenn jemand im Zimmer stand und er Telefonanrufe entgegennahm.« Holborn wunderte sich, daß Joseph Kennedy nicht mehr im Weißen Haus zu sehen und zu hören war: »Es war erstaunlich, wie unregelmäßig er anrief, und persönlich kam er nur einmal im Jahr.« Holborn konnte sich trotz seiner langjährigen Zusammenarbeit mit JFK nicht erklären, wie der Austausch zwischen Vater und Sohn funktionierte. Evelyn Lincoln erläuterte in einem Interview, daß die Kennedys eine private Telefonleitung gemietet hatten, die Joe Kennedys New Yorker Büro direkt mit dem Oval Office und den Wohnräumen des Präsidenten verband. JFK ließ auch in seinem privaten Rückzugsort abseits des Oval Office ein Telefon installieren. »Das war ein kleines Arbeitszimmer mit einer Couch und einem Telefon, wohin [der Präsident] sich zurückziehen und ausruhen konnte. Man nannte den Raum das Gebetszimmer. Wenn jemand anrief, mit dem er sich lieber etwas privater unterhalten wollte, dann sagte er mir [über die Sprechanlage] ›Leitung fünf‹ und nahm das Gespräch dort entgegen.« Wenn Kennedys Vater auf der gemieteten Telefonleitung angerufen habe, so fügte Lincoln hinzu, sei sie ins Oval Office gegangen und habe ihm eine Karte mit der Aufschrift »Ihr Vater« gereicht. Der Präsident ging dann, besonders wenn andere Personen anwesend waren, in sein Privatzimmer und nahm dort den Anruf entgegen.

Die Kluft zwischen dem Bild, das die Öffentlichkeit von John F. Kennedy hatte, und Jack Kennedys wirklichem Leben vertiefte sich nach dem Präsidentenmord immer weiter. Arthur Schlesinger und Ted Sorensen folgen in ihren Büchern über Kennedy dem »Drehbuch« und beschreiben, wie der Tageslauf des Präsidenten im Weißen Haus von kontinuierlicher Arbeit und permanenter Entscheidungsbereitschaft geprägt war. So heißt es bei Sorensen: »Da er bis 19.30 Uhr, 20 oder gar 20.30 Uhr im Büro blieb, war es ein langer und anstrengender Tag; gelegentlich kehrte er nach seinem späten Abendessen noch einmal ins Büro zurück. Für gewöhnlich las er bis Mitternacht Memoranden und Berichte.« Selbst wenn der Präsident und seine Frau sich mit Freunden zum Essen getroffen und danach einen Film im Vorführraum des Weißen Hauses angesehen hätten, »verschwand er oft schon nach einer Viertelstunde, um zu arbeiten, und kehrte erst nach Ende des Films zu seinen Gästen zurück.« Einer der wenigen Augenblicke der Entspannung für den Präsidenten sei der frühe Nachmittag gewesen, wenn er im Schwimmbad des Weißen Hauses eine Viertelstunde lang mit seinem persönlichen Berater Dave Powers schwamm.

In den idyllischen Beschreibungen von Sorensen und Schlesinger steckt sicherlich ein Körnchen Wahrheit. Doch von der vollen Wahrheit und dem wirklichen Leben im Weißen Haus sind sie weit entfernt. Die objektivsten Beobachter waren die dem Präsidenten zugeteilten Agenten des Secret Service, jene Männer, deren Aufgabe es war, ständig an Kennedys Seite zu sein und für ihn gegebenenfalls ihr Leben zu riskieren. Was diese Männer als Kennedys gewöhnlichen Tagesablauf im Weißen Haus beschreiben, hat wenig mit dem gemein, was bislang bekannt war. Alle Schilderungen haben einen entscheidenden gemeinsamen Ausgangspunkt: Keiner der Agenten hatte vor seiner Versetzung ins Weiße Haus – was als angesehenster Job im Secret Service galt – auch nur eine blasse Ahnung, was ihn dort erwartete.

Larry Newman war der erste College-Absolvent in seiner Familie. Er trat 1960 stolz dem Secret Service bei und wurde nach kurzer Zeit, im Herbst 1961 ins Weiße Haus versetzt. Seine erste große Aufgabe war es, im November bei einer Rede des Präsidenten in Seattle für Sicherheit zu sorgen. Newman und Clint Hill, ein ranghöherer Agent, flogen zehn Tage vor Kennedys Besuch nach Washington. »Die Zusammenarbeit mit der Polizei in Seattle war hervorragend«, erinnerte sich Newman 1995 in einem Interview. Der Präsident hielt seine Rede und kehrte ohne Zwischenfälle in die Sicherheit seiner Suite im Hotel Olympic zurück. Das gesamte Stockwerk im Hotel war abgeriegelt worden. Nach den Vorschriften des Secret Service hatten nur Personen mit einer Sondererlaubnis Zugang. In dieser Nacht erhielt Newman seine »Feuertaufe«, wie er es nannte.

Einige Zeit nach Kennedys Rückkehr hörte Newman »oben am Lift einen Tumult«. Ein Sheriff aus Seattle, Demokrat, »war mit zwei Prostituierten aus dem Lift gekommen und führte sie den Gang runter zur Suite des Präsidenten. Ich hielt den Mann an, und er verkündete laut, er bringe die beiden Mädchen in die Suite des Präsidenten.« Zur Gruppe des Sheriffs gehörten auch etliche Polizisten aus der Stadt, die während Kennedys Rede für die Sicherheit gesorgt hatten. Es sei klar gewesen, so Newman weiter, daß der Sheriff und die Polizisten die Frauen kannten und wußten, daß sie »Edelnutten« waren. Kurz darauf sei Dave Powers aus der Suite gekommen. Der Sheriff habe versucht, mit den beiden Frauen hineinzugelangen, doch Powers »schnitt ihm den Weg ab«, erinnerte sich Newman, »er dankte ihm, daß er die Mädchen hoch gebracht hatte, und nahm sie mit in die Suite«.

Newman war peinlich berührt, und er drohte einen Augenblick lang, den Sheriff festzunehmen, weil er sich in die Kompetenzen von Bundesbeamten eingemischt hatte. »Es wäre ihm ein Nervenkitzel gewesen, den Präsidenten wissen zu lassen, was für einen großen Gefallen er ihm erwiesen hatte, doch was er tun wollte« – die Prostituierten persönlich abliefern – »war unmöglich.« Bevor der Sheriff die Etage verließ, schärfte er den beiden Frauen ein: »Wenn nur ein Sterbenswort über diese Nacht bekannt wird, dann sorge ich dafür, daß ihr beide nach Stillicoom wandert [einer psychiatrischen Klinik des Bundesstaates] und für immer dort bleibt.«

Newman fuhr fort: »Ich traute meinen Ohren nicht. Ein Polizist, ein Lieutenant, fragte mich: ›Geht das die ganze Zeit so?‹ Ich wußte einfach nicht, was ich sagen sollte und meinte: ›Nun ja, tagsüber reisen wir. Das kommt nur nachts vor.‹ Die Cops, die Feuerwehrleute und alle sonst«, die mit der Sicherheit des Präsidenten zu tun hatten, waren »alarmiert, daß diese Mädchen dort zum Präsidenten hineingegangen waren. Natürlich zum Präsidenten. Das stand außer Frage.«

Etwas später an jenem Abend unternahm Newman einen Rundgang, der eigentlich eine routinemäßige Sicherheitsüberprüfung der Korridore des U-förmigen Hotels hätte sein sollen. Die Mannschaft des Präsidenten hatte alle Zimmer auf dem Stockwerk reservieren lassen. Die Suiten für den Präsidenten und seine engsten Berater Powers und Kenny O'Donnell lagen an einem Ende des Ganges. Mindestens sechs Polizeibeamte aus Seattle waren beauftragt, die Notausgänge auf der Etage zu bewachen, doch Newman fand ihre Posten leer. Sie standen alle zusammen an einem Notausgang genau gegenüber den Suiten des Präsidenten und seiner engsten Mitarbeiter. Von dort aus habe man beobachten können, so Newman, wie sich in einem Zimmer neben dem des Präsidenten O'Donnell und zwei Frauen vom Stab des Weißen Hauses zu dritt im Bett vergnügten. Der Stabschef des Präsidenten hatte zwar die Gardinen am Fenster zugezogen, aber nicht die Vorhänge. Die Polizisten reichten reihum ein Fernglas – das normalerweise für die Überwachung der Straßen verwendet wurde. »Sie schauten abwechselnd zu«, erzählte Newman. »Als ich auftauchte, entschuldigte sich der Sergeant bei mir, und sie gingen wieder auf ihre Posten. Damit war an diesem Tag die Sache für mich gelaufen. Ich wußte nicht, was ich dazu sagen sollte.«

Die Ereignisse in Seattle waren kein Einzelfall. »Was ich in Seattle erlebt hatte, wurde für mich und die anderen Agenten auf Reisen ganz normal. Dave Powers übernahm die Organisation, er trieb die Frauen auf und schleuste sie ins Hotel.« Nach drei oder vier Stunden wurden die Frauen wieder aus der Präsidentensuite herausgebracht. »Diese Sache bereitete uns großes Kopfzerbrechen, weil wir keine Ahnung hatten, wer diese Leute waren und was sie bei sich trugen. Man schaute auf, sah Dave Powers den Gang entlangstolzieren, er sagte ›Hallo Kumpel‹, und wir hatten keine Möglichkeit einzugreifen. Man hatte uns gesagt, wir sollten uns da einfach nicht einmischen. Wir wußten nicht, ob der Präsident am nächsten Morgen tot oder lebendig sein würde.«

Newman, der heute in Fort Collins (Colorado) lebt, betont, daß er und seine Agentenkollegen Kennedy sehr mochten – auch weil er sich Mühe gab, ihre Namen zu kennen und einige persönliche Details. »Es war unglaublich frustrierend, weil wir von dem Mann so viel hielten«, erzählte mir Newman. »Wir konnten kaum mit ansehen, daß er sich so gehen ließ, wenn man das so sagen kann.« Eine Lösung war, alles Powers und O'Donnell anzulasten und den anderen Kennedy-Spezis, die die Frauen besorgten. »Sie hätten bessere Freunde sein können«, sagte Newman, »und mehr Respekt für Sicherheitsfragen haben können. Sie haben viele Bücher geschrieben darüber, wie sie ihn verehrten. Dabei haben sie ihn in größte Gefahr gebracht.«

Eines der Risiken betraf die geplanten Mordanschläge auf Castro und, im Falle des Erfolges, die Möglichkeit von Vergeltungsanschlägen durch Castros Agenten. Auch ein stümperhafter Mordversuch war ein Risiko. Newman schilderte eine dramatische geheime Einsatzbesprechung für die Agenten 1961. Die Besprechung wurde von einem Oberst der Armee geleitet, der, wie Newman und seine Kollegen vermuteten, der CIA zugeteilt war; an seinen Namen konnte sich Newman nicht mehr erinnern. »Er hielt eine Sicherheitsbesprechung im EOB [dem Executive Office Building] ab. Die Verbindungen zwischen dem Pentagon und der CIA waren enger als heute. Er sagte uns, sie hätten Castro auf einer Schiffswerft in Kuba erwischt.« Er habe dort an einer feuchtfröhlichen Party anläßlich des Stapellaufs eines neuen Schiffes teilgenommen. Man habe auf ihn gefeuert, die Kugeln hätten jedoch nur die Schiffsschraube getroffen. »Wir haben ihn verfehlt«, habe der Colonel den Agenten gesagt. Der entscheidende Punkt, warum die Agenten informiert wurden, sei folgender gewesen: »Das war eine ernste Sache, und es bestand die Möglichkeit eines Vergeltungsschlags gegen unseren Präsidenten. Deswegen wollte er uns klarmachen, daß wir mehr denn je die Augen aufhalten und höchste Sicherheitsvorkehrungen treffen mußten.«

Selbst unter diesen Umständen hatten Newman und die anderen Agenten nicht die Befugnis, den Präsidenten stärker abzuschirmen. »Sie [der Präsident und seine engen Berater] waren sich dessen durchaus bewußt« – der erhöhten Gefahr von Attentatsversuchen – »und sie wußten weitaus mehr als wir. Und je fester wir [das Netz] zuzogen ..., wir konnten es einfach nicht glauben, ... desto löchriger wurde es. Nach der Besprechung hatten wir einfach Angst, das war eine ernste Sache. [Wir dachten,] wenn die Regierung davon wußte, würden sie uns helfen, die Sicherheitsmaßnahmen soweit wie möglich zu verbessern.«

Daß der Präsident Frauen nachstellte, sei seine Angelegenheit gewesen: »Vom moralischen Standpunkt aus war es uns egal.« Aber Powers hätten sie nicht mehr respektiert, weil er die Agenten selbst davon abgehalten habe, aus Sicherheitsgründen einen Blick in die Handtaschen der Frauen zu werfen. »Er wußte, daß wir den Präsidenten schützen wollten. Wir konnten nicht ausschließen, daß diese Frauen Abhörgeräte mit sich führten, Spritzen mit Gift oder eine Pentax-Kamera, um für Erpressungszwecke Fotos vom Präsidenten zu schießen. Die Sicherheit ist immer nur [so gut], wie das schwächste Glied. Und das schwache Glied war Powers, der diese Mädchen einschleuste.«

Newman schilderte einen ihm zufolge typischen Ablauf: »Ich sah Dave Powers mit zwei Filmsternchen, die leicht zu erkennen waren. [Eine der Frauen] trug einen Schal über dem Kopf. Sie kamen mit einem Wagen des Weißen Hauses, der sie am Flughafen aufgelesen hatte. Powers holte sie am Auto ab und brachte sie in die erste Etage hinauf.« Powers hatte auch den Flug nach Washington für die ehrgeizigen Hollywood-Starlets arrangiert, damit sie dort dem Präsidenten zu Diensten sein konnten. »Es konnte sie die Karriere kosten, wenn sie ihrem Agenten in Hollywood sagten, daß sie an diesem Abend nicht spielen wollten. Vielen Agenten taten die Mädchen leid, weil sie derart ausgenutzt wurden. Es gab kein Dankeschön – nicht wie bei einer Affäre. Sie wurden einfach benutzt. Es war ein Job.« Danach habe Powers die Mädchen zum Flughafen zurückgefahren und ihnen »Ratschläge« erteilt. Im wesentlichen habe er sie gewarnt: »Wenn ihr ein Wort darüber verliert, ist eure Karriere beendet.« Die diensthabenden Agenten des Secret Service seien zu der Zeit über die Identität von Schauspielerinnen, die im Weißen Haus auftauchten, häufig im Unklaren gewesen, genauso wie über die Identität der meisten Frauen, die dort ein und aus gingen. »Wenn sie kein Starlet war, wußten wir nicht, wer sie war.«

Selbstverständlich, ergänzte Newman, sei den Agenten bewußt gewesen, daß Powers »auf Geheiß des Präsidenten handelte. Man könnte es so sagen: Das Ganze beginnt an der Spitze und bewegt sich dann nach unten. Das brachte einige von uns in erhebliche Gewissenskonflikte. Da hatte man den besten Elitejob im Secret Service und beobachtete einen Aufzug oder eine Tür, weil sich dahinter der Präsident mit zwei Nutten vergnügte. Es paßte einfach nicht zusammen. Die Nachbarn und alle anderen dachten, man riskiert hier sein Leben, und tatsächlich stand man da herum und sorgte dafür, daß er nicht gestört wurde, während er unter der Dusche seine Spielchen mit zwei Mädchen vom Edelstrich trieb. [...] Manchmal, wenn wir im Land herumreisten und Powers all diese unbekannten Mädchen in die Hotels schleppte, sagten wir, wir losen jetzt den Schwarzen Peter aus, wer von uns vor dem Unterausschuß des Repräsentantenhauses [das über den jährlichen Etat des Secret Service befindet] aussagen muß, wenn der Präsident von einer Frau verletzt oder getötet wird. Es handelte sich um den Präsidenten der Vereinigten Staaten, und uns waren die Hände gebunden, wir konnten unseren Job nicht erfüllen. Es war deprimierend.«

Oft hätten die Agenten Witze gerissen, daß »wir den Präsidenten nicht einmal davor schützen konnten, sich eine Geschlechtskrankheit einzufangen«.

Newman und seine Kollegen wußten nicht, daß es dafür bereits viel zu spät war. Den Großteil seines Lebens litt Kennedy an einer nichtgonorrhoischen Urethritis, einer schmerzhaften, durch Sexualkontakte übertragenen Entzündung der Harnröhre. Trotz wiederholter Behandlung heilte die Erkrankung nie aus. Die Pathologen der Marine, die in der Nacht des 22. November 1963 die Autopsie an Kennedy durchführten, fanden auch Chlamydien, wie mir ein hochrangiger Militäroffizier in einem Interview sagte. Der Autopsiebericht sei, so der Offizier weiter, auf Wunsch der Familienangehörigen nicht veröffentlicht worden.

Die lange unter Verschluß gehaltenen Unterlagen über Kennedys Gesundheitszustand wurden von dem Journalisten Nigel Hamilton in der Kennedy Library entdeckt. Er erwähnt sie kurz in seinem Buch *JFK: Reckless Youth* (dt.: *John F. Kennedy: Wilde Jugend*, 1993) das ursprünglich als erster Teil einer zweibändigen Biographie geplant war. (Hamilton entschied sich, das Projekt nicht weiterzuführen.) Aus den medizinischen Aufzeichnungen geht hervor, daß Kennedy seit 1940 wegen einer Reihe von Geschlechtskrankheiten behandelt wurde und oft an heftigen Schmerzen beim Urinieren litt. 1953 wurde er zu dem inzwischen verstorbenen Dr. William P. Herbst jr. überwiesen, einen bekannten Washingtoner Urologen, der Kennedy bis an sein Lebensende behandelte. Aus den unvollständigen handschriftlichen Notizen von Herbst – soweit sie von der Kennedy Library freigegeben wurden – ist ersichtlich, daß sich Kennedy wiederholt angesteckt hatte und vermutlich auch seine Partnerinnen angesteckt hat. Die von Kennedy am häufigsten genannten Beschwerden war den Herbsts Aufzeichnungen zufolge »Brennen« und »Berührungsempfindlichkeit der Prostata«.

Kennedy war sich zumindest über einige Folgen seiner Krankheit im klaren. In einer Anmerkung für die 1993 erschienene Biographie *President Kennedy: Profile of Power* (Präsident Kennedy: Ein Porträt der Macht) zitiert der Verfasser Richard Reeves anonym einen Arzt der Familie mit der Aussage, daß Kennedy vor der Hochzeit die Anzahl seiner Spermien untersuchen ließ, weil er befürchtete, die Krankheit könnte seine Zeugungsfähigkeit beeinträchtigt haben.

Die Unterlagen von Herbst werfen die Frage nach Kennedys Gesundheitszustand und Wohlbefinden in internationalen Krisensituationen auf. Am 14. April 1961 beispielsweise, als Kennedy die endgültige Entscheidung über die Invasion in der Schweinebucht treffen mußte, wurde Dr. Herbst von Kennedys Ärztin Dr. Janet Travell ins Weiße Haus gerufen. Er behandelte Kennedy wegen »brennendem Schmerz« und »gelegentlichem Schleim« beim Urinieren. Drei Wochen zuvor hatte der Präsident an einem ähnlichen Aufflackern der Krankheit gelitten; er habe, nach den Aufzeichnungen von Herbst, auf Penicillin »gut angesprochen«. Herbst ordnete nach einer Untersuchung an, daß Kennedy, sollte sich sein Zustand nicht innerhalb weniger Tage bessern, mit 600000 Einheiten Penicillin behandelt werden müsse. Am 17. April, als die kubanische Invasion anlief, erhielt er eine Injektion in dieser Dosierung.

Dr. Sidney Wolfe, Leiter der Forschungsabteilung von Public Citizen, einer medizinischen Interessengruppe in Washington D.C., sah 1995 Dr. Herbsts Aufzeichnungen für das vorliegende Buch durch. Er bezeichnete die am 17. April verabreichte Dosis als »hoch für damalige Verhältnisse« – heutzutage, so fügte er hinzu, seien so hohe Dosen allerdings durchaus üblich. »Wenn er ständig Geschlechtsverkehr hatte«, erläuterte Wolfe mir gegenüber, »dürfte er sich dauernd wieder angesteckt haben.« Kennedys Infektionen hätten Symptome ähnlich einer Gonorrhöe gezeigt, ergänzte Wolfe, doch es habe sich nicht um Gonorrhöe gehandelt, weil nach den Notizen von Herbst in Kennedys Urin keine entsprechenden Erreger gefunden wurden. Mit verschiedenen Antibiotika wurde der Präsident erfolgreich behandelt, darunter Erythromycin, Nitrofurantoin und Tetrazyklin.

Wolfes Ansicht nach belegen Herbsts Aufzeichnungen, daß Kennedy »ganz klar an nichtgonorrhoischer Urethritis litt, einer sexuell übertragenen bakteriellen Erkrankung«. Offiziell sei Kennedys Geschlechtskrankheit von den Ärzten erst in den späten sechziger Jahren diagnostiziert worden, sagte Wolfe. Heute sei die Krankheit als Chlamydieninfektion bekannt. Er fügte ergänzend hinzu: »Anfangs hielt man die Infektion eher für etwas Unangenehmes und nicht so sehr für eine Krankheit, speziell Ärzte, die davon nicht betroffen waren, dachten so.« Die Krankheit wird leicht auf Frauen übertragen und birgt für sie besondere Risiken; Chlamydieninfektionen können zu Eileiterschwangerschaften und Sterilität führen. Die unmittelbaren Symptome der Erkrankung können bei Frauen sehr schwach sein, so daß die Infektion unbemerkt bleibt. 1997 ging man davon aus, daß in 35 Prozent der Fälle eine unbehandelte Chlamydieninfektion für ungewollte Kinderlosigkeit bei amerikanischen Frauen verantwortlich war.

Die Daten über Kennedys Geschlechtskrankheit sind nur deshalb an die Öffentlichkeit gelangt, weil Herbst eine Kopie der an Robert Kennedy übergebenen Akte einschließlich handschriftlicher Notizen an das Archiv der Medizinischen Nationalbibliothek in Washington schickte. Archivmitarbeiter fanden die Akte 1982 in einer verschlossenen Schublade, sie machten Dr. Manfred Wasserman darauf aufmerksam, den Leiter der medizingeschichtlichen Abteilung der Bibliothek. Wasserman behielt die Akte nicht – wie Herbst es offenbar gewollt hatte – in seiner Bibliothek, sondern leitete sie Anfang 1983 an die Kennedy Library weiter. Beigefügt hatte er den erklärenden Vermerk, daß Herbst gehofft habe, das Dokument werde »zu einem angemessenen zukünftigen Zeitpunkt für Forscher zugänglich werden«. Wasserman schrieb, daß Herbst unter den Ärzten in Washington einen »sehr guten« Ruf genossen habe und der Arzt der Präsidenten Harry Truman und Lyndon Johnson gewesen sei. Herbst habe die Akten »für die Nachwelt« bewahren wollen.

In einem 1995 geführten Interview sagte Wasserman, er und seine Kollegen seien damals übereingekommen, daß solche »heiklen Aufzeichnungen ... eher in die Kennedy Library gehörten als in die Medizinische Nationalbibliothek. Material dieser Art gehört in das Präsidenten-Archiv.« Auf die Frage, was er über die Aufzeichnungen von Herbst denke, antwortete Wasserman: »Man fragt sich natürlich, ob sie [Kennedys Geschlechtskrankheit] übertragen wurde.« Kennedy ging also tatsächlich ein so großes Risiko ein, zumindest für seine Gesundheit, wie die Secret-Service-Agenten dachten. Es bestand ein offensichtliches Risiko für seine Frau und für seine anderen Sexualpartnerinnen.

Ein weiterer Grund, warum der Secret Service sich Sorgen um

das Wohlergehen des Präsidenten machte, lag in der Person des New Yorker Arztes Dr. Max Jacobsen. Jacobsen war Anfang der sechziger Jahre so etwas wie ein Modedoktor der gehobenen New Yorker Gesellschaft. Den Pförtnerbüchern zufolge stattete er dem Weißen Haus mehr als dreißig Besuche ab, auch in Palm Beach und in Hyannis Port behandelte er den Präsidenten und die First Lady, die ebenfalls seine Patientin war. »Wunder-Max« Jacobsen versorgte den Präsidenten wie viele andere Patienten mit Glasfläschchen, die speziell hergestellte Arzneien enthielten, und mit hypodermalen Nadeln für die Selbstbehandlung.

Gegen Jacobsen, der 1979 starb, wurde 1968 wegen Verdachts auf Amphetaminmißbrauch ermittelt, 1975 verlor er seine ärztliche Zulassung. Bereits Anfang 1961 waren vielen Secret-Service-Agenten Jacobsen und seine »Medikamente« aufgefallen.

»Jacobsen war ein Quacksalber«, sagte mir Newman. Er und andere Agenten hätten nichts über Jacobsens medizinische Qualifikationen gewußt – er war ihnen lediglich als »Dr. Feelgood« bekannt –, doch sie hätten gewußt, wie die Injektionen beim Präsidenten wirkten. »Nach dem Mittagessen«, sagte Newman, »war er für den Rest des Tages erledigt, wenn er keinen Schuß bekam.«

Der Arzt sei im Weißen Haus mit seiner Tasche voller Medikamente und Spritzen ein und aus gegangen, gänzlich unbehelligt, genau wie Kennedys Frauen. Er sei »mit Dave Powers« Teil des »inneren Zirkels« gewesen, und in diesen Kreis sei »niemand reingekommen«. Einer der höherrangigen Agenten, ergänzte Newman, »wußte, was der Kerl [Jacobsen] da machte und versuchte, ihn« vom Präsidenten und der First Lady »fernzuhalten«. »Wir sahen nicht, wie sie [die Injektionen] verabreicht wurden und hatten keine Ahnung vom Zeitplan«, nach dem sich Kennedy weitere Injektionen selbst verabreichte, so Newman, »doch ich merkte sehr genau, daß es von früh bis spät ... alle sechs Stunden war.«

Wie nötig die Injektionen waren, erfuhr George Smathers, als er in Palm Beach mit dem Präsidenten Golf spielte. »Wir spielten ungefähr sieben oder acht Löcher«, erzählte er mir 1996, »und dann sagte Jack zu mir: ›Ich habe unglaublich starke Schmerzen. Ich brauche eine schmerzstillende Spritze‹ oder etwas ähnliches. Aber es war noch etwas Zusätzliches, ein weiteres Medikament. Also gingen wir zu seinem Haus zurück, und Jack legte sich hin und sagte zu mir und meinem Bruder Frank: »›Jemand muß mir eine Injektion geben.‹ Er sagte uns, wo das Medikament war, und Frank holte es. Die Spritze hatte eine sehr lange, große Nadel, mindestens sechs bis sieben Zentimeter. Jack lag also da und sagte: ›Paß auf Frank, du mußt folgendes tun. Hol die große Flasche und nimm die Spritze‹ und so weiter. ›Dann ziehe ich die Hose runter, und du steckst die Nadel in den Hintern und injizierst es da hinein.‹ Und Frank machte genau das – holte die Spritze raus, zog sie auf und, puh, steckte die Spritze geradewegs in Jacks Hintern. Das brauchte er [Kennedy]. Und er brauchte es damals ungefähr alle sechs Stunden.«

Kennedy lernte Jacobsen und dessen Wunderspritzen während des Wahlkampfes 1960 über Charles Spalding kennen. In einem Interview sagte Spalding, er selbst sei Jacobsen von Stanislaus Radziwill vorgestellt worden, einem polnischen Fürsten im Exil. Radziwill, seinen Freunden als »Stash« bekannt, war Jacqueline Kennedys Schwager. »Jacobsen habe ich durch Radziwill aufgegabelt«, erzählte mir Spalding. »Ich habe gesehen, wie Stash durch die Stadt hüpfte, und wollte Max kennenlernen. Ich vermute, er hat uns Speed oder etwas ähnliches gegeben.« Spalding erzählte, wie er nach einer Injektion die Kennedys besuchte. »Ich flitzte herum, und sie fragten mich: ›Mein Gott, woher hast du denn soviel Energie?‹ Man konnte über Zäune springen, wenn man bei Max gewesen war.« Spaldings Ex-Frau Betty erinnerte sich mit weniger Sympathie an Jacobsen. »Chuck setzte sich gewöhnlich selbst Injektionen«, erzählte sie mir in einem Interview. »Der Doktor gab ihm die Spritzen für den Gebrauch zu Hause. Ich glaube nicht, daß [Chuck] wußte, was er von ihm bekam.« Spalding »setzte sich eine Injektion«, schilderte seine ehemalige Frau, und sei dann »ganz rot im Gesicht« geworden. »Seine Augen haben einen glasigen Blick bekommen – das Weiße darin sah wie Schleim aus und war ganz starr – und sein Mund wurde trocken.« Betty Spalding fügte hinzu, sie habe gar nicht wissen wollen, was ihr Mann da nahm.

Jacobsen schrieb in nicht veröffentlichten Memoiren, er habe Kennedy erstmals im Herbst 1960 vor einer Fernsehdiskussion mit Richard Nixon eine Injektion verabreicht. Er begleitete den Präsidenten auf Reisen nach Paris und Wien im Juni 1961 und gab ihm wiederholt Injektionen. Eine Spritze habe Kennedy nur Augenblicke vor dem geplanten Eintreffen Chruschtschows zu einem Gipfeltreffen erhalten. Für diese Reise gehörte der Arzt offiziell der Gruppe des Weißen Hauses an. Jacobsen behandelte den Präsidenten nach eigener Aussage auch während der Kubakrise im Oktober 1962. Aus Aufzeichnungen des FBI, die nach dem Freedom of Information Act freigegeben wurden, geht hervor, daß im Juni 1962 einer von Bobbys Beratern im Justizministerium versuchte, eine Ampulle aus Jacobsens Beständen durch das Labor des FBI analysieren zu lassen. Das Labor konnte dem FBI-Bericht zufolge dem Wunsch nicht nachkommen, weil die Probe nicht ausreichend war. In seinen Memoiren behauptet Jacobsen, der Präsident habe ihm »zögerlich« mitgeteilt, daß sein Bruder Bobby »von jedem Medikament eine Probe für eine Untersuchung durch die FDA [Food and Drug Administration]« verlangt habe. Jacobsen schrieb weiter, er habe 15 Medikamentenproben an das Büro des Justizministers geschickt und dann nichts mehr gehört. Jack Kennedy habe nicht die Absicht gehabt, die Behandlung abzubrechen. »Und wenn es Pferdepisse ist, das ist mir egal«, zitiert er Kennedy. »Es ist das einzige, was mir hilft.«

Die Mitarbeiter des Weißen Hauses wußten nach Larry Newmans Ansicht über die Frauengeschichten des Präsidenten ebenso Bescheid wie über sein fragwürdiges Vertrauen zu Jacobsen und dessen »Wunderspritzen«. Und Kennedys tägliche Schwimmrunden im Pool des Weißen Hauses dienten nicht nur der Erleichterung seiner Rückenbeschwerden, wie es in den Memoiren von Schlesinger und Sorensen dargestellt wird, der Pool galt vielmehr als ein Mittelpunkt sexueller Aktivitäten. »Im Weißen Haus war allgemein bekannt«, so Newman, »daß niemand dorthin ging, wenn der Präsident im Schwimmbecken mit Minnie und Binnie zu Mittag aß.« Das waren die Spitznamen zweier junger Mitarbeiterinnen des Stabs: »Dave Powers hatte sie aufgegabelt und mittags zu JFK ins Schwimmbad mitgenommen. Die beiden badeten dann nackt mit Jack.« Und oft schlossen sich die Brüder des Präsidenten, Bobby und Teddy, dem fröhlichen Treiben an.

In solchen Augenblicken sei das Schwimmbad absolut tabu gewesen, selbst für Angehörige des Nationalen Sicherheitsrats, die mit internationalen Krisen zu tun hatten. »Einmal kam einer der Militärberater aus dem Lagezimmer herauf«, erzählte Newman, mit einem Telegramm in der Hand, von dem der Präsident sofort hätte Kenntnis erhalten müssen. »Er bog um die Ecke, mit großen Schritten – und stoppte abrupt, fluchte, als er mich etwas abseits der Tür [zum Schwimmbad] aufstehen sah. Er fragte nur: ›Wie lange ist er schon da drin?‹ Ich gab zuerst keine Antwort. Dann sagte ich: ›Na, etwa eine halbe Stunde.‹ Und er fragte weiter: ›Wie lange, schätzen Sie, dauert das noch?‹ Ich entgegnete: ›Nochmal eine halbe Stunde. Probieren Sie es, wenn Sie da reingehen wollen. Liegt ganz an Ihnen.‹ Er fluchte noch mal und wartete. Da stand er und trat von einem Fuß auf den anderen. Und dann sagte er: ›Ich brauche dazu eine Antwort.‹ Daraufhin drehte er sich um, ging ins Oval Office und kam wieder zurück. Schließlich, nach etwa einer halben Stunde, erschien Kennedy. Dieser Typ war ein hochrangiger Militäroffizier, aber er traute sich nicht hinein.«

Eine zusätzliche Komplikation ergab sich durch die Zuneigung und den Respekt der Agenten für Jacqueline Kennedy. »Wir hielten viel von ihr, und man war zwischen den beiden hin und her gerissen«, erzählte Newman. »Man sagte sich: ›Ich bin wirklich stolz, weil mein Boß so populär ist, weil die Menschen so große Sympathien für ihn haben und weil er uns vom Secret Service gut behandelt.‹«

Wenn Jacqueline im Weißen Haus war, habe der Präsident sich mit seinem Treiben zurückgehalten, doch die First Lady habe einen Großteil ihrer Zeit, besonders die Wochenenden, mit den Kindern in einem gemieteten Haus in Glen Ora verbracht, einem stillen Ort nahe Middleburg in Virginia, einer Gegend, wo es viele Pferde gibt. Clint Hill, der für ihre Sicherheit verantwortlich war, begleitete sie gewöhnlich. »Wenn Jackie mit Clint nach Glen Ora abreiste«, erzählte mir Newman, »verließ Kennedy es [das Oval Office], aß eine Suppe und sprang dann mit Minnie und Binnie in den Pool. Wenn sie da war, war es kein Spaß. Er hatte Kopfschmerzen. Man sah buchstäblich, wie er den Kopf hängenließ, weil er keine Nummer abziehen konnte. Er war wie ein eitler Gockel, den man mit einem Wasserschlauch naßgespritzt hatte.« Newman meinte, trotz der ständigen Frauengeschichten des Präsidenten seien er und die anderen Secret-Service-Agenten im Weißen Haus überzeugt gewesen, daß Mrs. Kennedy »ihn wirklich liebte«.

Doch in der Ehe gab es augenfällige Spannungen. Ein Agent sagte, nach zwei Jahren im Weißen Haus habe ihm Jackie leid getan: »Sie war wirklich einsam.« Er entsann sich, wie sie von Partys zurückkehrte. »Sie schien traurig zu sein – eine traurige Dame«, erzählte er in einem Interview. Mary Gallagher, die Privatsekretärin der First Lady, sagte, es habe Zeiten gegeben, zu denen »der Präsident so beschäftigt war, daß Jackie einen Termin vereinbaren mußte, wenn sie abends mit ihm reden wollte«. In ihren 1969 erschienen Memoiren *My Life with Jacqueline Kennedy* (Mein Leben mit Jacqueline Kennedy) beschrieb Gallagher dies folgendermaßen: »Ich rief Evelyn [Lincoln] an und fragte sie: ›Hat der Präsident Donnerstag abend etwas zu tun?‹ Und ein anderes Mal: ›Hat der Präsident für Samstag abend irgendwelche Termine? Möchte er vielleicht eine Abendgesellschaft besuchen?‹«

Wie erwähnt, spielte der Pool des Weißen Hauses unter dem Hausherrn Jack Kennedy bei sexuellen Abenteuern eine höchst wichtige Rolle. Insofern ist es nicht verwunderlich, daß Joe Kennedy die Kosten für eine Renovierung und einen neuen Anstrich des Schwimmbeckens im Frühjahr 1961 übernahm. Eine neue Lautsprecheranlage wurde installiert, so daß die Schwimmer und Schwimmerinnen – und Partybesucher – Musik hören konnten, während sie sich im und am Wasser tummelten. Besonders wichtig war ein Umbau an der Fensterseite des Schwimmbads. Arbeiter deckten das Glas mit einem Wandgemälde ab, das den Sonnenuntergang über St. Croix auf den Jungferninseln darstellte. Weiterhin wurde ein privater Durchgang eingebaut, so daß der Präsident und seine Gäste vom Schwimmbad aus direkt zu einem Aufzug gelangen konnten, der sie in die obere Etage mit den Wohnräumen brachte.

Newman erklärte sich ausdrücklich dazu bereit, mit mir über das zu sprechen, was er gesehen hatte, und stimmte der Aufzeichnung der Gespräche zu. Er betrachtete dies als den Versuch, das historische Bild zurechtzurücken. »Es stört mich, daß einige Leute, die mit ihm gearbeitet haben, historisch unzutreffend geschildert haben, wie er das Präsidentenamt ausfüllte, wie er sein Leben führte und was für ein Vergnügen die Arbeit bei ihm war. Es spielte sich einiges im dunkeln ab. Es war unsere Zeit mit ihm«, meinte Newman mit Blick auf den Secret Service, »und wir mochten ihn. Andererseits bekümmerte es uns, daß er sich so verhielt und uns und das Land damit so verwundbar machte.«

Newman verließ das Weiße Haus 1963, kurz vor der Ermordung des Präsidenten, und kehrte zum Secret Service nach San Francisco zurück. Die nächsten zwanzig Jahre arbeitete er im Außendienst an der Westküste. Er war unter anderem mit der Verfolgung von Geldfälschern beschäftigt, nach seinem Abschied beim Secret Service wurde er Sicherheitschef bei Western Union.

Im Herbst 1963 stieß William T. McIntyre aus Phoenix in Arizona zur Sicherheitsmannschaft des Präsidenten, zur selben Zeit als Newman ausschied. Er kam aus einem mit zwei Mann besetzten Büro des Secret Service in Spokane im Bundesstaat Washington. Und er kam mit hohen Erwartungen. »Wann hat schon ein achtundzwanzigjähriger Bursche die Möglichkeit, an allem teilzuhaben, was in und um das Zentrum der Macht vor sich geht?«, meinte McIntyre in einem Interview 1995. »Man erwartet viel Professionalität, ein hohes Maß an Integrität.« Auch er wurde nicht vorgewarnt, was ihn erwartete. Jerry Behn, der Leiter der Secret-Service-Gruppe im Weißen Haus, wies ihn ein und teilte ihn sofort der Nachtschicht zu. Bereits in der ersten oder zweiten Nacht seines Dienstes wurde McIntyre erstmals stutzig. Der Leiter der Schicht, der sehr geachtete Emory Roberts, nahm ihn beiseite und sagte ihm, daß er »hier einen Haufen Schweinereien« zu sehen bekommen werde, »Sachen, die mit dem Präsidenten zu tun haben. Vergessen Sie das einfach. Behalten Sie es für sich. Sprechen Sie mit niemandem darüber, nicht mal mit Ihrer Frau.« In den folgenden Tagen bemerkte McIntyre wie »Mädchen ins Haus kamen – Nutten«. Roberts machte das nervös. Lachend erinnerte sich McIntyre: »Emory sagte: ›Wie zum Teufel wissen wir, was hier vorgeht? Er könnte da drinnen verletzt werden. Was ist, wenn eine von denen ihn beißt‹«, an einer empfindlichen Stelle? Roberts, so McIntyre weiter, »sprach sehr oft darüber, daß er gebissen werden könnte«. Trotz solcher Befürchtungen habe man »sie nicht daran gehindert hineinzugehen, wenn Powers oder O'Donnell bei ihnen war. Und wir haben sie nicht überprüft.«

Auch McIntyre konnte mit einer Schwimmbad-Anekdote aufwarten: Eines Tages hatte er Dienst, als sich Jacqueline Kennedy kurzfristig entschied, ein paar Runden zu schwimmen. Ihr Ehemann, wie sie zweifellos vermutete, »hielt sich mit zwei Flittchen im Pool auf«. Der diensthabende Agent habe sie nicht hineingelassen, und eine wütende First Lady rief Clint Hill zu sich, den für ihre Sicherheit zuständigen Agenten. »Als Clint hineinging«, erinnerte sich McIntyre, »hatte der Präsident irgendwie Lunte gerochen« und war verschwunden. »Man sah ein großes Paar und zwei kleinere Paare nasse Fußabdrücke, die zum Oval Office führten.« McIntyre sagte, er habe fest damit gerechnet, daß es irgendwann einen großen Skandal wegen Kennedys ständiger Jagd auf Frauen geben würde. »Das wäre spätestens im darauffolgenden Jahr herausgekommen. Vielleicht im [Präsidentschafts-]Wahlkampf [1964].«

McIntyre gab zu verstehen, daß er und einige seiner Kollegen im Weißen Haus sich in ihrem Dienst mißbraucht gesehen hätten. »Jeder Agent ist schließlich ein vereidigter Beamter, der dafür zu sorgen hat, daß die Gesetze eingehalten werden. Wenn man ganz offenkundig Zeuge einer Straftat wird, ob das nun ein minderschweres Delikt ist oder ein Verbrechen, dann kommt man sich schon benutzt vor« – zumal wenn das Delikt vom Präsident verübt wird. »Zuhälterei ist illegal«, ergänzt McIntyre. »Und wenn nun ein Zuhälter vor einem auf und ab spaziert, dann fragt man sich als vereidigter Gesetzeshüter: ›Was denken die von uns?‹ Wenn das passiert, dann bekommt der Agent das Gefühl, daß seine Autorität und der Grund seiner Anwesenheit nichts mehr zählen.« Schließlich habe er entgegen seinem Selbstverständnis, dem Gesetz Geltung zu verschaffen, bis zu einem Punkt Zugeständnisse gemacht, an dem er sich fragte, ob es nicht »an der Zeit« sei, von dort zu verschwinden. »Ich war enttäuscht, was sich da abspielte.«

Tony Sherman aus Salt Lake City arbeitete zwei Jahre als Secret-Service-Agent im Weißen Haus, bis er zu Außeneinsätzen an der Westküste und in Salt Lake City zurückkehrte. Über die Frauengeschichten des Präsidenten sagte Sherman in 1995 und 1997 geführten Interviews: »Das kam nicht alle sechs Monate einmal vor, nicht alle Jahre zu Silvester, das war eine regelmäßige Sache. Ich mache meinen Job richtig und nicht nur halb. Es ist schwierig, in moralischer Hinsicht über Menschen zu reden, aber schließlich reden wir nicht über irgend jemanden, wir reden über den Präsidenten der Vereinigten Staaten. Wir reden über mein Land. Und wir reden über Menschen meines Alters, die verheiratet sind und Kinder haben und die bereit sind, ihr Leben zu riskieren.«

Auch Sherman berichtete, daß er rasch alle Illusionen verloren habe: »Ich brauchte eine Woche, bis ich kapierte, was da los war.« Eine Woche nach seiner Versetzung ins Weiße Haus flog er mit dem Präsidenten für ein Wochenende zum Wohnsitz von Joe Kennedy in Palm Beach. Sherman wurde für die Wache von Mitternacht bis acht Uhr morgens eingeteilt. Ungefähr um zwei Uhr nachts hörte er Geräusche vom Pool, und er machte sich mit der Waffe im Anschlag auf den Weg dorthin. Zu seinem Entsetzen fand er den Präsidenten und eine bekannte Dame der oberen Zehntausend Europas vor, wie beide nackt im Becken planschten.

»Manche unserer Vorgesetzten arbeiteten sehr lange im Weißen Haus«, erzählte Sherman. »Deren Einstellung war anders: ›Das ist eine Familie. Wir schützen nicht nur die Familie, wir schützen auch seine Möglichkeit, in seiner Familie zu tun, was immer er möchte.‹ Irgendwann sagten wir uns: ›Was soll's?‹ Da spazierten nackte Frauen den Gang runter ... was kümmerte es uns? Das war egal. Frauen gab es überall. Je nach der Schicht, für die man eingeteilt war, sah man sie entweder hinaufgehen oder morgens [aus den Wohnräumen der Präsidentenfamilie] herunterkommen. Dort machten Leute mit dem Staubsauger sauber, und die Pförtner waren in der Nähe. Und wir waren da. Einige der Frauen kamen regelmäßig. Aber nie, wenn Jackie da war. Wir begrüßten sie mit ›Guten Morgen‹.«

An vielen Tagen, so Sherman, »arbeitete Kennedy überhaupt nicht. Er kam spät herunter und ging in sein Büro. Es gab Besprechungen – die üblichen Dinge eben –, und dann schwamm er vor dem Essen und dem Mittagsschlaf. Er war zwar der Präsident, doch das kam so regelmäßig und so häufig vor, daß wir nicht wußten, was wir davon halten sollten. Wenn der Präsident glücklich ist und seinen Job macht, dann machen wir unseren Job. Doch ich wollte weg da.« Sherman verließ das Weiße Haus kurz vor Kennedys Ermordung.

Eine der Aufgaben des Secret Service war es Tony Sherman zufolge zu verhindern, daß Kennedy von seiner Frau in flagranti erwischt würde. Jackie »fuhr nach New York, und im Pool des Weißen Hauses nahmen die Dinge ihren Lauf. Dann erhielten wir die Nachricht, daß die First Lady landete, und wir verständigten den Präsidenten, seine Freundinnen verschwanden. In meinen zwei Jahren dort konnte ich mir nicht vorstellen, daß sie wirklich nicht wußte, was vor sich ging. Es war einfach undenkbar«, daß sie die Augen davor verschlossen haben sollte. Einmal habe es eine kritische Situation gegeben. Die Nachricht von Jackies Ankunft sei erst eingetroffen, als sie schon vom Flughafen auf dem Weg zum Weißen Haus war. Der diensthabende Agent nahm seinen ganzen Mut zusammen, rannte zum Pool und gab dem Präsidenten zu verstehen, daß seine Frau in einer Viertelstunde dasein würde. Auch Bobby und Teddy hielten sich im Becken auf. »Die Tür ging auf«, erinnerte sich Sherman, »und die Leute liefen in alle Richtungen davon. Als [der Präsident] hinausrannte, hielt er eine Bloody Mary in der Hand. Ich war zufällig gerade auf Posten, und er sagte zu mir: ›Hier. Nehmen Sie das.‹ Er wußte nicht, was er mit dem Drink anstellen sollte. Alle machten sich davon, aber sie lernten nichts daraus. Wieder so ein Tag. Irgendwann kümmerten wir uns nicht mehr darum [wenn der Präsident im Pool war], besonders wenn beide Brüder dabei waren. Kann man denn sicherer sein als im Weißen Haus, im Schwimmbecken [...], mit seinen beiden Brüdern bei sich?« Die Agenten wußten, daß Bobby und

Teddy alles tun würden, um ihren Bruder zu schützen. »Wir fühlten uns sicher«, meinte Sherman.

Sherman erlebte seine schlimmsten Augenblicke während einer Reise nach Honolulu, wo der Präsident an einer Gedenkveranstaltung in Pearl Harbor teilnahm. Der Präsident war im Haus von Admiral Harry Felt untergebracht, dem Oberbefehlshaber der Pazifikflotte. Shermans Aufgabe war es, mit Hilfe eines Colonels der Marine für die Sicherheit in dem Haus zu sorgen. Frische Handtücher und die Lieblingsspeisen des Präsidenten wurden bestellt und standen bereit, als Kennedy eintraf, die Anwesenden begrüßte und in einem Schlafzimmer verschwand. »Binnen zehn Minuten«, sagte Sherman, »kam ein Angehöriger des Stabes [des Weißen Hauses] mit einem Wagen an und brachte zwei Damen, die nicht auf der Gästeliste standen. Ich kannte sie nicht, doch sie waren in Begleitung von Angehörigen des Stabes – daher durften sie ins Haus hinein. Ich schätze, ich wußte, zu welchem Zweck sie da waren. Das kannten wir von vielen Zwischenstopps. Der Colonel wandte sich an mich und fragte: ›Ähm, wer sind die beiden?‹ Ich antwortete: ›Das sind zwei Sekretärinnen. Ich vermute, der Präsident hat eine eilige Arbeit, die heute abend noch erledigt werden soll.‹«

Joseph Paolella aus Los Angeles ist bis heute stolz darauf, daß er der erste Secret-Service-Agent italienischer Abstammung war, der dem Präsidenten zugeteilt wurde. Paolella freute sich über die Versetzung, und er bewunderte Kennedy, aber er war wie die anderen Agenten besorgt, daß der Präsident Opfer einer Erpressung werden könnte. »Wir fürchteten, eine der Frauen könnte eine Spionin sein ... und für die Russen oder die Kommunistische Partei arbeiten«, erzählte mir Paolella 1997 in einem Interview. Manchmal waren die Agenten auch aus einem anderen Grund bestürzt: Die Frauen waren nicht besonders attraktiv. Einmal sei ein kalifornischer Demokrat zu einem Treffen mit Kennedy gekommen und habe »diese ziemlich dürren Nutten« mitgebracht. »Man fragte sich: ›Meine Güte, was stellt der Präsident bloß mit sowas an?‹ Wir fanden, daß er etwas Besseres verdient hätte. Allerdings nicht vom Standpunkt der Sicherheit aus betrachtet.«

251

Paolella verließ den Secret Service nach sechsjähriger Tätigkeit 1964, weil er eine Abneigung gegen Präsident Johnson hatte. Für den Schutz Jack Kennedys zu sorgen war sehr viel aufregender gewesen, und dem Junggesellen Paolella hatte es gefallen, in der Nähe eines Präsidenten zu sein, den überall die Frauen umschwärmten. Einige Agenten und Militärberater, die Kennedy auf Reisen begleiteten, bedienten sich hemmungslos. Bald verhielten sie sich wie der Präsident. Alkohol und Partys gehörten regelmäßig zu den Reisen dazu, besonders zu den Wochenendausflügen nach Hyannis Port und Palm Beach. Paolella sagte, nach seinem Ausscheiden beim Secret Service habe er mit niemandem über das gesprochen, was er zu Kennedys Zeit im Weißem Haus gesehen hatte. Er begründete es so: »Damals hätte mir das keiner geglaubt.«

Die Agenten räumten ein, daß sich der Secret Service mit jedem Jahr mehr an die Gepflogenheiten der Regierung Kennedys angepaßt habe, gegen Ende 1963 seien schließlich einige Agenten regelmäßig bis in die frühen Morgenstunden in Bars hängengeblieben. Der lockere Lebenswandel dehnte sich allmählich immer weiter aus. Mindestens drei weibliche Familienangehörige der Kennedys hätten, so Newman, Paolella und ihren Kollegen zufolge, Agenten des Secret Service eindeutige Angebote gemacht. Eine Verwandte Kennedys habe sich besonders dreist verhalten und bekam von den Agenten einen Spitznamen verpaßt – »alte Ziege«. Voller Verachtung sprachen die Agenten über Peter Lawford, den Schwager des Präsidenten: ein Hanswurst, der zuviel trank, aggressiv gegenüber Frauen auftrat und auf Reisen des Präsidenten immer versuchte, sich in den Ersatzwagen des Secret Service hineinzudrängeln. Bei einer turbulenten Party im Dezember 1962 auf Bing Crosbys weitläufigen Besitz im kalifornischen Palm Springs, so erzählte mir Paolella, hätten die Agenten eine junge Stewardess buchstäblich aus den Armen des stockbetrunkenen Lawford gerettet und ihn dann in der Wüste liegengelassen.

Die Party bei Crosby war Paolella zufolge der Höhepunkt – oder der Tiefpunkt – der Präsidentenpartys. Einige Frauen am Schwimmbecken arbeiteten, wie die Agenten wußten, als Stewardessen für eine europäischen Fluglinie, wie gewöhnlich kannte der Secret Service ihre Namen nicht. An der Vorderseite des Grundstücks, das an ein Wüstengebiet angrenzte, patrouillierte ein Trupp kalifornischer Polizisten. Die Partygäste veranstalteten einen derartigen Krach, daß die Polizisten das Geschrei und Gekreische für die nächtlichen Rufe von Kojoten hielten.

Paolella widerstrebte es, weitere Einzelheiten zu erzählen, aber Larry Newman, der in derselben Nacht Dienst hatte, war gesprächiger. Er und Paolella hätten sich gedacht, »wir würden auf unserer Tour um das Haus eine ruhige Kugel schieben. Doch als es dunkler wurde, funkte uns die kalifornische Polizei an und fragte nach, ob sich um das Haus Kojoten herumtrieben und den Präsidenten beunruhigten.« Die beiden Agenten hatten vor dem Haus Posten bezogen. Sie kamen nach einiger Diskussion überein, daß sie die Privatsphäre des Präsidenten stören und beim Pool nach dem Rechten sehen mußten. Dort fanden sie Powers, der »es am Beckenrand mit einem Mädchen trieb. Der Präsident saß auf der anderen Seite des Schwimmbeckens, genehmigte sich einen Drink und unterhielt sich mit ein paar Mädchen. Alle waren splitterfasernackt.« Zu einem späteren Zeitpunkt der Party, so Newman weiter, sei Powers zum Beckenrand gegangen, habe sich hinausgebeugt, eine obszöne Geste gemacht und offenbar zum Präsidenten gesagt: »He Kumpel. Schau mal her.« Wie üblich wurde Powers bei seinen Bemühungen, den Präsidenten zu amüsieren, immer verzweifelter. Er stürzte in Crosbys Haus hinein und kam wieder heraus, die Arme voller Anzüge. Dann sprang er mit den Kleidern in das Schwimmbecken. »Der Präsident fand das wohl ziemlich lustig – jedenfalls fiel er vor Lachen fast von seinem Stuhl«, erzählte mir Newman. »Bing Crosby fand es allerdings überhaupt nicht lustig.« Das Weiße Haus habe später für die ruinierten Anzüge aufkommen müssen.

Er und Paolella hätten mit der Überprüfung der Partygäste nur ihren Job gemacht, erklärte Newman. »Es mag sich vielleicht ein bißchen komisch anhören«, meinte er, »aber einige der Mädchen hatten einen ausländischen Akzent, ... und man mußte ein Auge auf ihn haben, daß er nicht verlorenging oder daß jemand aus der Wüste nicht mehr zurückkam. Wir mußten auch dafür sorgen, daß die kalifornischen Polizisten auf ihrem Posten an der Landstraße

blieben und nicht heraufkamen wegen der Kojoten und um nach-
zuschauen, ob alles in Ordnung war. Wir wollten nicht, daß sie sahen, wie der Präsident mit all den Damen planschte, und daß sie
alle nackt waren. Deshalb mußten wir sie anlügen. Wir sagten ihnen, daß sie völlig recht hätten und daß die Kojoten wie verrückt
über das Grundstück rannten und wir ihrer nicht Herr würden.
Wir sagten ihnen, wir würden sie rufen, wenn es brenzlig werden
sollte.«

Newman sagte, er und Paolella hätten später über die Ereignisse
jener Nacht mit ihren Vorgesetzten gesprochen. Es hieß, sie sollten die Vorkommnisse nicht beachten – »einfach so tun, als wäre
nichts geschehen«. Ein Kollege bemerkte später zum Mißfallen
seiner Vorgesetzten: »Hier draußen ist alles ruhig, außer daß ein
Kojote auf dem andern sitzt.«

Newman meinte: »Man mußte bei der Sache den Humor behalten, der auf einem Polizeirevier herrscht, eben weil man mitten
drin steckte. Der Kalte Krieg ging weiter. Wir schützten den Führer der freien Welt. Und die Highway-Patrouille war im Begriff
heraufzukommen, also schützten wir ihn davor, daß sie ihn nackt
erwischten. Wir trugen Schußwaffen und jede Menge automati-
scher Waffen, konnten aber in der Wüste nichts erkennen. Das
einzige, was wir dort draußen vorfanden, war Peter Lawford, der
zuviel Bier getrunken hatte und herumstöhnte, weil er es mit seiner jüngsten Eroberung von der Party nicht geschafft hatte.«

# 16

# Die Berlinkrise

Während McGeorge Bundy und weitere Kollegen aus Harvard am 20. Januar 1961 führende Positionen in der Regierung Kennedy übernahmen, blieb Henry A. Kissinger in Cambridge zurück. Kissinger, ein in Deutschland geborener Professor für Politikwissenschaft, wurde zum Berater für europäische Angelegenheiten im Nationalen Sicherheitsrat ernannt. Im Frühsommer 1961 erhielt er eine Einladung zu einer Kabinettssitzung zur Berlinkrise. Damit bekam er zum ersten Mal Einblick in die Arbeitsweise der Regierung Kennedy. Die gesamte Führungsriege mit Robert Kennedy war angetreten und saß um einen Konferenztisch. Als der Präsident eintrat und die Besprechung eröffnete, standen alle auf, wie es Brauch war. Nach wenigen Minuten brachte ein Bediensteter des Weißen Hauses eine Terrine Muschelsuppe. Er servierte dem Präsidenten Suppe und Cracker, ging dann quer durch den Raum zu Bobby Kennedy und reichte ihm ebenfalls einen Teller Suppe. Den anderen wurde nichts angeboten.

Nach der Rückkehr nach Harvard beschrieb Kissinger die Szene seinem Kollegen Morton Halperin. Er sprach dabei, wie Halperin sich in einem Interview für dieses Buch erinnerte, vom König und seinem Herzog und ihrem überzogenen »Standesbewußtsein«.

Tatsächlich avancierte Robert Kennedy nach der Invasion in der Schweinebucht nicht zum Herzog, sondern zum Premierminister seines Bruders – zum zweitmächtigsten Mann in den Vereinigten Staaten. Der Justizminister nahm mit Genehmigung des Präsidenten über ein Mitglied des sowjetischen Geheimdienstes heimlich Kontakt mit dem sowjetischen Staatschef Nikita Chruschtschow auf. Während der folgenden achtzehn Monate verhandelten die beiden Kennedys bei außenpolitischen Fragen über einen geheimen Mittelsmann mit Chruschtschow – und mißachteten die Bedenken ihrer Sowjetexperten, die zwar von dem geheimen Kanal wußten, aber keine Ahnung hatten, was besprochen und welche Vereinbarungen getroffen wurden. Mitte des Jahres 1961 hatte Bobby Kennedy seinen Zuständigkeitsbereich erstaunlich ausgedehnt: Er war der Rechtsberater des Präsidenten, sein politischer Berater, sein Beschützer, sein bester Freund und sein einflußreichster Ratgeber in der Außenpolitik.

Die Geschichte der Regierung Kennedy und ihrer Politik im Kalten Krieg läßt sich nicht schreiben ohne die genaue Kenntnis der Vereinbarungen zwischen dem amerikanischen Präsidenten und dem sowjetischen Generalsekretär. Dennoch wurde von der John F. Kennedy Library kein offizielles Dokument über die geheimen Absprachen zwischen Kennedy und Chruschtschow freigegeben; die ausführlichsten Informationen stammen aus sowjetischen Archiven, die nach dem Zusammenbruch der Sowjetunion geöffnet wurden. Robert Kennedy enthüllte 1964 in einem Interview für die Kennedy Library – das 1978 teilweise von dem Historiker und Kennedy-Biographen Arthur Schlesinger veröffentlicht wurde –, daß der Russe, mit dem er sich in Washington getroffen hatte, Georgi N. Bolschakow gewesen sei, ein Mitarbeiter des sowjetischen Geheimdienstes, der sich als Journalist ausgab. Fast beiläufig fügte Kennedy hinzu: »Georgi Bolschakow und ich besprachen die meisten wichtigeren Angelegenheiten zwischen der Sowjetunion und den USA, und wir trafen auch die Abmachungen ... Wir sahen uns vielleicht einmal alle zwei Wochen.«

Georgi Bolschakow war hauptamtlicher Agent des Geheimdienstes, seine berufliche Laufbahn läßt sich bis zu seinem Dienst beim militärischen Nachrichtendienst der Sowjetunion im Zweiten Weltkrieg zurückverfolgen. Aufgrund seiner guten Englischkenntnisse kam er 1951 nach Washington, wo er offiziell als Korrespondent der sowjetischen Nachrichtenagentur TASS arbeitete. Im Jahr 1955 wurde er in den Stab von Marschall Georgij Schukow versetzt, dem sowjetischen Kriegshelden und Verteidigungsminister. Vier Jahre später wurde er wieder nach Washington geschickt. Er war über viele Jahre eng befreundet mit Frank Holeman, einem Journalisten der *New York Daily News*. Holeman gehörte zu den wenigen Reportern, die sich nicht scheuten, gelegentlich mit sowjetischen Diplomaten essen zu gehen. Und Holeman war gut bekannt mit Edwin O. Guthman, einem ehemaligen Journalistenkollegen, der mittlerweile als Bobby Kennedys Pressesprecher im Justizministerium arbeitete. Auf Holemans Empfehlung hin trafen sich Robert Kennedy und der scheinbar gemäßigte, verständnisvolle Bolschakow drei Wochen nach der Invasion in der Schweinebucht zum ersten Mal.

In den nächsten achtzehn Monaten, bei den großen Krisensituationen der Weltpolitik, spielte Bolschakow für den Präsidenten und seinen Bruder eine zentrale Rolle als Mittelsmann: beim Gipfeltreffen in Wien, bei der Berlinkrise und der Kubakrise. Die ganze Wahrheit über Georgi Bolschakows Kontakte zu Robert Kennedy während dieser entscheidenden Zeit wird vielleicht nie ans Licht kommen. »Ich weiß nicht, warum sie [die Sowjets] dieses Vorgehen wählten«, erklärte Robert Kennedy in dem Interview für die Kennedy Library, »doch sie wollten nicht ihren Botschafter [in Washington] einsetzen.« Der sowjetische Botschafter Michail Menschikow »erledigte die normalen Routinesachen, und er – Bolschakow – erledigte andere Dinge ... Ich habe über alles mögliche mit ihm gesprochen.«

Auch die amerikanische Bürokratie wurde umgangen, wie Kennedy einräumte, die Regierungsmannschaft habe nur wenig vom Inhalt der Gespräche zwischen ihm, dem Präsidenten und der sowjetischen Führung erfahren. »Unglücklicherweise, ja dummerweise«, sagte Robert Kennedy, »habe ich mir kaum Notizen gemacht. Ich gab die Mitteilungen nur mündlich an meinen Bruder weiter, der dann die entsprechenden Maßnahmen einleitete. Manchmal hat er wohl das Außenministerium informiert – und manchmal auch nicht.« Kennedy war in einem wichtigen Punkt wieder einmal nicht ganz ehrlich: Tatsächlich fertigte er über einige Treffen mit Bolschakow Aufzeichnungen an, doch die Unterlagen blieben, soweit sie noch existieren, bei seinen persönlichen Akten in der Kennedy Library unter Verschluß.

Bolschakow war zu Beginn der sechziger Jahre bei den Journalisten in Washington kein Unbekannter, man wußte auch, daß er freundschaftliche Beziehungen zu den Kennedys pflegte. Doch kein Journalist erkannte seine wahre Bedeutung. In seinem 1975 erschienenen Buch *Conversations with Kennedy* (Gespräche mit Kennedy) schilderte Ben Bradlee, der damals für *Newsweek* arbeitete, einen Abend im Weißen Haus. Er und seine Frau sahen mit dem Präsidenten und der First Lady in deren Schlafzimmer eine Fernsehsendung über den Kreml:

»Der Präsident lief in Unterhosen herum und dachte laut darüber nach, wie das Leben in diesem Mausoleum aussehen mochte. Jackie erzählte uns, wie Bobby einmal aus Wut über irgend etwas im Kreml angerufen hatte, eine Geschichte, die schon eine Weile in der Stadt umging und oft dementiert worden war. Er rief offensichtlich Georgi N. Bolschakow an, den sowjetischen Lieblingsdiplomaten der Washingtoner Presse und der New Frontier [der sich damals vermutlich gerade in Moskau aufhielt]. Bolschakow stand bei der sowjetischen Botschaft als Journalist auf der Gehaltsliste, aber wir hielten ihn wie alle sowjetischen Diplomaten für einen Spion. Falls er ein Spion war, dann ein sehr geselliger, er konnte Unmengen trinken und maß sich gerne im Armdrücken. Auf jeden Fall bestätigte Jackie die Geschichte, die so oft dementiert worden war. Im Kreml habe allerdings niemand den nächtlichen Anruf des amerikanischen Justizministers entgegengenommen.«

Schlesinger erhielt bei seinen Recherchen für die 1978 erschienene autorisierte Biographie *Robert Kennedy and His Times* (Robert Kennedy und seine Zeit) erstmals Zugang zu Bobbys Interviews für die Kennedy Library und zu einigen persönlichen Notizen. Doch es überstieg sein Vorstellungsvermögen, daß sich Jack und Robert Kennedy, die er beide sehr bewunderte, hinter dem Rücken sämtlicher Regierungsmitglieder mit dem Kreml verständigt haben sollten. Schlesinger beschrieb Bolschakow abwertend als »Witzbold und Schwätzer« und gab an, daß ein Berater Bobby Kennedys, der nichts über Bolschakows geheime Rolle wissen konnte, ihn als einen Mann mit »mißbilligendem Nicken, Lächeln und Zirkus-Englisch« beschrieben habe, der von »Bobbys Schwäche für harmlose Clowns« profitiert habe.

Das Risiko bei der geheimen Verständigung zwischen Kennedy und Chruschtschow war hoch, und deshalb war strikte Geheimhaltung geboten. Der Präsident traf wichtige Entscheidungen ohne den Rat erfahrener Männer und Frauen im Außenministerium, im Verteidigungsministerium und in der CIA, die in der Sowjetunion gearbeitet hatten und die Sprache, die Menschen und die Geschichte des Landes kannten. »Jack war sein eigener Außenminister«, meinte Bobby Kennedy in einem Interview.

Jack und Bobby Kennedy übergingen die Experten und Skeptiker in ihrer Regierung – nach Ansicht des Präsidenten waren es zum Teil dieselben, die ihm versichert hatten, daß die Invasion in der Schweinebucht ohne Probleme verlaufen würde. Mit dem ihnen eigenen Wagemut rissen die Kennedys die Kontrolle über die amerikanische Politik im Kalten Krieg an sich; für zwei Brüder, die keinerlei Erfahrung auf dem Gebiet der Außenpolitik besaßen, war es eine berauschende Zeit.

Die Anfänge für die geheime Verständigung mit Chruschtschow und für Robert Kennedys Aufstieg sind im Frühling des Jahres 1961 zu suchen. Nach den sowjetischen Unterlagen, die von den Historikern Aleksandr Fursenko und Timothy Naftali in ihrer Studie *One Hell of a Gamble* (Ein verdammt großes Wagnis) zusammengestellt wurden, trafen sich Bobby Kennedy und Bolschakow am 9. Mai zu einem ersten Sondierungsgespräch in Washington. Thema war das bevorstehende Gipfeltreffen in Wien, dem Jack Kennedy zu Recht mit einiger Nervosität entgegensah. Vor dem Gipfel Anfang Juni gab es mindestens sechs Begegnungen und Telefongespräche zwischen Kennedy und Bolschakow, die beiden konnten aber keines der anstehenden Probleme lösen. Doch immerhin war ein Anfang gemacht und Fursenko und Naftali zufolge eine wichtige Botschaft vermittelt worden: Robert Kennedy ließ die Sowjets wissen, daß sich hinter den harten Worten, die sein Bruder in der Öffentlichkeit verwendete, »keine mangelnde Bereitschaft zu einem konstruktiven Treffen mit Chruschtschow« verberge. Den Sowjets wurde signalisiert, sie sollten mehr darauf achten, was Kennedy tat, und weniger darauf, was er öffentlich sagte.

Das Gipfeltreffen war brutal. Chruschtschow trieb den unerfahrenen Kennedy in die Enge und setzte ihn in der Frage der alliierten Zugangsrechte nach West-Berlin unter Druck. Chruschtschow stellte Kennedy ein Ultimatum: Die USA, Großbritannien und Frankreich erhielten sechs Monate Zeit, um in Absprache mit der Sowjetunion einen Friedensvertrag auszuhandeln, der sechzehn Jahre nach Kriegsende den Status von Deutschland klären und die Kontrolle Ostdeutschlands über den Verkehr nach West-Berlin bestätigen sollte. Die USA zögerten mit ihrer Zustimmung, denn das hätte de facto die Anerkennung der Teilung Deutschlands bedeutet. Wenn die Alliierten sich nicht einverstanden erklärten, so Chruschtschow, würde die Sowjetunion im Alleingang einen Friedensvertrag mit Ostdeutschland abschließen. Ohne Einigung wäre ein Atomkrieg möglich. Kennedy war zutiefst erschüttert. Zu seinem alten Freund LeMoyne Billings sagte er, er sei »dem Bösen noch nie so nahe« gewesen. Im Gespräch mit seinem Berater Kenny O'Donnell bezeichnete er Chruschtschow wütend als »Mistkerl« und »Hurensohn«.

Kennedy sah eine Verbindung zwischen diesem Konflikt und dem Fehlschlag auf Kuba. »Die Russen dachten, sie könnten mit ihm [dem Präsidenten] machen, was sie wollten«, erklärte Robert Kennedy bei seinen Interviews für die Kennedy Library. »Chruschtschow dachte ..., daß er es mit einer sehr schwachen Person zu tun hätte, weil [JFK] in Kuba nicht das tat, was Chruschtschow getan hätte, nämlich Kuba einfach einzunehmen ... [Er dachte,] daß er es mit einem jungen Mann ohne rechtes Selbstvertrauen zu tun hätte. Es war ein Schock [für Jack], daß jemand so hart sein konnte, so entschieden und bestimmt.«

Einige ausgesuchte Journalisten der Washingtoner Presse erfuhren, wie tief erschüttert Präsident Kennedy nach seiner Auseinandersetzung mit Chruschtschow in Wien war, doch sie teilten ihr Wissen nicht mit ihren Lesern — so hatte es Kennedy auch kalkuliert. In seinem Buch *Deadline* (Sperrlinie) beschreibt James Reston, wie er an einem Samstagmorgen in die amerikanische Botschaft in Wien geschleust wurde und nach einer Gipfelbegegnung ein Exklusivinterview mit Kennedy führte. Der Präsident hatte einen Hut tief in die Stirn gezogen und »erschien über eine Stunde zu spät, mitgenommen und verärgert ... Er setzte sich neben mich auf die Couch und seufzte. Ich sagte, es müsse ein hartes Gespräch gewesen sein. Viel härter als er erwartet habe, antwortete er. Chruschtschow habe ihn wegen Berlin unter Druck gesetzt ... Er war überzeugt, daß Chruschtschow dachte, jemand, der bei der Invasion Kubas so versagt hatte, besitze kein Urteilsvermögen, und ein Präsident, der einen solchen Schnitzer machte und die Sache dann nicht zu Ende brachte, habe keinen Mumm ... Er habe versucht, Chruschtschow von der Entschlossenheit der USA zu überzeugen, doch es sei ihm nicht gelungen. Nun müsse Härte demonstriert werden, und der richtige Ort dafür sei Vietnam, bemerkte er zu meinem Erstaunen. Ich verschluckte zwar nicht gerade seinen Hut, aber ich war sprachlos ... Chruschtschow hatte Kennedy geringschätzig behandelt, und ... das wollte er nicht auf sich sitzen lassen.«

Restons Artikel waren während des Gipfeltreffens die Aufmacher in der *New York Times*, doch er schrieb nichts über Chruschtschows Ultimatum und Kennedys harte Worte über Vietnam. Reston teilte sein Wissen jedoch mit mindestens einem Kollegen. Bei einem Gespräch mit Wissenschaftlern erzählte Joseph Alsop 1978, ein »sehr grau« aussehender Kennedy sei einen Tag nach dem Gipfeltreffen auf einem diplomatischen Empfang in London erschienen. »Ich hatte keine Ahnung, was in Wien vorgefallen war. Scotty Reston wußte es, doch natürlich war er darüber so entsetzt, daß er nicht ausführlich berichtete. Der Präsident drängte mich in eine Ecke und sagte: ›Ich will, daß Sie eines wissen, Joe: Es ist mir egal, was passiert, ich werde nicht nachgeben, ich werde nicht aufgeben, und ich werde alles tun, was notwendig ist.‹ Es war beängstigend ... Ich hatte keinen blassen Schimmer, daß man wegen etwas nachgeben oder aufgeben sollte. Ich wußte, daß es wegen Berlin Druck gab, aber ich wußte nicht, daß ein Ultimatum bestand.« Alsop schrieb wie Reston nichts über die Begegnung.

Hugh Sidey erinnerte sich in einem Interview für dieses Buch an eine private Unterhaltung mit Kennedy nach dessen Rückkehr aus Wien. »Ich fragte ihn: ›Was ist Chruschtschow für ein Mensch? Erzählen Sie mir von ihm.‹ Und er antwortete: ›Ich habe noch nie einen Mann wie ihn getroffen. [Ich] sprach davon, daß eine atomare Auseinandersetzung siebzig Millionen Menschen in zehn Minuten töten könnte, und er schaute mich nur an, als ob er sagen wollte: ›Na und?‹ Ich hatte den Eindruck, daß er sich einen Dreck darum scheren würde, wenn es dazu kommen sollte.‹« Sidey schilderte Robert Kennedy den Kummer des Präsidenten und fragte ihn: »Haben Sie sich mit ihm darüber unterhalten?« Bobby schien bei seiner Antwort sehr darauf bedacht, Sidey davon zu überzeugen, daß er und der Präsident sich einig waren. »Oh, natürlich, wir unterhalten uns ständig und über alles.« Er fügte hinzu, daß er Jack noch nie so verärgert gesehen habe. »Ich habe meinen Bruder noch nie über so etwas weinen sehen. Ich war mit ihm oben im Schlafzimmer, und er sah mich an und sagte: ›Bobby, wenn es zu einer nuklearen Auseinandersetzung kommt, geht es nicht um uns. Wir hatten ein schönes Leben, wir sind erwachsen. Wir mischen ja selbst bei diesen Dingen mit. Doch den Gedanken, daß Frauen und Kinder bei einem Atomkrieg umkommen, kann ich nicht ertragen.‹« Dabei seien dem Präsidenten Tränen über die Wangen gelaufen, erzählte Bobby Kennedy Hugh Sidey.

Es ist nicht bekannt, wann und wie Georgi Bolschakow und Robert Kennedy nach dem Gipfeltreffen wieder zusammenkamen. Über diesen Zeitabschnitt wurden keine sowjetischen Dokumente veröffentlicht, und Kennedy äußerte sich in seinen Interviews für die Kennedy Library nicht darüber. Die Kennedy-Brüder gewährten anderen Regierungsmitgliedern nur spärliche Einblicke, was über den heimlichen Kanal zu Chruschtschow lief, und die wenigen Regierungsmitglieder, die davon wußten, hielten das Ganze, wie ein Beteiligter es formulierte, für ein »gefährliches Spiel«. Ein offensichtliches Problem lag in dem Statusgefälle zwischen Kennedy und Bolschakow. Robert Kennedy war für den reibungslosen Ablauf der Regierungsgeschäfte unersetzlich, Bolschakow hingegen war auswechselbar. Jede Fehlinformation von Kennedys Seite würde sofort auf den Präsidenten zurückfallen; wenn hingegen Bolschakow bei einer Lüge ertappt würde, könnte man ihm vorwerfen, die Sache falsch verstanden zu haben, und ihn gegebenenfalls nach Moskau zurückbeordern oder versetzen. Der schärfste Kritiker der geheimen Verbindung über Bolschakow war Llewellyn E. Thompson, der amerikanische Botschafter in der Sowjetunion, der seit seiner Rückkehr aus Moskau Mitte des Jahres 1962 Kennedy als Sonderberater für sowjetische Angelegenheiten diente. »Das war ein großer Fehler«, sagte Thompson, der 1972 starb, in einem Interview für die Kennedy Library. Die Kennedys hätten »versucht, den Leuten folgendes weiszumachen: Das Außenministerium ist gegenüber uns so voreingenommen, daß wir nichts erreichen können. Wenn wir nur einen direkten Kontakt hätten, dann könnten wir etwas tun. Auf diese Weise hofften sie, ihre Mitarbeiter außen vor zu halten und zu verhindern, daß alle Informationen nach draußen drangen.« Thompson befürchtete, daß Jack oder Bobby Kennedy bei den Gesprächen mit Bolschakow, die Chruschtschow übermittelt wurden, womöglich nicht präzise genug sein würden, und daß die Sowjets »unvorsichtigen Bemerkungen große Bedeutung beimessen könnten«. Bobby Kennedy sagte in seinen Interviews klar, daß er sich wenig um die Meinung und die Sachkenntnis des amerikanischen Botschafters in Moskau gekümmert habe. Auf die Frage, ob der dortige Botschafter eine Rolle spiele, antwortete Kennedy: »Ich weiß es nicht. Ich glaube, [die Sowjets] hatten Vertrauen zu Thompson. Ich weiß nicht, ob er nur der Überbringer von Nachrichten ist. Während der ersten zwei oder drei Monate hat [der amerikanische Botschafter] vielleicht einen bestimmten Einfluß, wenn sie denken, er steht mit dem Präsidenten in Verbindung.« Als Kennedy direkt gefragt wurde, ob der Botschafter bei der geheimen Verbindung über Bolschakow umgangen worden sei, antwortete er knapp: »Das nehme ich an.«

Weiteren Anlaß zur Sorge im Außenministerium gab mit Sicherheit der Umstand, daß die Kennedys bei weitem nicht soviel über den Kommunismus und über internationale Beziehungen wußten, wie sie selbst glaubten. Zu Beginn des Jahres 1962 wurde der Historiker David Herbert Donald von der Universität Harvard, der dank seiner Forschungen und Veröffentlichungen über Lincolns Präsidentschaft hohes Ansehen genoß, eingeladen, in den

Privaträumen des Weißen Hauses vor dem Präsidenten, der First Lady und einer kleinen Gruppe von Freunden und Regierungsmitgliedern einen Vortrag in zwangloser Atmosphäre zu halten. Donald sprach vierzig Minuten über die Zeit nach dem Bürgerkrieg und beantwortete dann Fragen, die Hälfte wurde vom Präsidenten gestellt. Anschließend führte Donald noch ein privates Gespräch mit Kennedy. Dies habe bei ihm schwere Bedenken hinterlassen, schrieb er einige Wochen später an einen Freund. In dem Brief, der für das vorliegende Buch zur Verfügung gestellt wurde, spart er nicht mit bissigen Bemerkungen: »Ich halte seine Kenntnisse in der amerikanischen Geschichte für nicht sonderlich beeindruckend. Wie nicht anders zu erwarten war, spiegeln sie in etwa das Schulbuchwissen auf dem Stand vor fünfundzwanzig Jahren wider, mit wenig Einblick in aktuelle Literatur und Erkenntnisse. Er betrachtet die Geschichte natürlich größtenteils unter einem persönlichen Blickwinkel – große Männer und ihr Einfluß. Er ist fest entschlossen, als großer Präsident in die Geschichte einzugehen, und sucht nun nach dem Geheimnis, wie ihm das gelingen kann.«

In einem 1996 geführten Interview erinnerte sich Donald an seine Unruhe nach dem Gespräch. Der Präsident sei von Lincoln und Franklin Delano Roosevelt fasziniert gewesen, weil »er dachte, ein großer Präsident wird man nur im Krieg. Das machte mir Angst. Ich hatte den Eindruck, er war ein junger Mann, der nicht verstand, was Geschichte ist.«

Doch der junge Präsident war selbst in zwangloser Atmosphäre – wie bei dem Gespräch mit Professor Donald – darauf bedacht, seine wahre Taktik zu verschleiern. Kennedy wußte, daß Berlin nicht der geeignete Ort für eine Konfrontation mit Chruschtschow war. Der Präsident und sein Bruder entwickelten während der Krise Mitte 1961 ein Schema, das in den folgenden achtzehn Monaten bei den Verhandlungen zwischen den Supermächten eine entscheidende Rolle spielte. Kernpunkt war, in der Öffentlichkeit hart aufzutreten und im verborgenen Kompromisse zu schließen, um einen Krieg zu vermeiden.

Allerdings hatte Kennedys Ansatz den Fehler, daß seine nationalen Sicherheitsberater, die ihn bewunderten, nur seine Härte sahen und seine mangelnde Bereitschaft nachzugeben. Es wurde zu einem Glaubenssatz in der Regierung, daß man bei einer Krise so hart sein mußte wie der Präsident. Erfahrene Regierungsbeamte, die für Kompromisse und Ausgleich eintraten – wie etwa der UN-Botschafter Adlai Stevenson und der liberale Staatssekretär im Außenministerium Chester Bowles – fanden sich schon bald isoliert, ihre Ratschläge wurden ignoriert. Im Sommer und Herbst 1961 übergaben Kennedys Berater dem Präsidenten eine Liste mit Vorschlägen zur Lösung der außenpolitischen Probleme in Deutschland, Kuba und Südvietnam. Die Vorschläge orientierten sich ausnahmslos an einer harten Linie.

In den Wochen nach dem Gipfeltreffen in Wien wirkte der kampfbereite Kennedy in der Öffentlichkeit heroisch und unnachgiebig, während er insgeheim um Fassung rang und seine Regierung nach einer angemessenen Antwort auf – so sah man es – Chruschtschows Drohung hinsichtlich Berlin suchte. Chruschtschow wiederholte, daß er die Bewegungsfreiheit der amerikanischen Truppen in Berlin einschränken werde, und der Präsident zahlte mit gleicher Münze zurück. Es herrschte Krisenstimmung. Am 25. Juli 1961 griff der Präsident in einer Fernsehansprache die Themen seiner Antrittsrede noch einmal auf und rief die Nation für die Verteidigung West-Berlins zu den Waffen. Er beschrieb Berlin als »große Belastungsprobe für den Mut und die Entschlossenheit des Westens ... Wir wissen, was getan werden muß – und wir werden es tun.«

Amerika, so erklärte der junge Präsident, müsse mehr Wahlmöglichkeiten haben als nur die zwischen einer Demütigung und einem Atomschlag. Er kündigte eine drastische Steigerung der militärischen Schlagkraft an. Die Zahl der Einberufungen wurde verdreifacht, die Truppenstärke von Heer, Marine und Luftwaffe um 200000 Mann erhöht, das Pentagon erhielt die Genehmigung, Reservisten zu mobilisieren und die Dienstzeit zu verlängern. Falls eine größere Truppenstärke und höhere Steuern erforderlich sein würden, erklärte er, werde er »nicht zögern, sie zu verlangen«. Er verkündete eine Erhöhung des Verteidigungshaushalts um 3,25 Milliarden Dollar und drängte die Amerikaner, sich auf den Ernstfall vorzubereiten und in Kellern und Hinterhöfen Atomschutzbunker zu bauen. Das Budget für den Zivilschutz wurde um 200 Millionen Dollar erhöht. Derartige Maßnahmen lösten im ganzen Land eine heftige Debatte darüber aus, wie moralisch oder unmoralisch es für eine amerikanische Familie wäre, sich einen Bunker zu bauen und sich dann gegen die weniger umsichtigen Nachbarn zu bewaffnen, die im Falle eines Atomschlags feststellen mußten, daß sie selbst keine Zufluchtsmöglichkeit hatten.

In der Rede des Präsidenten bedrohten die Sowjets nicht nur die Freiheit und den Frieden in Berlin, sondern – in Anlehnung an Walt Rostows These nach der Invasion in der Schweinebucht – auch in Südvietnam. »Auch in Südostasien steht uns eine Herausforderung bevor«, sagte der Präsident. »Dort sind die Grenzen weniger bewacht, ist der Feind schwerer zu finden und die Gefahr des Kommunismus für die, die ohnehin nur wenig besitzen, weniger offensichtlich ... Wir werden immer zu Gesprächen bereit sein, wenn Gespräche etwas ausrichten können. Doch wir müssen auch bereit sein, uns mit Gewalt zu wehren, wenn gegen uns Gewalt angewendet wird.«

Andere Maßnahmen, die nicht an die Öffentlichkeit drangen, sollten der sowjetischen Führung signalisieren, daß die Amerikaner es ernst meinten. Robert Kennedy enthüllte in einem Interview für die Kennedy Library, daß in jenem August die amerikanische U-Boot-Flotte in den Nordatlantik verlegt worden war und Teile des Strategischen Luftkommandos in erhöhte Alarmbereitschaft versetzt wurden. Das Militär verhängte Urlaubssperre, die Lieferungen von militärischer Ausrüstung und Munition nach Europa wurden gesteigert.

Kennedys Rede war ein spektakulärer Erfolg. Wie schon nach dem Fiasko in der Schweinebucht stellte sich die breite Mehrheit der Amerikaner hinter ihren gutaussehenden jungen Präsidenten. In den Briefen, die im Weißen Haus eingingen, wurde die harte Haltung des Präsidenten angesichts der drohenden Krise mit einer Quote von 100:1 befürwortet. Auch der Kongreß reagierte umgehend: Die Erhöhung des Verteidigungshaushaltes wurde mit überwältigender Mehrheit gebilligt. In eine Meinungsumfrage von Gallup sprachen sich mehr als 85 Prozent für eine weitere Stationierung amerikanischer Truppen in West-Berlin aus, 67 Prozent waren dafür, daß sich amerikanischen Truppen ihren Weg in die Stadt erkämpfen sollten, falls die Sowjets es wagten, ihnen den Zugang zu verwehren. In einem Leitartikel der *New York Times* wurde Kennedy als »ernst, entschlossen und zugleich verständigungsbereit« beschrieben. Der Präsident, so hieß es weiter, »machte gestern abend den amerikanischen Führungsanspruch für die freie Welt geltend ... Wir vertrauen darauf, daß ihn das amerikanische Volk und die freien Menschen auf der ganzen Welt unterstützen werden.«

Chruschtschows Antwort war die endgültige Trennung des Ostens vom Westen. Am frühen Morgen des 13. August begannen ostdeutsche Volkspolizisten entlang der 40 Kilometer langen Grenze zwischen dem Ostteil und dem Westteil der Stadt Stacheldraht auszulegen – der erste Schritt zum Bau der Berliner Mauer. Die Regierung Kennedy unternahm nichts gegen den Bau der Mauer, was unter den West-Berlinern große Ängste – und antiamerikanische Gefühle – auslöste. Kennedy bestätigte das amerikanische Engagement in West-Berlin nach wenigen Tagen durch die Entsendung von 1500 Mann zur Verstärkung der in Berlin stationierten amerikanischen Einheiten; am 30. August verkündete er die Ernennung von General Lucius Clay, dem mittlerweile pensionierten Armeehelden der Berlinblockade von 1948, zum Sonderbotschafter. Clay war ein harter Verfechter der antikommunistischen Linie, und er brachte seine Skepsis gegenüber Kennedys Entscheidung, die Mauer zu akzeptieren, offen zum Ausdruck. Doch die Mauer blieb.

Die Historiker haben mittlerweile Zugang zu Dokumenten in Washington und Moskau, aus denen hervorgeht, was über zwanzig Jahre lang niemand wußte: Das Weiße Haus unter Kennedy war schon einige Zeit vor dem August 1961 zu dem Schluß gekommen, daß die USA eine physische Barriere zwischen Ost und West weder verhindern konnten noch wollten. Der Präsident hatte – wie die Geschichte zeigte – richtig erkannt, daß Nikita Chruschtschow und seine Genossen ein Mittel brauchten, um die kontinuierliche Abwanderung der ostdeutschen Elite in den Westen zu verhindern. Die Mauer, so verhaßt sie vielen Amerikanern auch war – vor allem jenen, die sich von der Rhetorik des Präsidenten angesprochen fühlten – konnte immerhin die Berlinkrise entschärfen. Einige Regierungsmitglieder betrachteten sie als Provokation und als möglichen ersten Schritt der Sowjets nach West-Berlin. Der Präsident war anderer Meinung. »Warum sollte Chruschtschow eine Mauer errichten lassen, wenn er die Absicht hätte, West-Berlin einzunehmen?« zitiert Kenny O'Donnell den Präsidenten in seinen Memoiren. »Das ist ein Ausweg aus seinem Dilemma. Es ist zwar keine besonders schöne Lösung, aber eine Mauer ist verdammt noch mal besser als ein Krieg.« Kennedys Familie unterstützte die Position des Präsidenten. Joseph Kennedy äußerte gegenüber dem Autor William Manchester, der damals an einem Buch über Kennedys Regierung arbeitete, die Ansicht, es wäre »ein verdammter Fehler«, würde man versuchen, Berlin zu halten.

Teilte Kennedy über seinen geheimen Kommunikationskanal Chruschtschow mit, daß die USA nichts gegen die Mauer unternehmen würden? In seinem Interview für die Kennedy Library sagte Robert Kennedy nur, daß er Bolschakow vor Errichtung der Mauer wiederholt gewarnt habe, die USA würden »wegen Berlin einen Krieg führen«, und er zitierte Bolschakows Antwort, er werde »diese Botschaft weiterleiten«. Kennedy fügte hinzu, nach dem Bau der Mauer habe er die Verbindung zu Bolschakow »für eine Weile« unterbrochen, »weil mich das so abstieß«. Doch der Bruch, wenn es denn tatsächlich einen solchen gab, war von kurzer Dauer. Die geheime Verbindung spielte zwei Monate später bei der Beilegung eines Zwischenfalles, bei dem sich sowjetische und amerikanische Panzer am Checkpoint Charlie in Berlin gegenüberstanden, eine Schlüsselrolle.

Robert Kennedys Schilderung seiner Empörung über die Mauer kann erfunden oder übertrieben sein, um die geheimen Kontakte des Weißen Hauses zu Chruschtschow zu verschleiern. Es ist nicht bekannt, was Chruschtschow Kennedy vor dem Mauerbau mitteilte – ob er ihm überhaupt etwas mitteilte. Der Berlinexperte David E. Murphy, der 1961 für die CIA-Operationen in Berlin verantwortlich war, ist der Ansicht, daß Kennedy und Chruschtschow den Mauerbau nicht über ihren geheimen Kanal zu besprechen brauchten. Im Sommer 1961 habe Kennedy Chruschtschow privat und öffentlich »eine Botschaft nach der anderen« gesandt, sagte Murphy 1997 in einem Interview. »Keiner verwendete den Begriff ›Mauer‹. Aber Kennedy gab eindeutig zu verstehen, daß sie [die Sowjets] das Recht hatten, die Truppenbewegungen durch ihren Sektor zu kontrollieren.« Murphy wurde im August 1961 offiziell zum Chef der CIA-Operationsbasis in Berlin ernannt, dem Dreh- und Angelpunkt für die geheimdienstlichen Aktivitäten und die Spionagetätigkeit der CIA in Ost-Berlin und Ostdeutschland. Seiner Ansicht nach hatte die Regierung Kennedy am 30. Juli 1961 die richtigen Worte für die Situation gefunden, als Senator J. William Fulbright aus Arkansas, der Vorsitzende des Senatsausschusses für Äußeres, in einem Fernsehinterview erklärte: »Ich verstehe nicht, warum die Ostdeutschen ihre Grenze nicht schließen, denn ich denke, sie haben das Recht dazu.« So etwas habe Fulbright nicht ohne Zustimmung des Präsidenten sagen können, meinte Murphy. Bei der CIA in Berlin sei man sich im klaren gewesen, daß Kennedy »nie die Absicht hatte, gegen die Mauer aufzubegehren. Jeder wußte das.«

Als ranghoher Geheimdienstmitarbeiter wußte Murphy, daß Kennedys Handlungsspielraum in Berlin äußerst schmal war. Im März 1961 fragte Henry Kissinger in seiner Eigenschaft als Berater des Nationalen Sicherheitsrats für Deutschlandangelegenheiten bei der CIA an, ob sie eine Möglichkeit für eine Geheimaktion »zur Festigung der amerikanischen Position in Berlin« sehe. Die Anwort fiel enttäuschend aus, wie Murphy in seinem 1997 erschienenen Buch *Battleground Berlin* (dt.: *Die unsichtbare Front*, 1997) berichtet, das er in Zusammenarbeit mit seinem KGB-Gegenspieler Sergej A. Kondraschow schrieb. Einige Propagandaaktionen könnten vielleicht nützlich sein, erwiderte die CIA. Doch ein Aufstand gegen die Regierung – auf den man in Kuba so drängte – sei in Ost-Berlin »nicht durchführbar«. Drei Monate später, so Murphy weiter, habe der CIA-Mitarbeiter William Harvey, der in den fünfziger Jahren sieben Jahre lang Geheimaktionen in Berlin geleitet hatte, bei einer Besprechung im CIA-Hauptquartier in Washington gesagt, die Kalkulation amerikanischer Politiker, daß die CIA Widerstandsgruppen in Ostdeutschland organisieren könnte, sei »unrealistisch ... Unsere Möglichkeiten sind, wenn man sie gegen das Verteidigungspotential [der ost-deutschen Sicherheitskräfte] hochrechnet, dieser Aufgabe nicht gewachsen. Murphy, der bis 1997 kaum etwas über seine Geheimdienstarbeit veröffentlicht hatte, berichtete auch, daß die Regierung Kennedy der amerikanischen Botschaft in Bonn Ende Juli in einem Telegramm mitgeteilt habe, »die USA können nicht viel unternehmen«, wenn die ostdeutsche Regierung die Kontrollen in Berlin verstärken sollte.

Wie sich der Präsident bei einer Konfrontation zwischen den Supermächten verhielt, war bereits bei der Kubakrise Ende 1962 deutlich geworden: Er trat vor seinen Beratern und in der Öffentlichkeit entschlossen auf, privat tat er jedoch alles – mit der Hilfe von Georgi Bolschakow, wenn er verfügbar war –, um den Konflikt beizulegen. An dieses Muster hielt sich Kennedy auch Ende Oktober des Jahres 1961, als sich amerikanische und sowjetische Panzer kampfbereit am berühmten Grenzübergang Checkpoint Charlie gegenüberstanden, der offiziell Friedrichstraße hieß. Die Panzer waren mit scharfer Munition bestückt und hatten die Erlaubnis zu feuern.

Der Konflikt hatte damit begonnen, daß ostdeutsche Volkspolizisten den Wagen von Allan Lightner stoppten, dem ranghöchsten amerikanischen Diplomaten in Berlin. Lightner wollte mit seiner Frau eine Vorstellung in der Ost-Berliner Oper besuchen. Die Polizisten verlangten, daß er seinen Paß vorzeigte. Er weigerte sich, da das die amerikanische Anerkennung der Autorität Ostdeutschlands und nicht der Sowjetunion bedeutet hätte, und zu diesem Zugeständnis waren die Amerikaner nicht bereit. Lightner wurde der Zugang in den Ostsektor verweigert. Er kehrte mit einem Trupp amerikanischer Soldaten und vier Panzern zurück. Die Volkspolizisten traten beiseite und ließen Lightner und seine Frau passieren. General Clay rief den Präsidenten an und erhielt die Zustimmung, die Sache weiterzuverfolgen. Daraufhin fuhren amerikanische Zivilisten, ohne sich um die Grenzposten zu kümmern, nach Ost-Berlin. Sie wurden dabei von einer wachsenden Zahl amerikanischer Soldaten begleitet. Am 26. Oktober rollten 33 sowjetische Panzer nach Ost-Berlin ein, genauso viele amerikanische Panzer standen auf der anderen Seite. Einen Tag später kam es zur offenen Konfrontation: Zehn sowjetische Panzer bezogen auf der ostdeutschen Seite des Checkpoints Charlie Stellung – genau im Visier von zehn amerikanischen Panzern.

Nach außen hin unterstützte Kennedy Clay die ganze Zeit über, wie der Ex-General seiner Biographin Jean Edward Smith erzählte. Der Präsident habe während der Krise mit ihm telefoniert und ihn beschworen, er dürfe nicht »die Nerven verlieren«. Clay antwortete seinen Erinnerungen zufolge: »Mr. President, um unsere Nerven mache ich mir keine Sorgen. Was mir Sorgen macht, sind die Nerven der Leute in Washington.« Kennedy erwiderte: »Hier haben eine ganze Menge Leute die Nerven verloren, aber ich nicht.« Privat war Kennedy wegen des Konfliktes natürlich sehr aufgeregt. Zu einem Berater sagte er: »Wir haben ihn [Allan Lightner] nicht dorthin geschickt, damit er in Ost-Berlin in die Oper geht.« Wieder einmal wandten sich der Präsident und sein Bruder an Georgi Bolschakow. In seinem Interview für die Kennedy Library berichtete Robert Kennedy: »Ich setzte mich mit Bolschakow in Verbindung und sagte, daß der Präsident es begrüßen würde, wenn sie ihre Panzer innerhalb von 24 Stunden zurückziehen würden. Er meinte, er werde mit Chruschtschow sprechen, und sie zogen ihre Panzer binnen 24 Stunden ab. Er arbeitete effektiv, wenn es um eine wichtige Angelegenheit ging.«

In einer nur wenig beachteten Analyse beschrieb Raymond L. Garthoff dreißig Jahre später in der Zeitschrift *Foreign Policy* den Vorfall am Checkpoint Charlie aus sowjetischer Sicht. Garthoff, ein ehemaliger CIA-Beamter und Mitarbeiter des Außenministeriums, der bereits viel über die sowjetisch-amerikanischen Beziehungen veröffentlicht hatte, fand heraus, daß General Clay – offensichtlich ohne Wissen der Kennedy-Brüder – in jenem Herbst ein Stück Berliner Mauer in einem unzugänglichen Gebiet in West-Berlin hatte nachbauen lassen und dort mit Militäringenieuren Methoden ausprobierte, wie man sie einreißen könnte. Das sowjetische Oberkommando erfuhr von Clays Übungen und nahm an, daß sie vom Weißen Haus genehmigt worden wären. Für die Sowjets sah es so aus, daß die Amerikaner eine Militärinvasion Ost-Berlins in Erwägung zogen. Garthoff interviewte den ranghohen kommunistischen Parteifunktionär Walentin Falin, der damals Chruschtschows Beraterstab angehört hatte. Falin sagte ihm, daß sowjetische Agenten Clays Übungen fotografisch dokumentiert hatten und am 21. Oktober ihre Beweise der sowjetischen Führung vorlegten.

Am selben Tag hielt der stellvertretende Verteidigungsminister Roswell Gilpatric eine Rede, in der deutlicher als je zuvor in der Öffentlichkeit die atomare Überlegenheit der USA über die Sowjetunion aufgezeigt wurde. Gilpatric nannte ausdrücklich Zahlen und erklärte mit direktem Bezug auf Berlin: Amerika »verfügt über die nuklearen Mittel für einen Vergeltungsschlag von so tödlichem Ausmaß, daß der Angriff eines Feindes, der einen derartigen Einsatz auslösen würde, einem Selbstmord gleichkäme ... Aus diesem Grund sind wir fest davon überzeugt, daß die Sowjets keine größere nukleare Auseinandersetzung provozieren werden ... Die Vereinigten Staaten haben nicht vor, zu unterliegen.« Gilpatrics nationalistische Rede, die den Sorgen über eine »Raketenlücke« endgültig ein Ende bereitete, war schon lange geplant gewesen, doch das wußte Moskau nicht. Zu der Zeit tagte gerade der 22. Parteitag der KPdSU, und die Parteiführer hatten Ärger wegen Albanien und China. Sie befürchteten, wie Garthoff später in Moskau erfuhr, daß die USA versuchen könnten, eine »zweite Front« in Europa zu eröffnen, solange die sowjetische Führung abgelenkt war. Und es gab noch einen weiteren Anlaß zur Besorgnis: Vier Tage zuvor hatte Chruschtschow bei seiner Eröffnungsrede zum Parteitag öffentlich sein Ultimatum zurückgenommen, daß Amerika bis Ende 1961 einen Friedensvertrag mit Deutschland aushandeln müsse – dasselbe Ultimatum, das Kennedy in Wien so sehr aufgebracht hatte. Gilpatrics Rede schien Kennedys Antwort auf den Rückzug der Sowjets zu sein.

Aus diesen Gründen werteten Chruschtschow und seine Berater, wie Walentin Falin Garthoff erzählte, Clays Entschluß wenige Tage später, die amerikanischen Panzer Stellung beziehen zu lassen, als »wohlüberlegt und böse«. Setzten die Amerikaner dazu an, die Mauer niederzuwalzen und mit ihren Truppen und Panzern nach Ost-Berlin vorzudringen? An diesem Punkt, so Falin, sei der geheime Kanal zwischen Kennedy und Bolschakow aktiviert worden. Der Austausch war wesentlich komplexer – und sehr viel wichtiger –, als Robert Kennedy ihn beschrieben hat.

»Präsident Kennedy«, schreibt Garthoff in *Foreign Policy,* »bat Chruschtschow, die sowjetischen Panzer abzuziehen – aber nur als ersten Schritt im Rahmen eines gegenseitigen Abzuges. Kennedy versprach, daß im Austausch die amerikanischen Panzer abgezogen werden würden.« Die geheime Botschaft beinhaltete entgegen der Darstellung Robert Kennedys alles andere als eine Aufforderung zum einseitigen Rückzug der Sowjets. Sie war vielmehr »ein Plädoyer des Präsidenten für beiderseitige Zurückhaltung und Deeskalation mit der Bitte an Chruschtschow, den ersten Schritt zu tun«. Chruschtschow erwähnt in seinen Memoiren die geheime Kommunikation mit Kennedy nicht, schreibt aber, daß er seine Kommandeure in Berlin angewiesen habe, ihre Panzer zuerst abzuziehen. Er zitiert sich selbst mit einer Bemerkung über die Amerikaner: »Ich bin sicher, sie suchen nach einem Ausweg, also sollten wir ihnen auch einen bieten. Wir werden unsere Panzer abziehen, und sie werden unserem Beispiel folgen.« Garthoff fügt hinzu, Chruschtschows bekannte Behauptung, daß er seine Panzer in Erwartung einer entsprechenden amerikanische Antwort abgezogen habe, »galt bislang als eine nachträgliche Erfindung oder als geglücktes Vabanque-Spiel. Jetzt zeigt sich, daß Chruschtschow zuvor von Kennedy eine entsprechende Zusicherung erhalten hatte.«

Damit werde auch klar, so Garthoff weiter, »warum einige Sowjets, darunter Falin, den Vorfall als die vielleicht gefährlichste Konfrontation des Kalten Krieges betrachteten. Solche Behauptungen ergeben nun einen Sinn – ein amerikanischer Vorstoß gegen die Berliner Mauer hätte vitale sowjetische Interessen verletzt.«

Das Aufflackern von Feindseligkeiten am Checkpoint Charlie, schließt Garthoff, war »die letzte ernste Zuspitzung der Berlinkrise«. Die Stadt blieb die nächsten 30 Jahre geteilt.


John Kennedy hatte insgeheim Zurückhaltung geübt, um eine möglicherweise verheerende Konfrontation mit der Sowjetunion wegen Berlin abzuwenden. Die Verantwortlichen im Kreml verstanden die instinktive Vorsicht des amerikanischen Präsidenten, doch die Männer in Kennedys Umgebung, die wenig oder gar nichts über Kennedys geheime Kommunikation mit Chruschtschow wußten, sahen in Chruschtschows »Rückzug« eine Bestätigung für Kennedys harte Haltung. Im Herbst hatte Robert Kennedy bei einem Auftritt in *Meet the Press,* einer Interview-Show im Fernsehen, die sonntagmorgens ausgestrahlt wurde, erklärt, sein Bruder würde »ohne Frage« den Einsatz von Nuklearwaffen anordnen, wenn er es zur Sicherung der Freiheit in West-Berlin für notwendig erachtete. Später wurde der Presse mitgeteilt, Kennedys Äußerung sei »kein Ausrutscher« gewesen, wie die *New York Times* am nächsten Tag schrieb. Arthur Schlesingers Kommentar in *Die Tausend Tage Kennedys* spiegelt die allgemeine Stimmung wieder: »Kennedys Entschlossenheit beim Aufbau der militärischen Stärke des Westens hatte Chruschtschow gezeigt, daß er seine höchsten Ziele nicht durch Tricks erreichen konnte.«

Der Präsident erhielt in jenem Herbst viele Ratschläge, die sich alle an einer harten Linie orientierten. Alle ranghohen Berater mit Ausnahme von Außenminister Dean Rusk drängten, das amerikanische Engagement in Südvietnam durch die Stationierung von mindestens 8000 amerikanischen Soldaten deutlich zu verstärken. Der neuernannte militärische Berater des Präsidenten, General Maxwell Taylor, ein Anhänger des Konzepts der Anti-Guerilla-Kriegführung, war im Oktober nach Vietnam gereist und legte im Anschluß eine sehr aggressive Handlungsempfehlung vor, die, wie die Zukunft zeigen sollte, in jedem Punkt falsch war. In seiner dringlichen Empfehlung zur Entsendung von Truppen beschrieb Taylor Südvietnam als »nicht besonders schwierigen oder unangenehmen Einsatzort« für amerikanische Soldaten. Ein Großteil des Geländes, meinte er, »ist vergleichbar mit den Gebieten in Korea, in denen die amerikanischen Soldaten ohne große Anstrengung zu leben und zu arbeiten gelernt haben.« Taylor versicherte Kennedy zudem, Nordvietnam »ist durch den Einsatz von konventionellen Bomben extrem verwundbar«.

Aus Aufzeichnungen einer wichtigen Besprechung geht hervor, daß Kennedy Bedenken wegen eines »Zweifrontenkrieges« äußerte und fragte, ob die Entsendung amerikanischer Truppen nach Südvietnam die empfindliche Pattsituation in Berlin gefährden würde, die er und Chruschtschow mittlerweile erzielt hatten. Kennedy lehnte Taylors Vorschlag schließlich ab, erklärte sich aber mit einer kontinuierlichen geheimen Ausweitung der amerikanischen Unterstützung für die südvietnamesische Regierung einverstanden. Zwei einsatzbereite amerikanische Helikopter-Staffeln wurden heimlich nach Vietnam verlegt, und der Präsident erlaubte »Ausbildern« der Air Force, im Süden Kampfeinsätze zu fliegen. Ende 1961 waren auf Anweisung Kennedys den südvietnamesischen Kampfeinheiten 2200 amerikanische Berater zugeteilt, eine Steigerung um fast 300 Prozent seit Januar. Die ersten Amerikaner fielen im Kampf – ohne daß ihr Tod öffentlich bekanntgegeben wurde –, und sehr viel mehr Vietnamesen starben, Soldaten wie Zivilisten. Der Präsident zögerte zwar immer noch, das Regime in Saigon mit Truppen zu unterstützen, aber gegen die ständige Ausweitung von Geheimoperationen hatte er keine Einwände. Dazu gehörte auch, so etwa im Januar 1962, der Einsatz von amerikanischen Flugzeugen, die hochgiftige Entlaubungsmittel über Gebieten versprühten, in denen der Vietcong besonders viele Stellungen hatte. Ziel der Aktion mit dem Codenamen »Ranch Hand« war es, dem Feind den Schutz des Dschungels und die Nahrungsgrundlage zu entziehen. Die amerikanischen Aktionen verletzten die Vereinbarungen der Genfer Indochinakonferenz 1954 über die Teilung Nord- und Südvietnams, die von den USA mit unterzeichnet worden waren.

Kennedys äußerliche Zurückhaltung verdeckte, welchen Anteil er tatsächlich an der Eskalation in Südvietnam hatte. Wie aus den Unterlagen des Pentagon hervorgeht, drehte sich die Debatte über Vietnam nicht darum, ob man das Land vor dem Kommunismus retten sollte, sondern wie das geschehen sollte. Nach einer frühen Besprechung informierte General Lionel McGarr, der Leiter der militärischen Beratergruppe in Saigon, seine Vorgesetzten beim Pazifikkommando, Präsident Kennedy und der Vorsitzende der Vereinten Stabschefs General Lyman Lemnitzer »haben wiederholt erklärt, daß Vietnam unter keinen Umständen hinter [den] Bambusvorhang fallen darf und daß wir alles Notwendige tun müssen, damit es nicht soweit kommt«. McGarr wurde gesagt, der Präsident sei der Ansicht, daß es sich dabei um ein »vorwiegend militärisches Problem« handle und daß die amerikanischen Regierungsbeamten in Saigon nicht von den Genfer Vereinbarungen eingeschränkt werden dürften.

Kennedy hatte 1961 eine Chance, die USA aus ihrem Engagement in Südvietnam herauszuführen. Er entschied sich statt dessen heimlich und indirekt für den Krieg. Die große Mehrheit seiner Berater stellte sich vor ihn und drängte ihn, amerikanische Truppen zu entsenden und sich damit dem sowjetischen Expansionsstreben in Südostasien entgegenzustellen.

Kennedys instinktive Vorsicht in Berlin und seine Furcht vor sowjetischer Vergeltung spielten bei seinen Überlegungen zu Vietnam – oder gar zu Fidel Castro – keine Rolle. Der kubanische Führer war ebenso wie seine potentiellen Verbündeten weiterhin das Ziel vieler Aktionen.

Am 26. Oktober 1961, als sich amerikanische und sowjetische Panzer wie Ritter im Turnier am Checkpoint Charlie gegenüberstanden, traf sich Präsident Kennedy zu einem scheinbar routinemäßigen morgendlichen Gespräch mit Dr. Cheddi Jagan, dem ersten einheimischen Premierminister von Britisch Guayana, dessen sozialistische Progressive Volkspartei bei Wahlen einen Monat zuvor mit einem Erdrutschsieg an die Macht gekommen war. Das kleine südamerikanische Land mit seinen 600 000 Einwohnern, je zur Hälfte Inder und Schwarze, war immer noch eine britische Kolonie, sollte aber (als Republik Guayana) schon bald die Unabhängigkeit erlangen. Jagan kam nach Washington, um die Amerikaner um Auslandshilfe zu bitten.

Jagans Anfrage wurde, wie Arthur Schlesinger in *Die tausend Tage Kennedys* schreibt, im Weißen Haus unter den Gesichtspunkten des Kalten Krieges geprüft: Welche Summe war nötig, um Jagan davon abzuhalten, daß er sich an die Sowjetunion wandte, der, wie viele meinten, seine eigentliche Sympathie galt? Während des Treffens mit Kennedy zeigte sich Jagan in Schlesingers Worten als »stattlicher, gewandter Inder, der jedoch, so schien es den Anwesenden, unbeirrbar wirklichkeitsfremd oder naiv war«.

Jagans Fehler lag darin, daß er sich dem Präsidenten als überzeugter Sozialist offenbarte und erzählte, er sei ein Anhänger der
staatlichen Planwirtschaft. Kennedy antwortete Schlesinger zufolge sehr liebenswürdig: »... wir haben oft Ländern geholfen, in
denen es wenig persönliche Freiheit gibt – zum Beispiel Jugosla-
wien –, wenn sie nur ihre nationale Unabhängigkeit bewahren.
Das ist das Entscheidende. Solange Sie das tun, kümmert es uns
nicht, ob Sie Sozialist, Kapitalist, Pragmatiker oder sonst was
sind.«

Jagan bekam kein Geld. Innerhalb weniger Monate brachen
Rassenunruhen und Arbeiterstreiks aus, über hundert Menschen
starben. Das Stadtzentrum von Georgetown, der Hauptstadt von
Britisch Guayana, brannte bei einem Aufstand im Februar 1962
nieder. Britische Truppen wurden ins Land gerufen, um für Recht
und Ordnung zu sorgen. Neue Radiostationen gingen auf Sendung, und die Zeitungen brachten Falschmeldungen. Jagan
konnte sich bis 1964 an der Macht halten, dann wurde eine Re-
gierungskoalition unter Forbes Burnham, einem Schwarzen mit
stark antikommunistischer Haltung, gewählt.

Dreiunddreißig Jahre nach Cheddi Jagans Besuch in Washington berichtete die *New York Times,* was in den Stunden geschehen
war, nachdem Jagan Kennedys Büro verlassen hatte. »Kennedy«
traf sich heimlich mit seinen wichtigsten Sicherheitsberatern«,
schrieb Tim Weiner in der *Times.* »Ein konkreter Plan wurde ent-
worfen. In Dokumenten, die noch der Geheimhaltung unterliegen,
wird eine direkte Anweisung des Präsidenten, Dr. Jagan abzusetzen, ungewöhnlich ausführlich beschrieben.« Die *Times* zitierte
Regierungsmitglieder, die nicht genannt werden wollten und die
»mit den geheimen Unterlagen vertraut« gewesen sein sollen. Die
nicht freigegebenen CIA-Unterlagen seien »unmißverständlich«:
ein »klarer schriftlicher Bericht ohne Andeutungen und Rück-
zugsmöglichkeit über die Anordnung des Präsidenten, einen Premierminister abzusetzen«.

CIA-Agenten in der guayanischen Arbeiterbewegung lösten die
Aufstände aus, mit CIA-Geldern wurden die neuen Radiostationen
finanziert, und die Propaganda-Experten der CIA verfaßten die
provozierenden Zeitungsartikel.

Arthur Schlesinger, der 1994 um einen Kommentar dazu gebeten wurde, machte nicht den Präsidenten dafür verantwortlich, sondern wie bei der Invasion in der Schweinebucht die CIA. Jagan »war kein Kommunist«, erklärte Schlesinger gegenüber der *Times*. »Die CIA beschloß, daß das eine größere Bedrohung sei, und biß sich daran fest ... Wir haben den ganzen Konflikt dort falsch verstanden.«

Schlesinger wußte vielleicht nicht – oder konnte es nicht zugeben –, daß sich Jack Kennedy im Oval Office wie ein Rabauke am Strand aufgeführt hatte, der seinem schwächeren Gegenüber Sand ins Gesicht wirft. Mit der Demontage von Cheddi Jagan sandte der Präsident kein diplomatisches Signal, keine indirekte Warnung hinsichtlich West-Berlins an Nikita Chruschtschow. Cheddi Jagan war vielmehr ein Ersatz für das eigentliche Ziel der präsidentiellen Obsessionen: Fidel Castro. In Kuba konnte der Präsident seinem Bedürfnis nachgeben, aufs Ganze zu gehen, ohne die gesamte Menschheit zu gefährden.

# 17

# Zielscheibe Castro

Robert Kennedy spielte nicht nur eine zentrale Rolle bei dem geheimen Austausch zwischen Chruschtschow und Kennedy während der Berlinkrise im Herbst 1961. Er übernahm noch eine weitere Aufgabe: Er wurde zur treibenden Kraft bei dem erneuten Versuch der Amerikaner, Fidel Castro zu ermorden und seine Regierung zu stürzen. Seine Begeisterung für den Auftrag und die Hartnäckigkeit, die er dabei an den Tag legte, machten den 35jährigen Justizminister zum meist gehaßten und gefürchteten Regierungsmitglied – vor allem bei der CIA. Doch alle Beteiligten wußten, daß Bobby Kennedy auf Geheiß seines Bruders handelte.

»Die Kennedys saßen uns ständig im Nacken, Kuba mehr Schaden zuzufügen, einen Aufstand zu provozieren und Castro und sein Regime zu beseitigen«, erzählte mir Samuel Halpern von der CIA, der unter drei stellvertretenden Direktoren an Geheimoperationen mitgewirkt hatte, in einem Interview für dieses Buch. »Sie waren einfach von der Idee besessen, Castro aus dem Weg zu räumen ... Keiner in den oberen Etagen, mit dem ich gesprochen habe, war der Meinung, daß Castro weg mußte, es war nur der Druck der Kennedys. Meine Kollegen und ich fragten uns immer wieder: ›Warum machen wir das? Es bringt nichts.‹ Wir wußten nicht, warum wir es taten, aber wir hatten die Anweisung, und wir hielten uns daran. Wir waren gute Soldaten.«

Halpern, der seine Laufbahn beim Geheimdienst 1943 beim Office of Strategic Service begonnen hatte, wurde im Herbst 1961 aus Fernost nach Washington versetzt und schließlich, da die CIA-

Bürokratie als Reaktion auf die Forderung des Weißen Hauses, Castro auszuschalten, immer mehr wucherte, zum Einsatzleiter einer Sondereinsatzgruppe für Kuba ernannt. Innerhalb weniger Monate war die Kuba-Sondergruppe die größte CIA-Station der Welt. Ihre Basis war die Universität Miami, wo sechshundert amerikanische Geheimdienstler die Aktivitäten von ungefähr dreitausend Exilkubanern im Dienste der CIA beaufsichtigten. Hunderte von Guerillakämpfern wurden nach Kuba übergesetzt, wo sie Informationen sammelten und versuchten, punktuelle Sabotageaktionen durchzuführen. Die Regierung Kennedy hatte ihre Vorgehensweise geändert. Der Plan für das Unternehmen in der Schweinebucht hatte eine Militärinvasion mit zahlreichen gut ausgebildeten Exiltruppen und den Mord an Castro vorgesehen, nachdem es zu einem Aufstand auf der Insel kommen sollte. Bei dem neuen Plan, der als Operation Mongoose, »Mungo«, bekannt wurde, vertraute man auf Propaganda, Wirtschaftssabotage und auf kleine Einheiten von Exilkubanern, die nach Kuba geschleust wurden, um dort eine Revolte anzuzetteln. Jack Kennedy übertrug Edward G. Lansdale die Leitung der Operation. Lansdale war Air Force General und für seine Heldentaten als Geheimagent auf den Philippinen und in Südvietnam berühmt (angeblich war er das Vorbild für den Protagonisten in Graham Greenes 1955 erschienenem Roman über Saigon *Der stille Amerikaner*). William Harvey, nach wie vor für die »Exekutivaktion« (ZR / RIFLE) zuständig, war der CIA-Mann bei der Operation Mongoose – und bei den neuerlichen Mordplänen gegen Castro. Johnny Roselli und seine Freunde von der Mafia arbeiteten von nun an direkt für Harvey und versuchten wieder einmal, Gifttabletten nach Havanna zu schmuggeln.

Die CIA stand unter Druck, denn seit dem Fiasko in der Schweinebucht hielten die Kennedys nicht mehr viel von der Mannschaft, die gegen Castro eingesetzt wurde. Bobby Kennedy formulierte seine Gefühle gegenüber der CIA 1964 in einem Interview für die Kennedy Library so: »Die Leute, mit denen die CIA am Anfang gearbeitet hat, waren nicht sehr gut ... Ich versuchte etwas zu erreichen, hauptsächlich die Leute auf Ideen zu bringen, was man machen könnte.«

Bei der CIA war man anderer Meinung. »Bevor diese zwei Hurensöhne Druck auf Sie ausüben, wissen Sie gar nicht, was Druck ist«, erzählte mir Halpern. »Wir hatten den Eindruck, daß wir nicht für das Wohl der USA, sondern wegen einer Familienfehde auf Kuba arbeiteten.« Die Kennedys hätten Castro »aus persönlichen Gründen« verfolgt – »weil der Name der Familie bei der Invasion in der Schweinebucht besudelt worden war. Kuba befleckte das Familienwappen. Es ging nicht um die nationale Sicherheit. Ihr Vater sagte immer: ›Reg dich nicht auf, rechne ab.‹ Darum ging es. Wir wußten, wir waren an einer politischen Operation mitten in Washington beteiligt.«

Jack und Bobby Kennedy waren in ihren Äußerungen, was mit Castro geschehen sollte, nicht gerade zurückhaltend. Am 19. Januar 1962, als die Operation Mongoose endlich angelaufen war, berief Bobby eine Versammlung zur Beurteilung des bisherigen Vorgehens ein. Richard Helms, der bald Bissell als stellvertretenden Direktor für geheime Operationen ablösen sollte, machte sorgfältige Notizen, die später freigegeben wurden. Darin zitiert er Kennedy mit den Worten, daß Kuba »oberste Priorität bei der US-Regierung« habe. »Alles andere ist zweitrangig. Es darf weder an Zeit, Geld, Arbeit noch an Personal gespart werden. Erst gestern«, fügte Bobby Kennedy nach Helms' Aufzeichnungen hinzu, habe der Präsident ihm gesagt, »das letzte Wort [zu Castro] ist noch nicht gesprochen. Es muß geschehen, und es wird geschehen.« In seiner vorsichtig formulierten Aussage vor dem Church-Ausschuß gab Helms an, daß Kennedys leidenschaftliche Worte eine »Atmosphäre« widerspiegelten, in der nach Helms' Eindruck ein Mord erlaubt war.

Einiges deutet darauf hin, daß zur Operation Mongoose ein eigenes Szenario für die Ermordung Castros gehörte, unabhängig von den entsprechenden Plänen der CIA. Ein Mitarbeiter Lansdales bei der CIA sagte mir in einem Interview für dieses Buch, Lansdales Planungsunterlagen hätten ursprünglich vorgesehen, daß Castro »während der Kämpfe um die Insel sterben« würde. Auf Präsident Kennedys Bitte hin seien derartige Formulierungen in allen weiteren Mongoose-Unterlagen vermieden worden. Der

Agent, der anonym bleiben will, erinnerte sich schulterzuckend: »Ob Castro bei dem Umsturz getötet werden sollte? Ja. Er würde das großzügige Angebot, die Insel zu verlassen, nicht annehmen können.«

Im Februar 1962 übernahm Bill Harvey offiziell die Kuba-Sondereinsatzgruppe der CIA und benannte sie in Task Force W um. Er leitete ein Unternehmen, das, wie er vor dem Church-Ausschuß sagte, seiner Meinung nach eine Fortführung der Bemühungen zur Ermordung Castros vor der Schweinebucht-Invasion war. Anfang April traf sich Harvey mit Johnny Roselli in New York und übergab ihm für Castro Giftpillen aus den CIA-Labors. Roselli sagte vor dem Ausschuß, er habe bei dieser Begegnung Harvey darüber informiert, daß die Exilkubaner auch Che Guevara und Castros Bruder Raul auf die Todesliste gesetzt hätten. Roselli bezeugte, daß Harvey die Ziele mit den Worten »alles in Ordnung« gebilligt habe. Die CIA arrangierte auch eine Lieferung von Gewehren mit Nachtsichtgeräten und anderen Ausrüstungsgegenständen, darunter Funkgeräte und Schiffsradar; das Material traf im Mai bei der Kuba-Einsatzgruppe in Miami ein. Die Planungen für einen Mordanschlag gingen bis Februar 1963 unvermindert weiter, wie Harvey aussagte, obwohl er schon im September ernsthafte Zweifel gehabt habe, ob der Anschlag jemals stattfinden würde. Der Mafia-Killer Tony Varona sollte den Job ausführen. Aber wieder einmal blieb die Mafia die Ausführung schuldig.

Mitte des Jahres 1961 hatten der Präsident und sein Bruder die vollkommene Kontrolle über Militäroperationen und die Außenpolitik erlangt. Den Befehlshabern beim Militär waren die Hände gebunden; Verteidigungsminister Robert McNamara bewunderte Präsident Kennedy und war ihm fast schon sklavisch ergeben. Die CIA wurde von den Kennedy-Brüdern regelrecht terrorisiert.

Bobby Kennedy hatte zum ersten Mal als Mitglied der vierköpfigen Untersuchungskommission zum Fiasko in der Schweinebucht Einblick in die geheime Welt der CIA erhalten. Leiter der Kommission war der elegante und wortgewandte pensionierte Stabschef Maxwell Taylor. Taylor hatte die Wertschätzung des Präsidenten erlangt, als er mit seinen Generalstabskollegen in der

Regierung Eisenhower brach und sich für das strategische Konzept der »flexible response« stark machte: Das kommunistische Expansionsstreben sollte flexibel vor Ort bekämpft werden und nicht durch Drohung mit einem massiven nuklearen Vergeltungsschlag. Dieses Konzept sollte Nikita Chruschtschow davon abhalten, Befreiungskriege zu unterstützen.

Die beiden anderen Mitglieder der Untersuchungskommission waren Allen Dulles, damals noch CIA-Direktor, und Admiral Arleigh Burke, der Chef der Marine. Es gibt Hinweise, daß Taylor bald erfuhr, was Kennedy und Dulles bereits wußten: daß die Mordpläne ein wesentlicher Bestandteil der gescheiterten Invasion gewesen waren.

Der Hinweis war in einem Memorandum des allezeit gründlichen J. Edgar Hoover enthalten. Während die Taylor-Kommission noch Zeugen befragte, sandte Hoover am 22. Mai 1961 Bobby Kennedy ein Memorandum, in dem unter anderem zu lesen stand, daß das FBI über den Inhalt von Richard Bissells Aussage vor der Kommission informiert worden sei. Bissell, der zwar in Ungnade gefallen war, aber immer noch das Mordkomplott gegen Castro leitete, hatte die Erlaubnis erhalten, wie Hoover erfuhr, vor nur zwei Mitgliedern der Kommission auszusagen: Maxwell Taylor und Bobby Kennedy. Bissell faßte seine Aussage anschließend für Sheffield Edwards vom Sicherheitsbüro der CIA zusammen, der, Hoover zufolge, das FBI informierte. Bissel behauptete, er habe Taylor und Kennedy über »die Funktion Giancanas und der Unterwelt« bei dem »schmutzigen Plan« der CIA gegen Castro unterrichtet.

Max Taylor, der sich wie viele dem Präsidenten gegenüber instinktiv loyal verhielt, erwähnte in seinem Abschlußbericht die Pläne zur Ermordung Castros mit keinem Wort. Er teilte auch Admiral Burke nichts mit, der in dem Ruf stand, daß ihm die Wahrheit mehr bedeute als die Loyalität zu Jack Kennedy. Doch Hoovers Memorandum über Bissells aufschlußreiche Aussage blieb in den Akten des Justizministeriums – ein weiteres Problem für die Kennedys.

Taylors streng geheimer Bericht über die Ereignisse in der Schweinebucht, von dem im Sommer 1961 Einzelheiten an die

Presse durchsickerten, fiel genau so aus, wie Jack Kennedy es sich vermutlich wünschte. Castro wurde als permanente Bedrohung dargestellt. »Es kann auf Dauer keine Nachbarschaft mit Castro geben«, war das Fazit des Berichts. »Als gefährlicher Vertreter des Kommunismus und Antiamerikanismus ist er eine echte Bedrohung in unserer Hemisphäre, denn er könnte die gewählten Regierungen in einer oder mehreren der schwachen lateinamerikanischen Staaten zu Fall bringen.« In dem Bericht, der zwanzig Jahre unter Verschluß blieb, wurde die CIA kritisiert, weil sie dem Präsidenten vor der Landung in der Schweinebucht nicht die Notwendigkeit zweier Luftschläge »eindeutig vor Augen geführt« habe. Auch die Vereinten Stabschefs wurden kritisiert, weil sie vor der Invasion ihre Zweifel nicht deutlich ausgesprochen hätten: »Weil sie keine Einwände erhoben, vermittelten [die Vereinten Stabschefs] bei anderen den Eindruck, daß sie sie [die Invasion] guthießen.«

Der Bericht diente der Vertuschung, viele bei der CIA und beim Militär wußten das auch. Der CIA-Agent Grayston Lynch, der in der Schweinebucht mit der ersten Welle Exilkubaner an Land gegangen war, wartete über dreißig Jahre, bis er in seinen Erinnerungen seine Aussage vor der Taylor-Kommission zitierte. In dem Manuskript, das für dieses Buch zur Verfügung gestellt wurde, berichtete Lynch, Taylor habe den Anschein erweckt, als suchte er nach den Tatsachen. Während der Befragung habe der General zugelassen, daß Lynch das Scheitern der Invasion auf die Flugzeuge zurückführte – auf das Versäumnis, die kubanische Luftwaffe zu zerstören. Bobby Kennedy habe sich nicht für Aussagen interessiert, wie die Entscheidung seines Bruders zustande gekommen war. Er habe sehr enggefaßte Fragen gestellt, offenbar wollte er »zeigen, daß die Invasion auch mit Unterstützung aus der Luft gescheitert wäre. Das konnte man unmöglich beweisen.« Lynch war wie viele CIA-Mitarbeiter überzeugt, daß die Unternehmung der kubanischen Freiheitskämpfer zum Scheitern verurteilt war, weil Kennedy den zweiten Luftschlag in letzter Minute gestoppt hatte. Nach der Befragung durch Bobby Kennedy bat Lynch um die Erlaubnis, eine Erklärung abzugeben. Darin teilte er der Kommission mit, daß nach seiner Ansicht die Invasion geglückt wäre, wenn »Castros Flugzeuge wie geplant auf dem Boden zerstört worden wären«. Lynch wurde sofort entlassen und war nicht überrascht, wie er schrieb, als der Taylor-Bericht »die Schuld« für den abgeblasenen Luftangriff nicht nur vom Präsidenten ablenkte, sondern sie »genau den Leuten [der CIA] in die Schuhe schob, die davor gewarnt hatten, die Luftangriffe zu stoppen«.

Auch Admiral Burke behielt sein Unbehagen über den Taylor-Bericht für sich. Burke achtete das Präsidentenamt hoch und war fassungslos über das Nachspiel der Invasion in der Schweinebucht. »Als die Nachricht eintraf, daß die Invasion ein Fiasko war«, erzählte der Marineoffizier Gerry M. McCabe, der als militärischer Berater für Kennedy tätig war, 1995 in einem Interview, »schlossen alle Zivilisten« – darunter auch McGeorge Bundy – »ihre Schreibtische ab und gingen [nachmittags] um halb fünf nach Hause. Der Präsident blieb bis 18 Uhr in seinem Büro. Sonst war niemand da.« Burke traf nur wenige Minuten später im Besprechungszimmer des Weißen Hauses ein, »knallte seine Aktentasche auf den Tisch und koordinierte« mit McCabes Hilfe die Rettungsmaßnahmen für die versprengten Reste der Exilkubaner-Truppe. McCabe erinnerte sich, daß er sich wunderte, wie gut Burke die Gewässer kannte: »Er konnte den Jungs [den Kapitänen] sagen, wie nah sie dem Strand kommen durften. Die es geschafft haben, verdanken es ihm.« Ungefähr eine Woche später, erzählte mir McCabe, versammelte Burke seine obersten Admiräle und befahl ihnen, Stillschweigen darüber zu bewahren, was wirklich auf Kuba passiert war. Er schrieb außerdem einen privaten Brief an Kennedy und teilte ihm mit, »die Marine und das Militär haben breite Schultern«, sie würden die Schuld für die Invasion »zum Wohle des Präsidentenamtes und des Landes« auf sich nehmen.

Kennedy mißtraute Burke, der sehr direkt sein konnte. In seinem Buch *Die tausend Tage Kennedys* nennt Arthur Schlesinger einen Grund: Burke »vertrat seine schwarz-weiß gefärbten außenpolitischen Ansichten mit der Hartnäckigkeit eines Seemanns ... und benutzte jede Gelegenheit, um sich für die volle Unterstützung aller antikommunistischen Regimes – ungeachtet ihres innenpolitischen Charakters – einzusetzen«. Doch Burke war auch einer der wenigen, die sich dem Präsidenten direkt entgegenstell-

ten, als Kennedy am zweiten Tag der Invasion in der Schweinebucht während einer von Panik erfüllten Besprechung die Genehmigung für einen Gegenschlag der Marine gegen Kuba mit den
Worten ablehnte: »Ich will nicht, daß die USA mit hineingezogen
werden.« »Verdammt noch mal, Mr. President«, antwortete Burke,
»wir stecken bereits mittendrin.«

Die Invasion in der Schweinebucht beschäftigte Burke noch
weiter. Nach seiner Pensionierung 1962 führte er private Untersuchungen durch, wie die Entscheidungen des Präsidenten zustande
gekommen waren; die Ergebnisse veröffentlichte er allerdings
nie. Burkes Dokumentation enthielt das Protokoll eines Telefongesprächs, das er im Juni 1961 – während der Taylor-Bericht geschrieben wurde – mit General Lyman Lemnitzer geführt hatte,
dem Vorsitzenden der Vereinten Stabschefs. Aus der hier erstmals
publizierten Abschrift geht hervor, daß Lemnitzer wütend war,
weil Taylor vorhatte, in seinem Bericht das Fazit zu ziehen, »die
Vereinten Stabschefs billigten den Plan« für die Invasion. »Ich
habe noch ein Hühnchen mit ihm zu rupfen«, sagte Lemnitzer zu
Burke. »Mit diesem Satz bin ich nicht einverstanden ... und er besteht darauf, das in seinem Bericht zu schreiben.« Burke erinnerte
Lemnitzer daran, daß er Präsident Kennedy gesagt habe, der Plan
»hatte eine 50prozentige Chance.«

Lemnitzer: »Sie haben verdammt recht, und er behauptet einfach
lauthals, wir hätten den Plan befürwortet. Das haben wir nicht.«

Burke: »Habe ich Ihnen jemals gesagt, warum ich schließlich
damit einverstanden war? ... Aus folgendem Grund: Ich wagte
mich so weit vor, wie ich konnte, bis Bobby meinte: ›Wir werden die Sache mit den anderen Landungsmöglichkeiten [als die
Schweinebucht], über die wir schon einmal gesprochen haben,
veröffentlichen ... [und sagen,] die Vereinten Stabschefs hätten
die anderen drei Alternativen nur zwanzig Minuten in Erwägung
zogen.‹«

Lemnitzer: »Das stimmt nicht. Er irrt sich ... Ich habe länger
darüber nachgedacht.«

Burke: »... Er sagte, er würde es [in der Presse] verbreiten, und
wenn er das macht, stehen wir noch schlechter da, weil man so
etwas nur schlecht widerlegen kann, auch wenn es nicht stimmt.«

Lemnitzer: »Aber er hatte keinen Grund, das so zu schreiben – daß die Vereinten Stabschefs [die Invasion] de facto guthießen. Das ist eine falsche Behauptung, verdammt noch mal.«

Burke: »Ja, das stimmt. Aber die sagen, warum haben Sie dann nichts dagegen eingewandt?«

Lemnitzer: »Ach, zum Teufel damit.«

Das war das Ende des Gesprächs. Der Taylor-Bericht wurde so veröffentlicht, wie die Kennedys ihn haben wollten. Auch beim Militär wagte niemand, den populären Präsidenten zu brüskieren, nicht einmal privat.

Im September 1961 gab Kennedy bekannt, daß John A. McCone, ein reicher Republikaner aus Kalifornien, der als unbeugsamer kalter Krieger galt, Allen Dulles an der Spitze der CIA ablösen sollte. McCone teilte Kennedys Haß auf den kubanischen Regierungschef. Im Jahr 1975 sagte er vor dem Church-Ausschuß, Castro sei »ein Mann, der jahrelang unser Land, unsere Regierung und unser Volk auf die schrecklichste, unglaublichste, gemeinste Art mißbraucht hat ... Er hat die heilige Erde Kubas umgegraben und Raketen aufgepflanzt.« Doch beim Thema Kuba bescheinigte selbst McCone, wie sich Walter N. Elder, McCones Mitarbeiter bei der CIA, in einem Interview für dieses Buch erinnerte, Bobby einen »Verfolgungswahn«. Bobby Kennedy, so Elder, »beschloß, daß Castro durch die Ereignisse in der Schweinebucht die Kennedys persönlich beleidigt hatte, also blies er zum Angriff auf Castro. Er war die treibende Kraft hinter Mongoose, und er mischte sich über geheime Kanäle bei der CIA ein. Es war wirklich fast wie ein Racheakt, nicht nur für die Demütigung der USA, sondern für die Demütigung der Kennedys. Das stand für Bobby über allem.«

Nach seinen Erfolgen mit dem Taylor-Bericht und in Berlin trat Bobby Kennedy im Herbst bestimmter auf als je zuvor. »Wir hatten den Eindruck«, sagte mir Walter Elder, »daß Bobby einfach Jacks Schläger war. Jack konnte abwarten. Bobby wollte unbedingt Taten sehen. Bei der CIA war Bobby sehr unbeliebt.«

Thomas A. Parrott, ein CIA-Beamter, der die nachrichtendienstlichen Angelegenheiten in Maxwell Taylors Abteilung bearbeitete, sagte 1995 in einem Interview für dieses Buch: »Meiner An-

sicht nach war Bobby ein prinzipienloser mieser kleiner Bastard.«
Taylor, dessen Eintreten für das Konzept der Anti-Guerilla-Kriegführung (Counterinsurgency, CI) bei seinen Vorgesetzten, allesamt
Vier-Sterne-Generäle im Pentagon, nur auf Verachtung stieß,
wurde Anfang des Jahres 1962 zum Leiter der Sondergruppe für
Anti-Guerilla-Kriegführung ernannt, der schon bald wichtigsten
außenpolitischen Einrichtung der Regierung Kennedy. »Beide
Brüder waren völlig begeistert von der Anti-Guerilla-Kriegführung«, erzählte mir Parrott. »Alles mußte CI sein. Ich war dafür zuständig.« Auch Bobby Kennedy war Mitglied der Sondergruppe
CI. Der Justizminister, berichtete Parrott, kam zu den streng geheimen Besprechungen ständig zu spät und legte dann immer
seine Füße auf den Tisch, »so daß die anderen seine Schuhsohlen
betrachten mußten«. Einmal, erzählte Parrott, bestand Kennedy
hartnäckig darauf, daß Arbeitsminister Arthur Goldberg sich der
Sondergruppe anschließen dürfe. Goldberg hatte an einer früheren Besprechung teilgenommen und nach Ansicht von Taylor und
Parrott zuviel geredet. Taylor lehnte ab. Kennedy sagte dann in
etwa: »Ich werde das mit meinem Bruder besprechen müssen.« Zu
Parrotts Ärger gaben alle Mitglieder der Gruppe – McGeorge
Bundy aus dem Weißen Haus, Roswell Patrick vom Pentagon, General Lyman Lemnitzer von den Vereinten Stabschefs, General
Charles Cabell von der CIA und Edward R. Murrow, ein ehemaliger CBS-Korrespondent und mittlerweile Leiter der United States
Information Agency (US-Informationsbehörde) – sofort nach und
meinten, wie Parrott sich erinnerte: ›Ja, vielleicht haben Sie
recht.‹ Selbst Ed Murrow habe zugestimmt. Cabell wich aus und
sagte, er sei bei der früheren Besprechung nicht dabeigewesen.
Alle schwenkten nach Bobbys Drohung um. Schließlich lag die
Entscheidung bei Taylor, und er sagte: ›Tja, er wird nicht dabeisein.‹ Daraufhin schlug Bobby sein Notizbuch zu und sagte: ›Ach
Scheiße, der zweitwichtigste Mann des Landes verliert wieder einen Punkt.‹ Dann stolzierte er aus dem Zimmer und schlug wie
ein trotziges Kind die Tür hinter sich zu.«

Der Plan für die Operation Mongoose, der wichtigsten Aktion im
Krieg der Kennedy-Brüder gegen Castro, entstand nicht im Wei-

ßen Haus. Die Idee entstammte vielmehr der Phantasie von Tad Szulc, einem Reporter der *New York Times*, der bereits im Januar 1961 einen Artikel über die Invasionspläne einiger Exilkubaner veröffentlicht hatte. Szulc galt als Experte für Lateinamerika, außerdem war bekannt, daß er den Exilkubanern in Miami nahestand; entsprechend machte er es sich zur Aufgabe, Kontakt zu den wichtigen Mitgliedern der Regierung Kennedy zu suchen. Szulc hielt engeren Kontakt, als vielleicht viele seiner Kollegen bei der *Times* vermuteten. Tatsächlich hatte er ein Angebot von USIA-Direktor Murrow abgelehnt, einer seiner Assistenten zu werden. Im Oktober 1961 suchte Szulc den stellvertretenden Leiter des Kuba-Referats im Außenministerium, Robert A. Hurwitch, spätabends zu Hause auf. Nach Hurwitchs Schilderung in Interviews und in seinen privat veröffentlichten Memoiren, die er für dieses Buch zur Verfügung gestellt hat, sagte Szulc, er habe »über die Situation in Kuba nachgedacht. ›Wenn die Kommunisten erfolgreich nationale Befreiungskriege organisieren können, warum nicht auch wir, die USA?‹«

Hurwitch verwarf die Idee und sagte Szulc, erfolgreiche nationale Befreiungskriege »benötigen eine motivierte, gut organisierte bewaffnete Opposition im Inneren, und das gibt es auf Kuba nicht«. Szulc bestand darauf, daß seine Kontaktleute bei den Exilkubanern »glaubten, die Zeit sei reif«. Er sagte Hurwitch, daß er die Idee schon verschiedenen Leuten vorgestellt habe, darunter auch Richard Goodwin, der nach dem Fiasko in der Schweinebucht zum Koordinator für kubanische Angelegenheiten im Weißen Haus ernannt worden war. Wenige Tage später besuchte Szulc Hurwitch erneut und berichtete, er »mache mit seinem Projekt große Fortschritte und werde vielleicht sogar eine Unterredung« mit Präsident Kennedy zu dem Thema führen. »Dummerweise dachte ich«, schrieb Hurwitch in seinen Erinnerungen, »er sei ein Angeber.«

Szulc und Hurwitch konnten nicht wissen, daß Goodwin in Ungnade gefallen war und schon bald aus Kennedys persönlichem Stab im Weißen Haus ins Außenministerium versetzt werden sollte. Mit seinen stets zerzausten Haaren, den funkelnden Augen und dem dunklem Teint war Goodwin unter den wie aus dem Ei gepellten Kennedy-Leuten eine ungewöhnliche Erscheinung. Er galt als brillanter Redenschreiber: Goodwin war Redakteur beim *Harvard Law Review* und Praktikant bei Felix Frankfurter gewesen, einem Richter am Obersten Gerichtshof. Doch in den Augen der engen Vertrauten des Präsidenten machte das seinen Hang zu Unabhängigkeit, seinen Ehrgeiz und den mangelnden Respekt gegenüber seinen Vorgesetzten nicht wett. Goodwin wußte, daß Jack Kennedy sich über alle sonst üblichen Regeln hinwegsetzte, wenn es um Mordpläne gegen Fidel Castro ging; er wußte auch, wie wirkungsvoll wohldosierte Schmeichelei sein konnte. Seine lobenden Worte über das Projekt in einigen für Kennedy bestimmten Memoranden zielten nicht auf den Präsidenten, sondern auf dessen Bruder. In einem streng vertraulichen Memorandum vom 1. November, das Jahre später nach dem Freedom of Information Act veröffentlicht wurde, hatte sich der junge Berater Szulcs Ideen zu eigen gemacht und fügte noch ein Konzept für ein »Kommandounternehmen« hinzu, um das »Kuba-Problem massiv anzugehen ... Meiner Meinung nach wäre der Justizminister der beste Leiter einer solchen Aktion. Entweder ich oder jemand anderer sollte ihm als Stellvertreter zugewiesen werden.« Am nächsten Tag versuchte es Goodwin erneut mit einem zweiten Memorandum, in dem er Tad Szulcs Namen erwähnte. »Für die Propaganda könnten wir Tad Szulc bitten, sich bei der *Times* beurlauben zu lassen und für uns zu arbeiten.« Eine Woche später traf sich Szulc mit Bobby Kennedy im Justizministerium und verbrachte anschließend über eine Stunde mit dem Präsidenten und Goodwin im Oval Office.

In Sculzs maschinenschriftlichen Notizen über das Treffen, die er dem Church-Ausschuß zur Verfügung stellte und die in einer Reihe von Büchern veröffentlicht wurden, ist von einem Angebot Jack Kennedys, für ihn zu arbeiten, nicht die Rede. Der Präsident habe ganz allgemein über die Notwendigkeit gesprochen, die CIA zu kontrollieren. Auf einmal »beugte er sich vor und fragte mich: ›Was würden Sie davon halten, wenn ich die Ermordung Castros anordnen würde?‹ Ich sagte, das wäre ein schrecklicher Gedanke, weil a) das Regime dadurch wahrscheinlich nicht beseitigt werden würde ... und weil b) ich fand, daß die USA mit Attentaten nichts zu tun haben dürften. JFK sagte daraufhin, daß er mich nur habe testen wollen – und daß er der gleichen Ansicht sei. ›Ich bin froh, daß Sie auch so denken, die USA sollten nicht [an] Attentaten beteiligt sein.‹« Kennedy sagte, er habe die Frage aufgeworfen, weil er »unter schrecklichem Druck« stehe –Szulc war sich nicht sicher, ob er Druck der »Berater« oder Druck der »Geheimdienstleute« sagte – »Castros Ermordung zuzustimmen. Er widersetze sich dem Druck.«

Goodwin behauptete 1994 in einem Interview für dieses Buch: »Tad sprach wegen einer Stelle vor, und Kennedy gab ihm eine.« Goodwin fügte hinzu, der Präsident habe Szulc »so weit vertraut«, daß er das Thema eines politischen Mordes »ansprach«; es könne aber auch sein, daß der Präsident »ein Dementi abgeben wollte«, was in der Tat wahrscheinlicher ist. Goodwin sagte mir gegenüber, er habe von Jack Kennedys Beteiligung an einem Mordkomplott gegen Castro nichts gewußt. »Die einzige Erklärung« dafür, daß der Präsident das Thema gegenüber Szulc erwähnte, »ist, daß Tad nicht denken sollte, er sei beteiligt« – falls der Präsident die Pläne für eine Ermordung Castros doch gekannt haben sollte. Anders ausgedrückt: JFK benutzte Szulc. Er setzte darauf, daß Szulc im Falle von Castros Tod einen Artikel des Inhalts verfassen würde, daß der Präsident einen Mord nicht gewollt habe.

Weder Goodwin noch Szulc waren für das Projekt Mongoose im Einsatz. Im November 1961 fand, wie Hurwitch mir erzählte, kurz nach Szulcs zweitem Besuch im Weißen Haus eine streng geheime Konferenz statt. Jack Kennedy eröffnete das Treffen mit den Worten: »Ich hatte gerade eine Besprechung mit einem bekannten Journalisten.« Anschließend gab der Präsident der Gruppe eine Art Zusammenfassung von Szulcs Plan, einen Aufstand gegen Castro anzuzetteln, und sagte, daß eine Sondereinsatzgruppe unter Bobby Kennedys Leitung eingerichtet werden würde. General Lansdale sollte die Einsatzgruppe beaufsichtigen. »Ich war sprachlos«, schrieb Hurwitch in seinen nicht veröffentlichten Memoiren, »und versäumte leider, Einwände gegen dieses meiner Meinung nach gefährliche romantische Abenteuer zu erheben.« In einem Interview wurde Hurwitch dann direkter als auf dem Papier: »Was, zum Teufel, macht man mit dem Bruder des amerikanischen Präsidenten? Ich habe vier Kinder.« Hurwitch war klar, daß jeder, der auch nur den geringsten Zweifel an dem heimlichen Krieg gegen Kuba anmeldete, als »Weichling« eingestuft würde und seine berufliche Karriere vergessen könnte. Er wurde zum Vertreter des Außenministeriums bei dem Unternehmen ernannt, das später Operation Mongoose hieß. »Nach der ersten Besprechung«, schrieb er in seinen Erinnerungen, »bedauerte ich es mehr denn je, daß ich bei dem Treffen im Weißen Haus keine Einwände erhoben hatte ... Lansdale, der als Air-Force-Held eine schneidige Figur abgab und sehr geschickt Symbole und seinen Ruf ins Spiel zu bringen wußte, wurde zum Liebling all der selbsternannten ›Experten‹ für Außenpolitik ... Obwohl es ihm völlig an Erfahrung mit Lateinamerika im allgemeinen und mit Kuba im besonderen mangelte, erhielt er viel Unterstützung für diesen Posten.«

Als Edward Geary Lansdale 1987 starb, würdigte ihn der pensionierte CIA-Direktor William Colby als »einen der größten Spione in der Geschichte«. Kennedys Berater Walter Rostow beschrieb Lansdale in einem 1972 erschienenen Buch als einen »einzigartigen nationalen Glücksfall«, er habe »mehr über den Guerillakrieg in Asien« gewußt »als jeder andere Amerikaner«. Ähnlich fiel das Urteil des Journalisten David Halberstam aus. Er sah Lansdale, der nach Kennedys Ermordung nach Saigon zurückkehrte, als »den klassischen Helden, modern, genau das, was Kennedy suchte«.

Während des einen Jahres, in dem Lansdale die Operation Mongoose leitete, arbeitete er daran, die Exilkubaner zu einer politischen Kraft zu formen, die eine breite Gegnerschaft gegen Castro mobilisieren konnte. Doch es kam nie zu einer breiten Opposition – die wenigen Oppositionellen schmachteten in kubanischen Gefängnissen oder führten auf CIA-Kosten ein angenehmes Leben in Miami. Es gelang nicht, im Innern eine politische Opposition gegen Castro aufzubauen, statt dessen erzeugten die Amerikaner mit ihrer Propaganda und den Sabotageakten im Rahmen der Operation Mongoose bei den Kubanern eine Wagenburgmentalität und trieben das Land noch weiter in die Arme der Sowjetunion. Im April 1962 schaltete Castro die letzten Reste der politischen Opposition aus – überwiegend Kommunisten alter Schule – und unterzeichnete mit der Sowjetunion ein Handelsabkommen über 750 Millionen Dollar.

Bei den Interviews für dieses Buch betonten ehemalige CIA-Mitarbeiter, daß Mongoose nicht aus Gründen der nationalen Sicherheit ins Leben gerufen worden sei. »Keiner von denen, die ich kenne«, sagte mir Sam Halpern 1997, »hielt Kuba im Hinblick auf unsere nationale Sicherheit für so wichtig. Wir leben jetzt seit 35 oder mehr Jahren mit Castro vor der Haustür. Wir sind immer noch da, und er ist immer noch da. Ich kann mir nur vorstellen, daß sie [die Kennedys] bereuten, die Luftunterstützung [bei der Invasion in der Schweinebucht] verweigert zu haben. Ich glaube, sie hatten das Gefühl, daß sie an der Sache dranbleiben und zeigen mußten, daß sie ganze Kerle waren. Ich habe sonst keine vernünftige Erklärung dafür.« Walter Elder erinnerte sich, John McCone sei persönlich der Ansicht gewesen, »daß die ganze Sache [Mongoose] von Anfang an zum Scheitern verurteilt war«. Es gibt allerdings keinen Hinweis darauf, daß der sonst so freimütige McCone das auch dem Präsidenten sagte. CIA-Akten, die 1996 veröffentlicht wurden, zeigen, daß selbst McCone es vorzog, optimistisch zu klingen, als er im Januar 1962 von Bobby Kennedy aufgefordert wurde, ganz offen seine persönliche Meinung zu Lansdale und dem Vorgehen auf Kuba zu äußern. Er versicherte Kennedy, daß die CIA die Operation Mongoose »nach Kräften« unterstütze, obwohl nie zuvor ein derartiges Unternehmen versucht worden sei und es »nur unter großen Schwierigkeiten« ausgeführt werden könne.

Halpern, Elder und andere ehemalige Einsatzleiter, die 1962 privat Bedenken zu Mongoose äußerten, schafften es nicht, ihre Ansichten dem Weißen Haus mitzuteilen. Keiner ihrer Vorgesetzten hatte den Mut, dem Präsidenten oder seinem Bruder ins Gesicht zu sagen, daß das Unternehmen mit an Sicherheit grenzender Wahrscheinlichkeit scheitern würde. Auch Lansdale schaffte dies nicht.

Die Operation Mongoose war ein katastrophaler Mißerfolg. Die Ziele, die Lansdale in einer Reihe streng geheimer Dokumente Anfang 1962 umrissen hatte, waren schlichtweg nicht zu erreichen. Es sollte sechs Phasen bis zur Beseitigung Castros und seines Regimes geben, von Guerillaaktionen im Sommer bis zum Ausbruch einer offenen Revolte in den ersten beiden Oktoberwochen. In einem Dokument legte Lansdale den 20. Oktober 1962 als Datum für die Einsetzung einer neuen kubanischen Regierung fest. »Es war völliger Unsinn«, meinte Sam Halpern mir gegenüber. »Wir sollten für die letzte Oktoberwoche 1962 schon einen Siegesmarsch durch die Straßen von Havanna planen. Und wenn Sie im Kalender nachsehen, werden Sie feststellen, daß Kongreßwahlen bevorstanden. Bei der Geheimdienstarbeit können Sie keinen Plan aufstellen, daß Sie am Mittwoch drei auf Ihre Seite bringen, am Freitag fünf und am Sonntag zehn. Wie soll denn das funktionieren? Einige seiner Anweisungen waren schlichtweg lachhaft. Aber solche Anordnungen bekam man nun mal von Ed. Mein Gott, Ed war der typische Vertreter im grauen Flanellanzug. Er hätte den Eskimos Kühlschränke verkaufen können. Ich persönlich war von seinen Fähigkeiten nicht besonders überzeugt oder gar beeindruckt. Wir haben viel versucht, und nichts hat funktioniert. Wir hielten Besprechungen darüber ab, wie viele Flugblätter wir verteilt und an wie vielen Schiffen wir uns zu schaffen gemacht hatten.«

Zwischen Lansdales ehrgeizigen Plänen und den tatsächlichen Handlungsmöglichkeiten der CIA auf Kuba lagen Welten. Halpern erinnerte sich, daß er zu Helms gesagt hatte: »Dick, wir haben in Kuba keinen Fuß in der Tür. Alle, die wir kennen, haben sich bei Castros Ankunft verkrochen. Wir brauchen ein Jahr, um eine Basis aufzubauen.‹ Wir wußten nicht, was dort vorging. Wir hatten keine Informationen. Dick glaubte mir nicht, er meinte nur: ›So schlimm kann es nicht sein.‹ Dicks Problem war, daß er mit dem Weißen Haus klarkommen mußte. Lansdale hatte den Kennedys alles mögliche weisgemacht. Wir [in Task Force W] nannten Lansdale am Telefon nur den FM – für Feldmarschall.«

Mongoose kostete zusammen mit der Sondereinsatzgruppe W den amerikanischen Steuerzahler mindestens 100 Millionen Dollar. Das Unternehmen gefährdete zu keinem Zeitpunkt auch nur ansatzweise Fidel Castros Sicherheit oder seine Beliebtheit bei der kubanischen Bevölkerung. Viele Mongoose-Aktionen waren bar jeder Vernunft. Als ein sowjetischer Frachter wegen eines Defektes in einem karibischen Hafen anlegen und seine Ladung mit kubanischem Zucker löschen mußte, brach ein CIA-Wissenschaftler in das Lagerhaus ein und verunreinigte die Ladung mit einer Chemikalie, die dem Zucker einen ekelhaften Geschmack geben sollte. »Es war kindisch«, sagt Halpern heute. »Doch wir handelten unter Druck.«

Den Männern der Sondereinsatzgruppe W standen noch weitere Demütigungen bevor. Bobby Kennedy, der immer ungeduldiger auf Erfolge wartete, beschloß im Frühjahr 1962, eine eigene Operation in die Wege zu leiten. Wie schon bei den Sowjets griff er wieder einmal auf geheime Kanäle zurück, dieses Mal auf die Mafia. Auf seine Anordnung hin wurde ein erfahrener CIA-Agent namens Charles Ford zum persönlichen Agenten des Justizministers ernannt. Einen solchen Befehl hatte es noch nie zuvor gegeben. Er wanderte die ganze Kommandokette entlang, bis er schließlich von General Marshall Carter genehmigt wurde, dem neuen stellvertretenden CIA-Direktor. Auf Bobby Kennedys Anweisung hin unternahm Ford während der nächsten 18 Monate, bis zu JFKs Ermordung, geheime Reisen zu Mafiabossen in den USA und Kanada. Gleichzeitig arbeitete er weiterhin mit Harvey und Halpern für die Sondereinsatzgruppe W. »Bobby war absolut davon überzeugt«, erzählte mir Halpern, »daß die Mafia in Kuba noch über ein geheimes Netz verfügte, da sie dort noch so viel Geld angelegt hatte. Sie hatte Kasinos und Spielhallen und Prostitutionsringe und Gott weiß was. Kennedy dachte, wenn wir in dieses geheime Netz hineinkommen könnten, könnten wir ein paar brauchbare Informationen über die Situation auf Kuba erhalten. Die Idee war verrückt. Die Mafia konnte kein geheimes Netz aufgebaut haben, das war zu schwierig. Außerdem hatte Castro ein gut funktionierendes Überwachungssystem, und man konnte in den Städten gar keine Kontakte knüpfen. Deshalb operierten wir [die Sondereinsatzgruppe W] draußen auf dem Land.«

Es sei auch möglich, erklärte Halpern, daß Bobby Kennedy Charles Ford hauptsächlich für eine Aufgabe einstellte, die Bill Harvey bis dahin nicht erledigt hatte: jemanden zu finden, der Castro ermordete. »Charlie kam zu Kennedy ins Büro und telefonierte natürlich auch regelmäßig mit ihm. Charlie war ein guter CIA-Mann, und Bobby war sein Vorgesetzter. Charlie gab nie solche Informationen an mich weiter. Vielleicht hat er nie jemandem davon erzählt. Er war Bobbys Mann. Keiner konnte ihm etwas anhaben.«

Kennedy habe Ford ein paarmal angerufen, berichtete Halpern, allerdings seien die Gespräche normalerweise in seinem Auftrag von Angie Novello geführt worden, seiner langjährigen Sekretärin. Novello sagte 1994 in einem kurzen telefonischen Interview für dieses Buch, sie erinnere sich an Halpern, doch sie habe »keinerlei Erinnerung« daran, jemals mit CIA-Agenten telefoniert zu haben, auch nicht mit Ford. Halpern erzählte, Ford habe es sich zur Gewohnheit gemacht, an seinem Platz in den Büros der Sondereinsatzgruppe W vorbeizuschauen und zu sagen: »Bis bald, Sam. Ich gehe wieder.« Ford verreiste durchschnittlich zweimal pro Monat für den Justizminister und diktierte nach seiner Rückkehr Berichte für ihn. »Ich weiß«, sagte Halpern, »daß er nach Chicago, San Francisco und Miami reiste – wo immer ihn Bobby hinschickte –, auch einmal nach Kanada.« Ford, der offensichtlich Anweisungen von Kennedy befolgte, berichtete seinen nominellen Vorgesetzten bei der Sondereinsatzgruppe W nichts über seine Reisen. »Wir haben nie auch nur eine einzige [schriftliche] Information bekommen«, gab Halpern an. Charlie Fords Berichte befinden sich vermutlich, falls sie noch existieren, unter den Millionen Seiten umfassenden Unterlagen von Robert Kennedy, die von der John F. Kennedy Library immer noch nicht freigegeben worden sind.

Halpern sagte, er und seine Kollegen seien ständig um Fords Sicherheit besorgt gewesen. »Wir kontrollieren unsere Treffpunkte gerne, wir gehen nicht gerne an einen unbekannten Ort.« Der stämmige, dunkelhäutige Ford, der in Japan gearbeitet hatte und über die verzweigten Unternehmungen der CIA dort sehr viel wußte, erhielt falsche Ausweispapiere und eine Legende. So sollte vermieden werden, daß die Mafia seine Identität als Geheimagent entdeckte.

»Ich weiß nicht, wie Bobby das mit sich selbst vereinbaren konnte«, meinte Halpern. »Einerseits verfolgte er angeblich die Mafia und wollte sie vernichten, andererseits benutzte er sie, um an Informationen über Kuba heranzukommen. Vielleicht schloß er einen Handel mit ihnen ab, wer weiß?« Ford habe bis zu seinem Tod Ende der achtziger Jahre nie – auch viele Jahre später nicht – über seine Aufträge für Kennedy gesprochen, erzählte Halpern.

Bobby Kennedy tat mehr, als nur »angeblich« die Mafia zu verfolgen. Bereits wenige Tage nach seinem Amtsantritt im Januar 1961 verkündete der Justizminister ein Programm, das vom *Wall Street Journal* zustimmend als die »drastischste Kampagne gegen Gangster, Gewerkschaftsgauner und Zuhälter, die das Land je gesehen hat« beschrieben wurde. Es sei sein Ziel, erklärte Kennedy, Topgangster mit jeder Anklage, die vor Gericht Bestand habe, ins Gefängnis zu bringen. Kennedy verlieh seinen Worten dadurch Nachdruck, daß er die Abteilung für organisiertes Verbrechen im Justizministerium verstärkte. In seiner Arbeit als Justizminister sollte der Krieg gegen das Verbrechen oberste Priorität haben. Er trug den Kampf bis in den Kongreß und gewann: Ein Gesetz wurde erlassen, das die Vermittlung von Wettinformationen von Staat zu Staat per Telefon oder Telegraph zu einem Bundesverbrechen machte, ein herber Schlag gegen eine der Haupteinnahmequellen des organisierten Verbrechens. In seinen Ansprachen und Reden vor dem Kongreß betonte Kennedy, daß die Verbrechensbekämpfung eine moralische Pflicht sei, die ohne tiefgreifende Veränderungen in der Gesellschaft nicht erfolgreich getan werden könne. »Das alles übersteigende Interesse an sich selbst, an materiellem Reichtum, an Sicherheit muß durch ein echtes, nicht nur behauptetes Interesse an unserem Land ersetzt werden, durch Abenteuerlust, den Willen, das Böse zu bekämpfen und den Wunsch, zu dienen«, schrieb er in dem 1960 veröffentlichten Buch *The Enemy Within* (dt.: *Gangster drängen zur Macht,* 1960), seinem Bericht über die Untersuchung des McClellan-Ausschusses. »Es liegt an uns Bürgern, wie schon zuvor in unserer Geschichte die Initiative zu ergreifen, uns mutig, aber ehrlich aufzumachen und das zu tun, was getan werden muß.«

Robert Kennedys bislang noch nicht enthüllte Beziehung zu Charles Ford wirft ein ganz neues Licht auf eine Besprechung im Justizministerium im Mai 1962. Arthur Schlesinger und andere

Bewunderer Kennedys haben das Treffen wiederholt als Beweis dafür zitiert, daß der Justizminister von den Mordplänen der CIA nichts gewußt und jede Zusammenarbeit mit dem organisierten Verbrechen entschieden mißbilligt habe.

Die Besprechung hatte eine seit einem Jahr schwelende Auseinandersetzung zwischen der CIA und dem FBI zum Thema. Das FBI beharrte darauf, Sam Giancana wegen illegalen Abhörens strafrechtlich zu belangen. Die Abhöraktion stand im Zusammenhang mit Giancanas Eifersucht und hatte sich im Oktober 1960 ereignet, als Giancana und der Privatdetektiv Maheu, der damals als Mittelsmann für die CIA tätig war, in einem Hotelzimmer in Miami über Mittel und Wege zur Ermordung Castros gegrübelt hatten. Giancana war überzeugt, daß seine Freundin, die Sängerin Phyllis McGuire, in Las Vegas eine Affäre mit Dan Rowan von der Komikertruppe Rowan and Martin hatte. Maheu wollte Giancana unbedingt in Miami halten – vielleicht versuchte er auch, sich bei seinem Kontaktmann von der Mafia einzuschmeicheln – und erwirkte von den Zuständigen bei der CIA Geld und die Erlaubnis, in Rowans Zimmer eine Wanze und eine Telefonabhöranlage installieren zu lassen. Maheus Mann, ein Privatdetektiv namens Arthur J. Balletti, verschaffte sich Zutritt zu dem Zimmer und ließ in dem Glauben, daß Rowan nicht so bald zurückkehren werde, seine Geräte und seine Ausrüstung offen liegen. Ein Zimmermädchen entdeckte die Gegenstände und rief die Polizei, Balletti wurde verhaftet.

Der Fall ging an das FBI. Ende April 1961 wurde den Agenten mitgeteilt, daß die CIA mit Sam Giancana und der Mafia zusammenarbeite. Der Informant war niemand anders als Maheu. Die seiner Meinung nach feige Haltung Präsident Kennedys bei der Invasion in der Schweinebucht hatte ihn so erschüttert, daß er vor seinen ehemaligen FBI-Kollegen auszupacken begann. Nach den Angaben von Sam J. Papich, einem Mitarbeiter Hoovers, der als Verbindungsmann zwischen dem FBI und der CIA fungierte, eine überaus heikle Aufgabe im amerikanischen Geheimdienstbereich, war das FBI »fuchsteufelswild«. Aus einer Zusammenfassung, die nach dem Freedom of Information Act veröffentlicht wurde, geht hervor, daß Papich dem Church-Ausschuß 1975 sagte, die Beteiligung der CIA habe ein großes Hindernis bei einer möglichen Verfolgung Giancanas wegen illegalen Abhörens dargestellt. Papich teilte in seiner widerstrebend vorgebrachten Aussage außerdem mit, Bobby Kennedy »war besorgt, daß der Vorfall bekannt werden könnte, und wollte nicht, daß etwas an die Öffentlichkeit drang«. Die Auseinandersetzung zog sich bis in die Führungsetagen beider Organisationen. Sheffield Edwards, der Leiter des Sicherheitsbüros der CIA, arbeitete den ganzen Winter und Frühling 1961/62 daran, das FBI und das Justizministerium davon zu überzeugen, die Sache fallenzulassen und ihr Wissen geheim zu halten.

Die Angelegenheit wurde erst im April 1962 geklärt, als sich Lawrence Houston, der Justiziar der CIA, mit Herbert J. Miller traf, einem Staatsanwalt im Justizministerium, der die Abteilung für Strafrecht leitete. Houston berichtete in einem Memorandum, das dem Church-Ausschuß zur Verfügung stand, Miller habe ihm gesagt, er sehe »keine größeren Schwierigkeiten, die strafrechtliche Verfolgung einzustellen« und so das Geheimnis der Zusammenarbeit der CIA mit der Mafia zu wahren. Drei Wochen später, am 7. Mai, trafen sich Houston und Sheffield Edwards als Vertreter der CIA mit Bobby Kennedy in dessen Büro. Sie »informierten« den Justizminister »über alles«, wie Edwards im Rahmen der Untersuchungen für den Attentatsbericht des CIA-Generalinspekteurs aussagte.

Houston, der für den Bericht ebenfalls befragt wurde, gab an, Bobby Kennedy habe gesagt, »er sehe das Problem und werde nicht gegen die Beteiligten im Abhörfall [Giancana und andere] vorgehen«. Kennedy habe »sehr bestimmt« hinzugefügt: »Ich vertraue darauf, daß Sie, wenn Sie jemals wieder versuchen sollten, mit dem organisierten Verbrechen – mit Gangstern – Geschäfte zu machen, den Justizminister vorab informieren.« Houston und Edwards wußten offensichtlich nicht, daß Kennedy damals gerade selbst versuchte – mit Charles Fords Hilfe –, mit dem organisierten Verbrechen wegen Kuba ins Geschäft zu kommen. Kennedy trieb auch die CIA an, sich endlich um die Beseitigung Castros zu kümmern. Außerdem wußte er wie sein Bruder, daß eine hübsche Kalifornierin namens Judith Campbell zu diesem Zweck Botschaften zwischen dem Präsidenten, Sam Giancana und Johnny Roselli übermittelte. Bei der Besprechung mit Edwards und Houston brachte Bobby Kennedy dem Bericht des Generalsekretärs zufolge das Gespräch auf Johnny Roselli und dessen Motive: »Der Justizminister dachte, daß Roselli den Auftrag (Castro zu ermorden) wegen des Geldes angenommen hatte. Edwards korrigierte diesen Eindruck, er habe andere Gründe.« Vier Tage später bat Kennedy Houston und Edwards um ein Memorandum zu der Besprechung. Kennedy erhielt die Zusammenfassung am 14. Mai und besaß damit ein für die Darstellung der Ereignisse unschätzbares Dokument, denn dort stand schwarz auf weiß, daß er verärgert war, als er – vermutlich zum ersten Mal – von der Beteiligung der Mafia an den Aktionen gegen Castro erfuhr, und daß er die CIA angewiesen hatte, ihn über eine neuerliche Zusammenarbeit mit Kriminellen zu informieren. In dem Memorandum wurden die Pläne zur Ermordung Castros nicht erwähnt – weder die früheren noch die aktuellen, noch die zukünftigen. Solche Operationen durften, wie Kennedy sicher wußte, nicht schriftlich festgehalten werden.

Und so kam der CIA-Bericht von 1967, der 1993 veröffentlicht wurde, zu dem Ergebnis, daß Houston und Edwards, obwohl sie Kennedy über die Einbeziehung der Mafia durch die CIA im Herbst 1960 und Frühling 1961 informierten, den Eindruck erweckt hatten, daß das Unternehmen »vermutlich als Folge des Fiaskos in der Schweinebucht eingestellt wurde«. Houston und Edwards, so geht weiter aus dem Bericht hervor, sagten dem Justizminister nicht, daß immer neue Pläne zur Ermordung Castros geschmiedet wurden, selbst während der Besprechung. »Soweit uns bekannt ist«, heißt es in dem Bericht, habe Kennedy nie erfahren, daß die CIA »mit kriminellen Elementen der USA in ständigem Kontakt« stand.

Sowohl der CIA-Bericht als auch der Bericht des Church-Ausschusses acht Jahre später kamen zu dem Ergebnis, daß Edwards von dem Mordkomplott wußte und Kennedy bei der Besprechung und in seinem anschließenden schriftlichen Bericht absichtlich getäuscht hatte. Vielleicht aber lagen die Verfasser der Berichte falsch. Im Herbst 1961 – einige Monate vor Edwards' Besprechung mit Kennedy – war Bill Harveys Sondereinsatzgruppe für die Planungen zur Ermordung Castros zuständig. Harvey war, wie viele

Zeugen aussagten, bekannt dafür, daß er nicht viel über seine Pläne redete. Als Edwards 1975 schwer krank vor dem Church-Ausschuß aussagte, legte er sich nicht fest. Er sagte den Senatoren, daß er bei seinem Treffen mit Kennedy »nicht wußte«, daß die Mordpläne gegen Castro wiederaufgenommen worden seien. Er sagte aber auch: »Ich hielt es für ziemlich dumm von Harvey, mit dieser Sache weiterzumachen.« Der pensionierte CIA-Beamte bekannte offen sein Widerstreben, vor dem Ausschuß über das Mordkomplott zu sprechen: »Ich bin nicht darauf vorbereitet, dazu unter Eid auszusagen. Bitte haben Sie dafür Verständnis. Ich möchte mich darauf nicht einlassen.« Der Ausschußvorsitzende Frank Church versuchte ihm eine Brücke zu bauen: »Ich denke, wenn Sie es [das Wort Mordanschlag] einmal aussprechen, wird es Ihnen weniger schwerfallen.« Edwards erwiderte: »Was erwarten Sie von mir, Senator Church? Was soll ich Ihrer Meinung nach sagen?« Edwards wollte sein Geheimnis offensichtlich mit ins Grab nehmen.

Der CIA-Bericht und der Bericht des Church-Ausschusses kamen im wesentlichen zu folgendem Schluß: Nachdem der Justizminister am 7. Mai 1962 erstmals davon erfahren hatte, daß die CIA Giancana und Roselli damit beauftragt hatte, Castro vor der Invasion in der Schweinebucht zu ermorden, ließ er es mit der Anweisung an die CIA bewenden, die Mafia nicht ohne vorherige Rücksprache mit ihm einzuschalten. Er notierte sich keine Namen, leitete keine Untersuchung ein und unternahm nichts, um sicherzustellen, daß solche Aktionen nicht wieder durchgeführt würden. Der unvollständige und vermutlich falsche Edwards-Houston-Bericht wurde die Grundlage für Arthur Schlesingers Schlußfolgerung in seinem Buch *Robert Kennedy and His Times* (Robert Kennedy und seine Zeit): »Die Kennedys wußten vor der Invasion in der Schweinebucht nichts von den Mordplänen an Castro und über die Fortführung dieser Pläne durch die CIA nach den Vorfällen in der Schweinebucht.«

Es sei noch anderes zu bedenken gewesen, schrieb Schlesinger: »Niemand, der John und Robert Kennedy gut kannte, glaubte, daß sie Mordpläne gutheißen würden. Schließlich waren sie wie McCone Katholiken.«

Sam Halpern meint, daß er die Bedeutung der Besprechung am 7. Mai verstehe: »Bobby sagte nicht, wir sollten aufhören, sondern [wies uns an,] es nicht noch einmal zu tun, ohne ihn vorher zu informieren.« Falls diese Interpretation zutrifft, verfolgte Kennedy bei der Besprechung mit Houston und Edwards zwei Ziele: einen schriftlichen Beweis für die Akten zu bekommen, daß die CIA ihre Mordpläne aufgegeben hatte, und – was viel wichtiger war – sicherzustellen, daß die CIA in Zukunft keine Geheimoperation genehmigte, die womöglich Charles Fords häufige Treffen mit der Mafia aufdecken oder gefährden könnten.

Besonders effektiv arbeitete das Pentagon an der Operation Mongoose mit. Dessen Planungsstab war angewiesen, für den Fall, daß Landsdales Pläne aufgingen und es auf Kuba zu einer Revolte kam, für den Herbst 1962 eine offene Schlacht um Kuba vorzubereiten. Als Teil der Vorbereitungen nahmen Hunderttausende amerikanische Soldaten und Matrosen unter den wachsamen Augen des kubanischen Geheimdienstes an Manövern in der Karibik teil. Im August beteiligten sich über 65000 Mann an der Operation Swift Strike II, die offensichtlich einen Angriff auf eine Insel wie Kuba simulierte. Später führten 7500 US-Marines eine Scheininvasion namens »Ortsac« – Castro rückwärts gelesen – auf einer Insel in der Nähe von Puerto Rico durch. Im Herbst 1962 wurde das Pentagon angewiesen, vorsorglich Truppen und Ausrüstung für eine großangelegte Invasion Kubas in Stellung zu bringen. Falls es der Präsident befehlen sollte, konnten schätzungsweise 100000 Soldaten, die in Militärstützpunkten entlang der Ostküste stationiert waren, innerhalb von acht Tagen an den Stränden Kubas landen.

All diese Aktionen – die wilden Sabotageakte, die immer neuen Attentatspläne und die militärischen Vorbereitungen und Manöver – wurden von den Kubanern und ihren Wohltätern in der Sowjetunion aufmerksam beobachtet und registriert. Die amerikanische Aggression trug zu Nikita Chruschtschows Entscheidung bei, sowjetische Atomraketen und Abschußrampen auf Kuba zu stationieren, was im Oktober 1962 die Kubakrise auslöste. Es »scheint mittlerweile wahrscheinlich«, schrieb der renommierte Historiker John Lewis Gaddis von der Universität Yale 1997, daß »Chruschtschows Hauptgrund nicht der war, das strategische Gleichgewicht zu verschieben«, wie das Weiße Haus damals behauptete, »sondern die kubanische Revolution zu retten ... Es gibt seit langem zahlreiche Beweise, daß die Regierung Kennedy *mit allen Mitteln außer einer Invasion* versuchte, Castro zu beseitigen«.

# 18

# Judy

Judith Campbell hatte von John F. Kennedy noch nie etwas gehört, als Frank Sinatra sie am 7. Februar 1960 im Hotel Sands in Las Vegas mit ihm bekannt machte. Sie wußte nicht, daß er amerikanischer Senator war, und sie wußte auch nicht, daß er Präsidentschaftskandidat war. Sie wußte nicht einmal, daß er verheiratet war. Aber sie wußte auf Anhieb, daß er einfach großartig war. Schon am nächsten Tag hatte sie sich in ihn verliebt. Es war eine Beziehung, die ihr Leben ruinierte – und, wie sie einmal traurig sagte, ein Fehler, den sie jederzeit wieder begehen würde.

Judith Campbell Exner wurde mit einem Schlag im ganzen Land bekannt, als der Church-Ausschuß in seinem Bericht vom November 1975 über die Mordversuche der CIA diskret andeutete, er habe Hinweise erhalten, daß »eine enge Freundin Präsident Kennedys seit Ende 1960 und bis Mitte 1962 häufig mit dem Präsidenten Kontakt gehabt habe. FBI-Berichte und Zeugenaussagen weisen darauf hin, daß die Freundin des Präsidenten auch eine enge Freundin von John Roselli und Sam Giancana war und sie im selben Zeitraum häufig aufgesucht hatte.« Diese beiden Sätze lösten geradezu ein Erdbeben aus. Journalisten fanden bald Genaueres heraus: Die »enge Freundin« des Präsidenten hieß Judith Campbell Exner (sie war inzwischen mit dem Profigolfer Dan Exner verheiratet) und hatte zwei Monate zuvor unter Strafandrohung ausgesagt. Frau Exner hatte dem Ausschuß mitgeteilt, daß sie lediglich persönliche Beziehungen zu Präsident Kennedy unterhalten und von Verbindungen zwischen Kennedy und Giancana nichts gewußt habe.

Im Dezember 1975 stritt Frau Exner auf einer Pressekonferenz in San Diego ebenfalls alles ab. Sie warf der Presse »wilde Spekulationen« vor, weil in den Zeitungen angedeutet wurde, sie sei ein Kurier für den Präsidenten und Giancana gewesen und habe mit beiden Männern gleichzeitig Verhältnisse gehabt. Zwei Jahre später veröffentlichte Frau Exner ihre Memoiren *My Story* (Meine Geschichte), die sie mit Hilfe von Ovid Demaris geschrieben hatte. Darin listet sie die Tage und Orte ihrer zahlreichen Rendezvous mit Kennedy auf. In einer Reihe von Interviews für das vorliegende Buch räumte Frau Exner ein, daß sie vor dem Church-Ausschuß und bei ihrer Pressekonferenz nicht die Wahrheit gesagt habe über ihre Dienste als Briefträgerin zwischen dem Präsidenten und dem Mafia-Boß. Sam Giancana war am 19. Juni 1975 in seinem Haus brutal ermordet worden, am nächsten Tag hätte er für den Church-Ausschuß ein Gespräch mit einem Anwalt führen sollen. Sie habe so schreckliche Angst gehabt, sagte Exner, daß sie es nicht gewagt habe, vor dem Ausschuß oder in ihrem Buch die ganze Geschichte zu erzählen. Außerdem hätten die Anwälte im Ausschuß es ihr auch leicht gemacht, die Wahrheit zu verschleiern, weil sie bei der Zeugenvernehmung die falschen Fragen stellten: ob sie ein Kommunikationskanal zwischen Sam Giancana und dem Präsidenten gewesen sei. Sie antwortete wahrheitsgemäß nein. Die Anwälte fragten nicht, ob der Austausch der Dokumente vom Präsidenten oder von jemand anderem ausgegangen sei.

Das Buch *My Story* enthält zahlreiche Verzerrungen und Widersprüche, vor allem hinsichtlich Exners Beziehung zu Giancana, doch es enthält auch einige unwiderlegbare Details zu ihren Treffen mit Kennedy, etwa nennt sie seine privaten Telefonnummern. Nach jahrelangen Gerüchten über Kennedys Liebesaffären war Judy Campbell Exner die erste Frau, die öffentlich eingestand, daß sie während seiner Amtszeit ein Verhältnis mit ihm gehabt hatte. Als Kennedys Leichtsinn in der Affäre öffentlich bekannt wurde, erlitten sein Ansehen und das Ansehen Camelots schweren Schaden. Die Affäre war nicht nur in moralischer Hinsicht eine Belastung: Sie lieferte den Präsidenten der Erpressung durch die Mafia und durch Freunde der Mafia aus.

Im August 1962 brachen zwei Brüder unter den Augen des FBI

in Judith Campbell Exners Wohnung in Los Angeles ein. Das Fluchtauto hatte ihr Vater gemietet, er war Sicherheitchef des großen Rüstungsunternehmens General Dynamics Corporation. Drei Monate später erhielt General Dynamics – dem nach Meinung aller Experten nur Platz zwei gebührte – überraschend einen 6,5-Milliarden-Dollar-Auftrag über den Bau des experimentellen Jagdflugzeugs TFX. Der umstrittene Zuschlag für den bis dahin größten Auftrag zum Bau von Militärflugzeugen in der Geschichte der Vereinigten Staaten wurde monatelang von einem Senatsausschuß überprüft, ohne daß Hinweise auf Absprachen zwischen General Dynamics und einem ranghohen Regierungsbeamten gefunden wurden. Der Ausschuß wurde aber nicht darüber informiert, was das FBI wußte. Der Senat schloß seine Ermittlungen nach der Ermordung Kennedys ab, und Milliarden Dollar der amerikanischen Steuerzahler wurden für eine Marineversion des Flugzeuges ausgegeben, die später als Reinfall zweifelhafte Berühmtheit erlangte.

Judith Exner, wie sie heute heißt, wurde 1934 geboren und wuchs mit vier Geschwistern in einem streng katholischen Elternhaus in Los Angeles auf. Die Familie hatte Geld. Ihr Vater Frederick Immoor war Architekt und hatte sich auf den Bau von Krankenhäusern spezialisiert. Ende der dreißiger Jahre lebte die Familie in Pacific Palisades in einer vierstöckigen mediterranen Villa mit 24 Zimmern und Blick auf das Meer. Das Haus kaufte später der Schauspieler Joseph Cotten. Judiths Eltern verkehrten mit Hollywood-Größen, unter anderen mit dem Komiker Bob Hope. Ihre ältere Schwester Jacqueline, deren Bühnenname Susan Morrow lautete, war ein aufstrebender Hollywood-Star. »Ich wuchs in der Überzeugung auf«, sagte Exner in einem Interview, »daß diese Leute nicht anders wären als alle übrigen.« Judith war schüchtern und unsicher und hatte eine schwierige Kindheit: Sie hatte Angst vor der Dunkelheit und vor lauten Geräuschen, und vor Schüchternheit wagte sie nicht, sich im Unterricht zu melden. Sie hatte ein sehr enges Verhältnis zu ihrer Mutter Katherine; als Teenager erlitt sie einen Schock, als ihre Mutter bei einem Autounfall schwer verletzt wurde. Judiths Vater bestimmte, daß sie von der katholischen Mädchenschule genommen und zu Hause von einem

Privatlehrer unterrichtet werden sollte. Der Besuch eines Colleges stand überhaupt nicht zur Debatte.

Mit sechzehn Jahren, nach Abschluß der Schule, arbeitete sie nachmittags gelegentlich im Büro des Agenten ihrer Schwester in Hollywood, sie nahm Anrufe entgegen und erledigte Schreibarbeiten. Johnny Grant war 1950 strebsamer Presseagent in dem Büro; als ich ihn für dieses Buch interviewte, war er Fernsehsprecher im Ruhestand. Er behielt Judith Exner in Erinnerung als »eine der schönsten jungen Frauen, die ich jemals in meinem Leben gesehen habe, und eine der nettesten. Sie stammte aus einer gutsituierten Familie, war gut gekleidet, hatte ein bezauberndes Lächeln und wollte nicht Fotomodell oder Schauspielerin werden. Ich setzte mich oft zu ihr und unterhielt mich mit ihr. Ich mochte sie einfach.« Sie sei streng katholisch gewesen, fügte Grant hinzu, und »arglos«.

Die Männer waren von ihrer auffallenden Schönheit bezaubert. »Ich würde sie in einem Atemzug mit Elizabeth Taylor nennen«, sagte mir der Journalist James Bacon, der für die Nachrichtenagentur Associated Press aus Hollywood berichtete. »Sie war wirklich ein wunderbares Mädchen.« Noch als Sechzehnjährige lernte Judith den Schauspieler William Campbell kennen; zwei Jahre später, 1952, heirateten die beiden gegen den Protest ihrer Eltern. Die Ehe sei jedoch gescheitert, sagte Exner, und 1958 ließen sie sich scheiden.

Sie entdeckte ihren Spaß an Verabredungen, und von nun an drehte sich ihr ganzes Leben um Männer und um den Eindruck, den sie bei Männern hinterließ. Im Herbst 1959 traf sich Judith Exner zum erstenmal mit Frank Sinatra, die Affäre dauerte nicht lang. In ihren Erinnerungen schildert sie ihr Entsetzen, als Sinatra einmal eine zweite Frau einlud, eine Nacht mit ihnen im Bett zu verbringen. »Ich war wie versteinert«, schreibt sie. »Ich wurde richtig starr; niemand hätte meine Arme oder Beine bewegen können.« Sinatra entschuldigte sich. In einem Interview für dieses Buch führte Exner nicht ihre Naivität ins Feld und sagte nicht, daß sie von Sinatras Vorliebe für Partnerwechsel nichts gewußt habe, sie meinte nur, daß Sinatra »nicht zu mir paßte. Man könnte sagen, er war nicht der richtige Umgang.« Sie fügte jedoch hinzu: »Es war aber gut, ihn zum Freund zu haben.«

Sie und Sinatra blieben in Kontakt, und sie nahm gern Sinatras Einladungen an, ihn und andere Mitglieder des berühmten Rat Pack aus Hollywood – zu dem auch Dean Martin, Sammy Davis jr. und Peter Lawford zählten – beim Auftritt im Hotel Sands in Las Vegas am 7. Februar 1960 zu bewundern. An diesem Abend erschien auch Jack Kennedy. Es gibt keinerlei Hinweise, daß Kennedys Treffen mit Exner arrangiert worden wäre. Er war am Vormittag auf Wahlkampftour in Neu-Mexiko gewesen und flog mit zwei Reportern im Familienjet zum nächsten Auftritt in Oregon, als plötzlich angekündigt wurde, daß sie einen Zwischenstopp in Las Vegas machen würden. Die beiden Reporter Blair Clark von CBS Radio und Mary McGrory vom *Washington Star* landeten am Ende genau wie Kennedy im Hotel Sands. »Das Telefon klingelte«, erinnerte sich Clark in einem Interview. »Frank Sinatra war am Apparat und sagte: ›Jack möchte, daß Sie und Mary um fünf Uhr auf einen Drink herunterkommen.‹ Also gingen wir nach unten ... und trafen dort eine berühmte Figur in Kennedys Leben: Judith Exner.«

Nach Exners Version stellte Sinatra sie Jack Kennedy und dessen Bruder Teddy vor, der Jacks Wahlkampf in Nevada und in den Staaten der Rocky Mountains leitete. Teddy begleitete sie schließlich nach einem Abend mit Showdarbietungen und einer ausgelassenen Feier auf ihr Zimmer. Es sei kurz peinlich geworden, sagte mir Exner, als sie den aufdringlichen Teddy abgewiesen habe. Am nächsten Morgen habe dann Jack angerufen. Sie vereinbarten ein Treffen zum Mittagessen am Swimming Pool. »Als ich kam«, hielt er gerade eine Pressekonferenz« mit rund einem Dutzend Reportern. »Er rief zu mir herüber und sagte: ›Judith, ich komme gleich zu Ihnen.‹« Die Reporter rissen erstaunt die Augen auf, doch Kennedy »setzte die Pressekonferenz einfach fort. Ich habe damals nicht groß darüber nachgedacht, weil ich seine Situation nicht kannte – daß er für die Präsidentschaft kandidierte. Ich war an Politik überhaupt nicht interessiert, deshalb hatte das für mich keine Bedeutung. Und da ich aus Kalifornien stammte, war ein Senator aus Massachusetts für mich ein Unbekannter.«

Das gemeinsame Mittagessen dauerte lange. »Er hörte aufmerksam zu, als ich von meiner großen Familie erzählte und davon, daß ich Katholikin war«, sagte mir Exner. »Wir sprachen über alles – über all die Dinge, über die man mit jemandem spricht, den man attraktiv findet. Er war ein erstaunlicher Mann. Wenn man mit ihm sprach, hatte man das Gefühl, man sei der einzige Mensch auf dem Planeten, geschweige denn im Raum. Er vergaß nie etwas, was man ihm gesagt hatte – ob es nun etwas Gutes oder Schlechtes war. Er gab nicht nur vor, zuzuhören – er hörte wirklich zu. Er nahm alles in sich auf.« Am Abend trafen sie sich noch einmal, wieder bei einer Vorstellung des Rat Pack. Mittlerweile sei er »sehr interessiert« gewesen, sagte mir Exner. »Ich wußte nicht, daß er verheiratet war. Es kam mir nicht einmal in den Sinn, danach zu fragen. Niemand sagte etwas.«

Kennedy setzte seine Wahlkampftour fort, rief aber ständig an. »Er fragte dauernd, ob ich hinfliegen und mich mit ihm treffen würde«, sagte Exner. »Das ging mir alles ein bißchen zu schnell. Ich war vorsichtig, so sehr ich ihn auch sehen wollte. Er rief beinahe täglich an.« In dieser Zeit habe sie auch erfahren, daß Kennedy verheiratet war. »Mir war klar, daß ich besser die Finger davon lassen sollte«, sagte sie, »doch mein Herz war stärker als mein Verstand. Ich kann keine Entschuldigung vorbringen.« Sie und Kennedy seien schließlich am 7. März, am Abend von Kennedys kaum gefährdeten Sieg bei der Vorwahl in New Hampshire, in ihrem Zimmer im Hotel Plaza in New York ein richtiges Liebespaar geworden. Drei Wochen später, als Kennedy Wahlkampfauftritte in Wisconsin hatte, flog Exner zu einer weiteren Vorstellung Sinatras im Hotel Fontainebleau nach Miami Beach. Bei der Feier nach der Vorstellung rief Sinatra sie zu sich und sagte: »Ich möchte dir Sam Flood vorstellen.« Es handelte sich um niemand anderen als Sam Giancana, der nach den Akten des FBI im Laufe seines Gangsterlebens sage und schreibe neunzehn verschiedene Namen benutzt hat. Exner sagte, sie habe keine Ahnung gehabt, wer Sam Flood wirklich war – viele Menschen aus Hollywood reisten unter falschem Namen. Doch dieses Treffen blieb ihr in Erinnerung, weil Sam sie wegen ihres geliebten Modeschmucks an ihrem Kleid neckte. »Er sagte: ›Eine Frau wie Sie sollte echte Juwelen tragen.‹ Er meinte, ich würde das als Kompliment auffassen, dabei war ich tief beleidigt, weil ich dieses Schmuckstück wirklich mochte. Ich sah ihn nur an und sagte: ›Eine Frau wie ich tut das häufig.‹« Sam Flood lachte.

Der übliche Telefonanruf von Kennedy am späten Abend durfte nicht fehlen. »Jack wollte immer wissen, wo ich die ganze Zeit über war«, sagte Exner. »Er wollte wissen, wen ich traf, mit wem ich zu Abend aß. Er liebte den Klatsch, blühte beim Klatsch geradezu auf. Ich sagte ihm immer wieder: ›Geh und kauf dir doch ein Filmmagazin.‹ Er stellte mir viele Fragen zu Frank: was Frank tat, wen er traf. Heute denke ich, daß er vielleicht an einigen der Frauen interessiert war, nach denen er fragte.« Sie erzählte Kennedy von der merkwürdigen Begegnung mit »diesem Mann und wie verärgert ich über seine Bemerkung zu meinem Schmuck war. Es war einfach eine kleine Episode, die ich ihm erzählen wollte. Als ich sagte ›Frank hat mich Sam Flood vorgestellt‹, meinte er ›Ah, ja, den kenne ich. Sam Giancana.‹ Ich fragte: ›Ach, ist das sein richtiger Name?‹ Und er antwortete: ›Ja.‹ Der Name Giancana sagte mir nicht mehr als der Name Flood. Sie müssen bedenken, daß den Leuten in den sechziger Jahren der Name Giancana noch nicht so vertraut war.«

Am 6. April 1960 verbrachten Exner und Jack Kennedy eine weitere Liebesnacht, dieses Mal in dem Haus in Georgetown, das er mit seiner Frau und seiner Tochter bewohnte. Jacqueline Kennedy, die mit ihrem zweiten Kind schwanger war, war nach Florida abgereist. Einen Tag zuvor hatte Kennedy Hubert Humphrey bei der Vorwahl in Wisconsin geschlagen. Doch der Sieg hatte einen hohen Preis: Kennedy gewann mit einem geringeren Vorsprung als erwartet und mußte nun um so härter in West Virginia kämpfen. Die Vorwahl dort war, wie Kennedy genau wußte, nicht mit Reden zu gewinnen, sondern nur mit sehr viel Geld. Das Problem war nicht, das Geld zu beschaffen, sondern das Geld unbemerkt an die richtigen Leute zu bringen. Exner interessierten solche Dinge nicht. »Sie können sich nicht vorstellen, wie ich mich gefühlt habe«, sagte sie zu mir. »Wahrscheinlich weiß nur eine Frau in meiner Lage, was für ein Gefühl es ist, im Haus der Ehefrau zu sein. Es war noch ein Mann da. Nach dem Abendessen hatten sie über die Vorwahlen gesprochen, und den ganzen Abend ging es fast nur um Politik.« Kennedy erzählte dem Mann von seinem Wunsch, Hoover abzusetzen, und dachte auch laut darüber nach, ob er »Evelyn Lincoln behalten solle oder nicht«. Exner bemerkte, zu diesem Zeitpunkt seien sie und Kennedys Sekretärin bereits »alte Telefonfreundinnen« gewesen. »Sie vergaß niemals, meine Nachrichten an Jack weiterzuleiten, und Jack versäumte es nie, meine Anrufe zu beantworten.« Sie schaltete sich in das Gespräch ein und sagte ihrem Liebhaber, sie finde, Evelyn Lincoln sollte »auf ihrem Posten bleiben«.

Judith Exner erinnerte sich anfangs nur, daß der andere Gast eine großer Mann namens Bill war. Kennedy habe ihr gesagt, er sei Lobbyist für die Eisenbahn.

Bill Thompsons besondere Beziehung zu Kennedy wurde sorgfältig vor dem Pressekorps des Weißen Hauses geheimgehalten. Die einzigen bekannten Fotos, auf denen Kennedy und Thompson zusammen zu sehen sind, wurden im März 1962 vom *Miami Herald* veröffentlicht; ein Fotograf hatte den Präsidenten im Urlaub aufgenommen. Das Bild zeigt einen sichtlich gutgelaunten Kennedy in lebhafter Unterhaltung mit Thompson, dem damaligen Vorsitzenden der Florida East Coast Railway, und Senator Smathers. Smathers hatte Kennedy Mitte der fünfziger Jahre mit dem großen, gutaussehenden Thompson bekannt gemacht. Kennedy richtete Thompsons Hochzeit mit aus, als dieser 1958 wieder heiratete; die drei Männer nannten sich selbst scherzhaft »die drei Musketiere«. Gemeinsam machten sie Jagd auf Frauen. Einige enge Freunde und Berater Kennedys wußten eine Menge über Thompson, der ein notorischer Schürzenjäger war, und was sie wußten, behagte ihnen überhaupt nicht. »Er betätigte sich als Kuppler für Jack«, sagte Kennedys langjährige Freund Charles Bartlett in einem Interview. »Er war Jack Kennedys Schattenseite«, sagte mir Jerry Bruno, der im Senat für Kennedy gearbeitet hatte.

Thompson war auch ein großer Spaßmacher und scheute sich nicht, gelegentlich seine Scherze auf Kosten Kennedys zu treiben. Hyman Raskin, ein Wahlkampfmitarbeiter Kennedys, erinnerte sich daran, daß Thompson Evelyn Lincoln überredete, ihm ein Scheckbuch mit Blankoschecks auf Kennedys Konto zuzustecken. Der Senator war ein notorischer Pfennigfuchser und hatte niemals Bargeld bei sich – auch als Präsident behielt er die Angewohnheit bei –, bei Besuchen im Restaurant oder in einer Bar konnte er deshalb nie bezahlen. Jedesmal, wenn die Rechnung gebracht wurde, erzählte Raskin, habe Thompson »einen Blankoscheck hervorgezogen und ihn Jack mit den Worten ›hier, unterschreib‹ hingeschoben.« Kennedy liebte dieses Spiel.

Thompson habe Kennedy auch einmal beim Kauf eines neues, ausgefallenen Autos auf den Arm genommen, erinnerte sich Raskin. Als das Schiff mit dem Wagen aus Europa in New Jersey anlegte, habe Thompson sich gedacht »wozu hat man reiche Freunde?« in Kennedys Senatsbüro angerufen und Evelyn Lincoln eröffnet, er brauche rasch einen Scheck über »fünfunddreißig«, um den Wagen zu bezahlen. Sie rief später zurück und sagte ihm, der Senator habe den Scheck in seinem Büro bereitgelegt. Thompson nahm den Umschlag, fuhr mit dem Zug nach New Jersey und stellte bei der Reederei fest, daß der Scheck über 35000 Dollar ausgestellt war – das Zehnfache der Summe, die er brauchte. Die Panne habe sich ohne weiteres beheben lassen, erzählte Thompson Raskin: Er erhielt seinen Wagen und einen Scheck über 31500 Dollar über den Restbetrag. Raskin schüttete sich aus vor Lachen, als er mir die Geschichte erzählte. Thompson habe dem Senator seinen Fehler vorgehalten, aber Kennedy habe nur geantwortet: »Woher zum Teufel soll ich wissen, was ein ausländischer Wagen kostet?«

Thompson blieb auch nach Kennedys Wahlsieg ein enger Freund. »Er war eine Art Mädchen für alles«, sagte mir George Smathers in einem Interview. »Immer wenn wir an Bord der *Honey Fitz* [der Yacht des Präsidenten] gingen, machte sich Bill auf und beschaffte drei oder vier Mädchen. Er stieß dann ungefähr dreißig Kilometer flußabwärts zu uns.« Thompsons Tochter Gail Laird aus Miami, seine einzige noch lebende Verwandte, erinnerte sich, daß sie einmal als Teenager im Haus der Familie in einem Vorort in Virginia den Hörer abgenommen und den Präsidenten am Apparat gehabt habe. Ihr Vater war ein guter Koch und bereitete häufig zu Hause ein Abendessen vor, stellte es dann in einen riesigen Topf von der Art, wie sie die Eisenbahnköche verwendeten, und fuhr damit zum Weißen Haus. Während der Kubakrise im Oktober 1962, sagte mir Laird in einem Interview, sei ihr Vater »tagelang ohne Unterbrechung« als Gast des Präsidenten im Weißen Haus geblieben. »Er war die ganze Zeit dort.« Gail Laird kannte einen Grund für die Anziehungskraft, die ihr Vater auf den Präsidenten ausübte: Beide Männer »mochten Frauen. Das war eine ihrer Gemeinsamkeiten.« Ihr Vater habe stets »Stillschweigen bewahrt«, fügte sie hinzu. »Er sprach nie über Kennedy – niemals. Er sagte mir immer: ›Wenn du küßt, erzähl es niemals weiter.‹«

Thompson blieb bis zum Ende ein getreuer Gefolgsmann: Er starb 1970 zurückgezogen und hinterließ nicht einen einzigen Hinweis auf seine wichtige Beziehung zum Präsidenten – eine Beziehung, die Jack Kennedy nie langweilig wurde.

Judith Exner erzählte mir, gegen Ende ihres Essens mit Kennedy und Thompson habe Jack gefragt, »ob ich für ihn ein Treffen mit Sam Giancana arrangieren könnte. Ich war ein wenig überrascht und meinte: ›Aber sicher, mit Vergnügen. Zu welchem Zweck, oder sollte ich besser nicht fragen?‹ Er sagte: ›Nun, ich denke, er kann mir beim Wahlkampf behilflich sein.‹ Und dann besprachen wir die Sache. Er sagte: ›Wenn du aus dem Haus gehst, ruf Sam an.‹ Er erklärte mir, wo er sich in den nächsten fünf Tagen aufhalten werde, und meinte: ›Wir werden einen Termin vereinbaren, der uns beiden paßt.‹ Er hatte eine große Aktentasche und fragte, ob es mir etwas ausmachen würde, sie Sam zu bringen. Ich sagte: ›Überhaupt nicht.‹ Darauf er: ›Ich möchte aber, daß du weißt, was darin ist.‹ Er öffnete die Tasche, und sie war voll Geld.«

Kennedy habe ihr zu verstehen gegeben, daß es ihr freistehe abzulehnen. Aber Judith Exner wollte Kennedy, wie er offenkundig spürte, sehr gern helfen. »Ich nahm an, es sei für den Wahlkampf. Es kam mir nicht seltsam vor. Er bat mich, etwas zu tun, was ihm, wie ich meinte, sehr wichtig war. Er ließ mich an seinem Leben teilhaben, und das war sehr wichtig für mich.« Exner sagte, als sie das Geld gesehen habe – vielleicht 250000 Dollar in Hundert-Dollar-Scheinen –, habe sie gefragt, ob denn nichts passieren könne. »Er sagte: ›Jemand wird im Zug auf dich aufpassen.‹« Mehr Einzelheiten habe Kennedy ihr nicht mitteilen wollen, es sei »besser für mich, nicht zuviel zu wissen«. Damals habe sie lediglich gewußt, daß das Geld »für den Wahlkampf« sei. Judith Exner räumte ein, ihr sei viel mehr daran gelegen gewesen, ihren neuen Nerzmantel vorzuführen. Kennedy erbot sich, den Mantel zu bezahlen. »Ich sagte: ›Auf keinen Fall.‹ Und er sagte: ›Ich kann überhaupt nichts tun für dich. Wir können nicht zusammen ausgehen. Ich kann dich nicht zum Essen ausführen. Bitte, laß mich den Mantel bezahlen.‹ Ich lehnte ab.« Kennedy habe ihr später einen Umschlag überreicht und sie gebeten, ihn erst zu öffnen, wenn er gegangen sei, schreibt sie in *My Story*. Der Umschlag enthielt zwei Tausenddollarscheine und eine Notiz, sie solle sich von dem Geld »etwas Besonderes« kaufen. Sie beschloß, das Geld zu behalten. »Alle versuchen, aus der Sache etwas Schlechtes zu machen«, sagte mir Exner, »beispielsweise wird behauptet, ich sei dafür bezahlt worden, daß ich das Treffen arrangiert hatte. Dabei wollte er mir nur eine Freude machen.«

Die nächtliche Bahnfahrt nach Chicago sei ohne besondere Vorkommnisse verlaufen. Giancana habe sie erwartet und »mir [die Aktentasche] einfach aus der Hand genommen. Kein Wort wurde gewechselt. Damit hatte ich gerechnet«, fügte sie hinzu. »Es war klar, daß die Pläne ohne mich gemacht worden waren, vor langer Zeit schon.« In ihren Memoiren berichtet Exner, sie habe die folgenden Tage mit Giancana verbracht, er habe ihr sein Chicago gezeigt – auch den Nachtklub Armory Lounge. »Er wickelte in unserem Séparée vor meinen Augen etliche Geschäfte ab. Alles ging auf Sizilianisch.« Selbst damals habe sie nicht genau gewußt, »wer er war ... Auf die Polizei oder die Öffentlichkeit mag er immer den Eindruck eines Gangsters gemacht haben. Ich kann nur sagen: Er war anders, wenn er mit mir zusammen war ... Ich weiß, das klingt schrecklich naiv. Es gibt Zeiten, da frage ich mich selbst, wer oder was ich in jenen Tagen eigentlich war.« Damals habe sie noch nicht mit Giancana geschlafen. Sie schrieb: »Es dauerte beinahe eineinhalb Jahre, bis unsere Beziehung intim wurde. Da Sam ein normaler Mann war, versuchte er, mich ins Bett zu bekommen, aber nachdem ich ihm von meinen Gefühlen für Jack erzählt hatte, blieb es wenigstens ein Jahr lang bei kleinen Neckereien. Seine Geduld beeindruckte mich damals so sehr, daß ich mich regelrecht schuldig fühlte ... Aus heutiger Sicht erscheint es mir durchaus möglich, daß Sam genau das bekommen hat, was er sich von unserer Beziehung versprochen hatte« – nämlich Macht, oder was er für Macht hielt, über Jack Kennedy.

Nachdem sie einmal in Chicago bei Sam gewesen sei, sagte mir Exner, habe sie keine Gewissensbisse gehabt, den Kurier zu spielen, als Kennedy und Giancana sich auf den Zeitpunkt und den Ort des ersten geheimen Treffens einigten – vermutlich am 12. April im Hotel Fontainebleau in Miami Beach. Ihr einziges Ziel war es, ihren Geliebten glücklich zu machen. Sie fuhr fort: »Ich fragte Jack: ›Möchtest du, daß ich dabei bin?‹ Er sagte: ›Ja. Unbedingt.‹« Exner beharrte in unseren Gesprächen darauf, sie habe im April 1960 nicht gewußt, daß Sam Giancana ein Mafia-Boß war, sie habe nur gewußt, daß »er ein wichtiger Mann [war]. Er war mit Frank zusammen, und er saß an Franks Tisch. Wenn Sie in der Umgebung von sehr wichtigen Menschen aufwachsen, dann können Sie an der Art, wie andere Menschen sie behandeln, abschätzen, wie wichtig sie sind. So früh hatte ich noch nicht herausgefunden, wer Sam wirklich war, doch ich wußte, daß er ein wichtiger Mann war, jemand mit Einfluß.«

Um diese Zeit habe sie Sam Giancana gemocht. »Ich hielt ihn wirklich für einen Gentleman, und er war lustig. Wir wurden allmählich Freunde. Ich muß immer lachen, wenn ich lese, daß er sich geschmacklos und auffällig gekleidet habe. Jemand sagte, er habe einen rosaroten Cadillac gefahren oder so etwas Ähnliches. Dabei war er das ganze Gegenteil davon. Er konnte sich gut ausdrücken. Er war sehr konservativ. Ich glaube, wir sind nie in etwas anderem als in einem Ford gefahren. Er war einfach ein sehr lieber Freund.«

Exner nahm schließlich doch nicht an dem Treffen von Giancana und Kennedy in Miami teil. Kennedy sagte ihr bei einem enttäuschend kurzen Besuch, daß alles gut verlaufen sei. Ansonsten verlor er über das Treffen kein Wort mehr, aber er sprach zum erstenmal über seine Ehe: »Er sagte mir, sie seien übereingekommen, daß sie sich trennen würden, falls er nicht nominiert werden sollte.« Exner erinnert sich noch, daß es ihm wichtig gewesen sei, ihr zu sagen, »daß sie diese Entscheidung getroffen hatten, bevor er mich kennengelernt hatte. Er wollte nicht, daß ich glaubte, ich sei der Grund dafür.«

Anfang August 1960, wenige Wochen nach Kennedys Triumph auf dem Parteitag der Demokraten in Los Angeles, bat er Exner, Giancana eine zweite Geldtasche zu überbringen. Exner war Untermieterin eines Appartments in New York, und Kennedy hielt sich häufig in der Stadt auf. Bei einem Besuch, sagte sie, habe er eine Aktentasche hingestellt mit den Worten: »Das ist für den Wahlkampf.« Giancana kam später vorbei und nahm die Tasche mit. Exner sagte, sie habe weder Kennedy noch Giancana Fragen gestellt: »Ich habe nie andere Menschen ausgefragt. Das hat viel mit meiner Erziehung zu tun. Mir wurde beigebracht, daß Menschen von sich aus sagen werden, was man ihrer Ansicht nach wissen muß. Und daß es sehr ungezogen ist herumzuschnüffeln.« Einige Tage später – die Regierung Eisenhower verfolgte unterdessen intensiv ihre Mordpläne für Castro – arrangierte Exner ein Treffen zwischen Kennedy und Giancana in ihrer Wohnung. »Ich ging ins Schlafzimmer, in mein Schlafzimmer«, sagte sie mir, »und wartete, bis sie mit ihrer Unterhaltung fertig waren.«

In ihrem Buch räumt sie ein, zu diesem Zeitpunkt habe sie bereits gewußt, wer Sam Giancana war: »der Mafia-Pate von Chicago«. Irgendwie sei es ihr gelungen, sich die Konsequenzen auszureden. Sie schreibt: »Was spielte es schon für eine Rolle, ob sein Name Giancana war oder Flood? Beide Namen sagten mir überhaupt nichts. Was bedeutet schon ein Name, wenn man keine Berühmtheit ist? Wie viele Menschen hatten 1960 außerhalb von Chicago jemals seinen Namen gehört?«

Exner schilderte mir einige Vorgehensweisen, wie sie die Kontakte zwischen Kennedy und Giancana arrangierte: »In der Regel rief ich Sam einfach an. Ich lernte, in einer Art Code zu sprechen. Meist sagte ich: ›Er soll bitte das Mädchen aus dem Westen anrufen.‹ Und wenn etwas in Florida geplant war, sagte ich: ›Kannst du ihn im Süden treffen?‹ Sam wußte immer, daß mit ›ihm‹ Jack gemeint war. Im Laufe der Zeit wurde ich wirklich sehr geschickt. Ich glaube, es machte mir auch ein wenig Spaß. Es war faszinierend, mit jemandem zu sprechen, und für Außenstehende praktisch nichts zu sagen. Dabei hatte ich soeben ein Treffen zwischen Sam Giancana und Jack Kennedy arrangiert.«

In einem Interview sagte mir Judith Exner, sie sei überzeugt, daß Kennedy und nicht Giancana entschieden habe, sie sei »ideal« für den Kurierdienst. »Ich war die einzige Person in seinem Umfeld, die nichts von ihm brauchte und auch nichts von ihm verlangte«, sagte sie. »Er vertraute mir. Ich hatte von meiner Großmutter Geld.« Ihre Rolle wurde größer in der Zeit zwischen der Präsidentschaftswahl und dem Amtsantritt. Es ging um den Mord an Fidel Castro.

Kurz vor der Amtseinführung habe Kennedy sie einmal gebeten, »Sam einige Informationen zu überbringen. Wir führten ein Gespräch ähnlich wie vor der [ersten] Geldübergabe. Er erklärte mir, worum es bei der Sache ging, und räumte mir die Möglichkeit ein abzulehnen, falls mir die Sache nicht geheuer wäre.« Die Dokumente in dem Umschlag hätten damit zu tun, wie Castro ausgeschaltet werden könnte, wurde ihr gesagt. »Ich wußte, um was es ging. Ich wußte, daß es um die ›Beseitigung‹ Castros ging und daß Sam und Johnny [Roselli] von der CIA angeworben worden waren. Das hatte Jack mir gleich zu Beginn erklärt. Ich muß aber betonen, daß von einem Mord nicht die Rede war. Ich benutze das Wort heute, weil ich inzwischen mehr über die Sache weiß als damals. Ich wußte von einer ›Beseitigung‹, und das bedeutete in meiner Vorstellung, ihn aus seinem Amt zu entfernen. Wenn ich gewußt hätte, daß es um Mord ging, hätte ich viel mehr Angst gehabt.«

Im Laufe des folgenden Jahres, während sich die Kennedy-Brüder im Weißen Haus einrichteten, reiste Judith Exner wenigstens zehnmal mit Umschlägen von Jack Kennedy zu Sam Giancana und Johnny Roselli. »Ich dachte nicht daran, daß dies eine Tätigkeit auf höchster Regierungsebene war. Ich tat etwas für jemanden, den ich sehr liebte. Es war, als hätte mich mein Mann gebeten, ihm einen Gefallen zu tun, einige Papiere zu überbringen – als hätte ich einen Anwalt zum Mann gehabt und er mich gebeten, Unterlagen zu einem Klienten zu bringen. Ich hatte nie ein Gefühl dafür, wie ernst die ganz Angelegenheit war. Ich war viel zu sehr von der Tatsache gefangengenommen, daß er mir vertraute. Es kam mir einfach nicht in den Sinn.«

Immerhin war John F. Kennedy der Präsident der Vereinigten Staaten. »Erwartete man von mir etwa, daß ich ein besseres Ge-

spür und ein besseres Urteilsvermögen hätte als der Präsident?«
fragte Exner.

Ab einem bestimmten Zeitpunkt nach Kennedys Einzug ins
Weiße Haus habe sich auch der Justizminister »sehr stark in die
ganze Sache« eingemischt. Üblicherweise hätten sie und Jack erst
oben im Weißen Haus miteinander geschlafen und dann dort zu
Abend gegessen. »Bobby kam herein und brachte Jack in einem
Umschlag aus Manilapapier die Unterlagen«, sagte sie mir. »Sie
sprachen noch kurz darüber. Und oft legte Bobby mir die Hand
auf die Schulter und fragte: ›Bist du immer noch bereit, das zu
tun? Sag es uns, wenn du es nicht tun willst.‹«

Die Kennedy-Brüder seien in der Angelegenheit »sehr geschickt« vorgegangen. »Ich war ein kleines Spielzeug für sie.« Die
Brüder hätten »ganz ungezwungen« gewirkt, während sie vor ihr
über den Inhalt der Papiere sprachen, »beinahe so, als ginge es
hier nicht um einen großen Coup. Auf diese Art wurden gewöhn-
liche Geschäfte erledigt.«

Bei einer Reise von Washington nach Chicago habe sie sich nur
eine Stunde auf dem Flughafen aufgehalten. »Sam sah sich die
Unterlagen an, steckte sie in den Umschlag und gab sie mir zurück. Ich flog weiter nach Las Vegas, übergab sie Johnny Roselli.
Dort ließ ich die Papiere und fuhr nach Kalifornien. Aber sehr
bald schon saß ich wieder in einem Flugzeug nach Washington.
So ähnlich ging es sehr häufig.« Sie versuchte, ihr Kommen und
Gehen peinlich genau in dem Tagebuch festzuhalten, das sie ihr
Leben lang führte, und alle Reisebelege aufzubewahren. Manchmal ließ sie die Dokumente aus dem Weißen Haus bei Giancana
oder Roselli, manchmal überflogen die Männer die Papiere nur
rasch und gaben sie ihr für Kennedy zurück.

Die Umschläge seien nicht immer versiegelt gewesen, aber sie
habe sich die Dokumente nie angesehen, sagte mir Judith Exner.
Sie erinnerte sich, daß einige Namen immer wieder gefallen seien,
wenn die Kennedy-Brüder miteinander sprachen, aber sie habe
mit den Namen nichts anfangen können. Sie habe stets gewußt,
daß die ihr zur Weitergabe überreichten Papiere nicht vom FBI
stammten, und angenommen, daß sie von der CIA seien. Den letzten Umschlag habe sie irgendwann Ende 1961 überbracht.

Im ersten Amtsjahr des Präsidenten habe sie für ihn zwei weitere Treffen mit Sam Giancana arrangiert.

Am 28. April 1961, keine zwei Wochen nach dem Fiasko in der Schweinebucht, nahm Kennedy an einem politischen Dinner im McCormick Place in Chicago zur Feier seiner Wahl teil. Exner war am Vortag in Chicago angekommen und hatte sich ein Zimmer in dem etwa zehn Minuten entfernten Hotel Ambassador East genommen. Einige Stunden vor Kennedys Rede, so Exner, »kam Sam in mein Zimmer. Und kurze Zeit darauf kam Jack.« Der Präsident habe Giancana die Hand gegeben, Giancana habe ihn Jack genannt und nicht Mr. President. »Er war nur ganz kurz da, und ich fragte ihn: ›Möchtest du, daß ich gehe?‹ Er sagte: ›Nein, geh nicht hinaus auf den Flur.‹« Dort stand der Geheimdienst Wache. »Also«, fuhr Exner fort, »ging ich ins Bad und setzte mich auf den Wannenrand, während sich die beiden ein paar Minuten unterhielten. Dann klopfte [Kennedy] an die Tür, und ich kam heraus. Er entschuldigte sich. Ich wußte, daß er keine Zeit mehr für mich hatte.«

Das letzte ihr bekannte Treffen zwischen Kennedy und Giancana fand am 8. August 1961 in Washington statt. Damals steuerte die Berlin-Krise auf ihren Höhepunkt zu. Im Gästebuch des Weißen Hauses findet sich an diesem Tag von ein Uhr bis vier Uhr kein offizieller Termin. In ihren Memoiren von 1977 schildert Frau Exner ein spannungsgeladenes Mittagessen mit dem Präsidenten und seinem langjährigen Berater Dave Powers. Das Ganze fing bereits schlecht an, als Kennedy vergeblich versuchte, sie zu ein paar Runden im Pool zu überreden. Vermutlich war er sich nicht darüber im klaren, wie viele Stunden sie damit zugebracht hatte, sich für das Treffen zurechtzumachen. Beim Mittagessen erwähnte der Präsident in Gegenwart von Powers, daß sie sich einmal furchtbar aufgeregt habe, als ein Mann – diesmal Kennedy – mit einer zweiten Frau ins Schlafzimmer gekommen sci. Kennedy sagte, er wisse, daß sie sich bei anderen über den unerquicklichen Dreier im Bett beklagt habe. Exner stritt das ab – eine Lüge, bemerkt sie in ihren Memoiren, aus Verärgerung, weil Kennedys Wortwahl und Tonfall angedeutet hätten, »daß ich einer üblen Story, die irgend jemand erfunden hatte, Glauben schenkte«.

Darüber hinaus war sie entsetzt, daß Kennedy solche Angelegenheiten in Gegenwart von Powers erörterte. Am selben Abend kam Sam Giancana kurz in ihr Hotelzimmer in Washington und sagte ihr, er habe sich soeben mit Kennedy getroffen. Es ist nicht bekannt, wo das Treffen stattgefunden hat, wenn es überhaupt stattfand. Exners Erinnerung wird jedoch von der Entdeckung dreißig Jahre später gestützt, daß Giancana an diesem Tag in Washington war und bei der dortigen Paßstelle einen Reisepaß beantragte. Aus einer Kopie seines Antrags, die nach dem Freedom of Information Act zugänglich gemacht wurde, geht hervor, daß Giancana als Beruf »in der Motel-Branche« angab. Am selben Tag brachen nach Akten der Regierung FBI-Agenten in Giancanas wichtigsten Treffpunkt Armory Lounge im Vorort Forest Park ein und installierten weitere Abhörwanzen.

Während der gesamten Zeit ihrer Beziehung mit Jack Kennedy wurde Judith Exner vom FBI streng überwacht. Nach ihrer Darstellung erfuhr sie davon am 4. November 1960, vier Tage vor der Präsidentschaftswahl, als zwei Agenten des FBI und der Steuerfahndung in ihr Appartment in Los Angeles kamen und ihr Fragen zu Sam Giancana stellten. »Es war schrecklich«, sagte sie in einem Interview. »Sie behandelten mich so respektlos. Ich ließ sie bereitwillig herein. Und dann benahmen sie sich in einer Weise, daß ich sie schließlich bat zu gehen.« In ihren Memoiren schildert sie, wie die Agenten ihr lebhaft Giancana beschrieben und ihr gesagt hätten: »Mit so einem Mann sollte sich eine nette Frau lieber nicht herumtreiben.« Wenn das FBI früher an sie herangetreten wäre, schreibt Exner, »dann hätte die Vorstellung, daß ich mit einem Unterwelt-Boß zu tun hatte, mich möglicherweise abgeschreckt. Aber nun, da ich Sam *kannte*, ... hätte ich ihnen kein Wort über Sam erzählt, und wenn es um mein Leben gegangen wäre ... Ich dachte die ganze Zeit über: ›So behandeln sie also unschuldige Menschen.‹ Ich hielt mich für unschuldig, allerdings kann man darüber wohl streiten.« Von da an sei ihr eine ständig wachsende Präsenz des FBI aufgefallen. »Das FBI befragte nicht nur alle meine Freunde, ich glaube, sie befragten jeden, der das Pech hatte, einmal mit mir im Aufzug zu fahren. Und sie waren solche Heuchler.« Eine von Johnny Rosellis Freundinnen erwiderte auf eine Frage nach Exner: »Ich weiß, daß sie gerade aus dem Weißen Haus kommt. Warum fragen Sie nicht einfach den Präsidenten?« Der Agent sagte nichts.

Der Präsident war keine große Hilfe. Nach dem ersten Besuch des FBI im Herbst 1960 habe sie, so Exner, »natürlich sofort Jack angerufen. Er tröstete mich immer mit denselben Worten: ›Mach dir keine Gedanken deswegen.‹ Selbst als sie mich schrecklich quälten, mir überallhin folgten und alle meine Freunde ausfragten, sagte er immer nur: ›Du brauchst keine Angst zu haben. Du hast in deinem Leben nie irgend etwas Schlechtes getan. Du weißt, Sam arbeitet für uns.‹«

Beim FBI dachte man nicht nur ein wenig respektlos über Judith Exner. In den FBI-Berichten, die nach dem Freedom of Information Act zugänglich gemacht wurden, wird sie stets als »sehr gut aussehendes blondes Mädchen« beschrieben, »eine Freundin Rosellis und Giancanas«. Ein FBI-Agent im Ruhestand sagte mir 1997 in einem Interview, er und seine Kollegen hätten Exner als eine »Edelnutte« betrachtet, die mit beiden Gangstern Geschäfte machte. Der ehemalige Agent William R. Carter, der heute als Privatdetektiv in Oklahoma City arbeitet, ermittelte heimlich in Los Angeles gegen Roselli und Exner. Exner sei Anfang 1960 als Mädchen von Giancana und Roselli identifiziert worden. Er und seine Kollegen seien »absolut überzeugt« gewesen, »daß sie sich für ihre Dienste bezahlen ließ. Wir glaubten, daß sie mit beiden ins Bett ging. Anscheinend gab ihr irgend jemand sehr viel Geld.« (Carter hatte keine Beweise für seine Behauptung. Exners FBI-Akte, die nach dem Freedom of Information Act vollständig freigegeben worden ist, dokumentiert jahrelange Überwachung und enthält keinen Hinweis, der sie mit Prostitution in Verbindung gebracht hätte.) Giancana und Roselli hätten beide als »üble Burschen« gegolten, fügte Carter hinzu. Giancana sei »schlecht« gewesen, »einer von der ganz üblen Sorte«, und Roselli wurden »sage und schreibe dreizehn Morde« zugeschrieben.

Nach Carters Angaben machte das FBI bei der strengen Überwachung Judith Exners während des demokratischen Parteitags im Juli 1960 eine schockierende Entdeckung: Exner und John F.

Kennedy, der frisch nominierte Präsidentschaftskandidat, wurden »bei einem Rendezvous« ertappt. Diese brisante Information, die das FBI möglicherweise einer Wanze in Exners Appartment verdankte, sei von seinen Vorgesetzten »sehr streng unter Verschluß gehalten« worden, aber zweifellos bis zu J. Edgar Hoover durchgedrungen. »Die Agenten wollten ihre Arbeit hinschmeißen«, sagte Carter. »Ein solches Verhalten eines Spitzenpolitikers der Vereinigten Staaten war ihnen unbegreiflich. Das ist wirklich demoralisierend.« Die Wut der Agenten richtete sich hauptsächlich gegen Exner. »Da war eine Frau, im Grunde eine Straßendirne«, und sie verkehrte mit einem Präsidentschaftskandidaten, »während wir uns bemühten, unsere Arbeit zu tun« und gegen das organisierte Verbrechen zu kämpfen. »In unseren Augen war Kennedy nicht besser als Giancana oder Roselli.«

Während der Kennedy-Jahre hätten er und andere Agenten in Los Angeles viel über den unübersehbaren Widerspruch geredet zwischen dem, was sie wußten, und Bobby Kennedys großspurig angekündigtem Feldzug gegen das organisierte Verbrechen. »Wir schrieben das den politischen Ambitionen zu«, sagte mir Carter, »sagten uns, daß viele Menschen auf diese Weise berühmt geworden sind. Das Verbrechen zu bekämpfen heißt, daß man zu den Guten gehört.« Es habe nur geringe Aussicht bestanden, da J. Edgar Hoover oder sonst jemand aus dem Polizeiapparat die Informationen über Kennedy und Exner öffentlich nutzen würde, weil das FBI zum Teil mit Hilfe einer elektronischen Überwachung an sie gelangt sei. Wenn bekannt geworden wäre, wo überall sie Wanzen angebracht hatten, hätte es einen »Skandal« gegeben und das Ansehen des FBI erheblich beschädigt. »Hoover blieb also keine andere Wahl.«

Anfang 1962 hatte jedoch die intensive Überwachung von Giancana, Roselli und Exner durch das FBI eine nicht zu leugnende Verbindung zum Weißen Haus ans Licht gebracht: Judith Exner hatte mehrmals in Jack Kennedys Büro im Weißen Haus angerufen. Am 27. Februar 1962 schickte der unverbesserliche Bürokrat Hoover ein Memorandum an Bobby Kennedy, in dem er ihn offiziell davon in Kenntnis setzte, daß Judith Campbell (Exner), die bekanntermaßen mit Johnny Roselli und Sam Giancana in Kontakt stehe, in einer Woche zweimal Evelyn Lincoln angerufen habe. »Die Beziehung zwischen Campbell und Frau Lincoln und die Absicht dieser Anrufe sind nicht bekannt«, schrieb Hoover. Kopien des Memorandums wurden an Kenny O'Donnell im Weißen Haus sowie an zwei Mitarbeiter Bobby Kennedys im Justizministerium geschickt: an Nicholas Katzenbach, den stellvertretenden Justizminister, und an Herbert J. Miller, den Staatssekretär, der für die Abteilung Strafrecht zuständig war.

Bobby Kennedy wußte natürlich Bescheid über Exner und über ihre Rolle als Geliebte seines Bruders und als Kurier zu Giancana und Roselli. Er hatte zudem seine eigenen Informanten im FBI über den Stand der Ermittlungen gegen Exner. In einem Interview von 1995 sagte Jane Leahy, eine Sekretärin Kennedys im Justizministerium, sie habe in Kennedys Akten ein Foto von Exner gesehen. »Ich führte seine persönlichen Unterlagen«, sagte mir Leahy. Als vom FBI ein nicht als vertraulich gekennzeichneter Umschlag eingetroffen sei, habe sie, ohne zu zögern, einen Blick hineingeworfen. »Es handelte sich um eine Aufnahme von Judy Exner – nur eine Aufnahme, nicht mit dem Präsidenten. Sie ging einfach eine Straße entlang.« Das Foto zählte eindeutig zu den Dutzenden Überwachungsfotos, die das FBI Anfang der sechziger Jahre von Exner machte.

Hoovers Memorandum bedeutete, daß ein Dutzend FBI-Agenten und Beamte des Justizministeriums möglicherweise schon bald von der Affäre des Präsidenten mit Exner – und seiner Verbindung zu Giancana – erfahren würden. Genau wie sein Bruder brauchte Bobby Kennedy eine Absicherung: Er mußte sich in seiner Rolle als oberster Justizbeamter des Landes klar von den Machenschaften der Chicagoer Mafia gegen Castro abgrenzen. Bobby wandte sich an Joseph Dolan, einen Staatssekretär im Justizministerium und engen Berater. In einem Interview erzählte Dolan 1995 – er fühlte sich noch immer von Kennedys Vertrauen in sein Urteilsvermögen geschmeichelt –, daß er Ende Februar 1962 in das Dienstzimmer des Justizministers gerufen worden sei und dieser ihm eine Kopie von Hoovers Memorandum und von der FBI-Akte über Exner gezeigt habe. Für Exners persönliche Gespräche mit Evelyn Lincoln gab es unumstößliche Beweise, noch besorgniserregender aber waren Exners Verbindungen zu Giancana und Roselli. »Eine Stunde später mußte ich wegen einer anderen Sache zu ihm«, sagte mir Dolan, »und Kennedy kam wieder darauf zurück. Ich sagte mir: ›Oh verdammt, er hat Angst, es seinem Bruder zu sagen.‹ Bobby fragte mich nach meiner Meinung. Ich sah ihm direkt in die Augen und sagte: ›Frau Lincoln sollte keine Anrufe von ihr mehr entgegennehmen.‹ Er starrte mich an, als käme ich vom Mond. ›Was würden Sie tun?‹ fragte er.« Dolan schlug vor, »eine Notiz an Frau Lincoln zu schreiben des Inhalts, daß sie keine Anrufe mehr entgegennehmen solle«. Kennedy habe geantwortet: »Tun Sie das.« Als Dolan schon fast aus der Tür war, fügte Kennedy in seiner typischen Art hinzu: »Heute noch.« Dolan ist daraufhin zu Frau Lincoln ins Weiße Haus gegangen. »Das ist ja schrecklich«, zitierte er ihre Worte. »Ich wußte nicht, daß sie so eine ist.«

John Kennedy war der Präsident, und für Dolan schien es klar, daß niemand, nicht einmal sein Bruder, Lust hatte, ihm zu sagen, daß er eine Frau, die ihm gefiel, nicht mehr treffen dürfe. Die offiziellen Akten des Justizministeriums, die 1975 dem Church-Ausschuß zur Verfügung gestellt wurden, belegen, daß Hoover als Überbringer der schlechten Nachricht ausersehen wurde. Am 22. März 1962 ging Hoover zu einem Mittagessen mit dem Präsidenten ins Weiße Haus. Seit Kennedys Amtsantritt war das erst das zweite Mal.

Beide Männer hatten ihre Hintergedanken. Hoover wollte dem Präsidenten die Gefahr vor Augen führen, die mit dieser sexuellen Beziehung verbunden war, aber er wollte ihm nicht sagen, daß das FBI bereits seit Sommer 1960 – also noch vor Kennedys Einzug ins Weiße Haus – über seine Affäre mit Exner und deren Verbindung zu Giancana und Roselli unterrichtet war. Jack Kennedy wußte von seinem Bruder, was in Hoovers Kopf vorging und wie er darauf reagieren sollte.

Um dieses Mittagessen rankten sich in den nächsten dreißig Jahren unzählige Spekulationen, viele hatten ihren Ursprung im Church-Ausschuß. »Nach den Aufzeichnungen des Weißen Hauses«, rekapitulierte der Ausschuß, »kam es nur wenige Stunden nach dem Mittagessen zum letzten telefonischen Kontakt zwischen dem Weißen Haus und der Freundin des Präsidenten.« (In Wahrheit sagte mir Judith Exner, daß sie und der Präsident in den folgenden Monaten mehrfach miteinander gesprochen hätten. Die 1975 von den Ermittlern des Ausschusses entdeckten Aufzeichnungen belegten, daß Exner mindestens zehn ihrer achtzig Anrufe bei Evelyn Lincoln nach dem März 1962 tätigte.) Der Ausschuß glaubte Exners Lügen, sie habe nichts von der Verschwörung gegen Castro gewußt und habe nicht als Kurier zwischen Giancana und dem Präsidenten fungiert. Deshalb kam der Ausschuß zu dem Schluß, das Mittagessen mit dem Präsidenten habe Hoover lediglich eine Gelegenheit gegeben, »seine Pflicht zu erfüllen«. Er habe den Präsidenten davon in Kenntnis gesetzt, daß es so aussehe, als sei Giancana »in eine CIA-Operation verwickelt, die auch ›schmutzige Geschäfte‹ beinhaltet«. Nach Ansicht des Ausschusses hatte Judith Exner mit solchen Machenschaften nichts zu tun; die Affäre des Präsidenten mit ihr wurde als ein leichtfertiges Techtelmechtel abgetan.

Das Versäumnis, Exner nachdrücklich zu dem Mittagessen zwischen Kennedy und Hoover zu befragen, war der größte Fehler des Ausschusses. Die einzige überlieferte Darstellung des Mittagessens ist die von Judith Exner; sie beruft sich auf das, was der wütende Jack Kennedy ihr berichtet hatte. Nach dem Treffen rief er bei ihr an. »Ich rief ihn zurück«, sagte sie mir, »und er sagte: ›Geh zu deiner Mutter und ruf mich an.‹« Das tat sie dann auch, und Kennedy warnte sie, daß ihr Telefon womöglich vom FBI abgehört werde. »Er sagte, er habe soeben mit Hoover gesprochen, und Hoover habe ihm mitgeteilt, daß er zuerst einmal über seine Beziehung zu mir Bescheid wisse. Und er wußte auch, daß ich für Jack Dokumente, die Castros Ermordung betrafen, zu Sam Giancana und zu John Roselli brachte. Schließlich wußte er, daß die beiden für die CIA arbeiteten.« Hoover wußte mit Sicherheit von Giancanas und Rosellis Rolle bei den Mordplänen der CIA – und damit über ihre Beziehung zum Weißen Haus –, und er wußte natürlich auch von Exners Affäre mit Kennedy. Einige Ermittler des Church-Ausschusses gelangten 1975 zu der Überzeugung, daß Hoover auch über Exners Rolle als Kurier Bescheid gewußt hatte.

Doch Beweise dafür hatte der Ausschuß nicht, sofern überhaupt Beweise existierten.

Exner sagte mir, der Präsident sei wütend gewesen, daß Hoover es gewagt habe, »in sein Dienstzimmer zu kommen und ihm diese Informationen vorzulegen. Er nannte ihn einen Hurensohn und sagte: ›Weißt du, er wollte diese Information als Druckmittel verwenden.‹ [Kennedys] Haltung wurde von der ›Dreistigkeit des Mannes‹ bestimmt, *ihn* einschüchtern zu wollen. Er war fuchsteufelswild.« Der Präsident habe sehr wohl gewußt, fügte Exner hinzu, »daß Hoover über jeden seiner Schritte informiert wurde, und es störte ihn nicht im geringsten. Das war Jacks sorglose Seite – daß er sich selbst in eine solche Lage brachte. Ich meine, er hätte sich nie mit mir einlassen dürfen. Sie wollten Hoover loswerden, aber sie konnten es wegen der Informationen nicht, die Hoover über die Kennedys hatte – nicht nur über Jack.«

Judith Exner spielte hier möglicherweise auf einen weiteren Aspekt ihrer Beziehung zu Kennedy an, einen Aspekt, zu dem sie sich in den Interviews nur sehr zögernd äußerte: Im Jahr 1962 hatte sie begonnen, dem Präsidenten Schmiergelder von einer Gruppe kalifornischer Unternehmer zu überbringen, es ging um Rüstungsaufträge. Sie sei durch ihre enge Freundschaft zu ihrem Nachbarn Richard Ellwood hineingeraten, dem Vizepräsidenten eines kleinen Elektronikunternehmens in Culver City, sagte mir Exner. Über den 1966 verstorbenen Ellwood lernte sie zwei hohe Beschaffungsbeamter im Pentagon kennen und traf sich von da an mit ihnen, wenn sie sich wie so oft in Washington aufhielt. Die beiden Regierungsbeamten sind inzwischen verstorben, doch die Witwe des einen, die über die Geschäfte ihres Mannes wenig wußte, bestätigte in einem Interview von 1996, daß sie und ihr Mann während der Regierungszeit Kennedys einmal im Hotel Mayflower gemeinsam mit Exner einen Drink genommen hätten. Sie werde das Treffen nie vergessen, weil »wir dort alle bei einem Drink zusammen saßen und [Exner] zu der Gruppe sagte: ›Falls ein Wagen des Weißen Hauses kommt und mich abholt, dann feiert ruhig ohne mich weiter.‹ Und tatsächlich kam der Wagen für sie.« Allen sei damals klar gewesen, daß Frau Exner eine Affäre mit dem Präsidenten hatte.

Judith Exner pflegte auch intensiven Umgang mit den beiden Pentagon-Beamten, wenn diese nach Kalifornien reisten. Einmal habe sie mit dem Präsidenten über die Absicht gesprochen, in eine Forschungsgesellschaft Ellwoods eine »beträchtliche Summe zu investieren« – über 10 000 Dollar, wie sie später präzisierte. »Jack riet mir zu der Investition«, sagte Exner. »Jack sagte, das sei eine gute Idee.«

Bei einer späteren Gelegenheit sagte sie zu mir: »Was sich da abspielte, war Bestechung. Ich brachte Bestechungsgelder« von den kalifornischen Unternehmern zu Kennedy ins Weiße Haus. »Ich wollte nicht direkt zu Jack gehen [mit dem Bestechungsgeld]. Ich fragte Jack, was er davon hielt, und er fand es in Ordnung.« Sie erinnerte sich an drei Vertragsvorschläge, für die sie Bestechungsgelder ins Weiße Haus gebracht habe. »Ein Umschlag war für ein unbemanntes Geländefahrzeug. Es war eines der ersten in seiner Art – ein unbemannter Roboter.« Sie wisse noch, daß das Gefährt »riesig« gewesen sei. »So groß wie ein Panzer.« Bei dem zweiten Projekt sei es um ein neues Entsalzungsverfahren gegangen, ein Gebiet, auf dem die Regierung Anfang der sechziger Jahre intensiv forschen ließ. Das letzte Auftragsangebot habe die Elektronik für ein Jagdflugzeug betroffen. Auf die Frage, von wem die Übergabe der Bestechungsgelder an den Präsidenten ausgegangen sei, antwortete Exner: »Das kam von beiden Seiten. Ich weiß, daß jeder mit jedem zusammenarbeitete. Ich habe gesehen, wann Geld den Besitzer wechselte. Alle machten sie mit.« Sie habe das Geld zusammen mit den Umschlägen, welche die technischen Daten enthielten, Kennedy persönlich übergeben.

Auf die Frage, ob Kennedy wegen Hoovers Wissen Angst gehabt habe, sagte mir Exner: »Ich glaube eigentlich nicht, weil Jack sein Verhalten nicht im mindesten änderte.« Sie und Kennedy hätten sich weiterhin getroffen, sagte sie, obwohl die einst so heiße Affäre sich rasch abkühlte. Im Winter 1961/62, schreibt sie in *My Story*, »fühlte ich langsam, daß er von mir erwartete, daß ich mit ihm ins Bett ging und meine Pflicht erfüllte ... Ich lernte die Stellung, die er beim Liebesakt einnehmen mußte, wenn ihm sein Rücken wehtat, aber nach und nach schloß er alle anderen Stellungen aus, bis wir uns am Ende nur noch in dieser einen Stellung liebten ... Das Gefühl, daß ich nur dazu da war, ihm zu dienen, setzte mir sehr zu.« Ein Problem sei die Präsidentschaft gewesen, schreibt sie. »Sein Amt lastete immer schwerer auf seinen Schultern, und er veränderte sich. Er war nicht mehr so unbekümmert, nicht mehr so gelöst und fröhlich ... Anfang 1962 hatte ich regelrecht Angst, ins Weiße Haus zu gehen. Ich wollte Jack sehen, aber nicht an diesem Ort.«

Jack Kennedys Frauengeschichten hatten seine Karriere mehrmals gefährdet, doch bislang hatte die Gefahr nur ihn persönlich betroffen. Die Affäre mit Judith Exner stellte eine weit größere Bedrohung dar: Sie war eine Gefahr für die nationale Sicherheit. Die Beziehung zwischen Kennedy und Exner kam augenscheinlich im Spätsommer 1962 dem Unternehmen General Dynamics Corporation zu Ohren, einem der beiden Rüstungsunternehmen, die sich erbittert um den Auftrag stritten, eine neue Generation Kampfflugzeuge für die Luftwaffe und die Marine zu bauen, die als TFX (Tactical Fighter Experimental, experimentelles taktisches Jagdflugzeug) bekannt wurden. Möglicherweise hat General Dynamics das Wissen ausgenutzt, um den Zuschlag zu erhalten und die Regierung zu zwingen, daß sie Milliarden Dollar für den Bau einer Marineversion von TFX ausgab – ein Projekt, das nach Ansicht zahlreicher Militärs von Anfang an zum Scheitern verurteilt war.

FBI-Direktor J. Edgar Hoover war nach dem Mittagessen mit Jack Kennedy im März 1962 keineswegs so weit zufriedengestellt, daß er seine Dienststelle in Los Angeles angewiesen hätte, die Überwachung von Exners Wohnung rund um die Uhr von einem nahen Versteck aus abzubrechen. Hoovers Mißtrauen zahlte sich am 7. August 1962 unerwartet aus: An diesem Abend beobachtete der FBI-Agent William Carter, wie zwei junge Männer auf den Balkon von Exners Wohnung in der Fontaine Avenue im Westen von Los Angeles kletterten. Der eine hielt Wache, während der andere die Glastür aufbrach und eintrat. Nach ungefähr fünfzehn Minuten flüchteten die beiden wieder. Carter und seine Kollegen vom FBI hatten die Wohnung geduldig überwacht, seit Judith Exner Anfang März, noch vor Hoovers Gespräch mit Kennedy, dorthin gezogen war. Bisher hatten sie nie etwas Auffälliges bemerkt.

»Wir waren vollkommen verblüfft«, sagte mir Carter. Doch seine Vorgesetzten beschlossen, das illegale Eindringen nicht der Polizei von Los Angeles zu melden, wie es eigentlich üblich war, wenn FBI-Agenten illegale Handlungen beobachteten. Carter wurde beschieden, sich in diesem Fall kollegial zu verhalten »würde den Erfolg unserer eigenen Operation gefährden«.

Carters Rolle bei dem Einbruch in Exners Wohnung war an diesem Punkt beendet. Seine Vorgesetzten teilten ihm nicht mit, daß sie bereits drei Tage später das Fluchtauto der Einbrecher aufspürten; es war von einem ehemaligen FBI-Sonderagenten namens I. B. Hale aus Fort Worth in Texas angemietet worden. Die beiden Männer, die in Exners Wohnung eingebrochen waren, wurden vom FBI als Hales 21jährige Zwillingssöhne Bobby und Billy identifiziert. I. B. Hale, der 1971 starb, war der Sicherheitschef von General Dynamics.

Zu der Zeit des Einbruchs war es fraglich, ob die Gesellschaft den überaus lukrativen Rüstungsauftrag erhalten würde, und die Unternehmensleitung von General Dynamics wußte das nur allzu gut. Um ihre Aussichten zu verbessern, war ihr im Sommer 1962 jedes Mittel recht, auch der Einsatz eines hochbezahlten ehemaligen FBI-Agenten, der möglicherweise in der Lage war, Informationen über die Regierung Kennedy zu beschaffen. Im Hinblick auf das verbrecherische Eindringen der Hales in Judith Campbell Exners Wohnung, von dem hier erstmals berichtet wird, drängt sich die Frage auf: Wurde Jack Kennedy von dem verzweifelten Unternehmen erpreßt?

Im Jahr 1962 stand es schlecht um General Dynamics. Das Unternehmen hatte in den letzten beiden Jahren Verluste von mehr als 400 Millionen Dollar verbucht, infolgedessen war der TFX-Auftrag über 6,5 Milliarden Dollar überlebenswichtig. Die Chancen standen aber alles andere als gut. Der schärfste Rivale, der Flugzeughersteller Boeing aus Seattle, war ohne Zweifel der Favorit der leitenden Militärs bei Luftwaffe und Marine. »Als es in die Endphase der Auswahl ging«, sagte George A. Spangenberg, der damalige Leiter der technischen Versuchsabteilung in der Marine, in einem Interview 1997, »schnitt Boeing in allen Punkten besser ab als General Dynamics.« Die Marine habe verzweifelt versucht, den Vertragsabschluß mit General Dynamics zu verhindern, sagte Spangenberg. Mit deren Entwurf »konnte man nicht einmal von hier nach dort gelangen. Unsere Aufgabe lautete: Wie verhindern wir, daß wir ein unbrauchbares Flugzeug bekommen?«

Die Auftragsvergabe wurde zusätzlich erschwert, weil Verteidigungsminister McNamara aus Kostengründen darauf bestand, daß der neue Jäger »allgemein« einsetzbar sein sollte – das heißt zugleich den Bedarf der Luftwaffe und den Bedarf der Marine decken sollte. Die Marineführung setzte sich erbittert gegen diese Vorgabe zur Wehr mit dem Argument, ihr Bedarf an leichten Jägern, die auf einem Flugzeugträger landen konnten, lasse sich nicht vereinbaren mit dem Bedarf der Luftwaffe, die ein Langstreckenflugzeug brauche. Zum damaligen Zeitpunkt erforderte der umständliche Entscheidungsprozeß des Pentagons sechs aufeinanderfolgende Prüfungsebenen; die letzte Empfehlung – bevor McNamara die endgültige Entscheidung traf – gaben die beiden Minister für die Marine und für die Luftwaffe ab. Viermal wurde 1961 und 1962 geprüft, wer das neue Jagdflugzeug bauen sollte, unzählige Arbeitsstunden wurden für die Prüfung der konkurrierenden Vorschläge aufgewendet. Alle Stellen empfahlen Boeing.

Folglich waren das Pentagon und die Militärausschüsse im November 1962 sprachlos, als McNamara General Dynamics den Zuschlag erteilte. Sehr kontroverse Anhörungen im Senat unter Vorsitz von Senator John McClellan aus Arkansas im folgenden Jahr brachten wenig Licht in die Frage, warum die Entscheidung ausgerechnet so ausgefallen war. Damals wie heute faßte man die Kontroverse so auf, als ginge es um McNamaras Recht, seine Vorstellungen bei der Beschaffung durchzusetzen. Präsident Kennedy beschränkte sich nach außen hin darauf, McNamaras Entscheidungen mehrfach zu unterstützen, ansonsten hielt er sich aus der Angelegenheit heraus. »Nach meiner Einschätzung war die von Minister McNamara getroffene Entscheidung«, sagte Kennedy bei einer Pressekonferenz während der Anhörungen unter McClellan, »korrekt und folgerichtig, jede faire und objektive Anhörung wird das an den Tag bringen ... Alles, was ich über TFX gelesen und davon gesehen habe, bestätigt meinen Eindruck, daß Mr. McNamara richtig gehandelt hat.«

Aber McNamara handelte alles andere als richtig. Wie die Ermittler des Senats gleich zu Anfang herausfanden, war der Präsident an der Entscheidung beteiligt gewesen, auch wenn McNamara das bestritt. Der energische Chefermittler des Ausschusses Jerome S. Alderman, der in dem Senatsausschuß zur Bekämpfung des organisierten Verbrechens mit Bobby Kennedy zusammenarbeitete, erfuhr schon bei einem frühen Gespräch mit dem stellvertretenden Verteidigungsminister Roswell Gilpatrick, daß der Präsident im voraus gewußt hatte, daß General Dynamics den Zuschlag erhalten würde.

Die Anhörungen im Senat wurden nach Kennedys Tod ausgesetzt und nie wieder aufgenommen. Der Jäger TFX, der später in F-111 umbenannt wurde, wurde eines der umstrittensten Rüstungsprojekte der jüngsten Vergangenheit, ein Paradebeispiel, auf das die Militärs immer wieder verwiesen, wenn sie über die unnötige Einmischung von Zivilisten klagten. Nach dem Mord an Kennedy beharrte McNamara weiterhin darauf, daß der Bau des F-111 vorangetrieben werden sollte, obwohl sich die Kosten pro Flugzeug bis Mitte 1966 verdreifacht hatten. Am Ende nahm die Marine, die ursprünglich 1700 Jagdflugzeuge vom Typ F-111 hatte kaufen wollen, gerade sieben Prototypen ab, kein einziger wurde je im Kampf eingesetzt. Die Marineversion des F-111 war mit 720 Kilogramm Übergewicht viel zu schwer, um auf einem Flugzeugträger landen zu können. 1968 stieg die Marine aus dem Vertrag mit General Dynamics aus. Die Luftwaffe, die ursprünglich geplant hatte, 2400 Modelle zu kaufen, kaufte nicht einmal 600. Die durchschnittlichen Kosten pro Flugzeug waren von 1962 geschätzten 2,8 Millionen Dollar bis 1970 auf über 22 Millionen Dollar angestiegen.

Der Einbruch in Exners Wohnung wurde vom FBI nicht untersucht. Auch die überraschende Entscheidung der Regierung Kennedy, General Dynamics die TFX bauen zu lassen, die in jenem Herbst in der Presse und im Kongreß einen Aufschrei der Empörung auslöste, weckte die Neugier der Bundesbehörde nicht. Was sich da abspielte, war kein kompliziertes Vertuschungsmanöver, sondern etwas viel Banaleres. Vor allen Dingen aber wurden Exners Beziehung zum Präsidenten und die Überwachung durch das

FBI als Staatsgeheimnisse behandelt, die auf keinen Fall aufgedeckt werden durften, selbst um den Preis, daß dafür Verbrechen absichtlich übersehen wurden.

Judith Exner erfuhr erst fünfzehn Jahre später von dem Einbruch in ihr Appartment, als sie einen Prozeß nach dem Freedom of Information Act gewann und Einsicht in ihre stark zensierten FBI-Akten erhielt. In der zensierten Fassung ist von I. B. Hale oder General Dynamics mit keinem Wort die Rede. Exners Kontakt zu Präsident Kennedy und seinem Bruder brach im August 1962 ab. Bobby Kennedy hatte Exner in ihrer Funktion als Bindeglied zum organisierten Verbrechen durch Charles Ford ersetzt, und auf Jack Kennedy warteten Dutzende Frauen, die Exner in anderen Bereichen ersetzen würden.

In jenem Herbst, schreibt sie in *My Story,* habe sie bereits intime Beziehungen zu Sam Giancana gehabt. »Die Affäre mit Sam war nicht so aufregend wie die mit Jack, aber ... ich empfand danach ein schönes Gefühl anstelle einer nagenden Leere. Ich glaubte wirklich, ich wüßte, wie man mit Sam umgehen muß. Nachdem wir das erste Mal miteinander geschlafen hatten, änderte Sam sein Verhalten mir gegenüber nicht, er verwandelte sich nicht in eine blind besitzergreifende Kreatur.« In einem Interview für dieses Buch räumte Exner ein, was sie in ihren Erinnerungen verschwiegen hat: Sam Giancana hatte seine Gründe, die Beziehung zu ihr aufrechtzuerhalten. »Ich bin nicht so naiv zu glauben, daß seine Freundschaft zu mir und die Fortsetzung der Freundschaft ihm keinen Nutzen gebracht hätten. Er konnte, wenn nötig, seinen Vorteil daraus ziehen.«

Sie sagte, Jack Kennedy habe Sam ebenfalls »zu seinen Zwecken benutzt. Und Sam erwartete natürlich eine Gegenleistung. Mir gefällt der Gedanke überhaupt nicht, daß Freundschaft auf diese Weise ausgenutzt wird.« Dann fügte sie hinzu: »Aber Jack spielte nicht nach unseren Regeln, Jack machte seine eigenen Regeln. Ich glaube, alle Kennedys spielen nach ihren eigenen Regeln. Sie benehmen sich nicht so, wie wir uns benehmen. Ich finde, das ist sehr traurig.«

In den letzten Jahren führte Judith Exner einen erbitterten

332

Kampf gegen eine schwere Krebserkrankung; vor zehn Jahren wurde ihr mitgeteilt, daß sie nicht mehr lange zu leben habe. In den Interviews für dieses Buch und für ein biographisches Kurzporträt 1996 in der Zeitschrift *Vanity Fair* hat sie ihrer Geschichte noch etwas hinzugefügt: Bei ihrer letzten Begegnung mit Jack Kennedy sei sie schwanger geworden. Die Schwangerschaft, sagt sie heute, habe sie in Sam Giancanas Arme getrieben.

Exner sagte mir, daß sie und Kennedy im Spätsommer 1962 übereingekommen seien, daß sie das Baby nicht behalten könne. »Bei unserem nächsten Gespräch fragte er: ›Wird Sam uns helfen?‹ Ich sprach mit Sam, und er sagte Ja. Sam war wütend auf Jack, aber wir hatten beide Schuld daran, daß ich in diese Lage geraten war.« In Sams Augen, wiederholte Exner hartnäckig, »half er mir einfach. Sehen Sie, viele Leute sagen vielleicht: ›Oh, Mann, das ist nur eine weitere Sache, mit der er [Giancana] Druck auf Jack ausüben konnte.‹ Es ist mir gleich, was sie sagen. Ich weiß, was er für mich getan hat.« Sie selbst sei auf Jack nicht wütend gewesen, sagte sie: »Ich war einfach untröstlich.«

Um diese Zeit sei sie mit Sam Giancana intim geworden. Er habe auf die Nachricht von ihrer Schwangerschaft mit einem Heiratsantrag reagiert. »Ich sagte ihm: ›Sam, du willst nicht mich heiraten.‹ Ich wußte, daß er in Phyllis [McGuire] verliebt war. Und er sagte nur: ›Du bist es wert, gefragt zu werden.‹ Daß ich mit ihm schlief, war Reaktion auf seine Güte, weil er solchen Anteil an meinem Kummer nahm. Ich würde aber deswegen nicht sagen, daß ich mit zwei Männern gleichzeitig Affären hatte.«

Exners jüngste Darstellung ihrer Treue zu Jack Kennedy stimmt nicht mit der Chronologie in *My Story* überein. Es kann durchaus sein, daß sie Jack während eines großen Teils ihrer gemeinsamen Zeit treu war, wie sie hartnäckig behauptet, ebensogut ist es aber möglich, daß sie mit beiden Männern gleichzeitig intim verkehrte. Die Frage, wann sie intime Beziehungen zu Sam Giancana aufnahm, hat aber keinen Einfluß auf die Bedeutung ihrer Geschichte, so wichtig ihr persönlich dieser Punkt auch heute sein mag.

Exner sagte mir, daß sie trotz allem überzeugt gewesen sei, daß »Jack mich liebte, so sehr er überhaupt fähig war, jemanden zu lieben. Viele Leute meinen, ich würde mir etwas vormachen, aber ich kannte ihn. Ich bin ihm sehr nahe gekommen. Er hatte für alles einen Platz in seinem Leben, und dementsprechend widmete er sich auch der Sache, ganz gleich was es war: ob Liebe, Arbeit oder Spiel.« In dieser Hinsicht »eiferte er seinem Vater nach. Ich denke, alle Söhne der Familie eiferten dem Vater nach. Er muß mir sehr vertraut und an mich geglaubt haben«, sagte sie, weil er sie als sein Bindeglied zur Mafia benutzt habe.

Im Herbst 1962 war Judith Exner aus Kennedys Privatleben verschwunden, doch das FBI setzte sie weiter unter Druck. Es ging das Gerücht, daß sie gezwungen werden sollte, vor einer Anklagejury in Los Angeles zu erscheinen, die sich mit dem organisierten Verbrechen befaßte. Exners Anwalt, den Johnny Roselli ihr empfohlen hatte, »ließ mich von einem Hotel ins nächste umziehen, damit mich das FBI nicht unter Strafandrohung vorladen konnte. Ich hatte das Gefühl, daß mir eine schreckliche Gefahr drohte« – entweder von seiten des organisierten Verbrechens oder von seiten der US-Regierung. In ihren Augen standen die beiden moralisch auf der gleichen Stufe: »Es gibt keine Guten und keine Bösen«, sagte sie mir, »keine schwarzen Schafe, keine weißen Schafe. Jedem ging es nur um sich selbst.«

In dieser schwierigen Phase stolperte Exner bei einem Aufenthalt in Palm Springs im März 1963 über Johnny Grant, den ehemaligen Presseagenten, mit dem sie als Teenager befreundet gewesen war. Grant war inzwischen Reporter für die Fernseh- und Rundfunktochtergesellschaften der NBC in Los Angeles. Die beiden kamen ins Gespräch, und Exner sagte mir: »Ich erzählte ihm alles, was passiert war. Johnny war zufällig einfach da, zum Glück für mich – nicht so sehr zum Glück für Johnny, weil ich ihn, glaube ich, zu Tode erschreckt habe. Es tat einfach gut, einen Freund zu haben, dem ich mich anvertrauen konnte.«

Grant erinnerte sich noch genau an das Treffen, als ich ihn für dieses Buch interviewte. »Ich erkannte sie kaum wieder«, sagte er mir. »Ihr fröhlicher Blick war trübe – gerade so als wäre sie mißbraucht worden. Ich wußte gleich, daß etwas Schlimmes passiert war.« Sie verabredeten für den Abend ein weiteres Treffen. »Bei einem Drink erzählte sie mir, daß sie Kontakt zu Jack Kennedy und Sam Giancana gehabt habe. Ich rief den Kellner und zahlte die Rechnung.« Er habe damals angenommen, daß sie mit beiden Männern geschlafen habe.

Sie fuhren ein Stück in die Wüste hinaus und stellten den Wagen ab. Exner erzählte ihm, daß sie eine Geldtasche von Jack Kennedy zu Sam Giancana nach Chicago gebracht habe und daß sie dem organisierten Verbrechen Botschaften aus dem Weißen Haus überbracht habe und umgekehrt. Sie erzählte von ihrer Liebe zu Jack Kennedy und daß sie nach der Wahl Dokumente weitergeleitet habe, in denen es um die Beseitigung Castros gegangen sei. »Ich fragte sie: ›Was meinst du damit, Mord oder Absetzung?‹ Und sie antwortete: ›Jack hat das Wort Beseitigung verwendet.‹ Nun wollte ich am liebsten gehen. ›Mein Gott, du sprichst hier von dem großen Symbol der Gerechtigkeit und der Freiheit – vom Amt des Präsidenten der Vereinigten Staaten. Auf der anderen Seite sprichst du von der momentan schlimmsten Sache in ganz Amerika – von der Unterwelt. Und sie haben Kontakt zueinander, schieben sich Gelder zu.‹«

Grant fuhr fort: »Ich glaubte niemals, daß sie mir Unsinn erzählt hatte. Ich sagte mir nur: ›Verdammt noch mal, da bist du in etwas hineingeraten, was du gar nicht wissen wolltest.‹ Ich war sprachlos vor Entsetzen und hatte schreckliche Angst. Damals konnten sie jemanden rasch verschwinden lassen, der ihnen nicht gefiel.« Seine letzten Worte an Exner waren, soweit Grant sich erinnerte: »Sag bitte niemandem, daß du mit mir gesprochen hast.«

Er habe nie daran gedacht, die Geschichte zu schreiben. Statt dessen sei er in seine Wohnung in Los Angeles zurückgekehrt, und habe seinem Büroleiter gesagt: »›Falls mir jemals irgend etwas zustößt, dann war es entweder die Mafia oder die CIA.‹ Ich sprach mit keinem Anwalt. Ich betrank mich.« Noch Jahre später sei er sofort aus dem Bett gesprungen, »wenn nur eine Eichel aufs Dach fiel«.

Judith Exner hätte Verständnis für seine Angst gehabt. Wie sie sagt, schläft sie noch heute mit einer Pistole unter dem Kopfkissen.

# 19

# Erste Ehe

Das brisanteste Problem, mit dem Jack und Bobby Mitte 1962 zu kämpfen hatten, war die Beziehung des Präsidenten zu Judith Exner und Sam Giancana. Doch ihr Hauptaugenmerk galt einer anderen Bedrohung, die nichts mit dem organisierten Verbrechen und auch nichts mit der Beseitigung unerwünschter Staatsführer zu tun hatte, sich aber auf Jacks politische Karriere ebenso schädlich hätte auswirken können: Das seit langem kursierenden Gerücht war wiederaufgelebt, daß Jack Kennedy heimlich mit einer Angehörigen der oberen Zehntausend von Palm Beach namens Durie Malcolm verheiratet gewesen war, bevor er 1953 seine glanzvolle Hochzeit mit Jacqueline Bouvier feierte.

Der mittlerweile im Ruhestand befindliche New Yorker Börsenmakler Charles Spalding, seit dem Zweiten Weltkrieg ein enger Freund Kennedys, räumte als erster für das vorliegende Buch ein, daß er und andere seit Jahren wußten, daß die Gerüchte der Wahrheit entsprachen: Kennedy und Malcolm wurden Anfang 1947 getraut, allerdings hielt die Ehe nicht lange. Spalding kannte Malcolm seit ihrer Kindheit vom Winter Club in Lake Forest im Bundesstaat Illinois nördlich von Chicago. Sie sei eine großartige Sportlerin gewesen, sagte Spalding: »Sie spielte Eishockey und Basketball mit den Jungen.« Malcolm sei auch in anderer Hinsicht ein besonderes Mädchen gewesen, bei ihren Liebschaften sei sie ebenso draufgängerisch zur Sache gegangen wie im Sport. »Sie kam bei den Männern verdammt gut an. Die Männer umschwärmten sie regelrecht.« Im Winter 1946/47, als Durie Malcolm Kennedy den Kopf verdrehte, war sie bereits zum zweiten

Mal verheiratet, und die zweite Ehe stand kurz vor der Scheidung. (Das rechtskräftige Urteil für ihre zweite Scheidung wurde am 24. Januar 1947 niedergelegt.)

Spalding war in alter Freundschaft bestrebt, Kennedys Heirat als einen Jux abzutun, »ein Studentenstreich, eine Art Mutprobe, die ein bißchen zu weit ging«. Sich Hals über Kopf trauen zu lassen sei die Art von Scherz gewesen, die Durie Malcolm gefiel, ein Entschluß aus einer plötzlichen Eingebung heraus, der »nur vierundzwanzig Stunden anhielt. Sie gingen hin und brachten die Zeremonie hinter sich. Es war wie Halloween. Ich weiß noch, daß ich zu Jack sagte: ›Du mußt verrückt sein. Du willst Präsident werden, und treibst dich herum und heiratest.‹«

Es gibt aber Anhaltspunkte, daß die Beziehung doch nicht nur ein Ulk war. Der Klatschkolumnist Charles Ventura vom *New York World-Telegram* berichtete in seiner Kolumne »Society Today« vom 20. Januar 1947, daß der junge John F. Kennedy kurz davor stehe, den »jährlichen Oscar für die Leistungen auf dem Feld der Liebe« von Palm Beach zu erhalten. Der in der Spalte mit Foto abgebildete Kennedy habe mit Durie Malcolm »die heißeste Liebesaffäre der Saison« gehabt. »Lediglich der Umstand, daß die Pflicht als Kongreßmitglied für Massachusetts Jack nach Washington rief, hielt ihn davon ab, hierzubleiben und den Oscar persönlich in Empfang zu nehmen, also wird ihn Durie bekommen. Die beiden sind bei allen gesellschaftlichen und sportlichen Ereignissen unzertrennlich. Sie sind sogar nach Miami gefahren und haben bei Football-Spielen und Pferderennen Händchen gehalten.« Durie Malcolm wurde von Ventura als schön und sehr lustig beschrieben.

Schon Anfang 1947 sei klar gewesen, daß Jack von seinem Vater für das Weiße Haus aufgebaut und finanziell unterstützt werde, sagte mir Spalding. Joe Kennedy habe auf die Nachricht von der Heirat einen Blutsturz erlitten. Durie Malcolm war nicht nur zweimal geschieden, sondern auch Angehörige der Episkopalkirche. »Er verlangte, die Angelegenheit zu bereinigen«, erinnerte sich Spalding. »Sie [die Familie] fürchtete, daß die ganze Sache ans Licht kommen könnte. Ich fuhr hin und nahm die [Heirats-] Papiere an mich. Jack hatte mich gebeten, hinzufahren und die

Papiere zu holen«, vermutlich aus dem Amtsgebäude der County von Palm Beach. Spalding sagte, er habe die Heiratsurkunde mit der Hilfe eines Anwalts in Palm Beach »bekommen«.

Vor 1983 mußten Paare, die das Aufgebot bestellten, drei Tage warten, bis die Heiratserlaubnis erteilt wurde. Wenn Jack Kennedy und Durie Malcolm sich an das geltende Gesetz hielten, dann hatten sie ihre Heirat wenigstens drei Tage im voraus geplant, folglich war die ganze Sache nicht nur ein Scherz aus einer Laune heraus, wie Charles Spalding behauptete.

Beamte der County Palm Beach, die ich für dieses Buch befragte, konnten in den Akten keinen Hinweis auf eine Eheschließung Kennedy-Malcolm im Jahr 1947 finden. Eine Anwältin aus der Stadt erklärte mir jedoch in einem Interview, daß die Personenstandsregister damals von Hand geführt und die Urkunden nicht alphabetisch geordnet wurden. Es sei unmöglich herauszufinden, ob etwas fehle, sagte die Anwältin mir, nachdem sie persönlich die County-Akten durchgesehen hatte. »Das wichtigste bei einer Manipulation ist, keine Spuren zu hinterlassen.« Möglicherweise haben die beiden die Heiratserlaubnis beantragt, es sich dann aber anders überlegt. Oder aber Kennedy, der 1953 Jacqueline Bouvier heiratete, und Malcolm, die noch zweimal heiratete, waren Bigamisten. Im Laufe der Recherchen für dieses Buch fand ich keinen Hinweis auf eine Scheidung.

Der Vorwurf der Bigamie veranlaßte die Frau eines Freundes von Jack Kennedy aus der High-Society-Zeit in Palm Beach, darauf zu drängen, daß die Ehe zwischen Kennedy und Malcolm in diesem Buch nicht erwähnt wird. Im übrigen war sie selbst davon überzeugt, daß die Trauung stattgefunden hat. »Denken Sie doch einmal darüber nach«, sagte sie in einem Telefoninterview zu mir, das sie mir erst gewährte, nachdem ich ihr versprochen hatte, ihren Namen nicht zu nennen. »Jack war niemals rechtmäßig mit Jackie verheiratet, und alles, was von Jack noch übrig ist, sind seine beiden Kinder und seine Enkel.« Von der Heirat zu schreiben mache Caroline und John jr. zu unehelichen Nachkommen. »Das ist eine sehr schwerwiegende Sache. Die Kinder hatten ohnehin ein hartes Schicksal – immerhin haben sie ihren Vater verloren.«

In den letzten Jahren waren Gerüchte und Andeutungen über Kennedys mutmaßliche erste Heirat beliebter Stoff für die Boulevardpresse und für Unterhaltungsshows in den Vereinigten Staaten und in England. Ein typischer Artikel in der Londoner *Daily Mail* vom 24. Januar 1997 war mit einem vergrößerten Foto der jugendlichen Durie Malcolm in einem Hochzeitskleid aufgemacht, die Schlagzeile lautete: »War sie JFKs erste Braut?« Malcolm ist inzwischen über achtzig und verwitwet, ihr vierter Mann Frank Appleton starb 1996. Sie selbst hat die Heirat stets bestritten: »Für kein Geld der Welt hätte ich Jack Kennedy geheiratet«, sagte sie der Londoner *Sunday Times* in einem Interview 1996. »Ich werde Ihnen auch sagen warum, wenn Sie die Wahrheit wirklich wissen wollen. Ich machte mir nichts aus der irischen Mischpoke, und der alte Joe war ein schrecklicher Kerl.« Seit die Geschichte 1961 zum erstenmal an die Öffentlichkeit drang, hat Malcolm sie mehrmals ähnlich vehement abgestritten. Ihr einziges Kind, eine Tochter, die ebenfalls Durie Malcolm heißt und in London lebt, hat sich nie öffentlich über ihre Mutter geäußert.

Im Herbst 1997 trat ein enger Freund Malcolms im Namen des Autors an sie heran, doch sie lehnte ein Interview kategorisch ab. »Richte ihm folgendes aus«, sagte sie ihrem Freund. »Ich bin nie mit John Kennedy verheiratet gewesen, und darüber gibt es nichts zu diskutieren. Ruf ihn einfach an und sag ihm, daß wir nie verheiratet waren.«

Die gründliche Suche nach Familienmitgliedern und Freunden, die möglicherweise bereit gewesen wären, über die Angelegenheit zu sprechen, blieb ergebnislos: Malcolm hat viele Mitglieder ihres engeren Familienkreises überlebt, und von ihren alten Freunden aus den vierziger Jahren, die in Klatschspalten jener Zeit aus Palm Beach genannt werden, konnte niemand aufgespürt werden.

Charles Spalding war zum Zeitpunkt des Interviews 79 Jahre alt und hatte Probleme mit dem Kurzzeitgedächtnis. Doch seine Darstellung der ersten Heirat Jack Kennedys wurde durch viele weitere Interviews untermauert, und sie wurde indirekt durch den alten Kardinal Richard Cushing bestätigt, den Erzbischof von Boston, der seinerzeit Gemeindepfarrer der Kennedys war. Cushing hatte aus sozialem Engagement 1958 die St. James Society gegründet. Der in Boston angesiedelten Gemeinschaft schlossen sich junge Priester an, die Missionsarbeit bei den Armen in Lateinamerika leisteten. Bei einem Besuch in Bolivien 1964 saß der Kardinal einmal mit einem guten Dutzend Missionare bis spät in die Nacht zusammen, eine Flasche Scotch machte die Runde. Einer der Missionare war Pater James J. O'Rourke. Die jungen Priester seien begierig gewesen, »Neuigkeiten von zu Hause zu erfahren«, sagte mir O'Rourke in einem Interview 1997, »was in der Diözese los war. Jemand fragte: ›Euer Eminenz, wenn Jack Kennedy zur Wiederwahl angetreten wäre, wäre er dann gewählt worden?‹ Ich denke, die meisten von uns glaubten, auf die Frage würde automatisch ein ›aber sicher‹ folgen. Doch es kam anders. Er sagte: ›Nun, ihr müßt bedenken, daß die Republikaner [Nelson] Rockefeller aufgestellt hätten, und Rockefeller ist sehr beliebt, ... der einzige, der Chancen gegen Kennedy gehabt hätte. Die Demokraten hätten versucht, aus Rockefellers Scheidung politisch Kapital zu schlagen. Und Scheidung wiegt schwer. Die Republikaner hätten im Gegenzug Jack Kennedys erste Heirat ausgeschlachtet. Sie hätten das auf den Tisch gebracht.‹«

O'Rourke fuhr fort: »Ich glaube, keiner von uns hatte damals auch nur andeutungsweise davon gehört. Wir hatten im Grunde keine Ahnung, wovon er sprach. Und er sagte: ›Nun, sie werden keine Unterlagen [noch] irgendeine Erwähnung der Sache finden. Die Seiten sind aus dem Register herausgerissen worden.‹ Dann kicherte er in sich hinein, und damit brach er ab.« Cushing habe dann das Erstaunen der jungen Missionare bemerkt, erinnerte sich O'Rourke, und hinzugefügt: »Jawohl, Kennedy war schon einmal verheiratet, doch die Sache wurde wieder ins Lot gebracht.«

Pater O'Rourke war Priester in einer Kirchengemeinde in Boston, als ich ihn interviewte. Er erklärte mir auch, daß Jack Kennedy, falls seine Heirat mit Malcolm nicht in einer katholischen Kirche vollzogen worden sein sollte – was ja augenscheinlich zutraf – keine förmliche Annullierung der Ehe vom Heiligen Stuhl in Rom hätte erwirken müssen. Vielmehr hätte Kennedy lediglich eine Nichtigkeitserklärung von einem örtlichen Kirchengericht benötigt, dann hätte es ihm wieder freigestanden, sich kirchlich trauen zu lassen. »Eine Annullierung ist nur dann notwendig, wenn der Partner Katholik ist und die Trauung in einer katholischen Kirche vollzogen wurde«, sagte mir O'Rourke. Eine Nichtigkeitserklärung zu erhalten sei weniger schwierig. »Man muß aber immerhin vor ein örtliches Kirchengericht treten. Dort trägt man die Angelegenheit vor, und die Anwesenden müssen sagen: ›Ja, wir stimmen zu, daß Herr oder Frau Soundso wieder frei heiraten darf.‹ Das dauert nicht lange. Wenn die Kennedys etwas in der Sache hätten unternehmen wollen, dann hätten sie vermutlich [Erzbischof Cushing] gerufen. Ich glaube nicht, daß sie sich mit einem kleinen Mittelsmann [einem Gemeindepriester] zufrieden gegeben hätten, wenn sie mit dem Boß hätten sprechen können.«

In einem eigenen Interview bestätigte Spaldings ehemalige Frau Betty die Schilderung von Charles Spalding: Jacks jüngere Schwester Eunice Kennedy habe ihr erzählt, daß auf einer Party reichlich Alkohol geflossen sei und daß sie, Jack und Durie Malcolm, sich um zwei Uhr morgens zu einem Friedensrichter aufgemacht hätten, der Jack und Durie habe trauen sollen. Eunice Kennedy habe die Schuld ganz bei Malcolm gesehen. Betty Spalding zufolge erzählte Eunice, »Malcolm wollte nicht mit ihrem Bruder schlafen, wenn sie nicht verheiratet waren«. Betty Spalding erinnerte sich auch an das Gerücht, daß »der alte Herr danach einen Wutanfall bekam und die Sache annulliert hat«. Die angebliche Heirat habe in den Jahren nach dem Zweiten Weltkrieg stattgefunden, meinte Betty Spalding, als sie und ihr damaliger Mann im Haus seiner Eltern in Palm Beach wohnten. Betty Spalding hat Durie Malcolm als »zierlich, blond und sehr hübsch« in Erinnerung.

Joe Kennedy setzte sich wie immer gegen seinen Sohn durch, und am 11. Juli 1947 heiratete Durie Malcolm einen anderen Angehörigen der oberen Zehntausend von Palm Beach namens Thomas Shevlin. Es war ihre dritte (rechtmäßige) Ehe und seine zweite, und sie währte bis zu Shevlins Tod im Jahr 1973. Duries geheime Heirat mit Kennedy sei, so Frances Howe aus Greenville in South Carolina, in der Familie Shevlin allgemein bekannt gewesen. Frances Howe war dreizehn Jahre mit Thomas Shevlins Neffen Deering Howe jr. verheiratet. »Ich kannte alle, die in Palm Beach eine Rolle spielten«, sagte sie in einem Interview von 1997.

Durie Malcolms kurze Ehe mit Jack Kennedy sei »in der ganzen Familie bekannt« gewesen.

Kurz nach ihrer Heirat mit Deering Howe habe sie Durie Malcolm auf einer Party getroffen. »Sie tätschelte mir die Wange und sagte: ›Du armes Kind. Hättest nicht in die Familie einheiraten sollen.‹« Frances sagte, Durie sei ihr auf Anhieb sympathisch gewesen. Nachdem sie sich die Familiengeschichte der Shevlins »einverleibt« habe, habe sie Durie bei einem Polospiel gefragt, »ob sie [die Heirat mit Jack Kennedy] wahr sei. Sie sagte: ›Ja.‹« Frances Howe fügte hinzu, sie habe die Sache so verstanden, daß »Joe Gift und Galle spie und alles vernichten ließ – alle Spuren wurden verwischt«. Nach der Darstellung der Shevlins habe »Jack [Durie Malcolm] wirklich geliebt und wollte bei ihr bleiben«. Doch »der junge Joe [Kennedy] war gestorben, und Jack sollte für die Präsidentschaft kandidieren«.

Kennedys Heirat war zumindest einigen aus der Phalanx der Freunde bekannt, die sich jedes Sommerwochenende auf dem Wohnsitz der Kennedys in Hyannis Port einfanden. Morton Downey jr., dessen Vater eng mit Joseph Kennedy befreundet war, erinnerte sich, daß er als Teenager alles über Jack Kennedys unbedachte Heirat und über Joe Kennedys Wut auf seinen Sohn erfahren habe. »Dad sagte mir: ›Ich hoffe, du bist so vernünftig, daß du nicht das gleiche machst‹ – einfach losziehen und heiraten.«

Kennedys erste Ehe blieb bis 1957 ein Familiengeheimnis. In dem Jahr ließ der Amateurgenealoge Louis L. Blauvelt privat dreihundert in Leder gebundene Exemplare des Stammbaums der Familie Blauvelt drucken. Der ehemalige Werkzeugmacher Blauvelt, der in East Orange in New Jersey, lebte, hatte dreißig Jahre damit zugebracht, Generation für Generation alle Angaben über die Familie zu sammeln, angefangen mit Gerri Hendrickson Blauvelt, der 1638 nach Amerika gekommen war. Als Eintrag Nummer 12 427, in der elften Generation, tauchte Durie Malcolm auf (ihr Name war falsch geschrieben). Über sie hieß es, sie habe in dritter Ehe »John F. Kennedy geheiratet, den Sohn Joseph P. Kennedys, des ehemaligen amerikanischen Botschafters in Großbritannien«. Blauvelt unterliefen bei dem Eintrag zu Durie Malcolm (die in zweiter Ehe mit einem Mitglied der Familie Blauvelt verheiratet gewesen war) etliche Fehler: Er erwähnte ihre spätere Heirat mit Shevlin nicht und vertauschte die Namen ihrer ersten beiden Ehemänner. Blauvelts Buch fand erst Mitte 1961 Beachtung, als Jack Kennedys politische Gegner auf seinen Namen stießen und entsprechende Informationen in Umlauf brachten. Es dauerte nicht lange, und die Journalisten griffen die Sache auf.

In seinen Memoiren *Conversations with Kennedy* (Gespräche mit Kennedy) erinnert sich Benjamin Bradlee, der wie der Journalist Charles Bartlett ein guter Freund der Kennedys war, daß er im August 1961 zum erstenmal von Kennedys »anderer Frau« gehört habe, gerade zu der Zeit, als die Berlin-Krise auf den Höhepunkt zusteuerte. »Eine typische Emanze kam in die Redaktionsleitung der *[Washington] Post* marschiert und verkündete, sie habe schwarz auf weiß den Beweis für eine frühere Heirat Kennedys«, schreibt Bradlee. »Sie hatte die Story bereits der *Chicago Tribune* angeboten, aber die hatte sich geweigert, sie zu drucken.« Die Frau erzählte der *Post* vom Stammbaum der Familie Blauvelt, der in den Bücherregalen der Library of Congress zu finden sei. Bradlee, der damals für das Magazin *Newsweek* aus dem Weißen Haus berichtete, rief sofort in der Bibliothek an. »Und ich erfuhr, daß das Buch ausgeliehen war und daß zehn Mitglieder des Kongresses auf der Warteliste standen.«

Kennedy wandte sich einmal mehr an Clark Clifford, den Washingtoner Anwalt, der ihm bereits bei anderen Krisen zur Seite gestanden hatte. In seinen Memoiren *Counsel to the President* (Rechtsberater des Präsidenten) erinnert sich Clifford, daß »Kennedy und seine Mitarbeiter versucht hatten, die Angelegenheit einfach zu ignorieren. Doch als sich das Gerücht hartnäckig hielt und schließlich in einigen kleineren Zeitschriften auftauchte, rief mich der Präsident an. ›Ich weiß nur noch, daß ich vor einigen Jahren für kurze Zeit eine junge Frau namens Durie Malcolm gekannt habe. Ich glaube, ich hatte zwei Verabredungen mit ihr, einmal vielleicht zu einem Dinner, dann gingen wir noch tanzen. Das andere Mal war es, so weit ich mich entsinne, zu einem Footballspiel.‹« Clifford rief daraufhin Malcolm an, die er einmal getroffen hatte, als sie noch mit ihrem zweiten Mann Firmin V. Desloge aus

St. Louis (der zur Familie Blauvelt gehörte) verheiratet war. Sie erzählte eine ganz ähnliche Geschichte und bestritt die Heirat. »Soviel ich weiß«, zitiert Clifford sie, »hatten wir zwei Verabredungen. Kann sein, daß wir gemeinsam zum Dinner nach New York gefahren sind, und das andere Mal gingen wir zu einem Footballspiel.« Nach Cliffords Memoiren erklärte sie sich bereit, eine eidesstattliche Erklärung zu unterzeichnen, daß sie nicht mit John F. Kennedy verheiratet gewesen war. Dann legte sie den Hörer auf.

An diesem Punkt griff Ben Bradlee wieder ein. Er traf sich mit dem Präsidenten und erfuhr von Kennedy und Pierre Salinger, dem Pressesprecher des Weißen Hauses, daß Durie Malcolm »eine eidesstattliche Erklärung des Inhalts abgegeben hatte, daß sie niemals mit John F. Kennedy verheiratet gewesen sei«. Malcolms eidesstattliche Erklärung, wenn sie denn existiert hat, ist nie veröffentlicht worden. »Kennedy bestätigte mir später«, schreibt Bradlee in seinen Memoiren, »daß er einmal mit ihr ausgegangen sei; sie sei aber die Freundin seines Bruders Joe gewesen.« Bradlee war nicht imstande, Durie Malcolm telefonisch zu erreichen; ihm fielen außerdem Unstimmigkeiten in Blauvelts Genealogie auf. Louis Blauvelt starb 1959 im Alter von 79 Jahren, und Bradlee wurde mitgeteilt, in seinen Unterlagen finde sich kein Beweis, daß die Heirat zwischen Kennedy und Malcolm tatsächlich stattgefunden habe. All das berichtete er dem Präsidenten, der darauf, wie Bradlee schreibt, gutgelaunt zu ihm gesagt habe: »Du hast nichts gefunden, Benjy. Ihr wollt mir alle irgendein Mädchen anhängen, und keiner von euch schafft es, weil es einfach nichts zum Anhängen gibt.« Die First Lady habe ihrem Mann »mit einem Lächeln im Gesicht« zugehört.

Weder Bradlee noch ein anderer Reporter mit Zugang zum Weißen Haus brachte in dem Sommer eine Geschichte über die Heirat. Doch Kennedy blieb nervös und machte unterschiedliche Angaben über die Zahl seiner Verabredungen mit Malcolm. Einige Journalisten verfolgten die Sache weiter; unter anderem flog ein junger Reporter aus dem Washingtoner Büro von Cowles Publications, den Eigentümern der Zeitschrift *Look,* nach St. Louis, um der Familie Desloge ein paar Fragen zu stellen. Kennedy ließ sich um die Zeit von Laura Bergquist interviewen, einer Reporterin von *Look,* die besondere Privilegien im Weißen Haus genoß. Unvermittelt sprach er die Nachforschungen der Zeitschrift an. »Ich habe gehört, daß jemand von *Look* ... wegen meiner heimlichen Heirat herumgeschnüffelt hat«, sagte er zu Bergquist, wie sie bei ihrer Befragung durch die Kennedy Library berichtete. Bergquist stellte darauf dem Präsidenten direkt die Frage: »Waren Sie jemals heimlich verheiratet?« Kennedy sagte: »Nein. Ich kannte sie und nahm sie zu einem Footballspiel mit, und das war alles.« Der Präsident habe »nervös« gewirkt, meinte Bergquist gegenüber der Library, und gesagt, sein Bruder habe ihm mitgeteilt, daß jemand von der Zeitschrift »wegen dieser Geschichte in St. Louis herumwühlt«. Kennedy habe sie daraufhin gewarnt: »Wenn Sie die Geschichte drucken, dann wird *Look* bald mir gehören.« Bergquist versuchte, der Bemerkung die Schärfe zu nehmen, und sagte: »Das klingt ja wie eine Drohung.« Als sie der Library den Wortwechsel schilderte, erinnerte sie sich, daß Kennedy sehr nachdrücklich gewesen sei: »Er machte einen Scherz, dabei war es ihm bitter ernst.« Die Mitschrift der Befragung Bergquists wurde mir im Herbst 1997 von der Kennedy Library zur Verfügung gestellt.

Die Gerüchte über Kennedys Heirat verstummten nicht, obwohl in keiner großen Zeitung darüber berichtet wurde. Im Herbst 1961 erhielt J. Edgar Hoover innerhalb weniger Wochen gleich drei Berichte von FBI-Dienststellen: Sie meldeten, bei ihnen seien Briefe eingegangen, die »Gerüchte« über eine frühe Heirat Kennedys zum Gegenstand gehabt hätten; alle Briefe zitierten die Genealogie der Blauvelts. Am 22. November 1961 brachte Hoover das Thema gegenüber Bobby Kennedy zur Sprache. Bobby räumte ein, daß »ein paar Zeitungsleute mit ihm darüber gesprochen hätten«, wie es in einem nach dem Freedom of Information Act freigegebenen FBI-Memorandum Hoovers heißt. Hoover zufolge sagte der Justizminister, »er hoffe«, daß die Reporter Geschichten über die Anspielung Blauvelts drucken wurden, »weil ›wir‹ – die Kennedys – uns dann für den Rest unseres Leben zur Ruhe setzen und von dem leben könnten, was ›wir‹ durch die Verleumdungsklagen einnehmen würden«.

Die markigen Worte konnten die Tatsache nicht verdecken, daß schon eine einzige Zeitungsgeschichte Jack Kennedy politisch schweren Schaden zugefügt hätte – falls Durie Malcolm oder einer von Kennedys engen Freunden wie Charles Spalding plötzlich geredet hätten. Seine Wiederwahl 1964 wäre unmöglich gewesen, wenn die amerikanische Öffentlichkeit und die katholischen Wähler überzeugt gewesen wären, daß er außerhalb der Kirche bereits heimlich verheiratet gewesen war und in der Angelegenheit schlicht gelogen hatte.

Die Angst des Präsidenten vor der Wahrheit würde auch seine Empfindlichkeit gegenüber scheinbar harmlosem Zeitungstratsch über sein Privatleben erklären. Hugh Sidey vom Magazin *Time* erinnert sich noch sehr gut, wie überrascht er war, als Kennedy »in die Luft ging«, weil *Time* Ende 1961 einen kurzen Bericht über einen Twist des Präsidenten auf einer Veranda bei einer Party in Palm Beach gebracht hatte. »Diese kleinen persönlichen Dinge fraßen ihn nach und nach innerlich auf«, sagte mir Sidey in einem Interview. »Sie störten ihn mehr als [Berichte über] Diskussionen über die Schweinebucht oder über seine Maßnahmen bezüglich Berlin.« Bei einer anderen Gelegenheit im Februar 1962 fiel Kennedy über Sidey her, nachdem *Time* eine Klatschgeschichte publiziert hatte, in der – fälschlicherweise – festgestellt wurde, daß der Präsident für ein Titelfoto der Zeitschrift *Gentlemen's Quarterly* einen »tadellos geschnittenen dunkelgrauen Anzug« vorgeführt habe. Sidey, der von dem Beitrag überhaupt nichts wußte, bekam nicht einmal Gelegenheit, sich zu verteidigen. »Er nahm das *Time*-Magazin«, sagte mir Sidey, »warf es auf den Schreibtisch, ging um den Schreibtisch herum, drohte mir mit der Faust und sagte: ›Ihr Mistkerle seid nur darauf aus, mir eins auszuwischen. Ihr bringt diesen Schmutz, diesen persönlichen Schmutz, so oft ihr nur könnt. Ihr wollt meinen Ruf ruinieren. Warum tut ihr mir das an?‹ Und so weiter. Ich hielt meinen Kopf hin, aber ich habe nie etwas deshalb unternommen. Ich meine, es verging einfach wieder. Kennedy wechselte das Thema. Er mußte in dem Augenblick einfach nur Dampf ablassen. Anscheinend nagte etwas anderes an ihm, und auf diese merkwürdige Weise brach es aus ihm heraus.«

Einige Monate später empörten sich die Kennedy-Brüder über ein internes Memorandum der Zeitschrift *Time,* das ihnen in Kopie zugespielt worden war. Darin schilderte Sidey schonungslos eine Silvesterparty 1961 in Palm Beach. Sidey war damals in der Stadt gewesen, er reiste mit dem Pressekorps des Weißen Hauses und benötigte am selben Abend eine offizielle Stellungnahme zu einer außenpolitischen Frage. Er versuchte, Pierre Salinger und seinen Stellvertreter Andrew Hatcher ausfindig zu machen. »Salinger war irgendwohin mit einem Mädchen ausgegangen, das mit ihm weder verwandt noch verschwägert war«, sagte mir Sidey. »Hatcher hatte mit ein paar Fotomodellen einen Trip nach Jamaika unternommen. Niemand war da. Alle waren auf Partys. Ich muß gestehen, daß ich damals das Gefühl hatte, das sei zuviel des Guten und nicht die richtige Weise, das Land zu regieren. Er war der Führer der freien Welt, und wir befanden uns mitten im Kalten Krieg.« Sideys Bericht war nicht zur Veröffentlichung bestimmt, aber er ließ der Chefredaktion in New York eine Notiz zukommen für ein wöchentlich erscheinendes internes Informationsblatt, das als *The Washington Memo* bekannt ist. Wie er mir sagte, enthielt seine Notiz Wendungen wie »seit dem Fall von Rom« und dergleichen. An anderer Stelle zitierte Sidey eine bissige Bemerkung über die Mutter des Präsidenten, die vor der Silvesterparty unter den Berichterstattern aus dem Weißen Haus die Runde gemacht hatte: Wer wird heute abend Rose Kennedys Gigolo sein? Sidey war überzeugt, daß das *Memo* nur in die Hände von Mitarbeitern der *Time* gelangen würde, mußte aber erfahren, daß es mit dem Insiderklatsch routinemäßig auch den Abonnenten der Zeitschrift zugestellt wurde.

Sidey berichtete, irgendwann im April sei er ins Justizministerium bestellt worden, dort habe ihn ein wütender Bobby Kennedy empfangen. »Er hatte diese Notiz, die ich in den Neujahrsferien geschrieben hatte. Ich beging den Fehler, einen kleinen Scherz zu machen. Ihm war nicht nach Scherzen zumute. Er sagte: ›Wenn das Großbritannien wäre oder ein anderes Land, dann würden wir Sie wegen übler Nachrede vor Gericht bringen. Das ist das Schlimmste, was ich jemals gelesen habe, Sidey. Ich war bis heute der Ansicht, Sie seien uns gegenüber fair.‹ Ich sagte: ›Bobby, ich berichte nur über die Stimmung dort – was die Reporter mir erzählen.‹ Es stellte sich heraus, daß er vor allem wegen der Bemerkung über seine Mutter wütend war.« Der Justizminister sei nicht nur ein wenig beunruhigt gewesen, sagte mir Sidey, »er zitterte wie Espenlaub«. Sidey entschuldigte sich später in einem Brief bei Bobby Kennedy dafür, daß er Rose Kennedys Namen ins Spiel gebracht habe. Später habe er von John Seigentaler, einem engen Berater Bobby Kennedys, gehört, daß »er ihn [Kennedy] noch nie wegen einer Sache so wütend erlebt habe, und er glaube nicht, daß er mir das jemals verzeihen würde. Vielleicht hat er es mir ja auch nie verziehen.«[*]

Im Mai 1962 veröffentlichte die rassistische Zeitung *The Thunderbold* aus Alabama, die sich selbst als »Standpunkt des Weißen Mannes« bezeichnete, einen Bericht über die Heirat von Kennedy und Malcolm, ebenfalls gestützt auf Blauvelts Genealogie. Ein weiteres, in Arkansas gedrucktes rassistisches Blatt, *The Winrod Letter,* griff die Story einen Monat später auf. Im September drang das Gerücht bis zur seriösen Presse durch. Das Magazin *Parade,* eine Sonntagsbeilage mit einer großen Leserschaft, rollte die

---

[*] Diese kleine Krise hinderte jedoch die Kennedy-Brüder nicht daran, alles zu versuchen, um Marilyn Monroe für eine Veranstaltung im Madison Square Garden im Mai 1962 anläßlich des 45. Geburtstags des Präsidenten zu gewinnen. Monroe drehte damals für die Filmgesellschaft 20th Century Fox *Something's Got to Give.* Der Film hatte das vorgesehene Budget bereits überschritten und lag hinter dem Zeitplan zurück, vor allem weil sie mehrmals zu spät und unvorbereitet zu den Dreharbeiten erschienen war. Milton Gould, der 1962 bereits ein hochangesehener Anwalt in New York war, wurde gebeten, in den Aufsichtsrat der 20th Century Fox einzutreten und »in der Gesellschaft reinen Tisch zu machen«, wie er sich in einem Interview 1995 erinnerte. Gould beschloß, daß der Präsident nicht nach Gutdünken verfahren durfte: Er wies Monroe an, die Arbeit an dem Film in Hollywood fortzusetzen. Bobby Kennedy rief Gould an und bat ihn, seine Einwände doch fallenzulassen. »Ich sagte: ›Herr Justizminister, das geht nicht. Die Dame hat uns alle möglichen Schwierigkeiten bereitet. Wir liegen weit über dem Budget. Ich kann einfach nicht.‹ ›Seien Sie nicht so stur‹, sagte Bobby.« Gould blieb bei seinem Nein. An einem Punkt sei Kennedy sehr ausfallend geworden, wußte Gould noch: »Ich sagte: ›Vergessen Sie die Sache, wir werden da einfach nicht mitmachen.‹ Er nannte mich ›einen jüdischen Bastard‹ und hängte den Hörer ein.« Bobby Kennedy habe sich für diesen Ausfall »nie entschuldigt«. Marilyn Monroe setzte sich über Goulds Verbot hinweg und flog nach New York; ihr atemberaubender Vortrag von »Happy Birthday« für ihren Liebhaber wurde zu einem unvergeßlichen Ereignis in Kennedys Präsidentschaft. Hugh Sidey war an jenem Abend den Berichterstattern des Weißen Hauses zugeteilt worden und konnte die Darbietung aus nächster Nähe verfolgen. »Es war wahrlich ein sehenswerter Anblick, und wenn ich jemals in den Augen eines Mannes Bewunderung für die Schönheit einer Frau gesehen habe«, sagte mir Sidey, »dann war es in jenem Augenblick in den Augen John F. Kennedys.«

Blauvelt-Story in der beliebten, von Lloyd Shearer geschriebenen Briefkolumne »Walter Scott's Personality Parade« noch einmal auf. Shearers Bericht wies auf die Fehler Blauvelts hin und kam zu dem Schluß, daß Kennedy und Malcolm nie miteinander verheiratet gewesen seien. Aber das Gerücht verbreitete sich damit unter einer größeren Leserschaft.

Der Präsident wandte sich an Ben Bradlee, der zuvor bei den Kennedys in Ungnade gefallen war. Bradlee hatte den Fehler begangen, der Zeitschrift *Look* eine Andeutung zu machen, die prompt in einem Artikel vom August zitiert wurde. Bradlee meinte, daß Kennedys Beziehung zur Presse sich allmählich verschlechtere. Es sei »beinahe unmöglich, eine Geschichte zu schreiben, die ihnen [Jack und Bobby] gefiel«, sagte Bradlee gegenüber *Look*. »Selbst bei einer im Grunde wohlwollenden Geschichte finden sie mit Sicherheit einen Absatz, an dem sie etwas auszusetzen haben.« In einem Interview 1996 sagte mir Bradlee, es sei »dumm« von ihm gewesen, mit *Look* zu sprechen – und die Wahrheit zu sagen. Der Präsident war ganz außer sich. »Verflucht!« zitierte Bradlee seinen Ausbruch, »Ihr Mistkerle! Ihr bekommt vom Weißen Haus mehr als irgend jemand sonst, und das ist der Dank dafür.« Danach habe er ihn zwei oder drei Monate nicht gesehen. »Er reagierte nicht einmal auf einen Anruf.«

Kennedys Schweigen endete im September 1962, als Bradlee einwilligte, dem Weißen Haus dabei behilflich zu sein, die Geschichte um die Ehe mit Durie Malcolm ein für allemal aus der Welt zu schaffen. Kennedy war sich sicher gewesen, daß Bradlee zustimmen würde. In seinem Buch *Conversations with Kennedy* gibt Bradlee den neuen Vorstoß, die Geschichte als Fälschung zu entlarven, als seine Idee aus: »Ich hatte den Eindruck, *Newsweek* könnte als erstes mit der Geschichte herauskommen, wenn wir uns richtig reinknieten und uns die Hetzblätter vornahmen ... Ich ging mit diesem Vorschlag zu Salinger, sagte ihm aber, daß ich eine brauchbare Dokumentation des FBI über den Charakter der Organisation und die Menschen dahinter benötigte, die die Blauvelt-Story verbreiteten.« Clark Clifford gibt in seinen Memoiren eine andere Darstellung der Ereignisse: »Um die Story zu ›kontrollieren‹, forderte er seinen engsten Freund aus dem Pressekorps,

Benjamin Bradlee, auf, ... die Geschichte in der Form eines falschen Gerüchtes zu drucken, das aufgedeckt, widerlegt und hoffentlich für immer begraben würde. Auf die Bitte des Präsidenten hin schilderte ich Ben meinen Anteil an der Sache.«*

Bradlee schreibt in seinen Memoiren, ein paar Tage später habe ihn Pierre Salinger mit folgendem Vorschlag angerufen: »Falls ich einwilligte, dem Präsidenten die fertige Story vorzulegen, und falls ich meinen Hintern nach Newport bewegen würde, wo er gerade Urlaub machte, dann würde er ein Päckchen mit den wichtigen FBI-Dokumenten in einem Motel in Newport für mich deponieren ... Ich dürfe auf keinen Fall durchblicken lassen, daß ich Zugang zu FBI-Akten erhalten hatte.« Er habe die Sache mit der Chefredaktion der Zeitschrift durchgesprochen, so Bradlee weiter, »und dann beschlossen wir mitzumachen, obwohl wir nur ungern irgend jemandem, und wenn es der Präsident der Vereinigten Staaten war, das Recht einräumten, einen unserer Artikel abzusegnen.«

Es gab noch einen weiteren Grund, wie Bradlee schreibt: »Ich wollte, daß wir wieder Freunde waren. Mir fehlte natürlich der Zugang zu seinem Kreis, aber mir fehlten ebenso sein Lachen und seine Herzlichkeit.« In seinem Interview mit mir bezeichnete Bradlee die FBI-Akte als eine Enttäuschung. »Sie enthielt einige vertrauliche Dokumente, nicht sehr viele, aber ein paar. Das meiste waren [Zeitungs-]Ausschnitte.« Er und ein Kollege »fuhren zu einem Motel in Newport, die Dokumente wurden uns um fünf Uhr nachmittags ausgehändigt, und wir gaben sie am nächsten Morgen um neun Uhr wieder zurück. Ich hatte den Präsidenten lange Zeit nicht gesehen. Ich ging rein, um ihm die Story zu zeigen, und

---

* Im Jahr 1972 wurde Bradlee als verantwortlicher Redakteur der *Washington Post* für die glänzende Berichterstattung der Zeitung über Watergate berühmt. In seiner Beziehung zu Jack Kennedy schien er nie genau gewußt zu haben, wo die Grenze zwischen dem Journalisten, dem Freund und dem Wahlkampfberater verlief. »Zur Debatte stand damals und später«, räumte Bradlee in dem Anfangskapitel seiner Memoiren ehrlicherweise ein, »die Frage, die uns beide plagte: Wer war ich nun wirklich? Ein Freund oder ein Journalist? Ich wollte beides sein. Und während ich glaubte, daß Kennedy meine Freundschaft schätzte – ich brachte ihn zum Lachen, ich verschaffte ihm den kostbaren Kontakt zu der Welt draußen, von der er nun abgeschlossen war –, so schätzte er meine Arbeit als Journalist am meisten, wenn sie gute Publicity für ihn brachte.«

er sagte: ›Oh, hallo.‹ Genau so. Er warf einen Blick auf die Story und gab sie mir einfach zurück.«

Bradlees Beitrag wurde am 24. September 1962 in *Newsweek* veröffentlicht. Er entlarvte die Gerüchte ebenso wie die Hetzgruppen und die Klatschkolumnisten, die sie weiterverbreiteten. Die Zeitungen und Magazine, die sich geweigert hatten, etwas Derartiges zu publizieren, wurden ausdrücklich gelobt. »Scharen von Reportern haben schon unabhängig voneinander an der Story gearbeitet, bevor nur ein Wort gedruckt wurde, und sie haben keinen Hinweis gefunden, der Blauvelts Behauptung untermauern würde«, so wie sie in seiner Genealogie enthalten war. »Verantwortungslose Gruppen drucken hingegen bis zum heutigen Tag, was von Blauvelt behauptet wurde, und versetzen den Präsidenten damit in eine Lage, in der er immer den kürzeren ziehen muß, ob er die Geschichte leugnet oder nicht.«

Bradlees Story wurde in der *Washington Post* ungekürzt nachgedruckt und von Zeitungen rund um die Welt zitiert. Die *Time* fügte in ihrem Bericht ein Dementi der schwer auffindbaren Durie Malcolm hinzu, ihr erstes. Die Reporter stöberten sie in Italien im Urlaub mit ihrem Mann Thomas Shevlin auf. »Das ist absolut falsch und lächerlich«, wurde sie zitiert. »Ich kenne die Familie des Präsidenten gut und ihn seit langem. Vor Jahren traf ich ihn in Palm Beach und ging einmal mit ihm und seiner Familie zu einem Spiel in der Orange Bowl in Miami. Seither habe ich ihn kaum noch gesehen.«

Bradlees Geschichte habe ihren Zweck erfüllt, bemerkt Clark Clifford in seinen Memoiren. »Genau wie die Kennedys gehofft hatten, ... kaum war die Sache öffentlich als Lüge entlarvt, da schrumpfte sie sich auf eine seltsame Fußnote der Legende um Kennedy zusammen. Ich bin bis heute überzeugt, daß es sich bei der ganzen Affäre um nichts weiter handelte als um die Folgen des Irrtums eines alten Mannes, der zu sorglos mit den Fakten gewesen war.«

Ben Bradlee wurde im Weißen Haus wieder gnädig aufgenommen. Seine Verbannung war schmerzlich gewesen. »Von einem regelmäßigen Kontakt«, schreibt er in *Conversations with Ken-*

*nedy,* »einmal und gelegentlich zweimal die Woche zum Dinner im Weißen Haus, und nach Bedarf Telefonanrufe von beiden Seiten, ging es runter auf überhaupt keinen Kontakt.« Am 6. November 1962 notierte er: »Vielleicht geht das Exil zu Ende. Jackie hat Tony [Bradlees Frau] heute zum Tennis ins Weiße Haus eingeladen und dann die Kinder aufgefordert, zum Fernsehen und zum Abendessen hinüberzukommen. Kurz bevor sie gingen, versammelte sich die ganze Bande ... vor dem Arbeitszimmer des Präsidenten, schrie, brüllte und lutschte an ihren Lollys.« Drei Tage später wurden die Bradlees zu einem Tanz eingeladen. Der Präsident habe ein langes Gespräch mit Tony geführt, schreibt Bradlee, »über die Schwierigkeit, der Freund von jemandem zu sein, der alles Wissen immer gleich in die Zeitung trägt. Es herrscht wieder eitel Sonnenschein.«

# 20

# Die Kubakrise

In der Kubakrise im Oktober 1962 erlebte John F. Kennedy seinen größten Triumph als Präsident. Unter den Augen der Weltöffentlichkeit standen die Vereinigten Staaten und die Sowjetunion am Rande eines Atomkrieges. Man hatte Nikita Chruschtschow auf frischer Tat ertappt, wie er Fidel Castro mit sowjetischen Atomraketen versorgte. In der Konfrontation mit dem stahlharten jungen US-Präsidenten gab er klein bei und erklärte sich zum Abzug der Raketen bereit. »Wir stehen uns Auge in Auge gegenüber«, sagte der amerikanische Außenminister Dean Rusk auf einer Krisensitzung, »und ich glaube, unser Kollege hat gerade geblinzelt.« Dieser weltweit zitierte Ausspruch schien den amerikanischen Sieg auf den Punkt zu bringen. Jack Kennedy faßte die Sache im Gespräch mit Freunden auf seine eigene Weise zusammen: »Ich habe ihm die Eier abgeschnitten.«

Auf dem Höhepunkt der Krise mobilisierte Kennedy eine riesige Streitmacht von Menschen und Kriegsmaterial, die bereit war, Kuba anzugreifen und damit vielleicht einen atomaren Holocaust auszulösen. Seit der Invasion in der Normandie waren nicht mehr so viele Fallschirmjäger aufgeboten worden. Nach Schätzungen des Pentagon würden in den ersten zehn Tagen der Gefechte 18 500 Amerikaner getötet oder verwundet. Für die Flotte von B-52- und B-47-Bombern des Strategischen Luftkommandos sowie für 172 ballistische Interkontinentalraketen wurde DEFCON 2 angeordnet, die höchste militärische Alarmstufe vor dem Eintritt in einen umfassenden Krieg. In den nächsten dreißig Tagen war jeder achte Bomber rund um die Uhr in der Luft und dazu bereit, verheerende Nuklearwaffen auf Ziele in Kuba und der Sowjetunion abzuwerfen. Die 579 Kampfflugzeuge des Taktischen Luftkommandos der Luftwaffe erhielten die Anweisung, in den ersten 24 Stunden der Invasion 1190 Kampfeinsätze zu fliegen. Im ganzen südlichen Florida und auf einem britischen Stützpunkt auf den Bahamas wurden Flugbenzin und anderer wichtiger Nachschub bereitgestellt. Mehr als 100 000 kampfbereite Infanteriesoldaten waren zu Häfen an der Ostküste abkommandiert worden, nur wenige Stunden von Kuba entfernt. Unterstützt von 40 000 Marines, bezog eine riesige Flotte in internationalen Gewässern in der Karibik und im Südatlantik Stellung, jederzeit gefechtsbereit. Die amerikanische Kriegsmaschinerie befand sich, wie später veröffentlichte militärische Dokumente zeigten, in der »höchsten Stufe der Kampfbereitschaft« und wartete nur auf das Signal des Weißen Hauses zum Losschlagen. Offenbar brachten die Entschlossenheit des Präsidenten und seine Machtdemonstration den Sieg.

Kennedy erntete nicht nur für den augenfälligen Triumph Beifall und Bewunderung, sondern auch für sein gelassenes und selbstsicheres Verhalten, das er zwischen der Entdeckung der Mittelstreckenraketen auf Kuba am 15. Oktober und Chruschtschows öffentlicher Kapitulation am 28. Oktober an den Tag legte. »Gerade diese Kombination von Härte und Zurückhaltung, von Willenskraft, Nerven und Weisheit, so brillant kontrolliert und so unvergleichlich abgestimmt, war es«, schreibt Arthur Schlesinger in *Die tausend Tage Kennedys*, »die in der Welt solche Bewunderung erregte ... Diese dreizehn Tage jedoch hinterließen in der Welt – sogar in der Sowjetunion – den Eindruck seiner Entschlossenheit und eines Verantwortungsbewußtseins der Vereinigten Staaten im Gebrauch der Macht, die, wenn sie erhalten blieben, tatsächlich eine Wende in der Geschichte der Ost-West-Beziehungen herbeiführen konnten.«

In den kommenden 35 Jahren enthüllte eine Fülle von Beweismaterial – darunter veröffentlichte Memoiren, Interviews und freigegebene Unterlagen aus sowjetischen Archiven –, daß vieles nicht stimmte, was die Kennedy-Regierung zum damaligen Zeitpunkt, offiziell wie inoffiziell, über die Krise verlauten ließ. Die größte Täuschung – die noch immer die historische Wahrheit dieser dreizehn Tage verzerrt – betraf die Entschlossenheit von Jack und Bobby Kennedy, ihre Machenschaften zur Beseitigung Fidel Castros und zum Sturz seines Regimes zu verheimlichen. Die amerikanische Öffentlichkeit wurde nicht darüber unterrichtet, was der KGB und Nikita Chruschtschow längst wußten. Noch beunruhigender ist, daß viele US-Regierungsbeamte, die zum Krisenstab des Präsidenten gehörten, dem sogenannten Exekutivkomitee (»Ex Comm«), von Edward Lansdales Operation Mongoose und Bill Harveys Task Force W nichts wußten – nichts »zu wissen brauchten«. Kennedy wagte es nicht, die ganze Wahrheit über die sowjetischen Raketen in Kuba zu erzählen, denn genau seine Politik hatte dazu geführt, daß die Waffen dort stationiert wurden.

Jahrelang haben Historiker und Journalisten die Frage erörtert, ob Chruschtschow mit der heimlichen Aufstellung seiner Raketen hauptsächlich Kuba schützen wollte, wie er behauptete, oder ob er einfach versuchte, das strategische Gleichgewicht der Mächte zu verschieben, wie Kennedy behauptete. Doch was auch immer Chruschtschows ausschlaggebendes Motiv gewesen sein mag, die Kennedy-Brüder begriffen jedenfalls, daß der permanente Druck ihrer Regierung auf Castro dem sowjetischen Ministerpräsidenten die Gelegenheit und die politische Grundlage für sein Spiel in Kuba gegeben hatte. Mit der Aufstellung der Raketen bekräftigte Chruschtschow den Status seines Landes als Supermacht. Die Sowjetunion besaß U-Boote, von denen aus Atomraketen auf New York, Washington und andere große amerikanische Städte abgefeuert werden konnten; für die politisch Verantwortlichen in den USA zählte die Bedrohung durch Raketen und nicht der Umstand, ob sie von See aus oder von einer rund 170 Kilometer vor der Küste liegenden Insel abgeschossen wurden. Nur wenige Menschen in Washington glaubten ernsthaft, daß ein paar Dutzend ballistische Raketen auf Kuba die Grundstruktur des Kräfteverhältnisses verändern könnten: Die Sowjetunion lag gegenüber den USA hoffnungslos zurück. Ende 1962 enthielt Amerikas Arsenal 3000 Atomsprengköpfe und fast 300 Raketenabschußrampen – deutlich mehr als die 250 Atomsprengköpfe (die auf Kuba mitgezählt) und schätzungsweise 24 bis 44 Abschußrampen der Sowjetunion.

Die Aufmerksamkeit, die der mit großem publizistischem Aufwand demonstrierten Einsatzbereitschaft der Regierung zukam, lenkte von einer anderen wichtigen Tatsache ab: Im Verlauf der Krise unternahm die Sowjetunion auf ihrem eigenen Territorium keinerlei militärische Schritte. Die mit Flüssigtreibstoff betriebenen Abschußvorrichtungen der sowjetischen Interkontinentalraketen (ICBM), die erst nach Stunden für einen Start genutzt werden konnten, wurden nicht vorbereitet, die Reservestreitkräfte wurden nicht mobilisiert. Es gab keine Drohungen gegenüber Berlin.

Doch die Krise war da, und Chruschtschow hatte sie ausgelöst, zumindest sah es so aus. Bei der Entscheidung, Raketen nach Kuba zu bringen, verhielt sich der sowjetische Ministerpräsident sogar noch dreister, als es die Geschichtsbücher darstellen. Im Sommer und Herbst 1962 versicherte er wiederholt über Georgi Bolschakow und andere Kanäle dem Präsidenten, der laufend durch Geheimdienstberichte über den Aufbau der Raketen auf Kuba informiert wurde, es würden keine Raketen nach Kuba gebracht.

Angesichts politischer und privater Schwierigkeiten in jenem Herbst entschied sich Jack Kennedy, Chruschtschows Beteuerungen mehr Glauben zu schenken als den Berichten seines eigenen Geheimdienstes. Seine Regierung hatte in den ersten beiden Jahren im Kongreß nur wenig erreicht, und er wollte, daß bei den Kongreßwahlen in der Mitte seiner Amtszeit, am 6. November 1962, mehr Demokraten gewählt würden. Mehr Demokraten im Kongreß bedeuteten, daß der Präsident mehr Gesetzesvorhaben durchbringen konnte, und das würde seinen Chancen auf eine Wiederwahl 1964 erheblich verbessern. Eine neuerliche Krise um Kuba würde die Erinnerung an die Schweinebucht wachrufen und den Republikanern ein großes außenpolitisches Thema in die Hände spielen.

Innenpolitisch hatten sich die Republikaner schon an den Bürgerrechten festgebissen. Ende September stand der zögernde Präsident, auf Drängen seines Bruders, eine weitere blutige Auseinandersetzung zwischen Schwarzen und Weißen im Süden der USA durch. Und er machte den ganzen Einfluß der Bundesregierung geltend, damit ein schwarzer Student namens James Meredith, sich an der Universität von Mississippi einschreiben konnte. Die meisten Amerikaner, erfuhr Kennedy von seinen Meinungsforschern, seien von der Brutalität der Sheriffs in den Südstaaten abgestoßen und stünden offenbar hinter ihrem Präsidenten. Keiner konnte jedoch vorhersagen, ob sich die Unterstützung in Wählerstimmen für die Demokraten niederschlagen würde.

Am Morgen des 16. Oktober erfuhr der Präsident, daß Chruschtschow ihn hinsichtlich der Raketen auf Kuba systematisch belogen hatte, und all seine Hoffnungen für die Wahlen 1962 und 1964 waren bedroht. Wieder einmal sah sich Kennedy mit der Aussicht konfrontiert, von Kuba bezwungen und gedemütigt zu werden, auf die gleiche Weise, wie Nikita Chruschtschow auf dem Gipfeltreffen in Wien mit ihm verfahren war. Vielleicht wäre eine Lösung auf diplomatischem Weg zu erreichen gewesen: Der Präsident hätte den sowjetischen Premierminister persönlich mit den Beweisen für seine Hinterlist konfrontieren und ihn zu einem Abzug der Raketen in aller Stille zwingen können.

Kennedy jedoch war nach wie vor von Kuba besessen, und so mußte diesmal Chruschtschow die Demütigung hinnehmen. In den folgenden dreizehn Tagen mied der Präsident diplomatische Kontakte und spielte leichtfertig mit einem Atomkrieg, ohne alle Fakten zu kennen. Erstmals in seiner Präsidentschaft betrieb Kennedy eine Außenpolitik, in der die Unbesonnenheit zum Ausdruck kam, die sein Privatleben prägte, aber auch seine Überzeugung, daß die üblichen Regeln für ihn nicht galten. Am 27. Oktober, auf dem Höhepunkt der Krise, als Kennedy nach den Abschuß eines amerikanischen Spionageflugzeugs die Kontrolle über den weiteren Verlauf der Ereignisse zu entgleiten drohte, war er gezwungen, einen Kompromiß zu suchen. Und er mußte auf Chruschtschows gesunden Menschenverstand und seine Furcht vor einem nuklearen Krieg vertrauen, nur so konnte ein Konflikt der Supermächte vermieden werden. Wieder einmal wandte sich der Präsident in einem Augenblick größter Gefahr an Bobby Kennedy, seinen Beschützer, damit der ihm heraushalf.

Kennedy brachte die Welt an den Rand eines Atomkriegs, nur

um einen politischen Sieg zu erringen: Er wollte einen Gegner demütigen, der zuvor ihn gedemütigt hatte. Doch der Öffentlichkeit erzählte man – und sie glaubte es auch –, daß der tapfere junge Präsident in der Kubakrise einen Sieg davongetragen habe, weil er in den Verhandlungen hart aufgetreten sei. Die scheinbaren Lehren aus der Kubakrise verfolgten die politischen Entscheidungsträger der USA bei den Friedensverhandlungen mit Nordvietnam wie ein Schatten, und sie hätten es den Präsidenten Lyndon Johnson und Richard Nixon erschwert, einen Kompromiß zu akzeptieren – wenn sie sich für einen Kompromiß entschieden hätten. Statt dessen setzten sie einen Krieg fort, der das Leben von Tausenden Amerikanern und Millionen Asiaten forderte.

Hier soll die Geschichte der Kubakrise neu erzählt werden, und diesmal stehen die beiden im Herbst 1962 mächtigsten Männer Washingtons im Mittelpunkt, die beiden Männer, die alle Geheimnisse kannten.

Im Mai 1962 entschloß sich Nikita Chruschtschow zu dem riskantesten Schritt seiner Politikerkarriere: Er ließ heimlich sowjetische Atomraketen auf Kuba stationieren – die erste Aufstellung derartiger Waffen außerhalb des eurasischen Raums.

Dies hatte sicher auch einen strategischen Grund. Im Jahr zuvor hatte sich Präsident Kennedy über Kritik Chruschtschows und Bedenken seiner eigenen Berater hinweggesetzt und zugestimmt, fünfzehn mit Atomsprengköpfen augerüstete Jupiter-Raketen mittlerer Reichweite in der Türkei einsatzbereit zu machen, am Schwarzen Meer direkt gegenüber von Rußland. Die Waffen waren 1959 auf Anweisung Präsident Eisenhowers in die Türkei verlegt worden, allerdings bis zur Amtsübernahme der Regierung Kennedy nicht einsatzbereit. Chruschtschow, der ein Sommerhaus in Georgien besaß, war über die Aufstellung der Raketen erbost. Häufig bat er Gäste, besonders Amerikaner, mit Ferngläsern einen Blick über das Meer zu werfen. Wenn sie ihn dann fragten, was es da zu sehen gebe, antwortete er: »US-Raketen in der Türkei, die auf meine Datscha zielen.« Sowjetische Raketen auf Kuba konnten das Gleichgewicht der Kräfte wohl nicht grundsätzlich verändern, aber sie bedrohten Dutzende amerikanischer Städte unmittelbar.

Durch die Raketen wurde der junge Präsident auch daran erinnert, daß die Sowjetunion darauf bestand, als gleichberechtigte Supermacht behandelt zu werden. Zwischen Washington und Moskau gab es viele internationale Probleme, die einer Lösung bedurften: die Forderung der Amerikaner nach ungehindertem Zugang nach West-Berlin, das verstärkte Engagement der Amerikaner in Südvietnam und die Entscheidung des Weißen Hauses, mit eigenen oberirdischen Atomtests auf die Wiederaufnahme sowjetischer Atombombenversuche zu reagieren.

Ein zweiter Grund war die Bedrohung Kubas durch die USA. Die Operation Mongoose und die heimlich verfolgten Mordpläne der Amerikaner gegen Castro hatten Kuba noch weiter in die schützenden Arme Moskaus getrieben. So hatte Moskau seit Mitte des Jahres 1960 Waffen und anderes Kriegsmaterial im Wert von rund 250 Millionen Dollar geliefert. Das Weiße Haus reagierte mit Einschüchterungsversuchen. Im April 1962 brachte der Präsident das Prestige seines Amtes für die anti-kubanischen Bestrebungen zur Geltung, als er nach Norfolk in Virginia flog und ein großes Militärmanöver beobachtete: Etwa 40000 Mann übten eine amphibische Landung an den Stränden von North Carolina und vor der zu Puerto Rico gehörenden Insel Vieques, weniger als achtzig Kilometer von Kuba entfernt. Aleksandr Fursenko und Timothy Naftali, die Zugang zu den sowjetischen Archiven hatten, zogen in ihrer 1997 veröffentlichten Untersuchung der Kubakrise, *One Hell of a Gamble* (Ein verdammt großes Wagnis), das Fazit, Chruschtschow sei in den ersten Monaten des Jahres 1962 »zu der Überzeugung« gelangt – wie ihn der Präsident auch glauben machen wollte –, daß »John F. Kennedy vorbereitet war, Kuba anzugreifen«. In seinen 1970 veröffentlichten Memoiren schrieb Chruschtschow, er behaupte nicht, daß die Sowjets einen Beweis dafür in den Händen gehabt hätten, daß die Amerikaner eine zweite Invasion Kubas (nach der Schweinebucht) vorbereiteten. Ein solcher Beweis sei gar nicht nötig gewesen. »Wir kannten den Klassenstandpunkt und die dadurch bedingte Blindheit der Vereinigten Staaten, und deshalb waren wir auf das Schlimmste gefaßt.«

Um die Raketenaufstellung geheim zu halten, vertraute Chruschtschow auf Georgi Bolschakow und nutzte die Faszination der

Kennedy-Brüder für geheime Kanäle. Im Juli 1962 trafen sich Bolschakow und Bobby Kennedy laut Fursenko und Naftali mindestens sechsmal. Einmal wies Bolschakow darauf hin, daß Washington bessere Beziehungen zu Moskau haben könnte, wenn es die Luftüberwachung der sowjetischen Schiffahrt in internationalen Gewässern stoppte. Solches Überfliegen stelle eine »Belästigung« dar, erklärte Bolschakow den ahnungslosen Kennedys, die weiterhin wegen Berlin besorgt waren. Ende Juli wurde Bolschakow zu einem inoffiziellen Treffen mit beiden Kennedys ins Oval Office eingeladen. Dort erklärte sich der Präsident scheinbar einverstanden – so dachten zumindest die Sowjets –, die amerikanische Überwachung der sowjetischen Schiffahrt einzuschränken, wenn Chruschtschow die Berlinfrage »auf Eis« lege. Aus sowjetischen Unterlagen ist ersichtlich, daß Bolschakow Anfang August ermächtigt wurde, John Kennedy mitzuteilen, Chruschtschow sei »zufrieden mit der Anweisung des Präsidenten, die US-Kontrollflüge über sowjetischen Schiffen auf hoher See zu reduzieren«. Dennoch gibt es keinen Anhaltspunkt, daß die Überwachung erheblich eingeschränkt wurde. Die amerikanischen Geheimdienste konnten Ende August 1962 darüber berichten, daß in diesem Monat 55 Schiffe in Kuba angelegt hatten – viermal so viel wie im August des Vorjahres.

In den letzten Sommerwochen zirkulierten in Washington die ersten Geheimdienstberichte über sowjetische Boden-Luft-Raketen, und über die inoffiziellen Kanäle verstärkte Chruschtschow seine Manipulationen, um die Kennedys zu täuschen. Am 6. September überbrachte der neue sowjetische Botschafter in Washington, Anatolij Dobrynin, den Brüdern die Zusicherung Chruschtschows, es werde »vor den amerikanischen Kongreßwahlen nichts unternommen, was die internationale Lage komplizieren und die Spannungen zwischen unseren beiden Ländern verschärfen könnte«. Die Zusicherungen der Sowjets hätten zu keinem besseren Zeitpunkt erfolgen können. Der New Yorker Senator Kenneth Keating, ein prominenter liberaler Republikaner, hatte dem Präsidenten öffentlich Tatenlosigkeit vorgeworfen und kritisiert, daß er Erkenntnisse über den Umfang der sowjetischen Raketenstationierung auf Kuba unterdrücke. Georgi Bolschakow, auf

Heimaturlaub in Moskau, wurde zu Chruschtschow zitiert und instruiert, dem Präsidenten durch Bobby Kennedy mitzuteilen, daß die Sowjetunion Kuba nur mit Waffen für »Verteidigungszwecke« versorge.

Im Sommer und Herbst nutzte Chruschtschow den inoffiziellen Kanal fraglos, um die Amerikaner irrezuführen, doch offenbar war er vorsichtig und vermied ausdrückliche Lügen. Während der gesamten Kubakrise und noch über Jahre danach bestand er darauf, die sowjetischen Raketen auf Kuba hätten defensiven Charakter – genau wie die amerikanischen Politiker die Jupiter-Raketen in der Türkei als »abschreckend« und »defensiv« bezeichneten.

Auf den Titelseiten der Zeitungen war Kuba erneut das Hauptthema, und das Weiße Haus sah sich gezwungen, eine Erklärung abzugeben, nach der es keine Hinweise auf ballistische Raketen auf Kuba oder »auf irgendein bedeutendes Angriffspotential gibt, weder in den Händen der Kubaner noch unter sowjetischer Führung und Anleitung«. Auf einer Pressekonferenz am 13. September setzte der Präsident seine Glaubwürdigkeit aufs Spiel, als er verlauten ließ, sollte sich erweisen, daß die Sowjetunion Kuba mit offensiven Waffen ausgerüstet habe, werde »dieses Land tun, was getan werden muß, um die eigene Sicherheit und die seiner Verbündeten zu schützen«.

Zu diesem Zeitpunkt erhielt der Präsident kontinuierlich Telegramme und Berichte von CIA-Direktor John McCone, denen zufolge sowjetische Raketen für Angriffszwecke, die Atomsprengköpfe tragen konnten, in Kuba eintrafen. Ausdrückliche Warnungen liefen vom 22. August an ein, als McCone Kennedy mitteilte, was er auf den Besprechungen zur Operation Mongoose seit zwei Wochen erläuterte: Die CIA hatte von ihren Informanten auf Kuba erfahren, daß sowjetische SAM-Raketen auf dem Seeweg nach Kuba gebracht wurden. Nach einer 1996 freigegebenen Zusammenfassung der CIA sagte McCone, es sei anzunehmen, daß die Sowjetunion im nächsten Schritt ballistische Raketen mittlerer Reichweite stationieren werde. Nach dem 1992 von der CIA veröffentlichten Memorandum McCones über die Besprechung warf Kennedy ausdrücklich die Frage auf, was man »gegen sowjetische Raketenstellungen auf Kuba tun« könne. Der Zusammenhang zwischen den Jupiter-Raketen in der Türkei und den sowjetischen Raketen wurde ebenfalls erörtert: »McCone stellte den Wert der Jupiter-Raketen in Frage ... McNamara pflichtete bei, daß sie nutzlos seien, meinte aber, daß es aus politischen Gründen problematisch wäre, sie abzuziehen.« McCone verband seine aggressive Informationspolitik mit aggressiven Empfehlungen für eine sofortige amerikanische Invasion Kubas mit ausreichender Truppenstärke, »damit das Land besetzt, das Regime zerschlagen, die Bevölkerung befreit und auf Kuba ein friedlicher Staat errichtet wird«.

Im September führte McCone seine Berichterstattung im gleichen Stil weiter und schickte Kennedy eine Reihe von nur für ihn und andere hochrangige Regierungsbeamte bestimmten Warnungen: »Ein offensiver sowjetischer Stützpunkt auf Kuba würde die Position der Sowjets in allen anderen kritischen Regionen stärken. Sie könnten deshalb versucht sein, ein unerwartet hohes Risiko in Kauf nehmen, um eine solche Position zu erreichen.« Der CIA-Direktor bestand darauf, Aufklärungsflüge mit U-2-Maschinen über Kuba durchzuführen; solche direkten Flüge über der Insel waren seit August wegen befürchteter Abschüsse eingeschränkt worden.

McCones Erkenntnisse und seine Ansichten, die er beharrlich den für die nationale Sicherheit zuständigen Regierungsangehörigen aufdrängte, brachten Jack Kennedy und seinen Bruder in eine Zwangslage. Anfang Oktober, einen Monat vor den Kongreßwahlen, teilte Bolschakow Bobby Kennedy erneut mit, daß die nach Kuba verschifften Waffen »defensiven Charakter« hätten. Der Präsident entschied sich, nicht dem CIA-Direktor, sondern Georgi Bolschakow Glauben zu schenken und ordnete an, bis zum 9. Oktober keine weiteren U-2-Flüge über Kuba durchzuführen. Dies war ein Fehler des Präsidenten, doch letztlich hatte McCone dafür die Konsequenzen zu tragen.

In *Thirteen Days* (dt.: *Dreizehn Tage. Die Verhinderung des 3. Weltkrieges durch die Brüder Kennedy*, 1969), Bobby Kennedys postum veröffentlichten Erinnerungen an die Kubakrise, erweckte er den Anschein, als habe es McCones Interventionen nie gegeben. Als das Buch erschien, war in der Öffentlichkeit nichts von McCones Berichten über die Raketen bekannt. »Chruschtschow hatte uns irregeführt, aber auch wir selbst hatten uns getäuscht«, schreibt Kennedy. Ohne auf Senator Keatings offizielle Erklärungen einzugehen, fügt er hinzu: »Kein Regierungsbeamter hatte Präsident Kennedy jemals die Vermutung nahegelegt, daß die russischen Hilfsoperationen in Kuba auch Raketenlieferungen einschließen könnten.« In seiner mündlichen Schilderung für die Kennedy Library, die der Öffentlichkeit erst 1988 in voller Länge zugänglich gemacht wurde, beharrte Kennedy erneut darauf, daß McCone seinen Bruder wegen der sowjetischen Raketen nicht gewarnt habe. Er beschuldigte den CIA-Direktor des schlimmsten Vergehens innerhalb des Weißen Hauses: der Illoyalität. »Ihn zeichnet nicht die Loyalität beispielsweise eines Bob McNamara aus«, sagte Kennedy. »Er ist sehr vorsichtig, was seine eigene Position angeht. Das ist der Grund, warum er so viele Jahre in Washington politisch überleben konnte ... Wir wußten alle, daß John McCone mit seiner Version [er habe den Präsident über die Raketen aufgeklärt] bei den Senatoren und Kongreßabgeordneten hausieren ging. Er tat das, weil es ihm aus der Klemme half. Wer war in erster Linie dafür verantwortlich, daß wir nicht schon früher von den Raketen auf Kuba erfuhren? Die CIA. Er wollte das nicht auf seine Kappe nehmen.«

Der erste Flug einer U-2 verlief erfolgreich, und die Geheimdienste benachrichtigten am Abend des 15. Oktober McGeorge Bundy, daß es jetzt fotografisches Beweismaterial über einen sowjetischen Stützpunkt mit ballistischen Raketen gebe. Der Präsident wurde am folgenden Morgen unterrichtet und gab die schlechten Neuigkeiten sofort weiter.* Bobby Kennedy hatte kurz darauf eine

---

* Bundy erklärte in seinen wiederholten Stellungnahmen zur Kubakrise in den folgenden Monaten, daß er Kennedy die Informationen nicht sofort mitgeteilt habe, weil der Präsident den Tag zuvor Wahlkampf geführt hatte und erschöpft schien. Später meinte er schriftlich gegenüber Kennedy: »Ich entschied, daß ein ruhiger Abend und eine durchgeschlafene Nacht in Anbetracht dessen, was in den kommenden Tagen vor Ihnen liegen würde, die beste Vorbereitung für Sie wäre.« Bundy gab diese Erklärung ab, nachdem ein Magazin Anfang 1963 die Rechtmäßigkeit seiner einseitigen Entscheidung, den Präsidenten in einer solch wichtigen Angelegenheit nicht sofort zu verständigen, in Frage gestellt hatte. Bundy formulierte seine schriftliche Erklärung offensichtlich pro forma. Wie wir bereits gesehen haben, gab es im Weißen Haus unter Kennedy häufig die Situation, daß der Präsident – nach Aussagen des Secret Service – selbst mit dringlichsten politischen Angelegenheiten nicht gestört werden konnte.

Verabredung mit Richard Helms von der CIA. »Dick, stimmt das? Ist das wahr?« fragte er. Jahre danach beschrieb Helms dem Journalisten Richard Reeves die Szene. Er habe Bobbys Frage bejaht. »Scheiße!« entfuhr es daraufhin dem Justizminister.

Bobby und sein Bruder waren überzeugt, daß sie Chruschtschow über die geheimen Kanäle hintergangen hatte. In der Kennedy Library sind keine Notizen oder Aufzeichnungen vorhanden, die Einblicke in die Gedanken des Präsidenten gewähren, doch seine Schritte in den nächsten Tagen scheinen sehr klug durchdacht. McCone und die Militärs aus dem Pentagon machten einige wütende Bemerkungen, daß sie doch genau dies gesagt hätten. Sie plädierten – wie vorherzusehen war – für sofortige Luftangriffe und eine Invasion mit Bodentruppen, um die Raketenstellungen zu zerstören. Niemand mußte im Weißen Haus unter Präsident Kennedy um Karriere und Ansehen fürchten, wenn er Härte zeigte und militärische Aktionen befürwortete. Der Präsident handelte rasch, damit er die Kontrolle über seinen Stab behielt und Forderungen der Republikaner abschmettern konnte, das Versagen des Geheimdienstes in Kuba durch den Kongreß untersuchen zu lassen. Jack Kennedy wollte keinesfalls, daß die Republikaner anfingen, Fragen zu stellen, was der Präsident wußte und wann er es erfahren hatte.

Kennedys erster Schritt war die Einberufung eines Exekutivkomitees, die Auswahl von Insidern und Außenstehenden für die Mitarbeit und die Verfügung, daß alle Beratungen absolut geheim bleiben sollten. Er setzte den Mitgliedern des Exekutivkomitees ein Ziel: die sowjetischen Raketen auf Kuba mußten verschwinden, entweder mit Hilfe einer Blockade der sowjetischen Schifffahrt oder mit noch drastischeren Maßnahmen. So schirmte Kennedy mit einem Streich die Personen ab, die offiziell Vorwürfe gegen seine Amtsführung erheben konnten, und zwang sie, dies hinter verschlossenen Türen zu diskutieren; gleichzeitig kümmerte er sich mit seinem Bruder darum, doch noch einen politischen Vorteil aus dem Schlamassel mit Kuba herauszuholen, in den sie ihre Obsession geführt hatte. Die Mitglieder des Exekutivkomitees, darunter Minister aus dem Kabinett und politische Honoratioren wie der frühere kompromißlose Außenminister Dean

Acheson und der New Yorker Rechtsanwalt und Finanzfachmann Robert A. Lovett, planten eifrig Luftangriffe und Invasionen. Doch die wirklichen Entscheidungen wurden an anderer Stelle getroffen. Die amerikanische Öffentlichkeit erfuhr nach dem Willen des Präsidenten erst nach sechs Tagen von der Kubakrise. Obwohl es eine undichte Stelle gab, wußte auch die Sowjetunion bis dahin nicht, daß ihre Raketen entdeckt worden waren. So blieb Jack Kennedy Zeit, in geheimen Beratungen mit seinem Bruder den nächsten Schritt zu erwägen.

Präsident Kennedy war skeptisch, ob Lansdale und Harvey die richtigen Männer für Kuba waren. Schon Monate zuvor hatte er begonnen, sich Gedanken zu machen für den Fall, daß sowjetische Raketen, wie es die Geheimdienste vorhersagten, in Havanna eintreffen sollten. Aus Anfang der neunziger Jahre nach dem Freedom of Information Act freigegebenen Unterlagen geht hervor, daß Kennedy das Pentagon am 23. August bat, eine Liste möglicher Reaktionen aufzustellen, falls die Kubaner in der Lage sein sollten, einen nuklearen Schlag gegen die Vereinigten Staaten zu führen. Am 3. Oktober erhielt Admiral Robert Dennison, der Oberbefehlshaber der Atlantikflotte, den Befehl, Pläne für eine Blockade Kubas auszuarbeiten. Die Pläne waren späteren Aufzeichnungen des Pentagon zufolge fertig, bevor die Öffentlichkeit erstmals über die Kubakrise informiert wurde.

Politisch erwiesen sich die Raketen als reines Gift. Zu einem späteren Zeitpunkt der Kubakrise, als die Blockade angelaufen war, versicherte Bobby Kennedy, wie er in *Thirteen Days* schreibt, seinem Bruder: »Ich bin fest überzeugt, daß wir keine andere Wahl hatten, und nicht nur das; sondern wenn du nicht gehandelt hättest, wärest du als Präsident vertrauensunwürdig geworden.« Der Präsident habe einen Augenblick überlegt und dann erwidert: »Das glaube ich auch – ich wäre des Amtes enthoben worden.«

Am 18. Oktober, während das Exekutivkomitee diskutierte, ob man Kuba bombardieren, eine Invasion starten oder die sowjetische Schiffahrt blockieren sollte, kam der Präsident zu einem bereits früher festgesetzten Treffen mit dem sowjetischen Außenminister Andrej Gromyko zusammen. Gromyko war zur Eröffnung der Herbstsitzung der UN-Generalversammlung in die USA gereist. Robert Kennedy zitierte, wie der sowjetische Minister pflichtbewußt die Parteilinie wiedergab: »Kuba wolle lediglich die friedliche Koexistenz; ... man sei dort nicht daran interessiert, das eigene System in andere lateinamerikanische Länder zu exportieren.« Über die ballistischen Raketen, die die Sowjetunion auf Kuba stationierte, verlor Gromyko kein Wort. Er beharrte darauf, daß die UdSSR lediglich einige Spezialisten entsandt habe, »um die Kubaner im Umgang mit bestimmtem Kriegsgerät auszubilden, das nur defensiven Zwecken dient«. Gromyko sagte Kennedy zufolge, das einzige Ziel der UdSSR sei es, »Kuba Brot zu geben, um einer Hungersnot in diesem Land vorzubeugen«.

Jack Kennedy erzählte später Kenny O'Donnell: »Es war unglaublich dazusitzen und zuzusehen, wie er eine Lüge nach der anderen von sich gab.« Die Lügen des sowjetischen Außenministers nahmen in der Berichterstattung der Zeitungen und Zeitschriften über die Kubakrise breiten Raum ein; ein Beamter des amerikanischen Außenministeriums erteilte einem Reporter der *New York Times* die Erlaubnis, wortwörtliche Notizen von der Abschrift des Gesprächs zu machen, damit er die »Perfidie« des Russen demonstrieren konnte.

Das Ganze war eine abgekartete Sache, und Gromyko ging schnurstracks in die Falle. Ted Sorensen, der das Vorhaben billigte, schreibt in seinem Buch *Kennedy*, der Präsident habe erwartet, daß Gromyko nichts über die Raketen auf Kuba verlauten lassen werde: »In gewisser Weise hatte Kennedy das erhofft, denn er glaubte, ein solches Verhalten werde Amerikas Maßnahmen vor der Weltöffentlichkeit rechtfertigen.«

Doch an der Lüge hatte Jack Kennedy genauso Anteil. Warum machte er nicht reinen Tisch mit Gromyko, legte ihm die durch die U-2-Flüge ermittelten Beweise für die sowjetischen Raketen auf Kuba vor und ermöglichte Chruschtschow damit einen unauffälligen Abzug? Bobby Kennedy schreibt dazu in *Thirteen Days*, daß sich sein Bruder nach einigem Hin und Her gegen Enthüllungen ausgesprochen habe, weil »er den einzuschlagenden Kurs noch nicht bestimmt hatte und die Enthüllung unserer Kenntnisse die Wirkung haben konnte, den Russen die Initiative zuzuspielen«.

Doch es gibt eine überzeugendere Erklärung. Schon vor seinem Treffen mit Gromyko hatte Jack Kennedy beschlossen, nicht den diplomatischen Weg einzuschlagen, sondern eine Blockade zu verhängen und sie mit einem Ultimatum an die Sowjets zu verknüpfen. Offensichtlich wollte Kennedy Chruschtschow in die Knie zwingen – um jeden Preis. Möglicherweise hatte Kennedy auch schon zu einem frühen Zeitpunkt der Krise entschieden, daß er wie ein Jahr zuvor in Berlin einen heimlichen Kompromiß eingehen würde, falls Chruschtschow hartnäckig blieb.

Ein einziger Washingtoner Journalist begriff, welche Gefahr Kennedys Taktik, so wie sie offiziell dargestellt wurde, in sich barg, und scheute nicht davor zurück, sie öffentlich zu benennen. In der *New York Herald Tribune* äußerte sich der Kolumnist Walter Lippmann, der Chruschtschow 1961 auf seiner Datscha am Schwarzen Meer besucht hatte: »Wenn der Präsident Mr. Gromyko inoffiziell mit seinen Beweisen konfrontiert hätte, hätte er Mr. Chruschtschow die Chance gegeben, die alle klugen Staatsmänner ihrem Gegner einräumen: die Chance, das Gesicht zu wahren.« Kennedys anschließende Rede über die Raketen hätte dann eine viel größere Wirkung gezeigt, »denn die Rede wäre nicht deshalb kritisiert worden, weil eine Supermacht einer anderen ein Ultimatum stellt, ohne zuvor dem anderen einen ehrenwerten Rückzug ermöglicht zu haben«.* Es gibt keine Anhaltspunkte, daß Kennedy in seiner Regierung auf Widerstand stieß mit der Entscheidung, Gromyko inmitten einer nuklearen Krise eine Falle zu stellen.

Die sowjetische Version des Treffens zwischen Kennedy und Gromyko, die im Winter 1996/97 im *Cold War International History Project Bulletin* veröffentlicht wurde, dem Mitteilungsblatt eines internationalen Projekts zur Erforschung der Geschichte des Kalten Krieges, enthält ein wichtiges Detail: Kennedy habe sich die Mühe gemacht, eine klare Vereinbarung anzubieten, meldete der Außenminister nach Moskau, nämlich Kuba nicht anzugrei-

---

* Walter Lippmann ließ sich von Kennedys Charme offenbar nicht einwickeln. Kennedy sagte einmal zu Charles Bartlett: »Man ißt mit Lippmann oder Reston zu Mittag, und dann gehen sie hin und machen einen fertig, um ihre Integrität unter Beweis zu stellen. Zum Teufel mit ihnen.« Bartlett erzählte diese Anekdote Richard Reeves.

fen, wenn im Gegenzug die sowjetischen Waffenlieferungen reduziert würden. »Sollte mich Mr. Chruschtschow auf diese Frage ansprechen«, sagte Kennedy, »könnten wir ihm die entsprechenden Zusicherungen geben«, nämlich Kuba nicht anzugreifen. Gromyko zitierte Kennedy, wie er zu einem anderen Zeitpunkt erklärte, er habe Chruschtschow bereits gesagt, daß die Invasion in der Schweinebucht 1961 »ein Fehler« gewesen sei. Dann wiederholte der Präsident sein Angebot, dem sowjetischen Ministerpräsidenten zuzusichern, »daß es keine weitere Invasion geben wird, weder seitens der kubanischen Flüchtlinge noch seitens der US-Streitkräfte«.

Wenn Kennedys nachgiebige Worte dazu bestimmt waren, Gromyko und seine Genossen im Politbüro in Arglosigkeit zu wiegen, dann hatte er damit Erfolg: Nach den im *Bulletin* veröffentlichten sowjetischen Unterlagen berichtete Gromyko nach Moskau, es gebe keine Probleme. »Alles, was uns über die Position der US-Regierung in der Kuba-Frage bekannt ist«, teilte Gromyko Chruschtschow selbstgefällig mit, »führt uns zu dem Schluß, daß die Lage insgesamt vollkommen zufriedenstellend ist ... Es besteht Grund zu glauben, daß die USA keine Intervention in Kuba vorbereiten und ihr Geld dafür verwenden, Kubas wirtschaftliche Beziehungen mit der UdSSR und anderen Ländern zu stören ... Unter diesen Voraussetzungen ist ein militärisches Abenteuer der USA in Kuba geradezu unvorstellbar.«

Gromyko und Chruschtschow wußten – die beiden Kennedys jedoch nicht –, daß die Sowjets, wie aus inzwischen freigegebenen Akten des Geheimdienstes in Moskau hervorgeht, mindestens 134 Atomsprengköpfe heimlich nach Kuba verschifft hatten. Im Fall einer Invasion oder eines massiven Luftangriffs konnten die 42 000 sowjetischen Soldaten auf Kuba – doppelt so viele, wie der US-Geheimdienst gemeldet hatte – die Sprengköpfe auf sowjetische Raketen und Flugzeuge montieren. Der sowjetische Kommandeur auf Kuba, General Issa Plijew, hätte jede Waffe seines Arsenals eingesetzt, wenn amerikanische Marines oder Fallschirmjäger der Armee eine Invasion begonnen hätten. Die Möglichkeit, daß ein sowjetischer Kommandeur auf Kuba mit dem Einsatz von Atomwaffen auf eine amerikanische Invasion reagieren könnte, wurde weder vom Präsidenten noch von seinem Bruder, noch von einem anderen Mitglied des Exekutivkomitees bei den Krisensitzungen jemals in Erwägung gezogen. »Wir besaßen nie irgendwelche eindeutigen Hinweise«, daß sich auf Kuba sowjetische Atomsprengköpfe befanden, erklärte der stellvertretende Verteidigungsminister Roswell Gilpatric der Kennedy Library 1970 bei einem Interview. »Wenn Sie mich nach meiner Meinung fragen, dann glaube ich nicht, daß es dort welche gab«, ergänzte er. »Ich denke, es gab Pläne, sie hinzubringen, doch ich glaube nicht, daß sie tatsächlich auf die Abschußrampen abgestimmt waren.« Auch acht Jahre nach den Ereignissen irrte Gilpatric.

Die nach Moskau weitergegebenen beruhigenden Auskünfte Gromykos kamen zu einem Zeitpunkt, als die amerikanische Militärmaschinerie, unbeobachtet durch einen zunehmend hoffnungsvollen Präsident, die Muskeln spielen ließ und Flugzeuge, Schiffe, Menschen und Kriegsmaterial in Einsatzpositionen brachte. Viele Generale und Admirale drängten auf eine regelrechte Invasion Kubas. Am Montag, dem 22. Oktober, sechs Tage, nachdem er von den sowjetischen Raketen auf Kuba erfahren hatte, unterrichtete Kennedy schließlich die amerikanische Nation – und Nikita Chruschtschow. Die Krisenansprache war in einem aggressiven und frostigen Ton gehalten. Der Präsident verglich Castros Revolution mit dem Dritten Reich und bezeichnete die sowjetischen Raketen auf Kuba als die größte Bedrohung der nationalen Sicherheit der Vereinigten Staaten. »Die dreißiger Jahre unseres Jahrhunderts haben uns eine deutliche Lehre erteilt: Aggressives Verhalten führt, wenn man ihm freien Lauf läßt und keinen Einhalt gebietet, letztlich zum Krieg.« Kennedy verkündete die Blockade sämtlicher militärischer Lieferungen nach Kuba und kennzeichnete dieses Verhalten als das, was »unserem Charakter und unserem Mut als Nation sowie unseren Verpflichtungen überall in der Welt am meisten entspricht. Der Preis der Freiheit ist stets hoch, aber wir Amerikaner haben ihn immer entrichtet, und ein Weg, den wir niemals wählen werden, ist der Weg der Kapitulation oder der Unterwerfung.«

Kennedy fuhr fort: »Es wird die Politik dieser Nation sein, jeden

Abschuß einer Kernwaffen[rakete] von Kuba gegen irgendeine Nation in der westlichen Hemisphäre als einen Angriff der Sowjetunion auf die Vereinigten Staaten zu betrachten, der einen vollen Vergeltungsschlag auf die Sowjetunion zur Folge haben müßte.« Der Präsident hatte seine Position klargemacht: Das Schicksal der Welt lag nun in Chruschtschows Händen.

Kennedys Zuhörer saßen natürlich nicht nur in Moskau, die Rede richtete sich auch an seine Kritiker bei den Republikanern. Für die Kongreßwahlen 1962 war die Frage »Wer hat Kuba verloren?« kein Thema.

Etwas früher an diesem Tag telefonierte Kennedy mit Dwight Eisenhower auf dessen Alterssitz, einer Farm in Gettysburg in Pennsylvania, und erkundigte sich, was er von der Blockade hielt. Das Telefongespräch wurde auf Kennedys Anweisung von Evelyn Lincoln mitgeschnitten.

Bei dem Gespräch mit Eisenhower war Kennedy resolut und nüchtern. Er versicherte seinem Amtsvorgänger, daß »wir die U-2-Überwachung Kubas fortsetzen«, obwohl er »vermute, daß ... Chruschtschow eine Erklärung des Inhalts abgeben wird, daß er jeden Angriff auf Kuba als einen Angriff auf die Sowjetunion betrachtet. Wir müssen davon ausgehen, daß diese SAM-Stellungen möglicherweise eins unserer Überwachungsflugzeuge abschießen.« Er und seine Berater, so Kennedy weiter, würden erörtern, was zu tun wäre, wenn das passieren sollte. »Ich weiß nicht, vielleicht werden wir uns in Kürze mit einer Invasion beschäftigen müssen, aber wir müssen einfach so verfahren.«

Eisenhower schätzte offene Worte, und die beiden Männer diskutierten dann fast beiläufig die Möglichkeit eines totalen Atomkriegs.

Eisenhower: »Von einem militärischen Standpunkt aus betrachtet ist das [die Invasion Kubas] natürlich eine ganz klare Sache, die jetzt getan werden muß.«

Kennedy: »Stimmt.«

Eisenhower: »Da Sie zu einem Entschluß gekommen sind, müssen Sie die Sache nun erledigen. Und die einzig richtige Möglichkeit, das zu tun, ist natürlich die andere Sache. Aber da man die Meinung der Weltöffentlichkeit mit bedenken muß ...

Kennedy: »Und dann ist da noch Berlin ... ich nehme an, darum soll der Handel wohl auch gehen.«

Eisenhower: »Meine Vorstellung von der Sache ist so: Die verdammten Sowjets werden tun, was ihnen beliebt, was ihrer Ansicht nach vorteilhaft für sie ist ... Ich kann mich natürlich täuschen, aber ich bin davon überzeugt, daß Sie keinen sehr engen Zusammenhang zwischen diesen Dingen [Kuba und Berlin] finden werden ...«

Kennedy: »Herr General, was wäre, wenn Chruschtschow morgen ankündigt, was er meiner Meinung nach tun wird, daß es einen Atomkrieg gibt, falls wir Kuba angreifen? Wie beurteilen Sie die Wahrscheinlichkeit, daß sie diese Dinger abfeuern werden, wenn wir Kuba angreifen?«

Eisenhower: »Oh, ich glaube nicht, daß sie das tun werden.«

Kennedy: »Anders ausgedrückt, Sie würden das Risiko eingehen, wenn die Lage aussichtsreich wäre?«

Eisenhower: »Was können Sie tun? Wenn diese Sache an unserer Flanke eine solch ernstzunehmende Angelegenheit darstellt ... müssen Sie etwas gegen sie einsetzen. Etwas könnte diese Leute [die Sowjets] dazu bringen, sie abzufeuern. Ich glaube einfach nicht, daß das passieren wird ... Ich für mein Teil würde dafür sorgen, daß meine eigenen Leute auf der Hut sind.«

An diesem Punkt des Gesprächs lachten Kennedy und Eisenhower beide.

Kennedy: »Nun gut, wir bleiben an der Sache dran.«

Amerika war gereizt und zum Krieg bereit. Um 19 Uhr an jenem Abend, als der Präsident mit seiner Ansprache begann, versetzte das Pentagon das US-Militär in erhöhte Alarmbereitschaft (DEFCON 3) und leitete die umfangreichste Mobilisierung seit dem Zweiten Weltkrieg ein. Das Strategische Luftkommando (Strategic Air Command, SAC), das zwei Tage später einseitig auf DEFCON 2 gesetzt wurde, begann mit der Aufstellung seiner Bomberflotte auf mehr als dreißig zuvor festgelegten zivilen Flugplätzen in den Vereinigten Staaten. Auf spanischen, marokkanischen und englischen SAC-Stützpunkten wurden Nuklearwaffen an Bord der Bomber geladen. Auf US-Basen in Europa und Asien wurden Jagdbomber in Alarmbereitschaft versetzt, viele mit taktischen

Atomwaffen bestückt, Angriffsziele in der Sowjetunion und in Osteuropa wurden festgelegt. Mehrere U-Boote mit Polaris-Raketen, das Herzstück der amerikanischen Unterwasserstreitmacht, verließen ihre Stützpunkte in Schottland und patrouillierten im Nordatlantik. Die U-Boote waren so stark bewaffnet, daß sie jede wichtige Stadt in Rußland vernichten konnten.

Mit Bolschakow, dessen Loyalität gegenüber seiner Regierung – keineswegs überraschend – größer gewesen war als gegenüber den Kennedys, gab es einen letzten, unerfreulichen Kontakt. Nach der Rede des Präsidenten am Montagabend wurde Charles Bartlett von Bobby Kennedy angewiesen, Bolschakow anzurufen und ihm mitzuteilen, daß er und der Präsident empört über seine Machenschaften seien. Der Justizminister, so Bartlett mir gegenüber, »wollte, daß ich [Bolschakow] sagte, wie erbost er sei«. Es sei, habe Kennedy ihm gesagt, »eine ekelhafte Sache, die [Bolschakow] da gemacht hat.« (Augenblicke nach Bartletts Gespräch mit Bolschakow rief ihn der Justizminister an und rügte ihn, daß er nicht sehr geschickt vorgegangen sei. Offensichtlich hatte Kennedy entweder Bartletts Telefon oder das von Bolschakow abgehört.) Man verpaßte Bolschakow noch einen weiteren Denkzettel: Die Washingtoner Presse berichtete über seine Rolle als Mittelsmann, und damit war er nutzlos. Bolschakow wurde nach Moskau zurückbeordert.

Robert Kennedy wandte sich nun, da Bolschakow von der Bildfläche verschwunden war, Dobrynin zu, dem neuen Botschafter. Aus sowjetischen Unterlagen geht hervor, daß die beiden Männer am Abend des 23. Oktober, einem Dienstag, in der sowjetischen Botschaft zusammentrafen. Kennedy äußerte sich wohl dahingehend, daß sein großer Bruder nicht zu Scherzen aufgelegt sei. Dobrynin faßte seine Darstellung in einem Telegramm zusammen, das noch in der Nacht nach Moskau geschickt wurde. Er beschrieb einen »sichtlich erregten« Kennedy, der erklärt habe, daß der Präsident den »Ernst der Lage« verstehe und wisse, welche »Konsequenzen« es haben könnte, sollten die sowjetischen Schiffe auf die amerikanische Blockade – die man jetzt »Quarantäne« nannte – in der Karibik nicht reagieren. Trotzdem könne sich sein Bruder, so Kennedy weiter, »nicht anders verhalten«. Der Präsident sei von Chruschtschow über die inoffizellen Kanäle bewußt getäuscht worden. »Die persönlichen Beziehungen zwischen dem Präsidenten und dem sowjetischen Ministerpräsidenten haben schweren Schaden genommen. Der Präsident hat alles, was von sowjetischer Seite geäußert wurde, geglaubt und sein politisches Schicksal im wesentlichen auf diese Karte gesetzt, indem er nämlich in den USA öffentlich erklärt hat, daß die an Kuba gelieferten Waffen rein defensiven Charakter hätten, wenngleich einige Republikaner das Gegenteil behaupteten ... Präsident Kennedy fühlte sich persönlich betrogen, und zwar bewußt von [Chruschtschow] betrogen, [dem] der Präsident auf einer persönlichen Ebene stets vertraut hat, ... trotz der großen Meinungsverschiedenheiten und der häufig angespannten Beziehungen.«

Kennedy sei dann zur Tür der Botschaft gegangen, berichtete Dobrynin, und habe »scheinbar beiläufig« gefragt, »welche Art von Befehlen angesichts der gestrigen Rede Präsident Kennedys die Kapitäne der auf dem Weg nach Kuba befindlichen sowjetischen Schiffe erhalten hätten«. Dobrynin sagte dem Justizminister, was er wußte: daß die sowjetischen Kapitäne angewiesen worden seien, »nicht zu stoppen und sich auf offener See nicht kontrollieren zu lassen«. Darauf habe Bobby Kennedy erwidert, »mit einer Hand winkend: ›Ich weiß nicht, wie das alles enden wird, doch wir beabsichtigen, Ihre Schiffe zu stoppen.‹«

In seinen 1995 veröffentlichten Memoiren *In Confidence* (Vertrauliche Mitteilungen) räumte der zur Zeit der Kubakrise 42jährige Dobrynin, der jüngste jemals in die Vereinigten Staaten geschickte sowjetische Botschafter, ein, daß er zum Zeitpunkt von Kennedys Besuch nicht über die sowjetischen Raketen auf Kuba informiert gewesen sei. Jahre später, in Moskau, habe ihm ein hoher sowjetischer Funktionär erklärt, die Zurückhaltung mit Anweisungen und Informationen auf dem Höhepunkt der Krise habe widergespiegelt, daß »Chruschtschow und seine Genossen ein Gefühl der vollkommenen Verwirrung beherrschte, nachdem ihr Vorhaben [Raketen auf Kuba zu stationieren] eine solch unerwartete Wendung genommen hatte«.

Dobrynin wurde angewiesen, mit dem Justizminister weiterhin inoffiziell Gespräche zu führen; es stellte sich heraus, daß dies während der Krise eine der wichtigsten Entscheidungen war. Der

Unterhaltung mit Kennedy an jenem Dienstagabend folgten im Lauf der Krise etliche weitere vertrauliche Begegnungen, häufig erst nach Mitternacht. »Wir trafen uns entweder in der Botschaft oder in seinem Büro im Justizministerium«, schrieb Dobrynin.

Am Mittwoch beobachtete die gesamte Nation voller Spannung vor den Fernsehschirmen, wie sich die ersten zwanzig sowjetischen Handelsschiffe der Marineblockade näherten. Jack Kennedy war wie üblich nicht aus der Ruhe zu bringen. Während die Anspannung stieg, speisten Charles Bartlett und seine Frau im Weißen Haus mit dem Präsidenten und der First Lady. »An diesem Abend, als die russischen Schiffe sich der Blockade näherten«, erzählte mir Bartlett 1997 in einem Interview, »habe ich ihn am meisten bewundert. Er war sehr gelassen und sich der Gefahr doch genau bewußt. Es war unheimlich. Er wußte buchstäblich nicht, wie die Russen reagieren würden, wenn sie die Blockade erreichten. Wir gingen früh nach Hause, und er hatte noch nichts gehört. Gegen halb elf rief er mich an und sagte: ›Wir haben soeben die Nachricht erhalten, daß sie beigedreht haben.‹ Er hatte sich den ganzen Abend über vollkommen normal verhalten.«

Nikita Chruschtschow zog sich zurück. Die sowjetischen Schiffe stoppten entweder oder kehrten um und nahmen Kurs auf die Sowjetunion. Jack Kennedy übte weiterhin Druck aus. Das Exekutivkomitee, dessen Mitglieder die Blockade einmütig unterstützten, hatte er geschlossen hinter sich. Die Streitkräfte des Landes waren in Alarmbereitschaft und konnten jederzeit losschlagen. Vertreter von Presse und Rundfunk wurden herbeizitiert und von Dean Rusk informiert. Er wies darauf hin, daß die Spannungen noch nicht beigelegt seien, trotz der Kapitulation der Sowjets auf hoher See. Flüge über Kuba zeigten, daß die Baumaßnahmen an den Raketenstellungen mit atemberaubendem Tempo vorangetrieben wurden. Reporter berichteten, daß Bobby Kennedy, McGeorge Bundy und Robert McNamara notfalls eine Invasion Kubas befürworteten, wenn man die Raketen nur so loswerden könnte. Lokalzeitungen veröffentlichten Artikel über den Umfang der Nahrungsmittelreserven, Pläne zur Zivilverteidigung und die Konstruktion von Schutzbunkern, und ein Großteil Amerikas wie auch der übrigen Welt lebte weiterhin in Angst. Die sowjetische Botschaft in

Washington habe Moskau gewarnt, so Dobrynin in seinen Erinnerungen, daß Jack Kennedy »wie ein Hasardeur sein Ansehen als Staatsmann und seine Chancen auf eine Wiederwahl 1964 von dem Ausgang der Krise abhängig« mache. »Das war der Grund«, fügte Dobrynin hinzu, »warum wir die Möglichkeit einer rücksichtslosen Reaktion nicht ausschließen konnten, insbesondere wenn man an die aggressiveren Mitglieder seines Gefolges dachte.«

Eine entscheidende Information enthielt Washington der Öffentlichkeit vor: Die amerikanischen Geheimdienste konnten in der Sowjetunion keine Hinweise auf eine erhöhte militärische Einsatzbereitschaft feststellen. Samuel Halpern und seine Kollegen von der Task Force W beobachteten den Krisenverlauf sorgfältig und fanden keinerlei Anhaltspunkte für eine sowjetische Mobilmachung, obwohl die sowjetischen Truppen auf Kuba rund um die Uhr an der Fertigstellung der Abschußrampen für die ballistischen Mittelstreckenraketen arbeiteten. »Am 26. [Oktober]«, erzählte mir Halpern, »fragten wir uns: ›Was ist los?‹ Die Sowjets zeigten keine Reaktion. Keiner wollte auf uns schießen. Und wir fragten uns: ›Haben wir schon gewonnen?‹« Das Strategische Luftkommando ging auf Alarmstufe DEFCON 2, nur einen Schritt vom Kriegsbeginn entfernt, während die Sowjets, wie Halpern erläuterte, »nicht einen verdammten Finger rührten, obwohl sie sogar Atomwaffen [auf Kuba] hatten, von denen wir nichts wußten«. Am auffälligsten war, daß die Sowjets ihre nukleare Raketenstreitmacht nicht in Alarmbereitschaft versetzten.

Ein weiterer wichtiger Mitspieler war in der Krise noch mit von der Partie: Fidel Castro. Ihn hatte das Weiße Haus erstaunlicherweise total unterschätzt. Castro war überzeugt, daß die Amerikaner kommen würden – er wußte, daß die Kennedys ihn tot sehen wollten –, und er war zunehmend verärgert über Admiral Plijews Weigerung, auf amerikanische Aufklärungsflugzeuge zu schießen. Am Freitag, dem 26. Oktober, unternahmen die Amerikaner kreuz und quer über der Insel in Höhe der Baumwipfel ungestraft Aufklärungsflüge; allem Anschein nach sammelten sie die für eine Invasion erforderlichen Informationen. Castro drängte Plijew, ihm die Erlaubnis zu geben, die Amerikaner mit Boden-Luft-Raketen abzuschießen. Plijew erklärte sich einverstanden und erhielt den sowjetischen Dokumenten zufolge, die Fursenko und Naftali einsehen konnten, einen Tag später die Genehmigung.

Am Morgen des 27. Oktober geriet Castro, so Fursenko und Naftali, in Panik und redete auf seine sowjetischen Verbündeten ein, daß ein nuklearer Erstschlag gegen ein amerikanisches Ziel »unter gewissen Umständen« – dem drohenden Verlust Kubas – gerechtfertigt sei. Sollten die Amerikaner »tatsächlich den brutalen Akt einer Invasion Kubas ausführen«, schrieb Castro in einem Brief an Chruschtschow, »dann wäre dies der Augenblick, diese Gefahr für immer durch eine legitime Verteidigungsmaßnahme zu bannen, wie hart und schrecklich diese Lösung auch wäre«. Einem sowjetischen Diplomaten in Havanna sagte Castro: »Wir dürfen nicht so lange warten, bis wir die ganze imperialistische Perfidie erfahren, und ihnen erlauben, daß sie den ersten Schlag führen und die Entscheidung treffen, Kuba vom Antlitz der Erde zu tilgen.«

Chruschtschow verlor allmählich die Kontrolle. Konfrontiert mit dem Fanatismus Fidel Castros und John Kennedys, brachte er das leichtsinnige Spiel der Supermächte schließlich zu einem Ende. Er schickte Kennedy einen langen, wortreichen Brief, in dem er einen Ausweg anbot. »Es ist für niemanden ein ... Geheimnis, daß die Gefahr eines bewaffneten Angriffs, einer Aggression, Kuba fortwährend bedroht hat und daß diese Gefahr auch weiterhin besteht. Nur deshalb sahen wir uns gezwungen, auf die Bitten der kubanischen Regierung zu reagieren und ihr Hilfe bei der Stärkung ihrer Verteidigungsfähigkeit zu gewähren. Wenn der Präsident und die Regierung der Vereinigten Staaten die Zusicherung geben, daß die USA sich nicht an einem Angriff auf Kuba beteiligen und andere von solchen Unternehmungen abhalten werden, wenn Sie Ihre Flotte abziehen, dann wird dies alles sofort verändern.« Der Ministerpräsident nahm den Vorschlag an, den der Präsident eine Woche vor der öffentlichen Information über die Raketen Andrej Gromyko unterbreitet hatte.

Fursenko und Naftali schreiben, daß zu diesem Zeitpunkt nach den sowjetischen Unterlagen 24 Raketen mittlerer Reichweite einsatzfähig waren und binnen Stunden mit Atomsprengköpfen hätten ausgerüstet werden können. Warum verkündete Chruschtschow, der sich mit seiner Entscheidung, Raketen nach Kuba zu bringen, über viele Genossen im Politbüro hinweggesetzt hatte, nun nicht die Einsatzbereitschaft der Raketen und forderte Kennedy zu einem Krieg heraus? »Auf dem Höhepunkt der Krise«, so Naftali und Fursenko, »machte Chruschtschow einen Rückzieher ... Zwischen 1956 und 1961 hatte er die Drohung mit atomaren Vergeltungsschlägen immer wieder als Druckmittel eingesetzt, um seine politischen Ziele voranzutreiben. Doch Chruschtschow hatte nicht den Wunsch, mit einem Atomkrieg zu drohen, wenn [die Drohung] tatsächlich zu einem solchen Krieg führen konnte.«

Am nächsten Morgen unternahm Chruschtschow dennoch auf Drängen des Politbüros einen allerletzten Versuch, seine Position zu stärken – und sein politisches Ansehen in Moskau zu retten. Im Weißen Haus ging ein weiterer Vorschlag ein: die sowjetischen Raketen auf Kuba gegen die amerikanischen Raketen in der Türkei. Die amerikanischen Jupiter-Raketen in der Türkei waren bekanntlich strategisch unbedeutend und sowjetischen Angriffen ungeschützt ausgeliefert. Chruschtschows Angebot brachte den Präsidenten in eine Zwangslage. »Begreiflicherweise hatte er keine Lust, die Raketen unter sowjetischem Druck aus der Türkei abzuziehen«, schreibt Bobby Kennedy in *Thirteen Days*. »Andererseits wollte er die Vereinigten Staaten und die Menschheit nicht wegen veralteter und unbrauchbarer Raketenbasen in einen katastrophalen Krieg verwickeln.« McGeorge Bundy und Ted Sorensen, die vor ihrem Chef stets als Hardliner auftraten, sprachen sich gegen den Tauschhandel aus und argumentierten, daß die Amerikaner durch den Rückzug der Jupiter-Raketen in der NATO ihre Glaubwürdigkeit als atomwaffenbestückte Verteidiger Europas verlieren würden. Ihrer Ansicht nach war der Präsident im Begriff, sich von Chruschtschow k. o. schlagen zu lassen. Zudem würde er seinen politischen Respekt bei den Republikanern verspielen, wenn er die Krise dadurch löste, daß er Amerikas Kernwaffenarsenal verschacherte, ob die Waffen nun wichtig waren oder nicht.

Doch aus Kuba trafen an diesem Morgen noch mehr schlechte Nachrichten ein. Die CIA-Mitarbeiter fanden anhand der Fotos von den Aufklärungsflügen heraus – und ihre Analyse bestätigte sich später –, daß die Baumaßnahmen an allen Raketenstellungen für die 24 Mittelstreckenraketen abgeschlossen waren. Die Raketen mit einer Reichweite von 1020 Seemeilen oder knapp 1900 Kilometern – ausreichend für die Bombardierung Washingtons – konnten in sechs bis acht Stunden mit Treibstoff befüllt, bewaffnet, auf das Ziel ausgerichtet und startklar gemacht werden. Das FBI meldete, daß die sowjetischen Diplomaten sich offenbar auf den Kriegsausbruch vorbereiteten. Sie hatten damit begonnen, in ihrer Botschaft in Washington und in der UN-Enklave auf Long Island Akten und Archivunterlagen zu verbrennen.

Im weiteren Verlauf des Nachmittags spitzte sich die Krise noch mehr zu, als bekannt wurde, daß ein amerikanisches Spionageflugzeug des Typs U-2 bei einem Aufklärungsflug von sowjetischen Boden-Luft-Raketen abgeschossen worden war. Seit Beginn der Krise hatten die Vereinten Stabschefs für einen massiven Luftangriff plädiert, falls die Sowjets nicht anfingen, ihre Raketen zu demontieren. Ohne ernsthafte Diskussion und anscheinend einhellig war man im Exekutivkomitee übereingekommen, daß die Luftwaffe, sollte ein Aufklärungsflugzeug abgeschossen werden, Vergeltung üben und eine sowjetische Stellung für Boden-Luft-Raketen zerstören konnte. Maxwell Taylor, Kennedys bevorzugter General und seit kurzem Vorsitzender der Vereinten Stabschefs, empfahl mit Zustimmung seiner Vier-Sterne-Kollegen, daß dem Luftangriff eine massive Invasion folgen solle. »Wir wußten, daß wir militärische Maßnahmen ergreifen mußten, um unsere Piloten zu schützen«, schreibt Bobby Kennedy. »Wir erfaßten, daß die Sowjetunion und Kuba anscheinend zum Kampf entschlossen waren. Und wir ahnten, daß sich die Schlinge nun enger zog, enger um die Amerikaner, die Menschheit – und daß die Hoffnungen auf einen Ausweg schwanden.«

Nun verlor Kennedy allmählich die Kontrolle.

Die Krise wurde durch ein Treffen zwischen Bobby Kennedy und Dobrynin in letzter Minute entschärft. Im Namen seines Bruders traf Bobby eine geheime Vereinbarung über den von Nikita Chruschtschow gewünschten Tausch: den Abzug der Jupiter-Raketen aus der Türkei gegen den Abzug der sowjetischen Raketen von Kuba.

Dobrynins Geheimtelegramm nach Moskau über das Treffen wurde 1995 im *Cold War International History Project Bulletin* publiziert, ohne daß es größeres Aufsehen erregte. Dobrynin berichtete darin, daß Kennedy mit einem Kompromißangebot gekommen sei, aber auch mit einer Warnung: Die Zeit sei von entscheidender Bedeutung, weil, wie Kennedy erklärt habe, es »unter den [amerikanischen] Generälen viele unvernünftige Köpfe« gebe, »und nicht nur unter den Generälen, die unbedingt einen Kampf haben wollen. Die Situation könnte mit uneinholbaren Konsequenzen außer Kontrolle geraten.« Sein Bruder stehe unter »starkem Druck«, der Luftwaffe die Erlaubnis zum Angriff auf kubanische Ziele zu geben, sollte auf amerikanische Aufklärungsflugzeuge geschossen werden. Kennedy weiter: »Die USA können diese Flüge nicht stoppen, weil es der einzige Weg ist, auf dem wir schnell Informationen über den Stand des Ausbaus der kubanischen Raketenbasen bekommen können.« Sollte ein amerikanisches Bombardement erfolgen, könnte dies einen Atomkrieg zwischen den Vereinigten Staaten und der Sowjetunion zur Folge haben. »Als Reaktion auf die Bombardierung der Basen«, zitierte Dobrynin die Worte des erregten Kennedy, »wird die sowjetische Regierung zweifellos mit derselben Maßnahme gegen uns antworten, irgendwo in Europa. Dann beginnt ein Krieg, und Millionen Amerikaner und Russen werden darin umkommen. Das wollen wir auf jede nur mögliche Weise verhindern.«*

---

* Bobby Kennedy schien sich nicht bewußt zu sein, daß seine Äußerung über eine Eskalation in Europa als Aushöhlung der amerikanischen Verhandlungsposition während der Krise ausgelegt werden konnte. Die USA verfolgten das Ziel, mit der Drohung eines Bombenangriffs oder Schlimmerem die Sowjets zum Abzug ihrer Raketen aus Kuba zu zwingen. Wenn Bobby Kennedy und sein Bruder glaubten, daß eine Bombardierung durch die USA zu einem sowjetischen Vergeltungsschlag in Europa führen würde, dann wäre der Preis für einen Angriff Amerikas auf Kuba weitaus höher gewesen: die Schwächung einer glaubwürdigen amerikanischen Abschreckung. Richard Ned Lebow und Janice Stein bemerkten in ihrer 1994 veröffentlichten Studie über die Kubakrise, *We All Lost the Cold War* (Den Kalten Krieg haben wir alle verloren), daß »[Präsident] Kennedy, um die Glaubwürdigkeit zu erhalten oder zu steigern, die Wahrscheinlichkeit eines sowjetischen Vergeltungsschlags in das Gespräch mit Dobrynin nicht hätte einbeziehen dürfen«. Und eine weitere, sogar noch beunruhigendere Interpretation ist möglich: Bobby Kennedy erinnerte Chruschtschow durch Dobrynin daran, daß die *Ereignisse außer Kontrolle geraten konnten*, wenn man sich nicht umgehend inoffiziell einigte. Er warnte davor, daß der vom Generalstab ausgeübte Druck den Präsidenten zu Befehlen zwingen konnte, die er nicht erteilen wollte – das Bombardement Kubas –, und er erinnerte Chruschtschow daran, daß dasselbe innerhalb von Stunden auch ihm in der Sowjetunion passieren konnte.

»Bei unserem Treffen«, telegrafierte Dobrynin nach Hause, »war R. Kennedy sehr erregt; zumindest habe ich ihn noch nie so gesehen ... Er versuchte erst gar nicht, sich auf Auseinandersetzungen über verschiedene Themen einzulassen, wie er es für gewöhnlich tat. Vielmehr kehrte er beharrlich zu einem Problem zurück: Die Zeit sei von entscheidender Bedeutung, und wir sollten die Chance nicht verstreichen lassen.«

Wegen eines abgeschossenen Spionageflugzeugs hatten die Brüder die Kontrolle verloren. Was anfangs als Denkzettel für das Fiasko in der Schweinebucht geplant war, drohte sich zu einem Weltkrieg zu entwickeln. Gefangen in der fanatischen Überzeugung, Härte und Entschlossenheit vor Gleichrangigen zeigen zu müssen, konnten die Kennedys nicht ihre eigene Regierung um Hilfe bitten. Sie wandten sich statt dessen direkt an Nikita Chruschtschow.

Kennedy bat Dobrynin und Chruschtschow um Stillschweigen über den Raketenhandel; nur zwei oder drei Personen in Washington wüßten, was sich hinter den Kulissen abspielte. »Der Präsident kann in dieser Hinsicht offiziell nichts verlauten lassen«, fügte Kennedy hinzu. Die Raketen in der Türkei unterstanden formal dem Kommando der NATO, und die Anordnung, sie einseitig abzuziehen, werde einen »ernsthaften Zwist in der NATO« auslösen. »Dennoch«, zitiert Dobrynin in seinem Telegramm Bobby Kennedy, »ist Präsident Kennedy bereit, auch in dieser Frage mit N. S. Chruschtschow eine Übereinkunft zu treffen. Ich denke, daß wir zum Abbau der Raketenbasen in der Türkei vier bis fünf Monate benötigen.« Sollte Chruschtschow zustimmen, so Kennedy weiter, würden er und der Präsident die Zusammenarbeit fortsetzen und Dobrynin als Mittelsmann eines neuen inoffiziellen diplomatischen Kanals betrachten.

Dobrynin schildert in seinen Memoiren drei weitere Unterredungen mit Bobby Kennedy über das Raketenproblem. Am Sonntag, dem 28. Oktober, erhielt der Botschafter per Telegramm aus Moskau die Weisung, dem Justizminister mitzuteilen, daß Chruschtschow die Vereinbarung annehme. Kennedy lächelte erleichtert und sagte Dobrynin zufolge: »Jetzt kann ich wenigstens wieder meine Kinder sehen. Ich habe schon fast meinen Heimweg vergessen.« Am darauffolgenden Tag ließ Chruschtschow Kennedy über Dobrynin mitteilen, er sei einverstanden, den Raketentausch vertraulich zu behandeln und die Besprechungen über den inoffiziellen Kanal fortzuführen. In einem am 30. Oktober übermittelten Telegramm, das im *Cold War International History Project Bulletin* veröffentlicht wurde, gab Dobrynin Bobbys Äußerung wieder, daß er und der Präsident »nicht vorbereitet« seien, »eine solche Abmachung zwischen dem Präsidenten und dem sowjetischen Regierungschef in Form eines Briefes zu formulieren, nicht einmal als höchst vertraulichen Brief, da es sich um eine derart prekäre Angelegenheit handelt.« Kennedy bezog sich damit auf einen vertraulichen Brief, den Chruschtschow dem Präsidenten am Tag zuvor geschickt hatte; der sowjetische Ministerpräsident hatte darin Kennedys Verpflichtung, die Jupiter-Raketen in Zukunft abzuziehen, ausdrücklich angenommen. Der Brief, so Bobby Kennedy zu Dobrynin, sei gegenstandslos, weil es um eine politische Verbindlichkeit gehe.

»Ganz offen gesagt«, ergänzte Kennedy, »möchte ich beispielsweise nicht das Risiko eingehen, mit der Übermittlung eines solchen Briefes in Verbindung gebracht zu werden. Derartige Briefe tauchen auf einmal da oder dort auf und gelangen irgendwie an die Öffentlichkeit – nicht heute, aber irgendwann in der Zukunft –, und im Verlauf der Ereignisse können sich alle möglichen Veränderungen ergeben. Wenn ein solches Dokument bekannt wird, würde dies meiner künftigen politischen Karriere einen nicht wiedergutzumachenden Schaden zufügen. Aus diesem Grund ersuchen wir Sie, daß Sie den Brief zurückziehen.«

Die Amerikaner erteilten der sowjetischen Führungsriege eine Lektion in Sachen Vertuschung. Dobrynin zitiert Kennedy weiter: »Als Garantie kann ich Ihnen nur mein Wort geben. Darüber hinaus kann ich Ihnen sagen, daß neben dem Präsidenten zwei weitere Personen über die Vereinbarung Bescheid wissen« – Dean Rusk und Llewellyn Thompson, der ehemalige US-Botschafter in der Sowjetunion. Für den ehrgeizigen Dobrynin hatte man einen Köder ausgelegt: Kennedy habe ihm gesagt, telegrafierte Dobrynin, daß »er hinsichtlich der Türkei-Frage [die Jupiter-Raketen] und anderer streng vertraulicher Angelegenheiten vorbereitet sei, mit mir einen direkten Kontakt zu unterhalten ... Ich antwortete ihm, ich sei bereit, mit ihm direkten Kontakt zu halten, was künftige, sehr wichtige Fragen angehe, und zwar, wie er selbst vorschlug, unter Umgehung aller Mittelsmänner.«

In dem Telegramm zitierte Dobrynin allerdings nicht Kennedys bemerkenswerteste Äußerung – das sparte er sich ohne Zweifel für seine 1995 erschienenen Memoiren auf: »Streng vertraulich fügte Robert Kennedy hinzu, daß er sich eines Tages – wer weiß? – für das Präsidentenamt bewerben könnte, und seine Erfolgsaussichten könnten beeinträchtigt werden, wenn der heimliche Handel mit den Raketen in der Türkei bekannt würde.«

Jack Kennedy hatte vor, noch sechs Jahre im Amt zu bleiben, und er plante, daß sein Bruder ihm für zwei vierjährige Amtszeiten nachfolgen sollte. Die politisch Verantwortlichen in der Sowjetunion hätten für die nächsten vierzehn Jahre ein Druckmittel in der Hand gehabt – Brief hin oder her –, die Kennedys in aller Öffentlichkeit zu vernichten: Sie hätten ihnen nur die Lüge bei ihrem großartigen Sieg in der Kubakrise vorhalten müssen. In diesem Augenblick erwiesen sich der Präsident und sein Bruder als wahre Existentialisten: Sie wanden sich aus einer Krise heraus, indem sie ihre zukünftige Glaubwürdigkeit in die Hände der sowjetischen Führung legten.

Die amerikanische Nation wußte von all dem nichts; sie feierte das siegreiche Ende der Krise und ihren heldenhaften Präsidenten Jack Kennedy. Die wenigen Personen, etwa Nikita Chruschtschow, die seine Verhandlungstaktik anzweifelten oder kritisierten, gaben öffentlich klein bei. Walter Lippmann, der in einem Artikel über Kennedys rücksichtloses Verhalten gegenüber Andrej Gromyko geklagt hatte, lobte den Präsidenten dafür, daß er »nicht nur die Courage eines Kriegers« gezeigt hatte, »der die nötigen Risiken auf sich nimmt, sondern auch ... die Klugheit eines Staatsmannes, der seine Macht zurückhaltend einsetzt«. Einige Tage später aß Lippmann mit dem Präsidenten im Weißen Haus zu Mittag, dort bekam er einen Teil der streng geheimen Korrespondenz zwischen Kennedy und Ministerpräsident Chruschtschow zu Gesicht. Der Schriftwechsel handelte selbstverständlich nicht von Kennedys geheimen Zugeständnissen bei den Jupiter-Raketen.

Auch Dwight Eisenhower, Kennedys neuer telefonischer Vertrauter, erfuhr vom Präsidenten nicht die wahre Geschichte, obwohl Eisenhower clever die richtigen Fragen stellte. Eine Abschrift des Telefongesprächs von Evelyn Lincolns Dictabelt-Tonbändern verdeutlicht, daß der Präsident den Sieg über die Sowjets beanspruchte und Eisenhower sagte, er habe Chruschtschows Forderung nach einem Rückzug der Jupiter-Raketen abgelehnt. »Auf diesen Handel konnten wir uns nicht einlassen«, erklärte Kennedy unaufrichtig.

Eisenhower: »Natürlich, aber, Mr. President, hat [Nikita Chruschtschow] nicht irgendwelche Bedingungen gestellt?«

Kennedy: »Keine, außer daß wir Kuba nicht angreifen ... Das ist die einzige Bedingung, die man uns bislang gestellt hat. Aber wir haben unter diesen Bedingungen ohnehin nicht vor, Kuba anzugreifen; wenn wir sie [die Raketen] also auf diese Weise loswerden können, sind wir damit gut bedient.«

Nicht jeder bejubelte Kennedys Übereinkunft, wie sie offiziell dargelegt wurde – der Tausch der sowjetischen Raketen auf Kuba gegen eine ausdrückliche Verpflichtung der Amerikaner, keine Invasion durchzuführen. »Jetzt haben wir einen von den USA geschützten sowjetischen Stützpunkt in der westlichen Hemisphäre«, sagte Sam Halpern seiner Erinnerung nach zu einem Kollegen in der Task Force W. Wie Halpern erwartet hatte, änderte sich nach der Kubakrise die Einstellung des Präsidenten gegenüber Castro nicht; die CIA hatte noch immer den Auftrag, ihn aus dem Weg zu räumen.

Bei dem Versuch, die Kubakrise in einen politischen Vorteil umzumünzen, brachten die Kennedy-Brüder die Welt an den Rand eines Krieges. Sie überstanden die Ereignisse, weil sie dem sowjetischen Ministerpräsidenten, den sie nur wenige Tage zuvor öffentlich hatten demütigen wollen, inoffiziell ihre eindringlichen Bitten übermittelten. Jack Kennedy war bereit, der sowjetischen Führung Informationen in die Hand zu geben, die, an die Öffentlichkeit gebracht, das Ende seiner Präsidentschaft bedeutet hätten. Und auch Robert Kennedy war bereit, seine zukünftige Präsidentschaft von den Launen einer ausländischen Regierung abhängig zu machen, die sich jederzeit entscheiden konnte, die Bedingungen des Raketengeschäfts offenzulegen.

Robert Kennedy konnte sich nicht dazu durchringen, die Wahrheit zu sagen, weder in seinen Memoiren noch in den mündlichen Befragungen für die Kennedy Library. Jack Kennedy ließ sich bereitwillig von der amerikanischen Nation als Friedenswächter preisen. Auch Mitglieder des Exekutivkomitees wurden in der Öffentlichkeit und den Medien dafür bejubelt, daß sie den Präsidenten wiederholt ermutigt hatten, Härte zu zeigen. Die Beliebtheitskurve des Präsidenten stieg steil auf 77 Prozent, fast soviel wie in den Wochen nach der Schweinebucht.

Die wenigen Menschen, die mehr über die Hintergründe wußten, verloren kein Wort darüber, und die Kubakrise blieb künftig das Ereignis des Kalten Krieges, über das es die meisten Mißverständnisse und die spärlichste Berichterstattung gab. McNamara hat nie über das geredet, was er wußte. Und Dean Rusk wartete bis 1987, bis er schließlich eingestand, daß der Präsident, nachdem er seinen Bruder in der Nacht des 27. Oktober zu Dobrynin geschickt hatte, verzweifelt nach einem Kompromiß suchte, wenngleich nicht nach jenem, über den man tatsächlich verhandelte. Kennedy ermächtigte Rusk, eine Erklärung zu entwerfen des Inhalts, daß UN-Generalsekretär U Thant gebeten wurde, einen Tauschhandel von sowjetischen Raketen gegen amerikanische Jupiter-Raketen vorzuschlagen. Diesen Vorschlag wollte der Präsident dann offiziell annehmen.*

---

* Ted Sorensen enthüllte erst 1989 – Dobrynin hatte unterdessen mehrfach Vorwürfe wegen Verdrehung geschichtlicher Fakten erhoben – auf einer internationalen Konferenz zur Kubakrise, daß er aus *Thirteen Days* eine entscheidende Tatsache gestrichen hatte: die Tatsache, daß Jack und Robert beschlossen hatten, heimlich an Chruschtschow heranzutreten – das heißt hinter dem Rücken des Exekutivkomitees – und dem Abzug der Raketen aus der Türkei ausdrücklich zuzustimmen. Sorensen diente einen Großteil seines Berufslebens Jack Kennedy als Ghostwriter und tat das gleiche für das postume Buch von Jacks Bruder. *Thirteen Days* basiert auf Bobby Kennedys persönlichen Tagebüchern, wie Sorensen in einer auf der letzten Seite abgedruckten Anmerkung erklärt, und wurde im Sommer und Herbst 1967 von Kennedy im Entwurf niedergeschrieben. Als Herausgeber von Robert Kennedys Buch erklärte Sorensen 1989, er habe sich entschieden, den Verweis auf die inoffiziellen Verhandlungen mit Chruschtschow über Botschafter Dobrynin zu streichen, »weil es zu dieser Zeit, auch für die amerikanische Seite noch ein Geheimnis war«. Sorensen ließ den Eindruck entstehen, daß Bobby Kennedy, hätte er noch gelebt, auf die geheime Vereinbarung in seinem Buch eingegangen wäre. Es gibt weder schriftliche Aufzeichnungen noch mündliche Aussagen Kennedys, die vermuten lassen, daß er dies tatsächlich getan hätte.

In Jack Kennedys Vorstellungswelt war alles besser, als gezwungenermaßen vor seinen Bewunderern in der Regierung – und den halsstarrigen Generälen und Admirälen, denen die Streitkräfte unterstanden – einzugestehen, daß ihr junger, heldenhafter Präsident einen Kompromiß eingegangen war, um einen Krieg zu verhindern.

# 21

# Täuschungsmanöver

Jack Kennedys Sternstunde in der Kubakrise zahlte sich umgehend aus in den Kongreßwahlen am 6. November, neun Tage nach Beilegung der Krise. Die Demokratische Partei errang vier Sitze im Senat und verlor vier Sitze im Repräsentantenhaus – das beste Ergebnis bei Kongreßwahlen seit 1934, während der ersten Amtszeit Franklin D. Roosevelts. Einer der Gewinner hieß Teddy Kennedy, der als neuer, junger Senator für Massachussetts in den Kongreß einzog. Einer der Verlierer war Senator Homer Capehart aus Indiana, ein Republikaner, der den gesamten Herbst hindurch Kennedy für seinen allzu nachgiebigen Umgang mit Castro kritisiert hatte.

Am 17. Dezember 1962 übertrugen die drei großen Fernsehsender gleichzeitig ein einstündiges Interview mit Kennedy; gelassen stand er andächtigen Journalisten Rede und Antwort. Gefragt, wie er in der Kubakrise seine Entscheidungen getroffen habe, wiederholte Kennedy die Darstellung, auf die man sich geeinigt hatte: Die Entscheidungen seien von den Mitgliedern des Exekutivkomitees »über fünf oder sechs Tage hinweg« ausgearbeitet worden. »Nachdem wir alle Alternativen geprüft hatten ..., stimmten wir darin überein ..., daß die gewählte Vorgehensweise die richtige war.« Der Präsident wollte den Umstand, daß das Exekutivkomitee in die abschließenden Verhandlungen mit Nikita Chruschtschow nicht einbezogen worden war, für sich behalten. Ebenso sollte das Geheimabkommen über den Tausch der sowjetischen Raketen auf Kuba gegen die amerikanischen Raketen in der Türkei unerwähnt bleiben.

Unterdessen stellten einige Regierungsbeamte und Angehörige des Kongresses dem Präsidenten unbequemere Fragen als die Journalisten: Warum hatte die US-Regierung die Anweisung erteilt, sämtliche fünfzehn Jupiter-Raketen aus der Türkei abzuziehen? Anfang 1963 hatten die Vereinten Stabschefs noch Alexander M. Haig jr., einen ins Pentagon versetzten Oberstleunant der Armee, beauftragt, eine Analyse der Kubakrise aus militärischer Perspektive abzufassen. Haig, der zehn Jahre später Stabschef von Präsident Richard Nixon wurde, schrieb in seinen 1992 veröffentlichten Memoiren *Inner Circles* (Die inneren Kreise), er und seine Mitarbeiter seien einerseits von dem Befehl, die Jupiter-Raketen abzuziehen, und andererseits von dem Zeitplan beunruhigt gewesen. Den Befehl zum Abzug hatte Verteidigungsminister McNamara am Tag nach Chruschtschows öffentlicher Kapitulation erteilt. »Das sah ganz nach einer geheimen Vereinbarung aus«, so Haig in seinen Memoiren. »Sowjetische Raketen verschwanden aus Kuba im Gegenzug für den Abzug amerikanischer Raketen aus der Türkei.« Der Abschlußbericht der Vereinten Stabschefs, so Haig weiter, »erwähnte die Möglichkeit, daß das, was als Zufall dargestellt wurde, ohne weiteres als Geheimabkommen interpretiert werden könnte«. Der Vorsitzende der Vereinten Stabschefs, Maxwell Taylor, »lief vor Wut rot an«, als er die Studie las, wie Haig sich erinnerte, »knallte sie auf den Tisch und sagte, er werde der Weiterleitung an den Präsidenten niemals zustimmen. Unsere Studie verschwand in der Schublade.«

Fragen aus dem Kongreß beantworteten die Männer des Präsidenten mit Lügen. Der zweithöchste Republikaner im Senatsausschuß für Auswärtige Beziehungen, Senator Bourke B. Hickenlooper aus Iowa, bat Außenminister Dean Rusk im Januar 1963, ihm zu bestätigen, daß der Abzug der Jupiter-Raketen »keinesfalls, tatsächlich oder formal, direkt oder indirekt«, mit dem Abkommen in der Kubakrise in Verbindung stehe. »Das ist richtig, Sir«, erwiderte Rusk. Einen Monat später fragte John C. Stennis aus Mississippi, im Senat Vorsitzender des Haushaltsausschusses für den Verteidigungsetat, Robert McNamara, ob beide Vorgänge etwas miteinander zu tun hätten. »Völlig ausgeschlossen«, war die Antwort. McNamara konnte offensichtlich der Versuchung nicht widerstehen, die Angelegenheit noch etwas auszuschmücken: »Die sowjetische Regierung brachte die Sache auf den Tisch, [doch der] Präsident weigerte sich strikt, auch nur darüber zu diskutieren. Er entgegnete nichts weiter, als daß er das Problem überhaupt nicht zu erörtern gedenke.« Bei einer weiteren Anhörung im Februar verbreitete McNamara, der wie Dean Rusk alles über die geheime Abmachung wußte, noch mehr Nebel: Chruschtschow habe einen Rückzieher gemacht, weil das Exekutivkomitee »die Möglichkeit eines Kernwaffeneinsatzes ... gesehen« habe, und dies habe »Chruschtschow gewußt. Nur aus diesem einen Grund hat er [seine] Waffen abgezogen.«

Dank seines großen Ansehens in der Öffentlichkeit konnte Kennedy Castro weiter nachstellen. »Wir fingen nach der Kubakrise mit allem wieder an und versuchten, Castros Regierung zu stürzen«, erzählte mir Samuel Halpern von der CIA. Die Kennedy-Brüder drängten die CIA, vermehrt Sabotage-Operationen im Inneren der Insel durchzuführen – eine Liste führte neun potentielle Ziele auf, darunter die Ölraffinerien der Texaco in Havanna und Santiago.

Bill Harvey, der Leiter der Task Force W, blieb skeptisch und scheute sich nicht, seine Meinung kundzutun; Ende 1962 befanden er und Kennedy sich monatelang in einem unerklärten Krieg miteinander. Nach Harveys Ansicht war Kennedy ein Dilettant und hatte von verdeckter Geheimdiensttätigkeit keine Ahnung. Zudem nahm der Justizminister kein Blatt vor den Mund, wenn er seine Unzufriedenheit über das Scheitern von Harveys Sondereinsatzgruppe zum Ausdruck brachte. Einige Wochen vor der Kubakrise hatte Kennedy die Teilnehmer einer Konferenz im Weißen Haus damit geschockt, daß er auf Harvey losging, als dieser wie üblich nach dem Mittagessen eingedöst war. Es sei die »schrecklichste Tirade« gewesen, berichtete General Charles E. Johnson III., der Armeevertreter in der erweiterten Sondereinsatzgruppe, bei den Ermittlungen des Church-Ausschusses 1975. Kennedys persönlicher Angriff dauerte »eine ganze Weile, acht bis zehn Minuten«, CIA-Direktor John McCone habe kein Wort zur Verteidigung seines Mitarbeiters gesagt. Nach Ansicht des Generals »war das keine Schimpfkanonade, die lediglich den Mißerfolg von Mongoose betraf, das glaube ich nicht. Da schien noch etwas Bedeutenderes im Hintergrund zu sein – ein Scheitern, das über diese Operation hinausging.« Johnson dürfte zum Zeitpunkt der Befragung nicht gewußt haben, daß Harvey und seine Verbindungsleute bei der Mafia es nicht geschafft hatten, Castro zu erledigen.

Bei einer der frühen Besprechungen während der Kubakrise habe Harvey zurückgeschlagen, erzählte mir Halpern. Im wesentlichen habe Harvey dem Präsidenten und seinem Bruder ins Gesicht gesagt: »›Wir hätten jetzt keinen solchen Ärger, wenn ihr Burschen in der Schweinebucht mehr Mumm gezeigt hättet.‹ Alle standen wie vom Donner gerührt. Das sagte man nicht zum Präsidenten in dessen eigenem Büro, nur Harvey traute sich so etwas.« John McCone, der ebenfalls dabei war, habe Harvey sofort entlassen wollen, doch Richard Helms habe Harvey mit dem Vorschlag, ihn wieder als Leiter der CIA-Station in Rom einzusetzen, »gerettet«. Ende 1962, bevor Harvey die Task Force W verließ, verfaßte er für McCone ein Abschlußmemorandum zu Kuba, das nach dem Freedom of Information Act für dieses Buch eingesehen werden konnte. Nach Harveys Ansicht hatte Kennedys Zugeständnis, keine Invasion durchzuführen – ein Zurückweichen, das in der Kubakrise lediglich offiziell vollzogen wurde –, die CIA in eine unmögliche Lage gebracht. Kennedy wollte noch immer den Sturz von Castros Regierung, doch er hatte auf seinen größten Trumpf verzichtet: den möglichen Einsatz des US-Militärs. Kennedys Zugeständnis beeinträchtigte, so Harvey weiter, ein anderes favorisiertes Vorhaben. Gemeint war damit die »Invasion Kubas unter dem Vorwand einer vorgetäuschten Provokation, etwa eines Angriffs auf Guantanamo«, den US-Marinestützpunkt auf Kuba.

Das seit langem verfolgte Ziel der Regierung, »eine innere Revolte in Kuba« auszulösen, sei nun bedeutungslos geworden, schrieb Harvey, da »eine solche provozierte Revolte durch kubanische Gegenmaßnahmen vollkommen niedergeschlagen würde, und das innerhalb weniger Stunden oder, wenn überhaupt, innerhalb einiger Tage, wenn sie nicht von einem starken militärischen Engagement der Vereinigten Staaten gestützt wird«.

Unmittelbar vor Weihnachten 1962 sammelte Bobby Kennedy durch Spenden von Privatpersonen ein Lösegeld in Höhe von 53 Millionen Dollar. Für das Geld wurden Medikamente und landwirtschaftliche Maschinen gekauft. Castro erhielt die Lieferung im Gegenzug für die Freilassung der Angehörigen der kubanischen Brigade 2506, die während der Invasion im April 1961 gefangengenommen und inhaftiert worden waren. Am 27. Dezember hatten die zurückgekehrten Exilkubaner einen emotionsgeladenen Auftritt in Miami. Ein reumütiger John Kennedy entschuldigte sich für die Ereignisse in der Schweinebucht. Veröffentlichten Berichten zufolge fragte er die Exilkubaner auch, ob sie die amerikanische Luftunterstützung wirklich erwartet hätten. Pepe San Román, der Befehlshaber der Brigade, antwortete darauf mit ja. Haynes Johnson zititiert San Román in seinem 1964 erschienenen Buch *The Bay of Pigs* (Die Schweinebucht) mit folgenden Worten zu Kennedy: »Natürlich haben wir das erwartet, weil man uns gesagt hatte, die Luftüberlegenheit wäre auf unserer Seite, und weil wir wußten, daß die B-26 nicht ausreichten.« Der Präsident, schreibt Johnson, »blickte ernst drein«. Er sagte den Männern nicht, daß es seine Entscheidung gewesen war, den entscheidenden zweiten Luftangriff abzublasen. Zwei Tage danach nahmen der Präsident und die First Lady in der Orange Bowl in Miami an einer großen, stürmischen Wahlkampfversammlung teil. Wie zur Wiedergutmachung stürzte Kennedy sich auf die Männer der Brigade, begrüßte sie und schüttelte viele Hände. Einige Mitglieder der Pressemannschaft des Weißen Hauses erzählten Haynes Johnson, »sie hätten den Präsidenten noch nie so zwanglos und so enthusiastisch erlebt«. Kennedys Rede fiel überschwenglich aus. »Ich kann Ihnen versichern«, sagte er zwischen bunten Fähnchen und Jubelrufen, »die Menschen dieses Landes und alle Menschen der westlichen Hemisphäre wünschen nichts sehnlicher, als daß Kuba eines Tages wieder frei sein wird. Und wenn der Tag kommt, dann verdient es diese Brigade, daß sie an der Spitze der Kolonne der Freiheit marschiert.« Diese Worte waren so aufrichtig wie viele andere, die der Präsident während seiner Amtszeit äußerte.

Bill Harveys Nachfolger an der Spitze der Task Force W war Desmond FitzGerald, ein CIA-Veteran, der sich sein Ansehen in den späten sechziger Jahren als heimlicher Drahtzieher im Fernen Osten erworben hatte. FitzGerald, der 1967 starb, war bestrebt, die Wünsche des Präsidenten und seines Bruders zu erfüllen und all das zu beseitigen, was in seinen Augen vom schlechten Geschmack des aufsässigen Harvey zeugte. FitzGeralds Biograph Evan Thomas zitiert in seinem 1995 erschienen Buch *The Very Best Men* (Die Elite) einen Brief FitzGeralds an seine Tochter, die Schriftstellerin Frances FitzGerald. Darin schreibt FitzGerald: »Meine erste Aufgabe war es, die Regierung davon zu überzeugen, daß jeder mit der kubanischen Sachlage befaßte Angehörige meiner Firma nicht notwendigerweise ein brutaler Kerl ist und sich partout ins Verderben stürzen will.« Sein Ziel sei, so ergänzte er, »die Operationen der Behörde zuverlässig und korrekt auszuführen, was offenbar seit der Schweinebucht nicht mehr der Fall war«.

FitzGeralds Problem war Bobby Kennedy. Frances FitzGerald erzählte Evan Thomas, daß ihr Vater den Justizminister anfangs für »einen blutigen Anfänger« gehalten habe. Barbara Lawrence, Desmond FitzGeralds Stieftochter, äußerte Thomas gegenüber allerdings, daß FitzGerald »Angst vor Bobbys Machtfülle hatte. Er fühlte sich von ihm bedroht. Er glaubte, Bobby sei einfach da, weil er der Bruder des Präsidenten war. Er hielt ihn für einen Amateur und mochte ihn nicht besonders«. Ein alter Kollege fragte FitzGerald Anfang 1963 einmal, ob die Arbeit an Harveys Stelle ihm Spaß mache. FitzGerald gab laut Thomas zur Antwort: »Ich weiß nur eines, nämlich daß ich Castro hassen muß.«

Unter FitzGeralds Leitung stellte die CIA ab 1963 den auf eigene Faust gegen Castro operierenden fanatischen Exilgruppen Gelder, Waffen und Geheimdienstinformationen zur Verfügung. Die Gruppen standen nicht unter der Kontrolle der sehr großen CIA-Station in Miami. Die Umtriebe der eigenmächtigen Exilgruppen wurden von der kubanischen und der sowjetischen Regierung offiziell verurteilt, und die Kennedy-Regierung stritt immer wieder ab, etwas mit den Gruppierungen zu tun zu haben. Welche Rolle die CIA dabei tatsächlich spielte, blieb bis zu den Recherchen für das vorliegende Buch im dunkeln.

Sam Halpern erläuterte den Plan der CIA: »Die Exilkubaner sollten allein weitermachen und Geld für Waffen und Munition erhalten. Darum kümmerten wir uns unter der Leitung von Des [FitzGerald].« In der Regierung hätten nur ganz wenige von dieser Hilfestellung gewußt. »Nur ein Bursche mit guten Spanischkenntnissen arbeitete an der Sache. Er berichtete Des. Und Des berichtete Bobby.«

Das Weiße Haus wurde Halpern zufolge ausdrücklich gewarnt, daß »wir keinen Einfluß auf sie hatten und sie vielleicht nicht das angreifen würden, was sie unserer Meinung nach angreifen sollten. Wir führten einen unerklärten Krieg, und auf beiden Seiten starben Menschen.« Unter den auf Kuba kämpfenden Exilkubanern habe es 1963 mindestens 25 Tote gegeben, sagte mir Halpern, und sehr viel mehr Tote unter der kubanischen Zivilbevölkerung und den Soldaten, die gegen die Guerillas kämpften. Die CIA habe auch mehr getan, als lediglich Gelder für Waffen zur Verfügung zu stellen, erläuterte Halpern. »Wir sagten ihnen, wo sie die Waffen kaufen sollten, damit sie nicht übers Ohr gehauen wurden.« Die Waffen wurden für gewöhnlich bei ausländischen Waffenhändlern eingekauft. Bei den seltenen Gelegenheiten, an denen die Exilgruppierungen »uns [im voraus] mitteilten, was sie vorhatten«, sorgte die CIA auch für nachrichtendienstliche Unterstützung.

Ein Hauptproblem war nach Halperns Ansicht Bobby Kennedys Neigung, sich direkt in Dinge einzumischen, die eigentlich die Sache der CIA waren. Eine der Gruppen wurde von dem kurz zuvor freigelassenen Manuel Artime angeführt, dem fanatischen Gründer der Brigade 2506. Artime hatte 1959 acht Monate im Gefängnis gesessen, weil er sich gegen die Revolution gestellt hatte. Er behauptete vor seinem Tod 1977 in Zeitungsinterviews, daß er 1963 mehrmals mit Bobby Kennedy in dessen Büro und Haus in Hickory Hill zusammengetroffen sei, zu einer Zeit, als er und seine Männer heftige und scheinbar eigenmächtige Blitzangriffe auf Ziele in ganz Kuba durchführten.

Evan Thomas beschreibt in seiner Biographie FitzGeralds Zorn, nachdem er erfahren hatte, daß Bobby Kennedy in Hickory Hill mit Anführern der Exilkubaner, vermutlich auch mit Artime, vertrauliche Gespräche führte. Er erfuhr auch, daß Kennedy die Kubaner in einem Washingtoner Hotel traf, wo sie Gäste der CIA waren. Mit dem Justizminister wurden im Vorfeld Ad-hoc-Operationen vereinbart, was das zentrale Ziel der Guerillaoperationen zunichte machte, die US-Regierung aus den wahllosen Angriffen auf Kuba herauszuhalten.

FitzGerald sei mit seinem Wunsch, es allen recht zu machen, auf verlorenem Posten gestanden, erläuterte Halpern. »Er arbeitete wie ein Verrückter, damit alle zufrieden waren, und das konnte nicht funktionieren.« In einem Brief an seine Tochter Frances, der in Thomas' Biographie zitiert wird, brachte FitzGerald zum Ausdruck, wie unbehaglich er sich fühlte: »Ich habe in der Vergangenheit mit vielen Exilanten zu tun gehabt, aber keiner von denen kann es hinsichtlich Dummheit und militärischer Naivität mit den Kubanern aufnehmen. Zeitweise tut mir Castro leid – ein Bildhauer inmitten dummer Steine.«

Mitte 1963 verstärkten die Guerillagruppen der Exilkubaner ihre Aktivitäten. Präsident Kennedy und sein Bruder verfolgten unterdessen eine Doppelstrategie. Von der CIA verlangten sie noch immer, gegen das Regime Castros Propaganda- und Sabotage-Unternehmen zu planen und durchzuführen; dafür wurden Leute von der CIA bezahlt und von der CIA-Station in Miami geführt. Die eigentliche Operation, mit wenig Schreibarbeit und einiger unerwünschter Hilfe seitens Bobby Kennedy, lief unterdessen über FitzGerald.

Am 23. März 1963 wurde dem Exekutivkomitee auf einer seltsamen Abschlußkonferenz signalisiert, daß die Kennedys die geplanten Sabotageaktionen der Exilkubaner billigten. Wie während der Kubakrise sprach Kennedy nicht offen mit den Männern, die angeblich doch seine treuesten Berater waren. Aus freigegebenen Notizen, die Bromley Smith vom Nationalen Sicherheitsrat durchgearbeitet hat und die 1996 vom Außenministerium veröffentlicht wurden, geht hervor, daß der Präsident die Sitzung mit der Ankündigung eröffnete, er wünsche, daß über eine Reihe kürzlich erfolgter Blitzangriffe der Exilkubaner gesprochen werde. Zwei Tage zuvor hatte eine Gruppe von Exilkämpfern ein sowjetisches

Schiff, das in einem kubanischen Hafen vor Anker lag, schwer beschädigt. Der Vorfall hatte einen offiziellen Protest aus Moskau zur Folge.

Die Mitglieder des Exekutivkomitees, darunter Außenminister Rusk, kamen sofort überein, daß die Vereinigten Staaten alles tun sollten, um die Überfälle der Exilkubaner zu stoppen. »Wenn jemand Russen erschießt«, so Rusk, »dann sollten wir das sein, nicht Kubaner, auf die wir keinen Einfluß haben.« Die Kennedy-Brüder wußten besser als jeder andere, daß die in Frage kommenden Exilkubaner wahrscheinlich mit heimlicher Unterstützung amerikanischer Waffen und Informationen auf die Russen geschossen hatten. Den Kennedys schien die Diskussion beinahe Freude zu bereiten. Die offiziellen Aufzeichnungen der Besprechung faßten die Worte des Präsidenten wie folgt zusammen: »Diese Überraschungsschläge waren wahrscheinlich für die Beteiligten aufregend und eher unterhaltsam. Die Gefahr dauerte höchstens eine Stunde. Es war ein Kitzel und machte ihnen sicher mehr Spaß, als sich in den Hügeln vor Castros Truppen zu verstecken.« Den Aufzeichnungen nach schlug der Präsident vor, daß »wir zunächst den Briten Bescheid geben und dann, als Hintergrundinformation, der Presse sagen, daß die Stoßtrupps von den Bahamas aus operieren«. Offensichtlich glaubte der Präsident fest, daß die Reporter in Washington alles druckten, was das Weiße Haus ihnen mitteilte.

Kennedy kam schließlich zu dem ernsten Problem, das mit der amerikanischen Unterstützung für die punktuellen Angriffe verbunden war: Die Exilkubaner belasteten unnötig die Beziehungen zwischen den USA und der Sowjetunion. Der Präsident schien wie sein Bruder nicht ganz zu begreifen, wie weit außer Kontrolle die Exilgruppierungen bereits waren. Sie erhielten von der CIA nachrichtendienstliche Informationen, Waffen und Geld – aber keine Anweisungen. Wie aus den Aufzeichnungen ersichtlich wird, schlug JFK trotzdem vor, man müsse »den Angreifern sagen, daß sie keine sowjetischen Schiffe attackieren, sondern nur kubanische Ziele«. Bei der Konferenz kam ein Aspekt nicht zur Sprache: Der Dreh- und Angelpunkt, was die Finanzierung und Unterstützung einiger extremer Exilgruppen betraf, war die fehlende

Kontrolle – und die Frage, ob die Exilkubaner in der Lage sein würden, Castro so zu schaden, wie es der Präsident und sein Bruder nach Ansicht der CIA erwarteten. Präsident Kennedy machte deutlich, daß er Guerillaaktionen gegen Kuba wünsche. Dem Exekutivkomitee gab er zu verstehen, daß »dieses Problem [die kubanischen Angreifer zurückzuhalten] auf eine Weise gehandhabt werden muß, daß der Anschein vermieden wird, kubanische Patrioten würden verfolgt«.

Im Juni 1963 billigte Jack Kennedy, sich aller damit verbundenen nachteiligen Auswirkungen bewußt, formal die verdeckte Unterstützung der CIA für die Nadelstichaktionen: Die Kommandotrupps der Exilkubaner werden in den mittlerweile freigegebenen Unterlagen der CIA als »autonome Gruppen« bezeichnet.

Anfang des Frühjahrs 1963 war die Operation Mongoose nicht mehr von Belang, Bill Harvey kippte seine Martinis und machte seine Nickerchen in Rom, und Desmond FitzGeralds Task Force W war umbenannt in Sondereinsatzstab. Johnny Roselli und seine Komplizen von der Mafia waren nicht länger an Mordkomplotten beteiligt; Rosellis Rolle endete, als Bill Harvey, sein CIA-Betreuer, ging. Doch die Kennedy-Brüder wollten Castro noch immer tot sehen. Auch dieser Auftrag fiel dem dafür schlecht gerüsteten FitzGerald zu. Zwei von FitzGeralds Mordplänen kamen 1975 durch den Bericht des Church-Ausschusses ans Licht. Man habe gewußt, daß Castro gerne tauchte, sagte Halpern vor dem Ausschuß. »Mr. FitzGerald kam eines vormittags mit einem Buch über Meeresmuscheln ins Büro. Ich fragte ihn, wieso er sich für Meeresmuscheln interessiere. Er glaube, so sagte er mir ..., daß Castro nach einer exotisch aussehenden Muschel tauchen würde. Wir könnten eine solche Muschel herstellen und so präparieren, daß sie explodieren würde. Meiner Ansicht nach war das keine gute Idee, und das sagte ich ihm auch. Trotzdem bat er mich, daß die Techniker die Sache überprüfen sollten ... Soweit ich weiß, wurde nichts daraus.« Der zweite Plan war genauso abenteuerlich: Die Wissenschaftler sollten einen Taucheranzug mit Gift präparieren, der Castro irgendwie als Geschenk übergeben würde. Die CIA beschaffte einen Taucheranzug und experimentierte damit, doch der Anzug verließ offenbar das Labor nicht.

In einem Interview mit mir äußerte Halpern Sympathie für seinen ehemaligen Chef. »Er versuchte, ein guter Soldat zu sein.« Und selbst nach Jack Kennedys Tod blieb FitzGerald weiterhin der Soldat, der sich bemühte, Fidel Castro umzubringen.

Am 10. Juni 1963 – die Welt machte sich zunehmend Sorgen über den Fallout der Kernwaffentests – hielt Kennedy eine Rede, die Historiker als seine beste im Präsidentenamt ansehen. Am Tag der Verleihung akademischer Grade sprach Kennedy auf dem Campus der American University in Washington darüber, daß es für die Amerikaner an der Zeit sei, ihre Ansichten über die Sowjetunion und den Kalten Krieg zu überdenken. Die Rede klang anders als alle früheren, keine Drohungen, keine Hinweise auf einen sofortigen Vergeltungsschlag. »1963 hatte er in den Augen der meisten Amerikaner seine Fähigkeiten als Präsident unter Beweis gestellt, indem er die Russen in Kuba in ihre Schranken wies«, schreibt Michael Beschloss in seinem Buch *The Crisis Years* (dt.: *Powergame. Kennedy und Chruschtschow,* 1991). »Jetzt konnte er es sich leisten, offen für bessere Beziehungen mit der Sowjetunion einzutreten, ohne daß er befürchten mußte, als ›Schwächling‹ abgetan zu werden.«

In seiner Rede rief Kennedy zum Weltfrieden auf und fragte: »Welchen Frieden meine ich? ... Ich meine nicht eine Pax Americana, die der Welt mit Waffengewalt aufgezwungen wird. Auch nicht eine Friedhofsruhe oder die vermeintliche Sicherheit der Sklaverei. Ich spreche von wirklichem Frieden, dem Frieden, der das Leben auf dieser Erde lebenswert macht, dem Frieden, der es Menschen und Nationen ermöglicht, zu wachsen und ein besseres Leben für ihre Kinder aufzubauen. Frieden nicht nur für Amerikaner, sondern Frieden für alle Männer und Frauen. Nicht nur ein Frieden in unserer Zeit, sondern ein Frieden für alle Zeiten.«

Präsident Kennedy behandelte die Sowjetunion als eine Supermacht, gleichrangig nach Status und Bedeutung. Die Führer in Washington und Moskau hätten übereinstimmend »ein großes Interesse an einem gerechten und ernsthaften Frieden und an einem Stopp des Rüstungswettlaufes ... Wenn wir unsere Differenzen auch jetzt nicht beilegen können, so können wir doch dazu beitragen, daß unterschiedliche Lebensweisen auf der Welt unbeschadet nebeneinander bestehen. Denn letzten Endes ist unsere grundlegende Gemeinsamkeit jene, daß wir alle diesen kleinen Planeten bewohnen. Wir alle atmen die gleiche Luft. Uns allen liegt die Zukunft unserer Kinder am Herzen. Und wir alle sind sterblich.«

Unter den vielen Gemeinsamkeiten der Menschen in Amerika und in der Sowjetunion sei »keine stärker als unsere gemeinsame Abscheu vor dem Krieg. Unter den mächtigen Staaten dieser Erde ist es fast schon einzigartig, daß unsere beiden Länder noch nie Krieg gegeneinander geführt haben. ... Wir sind nicht hier, um Tadel oder Schuldzuweisungen auszuteilen. Wir müssen die Welt so nehmen, wie sie ist, und nicht, wie sie sein könnte, wären die letzten achtzehn Jahre anders verlaufen.« Die versöhnlichen Worte fanden weltweit Beifall.

Andere Teile der Rede hatten vielleicht für den Präsidenten eine besondere Bedeutung, denkt man daran, was während der Kubakrise wirklich geschehen war. »Vor allem müssen wir als Atommächte, wenn wir unsere eigenen vitalen Interessen verteidigen, jene Konfrontationen verhindern, die einen Gegner vor die Wahl eines demütigenden Rückzugs oder eines Atomkriegs stellen. Einen solchen Kurs im Atomzeitalter einzuschlagen, wäre ein Beweis für die Bankrotterklärung unserer Politik – oder für einen kollektiven Wunsch nach Vernichtung der Welt ... Wir können nach Entspannung streben, ohne in unserer Wachsamkeit nachzulassen. Und wir haben, für unseren Teil, keine Drohungen nötig, um zu beweisen, daß wir konsequent sind.«

Nikita Chruschtschow meinte gegenüber Averell Harriman, dem Sondergesandten des Präsidenten, der in Moskau an den laufenden Gesprächen über einen Atomteststopp teilnahm, daß es »seit Roosevelt die beste Rede eines Präsidenten« gewesen sei. Binnen zwei Monaten beendete die Sowjetunion das zwei Jahre dauernde Feilschen über Inspektionen vor Ort und über andere Fragen der Überpüfung und unterzeichnete einen Vertrag mit der Kennedy-Regierung. Der Vertrag verbot oberirdische Kernwaffentests und Tests unter Wasser. Nun konnten die Atomwaffen nur noch unterirdisch getestet werden.

Kann man aus der leidenschaftlichen Rede des Präsidenten folgern, daß er aus seinen Manipulationen und Lügen während der Kubakrise gelernt hatte? Bei genauer Betrachtung wird deutlich, daß dies nicht der Fall war. Im Sommer 1963 wurde die amerikanische Nation durch Strontium 90 in Angst und Schrecken versetzt: Es handelte sich um radioaktiven Fallout amerikanischer und sowjetischer Kernwaffentests, der in erhöhten Konzentrationen in Kuhmilch und in menschlichen Knochen festgestellt wurde. Ein teilweises Testverbot war ein geschickter Schachzug. Michael Beschloss kommt in *The Crisis Years* zu dem Schluß, daß die Rede »ebenso von politischem Kalkül geprägt [war] wie alle anderen Reden Kennedys. Sie sollte die Unterstützung der der Öffentlichkeit für den Atomteststopp-Vertrag sichern, den er zu erwirken hoffte. Außerdem zielte die Rede darauf ab, Chruschtschow ... zu beruhigen ... und sowjetische Zweifel zu zerstreuen, ob er wirklich bereit war, seine Position zu Hause zu gefährden, damit er ein umstrittenes Abkommen im Senat durchbringen konnte.«

Auch Chruschtschow stand unter Druck. Die sowjetische Wirtschaftsentwicklung stagnierte, und Chruschtschow glaubte, daß eine Ruhepause in dem mit immensen Kosten verbundenen atomaren Rüstungswettlauf äußerst wichtig sei, damit man die gestiegene Nachfrage nach Konsumgütern befriedigen könne. Im Juni mußte sich der Ministerpräsident zudem in Moskau einem schwierigen Treffen mit den Führern der Kommunistischen Partei Chinas stellen, die seinen Rückzug in der Kubakrise in aller Schärfe kritisierten.

Doch Kennedys Politik erschöpfte sich nicht darin, für den Teststopp zu werben. Er hatte sorgsam ein strategisches Programm ersonnen, das bis in seine Tage im Senat zurückreichte: Er war überzeugt, daß ein Atomteststopp-Vertrag den riesigen Vorsprung der Amerikaner gegenüber der Sowjetunion bei der Forschung und Entwicklung von Atomwaffen festschreiben würde. Ein Vertrag verhinderte auch die Verbreitung der Atombombe in Länder, die er als besonders gefährlich ansah – allen voran das kommunistische China. Kennedy wußte 1963, im Gegensatz zu Chruschtschow, daß die Atomwissenschaftler des Pentagon bestens darauf vorbereitet waren, unterirdisch mit ihrer Arbeit fortzufahren. Der Vertrag über den Teststopp würde das Wettrüsten in keinster Weise verlangsamen.

Im Verlauf der Senatsanhörungen zur Ratifizierung des Vertrages wurde deutlich, daß Kennedy zu Verhandlungen bereit war, um zu bekommen, was er wollte. Er versicherte den mißtrauischen Vereinten Stabschefs, daß sie im Gegenzug für ihre Unterstützung des Teststopp-Abkommens die unterirdischen Versuche mit Kernwaffen und die Waffenentwicklung erheblich steigern könnten. Die für die Waffenentwicklung bewilligten Gelder stiegen konstant über die nächsten Jahre an, und zugleich wurden die Forschungen immer aufwendiger. 1968 begannen die Waffenproduzenten des Pentagon mit unterirdischen Tests von Atomsprengköpfen im Megatonnen-Bereich – fünfzigmal stärker als die Bomben von Hiroshima und Nagasaki. Eine neue Generation von Offensivwaffen, die sogenannten MIRV, wurden Ende der sechziger Jahre bei unterirdischen Versuchen erfolgreich getestet. Die MIRV ist eine mit mehreren, einzeln lenkbaren Sprengköpfen bestückte Rakete. Sie kann im Weltraum sage und schreibe vierzehn Atomsprengköpfe absetzen, die mittels komplizierter Elektronik wieder in die Atmosphäre eintreten und ein Ziel präzise treffen. Bei der MIRV handelte es sich nicht nur um eine verbesserte Waffe, sondern um einen qualitativen Sprung bei den Möglichkeiten, einen Atomkrieg zu führen. Das Raketenabwehrsystem ABM wurde in den späten sechziger Jahren mit Hilfe unterirdischer Versuche entwickelt und erfolgreich getestet.

Trotz Kennedys aufwühlender Worte in der American University war während der Senatsanhörungen über den Teststoppvertrag von der Rücksichtslosigkeit und der Geldverschwendung eines unkontrollierten Rüstungswettlaufs keine Rede. Der Vertrag wurde den Senatoren, die eine Rüstungskontrolle ablehnten, nicht als Sieg *über* den, sondern als Sieg *im* Rüstungswettlauf dargestellt. Den ersten Entwurf für Kennedys Rede hatte Ted Sorensen verfaßt; er schreibt in seinen Erinnerungen, daß Kennedy nicht die Ratifizierung im Senat die größten Sorgen bereitete, sondern die Frage, wie Moskau zur Zustimmung bewegt werden konnte: »Da selbst ein begrenztes Versuchsstopp-Abkommen eine sowjetische Hinnahme *andauernder amerikanischer Überlegenheit* in

Kernwaffen voraussetzte, wollte [Kennedy] nicht allzu sicher mit dem Erfolg der Moskauer Gespräche rechnen.« [Hervorhebung von mir; SH]

Chruschtschow hätte die Verhandlungen über einen Teststopp sofort abgebrochen, wenn er geahnt hätte, mit welchen Worten Robert McNamara vor dem Senatsausschuß für Auswärtige Beziehungen für den Vertrag warb. Am 13. August 1963, acht Tage, nachdem die Sowjets den Vertrag unterzeichnet hatten, skizzierte McNamara, auf Kritik von rechts gefaßt, eine exponentielle Zunahme des Wettrüstens. Amerika könnte bis 1966 die Zahl seiner Interkontinentalraketen (ICBM) von 500 auf 1700 verdreifachen. Gleichfalls verdreifachen würde sich die Zahl der Raketen auf U-Booten. Mit Blick auf das Raketenabwehrsystem der USA teilte McNamara dem Senat mit, daß die ABM-Sprengköpfe, »die wir jetzt haben oder mit Hilfe unterirdischer Tests entwickeln können, sowjetische Sprengköpfe mit hoher Wahrscheinlichkeit zerstören können, selbst wenn für [die sowjetischen Sprengköpfe] eine fortgeschrittene Technologie angewendet wird, fortgeschrittener als alles, was heute existiert.« Über den Teststopp-Vertrag machte der Journalist I. F. Stone 1970 in einem Beitrag für den *New York Review of Books* eine sarkastische Bemerkung: Als man in Moskau McNamaras Worte gelesen habe, müsse die Opposition gegen Chruschtschow – die seit der Kubakrise stetig gewachsen war – gespürt haben, daß »Chruschtschow den Verstand verloren hatte, wenn er glaubte, der Vertrag werde die Last des Wettrüstens und der damit verbundenen Gefahren erleichtern«.

Vielleicht war Chruschtschow von Jack Kennedy ebenso geblendet wie die Reporter, die ihn deckten, und die Berater, die im Weißen Haus arbeiteten. Chruschtschow wurde im Oktober 1964 als Ministerpräsident abgesetzt und verlor alle Ämter in Partei und Regierung.

# 22
# Ellen

Im Herbst 1963, weit vor dem 22. November, wandte sich das Glück von Jack Kennedy ab. In Südvietnam war er mit einer aussichtslosen Situation konfrontiert: Der von Kennedy bewaffnete und unterstützte despotische Präsident Ngo Dinh Diem führte den Krieg zunehmend gegen seine politischen Gegner und weniger gegen die bewaffnete, von den Kommunisten unterstützte Opposition. Auch in den USA braute sich Unheil zusammen, wie es Larry Newman und Tony Sherman vom Secret Service vorausgesehen hatten. Eine Gespielin Kennedys bei seinen Poolpartys entpuppte sich als Ostdeutsche. Nicht Kennedy oder einer seiner Berater fand das heraus, sondern eine Gruppe Republikaner, die einen Bestechungs- und Sexskandal untersuchten. Die Frauengeschichten des Präsidenten drohten als nationales Sicherheitsrisiko enthüllt zu werden.

Die Frau hieß Ellen Rometsch. Sie war in Washington häufig auf Partys zu finden und besaß etwas, dem Jack Kennedy nicht widerstehen konnte: Sie war überaus attraktiv und sah Elizabeth Taylor wie aus dem Gesicht geschnitten ähnlich. Im späten Frühjahr 1963 hatte nur das gezählt. Präsident Kennedy wußte nicht, daß Rometsch 1936 im deutschen Kleinitz zur Welt gekommen war, einem Dorf, das nach dem Zweiten Weltkrieg Teil der DDR wurde. Er wußte auch nicht, daß Rometsch von klein auf der Jugendorganisation der SED angehört hatte und daß sie als junge Frau einer weiteren Organisation der kommunistischen Partei beigetreten war. Und er wußte nicht, daß sie 1955 mit ihrer Familie nach Westdeutschland geflohen und nach einer gescheiterten ersten Ehe mit ihrem zweiten Ehemann, einem in die deutsche Botschaft in Washington versetzten Feldwebel der Bundesluftwaffe, in die Vereinigten Staaten gekommen war. Kennedy war anscheinend nicht klar – oder es war ihm gleichgültig –, daß man Ellen Rometsch, sollte seine sexuelle Beziehung zu ihr bekannt werden, für eine kommunistische Spionin halten würde.

Rometsch war 27 Jahre alt, als sie sich kennenlernten, und sie erfüllte ein weiteres für den Präsidenten wesentliches Kriterium: Sie war eine professionelle Prostituierte, nahm ihr Geld, tat, was man von ihr verlangte und schwieg. Kennedy stolperte auf die übliche Weise über Rometsch, nämlich durch einen seiner vielen Kuppler in Washington: diesmal war es Bill Thompson, der Eisenbahnlobbyist.

Anfang 1963 gehörte Ellen Rometsch zum Kreis von Bobby Baker, und sie verbrachte viele Abende mit Baker und seinen Freunden im Quorum Club, einem privaten Schlupfwinkel für Kongreßmitglieder und Lobbyisten auf dem Kapitolshügel. Baker war Sekretär des demokratischen Mehrheitsführers im Senat und stand im Ruf, den Gesetzgebungsapparat perfekt zu beherrschen. Er war ein hervorragender Stimmensammler. Und er kümmerte sich um alle Wünsche der Senatoren – auch um Frauen.

Baker stammte aus Pickens in South Carolina und war 1943 mit 14 Jahren nach Washington gekommen. Er begann als Laufbursche im Kongreß und stieg mit seinem Mentor, dem Texaner Lyndon Johnson, langsam auf. Er sei, wie Baker in seinen Memoiren *Wheeling and Dealing* (Machenschaften) schrieb, zu »einem Drahtzieher auf dem Kapitol« geworden. Mitte 1963 wurde er wegen Bestechlichkeit angeklagt – er hatte Schmiergelder angenommen und im Gegenzug Bundesaufträge an seine Geschäftsfreunde vermittelt. Unter Druck zog sich Baker am 7. Oktober aus dem Senat zurück. Er mußte sich den Ermittlungen des Justizministeriums und des Rechtsausschusses des Senats stellen, dessen republikanische Minderheit darauf lauerte, den Fall im Präsidentschaftswahlkampf 1964 auszuschlachten. Baker wurde schließlich in neun Fällen des Betrugs und der Steuerhinterziehung für schuldig befunden und saß achtzehn Monate in einem Bundesgefängnis.

Doch diese Ereignisse lagen noch in der Zukunft, als Bill Thompson eines Abends 1963 im Quorum Club an Baker herantrat. Baker erinnerte sich in einem Interview mit mir, daß ihm Thompson eine typische Frage stellte: »›Baker‹, fragte er mich, ›wer ist dieses attraktive Mädchen? Sie sieht genau aus wie Elizabeth Taylor.‹ Ich sagte zu ihm: ›Sie ist eine Deutsche, ihr Mann ist Feldwebel und arbeitet in der deutschen Botschaft. Und sie ist eine richtige Nutte, jedenfalls für mich. Ich meine, jeder, der sich mit ihr verabredet hatte, hatte wirklich Spaß mit ihr.‹ Und so fragte er mich«, fuhr Baker fort, »›Baker, was hältst du davon, wenn ich sie ins Weiße Haus einlade, damit sie mich begleitet und Präsident Kennedy kennenlernt?‹ Ich entgegnete ihm: ›Mensch, sie ist ein Nazi. Sie macht alles, was ich ihr sage.‹ Ich frage sie, und sie sagte, es wäre ihr eine Freude.« Baker zufolge wurde vereinbart, daß Thompson Ellen Rometsch in ihrem Apartment im Nordwesten Washingtons abholen und ins Weiße Haus mitnehmen solle. Baker meinte noch, Ellen Rometsch habe ihm später berichtet, daß »der Präsident wirklich ein lustiger Kerl sei und daß sie wirklich gern mit ihm zusammengewesen sei.« Das nächste Mal, als Baker dem Weißen Haus einen Besuch abstattete, habe ihm der Präsident gesagt, »daß es das aufregendste Erlebnis in seinem Leben gewesen sei.«

In jenem Frühjahr war Ellen Rometsch sehr gefragt. Baker erzählte: »Sie war ein sehr liebenswertes, schönes Partygirl ... und trug stets wunderbare Kleider. Sie hatte Manieren und war sehr entgegenkommend. Ich hatte bestimmt fünfzig Freunde, die mit ihr ausgingen, und nicht einer hat sich jemals beklagt. Mit ihr zusammenzusein hat wirklich Spaß gemacht.«

Kennedy habe gewußt, so Baker weiter, daß Rometsch ihm zu Diensten sein würde und dafür bezahlt werden mußte: »Präsident Kennedy wollte sich nicht aus gesellschaftlichen Gründen mit jemandem treffen. Es verstand sich von selbst: Wenn [Thompson] Mädchen mit ins Weiße Haus nahm, dann waren das Partygirls.« In seiner offiziellen Position im Senat hatte Baker nach eigener Aussage erstmals Frauen für Kennedy mitgebracht. »Wenn ein attraktives Mädchen Senator Kennedy eine Karte schickte, kam der Portier zu mir und fragte mich: ›Mr. Baker, was soll ich damit machen?'« Das sei ständig passiert, meinte Baker. Einmal, erinnerte er sich lachend, habe eine Frau ein Briefchen an Kennedy geschickt mit der Einladung: »Herr Senator, Sie können, wenn Sie möchten, Ihre Schuhe jederzeit unter mein Bett stellen.«

Baker meinte, »viele Prominente werden von schönen Menschen umschwärmt«. Jack Kennedy habe das genossen. In den Anfangstagen von Kennedys Präsidentschaft sei er, Baker, einmal zu einer Besprechung mit Jack Kennedy ins Oval Office eingeladen worden. »Er wollte eigentlich nicht über den Senat sprechen. Er sagte einfach: 'Wissen Sie, ich bekomme Migräne, wenn ich nicht jeden Tag ein Mädchen im Bett habe.'«

In den nächsten Monaten kümmerte sich Ellen Rometsch um Kennedys Kopfschmerzen. Und sie tratschte gegenüber Baker darüber. Am 18. Mai 1963, bemerkte Baker, sei Rometsch mit einer Gruppe von Kongreßmitgliedern und Freunden mit dem Bus zum jährlichen Parcoursreiten im Pimlico Race Course in der Nähe von Baltimore gefahren. »Wir unterhielten uns, weil wir im Bus nebeneinander saßen. Zwei Tage zuvor war sie abends im Weißen Haus gewesen und hatte an einer Pool-Party teilgenommen, bei der alle nackt waren. Es tummelten sich wohl fünf Männer und zwölf Mädchen im Schwimmbecken des Weißen Hauses.« Baker schätzte, daß Rometsch Kennedy in jenem Frühjahr und Sommer mindestens zehnmal besucht hatte.

Ihre Besuche wuchsen sich schließlich zu einem Alptraum für den kaum aus der Ruhe zu bringenden Präsidenten aus – zum einzigen Skandal, den er, hätte er noch gelebt, und sein Bruder nicht hätten vertuschen können.

Im Juni war die Regierung Harold Macmillan in Großbritannien von einen Sexskandal erschüttert worden. Der Skandal endete mit dem Rücktritt des britischen Verteidigungsministers John Profumo, nachdem er zugegeben hatte, vor dem Unterhaus gelogen zu haben. Den Profumo-Skandal, wie ihn die britische Boulevardpresse kurzerhand betitelte, hatte eine Prostituierte namens Christine Keeler ausgelöst, die gleichzeitig mit Profumo und Yewgenj Iwanow, einem sowjetischen Marineattaché, Verhältnisse unterhielt. Besonders brisant wurde die Geschichte durch Profumos makellosen Lebenslauf: Er hatte als Brigadegeneral im Zweiten Weltkrieg tapfer gedient, und er war mit der prominenten englischen Schauspielerin Valerie Hobson verheiratet, die soeben die Hauptrolle in dem Film *The King and I* gespielt hatte. Der fieberhaften Presseberichterstattung war zu entnehmen, daß Profumo am Schwimmbeckenrand mit Keeler und mindestens vier weiteren Prostituierten herumgetobt sei, darunter einer chinesischen Schönheit namens Suzy Chang und einer tschechischen Blondine namens Maria Nowotny. Darüber hinaus müsse man befürchten, daß Profumo seine Wochenenden damit zugebracht habe, die Fragen der von Iwanow eingeschleusten Mädchen zur britischen Nuklearpolitik zu beantworten. Die Bedeutung von Profumos Gefährdung der nationalen Sicherheit, wenn es überhaupt welche gegeben hatte, verblaßte gegenüber dem Entsetzen über sein sittenloses Betragen. Die Tatsache, daß ein verheiratetes, hochrangiges Regierungsmitglied sich mit Prostituierten vergnügte, war für die Regierung Macmillan ein tödlicher Dolchstoß. Im Oktober trat Macmillan zurück, und 1964 wurde die schwer angeschlagene Tory-Regierung abgewählt.

Es braucht wohl nicht eigens erwähnt zu werden, daß Präsident Kennedy von dem Skandal fasziniert war. »Kennedy verschlang alles, was über den Profumo-Fall veröffentlicht wurde«, wußte Ben Bradlee in *Conversations with Kennedy* (Gespräche mit Kennedy) zu berichten. »So viele Dinge, die ihn interessierten, kamen dabei zusammen: niedere Machenschaften auf hoher Ebene, der britische Adel, Sex und Spionage. Jemand vom Außenministerium hatte ihm offenbar ein frühes Telegramm von David Bruce geschickt, dem US-Botschafter in Großbritannien. Kennedy ... gab die Anweisung, sofort alle weiteren Telegramme von Bruce zu dieser Angelegenheit an ihn weiterzuleiten.«

Mit rein theoretischem Interesse hatte die Wißbegier des Präsidenten wenig zu tun. Maria Nowotny und Suzy Chang hatten in New York und London als Luxus-Callgirls gearbeitet, und wie Nowotny später gegenüber Reportern ausplauderte, waren sie beide Kennedy vor und nach der Präsidentschaftswahl zu Diensten gewesen. Als Senator hatte Kennedy Chang zum Essen ins »21« mitgenommen, einem beliebten New Yorker Club. Auch er – mit einer ebenso liebenswürdigen Ehefrau wie Profumo – konnte in den Skandal hineingezogen werden.

Wieder einmal wandte sich der Präsident an seinen Bruder, und Bobby ergriff wenige Tage nach den ersten Zeitungsberichten über den bevorstehenden Rücktritt Profumos, Anfang Juni 1963, die Initiative. Am 11. Juni, dem Tag nach Kennedys Rede an der American University, in der er zu einem »gerechten und wahren Frieden« mit der Sowjetunion aufrief, erhielt Charles Bates, der Rechtsattaché des FBI in London, von J. Edgar Hoover ein Telegramm mit der Anweisung, er solle »sich in erster Linie mit diesem Fall« beschäftigen »und die Behörde vollständig und unverzüglich über alle Entwicklungen« informieren, »besondere Betonung liegt dabei auf allen Behauptungen, nach denen US-Staatsbürger auf irgendeine Weise in den Fall verwickelt sind oder waren«. Eine stark zensierte Fassung von Hoovers Telegramm wurde 1986 freigegeben.

Die gleiche Anweisung erging von CIA-Direktor John McCone an die CIA-Station in London. »Als Profumo erledigt war«, sagte der stellvertretende Stationschef Cleveland Cram 1997 in einem Interview, »bekamen wir von John McCone die Order ›Soforteinsatz‹.« Die CIA sollte herausfinden, ob Amerikaner in den Fall verwickelt waren. »Wie Sie sich vorstellen können«, sagte mir Cram, hätten er und Charles Bates, der ranghöhere FBI-Mann in London, viel miteinander getratscht. »Und wir vermuteten sofort, es könnte etwas mit den Kennedys zu tun haben.« Der CIA-Beamte wurde angewiesen, mit Sir Roger Hollis, dem Generaldirektor des britischen Geheimdienstes MI5, Kontakt aufzunehmen und ihm darzulegen, daß eine umfassende Zusammenarbeit erforderlich sei. Zu Crams Überraschung wurde sie ihm zugesagt. Die folgenden »vier oder fünf« Wochen verbrachte er im Hauptquartier des MI5 und vertiefte sich in die Profumo-Akten. »Das war, als wagte man sich in das Netz einer Spinne«, schilderte mir Cram. »Es hat eine Menge Spaß gemacht.« Er erhielt auch einen Eindruck von der Geschicklichkeit des MI5 bei Schnüffeleien. So erfuhr er beispielsweise, daß einer seiner Nachbarn ein geheimer Informant des MI5 war.

Damals habe er, erzählte mir Cram, »keine Zweifel« darüber gehabt, um was es bei der ungewöhnlichen Aufgabe ging: Sie sollten herausfinden, ob »einer der Kennedys« etwas mit den Profumo-Mädchen zu tun hatte. »Sie wollten vorgewarnt sein, wenn [die Namen von Amerikanern] bekannt würden, und vorgewarnt sein heißt gewappnet sein.« Charles Bates informierte ihn, daß er bei FBI-Kollegen in Washington nachgefragt und erfahren hatte, daß der Befehl Hoovers aus dem Weißen Haus stammte. Cram forschte nach eigener Aussage ebenfalls nach und fand heraus, daß man ihn auf einen »besonderen Wunsch von [Präsident] Kennedy« hin für seine Nachforschungen zum MI5 geschickt hatte.

»Das hat einen regelrecht elektrisiert«, meinte Cram. Als er über seine Erkenntnisse aus den MI5-Unterlagen nicht unverzüglich an das CIA-Hauptquartier berichtete, habe es »ein Mordsdonnerwetter von McCone« gegeben: »Was treibt ihr Burschen eigentlich? Macht euch gefälligst an die Arbeit und kriegt etwas heraus. Arbeiten die Briten nicht mit euch zusammen?‹ Wir mußten ihm zurückschreiben und ihm mitteilen: ›Ja, wir arbeiten hundertprozentig mit den Briten zusammen, haben aber bislang einfach nichts herausgefunden.‹ Und jeden folgenden Tag haben sie uns gelöchert. Es war schrecklich. Einen solchen Auftrag hat es meines Wissens vorher noch nicht gegeben und danach auch nicht.«

Cram zufolge stieß er bei seiner Suche auf keine Hinweise, daß hochrangige Amerikaner in den britischen Skandal verwickelt waren. Er fand auch keine Anhaltspunkte, daß die Beziehung zwischen Profumo und Keeler ernsthaft die nationale Sicherheit Großbritanniens gefährdet hatte. Laut Cram habe Christine Keeler Profumo »Fragen wie ›Werdet ihr in Deutschland eure Atomsprengköpfe verlegen?‹« gestellt. »Etwas in der Art. Ich bezweifle, daß er ihr überhaupt etwas geantwortet hat.« Der Skandal entstand einzig aus dem Grund, daß Iwanow für den sowjetischen Geheimdienst arbeitete. »Durch seine Quelle, Miß Keeler, stand er tatsächlich in Kontakt mit Profumo«, so Cram weiter. »Für den MI5 war es ein sehr wichtiger Fall, das kann ich Ihnen sagen. Sie hatten diese Frau erwischt, die mit John Profumo schlief und gleichzeitig auch mit Iwanow.«

Am 23. Juni traf Kennedy in Bonn ein; es war der Auftakt für seine erste Europareise seit dem Wiener Gipfeltreffen. Am 26. Juni schaute er sich zum ersten Mal die Berliner Mauer an. Seine Rede war ein Triumph, eine Million Menschen drängten sich auf einem Platz zusammen, der inzwischen nach ihm benannt ist, und jubelten begeistert, als der Präsident in Deutsch ausrief *»Ich bin ein Berliner«*. Es war eine der Szenen seiner Präsidentschaft, die im Gedächtnis haften blieben. »Wenn es in der Welt Menschen geben sollte, die nicht verstehen oder nicht zu verstehen vorgeben, worum es heute in der Auseinandersetzung zwischen der freien Welt und dem Kommunismus geht, dann können wir ihnen nur sagen, sie sollen nach Berlin kommen.« Und nach einer kleinen Pause wiederholte er: »*Sie sollen nach Berlin kommen!*«[*]

Von Berlin aus reiste der Troß des Präsident weiter nach Irland, wo Kennedy, der überall wie ein Rockstar empfangen wurde, einige Tage auf den Spuren seiner Familie wandelte. Am Samstag, dem 29. Juni, flog Kennedy nach England zu einem einsamen Essen mit dem angeschlagenen Harold Macmillan. England war der letzte Ort, wo sich Kennedy während des Profumo-Skandals aufhalten wollte, und sein engster Verbündeter unter den führenden europäischen Politikern, dessen Regierung auseinanderbrach, war der letzte Mensch, mit dem er seine Zeit verbringen wollte. Das britische Außenministerium hatte zuvor verlauten lassen, daß der Präsident nach einem dreitägigen Aufenthalt in Irland England nur für einen Tag besuchen werde. Die Briten erfuhren weiterhin von Kennedys Wunsch, den Premierminister in seinem Landhaus in Surrey zu treffen und nicht in der Öffentlichkeit Londons.

Während Kennedy einem unerfreulichen Essen mit Macmillan am Samstagabend entgegensah, mußte Bobby Kennedy mit einer unerfreulichen Angelegenheit fertig werden, die ihn selbst betraf.

---

[*] Kennedys mitreißende und herausfordernde Berliner Rede zum Kalten Krieg, weniger als drei Wochen nach der Rede vor der American University, ließ Chruschtschow kalt. Beschloss zitiert die Erwiderung des Ministerpräsidenten in *Powergame*: »Wenn man liest, was er in Westdeutschland und besonders in West-Berlin gesagt hat, und das mit der Rede an der American University vergleicht, könnte man meinen, die Reden seien von zwei verschiedenen Präsidenten gehalten worden.« Chruschtschow fügte hinzu, der amerikanische Präsident verschwende seine Zeit damit, »um die Hand der alten westdeutschen Witwe« zu werben.

Auslöser war ein Originalartikel in der zur Hearst-Kette gehörenden Zeitschrift *New York Journal-American*. Darin wurde ein »Mann«, der in der Kennedy-Regierung in ein »»sehr hohes‹ Amt gewählt worden war«, mit einem »chinesischen Mädchen« aus dem Profumo-Skandal in Verbindung gebracht. Den am Samstagnachmittag veröffentlichten Artikel hatten zwei bewährte Enthüllungsjournalisten, James D. Horan und Dom Frasca, verfaßt. Die Zeitschrift brachte die Reportage mit der Titelzeile »Wichtiger Mitarbeiter der US-Regierung in Callgirl-Skandal verwickelt« groß heraus. Sie zitierte Maria Nowotny mit der Aussage, eine Frau chinesisch-amerikanischer Abstammung – von Horan und Frasca als Suzy Chang identifiziert – sei »die ehemalige Geliebte eines Angehörigen der US-Regierung« gewesen.

Der Artikel wurde nach der ersten Auflage des Magazins zurückgezogen. Horan und Frasca verstarben beide in den achtziger Jahren. Vor seinem Tod erzählte Horan seinen Söhnen Brian und Gary, Bobby Kennedy habe alles unternommen, um die Veröffentlichung zu stoppen. »Bobby setzte Vater die Pistole auf die Brust und sagte, daß nichts davon gedruckt werden dürfe«, schilderte Brian Horan 1997 in einem Interview die Szene. »Das ging bis hinauf zu Bill Hearst, und die Story war damit gestorben.« Hearst, der Sohn von William Randolph Hearst, war Leiter der Hearst Cooperation, des Verlags, in welchem das *Journal-American* erschien.

An jenem Samstagnachmittag telefonierte der Justizminister mit Warren Rogers, einem Reporter, der sein Vertrauen besaß und als Washingtoner Korrespondent für das Magazin *Look* arbeitete. Er drängte Rogers, alle Personen anzurufen, die er beim *Journal-American* kannte, um die Identität des nicht namentlich genannten Angehörigen der US-Regierung in dem Artikel von Horan und Frasca herauszubekommen. An Kennedys Bitte um Hilfe könne er sich gut erinnern, meinte Rogers in einem Interview 1997, weil er und seine Frau an diesem Tag hinter dem Haus eine Party veranstaltet hätten. »Meine Gäste bekamen mich nicht zu Gesicht. Bob [Kennedy] war hartnäckig, und ich wurde ständig zum Telefon gerufen.« Wie üblich habe es »keine Plauderei« gegeben. »Bob kam gleich zur Sache. Er fragte mich, ob ich den Artikel gelesen hätte.

Das hatte ich nicht. Er wollte wissen, um wen es sich handelte.«
Rogers hatte kein Glück: Der einzige höherrangige Redakteur, den
er beim *Journal-American* kannte, sagte kein Wort.

Jack Kennedy setzte seine Reise wie geplant fort, während sein
Bruder zu Hause dafür kämpfte, die Angelegenheit unter Kontrolle zu halten. Letzte Station der Reise war Italien, dort sollte der
Präsident mit führenden Politikern der Regierung und dem neugewählten Papst Paul VI. zusammentreffen. Präsident Kennedy
hatte sich sorgfältig darum gekümmert, ein seit langem geplan-
tes Rendezvous mit Marella Agnelli am Comer See zu arrangieren, der Frau des bedeutenden italienischen Industriellen Gianni
Agnelli. Er war gezwungen gewesen, Dean Rusk zu bitten – nicht
eben sein üblicher Mittelsmann –, ein perfektes Versteck zu finden. Jahre später schilderte Rusk den peinlichen Vorfall gegenüber Pat Holt, einem hochrangigen Mitglied des Senatsausschusses für Auswärtige Beziehungen. Bei der Planung der Reise, so
legte mir Holt in einem 1994 geführten Interview dar, habe Jack
zu Rusk gesagt: »»Herr Minister‹ – er nannte ihn nie anders –,
›können Sie einen ruhigen und gemütlichen Ort ausfindig machen, wo wir auf dem Heimweg Halt machen können?‹« Rusk war
im Zwiespalt, ob er eine Villa am Comer See empfehlen sollte, die
der Rockefeller-Stiftung gehörte. Als ehemaliger Präsident der
Stiftung wußte Rusk, daß es seit langem die Vorschrift gab, daß
Persönlichkeiten des öffentlichen Lebens die Stiftungseinrichtun-
gen nicht in Anspruch nehmen dürften. »Ungeachtet dessen«, erinnerte sich Holt, »wurde das Haus zur Verfügung gestellt, und
Rusk freute sich schon darauf. Er war noch nicht lange im Amt
und hoffte, ein oder zwei Tage mit dem Präsidenten zu verbringen
und sich ganz ungezwungen mit ihm abgeben zu können. Das
Flugzeug landete also in Mailand, und Rusk glaubte, daß es nun
zum Comer See ging. Statt dessen sagte der Präsident: ›Vielen
Dank, Herr Minister, daß Sie das arrangiert haben. Ich sehe Sie
dann wieder in Washington.‹ Und weg war er.«

Am Montag zitierte Bobby Kennedy Horan und Frasca ins Justizministerium, während sein Bruder noch in Italien weilte. Eine
von Courtney Evans, dem Verbindungsbeamten des FBI zum Justizminister, angefertigte Zusammenfassung betont den Wider-

willen der beiden Reporter, »Informationen preiszugeben«. Kennedy war gezwungen, direkt nach dem Namen des amerikanischen Regierungsangehörigen zu fragen. »Es war der Präsident der Vereinigten Staaten«, erklärte Frasca dem Justizminister nach Evans' Memorandum, das durch den Freedom of Information Act zugänglich geworden ist. Die beiden Journalisten fügten bei der Befragung hinzu, die Quelle ihrer Informationen sei ein Gespräch vom 28. Juni zwischen Frasca und einem Londoner Journalisten namens Peter Earle, der für *News of the World* arbeitete, ein bekanntes Boulevardblatt. *News of the World* hatte kurz zuvor mit Nowotny einen Vertrag über ihre Geschichte der Profumo-Affäre geschlossen, und Earle hatte von der Zeitung den Auftrag erhalten, den Artikel für sie zu schreiben. Dem Evans-Memorandum ist zu entnehmen, daß Nowotny bei einem langen Telefonat zwischen Frasca und Earle mithörte und »sehr kurz« selbst sprach. Der Großteil der Informationen stamme von Peter Earle, schrieb Evans. Er ergänzte, daß Frasca und Horan das Gespräch auf Band mitgeschnitten hätten. Kennedy habe die Journalisten gefragt, ob sie eine Reportage geschrieben hätten, in welcher der Präsident der Vereinigten Staaten eine Rolle spiele, »ohne weiter nachzuhaken, damit man die Wahrheit in dieser Angelegenheit« herausbekomme. An diesem Punkt, berichtete Evans, habe Frasca behauptet, »daß er andere vertrauliche Quellen hatte«.

Das Treffen muß für Robert Kennedy sehr unangenehm gewesen sein. Zu Anfang bat er Evans, nichts davon schriftlich festzuhalten, doch er änderte seine Meinung, nachdem er erfahren hatte, daß Evans später mit J. Edgar Hoover darüber sprach. Aus einer durch den Freedom of Information Act zugänglich gewordenen Notiz, die zwei Tage darauf, am 3. Juli, an Hoover ging, versuchte Evans, Kennedys ursprüngliche Bitte um Stillschweigen in das beste Licht zu rücken. Der Justizminister sei »froh« gewesen, als er gehört habe, daß Hoover von dem Treffen informiert wurde, »und ... er hoffte, daß ich seine vorherige Ermahnung, kein Memorandum zu schreiben, nicht mißverstanden hätte. Er wollte einfach nur sicher sein, daß Sie informiert worden sind.« Evans hielt weiterhin fest, daß Kennedy »die Vertreter der Zeitung sehr distanziert« behandelt habe. »Die Besprechung endete in einer abweisenden, ja beinahe feindseligen Stimmung zwischen dem Justizminister und den Reportern.«

Horan erinnerte sich Jahre später im Gespräch mit seinen Söhnen an die Eindringlichkeit des Justizministers. »Bobby saß einfach da und sah ihn an«, erzählte Gary Horan in einem 1997 geführten Interview. »[Mein Vater] sagte damals: ›Diese stahlblauen Augen werde ich nie vergessen.‹«

Die nur einmal erschienene Reportage von Horan und Frasca geriet rasch in Vergessenheit. Über die folgenden Wochen konnte das FBI, angetrieben von Bobby Kennedy, belegen (wie aus Akten ersichtlich ist, die durch den Freedom of Information Act zugänglich wurden), daß Suzy Chang von London nach New York geflogen war, angeblich um ihre kränkelnde Mutter in Elizabeth im Bundesstaat New Jersey zu besuchen. Suzy Chang, die heute unter einem anderen Namen auf Long Island lebt, erklärte mir 1997 bei zwei Telefongesprächen höflich, daß sie nichts zu sagen habe. Doch 1987 wurde sie von dem Journalisten Anthony Summers in dessen Hoover-Biographie *J. Edgar Hoover. Der Pate im FBI* mit dem Eingeständnis zitiert, sie habe Jack Kennedy gekannt. »Wir trafen uns im ›Club 21‹. Alle sahen mich mit ihm essen. Ich meine, er war ein sehr netter Bursche, sehr charmant. Was soll ich noch sagen?« Andere FBI-Akten, die Bobby Kennedy einsehen konnte, zeigten, daß die in den siebziger Jahren in London verstorbene Maria Nowotny 1961 in New York wegen Prostitution eingesperrt gewesen war. Vor ihrem Tod schrieb sie ein unveröffentlichtes Manuskript, das für dieses Buch zugänglich gemacht wurde. Darin behauptet sie, sie sei von Kennedys Schwager Peter Lawford für eine größere Sexparty mit Jack Kennedy einige Wochen vor der Amtseinsetzung des Präsidenten angeworben worden. Sie und eine weitere Prostituierte, so Nowotny, hätten eine Krankenschwester und eine Ärztin gespielt und der gewählte Präsident sei ihr »Patient« gewesen.

Bobby Kennedy mußte sich bald mit anderen Dingen beschäftigen als den unkooperativen Journalisten *des Journal-American*. Am 3. Juli informierte ihn Hoover über eine weitere Behauptung, die seinen Bruder betraf – diesmal handelte es sich um Ellen Rometsch. Laut einem von Courtney Evans für einen stellvertretenden FBI-Direktor abgefaßten Resümee berichtete Hoover, daß ein einstiger Informant der Behörde einige Zeit mit Rometsch verbracht hatte. Diesem habe sie erzählt, daß sie »mit hochrangigen Regierungsangehörigen unerlaubte Beziehungen« unterhalten habe. Diese Formulierung, so mußten Evans und Bobby Kennedy vermuten, schloß den Präsidenten mit ein. Allerdings kam bei dem, was Hoover aufgedeckt hatte, ein neuer Faktor ins Spiel: »Rometsch stammt angeblich«, zitierte Evans Hoover, »aus Ostdeutschland und soll früher einmal für Walter Ulbricht gearbeitet haben«, den Staatsratsvorsitzenden der DDR. Nun drohte Amerika eine Profumo-Affäre.

Bobby Kennedy setzte sofort alles daran, den Bericht herunterzuspielen, und erklärte Evans, »er wisse es zu schätzen, daß der Direktor ihm diese Informationen vertraulich habe zukommen lassen. Über prominente Personen gebe es nun einmal immer Behauptungen, sie seien entweder homosexuell oder hätten häufig wechselnde Partner.« Der Justizminister nahm Hoovers Behauptung sehr ernst. »Es wurde vermerkt«, schrieb Evans in einem Memorandum an Hoover, »daß sich der Justizminister insbesondere den Namen der Rometsch notierte.« Bobby Kennedy brachte auch seine Wertschätzung darüber zum Ausdruck, daß das FBI mit dieser Angelegenheit diskret umgegangen sei.

In diesem Sommer nahm die Spionageabwehr des FBI Ermittlungen gegen Rometsch auf. »Ich kannte die Behauptungen«, sagte Raymond Wannell, der Leiter der FBI-Spionageabwehr, in einem 1997 geführten Interview. »Ich wußte, daß es sich dabei um eine ernste Sache handelte. Ich wußte nicht, ob die Behauptungen bewiesen« oder nicht bewiesen wurden.

Die Kennedy-Brüder warteten nicht auf den Bericht des FBI. Am 21. August 1963 wurde Rometsch auf Anweisung des Außenministeriums überraschend nach Deutschland abgeschoben. Sie wurde begleitet von LaVern Duffy, einem Mitarbeiter Bobby Kennedys aus seiner Zeit beim Senatsausschuß zur Bekämpfung des organisierten Verbrechens. Die beiden flogen an Bord einer Maschine der US-Luftwaffe nach Deutschland. Dem Außenministerium zufolge gibt es keine Dokumente, die Ellen Rometsch' Abreise belegen. Rolf Rometsch verließ das Land einige Tage später;

Ende September wurde er wegen der »Beziehungen« seiner Frau »zu anderen Männern« geschieden.

Duffy, der lebenslang unverheiratet blieb, starb 1992. Er hatte sich vor Rometsch' Abschiebung über Monate mit ihr getroffen, Zeugen hatten ihn mit ihr im Quorum Club gesehen. Offensichtlich bat Bobby Kennedy Duffy wegen seiner Verbindung zu Rometsch um Mithilfe, sie aus Washington herauszuschaffen und sich darum zu kümmern, daß sie nichts ausplauderte. Vieles spricht dafür, daß Rometsch und Duffy ineinander verliebt waren. In den folgenden Monaten schickte sie Duffy eine Reihe leidenschaftlicher Briefe, in denen sie ihre tiefen Gefühle für ihn ausdrückte – und sich für das von ihm übersandte Geld bedankte. In einem für das vorliegende Buch zugänglich gemachten Brief vom 8. April 1964 drängte sie Duffy, ihr das Geld lieber mit einem Scheck zu schicken als mit einer Postanweisung. »Wie du es machst, kannst du entscheiden«, schrieb Rometsch in holprigem Englisch. »Die Bank sagt mir, daß es für sie einfacher wäre und ich das Geld schneller in Händen hätte, wenn du einen Scheck auf mich ausstellst. Frag deine Bank danach.« Es ist unklar, ob sich Rometsch auf ein symbolisches Geschenk Duffys bezog oder auf eine Überweisung von Geldern in beträchtlicher Höhe.

Duffys Bruder und einer seiner engen Freunde erklärten beide in Interviews, die ich für dieses Buch führte, daß Duffy Rometsch im Namen der Kennedys Geld gegeben habe – und zwar eine Menge Geld.

Wayne A. Duffy, ein kalifornischer Bankier im Ruhestand, sagte mir, er habe seinem Bruder LaVern sehr nahe gestanden; nach dessen Tod habe er bei der Durchsicht der persönlichen Papiere Ellen Rometsch' Briefe gefunden. »An den Briefen sieht man, daß sie bezahlt wurde«, so Wayne, »Man schickt nicht ein Mädchen außer Landes und sagt ihr, sie soll den Mund halten, und zahlt ihr nichts dafür.« Auf die Frage, ob das Geld, das Rometsch erhalten hatte, von seinem Bruder gestammt habe, erwiderte Wayne Duffy: »Mit Sicherheit nicht.« Das weitergeleitete Geld, in deutscher Währung, sei von den Kennedys gekommen. Bei dem Betrag, erklärte er auf meine diesbezügliche Frage, »konnte es sich um 5000 Dollar oder 50000 Dollar handeln«.

Wayne Duffy sagte, er habe Rometsch immer für eine ostdeutsche Spionin gehalten. »Die meisten Leute dachten fest, daß sie das seit langer Zeit war.« Er selbst, fügte er hinzu, habe nichts Genaues gewußt. Tatsache sei aber, »daß sie eine Spionin hätte sein können. Für sie wäre es leicht gewesen zu spionieren.« LaVern und er hätten oft über den Fall Rometsch gesprochen, und sein Bruder habe ihm von dem Verhältnis zwischen Rometsch und Kennedy erzählt. »Offenbar war [das Weiße Haus] in Panikstimmung, weil sie nicht wollten, daß es herauskam. Alle Insider wußten jedoch Bescheid.« Jack Kennedy habe seinem Bruder LaVern schon bald nach der Amtsübernahme einen Job im Weißen Haus angeboten, doch LaVern habe das abgelehnt, weil er im Senat die Ermittlungsarbeit gegen das organisierte Verbrechen weiterführen wollte.

Dank LaVern Duffys Unterstützung und Kennedys Geld verschwand Ellen Rometsch aus Washington und schwieg fortan. Doch eine weitere Lawine, die 1963 ins Rollen geriet, konnte selbst ein Kennedy nicht aufhalten: das politische Ende von Bobby Baker, dem Sekretär der Demokraten im Senat. Im September brachten Zeitungen und Zeitschriften Licht in eine undurchsichtige Geschichte, die Bakers finanzielle Verbindungen zu einer rasch expandierenden Firma für Verkaufsautomaten betraf. Baker und einer Gruppe von Investoren waren, wie sich herausstellte, viele Aufträge zugesichert worden, während sich das Unternehmen noch im Aufbau befand. Die Firma hatte auch unverzüglich Kredite von einer Bank erhalten, die durch den demokratischen Senator Robert Kerr aus Oklahoma und dessen Familie kontrolliert wurde. Im Oktober hatte sich der Baker-Skandal in eine stürmische Attacke der Zeitungen verwandelt, und die Reporter sammelten belastendes Material gegen eine Reihe noch amtierender und früherer Senatoren, darunter auch Bakers Mentor Vizepräsident Johnson. Ein Versicherungsmakler aus Maryland namens Donald Reynolds traf sich privat mit Senator John Williams aus Delaware, einem Republikaner. Er beschwerte sich bei Williams, daß er gezwungen gewesen sei, Werbeminuten bei den Radio- und Fernsehsendern des Vizepräsidenten im texanischen Austin zu kaufen. Dies sei ihm zur Bedingung gemacht worden, um Johnson eine Lebensversicherungspolice auszustellen. Weiterhin habe Johnson von Reynolds als »Gebühr« für das Geschäft ein Fernsehgerät und eine neue Stereoanlage verlangt und bekommen. John Williams' bester Freund im Senat war Carl Curtis aus Nebraska, der führende Republikaner im Rechtsausschuß. Als sich der Skandal in den Zeitungen immer mehr ausweitete und die Demokraten aufschreckte – darunter Senatoren, die durch Baker Tausende von Dollar als Wahlkampfspenden erhalten hatten –, kündigte der Rechtsausschuß eine umfassende Untersuchung an. Bakers Privatleben rückte ins Rampenlicht, und damit auch die mysteriösen Vorgänge im Quorum Club. Die Republikaner im Ausschuß fanden binnen weniger Tag alles heraus, was sie über Ellen Rometsch wissen mußten.

Der nächste Schritt war unvermeidlich: Am 26. Oktober 1963 veröffentlichte der Enthüllungsjournalist Clark Mollenhoff einen Bericht im *Des Moines Register*. Darin schrieb er, daß der Rechtsausschuß plane, zu Ellen Rometsch und ihrer abrupten Ausweisung im August Zeugenaussagen zu hören. In Mollenhoffs Artikel wurden, wie vier Monate zuvor in der Reportage von Horan und Frasca über den Profumo-Skandal, keinerlei Namen genannt, doch es wurde festgehalten, daß der Ausschuß im Begriff sei, »Behauptungen nachzugehen, die das Verhalten von Senatsangestellten und von Angehörigen des Senats« gegenüber Rometsch betrafen. Das Interesse des Ausschusses reichte weiter als das des Senats: »Den Anhaltspunkten nach wird voraussichtlich auch die Identität mehrerer hochrangiger Angehöriger von Unternehmensleitungen festgestellt, die mit dem zeitweiligen Model und Partygirl zu tun hatten.«

Der 1991 verstorbene Mollenhoff verfügte offenkundig über gute Quellen, eine davon war Senator John Williams. In seinem Artikel vermerkte er, daß sich Williams ein Dossier verschafft hatte »über das Leben der Frau in Washington in einem Zeitraum von mindestens zwei Jahren«. Rometsch sei in Ostdeutschland geboren und aufgewachsen, schrieb Mollenhoff, und »besitzt noch Verwandte auf der anderen Seite des Eisernen Vorhangs. Die Möglichkeit, daß ihre Tätigkeit mit Spionage in Zusammenhang

416

gebracht werden könnten, gab den Ermittlern der Sicherheitsabteilung Anlaß zur Sorge, da ihre männlichen Partner hohe Positionen innehaben.«

Der Grund für die Besorgnis des Justizministers war augenfällig. Schon die Tatsache, daß ein Gremium des Senats und das FBI Spionagevorwürfen gegen eine im Ausland geborene Prostituierte nachgingen, konnte Jack Kennedy das gleiche Schicksal bereiten wie der Regierung Harold Macmillans. Denn die Frau würde unter Druck ohne Zweifel über die Pool-Partys im Weißen Haus reden. Über kurz oder lang würden die Republikaner eine öffentliche Befragung von Ellen Rometsch verlangen und darauf bestehen, ihr ein Visa für die Rückreise nach Washington auszustellen. Die Demokraten kontrollierten den Senat, doch jeder Versuch, den Republikanern mit parlamentarischer Taktik zuvorzukommen, würde zu nichts anderem als negativer Presse führen.

Bobby Kennedy brauchte Hilfe, und er brauchte sie sofort – Hilfe von J. Edgar Hoover. Zwei Tage nach Erscheinen von Mollenhoffs Artikel rief der Justizminister Courtney Evans morgens um 9.30 Uhr in sein Büro zu einem Gespräch über den Fall Rometsch. Evans sollte Hoover eine Nachricht überbringen, die an den Patriotismus des FBI-Direktors und seine Achtung vor dem Präsidentenamt appellierte. »Er sagte, er sei genau wie der Präsident in großer Sorge wegen des möglichen Schadens, der den Vereinigten Staaten daraus erwachsen könnte, wenn auf dem [Kapitols-]Hügel wegen der Anschuldigungen gegen Ellen Rometsch verantwortungslose Schritte eingeleitet würden«, hielt Evans in einem inzwischen freigegebenen Memorandum fest. Bobby Kennedy fügte laut Evans hinzu, daß er »telefonisch mit dem Präsidenten« gesprochen habe; Jack Kennedy erwäge, persönlich mit den Parteiführern im Senat, Mike Mansfield und Everett Dirksen, zu telefonieren und sie zu einem Treffen mit Hoover zu bitten. »Mit diesem Treffen«, so Evans, »wollte man sichergehen, daß sich die Senatsführung beider politischer Parteien der Tatsachen bewußt war. Man wollte sie in die Verantwortung mit einbinden und damit unverantwortliches Handeln verhindern.«

Um 9.45 hatte Kennedy mit Evans die grundlegenden Punkte fixiert, nun telefonierte er mit Hoover. Er verdeutlichte, warum er und sein Bruder so große Angst hatten. »Der Justizminister rief an«, schrieb Hoover in einem durch den Freedom of Information Act freigegebenen Memorandum, »und setzte mich davon in Kenntnis, daß er mit [Courtney] Evans und dem Präsidenten über die Situation wegen der Rometsch gesprochen habe; daß er sich vorstellen könne, daß Senator Williams darüber und über die Herkunft des Mädchens aus Ostdeutschland reden könnte sowie über den Sicherheitsaspekt.« Hoover schürte die Ängste des Justizministers noch mit der Mitteilung: »Rometsch sagte, sie sei zur Informationsbeschaffung in dieses Land geschickt worden.«

Am Tag zuvor hätten FBI-Agenten mit Rometsch in ihrem Haus in Deutschland Kontakt aufgenommen, eröffnete Hoover Kennedy, doch ein Gespräch darüber lehnte er ab. Dann sagte der FBI-Direktor Bobby Kennedy, was dieser hören wollte. »Ich habe den Justizminister informiert, wir sollten dafür sorgen, daß etwas gegen eine Visa-Erteilung unternommen wird und auch dagegen, daß sie zurückkommt, und der Justizminister stimmte zu.« Kennedy sagte zu Hoover, »er werde mit dem Präsidenten sprechen und ihm eine kurze Zusammenfassung geben«. Kennedy berichtete dem Präsidenten, daß Hoover mitgespielt hatte. Ellen Rometsch blieb in Deutschland – und schwieg weiterhin. Ohne Rometsch hatten die Republikaner keine Zeugen und konnten dementsprechend keine Anhörung durchsetzen.

Hoovers Versprechen, Rometsch von den USA fernzuhalten, reichte noch nicht. Nur wenige Stunden nach dem Telefongespräch war Bobby Kennedy gezwungen, zum Büro des FBI-Direktors hinüberzugehen – diesen Gang unternahm er nur selten. Dort bat er unter Berufung auf seinen Bruder, den Präsidenten der Vereinigten Staaten, um einen besonderen Gefallen: Könnte Hoover auf Wunsch des Präsidenten mit Mike Mansfield aus Montana, dem Führer der demokratischen Senatsmehrheit, und Everett Dirksen, dem Führer der republikanischen Minderheit, zusammentreffen und sie über Rometsch »informieren«, bevor der Rechtsausschuß mit seinen Anhörungen begann? Anders ausgedrückt: Kennedy wollte, daß Hoover die Ermittlungen des Rules Committee stoppte.

Hoover versuchte, den Wunsch Kennedys abzulehnen. In einer

Schilderung des Treffens schrieb Hoover: »Ich sagte dem Justiz-minister, daß er bereits ein vollständiges Memorandum über die Angelegenheit vorliegen habe. Das könne er, wenn er es wünsche, selbst den Senatoren vorlesen, ohne daß ich mich persönlich mit ihnen treffen müßte.« Doch Kennedy blieb hartnäckig und sagte Hoover, so der FBI-Direktor weiter, »daß er meine, ich sollte die Senatoren treffen, weil sie hauptsächlich an den Sicherheits-aspekten des Rometsch-Fall interessiert seien, und weil sie mir mehr Glauben schenken würden als jeder Erklärung, die er abge-ben könnte«. Der Justizminister trug ein wenig dick auf, sein Ap-pell zeigte jedoch Wirkung.

Hoover wurde an jenem Nachmittag instruiert, er solle sich mit Dirksen und Mansfield in Mansfields Haus im Nordwesten Was-hingtons treffen. Die unappetitlichen Details mußten nicht erör-tert werden. Mike Mansfield sagte mir 1997 in einem Telefonin-terview – er war 94 Jahre alt und geistig vollkommen fit –, daß er sich deutlich an das Treffen mit Hoover erinnere, weil es das ein-zige Mal gewesen sei, daß der FBI-Direktor ihn und Dirksen, die beiden Senatsführer, zusammengebracht habe. Er könne sich al-lerdings »wirklich nicht entsinnen«, um was es bei der Bespre-chung gegangen sei. »Es tut mir leid, daß ich nicht sehr hilfreich sein kann, ich weiß nur, daß Dirksen und ich uns mit Hoover ge-troffen haben.« Everett Dirksen verstarb 1969. Die Archivare am Dirksen Congressional Center in Pekin im Bundesstaat Illinois, wo Dirksens Unterlagen aufbewahrt werden, teilten mir mit, Ellen Rometsch und das Treffen am 28. Oktober mit Hoover und Mans-field würden nirgendwo erwähnt.

Einige Tage nach der Dreier-Begegnung lud Präsident Kennedy Hoover zum Mittagessen ins Weiße Haus ein; es war die erste Ein-ladung dieser Art seit dem März 1962, als man über Judith Exner und Sam Giancana gesprochen hatte. Es ist nicht bekannt, ob über dieses Essen schriftliche Aufzeichnungen gemacht wurden.

Es liegt auf der Hand, daß der Präsident noch immer glaubte, ihn würden nur ein oder zwei Zeitungsartikel von jenem Schick-sal trennen, das Profumo und Macmillan ereilt hatte. Am 5. No-vember, weniger als drei Wochen vor seiner Ermordung, lud Ken-nedy in letzter Minute die Bradlees zu einem inoffziellen Essen ein. Bradlee hatte eigentlich etwas anderes vor und versuchte abzusagen, wie er in *Conversations with Kennedy* (Gespräche mit Kennedy) schreibt, doch der Präsident ließ nicht locker. Beim Essen, so Bradlee, habe JFK ausgiebig über das einige Tage zurückliegende Mittagessen mit Hoover berichtet.

»Er erzählte uns, wie Franklin D. Roosevelt Hoover regelmäßig zu sich geholt habe, und sagte, in Anbetracht der Gerüchte und der Anzeichen für eine bevorstehende Schmutzkampagne habe er gedacht, daß er gut daran täte, diesem Beispiel zu folgen. ›Junge, Junge, was er alles für schmutzige Sachen gegen die Senatoren in der Hand hat‹, sagte Kennedy kopfschüttelnd, ›das hält man nicht für möglich.‹ Er beschrieb ein Bild von Elly Rometsch, das Hoover mitgebracht habe. In der Presse war hier und da ihr Name aufgetaucht. Sie galt als eine jener Frauen, die häufig den Quorum Club besuchten, Bobby Bakers Oase der Entspannung auf dem Capitol Hill. ... Kennedy meinte, auf dem Bild sei sie eine ›wirklich schöne Frau‹. Hoover habe ihm gesagt, in Westdeutschland hätten seine Agenten von Elly Rometsch eine eidesstattliche Versicherung erhalten, in der es hieß, sie wolle in die Vereinigten Staaten zurückkehren, nicht um wieder ›beruflich‹ tätig zu werden, sondern weil sie den Chefermittler eines Senatsausschusses heiraten wollte, den Kennedy kannte. Dieser Mann, zitierte Kennedy Hoover, ›bekam umsonst, wofür andere Ellen ein paar Hundert Dollar pro Nacht zahlen mußten‹. ... Die Szene, wie der Präsident der Vereinigten Staaten und der FBI-Direktor während eines Essens in den Wohnräumen des Weißen Hauses Bilder von Callgirls betrachten, ist unvorstellbar.«

Aus der arglosen Plauderei mit seinem Freund Ben Bradlee hätte für Präsident Kennedy erneut Gefahr erwachsen können. Viel wahrscheinlicher ist jedoch, daß Kennedy Bradlee dazu bringen wollte, im Bedarfsfall einen Artikel zu schreiben und damit öffentlichem Gerede über eine Beziehung zwischen dem Präsidenten und Rometsch den Wind aus den Segeln zu nehmen. Einen solchen Dienst hatte ihm Bradlee bereits ein Jahr zuvor erwiesen. Mit einer *Newsweek*-Story hatte er Spekulationen in der seriösen Presse über die Heirat Präsident Kennedys mit Durie Malcolm Einhalt geboten.

Die allerletzte Lüge über Rometsch – und den Senat – sprach Bobby Kennedy bei seiner Befragung durch die Kennedy Library 1964 aus. Er erklärte: »Clark Mollenhoff schrieb in einem Artikel, daß sie Verbindungen mit Personen aus dem Weißen Haus habe, was de facto nicht stimmte. Ich habe einen Blick in die Akten geworfen«, fügte er mit erkennbarer Entrüstung hinzu, »und sie *hatte* Beziehungen zu einer Menge Personen im Kapitol! [Hervorhebung im Original] Ich bekam alle Informationen, die sie hatte, ... und es waren viele auf beiden Seiten« – bei den Demokraten und bei den Republikanern. Seine Sorge, ergänzte Bobby, habe dem Ansehen der Vereinigten Staaten gegolten. »Ich hielt das für sehr schädlich und ... sprach mit dem Präsidenten darüber. Aus dem Weißen Haus war niemand darin verwickelt, ich dachte jedoch, daß es einfach das Vertrauen zerstört, das die Menschen der Vereinigten Staaten in ihre Regierung legen ... Einige Senatoren hatten schwarze Freundinnen und noch allerlei andere Dinge, die nicht sehr förderlich waren.« Seine Besorgnis, so Bobby Kennedy weiter, habe ihn veranlaßt, auf ein Treffen zwischen Hoover und den beiden Senatsführern Mansfield und Dirksen zu drängen, »damit erläutert werden konnte, was in den Akten stand und über welche Informationen [das FBI] verfügte. Ich glaube, es war ein Schock für die beiden.«

Von da an sei »diesem Aspekt der Situation [im Senat] weniger Aufmerksamkeit zuteil« geworden.

Robert Kennedy schützte mit der geschönten Darstellung des Falles Ellen Rometsch gegenüber der Kennedy Library nicht nur seinen Bruder, er kaschierte auch seine eigene Rolle im Bobby-Baker-Skandal. Im Herbst 1963 hatte der Justizminister ein eigenes Problem mit dem Rechtsausschuß; es ging nicht um Baker, sondern um den verachteten Lyndon Johnson. Der Vizepräsident war das große, unüberwindliche Hindernis auf dem Weg zur Präsidentschaftskandidatur der Demokratischen Partei 1968. Johnson durfte 1964 nicht mehr dabeisein, er mußte Platz machen für den jüngeren Bruder des Präsidenten.

Bei mehreren Interviews erzählte mir Burkett Van Kirk, 1963 der Chefjustitiar der republikanischen Minderheit im Rechtsausschuß des Senats, was er über das direkte Eingreifen Bobby Kennedys wußte. »Bobby versorgte ›Flüster-Willie‹ [Senator John Williams' Spitzname] mit Informationen. Sie – womit Van Kirk die Kennedy-Brüder meinte – wollten Johnson loswerden.« Williams gab die Informationen der Kennedys genau wie zuvor Donald Reynolds Informationen über Lyndon Johnson an Carl Curtis weiter, den im Rechtsausschuß verantwortlichen Republikaner. Der Justizminister unterrichtete also heimlich Williams, und Williams unterrichtete heimlich Curtis und Van Kirk. Dieses raffinierte Vorgehen sei nötig gewesen, sagte mir Van Kirk, weil er und die anderen Republikaner begriffen hätten, daß eine breitangelegte Ermittlung gegen Bobby Baker zum Präsidenten führen könnte. Ihnen sei auch klar gewesen, daß die Chancen für eine solche Ermittlung bestenfalls gering waren. Im Senat hatten die Demokraten eine überwältigende Mehrheit – 67 gegenüber 33 Abgeordneten. Die Mehrheitsverhältnisse schlugen sich auch in der Zusammensetzung der Ausschüsse nieder. Van Kirk zufolge hätten die drei Republikaner im zehnköpfigen Rechtsausschuß nur wenig Einfluß gehabt. »Wir gewannen nicht eine Stimme, nicht einmal für die Vorladung eines Zeugen.« Die Nachforschungen gegen Bobby Baker und Lyndon Johnson sollten auf die traditionelle Weise betrieben werden: durch diskrete Mitteilungen an die Presse.

Van Kirk, der nach seinem Großvater, Senator E. J. Burkett aus Nebraska, genannt war, sagte, Bobby Kennedy habe im Herbst schließlich einen Anwalt des Justizministeriums benannt, der als Mittelsmann zu der Senatsminderheit fungieren sollte; er versorgte die Republikaner mit Unterlagen über Johnson und dessen Finanzgeschäfte. »Der Anwalt kam gewöhnlich zum Senat herauf und hing wie eine Klette an mir. Er brauchte rund ein Woche oder zehn Tage, um erstens herauszufinden, was ich nicht wußte, und zweitens, mir die nötige Information zu verschaffen.« Einige der von Kennedy stammenden Akten seien in Williams' Bürosafe aufbewahrt worden; er habe sie nie zu Gesicht bekommen. Warum Bobby Kennedy die Republikaner mit einbeziehen wollte, sei offensichtlich gewesen, meinte Van Kirk: »Um Johnson loszuwerden. Ihn zu Fall zu bringen. Das war für mich genauso sicher, wie die Sonne jeden Tag im Osten aufgeht.«

Wiederholt leugneten die Kennedy-Brüder jegliche Absicht, Johnson für die Wahl 1964 aus dem Rennen zu werfen. Am 31. Oktober 1963, seiner vorletzten Pressekonferenz, bekräftigte der Präsident erneut, er wünsche und erwarte, daß Johnson mit ihm kandidieren werde. Ein Jahr später sagte Bobby Kennedy der Kennedy Library, daß es 1964 »keinen Plan« gegeben habe, »Lyndon Johnson loszuwerden. Eine Menge Geschichten kursierten darüber, daß mein Bruder und ich ... den Bobby-Baker-Fall angezettelt [hätten], damit wir uns durch eine solche Handhabe Lyndon Johnsons entledigen könnten ... Es stand nie zur Debatte, ihn loszuwerden.«

Kennedys alter Freund Charles Spalding hatte vielleicht von den Plänen des Präsidenten für das Jahr 1964 nichts gewußt, doch er kannte Jack Kennedy gut. »Jack mochte Lyndon nicht«, sagte mir Spalding 1997 in einem Interview. »Ich weiß es. Er war einfach schrecklich – so neidisch, so unsympathisch und unangenehm.« Und was noch schlimmer gewesen sei, fuhr Spalding fort, er und der Präsident hätten gewußt, daß Johnson nicht loyal war: »Er war wirklich gegen ihn [Kennedy]«.

Am entschiedensten widersprach Evelyn Lincoln, die loyale Sekretärin des Präsidenten, den Dementis der Kennedy-Brüder in ihren 1968 veröffentlichten Memoiren *Kennedy and Johnson* (Kennedy und Johnson). Sie schilderte eine Unterredung am 19. November 1963, zwei Tage bevor der Präsident nach Texas abreiste. Bei diesem Gespräch habe er seine Unzufriedenheit mit Johnson zum Ausdruck gebracht und gesagt: »Ich brauche als Kandidaten für die Vizepräsidentschaft einen Mann, der die gleichen Überzeugungen vertritt wie ich.« Auf ihre Frage, wen er in Betracht ziehe, habe er geantwortet: »Im Augenblick denke ich über Gouverneur Terry Sanford aus North Carolina nach, Lyndon wird es jedenfalls nicht sein.«

Lincolns Unterlagen wurden nach ihrem Tod der Kennedy Library übergeben, Mitte 1997 geöffnet und teilweise für Forscher zugänglich gemacht. Nach Angaben von Mitarbeitern der Library befinden sich darunter auch stenografische Notizen aus der Zeit des zitierten Gesprächs, die ihre Mitteilung von 1968 untermauern, Kennedy habe ihr von seinem Vorhaben erzählt, 1964 einen neuen Kandidaten für die Vizepräsidentschaft auszuwählen.

Möglicherweise besaß Evelyn Lincoln unwiderlegbare Beweise für die Pläne des Präsidenten hinsichtlich der Vizepräsidentschaft. Bis zu den Recherchen für das vorliegende Buch war nicht bekannt, daß Lincoln mindestens fünf Jahre lang Zugang zu allen Bandaufnahmen des Büros und der Telefongespräche hatte, die nach Kennedys Tod aus dem Weißen Haus weggebracht und von der Familie Kennedy unter Verschluß genommen wurden. Zu Bobbys Bestürzung hatte sie einige Aufnahmen mit nach Hause genommen.

Einige Zeit nach Kennedys Tod wurde Lincoln, die sämtliche Bürounterlagen Kennedys geführt hatte, auf die Gehaltsliste der National Archives and Records Administration gesetzt, der für die Unterlagen von US-Präsidenten zuständigen Bundesbehörde. Dort arbeitete sie mit Frank Harrington zusammen, der, wie er bei einigen Interviews erklärte, der erste von der Kennedy Library angestellte Archivar war. Harrington erinnerte sich, daß er von dem Archiv rasch nach Washington versetzt wurde, damit er Evelyn Lincoln helfen konnte, Millionen von Seiten Regierungsdokumente zu erfassen. Zwischen Lincoln und dem damaligen Senator Robert Kennedy habe es, wie Harrington mir sagte, wegen der Tonbänder schwere Konflikte gegeben: »Es machte Bobby rasend, weil sie einige Bänder mit nach Hause nahm. Die Bänder benötigte sie für die Arbeit an ihrem eigenen Buch« – *Kennedy and Johnson*. Bobby Kennedy betrieb damals Nachforschungen für sein Buch über die Kubakrise. »Ich erinnere mich, wie Bobby ins Archiv kam und nach einem bestimmten Band suchte. Evelyn fand es nicht. Sie meinte: ›Ich werde es Ihnen morgen bereitlegen.‹ Am nächsten Tag hatte sie es parat und sagte, sie habe es im Archiv gefunden. Doch das hatte sie nicht. Ich wußte, daß sie es mit nach Hause genommen hatte. Sie log. Bobby hatte ein bißchen Angst vor ihr, er sagte nichts.« Statt dessen, so Harrington, »kam er zu mir und beschwerte sich bei mir, nicht bei ihr.«

Da man auf dem besten Weg war, Lyndon Johnson loszuwerden, hatte Kennedy allen Grund, sich auf den Wahlkampf 1964 und seine Wiederwahl zu freuen. In der Familie sprach man über die gemeinsame Kandidatur der beiden Kennedys für das Präsidenten- und das Vizepräsidentenamt; treibende Kraft dabei sei Bobbys Ehefrau Ethel Kennedy gewesen, wie mir Gore Vidal mitteilte. Der einzige Unruheherd, abgesehen von den wachsenden Problemen in Südvietnam, blieben Ellen Rometsch und ihr Wunsch – wie Hoover dies Kennedy beim Essen und Kennedy daraufhin Ben Bradlee erzählte –, in die Vereinigten Staaten zurückzukehren und dort einen Ermittler des Senats zu heiraten (LaVern Duffy). Die anfänglichen Zahlungen Kennedys an Rometsch hatten nicht den gewünschten Effekt gezeigt. Nun mußte eine Möglichkeit gefunden werden, damit sie in Westdeutschland blieb – und zuverlässig schwieg.

An einem Tag Anfang November rief Kennedy Grant Stockdale zu sich ins Oval Office, einen Freund aus den frühen Tagen im Repräsentantenhaus. Stockdale, Grundstücksmakler aus Miami, war in den fünfziger Jahren mit Kennedy gut befreundet gewesen und hatte ihm bei seinen Wahlkämpfen geholfen. Er war häufiger Gast auf dem Anwesen der Kennedys in Palm Beach. Stockdale fungierte 1960 als Vorsitzender des Nationalkomitees der Demokraten und war für die Geldbeschaffung in den Südstaaten verantwortlich. Dort sammelte er einen sehr hohen Betrag für das Kandidatenpaar Kennedy-Johnson. Belohnt wurde er dafür 1961 mit der Ernennung zum Botschafter in Irland. Dieser Posten hatte offenbar einen sentimentalen Wert für Kennedy, und Stockdale war geschmeichelt. In Irland verlegte er sich ganz darauf, die neue Regierung zu repräsentieren, und gab sein Privatvermögen großzügig für Festveranstaltungen in der Botschaft aus. Achtzehn Monate später teilte er Kennedy mit, er sei pleite und müsse wieder seine Tätigkeit als Grundstücksmakler in Miami aufnehmen.

Präsident Kennedy begriff. Stockdale fand bei ihm vielleicht deshalb ein offenes Ohr, weil er all das verkörperte, was Kennedy nicht war: ein Selfmademan, offen und geradeheraus. Auf dem College war er ein Footballstar gewesen, im Krieg hatte er als Offizier des Nachrichtendienstes im Pazifik gedient. »Sein Leben war wie ein offenes Buch«, sagte mir Stockdales Sohn, der den gleichen Namen trägt wie sein Vater, in einem Interview 1996. »Als wir nach Miami zurückkamen, erzählte er seinen Freunden, daß er bankrott sei. Er war glücklich, dem Staat gedient zu haben, aber auch glücklich, daß er in seine Branche zurückkehren konnte.«

Stockdale war auch verschwiegen. 1962 hatte er im New Yorker Hotel Carlyle an einer von Kennedys Privatpartys teilgenommen. Später erzählte er seinem Sohn, »da waren viele Frauen, attraktive Frauen«. Das sei eine Welt gewesen, so Stockdale jr. über seinen Vater, »die für ihn zu schnellebig war. Das war nicht seine Kragenweite.« Stockdale kehrte nicht mehr in diese Welt zurück.

Doch nun war es November 1963, und Stockdale stand im Oval Office. Grant Stockdale erzählte mir, wie seine Mutter Adie ihm die Szene beschrieben hatte: »Kennedy sagte zu ihm: ›Ich brauche dich, du mußt Geld für mich lockermachen – fünfzigtausend Dollar‹ ›Wieso ich?‹ ›Weil ich das Geld brauche und auf dich zählen kann, damit das unter uns bleibt.‹ ›Und wofür ist das Geld?‹ ›Für private Zwecke.‹«

Die Bitte des Präsidenten, so meinte Grant, habe seinem Vater Unbehagen verursacht: »Er beschaffte Geld, aber für das Nationalkomitee der Demokraten, nicht für private Zwecke.« Stockdale habe den Präsidenten gefragt: »Was für Quittungen willst du [den Spendern] geben?‹ Kennedy entgegnete: ›Es wird keine Quittungen geben.‹« Sein Vater fuhr nach Miami zurück und tat, um was Kennedy ihn gebeten hatte – er sammelte fünfzigtausend Dollar in Bargeld und sagte den Spendern, das Geld sei für Jack Kennedy. »Er haßte das«, so Grant weiter, »aber er dachte, ›verdammt nochmal, es ist für den Präsidenten‹. Es bereitete ihm großen Kummer, daß man ihn gebeten hatte, dem Präsidenten Geld für private Zwecke zu beschaffen, als er gerade selbst in Geldnöten war. Der entscheidende Punkt war, daß es keine Quittungen geben sollte. Mit der ganzen Angelegenheit stimmte etwas nicht. Er wußte, daß er benutzt wurde, und auch meine Mutter wußte das. Sie ärgerte sich sehr darüber. Sie sagte: ›So etwas Verrücktes habe ich noch nie gehört. Mach das nicht. Lehne es ab.‹ Doch er glaubte, er könnte nicht ablehnen.«

Und so sei sein Vater losgegangen und habe Geld gesammelt. »Ich denke, er tat es in dem Glauben, daß Kennedy es doch irgendwie [als Darlehen oder Spende] quittieren würde. Er konnte nicht glauben, daß es eine derart hinterlistige Sache war.« In Miami war es kein Geheimnis, daß Stockdale Geld brauchte. »Alle seine Kumpels wußten, daß er pleite war«, meinte Grant, »weil er offen darüber sprach: ›He Leute, ich bin abgebrannt.‹« Er habe Schwierigkeiten gehabt, die fünfzigtausend Dollar in bar einzutreiben. »Einige der Leute, an die er herantrat, waren genauso skeptisch wie meine Mutter. Sie glaubten ihm einfach nicht und schlugen ihm die Bitte ab.« In Miami habe man allmählich davon geredet, daß Stockdale das Geld in Wahrheit für sich sammle, daß Kennedy gar nichts damit zu tun habe. »Mein Vater war am Boden zerstört, als er davon hörte. Das traf ihn ins Herz. Er überlegte immer noch, wie er Kennedy dazu bringen konnte, daß er den Spendern Quittungen ausstellte, als der 22. November kam.«

Ein Freund der Familie sei mit seinem Vater zum Anwesen der Kennedys gefahren, um das Geld abzuliefern. »Kennedy sagte ›Danke‹, öffnete die Tür eines Schrankes in der Nähe und warf die Aktentasche hinein. Der Schrank war voller Aktentaschen.«

Die Ermordung Kennedys erschütterte die Stockdales zutiefst. Sein Vater sei in einer schrecklichen Lage gewesen, erinnerte sich Grant. »Er hatte allen erzählt, daß das Geld für Kennedy war. Und jetzt hatte er keinen Beweis dafür.« Grant meinte, sein Vater sei »über Bobby Baker sehr beunruhigt« gewesen. »Warum sollte sich mein Vater wegen Bobby Baker Sorgen machen?«

Zehn Tage nach dem Mord an Präsident Kennedy beging Edward Grant Stockdale Selbstmord, indem er aus dem Fenster seines Büros in der Innenstadt von Miami sprang. Er war 48 Jahre alt. Sein Sohn möchte noch immer wissen, wozu Kennedy das Geld brauchte.

# 23

# Vietnam

John F. Kennedys bleibendes Vermächtnis als 35. Präsident der Vereinigten Staaten war nicht der Mythos von Camelot oder das tragische Bild des gutaussehenden jungen Staatsmannes, der auf dem Höhepunkt seiner Karriere niedergeschossen wurde. Sein Vermächtnis war vielmehr der Krieg in Vietnam, ein Krieg, der in dem Jahrzehnt nach Kennedys Tod Tausende junge Amerikaner, die sich von seinen Ideen hatten inspirieren lassen, das Leben kostete, und zahllose andere in die Rebellion trieb.

Kennedys persönliche Verantwortung für den Sturz und die Ermordung des Präsidenten von Südvietnam, Ngo Dinh Diem, am 2. November 1963 ist durch die Lügen der Männer, die für ihn arbeiteten, und durch die Lügen seines stets loyalen Bruders Bobby verschleiert worden. Viele Historiker betrachten heute Diems Sturz als den Wendepunkt in einem Krieg, der plötzlich kein vietnamesischer Krieg mehr war, sondern zu einem amerikanischen Krieg wurde. Die Männer und Frauen um den Präsidenten haben in ihrem Bestreben, die Wahrheit nach ihren Wünschen zu formen, auch einen der Gründe verheimlicht, warum Kennedy Diem fallenließ: In den Monaten vor seiner Ermordung hatte der südvietnamesische Präsident insgeheim Gespräche mit Nordvietnam aufgenommen. Diem suchte nach einem Weg, die Amerikaner aus dem Land zu vertreiben – bevor die Regierung Kennedy ihn vertrieb.

In zeitgenössischen offiziellen Darstellungen und Zeitungsberichten findet sich von all dem kaum ein Wort.

Im Herbst 1963 galt der Krieg noch immer als ein vietnamesischer Konflikt. Der Gewaltherrscher Diem und sein Bruder und politischer Berater Ngo Dinh Nhu stellten in den Augen des neuen amerikanischen Botschafters in Vietnam, Henry Cabot Lodge jr., und in den Augen der Korrespondenten in Saigon die größten Hindernisse für Fortschritte im Kampf gegen die Nationale Befreiungsfront (FNL) dar. Die FNL (in der US-Regierung und im Pressekorps in Saigon unter der Bezeichnung Vietcong bekannt) war der politische Arm sowohl der kommunistischen als auch der nichtkommunistischen Opposition im Südteil des Landes. Die meisten Amerikaner wußten nichts von der FNL, und die wenigen, die von ihr gehört hatten, setzten sie mit Nordvietnam gleich und nahmen sie nicht als interne südvietnamesische Widerstandsgruppe mit eigenen Beweggründen wahr. In den Leitartikeln und an den Universitäten wurde das erklärte Ziel der Regierung Kennedy, Südvietnam vor dem Kommunismus zu retten, niemals in Frage gestellt. Umstritten war nur die Art und Weise, wie das Ziel erreicht werden konnte.

Die Vereinigten Staaten hatten im Jahr 1963 in Südvietnam 16500 Soldaten stationiert, die meisten in administrativen und nachrichtendienstlichen Funktionen. Doch immer mehr amerikanische Piloten griffen – ohne daß die Amerikaner in der Heimat davon wußten – mutmaßliche Ziele des Vietcong an, warfen von südvietnamesischen Flugzeugen Bomben und feuerten von südvietnamesischen Hubschraubern aus Raketen ab. Amerikanische Infanteristen berieten vietnamesische Militäreinheiten, die in den Kampf zogen, einige Amerikaner starben neben den Vietnamesen auf den Schlachtfeldern. Während Kennedys Präsidentschaft fielen 78 amerikanische Soldaten in Südvietnam. Mehr als 58000 Amerikaner sollten noch ihr Leben verlieren. Weil 1963 nur wenige amerikanische Opfer zu beklagen waren, ahnten die meisten Amerikaner noch nicht, wie brutal der Krieg tatsächlich geführt wurde; vietnamesische Soldaten und Zivilisten starben zu der Zeit bereits zu Tausenden. Der Präsident hingegen wußte genau, wie grausam der Krieg war.

»Ihn [Kennedy] beunruhigte am meisten«, sagte Michael V. Forrestal, damals Vietnamexperte im Nationalen Sicherheitsrat, vor einem Untersuchungsausschuß des Kongresses im Jahr 1978, »daß wir ... Diem halfen, einen massiven Krieg mit militärischen Mitteln zu führen, obwohl die Situation im wesentlichen einem Bürgerkrieg entsprach – das ist ungefähr so, als wenn man mit Kanonen auf Spatzen schießt. Wir töteten zahllose unbeteiligte Menschen, während wir versuchten, Vietcong-Rebellen zu töten ... Wir halfen den Vietnamesen bei der Durchführung von Such- und Vernichtungsoperationen, scharenweise durchstreiften Bataillone und Regimenter das Land, plünderten und brannten alles nieder, taten eben all das, was Soldaten nun einmal tun.« Die Befragung Forrestals wurde 1984 in einer von der Library of Congress herausgegebenen Gesamtdarstellung des Krieges veröffentlicht (Forrestal starb 1989). Er sagte unter anderem, daß Kennedy versucht habe, den großflächigen Einsatz von Napalm, Herbiziden und Landminen einzuschränken, daß er sich aber nicht habe durchsetzen können. »Unsere Militärs befürworteten diese Aktionen und hielten sie für notwendig und militärisch gerechtfertigt.«

Nach den zeitgenössischen Berichten der Korrespondenten begann Diems letzte Regierungskrise im Frühjahr 1963. Der Krieg in Vietnam wurde erst in dem Augenblick ein ernstzunehmendes außenpolitisches – und somit überhaupt ein politisches – Problem für Jack Kennedy, als im Mai südvietnamesische Soldaten in der Stadt Huê in eine Gruppe buddhistischer Mönche feuerten, die gegen die Einschränkung der Religionsfreiheit protestierten; neun Mönche kamen dabei ums Leben. Nhu drängte seinen Bruder, eine harte Haltung gegenüber der buddhistischen Opposition einzunehmen. Diem und Nhu wiesen die Forderung nach Entschädigung und nach einer öffentlichen Entschuldigung zurück. Die Proteste weiteten sich aus, und Regierungtruppen drangen gewaltsam in buddhistische Tempel ein, angeblich um nach versteckten Waffen zu suchen. Auf dem Höhepunkt der Tumulte zündete sich in Saigon ein Mönch selbst an; Malcolm Brown von der Agentur Associated Press – einer der vielen Journalisten, die im voraus informiert worden waren – beobachtete das Schauspiel. Browns eindrückliches Foto von der Selbstverbrennung war am nächsten Morgen auf allen Titelseiten zu sehen und versetzte ganz Amerika in Angst und Schrecken. Selbst die Aufmerksamkeit des Präsidenten war geweckt. Die Lage spitzte sich noch zu, als Nhus Frau, die freimütige Madame Nhu, den Selbstmord als »Grillfest« verspottete.

Die Buddhisten setzten ihre Protestaktionen Ende August standhaft fort, und die amerikanische Öffentlichkeit bekam erstmals eine Ahnung, wie tief die Abneigung der Südvietnamesen gegen die amerikanische Regierung war. Zu der Zeit gab die Regierung Kennedy stillschweigend grünes Licht für einen Militärputsch gegen Diem, der Putsch sollte in den letzten Augusttagen stattfinden. Er blieb jedoch aus. Unterdessen waren die Aktionen der demoralisierten südvietnamesischen Armee gegen den Vietcong zum Stillstand gekommen, weil Diem und Nhu sich Forderungen widersetzten, die Unterdrückung der Buddhisten und anderer Dissidenten abzuschwächen. Der südvietnamesische Präsident und sein Bruder betrachteten das Drängen der Amerikaner auf Reformen als Eingriff in ihre Souveränität.

Ende Oktober ermunterte Botschafter Lodge die Verschwörer unter der Führung von General Duong Van Minh (»Big Minh«), dem südvietnamesischen Generalstabschef, zu einem weiteren Putschversuch. Lodge sagte den Generälen, Washington werde nichts gegen Diems Sturz unternehmen. Diesmal fand der Putsch wie erwartet statt und hatte am frühen Morgen des 2. November Erfolg. Dann geschah allerdings etwas, was in Washington niemand erwartet hatte: General Minhs Truppen ergriffen Diem und Nhu in einer katholischen Kirche, verbanden ihnen die Augen und richteten sie durch Pistolenschüsse in den Hinterkopf hin. Es gab Pressemeldungen, die Brüder hätten vor dem Putsch ein amerikanisches Angebot abgelehnt, in der Botschaft Zuflucht zu suchen.

Alle Amerikaner, die aufmerksam die Zeitungsberichte verfolgten, waren über den Staatsstreich erfreut, denn nun schien die südvietnamesische Regierung die Chance zu haben, die Kommunisten energischer und gezielter zu bekämpfen. Auch das amerikanische Pressekorps bejubelte Diems Abgang. »Mit Genugtuung registrieren die Amerikaner in Saigon ein Gefühl der Freude«, kommentierte die *New York Times* in einem Leitartikel vom 4. November. Die ungenannten und vielleicht frei erfundenen Amerikaner, auf die sich der Leitartikler beruft, hofften angeblich darauf, »daß sich das politische Klima der Unterdrückung, das schwer auf der Bevölkerung und auf der Armee lastete, nun zum Guten wenden« werde.

Präsident Kennedy, so hieß es, sei über die Nachricht von Diems Ermordung – eines Katholiken wie er selbst – entsetzt und beunruhigt gewesen. Seine Bestürzung erschien einleuchtend. Diem war ein vietnamesischer Nationalist, im Jahr 1950 hatte ihn Ho Chi Minh, der kommunistische Führer Nordvietnams, in Abwesenheit zum Tode verurteilt. Diem war daraufhin in ein Priesterseminar in einer Vorstadt New Yorks geflohen, wo er sich mit vielen Amerikanern anfreundete, darunter auch Joseph P. Kennedy und sein Sohn, der Senator von Massachusetts. Beide Kennedys bewunderten den Patriotismus des jungen Politikers, den fanatischen Antikommunismus und seine Ergebenheit der katholischen Kirche gegenüber. Diems Bruder Ngo Dinh Thuc war römisch-katholischer Bischof, und Diem lebte sogar als Laie nach dem Zölibat – solch tiefe Religiosität dürfte ihren Eindruck auf die Kennedy-Familie nicht verfehlt haben. Mitte der fünfziger Jahre taten sich die Kennedys mit anderen prominenten Amerikanern wie dem Richter am Bundesgerichtshofes William O. Douglas, dem Herausgeber des *Time*-Magazins Henry Luce und dem Historiker von der Universität Harvard Arthur Schlesinger jr. zusammen und unterstützten die Lobbygruppe American Friends of Vietnam (Amerikanische Freunde Vietnams, AFV) finanziell. Senator John Kennedy trat 1956 auf der Jahresversammlung der Gruppe als Hauptredner auf und wurde 1961 in den Mitgliedslisten als Vorsitzender geführt.

Im Laufe der folgenden drei Jahrzehnte ergab sich durch die unautorisierte Veröffentlichung der sogenannten Pentagon Papers 1971 (dt.: *Die Pentagon-Papiere. Die geheime Geschichte des Vietnamkrieges,* 1971) und durch die Freigabe vertraulicher Dokumente nach dem Freedom of Information Act ein präziseres Bild, in welcher Weise die Regierung Kennedy an dem Staatsstreich und an den Hinrichtungen beteiligt gewesen war. Die Öffentlichkeit erfuhr, daß Botschafter Lodge und die CIA-Station in

Saigon vor dem Putsch eng mit General Minh und seinen Verschwörern zusammengearbeitet und auf Wunsch Waffen und Bargeld beschafft hatten. Unzweifelhaft waren im voraus Gerüchte über Zeit und Ort des Putsches bis zu Präsident Diem gedrungen. »... ich möchte gerne wissen, welche Haltung die USA einnehmen?« fragte er den Pentagon-Papieren zufolge Lodge in einem Telefongespräch in letzter Minute. Lodges Antwort war geradezu klassisch: »Ich bin nicht gut genug informiert, um Ihnen das zu sagen.«

So hatte die ursprüngliche Darstellung weiterhin Bestand – bis eine Reihe von Interviews für das vorliegende Buch enthüllte, daß Jack Kennedy, genau wie bei der Verschwörung gegen Fidel Castro, Diems Absetzung aktiv betrieben hatte und darüber informiert war, daß der vietnamesische Präsident bei dem Staatsstreich ermordet werden sollte. Die bemerkenswerteste neue Information stammt von Lucien Conein, einem langjährigen Agenten der CIA, der im Oktober 1963 als Mittelsmann zwischen Henry Cabot Lodge und den vietnamesischen Verschwörern tätig war. Conein teilte mir in einem Interview 1996 mit, es habe nie ein Zweifel daran bestanden, daß der Anführer des Militärputsches, General Minh, Präsident Diem und seinen Bruder werde ermorden lassen. »Ich habe mit Lodge darüber gesprochen«, sagte Conein. »Big Minh hatte mir einen Monat zuvor mitgeteilt, daß sie Diem erledigen würden. Ich sagte: ›Tut das nicht, denn das könnte Ärger geben.‹ Big Minh sagte: ›Wir werden darüber nicht diskutieren.‹ Ich erstattete Lodge Bericht.«

Der Schmerz des Präsidenten, als er von Diems Tod erfuhr, kann durchaus echt gewesen sein. Es gibt sogar neue Hinweise, daß er versuchte, die Hinrichtung zu verhindern: In den Tagen unmittelbar vor dem Putsch schickte Kennedy, der einmal mehr hinter den Kulissen die Fäden zog, einen persönlichen Vertrauensmann, einen Freund, der mit der Regierung nicht in Verbindung stand, zu einem privaten Gespräch mit Diem. Diem, immer noch ein Verbündeter der Vereinigten Staaten, erhielt eine unverblümte Warnung: Schaff dir deinen Bruder vom Hals und nimm Zuflucht in der amerikanischen Botschaft, sonst wirst du bei dem Putsch sterben. Diem ignorierte die Warnung.

Eine wichtige Entwicklung in Südvietnam im Spätsommer und Herbst 1963 ignorierten die amerikanischen Pressekorrespondenten in Saigon beinahe einhellig: Kontinuierlich tauchten Informationen auf, daß Diem und Nhu informelle Gespräche mit Nordvietnam führten mit dem Ziel, ein neutrales Regime im Süden zu errichten. Die amerikanischen Piloten und Militärberater, die sich angeblich auf ausdrücklichen Wunsch der Regierung Diems im Süden aufhielten, sollten aufgefordert werden, das Land zu verlassen.

Gerüchte über entsprechende Verhandlungen zirkulierten damals in Saigon, wurden aber als leeres Gerede abgetan. Diem galt als fanatischer Nationalist, aber auch als Antikommunist und Patriot, der das amerikanische Motto teilte »Lieber tot als rot«. »Mir ist hier auch noch keiner begegnet«, schrieb General Paul D. Harkins, der Chef der amerikanischen Militärmission in Saigon, im Oktober 1963 an Maxwell Taylor, »der die Charakterstärke Diems hätte, die dieser wenigstens bei der Bekämpfung der Kommunisten zeigt.« In keinem der zahllosen Erinnerungsbücher, die nach Kennedys Ermordung von ranghohen Regierungsbeamten geschrieben wurden, ist eingehender von Gerüchten über die Nord-Süd-Gespräche die Rede. Arthur Schlesinger erwähnt die Verhandlungen in *Die tausend Tage Kennedys* nicht, schildert sie aber ausführlich in seinem 1978 erschienenen Buch *Robert Kennedy and his Times* (Robert Kennedy und seine Zeit). Er schreibt dort, daß die Gespräche, die seinen Angaben zufolge »ohne Kennedys Wissen« stattfanden, eine mögliche Variante »für einen Rückzug der Amerikaner aus Vietnam im Jahr 1963« gebildet hätten.

Zumindest zwei wichtige Männer in der amerikanischen politischen Führung nahmen die Gerüchte jedoch sehr ernst: Jack Kennedy und Henry Cabot Lodge.

In jenem Herbst sprach der Präsident mit seinem guten Freund, dem Journalisten Charles Bartlett, über seine Enttäuschung – und seine Befürchtungen – wegen Vietnam. »Kurz vor Ende seines Lebens«, sagte mir Bartlett in einem Interview, »sah er die ganze Sache sehr negativ. Er sagte: ›Charlie, ich kann nicht dulden, daß Vietnam den Kommunisten in die Hände fällt und dann hingehen und diese Leute‹ – die amerikanischen Wähler – ›bitten, daß sie mir erneut ihre Stimme geben. Irgendwie müssen wir Vietnam noch bis zur Wahl 1964 halten. Wir haben schon Laos an die Kommunisten verloren, und wenn ich Vietnam aufgebe, kann ich nicht mehr vor die Leute treten. Aber wir haben dort keine Zukunft. [Die Südvietnamesen] hassen uns. Sie wollen uns aus dem Land haben. Es kommt noch so weit, daß sie uns mit einem Tritt in den Hintern hinausjagen.«« In einem ähnlich sorgenvollen Gespräch mit dem Autor William Manchester in jenem Herbst erwähnte Kennedy die »Möglichkeit«, daß Diem Friedensverhandlungen mit den Nordvietnamesen aufnehmen werde, sagte mir Manchester in einem Interview 1995. »Er hatte ein Problem mit Diem. Er traute ihm nicht.«* Manchester beschloß, nie einen Bericht über dieses Gespräch zu veröffentlichen.

Die veröffentlichten Memoiren des 1985 verstorbenen Henry Cabot Lodge geben die Ereignisse des Jahres 1963 nicht vollständig wieder. Unter seinen persönlichen Unterlagen hinterließ Lodge eine unveröffentlichte Darstellung seiner Zeit in Vietnam mit der Kennzeichnung »Streng geheim«. Er hatte Anweisung erteilt, daß die Seiten, die von den Tagen vor dem Staatsstreich vom 1./2. November handelten, erst publiziert werden dürften, »nachdem sie einem Bevollmächtigten Präsident Kennedys vorgelegt worden sind«. In den unveröffentlichten Memoiren, die für dieses Buch zur Verfügung gestellt wurden, schreibt Lodge, daß Kennedy ihn mit dem Auftrag nach Saigon geschickt habe, ihm über einen geheimen CIA-Kanal Bericht zu erstatten. »Ich wurde angewiesen, meine Telegramme direkt an [Präsident Kennedy] zu schicken, und er entschied dann, wie sie verteilt werden

---

* Anfang 1964 wurde Manchester von Jacqueline Kennedy gebeten, über die Ereignisse vom November 1963 zu schreiben; das Ergebnis war sein Buch *The Death of a President*, das 1967 erschien (dt.: *Der Tod des Präsidenten*, 1969). Manchester sagte mir, er habe im Jahr 1946 mit Jack Kennedy Freundschaft geschlossen – beide waren Veteranen des Pazifikkrieges – und sei von da an sein Freund geblieben. Nach Kennedys Wahl beschloß Manchester, ein Buch über sein erstes Jahr im Amt zu schreiben, und begann dann, wie er mir sagte, eine Reihe informeller Interviews mit dem Präsidenten. »Ich traf Jack nach seinem letzten Termin an jenem Tag«, sagte Manchester. »Wir nahmen einen Cocktail und saßen auf dem Truman-Balkon. Er rauchte eine Zigarre, und ich trank ein Bier. Er redete sehr freimütig, über Dinge, über die er mit niemandem sonst reden konnte.«

sollten.« Der Großbürger Lodge, Generalmajor der Reserve, hatte keinerlei Schwierigkeiten mit dem Standpunkt des Weißen Hauses, was gut für Amerika, demzufolge auch gut für Südvietnam sein mußte. »Ich hatte nichts damit zu tun, daß diese politische Linie eingeschlagen wurde«, schreibt Lodge, »aber ich hielt sie für korrekt. Ich denke, wir haben absolut das Recht, als Teil eines Handels mit einer anderen Regierung offen legitimen Druck auszuüben und Einfluß geltend zu machen ... Wenn Menschen unsere Hilfe annehmen, dann haben wir auch das Recht, Bedingungen zu stellen, wenn wir das wünschen.« Und weiter schreibt Lodge:

»Bei meinen ersten Gesprächen mit Diem nach meinem Eintreffen in Saigon Ende August blickte er ständig an die Decke und sprach von seiner Kindheit oder über die vietnamesische Geschichte und weigerte sich hartnäckig, die Angelegenheiten mit mir zu besprechen, die ich auf Wunsch Präsident Kennedys mit ihm besprechen sollte. Ich hielt das für keine angemessene Art, den Präsidenten der Vereinigten Staaten zu behandeln ... Ich glaube, eine Fortdauer des Diem-Regimes ... hätte zu einer kommunistischen Machtübernahme geführt. Entweder wären die Kommunisten wegen der allgemeinen Unzufriedenheit und Unruhe im Land gekommen, oder Herr Nhu [Diems Bruder] hätte mit ihnen einen Handel geschlossen.«

Der Präsident äußerte sich öffentlich ähnlich und erklärte auf einer Pressekonferenz am 12. September: »Was dazu beiträgt, den Krieg zu gewinnen, befürworten wir; was den Kriegsanstrengungen abträglich ist, lehnen wir ab ... Wir sind nicht dort, um zuzusehen, wie ein Krieg verloren geht, und wir werden die politische Linie verfolgen, die ich heute angedeutet habe, nämlich alle die Angelegenheiten und Punkte voranzutreiben, die helfen, den Krieg zu gewinnen.« Einige Tage zuvor war Kennedy in einem Fernsehinterview mit Walter Cronkite von CBS gefragt worden, ob er der Ansicht sei, daß die südvietnamesische Regierung die Unterstützung der Bevölkerung wieder zurückgewinnen könne. »Das bin ich«, antwortete er. »Durch eine Änderung der Politik und vielleicht in der Besetzung der Stellen, meine ich, wäre ein Erfolg möglich. Falls sie aber diese Veränderungen unterläßt, denke ich, daß die Chancen nicht sehr gut stehen, die Bevölkerung zu gewinnen.«

Mitte September wurde bei den Vereinten Nationen und in der ganzen Welt ausführlich über eine politische Beilegung des Konflikts zwischen den rivalisierenden Gruppierungen im Süden gesprochen, doch in der amerikanischen Presse verlautete darüber kaum etwas. Am 11. September schickte die Nationale Befreiungsfront einen drei Punkte umfassenden Friedensplan an die Vereinten Nationen mit der Forderung nach einem Ende der amerikanischen Militärunterstützung für die Regierung Diem, nach Abzug der US-Truppen und Bildung einer Koalitionsregierung im Süden. Zwei Tage später kritisierte UN-Generalsekretär U Thant das Regime Diem auf einer Pressekonferenz heftig und stellte es als eines der korruptesten Regime auf der ganzen Welt dar. U Thant nahm die Vorschläge der FNL auf und verlangte eine Koalitionsregierung in Südvietnam. Noch im selben Monat verärgerte General Charles de Gaulle das Weiße Haus durch die Äußerung, er sei für eine Neutralisierung des Südens und eine spätere Wiedervereinigung Vietnams. Die amerikanischen Nachrichtendienste brachten erste Meldungen, daß Roger Lalouette, der französische Botschafter in Saigon, versuche, Gespräche zwischen Diem und Nordvietnam zu vermitteln. Washington war über de Gaulles Schritt erbost; die amerikanische Regierung betrachtete ihn als unerwünschte Einmischung und als Versuch sicherzustellen, daß die Amerikaner in Vietnam scheitern würden – genau wie die Franzosen zehn Jahre zuvor. Der amerikanische Präsident sagte, auf de Gaulles Vorschlag angesprochen, mürrisch: »Wir haben überhaupt nichts davon, wenn wir sagen: ›Warum gehen wir nicht einfach nach Hause und überlassen die Welt denen, die unsere Feinde sind?‹«

Die Meldungen über Gespräche wurden zunächst von vielen Amerikanern in Saigon und Washington als unglaubwürdig abgetan, schlugen dann aber ein wie eine Bombe. Zwölf Jahre später, Anfang 1975, als der Zusammenbruch Südvietnams unmittelbar bevorstand, veröffentlichte der polnische Diplomat Mieczyslaw Maneli, der Anfang der sechziger Jahre in die Internationale Kontrollkommission (ICC) in Saigon* berufen worden war, in der *New York Times* einen aufschlußreichen Artikel darüber, was hätte sein können:

»Im Frühjahr 1963 wurde ich über Roger Lalouette von Präsident Ngo Dinh Diem und seinem Bruder ... heimlich gebeten, an die Regierung in Hanoi heranzutreten, um die Möglichkeiten für eine friedliche Lösung des Konfliktes auszuloten. Während der folgenden Monate führte ich zahlreiche umfassende Gespräche mit den höchsten nordvietnamesischen Regierungsbeamten, auch mit Präsident Ho Chi Minh und Premier Pham Van Dong ... Die nordvietnamesischen Staatsführer entwarfen nach und nach Pläne, die ich mit einer Gruppe westlicher Botschafter erörterte. Nach diesen Plänen hätten Nord- und Südvietnam allmählich postalische, wirtschaftliche und kulturelle Beziehungen aufbauen können. Industriegüter aus dem Norden sollten vom Süden mit Reis bezahlt werden. Ferner würde der Norden nicht auf eine rasche Wiedervereinigung drängen, vielmehr sollte im Süden eine Koalitionsregierung gebildet werden. Ich fragte, ob eine solche Regierung von Herrn Diem angeführt werden könne. Im Sommer 1963 lautete die Antwort schließlich: Ja ... Weder sowjetische noch chinesische [noch amerikanische] Soldaten sollten unter welchen Umständen auch immer vietnamesischen Boden betreten dürfen. Ich verfolgte die Angelegenheit weiter: Welche Garantien konnten dem Westen angeboten werden, daß Hanoi Wort halten würde? Ich betonte, daß der Westen bei einer Neuauflage des Spiels mit Namen ›Internationale Kommission‹ nicht mitmachen würde. Die Antwort lautete, daß der Norden im Falle eines Abzugs der Vereinigten Staa-

---

* Die ICC wurde nach dem Genfer Abkommen von 1954 über die Teilung des Landes in Nord- und Südvietnam eingerichtet. Theoretisch waren die drei Mitglieder – je einer aus dem kommunistischen Polen, dem antikommunistischen Kanada und dem neutralen Indien – vor Ort, um dritte Länder wie die Vereinigten Staaten und die Sowjetunion von Verstößen gegen die Vereinbarungen abzuhalten, etwa der Lieferung militärischer Ausrüstung an den Norden oder den Süden. Nur wenige Inspektionen wurden tatsächlich durchgeführt, doch Maneli und die beiden anderen Mitglieder der ICC hatten das Vorrecht, mit einem Sonderflugzeug zwischen Hanoi und Saigon hin- und herzupendeln; sie hatten in beiden Städten Wohnsitze und Diensträume. Die ICC-Mitglieder waren nur selten für das Pressekorps in Saigon zu sprechen, aber ihre Aktivitäten wurden vom amerikanischen und südvietnamesischen – und vermutlich auch vom nordvietnamesischen – Geheimdienst genau überwacht.

ten bereit wäre, jede gewünschte substantielle Garantie abzugeben, und eine Teilnahme der Amerikaner an dem Überwachungsmodus wurde nicht ausgeschlossen. Zu der Zeit wußte ich von den angespannten Beziehungen zwischen Hanoi und Moskau wie auch zwischen Hanoi und Peking;* ferner wollten Hanois Führer ihren schmalen Rest Unabhängigkeit von den mächtigen Verbündeten, die sie haßten und fürchteten, bewahren und vergrößern. Sie waren bereit, ein Abkommen zu akzeptieren, dessen Inhalt für den Westen nicht schlechter gewesen wäre als der des Abkommens von 1973: Vietnam wäre in zwei Teile geteilt worden mit freiem Handels- und Kulturaustausch zwischen den beiden Landesteilen.«

Der Intellektuelle Maneli, der an der Universität Warschau Recht gelehrt hatte, lebte 1970 als Emigrant in den Vereinigten Staaten und lehrte am Queens College Politikwissenschaft. In seinen 1971 erschienenen Erinnerungen *War of the Vanquished'* (Krieg der Besiegten) schildert er die Gespräche zwischen Nord- und Südvietnam aus der Sicht des Beobachters vor Ort. Erstaunlicherweise nahm die amerikanische Presse das Buch nicht zur Kenntnis, es wurde in keiner einzigen großen Zeitung oder Zeitschrift rezensiert. 1971 befand sich Amerika immer noch im Krieg, und es wollte nichts davon hören, daß der Krieg nicht hätte sein müssen. Maneli zitiert in seinen Erinnerungen ein hellsichtiges Telegramm nach Warschau und Moskau; darin weist er auf einen Punkt hin, den im Herbst 1963 offensichtlich kein Amerikaner berücksichtigte:

»Wie kommt es, daß die Nationale Befreiungsfront ... jetzt weniger aktiv ist als während der Periode vor der [gegenwärtigen] Krise im Diem-Regime? Zum gegenwärtigen Zeitpunkt ist das Regime Diem-Nhu so schwach, daß eine großangelegte Offensive der Partisanen mit der Beseitigung der südvietnamesischen Regierung enden könnte; nur die amerikanischen Einheiten würden noch auf dem Schlachtfeld übrigbleiben. Hanoi muß das ebenfalls gewußt haben, genau wie viele außenstehende Beobachter. Wenn

---

* Noch 1975 war sich die amerikanische Regierung nicht im vollen Ausmaß über diese Spannungen im klaren, und so blieb es ein weiteres Jahrzehnt.

die Regierung in Hanoi keine Offensive startet, die darauf abzielt, Diem und Nhu aus Saigon zu vertreiben, dann liegt das mit Sicherheit daran, daß sie die beiden noch eine Weile am Leben erhalten möchte – zumindest so lange, bis sie hinter dem Rücken der Amerikaner ein Abkommen mit ihnen geschlossen hat.«

In Interviews für das vorliegende Buch bestätigten amerikanische Regierungsbeamte, die im Herbst 1963 mit der Vietnampolitik befaßt waren, daß die Nachrichtendienste ausführlich über die Nord-Süd-Gespräche berichteten. Die Regierungsbeamten waren sich jedoch nicht einig, wie hoch die Bedeutung der Gespräche zu veranschlagen war. Richard R. Smyser, Mitarbeiter im Außenministerium, traf Anfang 1964 in Saigon ein und arbeitete eng mit Botschafter Lodge zusammen; er sagte mir, er habe den Eindruck gewonnen, daß die USA deshalb den Staatsstreich unterstützt hätten, weil »Diem einen Handel abschließen wollte« zur Errichtung eines neutralen Südvietnams. »Sie müssen bedenken, was 1963 für die meisten Amerikaner Neutralität bedeutete«, sagte Smyser. »Ein anderes Wort für Kommunismus. Falls Diem sich auf einen Handel einließ, dann konnte der Handel nur so aussehen, daß die USA das Land verließen und Südvietnam ein neutrales Land würde. Vietnam wäre immer noch geteilt. Für Kennedy war das nicht akzeptabel, weil sie [seine politischen Gegner bei den Wahlen von 1964] sagen würden: ›Er hat Vietnam verloren, weil er seine Neutralität zuließ.‹ Das bedeutete aber, daß wir Diem loswerden mußten.«

Der China-Experte Allen Whiting, der 1963 als Nachrichtenoffizier im Außenministerium tätig war, sagte mir, daß er und die meisten seiner Kollegen »diese Nhu-Diem-Brücke zum Norden für eine sehr reale Möglichkeit hielten«. Er fügte hinzu, nach Ansicht der ranghohen Regierungsbeamten an den Schaltstellen der Politik hätten die Gespräche eine Gefahr dargestellt: »Man wollte nicht, daß Diem und Nhu mit dem Norden einen Handel schließen und uns sagen würden, daß wir schleunigst wieder abziehen sollten.« Tom Hughes, 1963 Leiter des Nachrichtendienstes des Außenministeriums, sagte in einem Interview 1997: »In dem Telegrammen aus Saigon war häufig von Neutralität die Rede.« Für die Leute in der US-Regierung, fügte er hinzu, »war es kein so großes Geheimnis. Einige von uns hielten es [ein Abkommen zwischen dem Norden und dem Süden] für eine sehr gute Sache, weil wir dann aus dem Land weggekommen wären.«

Am 18. September erschien in einer Kolumne der *Washington Post* der erste – und einzige – Bericht einer großen amerikanischen Zeitung über die geheimen Gespräche zwischen Saigon und Hanoi. Joseph Alsop, Jack Kennedys Lieblingsreporter, kritisierte aufs schärfste die Franzosen und ihre heimlichen Manöver mit Ho Chi Minh und Ngo Dinh Nhu. In Alsops Kolumne mit der Überschrift »Besonders häßliche Geschichten« wurden Roger Lalouette und Mieczyslaw Maneli namentlich genannt; beide hätten Vermittlerrollen zwischen Saigon und Hanoi übernommen. Alsop schrieb, Nhu habe ihm in einem Interview mitgeteilt, daß die Nordvietnamesen »ihn angefleht hätten, die Verhandlungen zu eröffnen«. Er habe Diem aber von der Annäherung aus Hanoi nichts gesagt, weil das »einigen Wirbel ausgelöst hätte«. In einem folgenden Interview mit Diem, so Alsop, habe ihm der vietnamesische Präsident versichert, daß er nichts von solchen Annäherungsversuchen wisse – »ein erstaunliches Detail«, bemerkte Alsop, »das über die wahre Beziehung zwischen den beiden Brüdern einiges aussagt«.

Alsops Kolumne gab die Einschätzung des Weißen Hauses vollkommen zutreffend wieder: Der notorisch anti-amerikanische Ngo Dinh Nhu war nunmehr schriftlich angeklagt, daß er hinter dem Rücken seines Bruders gegen die US-Interessen intrigierte. In den Pentagon-Papieren wird aus einem Brief Michael Forrestals vom Nationalen Sicherheitsrat an den Präsidenten Ende des Sommers zitiert: »Nunmehr ist es so gut wie sicher, daß Bruder Nhu der geistige Vater hinter der ganzen Operation gegen die Buddhisten ist und die Schüsse gefordert hatte.« In Washington schien niemand die Möglichkeit in Betracht zu ziehen, daß Nhu vielleicht genau das gesagt hatte, was sein Bruder von ihm erwartete – genau wie Bobby Kennedy häufig auf Geheiß seines Bruders handelte und die Schelte der Öffentlichkeit dafür einsteckte. Der Intellektuelle Nhu hatte die Amerikaner den ganzen Sommer und Herbst 1963 über mit Forderungen nach einer Beschränkung der amerikanischen Rolle und des amerikanischen Einflusses in Südvietnam verärgert. In einem Interview mit der *Washington Post* im Mai hatte Nhu beispielsweise erklärt, es seien zu viele Amerikaner in Vietnam stationiert und ihre Anwesenheit lasse den Krieg bereits als einen Krieg der Amerikaner erscheinen. Die Amerikaner seien ein Hemmnis für die unerläßliche Umgestaltung der vietnamesischen Gesellschaft.

Jack Kennedy stimmte im September zu, daß Nhu gehen müsse. Eine Flut von entsprechenden Ratschlägen aus Saigon und Washington erreichte das Oval Office. Aber wie sollte es bewerkstelligt werden? Kennedy verstand besser als jeder andere, wie schwierig es war, die beiden Brüder voneinander zu trennen. Anfang September wurde ein ziviler, in Vietnam tätiger US-Regierungsbeamte namens Rufus Phillips von Michael Forrestal zu einem Treffen des Nationalen Sicherheitsrats mit dem Präsidenten eingeladen. Phillips war 1954 als Heeresoffizier nach Saigon gekommen und hatte für die amerikanische Militärmission gearbeitet; ihr damaliger Leiter war Edward Lansdale gewesen, ein Oberst der Luftwaffe in den Diensten der CIA. Lansdale und dessen Bereitschaft, »Kopf und Kragen zu riskieren«, machten Phillips geradezu Angst, wie er mir 1995 in einem Interview sagte. Im Gegensatz zu anderen meldete Lansdale die Tatsachen, wie er sie sah, an seine Vorgesetzten. Phillips kehrte 1959 nach Washington zurück, doch schon im Herbst 1962 war er wieder in Südvietnam und übernahm, auf Lansdales Drängen hin, die Leitung des Landwirtschaftlichen Hilfsprogramms. Phillips war folglich der amerikanische Experte bei dem umstrittenen Programm der vietnamesischen Regierung zur Errichtung »Strategischer Dörfer«, zentraler befestigter Dörfer, in denen nach der Theorie die Bauern Schutz finden sollten. Tatsächlich lief das Programm häufig auf eine zwangsweise Ansiedlung der Bauern in jämmerlichen Hütten hinaus und in Gegenden, die nachts nicht vor dem Vietcong geschützt waren. Phillips, der Ende der fünfziger Jahre nach der Entlassung aus der Army für die CIA tätig gewesen war, arbeitete mit ganzem Herzen für einen amerikanischen Sieg in Vietnam. Wie Forrestal wußte, war Phillips überzeugt, daß es immer noch möglich wäre, Nhu von Diem zu trennen. Und er war auch überzeugt, daß nur Ed Lansdale diese heikle Aufgabe lösen konnte.

In einem unveröffentlichten Erinnerungsbericht, der für dieses Buch zur Verfügung gestellt wurde, schildert Phillips, wie er am 10. September 1963 still einer Sitzung des Nationalen Sicherheitsrates beiwohnte. Ein General der Marineinfanterie, frisch aus der Gefechtszone zurückgekehrt, präsentierte eine Reihe optimistischer Statistiken. Daraufhin schilderte ein Mitarbeiter des Außenministeriums den, wie er es nannte, weitverbreiteten Haß gegen das Diem-Regime und forderte die Absetzung von Nhu. Der Mitarbeiter habe durchblicken lassen, schreibt Phillips, »daß Diem und Nhu nicht voneinander getrennt werden könnten und beide gehen müßten«.

Forrestal wußte genau, was in Phillips' Kopf vorging, und forderte ihn an diesem Punkt auf, seine Meinung zu äußern. (Höchstwahrscheinlich wurden sowohl die Einladung an Phillips als auch sein Auftritt bei der Sitzung im voraus mit Kennedy abgesprochen.) »Das Problem ist Nhu«, sagte Phillips dem Präsidenten. »Er hat die Achtung des Großteils der zivilen und militärischen Führung verloren ... Nhu muß das Land verlassen, sonst kommt es zu einem Chaos. Ich bin immer noch der Meinung, daß Nhu von Diem getrennt werden kann, allerdings gibt es nur einen Amerikaner, dem Diem vertraut und der ihn überreden kann, Nhu zu entlassen. Dieser Mann ist General Lansdale. Niemand ist besser geeignet, um [Diem] bei der Zusammenstellung einer neuen Regierung zu helfen. Ich rate Ihnen, ihn so schnell wie möglich dorthin zu schicken.«

Phillips erinnerte sich in einem Interview 1995, daß der Präsident sich während seiner Worte etwas notiert habe: »... die einzigen Notizen, die er sich machte. Am Ende sagte er: ›Ich möchte Ihnen danken, Mr. Phillips, insbesondere für Ihre Empfehlung von Mr. Lansdale.‹«

Als nächstes folgt Edward Lansdales Geschichte, wie er sie Mitte der sechziger Jahre Daniel Ellsberg in Saigon erzählte. (Ellsberg war der Mann, der 1971 die geheimen Pentagon-Papiere der *New York Times* zuspielte.) Lansdale und Ellsberg, beide Veteranen aus Kennedys Zeit in Washington und McNamaras Zeit im Pentagon, nahmen als Sonderberater an der Befriedung teil – dem Krieg um die »Herzen und Gesinnungen« der vietnamesischen Bauern. »Während ich für Lansdale arbeitete«, sagte mir Ellsberg in mehreren Interviews für dieses Buch, »mußte ich mir anderthalb Jahre lang jeden Abend seine Kriegsgeschichten aus seiner ehemaligen Laufbahn als CIA-Mann anhören. Er sprach von verdeckten Operationen auf den Philippinen und in Vietnam in den fünfziger Jahren. An einem Abend, als wir beide uns allein in [Lansdales] Haus in Saigon unterhielten, erzählte er mir Geschichten über seine Beziehung zu Robert McNamara – und wie sie geendet hatte.«

Lansdale und McNamara kamen schon seit Jahren nicht mehr miteinander aus. Lansdale war hocherfreut gewesen, als Ellsberg, der großartige »Senkrechtstarter« an McNamaras Seite, der Anfang der sechziger Jahre für den Verteidigungsminister Reden geschrieben und ihn bei Fragen der Atomkriegführung beraten hatte, das Pentagon verließ und sich seinem – Lansdales – Team anschloß. Zum endgültigen Bruch zwischen Lansdale und McNamara kam es im Herbst 1963, weil Lansdale bei der Beförderung vom Brigadegeneral zum Generalmajor übergangen wurde. Seine Mitarbeit an der Operation Mongoose war bereits acht Monate zuvor zu Ende gegangen, und in der Zwischenzeit hatte er wenig Kontakt zum Weißen Haus gehabt. Lansdale gedachte sich zur Ruhe zu setzen.

Da habe ihn ein Anruf von McNamara erreicht, erzählte Lansdale Ellsberg, mit der Anweisung, den Verteidigungsminister zu einem Gespräch mit dem Präsidenten ins Weiße Haus zu begleiten. Nur die drei Männer nahmen an dem Gespräch teil. »Der Präsident sagte zu Ed: ›Ich möchte Sie wieder nach Vietnam schikken, damit Sie mit Diem zusammenarbeiten und versuchen, ihn dazu zu bringen, daß er sich von Nhu lossagt‹«, erinnerte sich Ellsberg. Der Präsident fragte Lansdale dann, ob er bereit sei, nach Vietnam zu gehen.

Lansdale bejahte dies. Nach Ellsbergs Erinnerung sagte Kennedy daraufhin zu Lansdale: »Aber falls das nicht klappt« – Nhu zum Abschied zu bewegen – »oder falls ich meine Ansicht ändern und beschließen sollte, daß wir auch Diem loswerden müssen, könnten Sie auch dann mitmachen?« Ellsberg meinte, Lansdale habe, als er ihm die Geschichte erzählte, »die ganze Szene noch einmal durchlebt. Er wirkte irgendwie aus der Fassung gebracht, beinahe beschämt und reuevoll – genauso, wie ein Mann aussieht, wenn er noch einmal erlebt, wie er widerwillig einen Auftrag aus der Hand gegeben hat, den er unbedingt selbst hatte ausführen wollen. Er schüttelte langsam und traurig seinen Kopf und antwortete: ›Nein, Mr. President, das könnte ich nicht. Diem ist ein Freund von mir, und ich könnte das nie tun.‹«

Kennedy reagierte keineswegs verärgert auf Lansdales Ablehnung, aber er entließ ihn rasch wieder. Ellsberg sagte, für Lansdale »sei es klar gewesen, daß er nicht nach Vietnam gehen würde. Er hatte Nein zu einem Auftrag gesagt, und das ausgerechnet zu einem Auftrag, den er unbedingt haben wollte. Er stellte seine Weigerung nicht als eine prinzipielle Sache dar, und er kritisierte den Präsidenten mit keinem Wort. Er sagte klipp und klar, daß Kennedy das Recht gehabt habe, ihn zu fragen.« Der Präsident habe sich aber, wie Ellsberg meinte, »an den einzigen Mann gewandt, der Diem auf keinen Fall hätte umbringen können«.

Auf der Rückfahrt ins Pentagon sei McNamara »wütend« auf Lansdale gewesen, fuhr Ellsberg fort. »Er hatte seinen Zorn noch nie so direkt geäußert: ›So können Sie mit einem Präsidenten nicht sprechen.‹« Der Verteidigungsminister habe im Grunde folgendes gemeint, erklärte Lansdale Ellsberg: »Wenn der Präsident möchte, daß man etwas tut, dann sagt man nicht einfach: ›Nein, das werde ich nicht tun.‹« McNamara habe kein Wort mehr mit ihm gesprochen, so Lansdale zu Ellsberg; einen Monat später schied Lansdale aus dem Pentagon aus. »Ich packte meine Sachen im Pentagon, als ich von der Ermordung Diems erfuhr.«

Nach Lansdales Version der Geschichte, so Ellsberg, habe Kennedy »im Zusammenhang mit Diem niemals das Wort ›töten‹ oder ›ermorden‹ verwendet. Aber Lansdale sagte mir, er habe keinen Augenblick daran gezweifelt, daß genau davon die Rede gewesen sei.«

Soweit bekannt ist, hat der 1987 verstorbene Lansdale, ein überzeugter Anhänger des Grundsatzes der plausiblen Verleugnung, mit niemand anderem über sein Treffen mit Kennedy und McNamara gesprochen. Rufus Phillips erinnerte sich noch, daß er einmal gehört hatte, wie Lansdale sein Unbehagen einräumte. »Ich weiß noch, daß er mir erzählte, daß Leute [von der Regierung Kennedy] in unmögliche Situationen gebracht und aufgefordert würden, gewisse Dinge zu tun.« Lansdale sagte, er »habe den dringenden Wunsch«, für jede geplante Aktion »auf einem Blatt Papier« eine schriftliche Vollmacht zu bekommen. »Er wollte nicht der Sündenbock sein.«

Phillips kehrte Ende September nach Saigon zurück, knapp drei Wochen nach seiner Teilnahme an der Sitzung des Nationalen Sicherheitsrates. Ungefähr eine Woche später, sagte er, habe Diem ihm mitgeteilt, daß er von der Sitzung gehört habe – und davon, was er dem Präsidenten gesagt hatte. Bei einem folgenden Gespräch im Präsidentenpalast Ende Oktober fragte Diem Phillips, ob es zu einem Staatsstreich kommen werde. »Ich sagte Ja«, gestand Phillips. Mehr habe er Diem aber nicht erzählt.

Ende Oktober war klar, daß Diem nicht die Absicht hatte, sich von seinem Bruder zu distanzieren. Er würde genau wie Nhu in Saigon bleiben. Kurz vor dem Putsch bot Lodge Diem sicheres Geleit mit dem Flugzeug in ein neutrales Land an, doch der stolze Präsident lehnte das Angebot ab, was man offenkundig auch erwartet hatte. Es gibt keine Anhaltspunkte dafür, daß Lodge oder ein anderer Botschaftsangestellter einen ernsthaften Versuch unternahm, Diem zu retten. Beispielsweise drängte kein Amerikaner General Minh und seine Mitverschwörer, Diems Leben zu schonen. In seiner Aussage vor dem Church-Ausschuß 1975 behauptete Lucien Conein, daß er am Morgen des Putsches etwa um sechs Uhr von General Minh gebeten worden sei, ein Flugzeug für die Evakuierung Diems zu besorgen. Er habe mit der CIA-Station in Saigon Rücksprache gehalten, und ihm sei gesagt worden, daß unmöglich sei, innerhalb der nächsten 24 Stunden ein Flugzeug nach Saigon zu bringen. Das Flugzeug hätte imstande sein müssen, Diem ohne Auftanken in ein geeignetes neutrales Land zu fliegen – in der Regierung Kennedy wollte niemand, daß Diem bei einem Zwischenstopp eine Pressekonferenz abhielt. Das einzig verfügbare Flugzeug, wurde Conein beschieden, müsse aus Guam eingeflogen werden. Conein wußte mit Bestimmtheit, daß Diem an jenem Morgen bereits um acht Uhr in den Händen der Militärs sein würde, die ihn ermorden wollten. Ein geeignetes Flugzeug hätte ohne weiteres schon im Vorfeld bereitgestellt werden können, aber dies wurde unterlassen. Jack Kennedy hatte Diem abgeschrieben, und in Saigon wußten das alle.

Im Verlauf der Recherchen für das vorliegende Buch stellte sich heraus, daß Jack Kennedy im Herbst 1963 einen zweiten Versuch unternahm, Nhu von Diem zu trennen. Dieses Mal benutzte er nicht jemanden, der wie Lansdale gute persönliche Beziehungen zu dem südvietnamesischen Präsidenten unterhielt, sondern er schickte einen persönlichen Abgesandten, der die Macht des amerikanischen Präsidenten repräsentierte. Das sollte Diems letzte Chance sein, sich selbst zu retten und sein Amt zu behalten. Anfang Oktober wußte Botschafter Lodge von Lucien Conein, daß die vietnamesischen Verschwörer in der Armee Diems Ermordung planten. Auch wenn kein entsprechendes Schreiben vorliegt, wird man annehmen dürfen, daß Lodge eine so wichtige Information unverzüglich an den Präsidenten weiterleitete.

Nach Kennedys Ermordung erzählten viele seiner Berater den Reportern, der Präsident habe – wie Kennedy Charles Bartlett selbst mitgeteilt hatte – nicht geglaubt, daß die Vereinigten Staaten in Südvietnam eine Zukunft hätten, daß sie aber bis nach den Wahlen 1964 dortbleiben müßten. Die genaueste Schilderung von Kennedys Rückzugsplan gab Kenny O'Donnell in *Johnny. We hardly knew Ye* (Johnny. Wir kannten dich kaum). O'Donnell zitiert eine private Äußerung des Präsidenten gegenüber Senator Mike Mansfield im Frühjahr 1963, nachdem Mansfield öffentlich die amerikanische Verwicklung in den Krieg kritisiert hatte. Kennedy sagte dem Senator, er werde 1965 einen vollständigen Abzug des Militärs anordnen: »Aber das kann ich erst 1965 machen – nach meiner Wiederwahl.« In O'Donnells Bericht heißt es weiter: »Nachdem Mansfield das Dienstzimmer verlassen hatte, sagte mir der Präsident: ›1965 werde ich einer der unpopulärsten Präsidenten der Geschichte werden. Alle werden mich beschuldigen, ich würde die kommunistische Bedrohung verharmlosen. Aber das ist mir egal. Wenn ich jetzt versuchte, alles aus Vietnam abzuziehen, würden wir eine neue Panik vor den Roten provozieren wie unter Joe McCarthy, aber nach meiner Wiederwahl kann ich das riskieren. Also müssen wir sicherstellen, *daß* ich wiedergewählt werde.‹« In späteren Interviews bestätigte Mansfield O'Donnells Darstellung.

Diese Passage ist der Kern einer anhaltenden Debatte um Kennedys Verantwortung für den Krieg in Vietnam. Vietnam erscheint immer deutlicher als eine der tragischsten außenpolitischen Unternehmungen Amerikas. O'Donnell hat zu der Zeit, als er sein Buch schrieb, vielleicht nicht die volle Wahrheit über die Verschwörung gegen Diem gewußt; mit Sicherheit konnte er nicht voraussehen, daß öffentlich bekannt würde, daß Jack Kennedy allem Anschein nach im voraus über den Mord an Diem Bescheid wußte.

Wenn die Schilderungen von O'Donnell, Mansfield und Bartlett richtig sind, hatte der amerikanische Präsident immer schon die Absicht, aus Vietnam abzuziehen. Er beschloß aber, im Herbst 1963, als Diems Unbeliebtheit und sein drohender Sturz ihm die ideale Gelegenheit geboten hätten, nichts zu unternehmen. Folglich wollte Kennedy mit seiner Politik nicht Südvietnam retten, sondern das Unvermeidliche lediglich bis nach seiner Wiederwahl hinauszögern. Ngo Dinh Diem wurde ermordet, weil er bereits 1963 etwas tun wollte – die Amerikaner aus Vietnam vertreiben –, was Kennedy erst nach seiner Wiederwahl erledigen wollte. Das heißt, daß Kennedy aus einem durch und durch eigennützigen Grund an der amerikanischen Beteiligung am Krieg festhielt: um seine Wiederwahl im Jahr 1964 zu sichern. Er beschloß auch, tatenlos bei dem Mord an einem katholischen Glaubensbruder und Antikommunisten wie er selbst zuzusehen und ihn zumindest stillschweigend zu dulden. Bei all seinen Fehlern – und er hatte viele Fehler – war Ngo Dinh Diem keine politische Gefahr für die Vereinigten Staaten. Er war kein Fidel Castro. Er war in Wirklichkeit viel verwundbarer als Castro.

Es ist durchaus möglich, daß Kennedy der Ansicht war, General Minh und seine Mitverschwörer würden die vietnamesische Armee sammeln, die demokratischen Institutionen des Staates wiederherstellen und auf diese Weise Südvietnam vor einer kommunistischen Machtübernahme bewahren – zumindest bis nach der Wahl 1964. Am 7. November, fünf Tage nach dem Putsch, erkannten die Vereinigten Staaten offiziell eine neue zivile Marionettenregierung unter Nguyen Ngoc Tho an, Diems ehemaligem Vizepräsidenten. John Kennedy wurden bei einer Pressekonferenz am 14. November – seiner letzten – lediglich drei oberflächliche Fragen zu den Ereignissen in Südvietnam gestellt; keine einzige ließ erkennen, daß die Washingtoner Presse auch nur andeutungsweise ahnte, wie stark der Präsident an dem Sturz Diems beteiligt gewesen war. Die Ziele Amerikas seien es nunmehr, sagte Kennedy den Reportern, »die Amerikaner wieder nach Hause zu bringen, es den Südvietnamesen zu ermöglichen, daß sie frei und unabhängig bleiben, und den demokratischen Kräften im Land Handlungsfreiheit zu geben.« In den kommenden Jahren sollte kein einziges dieser Ziele erreicht werden.

Der letzte Akteur in dem Drama um Diem im Herbst 1963 war Torbert Macdonald, Jack Kennedys einstiger Zimmergenosse in der College-Zeit und ein sehr enger Freund. Macdonald vertrat Massachusetts im Kongreß, er starb 1976. Er ist einer der mysteriösen Männer, die in Kennedys Leben eine wichtige Rolle gespielt haben und über die nur sehr wenig in Erfahrung zu bringen ist. In Arthur Schlesingers Erinnerungen taucht er überhaupt nicht auf, und Ted Sorensen erwähnt ihn nur beiläufig. Macdonalds mündliche Befragung für die Kennedy Library wurde lange unter Verschluß gehalten; nach der Freigabe 1995 stellte sich heraus, daß sie vollkommen harmlos war. Seine gesammelten Unterlagen aus zehn Jahren im Kongreß enthalten keinen Hinweis auf seine Beziehung zu Jack Kennedy. Bobby Kennedy wiederum erwähnte bei seiner Befragung für die Library Macdonald mit keinem Wort.

Im Laufe der Recherchen für dieses Buch zeigte sich, daß Macdonald einer von Jack Kennedys Spielpartnern war – Mitspieler bei der regelmäßigen, nachmittäglichen Partie Pool-Billard im Weißen Haus und Partner bei zahlreichen Eskapaden Kennedys, vor allem in Hollywood. Kennedy vertraute ihm, und Macdonald rechtfertigte nach Kennedys Ermordung das Vertrauen. Er blieb bis zu seinem Tod Kongreßmitglied, brachte viele Gesetze erfolgreich ein – und schwieg wie ein Grab. Der Bostoner Politiker Joe Croken, der lange als Macdonalds Büroleiter tätig war, sagte mir in einem Interview 1997, daß es zwischen Kennedy und seinem Chef viele Geheimnisse gegeben habe – »Dinge, über die sie mit keinem anderen sprachen«. Mit »keinem anderen«, sagte Croken, habe er Bobby Kennedy gemeint. »Bobby war anständig«, erklärte Croken.

Etwas, worüber Macdonald nie sprach, war eine geheime Reise für Jack Kennedy nach Saigon. »Er war der letzte wichtige Amerikaner, der Diem aufgesucht hat«, teilte mir Croken mit und fügte hinzu, dies sei Macdonalds einzige Reise für den Präsidenten gewesen. Macdonald habe ihm von der Reise erzählt, allerdings kein Wort über die Botschaft verloren, die er überbrachte.

Aber Macdonalds langjährige Geliebte Eleanore Carney wußte, welche Botschaft er zu überbringen hatte. Joe Croken bestätigte im Gespräch mit mir, daß Carney wegen ihrer Nähe zu Macdonald zumindest »bestimmte Dinge« erfahren habe, die nur Macdonald und Kennedy wußten. Nach Macdonalds Tod erwog Carney, die bei der staatlichen Gesundheitsbehörde angestellt war, für kurze Zeit, mit Hilfe des Geschichtsprofessors Herbert Parmet von der City University in New York ihre Memoiren zu schreiben. Im Jahr 1977 verblüffte sie Parmet vier Stunden lang mit einer Enthüllung nach der anderen, alles fein säuberlich auf Tonband aufgezeichnet. Die Memoiren wurden niemals geschrieben, doch Parmet nutzte einen Teil der Informationen anonym in seiner 1983 erschienenen Kennedy-Biographie *JFK: The Presidency of John F. Kennedy* (JFK. Die Präsidentschaft von John F. Kennedy).

In einem mitgeschnittenen Interview für das vorliegende Buch zitierte Eleanore Carney – Parmet zufolge eine »zuverlässige« Quelle – Kennedy mit einer Äußerung gegenüber Macdonald, er habe erfahren, daß General Minh und seine Gruppe die Absicht hätten, Diem zu ermorden. (Die Information konnte von Lodge stammen, der, wie zuvor erwähnt, von Conein über die Entschlossenheit des Generals in Kenntnis gesetzt worden war, Diem aus dem Weg zu räumen.) Carney sagte Parmet, Präsident Kennedy habe einen »direkten Kontakt [zu Diem] herstellen wollen. Er schreckte vor der Einschaltung der Botschaft in Saigon zurück, weil er seinen eigenen Leuten dort nicht traute. Nicht einmal zu Lodge hatte er genug Vertrauen ... Und schließlich gab es auch keinen einzigen Südvietnamesen, dem er trauen konnte. Also wandte er sich an Torby, der dann [Diem] die persönliche Bitte des Präsidenten überbrachte, die lautete, er wolle sich von seinem Bruder trennen und in der amerikanischen Botschaft Zuflucht suchen.« Bei demselben Gespräch, so Carney zu Parmet, habe Macdonald Diem gewarnt: »Die werden Sie töten. Sie müssen hier vorübergehend raus und in der amerikanischen Botschaft Schutz suchen.« Doch Diem weigerte sich. »Er will einfach nicht«, meldete Macdonald Carney zufolge dem Präsidenten. »Er ist zu dickköpfig, weigert sich strikt.«

In einer Reihe von Interviews für dieses Buch erinnerte sich Macdonalds Sohn Torbert Macdonald jr., daß er während der »endlosen Debatten« Ende der sechziger Jahre über die moralische Rechtfertigung des Krieges von der außergewöhnlichen Rolle seines Vaters in Vietnam erfahren hatte. Macdonald sagte seinem Sohn, damals Student an der Universität Harvard, daß Kennedy sich bei der Warnung an Diem auf ihn verlassen habe, weil »er den offiziellen Kanälen nicht getraut« habe. Torbert jr. zitierte seinen Vater mit den Worten: »Diem war nicht bereit, seinen Bruder zu opfern.« Macdonald habe nach der Mission Kennedy direkt Bericht erstattet und Wert darauf gelegt, mit Militärmaschinen nach Saigon und zurück zu fliegen, nicht mit zivilen Flugzeugen, damit die Geheimhaltung gewahrt blieb.

»Er hat keinerlei Aufzeichnungen aufbewahrt«, sagte mir Macdonalds Sohn. Als die Familienmitglieder nach Macdonalds Tod seine Unterlagen durchsahen, fanden sie seinen in Stücke gerissenen Ausweis als Kongreßmitglied. »Einzelne Teile waren mit einer Rasierklinge herausgetrennt«, sagte sein Sohn.

Jack Kennedys Warnung an Diem, wie sie Eleanore Carney schildert, erscheint auf den ersten Blick widersprüchlich. Weshalb sollte der Präsident seinen Männern gestatten, gegen den südvietnamesischen Präsidenten zu intrigieren, und ihn dann warnen? Doch womöglich hatte Kennedy schon im Frühjahr 1961 einen ähnlichen Schritt unternommen. Wie bereits (in Kapitel 13) gezeigt, bat der Präsident nach den Aussagen vor dem Church-Ausschuß George Smathers, sich privat mit Rafael Trujillo, dem Diktator der Dominikanischen Republik, zu treffen und ihm gegenüber die Möglichkeit anzusprechen, »auf die Macht zu verzichten und das Land zu verlassen«. Trujillo ignorierte den Rat und wurde wenige Wochen später mit Beteiligung der Amerikaner ermordet. Es gab noch einen persönlichen Grund für Kennedys Entscheidung, in letzter Minute einen rettenden Strohhalm für Diem zu suchen: Diem war ein alter Freund und Glaubensgenosse und hatte sich Jahre zuvor die Achtung Joseph Kennedys erworben.

Ngo Dinh Diem und sein Bruder wußten, was sie erwartete, und ergaben sich in ihr Schicksal. Am 26. Oktober, nur Tage vor dem Putsch, befahl Diem seinem verläßlichen Geschäftsträger in Washington, Tran Van Dinh, nach Saigon zurückzukehren. »Ich kam am 30. an«, sagte Dinh in einem Interview von 1995, »und ging unverzüglich zu Diem, der soeben mit Lodge gesprochen hatte. Er forderte mich auf, wieder in die Vereinigten Staaten zu fliegen und dort« – um Zeit zu gewinnen – »zu erklären: ›Diem liefert sich Ihnen aus.‹« Nachdem Dinh die Amerikaner hingehalten hatte, sollte er »nach Indien fliegen und mit dem Norden verhandeln«. In dem Interview sagte er, er sei immer noch der Überzeugung, daß Diem – der wußte, daß der Putsch bevorstand – im Begriff »war, den Vereinigten Staaten zu sagen, sie sollten das Land verlassen«, als er ermordet wurde. Diem habe ihm gesagt, fügte Dinh hinzu, er könne mit den Amerikanern nicht mehr reden. Er sei nicht mehr nach Neu-Delhi geflogen, so Dinh, sondern nach dem Putsch und der Ermordung Diems in Washington geblieben. Später wurde er amerikanischer Staatsbürger und lehrte bis zu seiner Emeritierung 1985 Internationale Politik an der Temple University.

Dinh meinte in dem Interview, er verstehe die Politik der Regierung Kennedy gegenüber seinem Heimatland bis heute nicht. »Das waren die seltsamsten Jahre meines Lebens. Mir wollte einfach nicht in den Kopf, welches Ziel die Regierung Kennedy verfolgte. Offensichtlich wollten ein paar Leute ihre persönlichen und politischen Ambitionen verwirklichen. Es war wie bei der Mafia. Untreue wurde bestraft. ›Wer nicht für mich ist, ist gegen mich‹ – und muß verschwinden.«

Die südvietnamesische Regierung habe die amerikanische Forderung, daß Diem seinen Bruder absetzen sollte, nie in Betracht gezogen. »Welches Recht hatten die Vereinigten Staaten, Diem zu sagen«, wen er entlassen oder einstellen sollte? »Dürfen sie in mein Haus kommen und mir sagen, daß ich mir eine neue Frau suchen soll?«

Bobby Kennedy gab bei seiner Befragung für die Kennedy Library 1964 allen anderen in der Regierung die Schuld in dem Bemühen, seinen Bruder in Schutz zu nehmen. Es war eine besonders unerfreuliche Vorstellung.

»Niemand mochte Diem besonders«, sagte Bobby Kennedy. »Unser Problem war, wie wir ihn loswerden und jemanden finden konnten, der den Krieg weiterführen würde ... Es war schwierig, alle diese Dinge gleichzeitig im Blick zu behalten. Vielleicht hätte die Angelegenheit sorgfältiger oder genauer verfolgt werden müssen ... Bob McNamara und Maxwell Taylor [waren] so in die militärischen Fragen vertieft, ... daß sie die Dinge nicht richtig sahen. Dean Rusk [war] überhaupt keine Hilfe ... Er war einmal für einen Putsch und dann wieder dagegen. Auf ihn konnte man nicht zählen. Es gab niemanden. Auch Mac Bundy war nicht sehr hilfreich.«

Kennedy fuhr fort: »Wir wollten versuchen, Henry Cabot Lodge loszuwerden. Er sollte [zur Rücksprache] nach Hause kommen, falls der Staatsstreich nicht stattgefunden hätte, ... und wir versuchten, uns einen Plan zurechtzulegen, wie er entlassen werden konnte, wie wir ihn loswerden konnten ... Er hatte auf viele Fragen keine Antwort. Es war eine heikle Angelegenheit ...«

Allen sei klar gewesen, so Kennedy weiter, »wenn Vietnam verloren ging, dann würde auch das restliche Südostasien fallen ... Das hätte schwerwiegende Auswirkungen auf unsere Position in der ganzen Welt gehabt ... Das hätte sich auf das politische Geschehen in Indien ausgewirkt ... Das hätte sich auf Indonesien ausgewirkt ... Alle diese Länder wären vom Fall Vietnams betroffen gewesen.«

Robert Kennedy, der am besten über die Ereignisse Bescheid wußte, sagte der Kennedy Library nicht, daß sein Bruder in privaten Äußerungen eher eine Taube war als ein Falke und daß er beabsichtigt hatte, den Krieg nach seiner Wiederwahl zu beenden. Dieser Teil seines Vermächtnisses, wenn es stimmt, sollte von O'Donnell, Mansfield und den vielen anderen überliefert werden, die dem friedliebenden und weisen Präsidenten Kennedy nachtrauerten. Vielleicht war es aber gar nicht Jacks wahre Absicht, aus Vietnam abzuziehen. Oder vielleicht sprach Bobby deshalb nicht von einem künftigen Frieden in Südvietnam, weil er selbst die Wahrheit über Diems Sturz nicht ertragen konnte und nicht wollte, daß irgendwann in der Zukunft ein Journalist oder ein Historiker imstande wäre, die ganze Wahrheit zu erzählen – daß nämlich John F. Kennedy seine Wiederwahl über das Wohl der Soldaten und der Zivilisten in Vietnam und über das Leben eines ehemaligen Verbündeten gestellt hatte.

Kennedys Nachfolger Lyndon Johnson entschied sich für die Auffassung, die die meisten Männer um Jack Kennedy geteilt hatten, daß nämlich die Fortführung des Krieges für die nationale Sicherheit Amerikas unerläßlich sei. Falls Präsident Kennedy privat anderer Ansicht war, so hatte er dies zumindest seinem Vizepräsidenten nicht gesagt.

Sein Bruder, so Bobby Kennedy in dem Interview für die Library, »war der Meinung, er habe starke, nicht zu widerlegende Gründe dafür, in Vietnam präsent zu sein, und daß wir den Krieg in Vietnam gewinnen müßten«. Jack Kennedy habe keine amerikanischen Soldaten auf vietnamesischem Boden einsetzen wollen, »weil jeder, auch General [Douglas] MacArthur, spürte, daß ein Konflikt zu Lande zwischen unseren Soldaten – weißen Soldaten und asiatischen – nur mit einem Desaster enden konnte. Folglich gingen wir als Berater ins Land und wollten die Vietnamesen dazu bringen, daß sie kämpften, weil wir nicht den Krieg für sie gewinnen konnten. Sie mußten den Krieg selbst gewinnen.«

Daraufhin kam es zu folgendem Wortwechsel zwischen Robert Kennedy und seinem Interviewer John Barlow Martin.

Martin: »Der Präsident war aber überzeugt, daß wir im Land bleiben mußten?«

Kennedy: »Ja.«

Martin: »Und daß wir den Krieg nicht verlieren konnten?«

Kennedy: »Ja.«

Martin: »Und wenn die Vietnamesen am Rand einer Niederlage gestanden hätten, hätte er dann vorgeschlagen, mit Bodentruppen einzumarschieren, falls es nötig gewesen wäre?«

Kennedy: »Damit hätten wir uns befaßt, sobald es dazu gekommen wäre.«

Bobby Kennedy rechtfertigte die fortgesetzten Kriegsbemühungen seines Bruders mit dem Rückgriff auf die Dominotheorie, die die amerikanische Außenpolitik im Vietnamkrieg stark bestimmte. Die Geschichte hat gezeigt, daß als einzige Dominosteine nach Ngo Dinh Diems Ermordung acht Militärregierungen in Südvietnam in sich zusammenfielen, ein Regime korrupter als das andere. Welche Absichten Jack Kennedy auch immer verfolgt haben mag: Vietnam war sein Krieg, auch nach seinem Tod.

# 24

# Die letzten Tage

In John F. Kennedys letzten Lebenstagen, als ihn die Kampagne für seine Wiederwahl nach Texas führte, trafen Altes und Neues zusammen. Der übliche Glanz der Kennedys wurde durch die First Lady noch erhöht, sie begleitete ihren Mann zum ersten Mal seit dem Wahlkampf 1960 auf einer politischen Reise. Hinter dem Glanz verbarg sich ein Ausmaß an Intrigen, das sich niemand in der Öffentlichkeit und in der Presse vorstellen konnte. Die CIA versuchte wieder einmal, Fidel Castro zu ermorden. Immer noch arbeitete man daran, Lyndon B. Johnsons politische Karriere zu zerstören. Ein neues Projekt hatte mit Kennedys Angst vor China und der Entwicklung einer chinesischen Atombombe zu tun. Der Präsident favorisierte den Plan, Chinas nukleare Einrichtungen – möglicherweise mit Hilfe der Sowjetunion – zu vernichten. Bobby Kennedy erfuhr am Donnerstag, dem 21. November, als sein Bruder das Oval Office zum letzten Mal in seinem Leben verließ, von neuen Vorwürfen gegen Kenny O'Donnell. Kennedys politischer Berater und enger Vertrauter und einige andere Regierungsmitglieder wurden beschuldigt, Gelder für den Wahlkampf 1964 für ihre eigenen Zwecke abzuzweigen. Jedes dieser alten und neuen Geheimnisse hätte, wäre es bekannt geworden, Fragen nach der Urteilsfähigkeit des Präsidenten aufgeworfen – und wie aus der Büchse der Pandora weitere Skandale entfesselt.

Eine Entwicklung war allerdings erfreulich: Die Berater des Weißen Hauses konnten sehen, daß der Präsident und die First Lady seit dem Tod ihres Sohnes Patrick kurz nach der Geburt einander näher gekommen waren. Eine direkte Folge war Jackies

Zustimmung, ihren Mann nach Texas zu begleiten. Sie und der Präsident saßen während des Fluges in der *Air Force One* nebeneinander und »unterhielten sich, plauderten ganz einfach miteinander«, wie mir der stellvertretende Pressesprecher Malcolm Kilduff 1996 in einem Interview erzählte. »Sie waren anders als sonst – sie lachten und verhielten sich wie Mann und Frau. Es war sehr schön.« Einige Zeit zuvor, sagte Kilduff, hatte Kennedy kurzfristig eine Pressereise zum neuen Landsitz des Präsidenten in der Nähe von Atoka in Virginia abgesagt. »›Ich will das nicht‹, erklärte er. ›Sagen Sie die Reise ab. Das ist nur für Jackie und mich. Das ist unser Haus.‹ Ich dachte mir, wie schön, daß er sich so schützend vor sie stellt«, erzählte Kilduff.

Natürlich gab es in Kennedys Privatleben nach wie vor eine andere Seite. Selbst an Bord der *Air Force One* mußte der Präsident ein steifes Stützkorsett tragen, das von den Schultern bis zum Unterleib reichte – die Folge eines gescheiterten Flirtversuchs am Rand eines Swimmingpools während einer Wahlkampfreise an die Westküste. Zwei Monate vor Kennedys Tod, erinnerte sich Hugh Sidey, der *Time*-Korrespondent für das Weiße Haus, in einem Interview für das vorliegende Buch, sei eine Bekannte zu ihm gekommen, »und sie erzählte mir, wie Kennedy sich an sie ranmachte, während sie beide am Rande eines Swimmingpools standen. Sie riß sich mit einem Ruck los, und [der Präsident] fiel in den Pool und verletzte sich dabei am Rücken.«* Wegen der Stütze konnte sich der Präsident nicht wegducken, als Lee Harvey Oswald auf ihn feuerte.

---

* In einem Artikel in *Time* vom 18. Mai 1987 schilderte Sidey eine etwas andere Version, Ort der Handlung war statt des Swimmingpools das Schlafzimmer. »Ein Insider«, schrieb Sidey, »behauptet, daß Kennedy seinen angeschlagenen Rücken bei einem Schlafzimmergerangel während einer Party in Bing Crosbys Haus in Palm Springs in Kalifornien erneut verletzte. Die Verletzung, die sich der Präsident im September 1963 zuzog, zwang ihn, wieder eine starre Rückenstütze zu tragen. Diese Stütze hielt ihn zwei Monate später in Dallas in der Limousine aufrecht, nachdem der erste Schuß ihn getroffen hatte. Der zweite Schuß tötete den immer noch aufrecht sitzenden Präsidenten.« Sidey schrieb den Artikel, nachdem ein demokratischer Kandidat, Senator Gary Hart aus Colorado, sich aus dem Rennen um die Nominierung für die Wahl 1988 hatte zurückziehen müssen, weil er öffentlich mit einer Frau in Verbindung gebracht wurde, die nicht seine eigene war. Sideys Bericht fand nur wenig Beachtung.

Am 16. November besuchte Jack Kennedy zum ersten Mal seit Dezember 1962 wieder den Familiensitz in Palm Beach in Florida. Zwei Tage später hielt er vor der Inter-American Press Association eine Rede, die scheinbar Routine war; er forderte soziale Gerechtigkeit und Wohlstand für Lateinamerika. In der Rede wurde Fidel Castro erwähnt als ein »Hindernis«, das aus dem Weg geräumt werden müsse. Die Ansprache wirkte auf den ersten Blick nicht sonderlich bemerkenswert – voller Lob für die Allianz des Fortschritts, eine Initiative des Präsidenten zugunsten von Lateinamerika, die zwei Jahre zuvor mit viel Wirbel aus der Taufe gehoben worden war.* Zu Castro fielen einige besonders harte Sätze. Zwölf Jahre später erfuhren die Ermittler des Church-Ausschusses, daß die harte Sprache nicht von Kennedys Redenschreibern stammte, sondern von der CIA. Die Worte sollten einem nervösen kubanischen Agenten mit dem Codenamen AMLASH die Unterstützung des Präsidenten signalisieren. Auf diesen Agenten, einen gewissen Rolando Cubela, setzte die CIA im Herbst 1963 die größte Hoffnung bei ihren fortwährenden Bemühungen zur Ermordung Castros. Die CIA sollte endlich Kennedys seit der Invasion in der Schweinebucht gehegtem Wunsch nachkommen.**

Nach der Rückkehr nach Washington, wo Kennedy im Oval

---

* »Wir hoffen«, verkündete Kennedy 1961, »auf eine Hemisphäre, in der jeder genug zu essen und die Chance auf Arbeit hat, in der jedes Kind zur Schule gehen kann und jede Familie eine ordentliche Unterkunft hat.« Der Präsident erwähnte nicht, daß durch die Allianz die Militärhilfe auf über 50 Prozent des Niveaus von Eisenhowers Regierungszeit gestiegen war und daß bei der Allianz zunehmend die innere Sicherheit und der Ausbau des Polizeiapparates in den Vordergrund rückten.

** James Johnston, ein Rechtsanwalt im Church-Ausschuß, gab 1995 bei einem Interview für dieses Buch an, daß er durch Seymour Bolton, einen ranghohen CIA-Offizier, der 1975 zum Verbindungsmann für den Church-Ausschuß ernannt wurde, davon erfahren habe, daß der Präsident in seiner Rede Cubela ein Zeichen der Unterstützung gegeben habe. Bolton enthüllte diese Information, nachdem ihm Johnston und ein Kollege einen Vorabdruck des Abschlußberichts des Untersuchungsausschusses zu den Attentatsversuchen zur Durchsicht überreicht hatten. »Bolton hatte gegen die Geheimhaltung nichts einzuwenden«, erzählte Johnston, »aber er ging in die Luft, als wir behaupteten, die CIA hätte allein gehandelt.« Bolton teilte Johnston daraufhin mit, er habe 1963 einen Abschnitt ins Weiße Haus gebracht, der in Kennedys Rede am 18. November vor der Inter-American Press Association eingefügt werden sollte. Bei ihrer Begegnung, erzählte mir Johnston, sei Bolton (der 1985 starb) sehr erbost darüber gewesen, daß es »einen Unterschied zwischen Kennedys Politik und der Politik der CIA« geben sollte.

Office gutgelaunt einen mehr als 20 Kilo schweren Truthahn für Thanksgiving entgegennahm (die Fotos waren sehr einnehmend), widmete der Präsident sich einer weiteren Obsession: der Zerstörung der chinesischen Nukleareinrichtungen. Seit seiner Zeit als Senator sorgte sich Kennedy über die mögliche Bedrohung durch eine Atommacht China; in einem Fernsehinterview mit drei Korrespondenten von verschiedenen Sendern erklärte er Ende des Jahres 1962, daß die Chinesen im Gegensatz zu den Sowjets »an den Krieg als ein Mittel zur Herbeiführung einer kommunistischen Welt« glaubten. In China sei man auch der Ansicht, daß das Land mit seinen 750 Millionen Einwohnern einen Atomkrieg überleben könnte.* Der Journalist Stewart Alsop enthüllte 1966 in einem Artikel für die *Saturday Evening Post,* daß der Präsident kurz vor seinem Tod eine Besprechung über die chinesische Atombombe einberufen hatte. Alsop rekonstruierte eine Unterredung zwischen dem Präsidenten und einem führenden Asien-Experten der Regierung. Dabei schlug der Experte auf Kennedys Bitte, eine Empfehlung auszusprechen, »einen chirurgischen Eingriff« vor, die Bombardierung des chinesischen Atomreaktors in Lantschou in der Nähe des Testgeländes von Lop-nor. »Wir könnten Pläne für Sie entwerfen lassen«, zitierte Alsop den Experten, »mit verschiedenen Optionen zur Zerstörung der Anlagen in naher Zukunft.«

Tatsächlich waren Kennedys Pläne schon wesentlich weiter gediehen. William C. Foster, 1963 Leiter der Rüstungskontroll- und Abrüstungsbehörde, sagte 1965 in einem Interview für die Kennedy Library, dem Präsident sei »sehr daran gelegen [gewesen] ... China zu ächten und zurückzudrängen.« Fosters Bemerkungen

---

* Im März 1988 erschien im *Journal of American History* ein Artikel des Historikers Gordon H. Chang mit dem Titel »JFK, China, and the Bomb«. Darin argumentierte Chang, es sei »zu bezweifeln«, daß Kennedys China-Politik »mit dem Anliegen des Weltfriedens im Einklang stand«. Chang zitierte einen Beamten des Außenministeriums, der enthüllte, daß der Präsident während eines Abendessens im Weißen Haus mit dem französischen Kulturminister André Malraux behauptet habe, die Chinesen seien für die Durchsetzung ihrer eigenen aggressiven Außenpolitik »perfekt darauf vorbereitet, Hunderte von Millionen eigener Leben zu opfern«. Der Beamte im Außenministerium, Staatssekretär William R. Tyler, wurde in Changs Artikel außerdem mit der Äußerung zitiert, der Präsident habe gesagt, daß seiner Meinung nach die Chinesen ein Menschenleben »niedriger bewerten«.

über China, die 1994 von der Bibliothek freigegeben, aber bislang noch nicht veröffentlicht wurden, zeigen die – wie Foster es beschrieb – »Bereitschaft des Präsidenten, politisch gefährliche« Aktionen in Erwägung zu ziehen. »Wissen Sie«, zitierte Foster den Präsidenten, »es wäre nicht allzu schwierig, ein anonymes Flugzeug dorthin zu schicken, das die chinesischen Anlagen zerstören würde – sie haben nur ein paar –, vielleicht könnten wir es tun, oder die Sowjetunion könnte es tun; jedenfalls wäre das besser, als der Bedrohung durch Chinas Atombomben ausgesetzt zu sein.«

Im Juli 1963 bat Kennedy Averell Harriman, den Leiter der amerikanischen Delegation bei den Verhandlungen für ein Atomteststoppabkommen in Moskau, Nikita Chruschtschow vertraulich auf ein gemeinsames Vorgehen gegen China anzusprechen. Der offizielle Bericht mit Kennedys Anweisungen an Harriman ist immer noch unter Verschluß. Doch Chester Cooper, ein CIA-Beamter, der Harriman beim Teststopp-Abkommen beriet, sagte mir 1994 in einem Interview für dieses Buch: »Bei dem Vorschlag ging es nicht darum, gemeinsam einen Einsatz zu fliegen«, sondern darum, »alles vorher abzuklären, damit die Russen nicht protestierten«, wenn amerikanische Flugzeuge chinesische Nuklearanlagen bombardierten. Karl Kaysen, der 1963 als stellvertretender wissenschaftlicher Berater im Weißen Haus viel mit den Gesprächen über ein Versuchsverbot zu tun hatte, erzählt eine leicht abweichende Version. In einem Interview für das vorliegende Buch berichtete Kaysen 1994, daß das Thema, die chinesischen Nuklearanlagen zu zerstören, bei den geheimen Gesprächen mit Chruschtschow nicht erwähnt worden sei. »Es wurde über einen Einsatz gegen Lop-nor geredet«, erzählte Kaysen. »Harriman hatte hauptsächlich den Auftrag, die Sowjets dazu zu überreden, daß sie die Chinesen davon abbrachten.« Ein Grund, warum der Inhalt der Besprechung mit Harriman immer noch geheimgehalten wird, könnte in Chruschtschows Reaktion auf Kennedys Vorschlag eines gemeinsamen Luftangriffs liegen. »Chruschtschow wurde sehr wütend« über den amerikanischen Vorschlag, erzählte Kaysen. »Er sagte zu Harriman: ›Ich betreibe kein Postamt.‹« Eine eindeutige Botschaft für John F. Kennedy: Eine für China bestimmte Bombe konnte direkt, ohne sowjetische Beteiligung, abgeworfen werden.

Noch zum Zeitpunkt von Kennedys Tod arbeitete man an dem Problem, wie die chinesischen Nuklearanlagen zerstört werden könnten.

Während seiner letzten Tage in Washington sah sich Kennedy mit einer schwerwiegenden Anschuldigung gegen Kenny O'Donnell konfrontiert. Kennedys Terminsekretär O'Donnell war neben Dave Powers für den Präsidenten unverzichtbar, damit er sein gewohntes Leben führen konnte. Die Vorwürfe gegen O'Donnell wurden von dem Politiker Paul Corbin erhoben, der 1960 engagiert für Kennedys Wahlkampf gearbeitet hatte und nach Kennedys Sieg in das Nationale Komitee der Demokraten berufen worden war. Seit dieser Zeit war er eng mit Bobby Kennedy befreundet. Corbin, ein ehemaliger Marineinfanterist, der im Zweiten Weltkrieg gekämpft hatte, weckte bei den leitenden Beratern im Justizministerium und Weißen Haus fast so etwas wie Furcht. Er war ein Intrigant und plusterte sich gern auf, gleichzeitig schwärzte er rücksichtslos Kollegen an, denn er sah sich als selbstloser edler Ritter unter den bezahlten Schreiberlingen, die den Präsidenten und seinen Bruder umgaben. Corbin wurde von Jack Kennedy, der ihm mißtraute, gerade eben geduldet, doch er hatte eine ausgezeichnete Beziehung zu Bobby Kennedy und benutzte im Justizministerium den privaten Eingang und Aufzug des Justizministers.

»Alle haßten Corbin«, berichtete mir Joseph Dolan, einer von Bobby Kennedys Stellvertretern, in einem Interview, »nur Bobby, John Seigenthaler [ein Berater] und Steve Smith [ein Schwager Kennedys] nicht. Steve schützte ihn.« Dolan erzählte von einer Besprechung in einer Angelegenheit des Justizministeriums in Bobby Kennedys Haus in Hickory Hill, bei der unvermutet Corbin auftauchte. »Bobby murmelte: ›Ich habe ihm doch gesagt, daß er nicht kommen soll.‹ Es war eines der wenigen Male, daß ich Bobby Kennedy bis an die Haarwurzeln erröten sah.«[*]

---

[*] Corbin verachtete viele alte Freunde Kennedys, und daran änderte sich auch nichts nach den Morden an Jack und Robert Kennedy. Gegen Ende 1968, nach dem Tod von Robert Kennedy im Juni, fand, wie Dolan mir erzählte, ein Treffen der ehemaligen Berater und Referenten statt. Dolan wandte sich mit einem Friedensangebot an Corbin, er sagte in

*Fortsetzung der Fußnote siehe S. 462*

Corbin hatte ein sehr enges Verhältnis zu Bobby, aber über die Männer in seinem Umkreis machte er sich anscheinend keinerlei Illusionen. 1963 versuchte er, seine Informationen über O'Donnell und die anderen – Informationen, wie er hatte erkennen müssen, die niemanden interessierten – direkt dem Präsidenten mitzuteilen. Dazu wandte er sich an den Journalisten Charles Bartlett, der, wie Corbin wußte, seinen guten Freund Jack Kennedy informieren würde. Corbin und Bartlett hatten sich, wie mir Bartlett in einem Interview für dieses Buch erzählte, 1960 bei dem schwierigen Wahlkampf für die Vorwahlen in Wisconsin kennengelernt. »Er war ein guter Freund.« Bartlett erfuhr, daß Corbin von sich aus verfolgt hatte, wie mit den Wahlkampfgeldern in der Parteizentrale der Demokraten in Washington verfahren wurde. Im Frühjahr 1963 kam Corbin zu dem Schluß, er habe ausreichend Beweise, daß O'Donnell und zwei andere Mitarbeiter Kennedys Wahlkampfspenden unterschlugen, und ging damit zu Bartlett, damit dieser den Präsidenten warnte. Die Methode sei einfach, erklärte Corbin: In einem Fall wurde der Geschäftsführer einer kalifornischen Ölgesellschaft, die auf eine Entscheidung des Justizministeriums über ein Fusionsangebot wartete, angewiesen, sie solle für die Wiederwahlkampagne 100 000 Dollar in Hundertdollarscheinen spenden. Die Gegenleistung entsprach einer uralten Washingtoner Tradition: Es wurde in Aussicht gestellt, die Angelegenheit zu »regeln«. Von dem Geld gingen nur 50 000 Dollar als Spende in den Wahlkampfetat ein, die restlichen 50 000 Dollar wanderten, wie Corbin Bartlett erzählte, in die Taschen von Kenny O'Donnell und seiner Komplizen.

Bartlett leistete Corbins Bitte schließlich Folge und warnte ab Juli 1963 den Präsidenten in Memoranden vor der Korruption im Weißen Haus. Es war ein mutiger Schritt. Kein Präsident hört

etwa: »Wir hatten vielleicht unsere Differenzen, aber wir haben für einen großartigen Mann gearbeitet.« Die beiden umarmten sich bewegt. Dabei flüsterte Corbin ihm zu, wie Dolan mir lachend erzählte: »Bobby hat dir nie vertraut.« Als Corbin 1990 starb, würdigte ihn John Seigenthaler in einem Nachruf, er habe »eine beherrschende Charaktereigenschaft« mit Bobby Kennedy geteilt: Treue. »Treue war ein Band des Vertrauens«, sagte Seigenthaler nach einer Kopie seiner Ansprache, »der erste Glaubenssatz. Ich denke, alle Anwesenden kannten und spürten Paul Corbins Treue und profitierten davon. Zwischen Bob [Kennedy] und Paul entwickelte sich die Treue zu gegenseitiger Zuneigung.«

gerne, daß sein engster Berater, der am meisten über ihn weiß, gehen muß. Nach einigen Interviews gab mir Bartlett eindrucksvolle Beweise für seine Warnungen und Corbins Beschuldigungen: Durchschläge von Briefen an den Präsidenten.

Am 19. Juli teilte Bartlett dem Präsidenten in einem mit Schreibmaschine geschriebenen Brief mit, der von Evelyn Lincoln überbracht wurde: »Ich weiß nur zu gut, daß Sie den Überbringer einer schlechten Nachricht nicht mögen, doch ich reiche diese Notizen in der tiefen Überzeugung weiter, daß sie eine Angelegenheit betreffen, die unbedingt Ihrer persönlichen Überprüfung bedarf. Ein Skandal scheint sich anzubahnen – ein so weit entfernter Mann wie John Sherman Cooper [der republikanische Senator für Kentucky] meinte gestern abend zu mir, daß ... es doch schrecklich wäre, wenn Ihre Verdienste als Präsident durch die Untreue Ihrer Mitarbeiter beeinträchtigt würden.« Bartlett nannte dann O'Donnell und zwei weitere Berater namentlich und schrieb, daß sie »ihre offiziellen politischen Funktionen in einer Weise ausüben, die Wut und Mißtrauen weckt. Im schlimmsten Fall laufen bei ihnen die Fäden von ausgedehnter Korruption zusammen, die in viele Ministerien reicht. Es werden keine Bücher geführt, alles wird bar abgewickelt, und das Potential für eine reiche Ernte ist offensichtlich vorhanden ... Ich fürchte, daß Ihnen die Sache, wenn Sie nicht persönlich darauf dringen, mehr über die Vorgänge zu erfahren, über den Kopf wachsen könnte.«

Bartlett erzählte mir, daß er sehr beunruhigt wegen O'Donnell gewesen sei, zumal O'Donnell sich kaum bemüht habe, seinen plötzlichen Reichtum zu verbergen. Der Berater des Präsidenten hatte, wie Bartlett erfuhr, eine hohe Summe für ein elegantes Haus in Georgetown geboten, es dann aber an einen höheren Bieter verloren. Später schrieb Bartlett Kennedy ein weiteres Memorandum und berichtete, daß O'Donnell in einer Bar in Hyannis Port von einem Agenten des Secret Service belauscht worden sei, wie er abschätzige Bemerkungen über den Präsidenten machte. »Der Tenor von O'Donnells Bemerkungen war«, schrieb Bartlett, »daß der Präsident eigentlich sehr dumm sei und daß er ohne [O'Donnells] Hilfe aufgeschmissen wäre. O'Donnell sagte, er habe schon zahlreiche Angebote aus der Industrie bekommen, doch er wolle nicht gehen, weil er befürchte, daß dann die Regierung zusammenbrechen würde.« Kennedy reagierte in der Weise, daß er das Schreiben an O'Donnell weiterreichte. O'Donnell sorgte umgehend dafür, daß der betreffende Secret-Service-Agent vom Dienst beim Präsidenten abberufen und erst einmal kaltgestellt wurde. Der Agent erfuhr die Gründe für seine Versetzung erst 1995 bei einem Interview für dieses Buch.

Es besteht allerdings die Möglichkeit, daß Bartlett und Corbin die Rolle O'Donnells mißverstanden. Ein Teil der Gelder, die er angeblich unterschlug, könnte für den Präsidenten selbst bestimmt gewesen sein, denn der Präsident hatte Probleme – zum Beispiel mit Ellen Rometsch –, von denen Charles Bartlett nichts wissen konnte und die sich nur mit Geld regeln ließen. Der Präsident habe auf den Brief vom 19. Juli sehr verhalten reagiert, erzählte mir Bartlett. Er habe ihn angerufen und gesagt: »Charlie, eine Menge Leute hier sind ziemlich wütend auf Sie.« Kennedys Haltung sei ganz die eines reichen Patriziers gewesen: »Er verdiente sein Geld, und andere Leute sollten ihres verdienen.«

Jack Kennedys offensichtliches Desinteresse an O'Donnells Verhalten konnte Paul Corbin nicht aufhalten. Er nahm seine Nachforschungen mit neuer Entschlossenheit wieder auf, wie mir Bartlett erzählte, und brachte das Beweismaterial nach monatelangen Vorbereitungen zu Bobby Kennedy. »Er hatte eidesstattliche Erklärungen, daß die Sache immer noch weiter ging. Er war ein guter Schnüffler. Er sagte mir, er habe alles beieinander, unterschriebene Aussagen, daß O'Donnell kassiert hatte. Er brachte alles zu Bobby, und Bobby ging es durch und sagte ›Das reicht.‹« Bobby rief Jack im Beisein Corbins an. Evelyn Lincoln teilte ihm mit, daß sein Bruder gerade nach Texas abgereist sei. »Bobby sagte«, erzählte Corbin Bartlett, »›Wir machen es am Montag. Als allererstes.‹« Nach dem Attentat wies der verzweifelte Justizminister Corbin an, die Sache auf sich beruhen zu lassen. »Lyndon würde mir nicht glauben«, sagte Kennedy Corbin zufolge.

Bartlett schrieb nie einen Artikel über den Skandal, mit der Ermordung des Präsidenten war dies schlagartig kein Thema mehr. Wie Ben Bradlee und andere Berichterstatter aus dem Weißen Haus fühlte er sich in einer Grauzone zwischen Freundschaft und

Berufsethos gefangen. Bartlett machte sein Wissen und vielleicht auch sein damaliges Versäumnis immerhin so zu schaffen, daß er seine Briefe an den Präsidenten für dieses Buch zur Verfügung stellte.

Der 22. November war in zweifacher Hinsicht von brutaler Ironie.

Jener Freitag begann als großartiger Tag für Bobby Kennedy und drohte ein katastrophaler Tag für Vizepräsident Lyndon Johnson zu werden. Um 10 Uhr morgens betrat Donald Reynolds, ein Versicherungsmakler aus Washington, zusammen mit seinem Anwalt ein kleines Besprechungszimmer auf dem Kapitolshügel und lieferte Burkett Van Kirk, dem Minderheitenvertreter im Rechtsausschuß des Senats, den sehnlich erwarteten Beweis, daß Johnson Geschenke angenommen hatte, ohne dies anzugeben. Van Kirk hatte von der Sache mit Reynolds unabhängig vom Justizminister erfahren, doch er und Bobby Kennedy arbeiteten über Mittelsmänner schon seit Wochen zusammen und bemühten sich, Beweise wegen Bestechlichkeit gegen Johnson und Johnsons früheren Mitarbeiter im Senat Bobby Baker zu sammeln. Reynolds berichtete Van Kirk und einem demokratischen Mitglied des Rechtsauschusses, wie er Bobby Baker als Vizepräsident seiner Versicherungsagentur geführt habe, und behauptete, er habe Baker Geld zukommen lassen, das nicht in den Büchern auftauchte – und das hinterher als »Geschäftsausgaben« verbucht wurde. Reynolds gab weiter an, daß er an Mitglieder der Parteiführung der Demokraten über Bakers Büro im Senat Schmiergelder gezahlt habe. Als Gegenleistung durfte er die Versicherung für ein großes Bauvorhaben des Bundes abschließen. Er erzählte das wenige, was er über Ellen Rometsch und ihre Kolleginnen in Bakers Quorum Club wußte, einem privaten Club auf dem Kapitolshügel, in dem Senatoren und Lobbyisten ihre Drinks und andere Freuden genossen. Und schließlich berichtete er, daß er dem Vizepräsidenten eine Lebensversicherung verkauft hatte und daraufhin gedrängt wurde, im Gegenzug überflüssige Werbeminuten bei Johnsons Fernsehsender in Austin, Texas, zu kaufen – niemand in Texas konnte Interesse haben, eine Versicherung bei einem Makler im 1500 Kilometer entfernten Maryland abzuschließen. Reynolds wurde außerdem genötigt, Johnson als eine Art Bonus einen Stereoplattenspieler zu besorgen. Bobby Baker hatte den Johnsons nach Reynolds Aussage einen Katalog gegeben, und Lady Bird Johnson suchte sich ihren Plattenspieler aus. Reynolds' Befragung dauerte noch an, als um 14.30 Uhr eine Sekretärin in das Besprechungszimmer stürzte mit der Nachricht aus Dallas. Lyndon Johnson war plötzlich Präsident der Vereinigten Staaten, und niemand gedachte, seine Integrität wegen einer Stereoanlage und ein paar Reklamesendungen im Wert von einigen tausend Dollar in Frage zu stellen.

Burkett Van Kirk ist nach wie vor der Überzeugung, daß Johnson um sein politisches Überleben gekämpft hätte, wenn er Vizepräsident geblieben wäre. »Ich habe nicht die geringsten Zweifel«, erklärte mir Van Kirk in einem Interview, »daß Reynolds Aussage Johnson die Vizepräsidentschaft gekostet hätte.« Die zahlenmäßig unterlegenen Republikaner im Ausschuß versuchten zwar, die Untersuchung auf der Grundlage von Reynolds Anschuldigungen fortzusetzen, doch ihre Bemühungen verliefen im Sande, nachdem Präsident Johnson bei einer Pressekonferenz im Januar 1964 erklärt hatte, daß seine Familie die Stereoanlage von Bobby Baker geschenkt bekommen hatte.

Als in Dallas die tödlichen Schüsse fielen, nahm in einem Pariser Hotelzimmer der Plan für einen anderen Mord Gestalt an – ein Mord mit Billigung der Regierung Kennedy. Ein verdeckter Agent der CIA aus Washington traf sich mit Rolando Cubela und übergab ihm ein speziell präpariertes Mordbesteck: eine Spritze mit Gift, die aussah und funktionierte wie ein Füllfederhalter. Das Gift war für Fidel Castro bestimmt. Cubela, ein ehemaliger studentischer Radikaler, der sich Mitte der fünfziger Jahre Castros revolutionärer Bewegung angeschlossen hatte, sagte sich 1959 von der Revolution los und sprach seitdem davon, er wolle Castro töten. Es dauerte Jahre, bis die CIA ihn für sich gewinnen konnte, doch daß es ihr gelang, bezeichnete Sam Halpern, der damals bei der CIA war, in einem Interview als das Beste, was Desmond FitzGeralds Kuba-Sondereinsatzgruppe habe passieren können. »Des dachte, [Cubela] würde es tun – Castro umlegen«, erklärte Halpern. »Sie können mir glauben, er dachte wirklich, daß er es tun würde.«*

Drei Wochen zuvor war FitzGerald persönlich nach Paris geflogen und hatte sich mit dem nervösen Cubela getroffen. Cubela verlangte eine Unterredung mit Bobby Kennedy, bevor er einen Mordversuch wagen wollte. Nach dem Bericht des Generalinspekteurs der CIA zu der geplanten Ermordung Castros aus dem Jahr 1967 zeigten die Dokumente in den Akten aus FitzGeralds Büro, daß er von seinem Vorgesetzten Richard Helms, dem Direktor für geheime Operationen, autorisiert worden war, Cubela gegenüber als »persönlicher Stellvertreter von Robert F. Kennedy« aufzutreten. FitzGerald wurde außerdem instruiert, »Cubela [bei einem Staatsstreich] die volle Unterstützung der USA zuzusichern, falls es zu einem Wechsel der gegenwärtigen Regierung auf Kuba kommen sollte«. Im Bericht des Generalinspekteurs wird FitzGerald mit den Worten zitiert, er habe mit Helms darüber gesprochen, ob man sich an Kennedy wenden sollte, und Helms habe ihm gesagt, »es ist nicht erforderlich, von Robert Kennedy die Zustimmung einzuholen, daß FitzGerald in seinem Namen spricht«.

Cubelas Nervosität legte sich nach FitzGeralds Besuch und den Worten, die in letzter Minute von der CIA in die Rede des Präsidenten vor der Inter-American Press Association eingefügt wurden. Er trat bei dem Treffen mit dem CIA-Agenten am 22. November ganz geschäftsmäßig auf, wie aus dem erwähnten Bericht hervorgeht. Die beiden Männer sprachen gerade über die in den kommenden Wochen geplante Lieferung eines großen Waf-

---

* Halpern berichtete mir, daß ein CIA-Wissenschaftler ein Wochenende daran gearbeitet habe, für Cubela aus dem Füllfederhalter eine Subkutannadel zu machen. Das Gift im Füller war Black Jack 40 – ein frei verkäufliches Insektizid. Der Unterschied zwischen den aus James-Bond-Filmen bekannten Tüftlern, die raffinierte Mordwaffen entwickeln, und der Realität sei, so Halpern, oft nicht einmal in der Führungsetage der CIA bekannt gewesen. So habe Vizeadmiral William Raborn, der 1965 McCone als CIA-Direktor nachfolgte, gerne *Get Smart* gesehen, eine Comedy-Serie im Fernsehen um einen Geheimagenten, der regelmäßig seinen Schuh auszog und hineinsprach, wenn er einem anderen Agenten Hunderte von Meilen entfernt etwas mitteilen wollte. Eines Morgens, so Halpern, habe Raborn angerufen und einem leitenden CIA-Wissenschaftler gesagt, er soll »ein paar dieser Geräte für die Männer draußen organisieren«. Man erklärte ihm, daß es solche Geräte in der Wirklichkeit nicht gab.

fenarsenals nach Kuba, als sie die Meldung von Jack Kennedys Ermordung hörten. Cubela war dem Bericht zufolge sichtlich erschüttert und fragte den Agenten: »Warum passiert so etwas immer den Guten?«

Der Church-Ausschuß, der 1975 mit deutlichen Hinweisen auf die direkte Beteiligung eines Kennedy bei dem Mordkomplott gegen Castro konfrontiert wurde, entzog sich seiner Verantwortung. Er behandelte FitzGeralds Paris-Reise ähnlich wie die Telefonanrufe und Besuche von Judith Exner bei Jack Kennedy im Weißen Haus: Man glaubte unbesehen denen, die alles abstritten. Richard Helms bejahte 1975 die Frage des Ausschusses, ob Fitz-Gerald Bobby Kennedys Name ohne dessen persönliche Zustimmung benutzen konnte. »Ich war mir so sicher«, sagte Helms, »daß ich [Robert] Kennedys Erlaubnis bekommen hätte, wenn ich zu ihm gegangen wäre und ihn gefragt hätte, daß meiner Meinung nach kein Anlaß dafür bestand.« In seinem Abschlußbericht gab der Church-Ausschuß über Bobby Kennedys Rolle in der Cubela-Angelegenheit kein Urteil ab. Festgehalten wurde lediglich, daß die Beweislage einem »ähnlichen Muster entspricht wie sie bei der Diskussion über die Schritte der Regierung Kennedy nach dem Vorfall in der Schweinebucht vorlag«. Ehemalige Mitglieder der Regierung Kennedy hätten einstimmig ausgesagt, hieß es in dem Bericht weiter, daß sie nichts von einem geplanten Mord gewußt hätten, und Richard Helms habe wiederholt erklärt: »Der Mord war in Hinblick auf den ständigen Druck, das Regime auf Kuba zu stürzen, erlaubt.«

Sam Halpern hatte dazu seine eigenen Ansichten, wie er mir 1997 in einem Interview darlegte. »Ich kann mir weder Dick [Helms] noch Des [FitzGerald] vorstellen, wie sie einfach so hingehen und Bobby Kennedys Namen ohne vorherige Rücksprache verwenden. Doch so steht es in den Akten«, meinte er schulterzuckend, als wollte er damit sagen: Natürlich würden die Akten nichts über eine besondere Rolle Kennedys verraten. Schriftlich festzuhalten, daß der Bruder des Präsidenten von einem Mordkomplott wußte, verstieß gegen jede Regel der CIA.

Der Bericht des Generalinspekteurs enthält, vielleicht unabsichtlich, einen Satz, der sich als Grabspruch für den ermordeten amerikanischen Präsidenten in seiner Besessenheit von Fidel Castro eignen würde: »Es ist wahrscheinlich, daß sich genau in dem Moment, in dem Präsident Kennedy erschossen wurde, ein CIA-Mitglied mit einem kubanischen Agenten in Paris traf und ihm ein Mordinstrument für den Einsatz gegen Castro aushändigte.«

# Epilog

Robert Kennedys Verzweiflung über den Tod seines Bruders wurde noch dadurch verstärkt, daß er nichts unternehmen konnte, um ihn zu rächen.

Er und Jacqueline Kennedy waren überzeugt, daß der Mord an dem Präsidenten nicht, wie J. Edgar Hoover und viele andere glaubten, auf das Konto der Kommunisten ging, sondern daß Kennedy das Opfer einer Verschwörung im eigenen Land geworden war. Obwohl sie keine genaue Vorstellung davon hatten, wer dahintersteckte und welche Motive sich dahinter verbargen, fiel ihr Verdacht sofort auf Sam Giancana. Seit Beginn des Jahres 1961 hatte das FBI wiederholt mitgehört, wie Giancana behauptete, er habe 1960 Kennedy zum Sieg verholfen und sei dann von ihm hereingelegt worden.

Und so kam es am Abend des 22. November zu einem vertraulichen Telefongespräch zwischen Bobby Kennedy und Julius Draznin, dem Chicagoer Experten für kriminelle Umtriebe im Gewerkschaftssektor beim National Labor Relations Board. »Wir brauchen Hilfe«, sagte Bobby Kennedy. »Vielleicht können Sie für uns ein paar Türen [bei] der Mafia öffnen. Wenn Sie etwas herausbekommen, lassen Sie es mich umgehend wissen.« Draznin bekam die Anweisung, mit Kennedy über Angie Novello, Kennedys treue Sekretärin im Justizministerium, Kontakt zu halten. In einem Interview für dieses Buch sagte mir Draznin 1994, daß er Kennedys Hinweis auf die Mafia verstanden habe: »Er meinte Sam Giancana.« Zwei Tage später, am Sonntag, dem 24. November, erschoß Jack Ruby, ein Nachtclubbesitzer aus Dallas mit Verbindungen zum organisierten Verbrechen in Chicago, Lee Harvey Oswald vor laufenden Fernsehkameras.

Draznin warb einige Freunde an, die ebenfalls in der Verbrechensbekämpfung tätig waren. Während der folgenden Wochen suchte diese eigens eingerichtete Gruppe nach Verbindungen zwischen Oswald und der Mafia in Chicago und stellte außerdem ein sehr umfangreiches Dossier über Ruby zusammen. Doch die Gruppe konnte keinen Beweis finden, daß Sam Giancanas Bande etwas mit Kennedys Ermordung zu tun hatte. »Ich sagte ›Bobby, ich habe kein Glück‹«, berichtete mir Draznin. »›nichts zu finden.‹«

Seine Nachforschungen, so Draznin weiter, zogen sich »mit Unterbrechungen über ein Jahr hin« – ironischerweise länger als die Arbeit des Warren-Untersuchungsausschusses, der hochkarätig besetzten Kommission, die Präsident Johnson zur Untersuchung des Attentats eingesetzt hatte. Draznin besprach sich ungefähr einmal pro Woche mit Walter Sheridan, einem Experten des Justizministeriums für organisierte Kriminalität. Mit Beginn des Jahres 1964, erzählte Draznin, »unterhielten wir uns immer seltener«, und er verlor den Kontakt zum Justizministerium. Schließlich traf sich Draznin mit Bobby Kennedy privat in Chicago und sagte ihm, daß Jack Ruby bei der Ermordung Oswalds als Einzeltäter gehandelt habe. »Ruby dachte, [die Ermordung Oswalds] sei eine patriotische Tat«, meinte Draznin zu mir. »Das glaube ich heute noch. Ich habe keinen einzigen Hinweis auf eine Verbindung zur Mafia in Chicago gefunden.«

Während der nächsten 35 Jahre blieb die Nation besessen von dem Mord an Kennedy. Hunderte von Büchern mit abenteuerlichen Spekulationen über Oswald und Ruby und ihre möglichen Verbindungen zum organisierten Verbrechen oder zum sowjetischen Geheimdienst wurden geschrieben. In den fünf Jahren, die ich für dieses Buch recherchierte, fand ich nichts, was die instinktive Schlußfolgerung von Julius Draznin oder die wesentlich detaillierteren Erkenntnisse der Warren-Kommission in Frage gestellt hätte – Oswald und Ruby waren Einzeltäter.

Bobby Kennedy scheint seine tiefsten Befürchtungen über die Mörder seines Bruders für sich behalten zu haben. Bei den Interviews für das vorliegende Buch vertraten seine engsten Berater unterschiedliche Meinungen – je nach ihren Gesprächen mit Kennedy – über eine mögliche Verschwörung. Kennedy sagte gegenüber einigen Freunden, daß er das Ergebnis der Warren-Kommission akzeptiere, gegenüber anderen deutete er an, daß die volle Wahrheit womöglich nie ans Licht kommen würde.

Gegenüber Georgi Bolschakow war Kennedy wesentlich mitteilsamer. Der ehemalige Mittelsmann für vertrauliche Botschaften an Chruschtschow war nach Moskau zurückbeordert worden, nachdem die Kennedy-Brüder nicht mehr mit ihm sprachen, weil sie dachten, er hätte sie während der Kubakrise hintergangen. Aus sowjetischen Unterlagen, die Aleksandr Fursenko und Timothy Naftali für ihre Studie *One Hell of a Gamble* (Ein verdammt großes Wagnis) Mitte der neunziger Jahre einsehen konnten, geht hervor, daß Bobby Kennedy Ende November des Jahres 1963 einen Emissär nach Moskau schickte. Es handelte sich um den abstrakten Maler William Walton, einen ehemaligen Journalisten und Freund der Familie, der mit Jack Kennedy auch nach dessen Einzug ins Weiße Haus in enger Verbindung geblieben war. Walton, der 1994 starb, sollte ursprünglich am 22. November nach Moskau fliegen und sich dort mit sowjetischen Künstlern treffen. Doch er flog erst eine Woche später und mit einem anderen Auftrag: Er sollte Bolschakow ausfindig machen und ihn überreden, der sowjetischen Führung zu raten, während Lyndon Johnsons Amtszeit entschlossen aufzutreten. Bobby Kennedy würde eines Tages als Präsident zurückkehren.

Den sowjetischen Unterlagen zufolge berichtete Walton Bolschakow, daß die Kennedys glaubten, hinter dem Mord an Jack Kennedy stehe eine große politische Verschwörung. Walton gab auch eine dramatische Schilderung ab, welche verheerenden Folgen das Verbrechen auf den Kennedy-Zirkel gehabt und wie es Washington ins Chaos gestürzt habe; nur der nationale Sicherheitsberater McGeorge Bundy sei von der seelischen Verfassung her in der Lage, die Regierungsgeschäfte zu führen. Als Bobby Kennedy am Abend des 22. November endlich tieftraurig zu Bett gegangen sei, erzählte Walton, habe er nicht schlafen können und stundenlang geweint. Walton habe gesagt, so Fursenko und Naftali, »der Kennedy-Clan betrachtete die Wahl Johnsons [zum Vizepräsidenten] als einen schrecklichen Fehler. ›Er ist ein cleverer Opportunist‹, wird Walton zitiert, und werde ›nicht imstande‹ sein, ›Kennedys unvollendete Pläne zu verwirklichen.‹« Die einzige Hoffnung für künftige sowjetisch-amerikanischen Beziehungen sei Robert McNamara, der auch in Johnsons Kabinett Verteidigungsminister bleiben werde. Bobby Kennedy, berichtete Walton Bolschakow, würde bis Ende 1964 das Justizministerium weiterführen und dann für das Amt des Gouverneurs von Massachusetts kandidieren, bevor er sich als Präsidentschaftskandidat zur Wahl stellen lassen werde. »Walton und vermutlich auch Kennedy«, schreiben Fursenko und Naftali, »wollten Chruschtschow wissen lassen, daß nur RFK Kennedys Pläne verwirklichen konnte und daß eine durch Johnson herbeigeführte Abkühlung der sowjetisch-amerikanischen Beziehungen nicht ewig dauern würde.« Walton legte dar, daß Robert Kennedy alle progressiven Ansichten seines Bruders teile, auch wenn der Eindruck im Kreml ein anderer sein sollte. »Robert unterscheide sich von Jack nur insofern«, ist in den sowjetischen Unterlagen nachzulesen, »als er härter sei; was aber seine Ansichten angehe, stimme er vollkommen mit seinem Bruder überein, und, wichtiger noch, er versuche aktiv, John F. Kennedys Ideen zu verwirklichen.«*

---

* Während der nächsten Monate fuhren Kennedys trauernde Berater nach den Angaben Fursenkos und Naftalis fort, Lyndon Johnson bei den Sowjets anzuschwärzen. Zu Beginn des Jahres 1964 sei Charles Bartlett an einen Informanten des sowjetischen Geheimdienstes in New York herangetreten und habe ihn gewarnt, daß man Johnson nicht trauen dürfe. In den Unterlagen des sowjetischen Geheimdienstes wird Bartlett mit den Worten zitiert, Johnson sei »ein pragmatischer und erfahrener Politiker, der Kennedys Kurs in Hinblick auf die bereits erreichten Abkommen mit der Sowjetunion ändern werde, wenn es ihm vorteilhaft erscheine«. Der neue Präsident, fügte Bartlett hinzu, »werde Kennedy im Hinblick auf dessen Haltung zu den Beziehungen zur UdSSR, die von Beständigkeit und Aufrichtigkeit geprägt war, niemals gleichkommen«. Die sowjetischen Befürchtungen angesichts des neuen Mannes im Weißen Haus erwiesen sich als unbegründet, da Johnson Moskau schon bald versicherte, daß er Kennedys »Politik der offenen Tür« fortsetzen werde. Die Sowjets wurden jedoch, wie aus ihren Geheimdienstunterlagen hervorgeht, informiert, daß der neue Präsident nicht mehr über Botschafter Dobrynin Kontakt halten werde. Selbst die heikelsten Botschaften sollten von nun an, wie schon vor der Regierung Kennedy, über den amerikanischen Botschafter in Moskau und Außenminister Dean Rusk übermittelt werden. Der geheime Kanal existierte nicht mehr.

Am Samstagmorgen, dem 23. November, waren John F. Kennedys wichtigste Papiere – die offiziellen und die inoffiziellen – komplett vom Secret Service in den sichersten Raum des Weißen Hauses gebracht worden: Suite 300 im Executive Office Building, im gleichen Flur, in dem die Büros der Mitarbeiter des Nationalen Sicherheitsrates lagen. Der Flur wurde rund um die Uhr von bewaffneten Aufsehern bewacht.

Die Suite war der passende Ort für die Papiere des Präsidenten: Zuvor hatte sie General Maxwell Taylor benutzt, er hatte die streng geheimen Unterlagen seiner Sondergruppe für Anti-Guerilla-Kriegführung dort untergebracht. Die Papiere des Präsidenten wurden in verschlossenen Aktenschränken und unter ständiger Bewachung dort verwahrt, bis sie aus Sicherheitsgründen ins Nationalarchiv überstellt wurden. »Ich habe den Raum bewacht«, erzählte mir der Armeemajor James R. Dingeman, der damals Assistent der Sondergruppe war, 1993 in einem Interview. »Es kam nie jemand, außer an einem Samstagmorgen« Anfang 1964, »da kamen Mrs. Kennedy und Bobby.«

Irgendwann Anfang des Jahres, berichtete Dingeman, wurde ein Verwaltungsoffizier der Marine namens George F. Dalton nach Washington versetzt. Dalton hatte seine Treue gegenüber der Familie während seines Dienstes in Hyannis Port bewiesen, und nun wurde er mit der Sichtung der Dokumente betraut. »Er rief mich manchmal zu sich herunter, damit ich Kennedys Handschrift für ihn entzifferte, weil meine Schrift genauso unleserlich ist wie die von Kennedy. [Dalton] ging alle Papiere durch.« Die Papiere hätten sich noch in Suite 300 befunden, erzählte Dingeman, als er im Sommer 1964 nach Europa versetzt wurde.

Dalton, der nach seinem Abschied von der Marine Mitglied in Ted Kennedys persönlichem Stab wurde, fuhr fort, bestimmte Dokumente von Kennedys Unterlagen auszuwählen und zu entfernen. Er nahm auch eine erste vorläufige Prüfung der Tonbandaufzeichnungen aus dem Oval Office vor und ging die ausgearbeiteten Transkripte durch. Daltons Auftrag stellte keine besonderen Anforderungen: Er sollte die Bänder und Papiere auf heikle Stellen überprüfen, die gelöscht oder entfernt werden mußten. Dalton prahlte Mitte der siebziger Jahre vor Richard Burke, einem Kollegen in Ted Kennedys Büro, sein Auftrag bei den Tonbandaufzeichnungen habe gelautet, alles herauszuschneiden, was »ein ungünstiges Licht auf die Familie werfen würde«. Burke blieb zehn Jahre lang der persönliche Referent von Senator Kennedy (1992 schrieb er ein Buch über diese Jahre, das einige Kontroversen auslöste und sich sehr gut verkaufte). 1994 erzählte er mir in einem Interview, daß er einige der Tonbandprotokolle aus dem Oval Office gelesen habe, die dann von Dalton bearbeitet wurden; sie befanden sich im Safe in Ted Kennedys Büro. Die Protokolle enthielten eine Reihe von Telefongesprächen zwischen Jack Kennedy und zwei wichtigen Frauen in seinem Leben: Judith Exner und Marilyn Monroe. Das Gespräch mit Marylin Monroe sei deutlich sexuell gefärbt gewesen, meinte Burke. In manchen Protokollen sei auch von »Barzahlungen« an verschiedene Leute die Rede gewesen und von »staatlichen Subventionen und Zahlungen«. Dalton habe ihm erzählt, so Burke, daß er auf den Bändern alle Hinweise auf Barzahlungen gelöscht habe.

Die Papiere und Tonbandaufzeichnungen von John F. Kennedy wurden schließlich in das Federal Archives and Records Center in Waltham in Massachusetts gebracht, wo die neu entstandene Kennedy Library künftig das Erbe des Präsidenten bewahrte. Kennedys Familie übergab die Papiere und die Tonbandaufzeichnungen aus dem Weißen Haus im Mai 1976 offiziell der Bundesregierung, und die Kennedy Library nahm sie in ihre Obhut. Doch bis dahin hatten George Dalton und andere Vertraute der Familie fast dreizehn Jahre Zeit gehabt, mit den Dokumenten und Bändern zu verfahren, wie sie wollten.

Daltons Transkripte waren, wie mir ein Archivar der Kennedy-Bibliothek 1994 mitteilte, »ungeschickt angefertigt – voller Fehler und Auslassungen – und daher für inhaltliche Recherchen ungeeignet«. Einige Stellen auf den Bändern beschrieb der Archivar, der nicht genannt werden möchte, als »rätselhafte Anomalien«: Teile waren offensichtlich zusammengeklebt oder gelöscht worden. Die Bibliothek gab gegenüber einem Reporter des *Boston Globe* 1993 zu, daß einige Bänder zurückgespult und neu überspielt worden waren und daß mindestens neun Tonbandhüllen, die der Secret Service zum Zeitpunkt der Aufnahme numeriert hatte, leer waren. In einem 1985 veröffentlichten Bericht über die Geschichte der Tonbänder des Präsidenten räumte die Bibliothek ein, daß ohne Zweifel »zumindest einige Stücke« entfernt worden waren. Weiter hieß es, daß beim erstmaligen Anhören der Bänder zu der Zeit, als sie in den Besitz der Bibliothek übergingen, »keine Manipulationen« bemerkt worden seien. George Dalton, der den Angaben des *Globe* zufolge heute eine Tankstellenkette im Raum Washington besitzt, zog Ende der achtziger Jahre in ein Haus in einem Nobelviertel von Palm Beach Gardens in Florida. Er hat während der letzten fünf Jahre alle Interviewanfragen abgelehnt.

In den folgenden Wochen, während die Realität wieder Einzug hielt – und zur Realität gehörte auch, daß Lyndon Johnson Präsident war –, zeigte sich, welch hohen Preis Robert Kennedy zahlte. Zu Beginn des Jahres 1964 wurde Frank Mankiewicz, der damals für das Peace Corps arbeitete, von seinen Vorgesetzten angewiesen, mit dem Justizminister über das Programm »Krieg der Armut« (War on Poverty) zu sprechen. Robert Kennedy hatte sich für die entsprechenden Gesetze immer sehr eingesetzt. »Ich muß sagen«, meinte Mankiewicz 1994 in einem Interview, »ich war schon lange nicht mehr über den Anblick eines Menschen so entsetzt gewesen, nicht mehr seit ich als neunzehnjähriger Soldat ein Konzentrationslager gesehen hatte. Er war so ausgelaugt, er verlor sich förmlich in seinem Hemd.« Kennedy habe »gequält« und »abgezehrt« gewirkt. »Er schien unser Projekt vollkommen vergessen zu haben. Er fragte nur: ›Geht es um das Programm, das Präsident Kennedy geplant hat?‹ Ich dachte bei mir, dieser Mann wird in der amerikanischen Öffentlichkeit nie wieder eine Rolle spielen. Er würde dünner und dünner werden und schließlich verschwinden. Ich dachte immer, daß das vielleicht der Grund war, warum er nicht darüber [über den Mord an seinem Bruder] redete. Er wußte, daß ihn das auch nicht wieder lebendig machen würde, also warum darüber reden? Ich war sehr traurig.« Kennedy erholte sich im Lauf der Zeit und zog nach einem harten Wahlkampf im Herbst 1964 für New York in den Senat ein. Mankiewicz wurde sein Pressereferent.

Robert Kennedy unternahm 1964 nichts, um die Wahrheit über

den Tod seines Bruders aufzuklären. Er hätte selbst dann nichts unternommen, wenn die Demokraten ihn 1968 zum Präsidentschaftskandidaten nominiert hätten und er die Wahl gewonnen hätte. Der Preis für eine gründliche Untersuchung war viel zu hoch: Die Wahrheit über Präsident Kennedy und den Kennedy-Clan wäre ans Licht gekommen. Deshalb sagte Robert Kennedy wohl auch nicht vor dem Warren-Untersuchungsausschuß aus.

In einem Brief vom 11. Juni 1964 fragte der Leiter des Ausschusses, Earl Warren, der auch Richter am Obersten Gerichtshof war, bei Kennedy an, ob er »in Zusammenhang mit dem Mord noch über irgendwelche zusätzlichen Informationen« verfüge, »die dem Ausschuß nicht mitgeteilt wurden«. Zwei Monate später schickte Kennedy Warren seine Antwort. Er teilte ihm mit, er wisse von keinen Hinweisen, daß sein Bruder Opfer einer »heimischen oder ausländischen Verschwörung« geworden sei. Er fügte hinzu: »Ich habe zur Zeit keinerlei Empfehlungen bezüglich weiterer Ermittlungen, die von der Kommission vor der Veröffentlichung ihres Berichts durchgeführt werden sollten.« Er wurde nicht als Zeuge geladen.

# Danksagung

In den fünf Jahren, die ich an dem vorliegenden Buch gearbeitet habe, war ich immer wieder verblüfft, wie viele ehemalige Mitarbeiter der Regierung Kennedy sich bereitwillig befragen ließen und der Aufzeichnung der Gespräche zustimmten. Auch viele persönliche Freunde und Bekannte Kennedys standen mir sehr offen Rede und Antwort. Ihr einziges Anliegen war, das Bild der Öffentlichkeit über jene Zeit geradezurücken. Ich hoffe, ich habe ihren Anspruch erfüllt.

Dieses Buch verdankt seine Entstehung Jim Silberman, dem Cheflektor bei Little, Brown and Company, der mich seit zehn Jahren gedrängt hat, über das Präsidentenamt und den Kalten Krieg zu schreiben. Er hat ein unglaubliches Gespür dafür, was sich hinter einem Thema verbirgt, ohne seine kontinuierliche Unterstützung und Ermutigung wäre das Buch nicht fertig geworden. Mein Lektor Corby Kummer aus Boston hat jede Seite, jeden Absatz, jedes Komma sorgfältig geprüft. Seine nicht nachlassende Gründlichkeit und sein Sinn für die Form einer Geschichte, auch die grammatische Form, haben das Buch entscheidend geprägt. Die Lektoratsassistentin Peggy Leith Anderson hat unermüdlich die Fakten und die Lesbarkeit überprüft; ihre Nachfragen waren ein Vergnügen (jedenfalls meistens). Sarah Crichton, die Verlagsleiterin von Little, Brown, hat das Projekt mit großer Begeisterung verfolgt und gefördert. Meine Agentin Heather Schroder bei International Creative Management half mir stets zum richtigen Zeitpunkt mit sachkundigem Rat.

Ich hatte das Glück, einen Mitarbeiter wie Max Friedman zu

finden; Max hat inzwischen sein Studium an der University of California abgeschlossen. Er ist brillant im Aufspüren und Nachprüfen von Fakten, er hat meine Entwürfe gelesen und überarbeitet, und er ist ein wunderbarer Freund. Jock Friedly aus Washington hat ebenfalls wichtige Nachforschungen für das Buch angestellt, und auch ihm danke ich.

Seit Herbst 1996 wurden die Recherchen für das Buch gemeinsam mit Lancer Productions betrieben, einer unabhängigen Fernsehproduktionsgesellschaft, die dem New Yorker Filmemacher Mark Obenhaus gehört. Obenhaus kaufte im Juli 1996 die Fernsehrechte an dem Buch. In den fünfunddreißig Jahren, die ich mittlerweile als Journalist tätig bin, hatte ich noch nie mit so engagierten Reportern und Rechercheuren zu tun wie bei Lancer Productions. Mark Obenhaus ist ein großartiger Journalist, das gleiche gilt für seine engsten Mitarbeiter Edward Gray und Richard E. Robbins. Gus Russo hat herausragende Arbeit als Rechercheur geleistet, besonders über das organisierte Verbrechen. Sally Rosenthal hat uns stets unverdrossen geholfen und Fakten überprüft.

S. M. H.

# Anmerkungen

## 1. 22. November

Die beste Darstellung der Ereignisse des 22. November liefert nach wie vor William Manchester, *The Death of a President,* London 1967 (dt.: *Der Tod des Präsidenten: 20.–25. November 1963,* Frankfurt am Main 1963). Charles Spalding wurde im Mai 1997 zunächst telefonisch interviewt, dann persönlich in seinem Haus im kalifornischen Hillsborough. Die Interviews mit Martin E. Underwood fanden im Juli 1996 und Januar 1997 in Baltimore statt. Im März 1994 stellte Charles Bartlett dem Verfasser bei einem Interview in seinem Washingtoner Büro einige seiner Memoranden an John F. Kennedy und andere Dokumente zur Verfügung, viele weitere Unterlagen folgten bei späteren Interviews. Für Lancer Productions wurde Bartlett im Juni 1997 in seinem Büro interviewt. Robert Bouck stand im Dezember 1995 in seinem Haus in einer Kleinstadt in Virginia Rede und Antwort. Im April 1985 publizierte die John F. Kennedy Library in Boston ein detailliertes Memorandum über das Bandaufzeichnungssystem im Weißen Haus; der Text kann von der Library bezogen werden. Im März und April 1993 schrieb Philip Bennett vom *Boston Globe* eine Reihe aufschlußreicher Artikel über das Aufzeichnungssystem. Julius Draznin wurde für dieses Buch viermal interviewt, zunächst im April 1994 in Los Angeles und später, im Herbst 1997, in Chicago, wohin er mittlerweile gezogen war. Im Juni 1997 wurde er in seinem Haus für Lancer Productions interviewt. Vom März 1994 an wurden drei Interviews mit Evelyn Lincoln in ihrem Haus in Maryland geführt. Tony Sherman vom Secret Service wurde zweimal interviewt, im März 1995 in Green Valley in Arizona und nochmals im März 1997 in seinem neuen Haus in Salt Lake City. Die Interviews mit Sidney Mickelson fanden im April 1996 telefonisch und in einem Restaurant in der Nähe seiner Kunstgalerie im Zentrum Washingtons statt.

## 2. Jack

Die faszinierendste Biografie John F. Kennedys hat Nigel Hamilton verfaßt: *JFK: Reckless Youth,* New York 1992 (dt.: *John F. Kennedy: Wilde Jugend,* Frankfurt am Main 1993). Den ursprünglich geplanten zweiten Teil hat Hamilton nicht mehr geschrieben. Unverzichtbar ist auch Doris Kearns Goodwin, *The Fitzgeralds and the Kennedys,* New York 1987. Aufschlußreich sind weiterhin Richard Reeves, *President Kennedy,* New York 1993; Ralph G. Martin und Ed Plaut, *Front Runner, Dark Horse,* New York 1960; die beiden Bände des Historikers Herbert S. Parmet, *The Struggles of John F. Kennedy* New York 1980, und *JFK: The Presidency of John F. Kennedy,* New York 1983. Das Telefoninterview mit Jewel Reed fand im Dezember 1994 statt, für Lancer Productions wurde sie im Juni 1996 in ihrem Haus in Longmeadow im Bundesstaat Massachusetts interviewt. Die düsteren Bemerkungen Joseph Kennedys über seinen Sohn zitiert William Manchester in *Portrait of a President,* Boston 1962. Marcus Raskin wurde im Dezember 1993 und im April 1994 für das vorliegende Buch interviewt und im September 1996 für Lancer Productions. Larry Newman vom Secret Service wurde von Februar 1995 an mehrmals telefonisch und in seinem Haus in Fort Collins in Colorado interviewt. Im Februar und im März 1997 wurde er noch einmal für Lancer Productions befragt. Gloria Emerson wurde im Juni 1997 in New York City für dieses Buch und für Lancer Productions befragt. Die Interviews mit Hugh Sidey fanden in seinem Büro bei *Time* im Januar 1995 statt, für Lancer Productions im Mai 1997. Im März 1997 wurde Joe Naar in seinem Haus in Brentwood, Kalifornien, für dieses Buch und für Lancer Productions befragt. Mrs. Betty Spalding wurde von Januar 1995 an mehrere Male telefonisch und persönlich in ihrem Haus in Hartford in Connecticut interviewt. Bobby Baker wurde von Februar 1995 an mehrmals telefonisch und persönlich in seinem Haus in Washington interviewt. Für Lancer Productions wurde er in Washington im September 1996 und Mai 1997 befragt. Richard Goodwin wurde von März 1994 an mehrmals telefonisch interviewt, für Lancer Productions wurde er im Juni 1997 in seinem Haus in Concord in Massachusetts befragt. Ralph Dungan setzte sich freundlicherweise für mich bei der Kennedy Library ein, damit ich Zugang zu seinem nicht freigegebenen Zeitzeugeninterview erhielt. Ben Bradlee wurde im September 1997 in Washington für dieses Buch und für Lancer Productions befragt. Von März 1994 an fanden drei telefonische Interviews mit Jerry Bruno statt, im Mai 1995 wurde er in seinem Haus in Portland in Maine direkt befragt.

## 3. Honey Fitz

Die ausführlichste Biographie John F. Fitzgeralds stammt von John Henry Cutler, *»Honey Fitz«: Three Steps to the White House,* New York 1962. Lesenswert ist auch der Artikel *»Honey Fitz«* von Richard Russell in *American Heritage,* Ausgabe August 1968. Die Debatte im Repräsentantenhaus, die zu Fitzgeralds

Entfernung aus dem Kongreß führte, kann im *Congressional Record* vom 23. Oktober 1919 nachgelesen werden, beginnend mit S. 7391. Fitzgeralds Abstieg war der Aufmacher in den Zeitungen, so titelte der *Boston Herald* am 24. Oktober: »Repräsentantenhaus stimmt dafür, Fitzgerald zu entfernen; Tague übernimmt seinen Sitz«. Das Interview mit Chester Cooper fand im Dezember 1994 in Washington statt.

## 4. Joe

Über Joseph Kennedy gibt es zwei ausgezeichnete Biografien: Richard J. Whalen, *The Founding Father*, New York 1964 (dt.: *Der Kennedy-Clan: Joseph P. Kennedy und seine Söhne*, Düsseldorf 1965), ein bahnbrechendes Werk, und David E. Koskoff, *Joseph P. Kennedy: A Life and Times*, Englewood Cliffs 1974 (etliche Interviews führte Koskoff bereits zehn Jahre vor Erscheinen des Buches). Viele neue Informationen enthält Ronald Kesslers *The Sins of the Father*, New York 1996. Cartha DeLoach wurde für das vorliegende Buch und für Lancer Productions im Juni 1997 in seinem Haus in Hilton Head in South Carolina interviewt. Q. Byrum Hurst wurde von meinem Mitarbeiter Michael Ewing im Februar 1996 telefonisch interviewt. Der Richter Abraham Lincoln Marovitz wurde im Juni 1997 in seinem Amtszimmer in Chicago für dieses Buch und für Lancer Productions interviewt. Mark Stuarts Biografie *Gangster 2: Longy Zwillman, the Man Who Invented Organized Crime* erschien New York 1985. Die zitierte Biografie Meyer Lanskys von Dennis Eisenberg, Uri Dan und Eli Landau trägt den Titel *Meyer Lansky: Mogul of the Mob*, London 1979 (dt.: *Der König der Mafia*, München 1980). Die Aussage von Thomas J. Cassara findet sich in Teil 1 der Senate Hearings Before a Special Committee to Investigate Organized Crime in Interstate Commerce, besser bekannt als die Kefauver-Hearings. Sie fanden zwischen Mai und September 1950 statt. Daniel P. Sullivan und Charles »Joey« Fusco sagten ebenfalls vor dem Kefauver-Ausschuß aus. Die Verbindung Cassaras zu Kennedy wurde nur wenig beachtet. Darauf hingewiesen hat der Journalist Stephen Fox in *Blood and Power: Organized Crime in Twentieth-Century Amrica*, New York 1989. Sandy Smith versorgte mich seit Dezember 1993 in vielen Interviews mit ausgezeichneten Informationen über das organisierte Verbrechen in Chicago, telefonisch und persönlich in seinem Haus in Seeley Lake in Montana. Für Lancer Productions wurde er im März 1997 interviewt.

## 5. Der Botschafter

Den besten Bericht über Jimmy Roosevelts fragwürdige Geschäfte gibt Alva Johnston in einem Artikel mit der Überschrift »Jimmy's Got It«, erschienen am 2. Juli 1938 in der *Saturday Evening Post*. Von Roosevelts Verbindung zur National Grain Yeast Corporation handelt ein Artikel in der *New York Times* vom 21. November 1935, S. 9, mit der Überschrift »James Roosevelt Quits Jersey

Firm«. Harvey Klemmer starb 1992 in Eustis in Florida. Phillip Whitehead, ein Fernsehproduzent aus London, stellte mir freundlicherweise das Protokoll seiner Interviews mit Klemmer zur Verfügung – insgesamt 134 Seiten. Ein guter Nachruf auf Klemmer findet sich im Londoner *Independent* vom 31. Juli 1992. Winston Churchills Bemerkung beim Rasieren zu seinem Sohn Randolph berichtet Martin Gilbert in *Winston S. Churchill*, Band VI, London 1983, S. 358. Das Zitat aus den Ickes-Tagebüchern findet sich in Band III von *The Secret Diary of Harold L. Ickes*, New York 1954. Zu den Plänen für ein Attentat auf Hitler vgl. Herbert Molloy Mason jr., *To Kill the Devil*, New York 1978. Der direkteste der vielen Artikel, die zur Unterstützung von Kennedys Präsidentschaftskandidatur 1940 in der Presse lanciert wurden, war »Will Kennedy Run for President?« von Ernest K. Lindley in der Zeitschrift *Liberty* vom 21. Mai 1938. Walter Trohan wurde im August 1997 für dieses Buch und für Lancer Productions in Washington interviewt.

## 6. Konflikt mit Roosevelt

Der Fall Tyler Kent ist wenig bekannt, obwohl er in zahlreichen Büchern und Artikeln behandelt wurde. Eine umfassende Darstellung, die auch Interviews mit Kent enthält, gibt John Costello in *Ten Days to Destiny,* New York 1991. Richard Whalen stellte in seinem Artikel »The Strange Case of Tyler Kent«, erschienen in der Novemberausgabe 1965 der Zeitschrift *Diplomat*, als einer der ersten in den Vereinigten Staaten Fragen zu Kennedys Rolle. Mehr Verständnis für Kennedys Handlungsweise zeigt der Beitrag von Warren E. Kimball und Bruce Bartlett »Roosevelt and Prewar Commitment to Churchill. The Tyler Kent Affair« in der Herbstausgabe 1981 der Zeitschrift *Diplomatic History*. In England erschienen zu Tyler Kent *Some Were Spies* des Earl of Jowitt, London 1954, und *The Man Who Was M* von Anthony Masters, Oxford 1984 (Kapitel 6). Robert Crowley wurde von Februar 1995 an mehrmals in seinem Haus in Washington interviewt. Er stellte mir auch freundlicherweise seine Akte mit Tausenden freigegebener amerikanischer und britischer Dokumente zum Fall Kent zur Verfügung. Über Joe Kennedys Kampf gegen Franklin Delano Roosevelt wird in der Tagespresse Ende 1940 ausführlich berichtet, auch die Biografien von Whalen und Koskoff schildern den Zweikampf. Die zitierten Dokumente des britischen Außenministeriums sind von den dortigen Stellen freigegeben worden und öffentlich zugänglich; eine vollständige Sammlung der britischen Akten befindet sich im Besitz des Autors. Gore Vidals Anekdote erschien unter dem Titel »Eleanor« im *New York Review of Books* vom 8. November 1971. J. Edgar Hoovers Akte über Joe Kennedy und »Ben« Smith ist in freigegebenen FBI-Akten über Kennedy enthalten. Frank Waldrop stellte mir bei einem Interview in seinem Haus in Washington im Februar 1995 einige unveröffentlichte Notizen über Jack Kennedy und Inga Arvad zur Verfügung. Die Affäre Arvad wird in Nigel Hamiltons Biografie von John F. Kennedy ausführlich behandelt.

## 7. Nominierung zu kaufen

Gerüchte über Bestechungen bei den Vorwahlen in West Virginia kursierten seit 1960, die erste umfassende Untersuchung ist das Buch des Politikwissenschaftlers Dan B. Fleming jr. *Kennedy vs. Humphrey. West Virginia, 1960*, Jefferson 1992. Ed Plaut, der inzwischen in Ridgefield im Bundesstaat Connecticut lebt, stellte dem Autor freundlicherweise die Originalaufzeichnungen der Interviews zur Verfügung, die er mit Jack und Joe Kennedy für sein Buch *Front Runner, Dark Horse* geführt hat. Hyman B. Raskins Witwe Frances ermöglichte mir Einsicht in die unveröffentlichten Memoiren ihres Mannes. Vor seinem Tod wurde Raskin im November 1994 und im März 1995 zweimal in seinem Haus in Rancho Mirage in Kalifornien interviewt. Alan Otten wurde im Dezember 1994 telefonisch interviewt. Roscoe Born wurde vom Dezember 1994 an dreimal telefonisch interviewt. James McCahey wurde im November 1996 in seinem Haus in Bratenahl, einem Vorort von Cleveland in Ohio, interviewt. Bonn Brown aus Elkins, West Virginia, wurde im Juni 1995 im Haus seiner Tochter in einem Randbezirk Washingtons interviewt. Rein Vander Zee wurde von November 1994 an mehrmals telefonisch in seinem Haus im texanischen Bandera interviewt. Im August 1997 wurde er für Lancer Productions in Los Angeles interviewt. Milton Rudin wurde seit März 1994 zweimal in seinem Haus im kalifornischen Bel Air und einmal in New York interviewt.

## 8. Kandidatur in Gefahr

Der ehemalige Senator George Smathers wurde im Oktober 1994 und im März 1995 in seinem Büro in Washington interviewt. Für Lancer Productions wurde er noch einmal im September 1996 in Washington interviewt. Patricia Newcomb wurde im Juni 1996 und im Januar 1997 in Los Angeles interviewt. John Miner wurde im Januar 1997 in Los Angeles interviewt und im März 1997 für Lancer Productions. Michael Selsman wurde im März 1995 in seiner Wohnung in Los Angeles interviewt und danach noch einmal im Januar 1997. Im März 1997 wurde er für Lancer Productions interviewt. James Bacon wurde im März 1997 für das vorliegende Buch und für Lancer Productions in seinem Haus in Simi Valley in Kalifornien interviewt. Die FBI-Akte über Florence Kater, die nach dem Freedom of Information Act freigegeben wurde, enthält Kopien ihrer zahlreichen Briefe an alle möglichen Personen des öffentlichen Lebens. Über Alicia Darrs stürmische Ehe mit Edmond Purdom wurde in den fünfziger Jahren viel in den Klatschspalten und in den *New York Daily News* geschrieben. Als Beispiele seien nur die folgenden Artikel genannt: »Babs Coldly Foots It To Court; Purdom Sick« von Eleanor Packard in den *Daily News* vom 30. Dezember 1959 und »Marry-Go-Round Turns Into a Quad-Wrangle« von Henry Lee in den *Daily News* vom 10. September 1961. Über die Bemühungen von Metrik und Friedman berichtete Alfred Albelli in den *Daily News* vom 5. Juni 1963 unter der Überschrift »2 Lawyers Censured for Their Particulars«. Die Unterlagen über das Disziplinarverfahren gegen die Anwälte sind unter dem Aktenzeichen In Re Metrik, 240 N.Y.S. 2d 443 abgelegt. Clark Clifford wurde im Dezember 1994 und im Januar 1996 in seinem Haus in einer Kleinstadt in Maryland interviewt. H. Edward Munden wurde im Februar 1995 telefonisch in seinem Büro in einer Kleinstadt in Virginia interviewt. Alicia Darr Clark wurde ab November 1996 dreimal telefonisch in ihrer Wohnung in New York City interviewt. Edmond Purdom wurde im Juni 1997 telefonisch in seinem Haus in Rom interviewt. Maxwell Raab wurde im Januar 1995 in Washington interviewt.

### 9. Lyndon B. Johnson

Die zahlreichen Zeitzeugeninterviews mit Robert Kennedy für die Kennedy Library liegen gesammelt in einem Buch vor: *Robert Kennedy: In His Own Words,* New York 1988. Bobby Bakers Memoiren, die er zusammen mit Larry L. King geschrieben hat, sind unter dem Titel *Wheeling and Dealing,* New York 1978, erschienen. Pierre Salinger wurde dreimal in seinem Büro in Washington interviewt, das erste Mal im Februar 1994. Kennedys Worte zu Kenny O'Donnell werden in dem Buch zitiert, das O'Donnell zusammen mit Dave Powers verfaßt hat, »*Johnny, We Hardly Knew Ye«,* Boston 1972.

### 10. Der Wahlbetrug

Es gibt eine ganze Reihe ausgezeichneter Bücher über Chicago, die Politik in Chicago und die langjährigen Verbindungen zu Gangstern wie Sam Giancana und Murray Humphreys. Genannt seien: Richard Gid Powers, *Secrecy and Power: The Life of J. Edgar Hoover,* New York 1987; William F. Roemer jr., *Roemer: Man Against the Mob,* New York 1989; Len O'Connor, *Clout: Mayor Daley and His City,* New York 1975; Ovid Demaris, *Captive City: Chicago in Chains,* New York 1969; Mike Royko, *Boss: Richard J. Daley of Chicago,* Santa Rosa 1971; und George Murray, *The Legacy of Al Capone,* New York 1975. Benjamin Bradlees Bemerkung über Bürgermeister Daley und die Wahl 1960 findet sich in Bradlees aufschlußreichem Buch *Conversations with Kennedy,* New York 1975. Robert McDonnell wurde für das vorliegende Buch und für Lancer Productions im Juli 1997 in seinem Haus in einem Vorort von Chicago interviewt. Thomas King wurde im September 1995 in Chicago interviewt. Tina Sinatra wurde für dieses Buch und für Lancer Productions im Juli 1997 in ihrem Büro in Burbank in Kalifornien interviewt. Judith Exner veröffentlichte ihre Erinnerungen unter Mitarbeit von Ovid Demaris unter dem Titel *My Story,* London 1977. Robert Blakey wurde im Mai 1997 für dieses Buch und für Lancer Productions in New York interviewt. Bill Woodfield wurde im Juli 1995 in Los Angeles interviewt. Jeanne Humphreys wurde im Februar 1997 für dieses

Buch und für Lancer Productions in Atlanta interviewt. J. Edgar Hoover ist das Thema zahlreicher Bücher. In jüngster Zeit sind erschienen: Anthony Summers, *Official and Confidential: The Secret Life of J. Edgar Hoover,* New York 1993 (dt.: *J. Edgar Hoover: Der Pate im* FBI, München 1993); William W. Turner, *Hoover's* FBI, New York 1993; Curt Gentry, *J. Edgar Hoover: The Man and the Secrets,* New York 1991; und Cartha D. »Deke« DeLoach, *Hoover's FBI: The Inside Story by Hoover's Trusted Lieutenant,* Washington 1995. Thomas McCoy wurde im Februar 1995 in Washington telefonisch interviewt. William Colby wurde ebenfalls im Februar 1995 in Washington interviewt. Hoovers Gespräch mit Philip Hochstein wird in Anthony Summers' Hoover-Biografie zitiert. Oscar Wyatt wurde im April 1995 telefonisch in Houston interviewt.

## 11. Wahlkampfgeheimnisse

Lionel Krisel wurde ab April 1995 etliche Male telefonisch und in seinem Haus in Bel Air in Kalifornien interviewt. Er stellte mir freundlicherweise viele Dokumente seiner eigenen Recherchen zur Invasion in der Schweinebucht zur Verfügung. Die Geschichte Nicolae Malaxas interessierte den Kongreß mehr als die Presse in Washington mit Ausnahme des Kolumnisten Drew Pearson. Eine der zahlreichen Debatten des Repräsentantenhauses zu diesem Thema findet sich im *Congressional Record* vom 5. Oktober 1962, S. 22672. Von den Beziehungen zwischen Malaxa und Nixon handeln: Tyler Abell (Hg.), *Drew Pearson: Diaries 1949–59,* Toronto 1974; John Loftus und Mark Aarons, *The Secret War Against the Jews,* New York 1994; Roger Morris, *Richard Milhous Nixon,* New York 1990; Howard Blum, *Wanted! The Search for Nazis in America,* New York 1989. Gordon Mason wurde im Mai und September 1996 in einem Vorort von Washington interviewt. Seine Rolle im Fall Malaxa schilderte erstmals Elizabeth W. Hazard in ihrer Dissertation *Cold War Crucible: United States Foreign Policy and the Conflict in Romania, 1943–1953,* New York 1996. Kenneth Crosby wurde im Juli 1996 in Washington interviewt. Das wichtigste Regierungsdokument zu den Mordplänen gegen Fidel Castro ist der Bericht *Alleged Assassination Plots Involving Foreign Leaders,* vorgelegt im November 1975 vom Senate Select Committee to Study Governmental Operation with Respect to Intelligence Activities, kurz Church-Report. Das informativste und ausgewogenste Buch, das in letzter Zeit über die CIA erschienen ist, stammt von Thomas Powers, *The Man Who Kept the Secrets: Richard Helms and the* CIA, New York 1979 (dt.: *CIA: Die Geschichte, die Methoden, die Komplotte: Ein Insider-Bericht,* Hamburg 1980). Robert Maheu wurde im November 1994 zu Hause in Las Vegas und anschließend mehrmals telefonisch interviewt. Für Lancer Productions wurde er im Mai 1997 in Las Vegas interviewt. Die Verhaftung von David Christ und seiner CIA-Kollegen auf Kuba wird in dem internen Bericht der CIA »Our Men in Havanna« von David Nielsen beschrieben. Der Bericht wurde 1994 freigegeben, nachdem er zuvor in der internen Zeitschrift der CIA *Studies in Intelligence* abgedruckt worden

486

war. Der Bericht befindet sich im Besitz des Autors. Thornton Anderson, einer der damals verhafteten Agenten, wurde im Februar 1995 telefonisch interviewt. Peter Wydens Buch *Bay of Pigs: The Untold Story,* New York 1979, enthält die bei weitem ausführlichste Schilderung der gescheiterten Invasion. Der Bericht des Generalinspekteurs der CIA wurde mit einigen bedeutenden Auslassungen 1993 freigegeben und nach dem Freedom of Information Act der Öffentlichkeit zugänglich gemacht. Der Church-Ausschuß stützte sich bei seinen Ermittlungen 1975 stark auf diesen Bericht.

## 12. Nixon in der Falle

Richard Bissells Memoiren *Reflections of a Cold Warrior,* geschrieben unter Mitarbeit von Jonathan E. Lewis und Frances T. Pudlo, erschienen postum, New Haven 1996. Clarence Sprouse wurde im April 1995 telefonisch in Converse in Texas interviewt. Bissells mündliche Befragung durch die Kennedy Library fand am 25. April 1967 statt. Graystone Lynch wurde von April 1995 an dreimal telefonisch in Tampa in Florida interviewt, seine Memoiren sind im Druck: *Decision for Disaster. Betrayal at the Bay of Pigs,* London 1998. Das Interview mit Allen Dulles für die Kennedy Library wurde am 5. und 6. Dezember 1964 aufgezeichnet. Das Dinner bei den Kennedys mit Ian Fleming schildert u. a. John Pearson in seiner Biografie *The Life of Ian Fleming,* New York 1966. Weitere Einzelheiten über das Geplänkel zwischen Nixon und Kennedy im Vorfeld der letzten Fernsehdebatte im Oktober 1960 finden sich in *Remembering America. A Voice from the Sixties* von Richard N. Goodwin, Boston 1988, sowie in *Nixon. The Education of a Politician 1913–1962,* von Stephen E. Ambrose, New York 1987, in *Kennedy and Nixon* von Christopher Matthews, New York 1996, sowie in »Necessary Lies. Hidden Truths: Cuba in the 1960 Campaign« von Kent M. Beck, erschienen in der Zeitschrift *Diplomatic History,* Ausgabe Winter 1984. Häufig zitiert wurden Richard Nixons Memoiren *RN. The Memoirs of Richard Nixon,* Chicago 1978 (dt.: Richard Nixon, *Memoiren,* Köln 1978).

## 13. Executive Action

Im Verlauf der Recherchen für dieses Buch gelangte der Autor in den Besitz einer Kopie von William Harveys persönlicher Akte. Sie enthält zahlreiche Dokumente, die weder von der CIA noch vom Church-Ausschuß veröffentlicht wurden. In den Berichten des Church-Ausschusses und des Generalinspekteurs der CIA wird das Programm »Exekutivaktion« ausführlich erörtert. Die CIA hat in den letzten Jahren Tausende Dokumente zu dem Programm freigegeben; nach dem Freedom of Information Act müssen sie frei zugänglich sein. Weitere Informationen zur Rolle der CIA in Guatemala finden sich in Tim Weiners Artikel »CIA Plotting Killing of 58 in Guatemala« in der *New*

*York Times* vom 28. Mai 1997 und in der Zeitschrift *Harper's* vom August 1997, S. 22. Doris Mirage, die mittlerweile Doris Kitzmiller heißt, wurde im Dezember 1995 in ihrem Haus in North Carolina interviewt. McGeorge Bundys Aussage vor der Rockefeller-Kommission wurde im Jahr 1996 freigegeben. David Belin wurde im April 1997 in Washington interviewt. Lawrence Devlin wurde telefonisch im Mai 1994 für dieses Buch interviewt. Dr. Sidney Gottlieb wurde im November 1994 auf seiner Farm im ländlichen Virginia interviewt. Samuel Halpern wurde von November 1993 an mehrmals für dieses Buch interviewt, und zwar in Washington und in seinem Haus in einem Vorort Virginias. Im Februar 1997 wurde er für Lancer Productions interviewt. Die Studie von Michael R. Beschloss *The Crisis Years. Kennedy and Khrushchev, 1960–1963,* New York 1991 (dt.: *Powergame. Kennedy und Chruschtschow. Die Krisenjahre 1960–1963,* Düsseldorf u.a. 1991) ist eine umfassende, gründliche Reportage über die Ereignisse in dem betreffenden Zeitraum. Die beste Darstellung der Rolle der CIA im Kongo gibt Madeleine G. Kalb in ihrem Buch *The Congo Cables. The Cold War in Africa, from Eisenhower to Kennedy,* London 1982. Igor Cassinis gibt in seinen Memoiren eine stark interessengeleitete, aber dennoch faszinierende Schilderung seiner Beziehung zum Kennedy-Clan und seiner Rolle in der Dominikanischen Republik: *I'd Do It All Over Again,* geschrieben unter Mitarbeit von Jeanne Molli, New York 1977. Die beste Darstellung, wie sich Joseph Kennedy Anfang 1961 in die Diplomatie einmischte, findet sich in Ted Szulcs Artikel »Diplomat Made a Secret Visit to Trujillo for Kennedy in '61«, *New York Times* vom 22. Juli 1962. Tom Powers stellte mir seine Aufzeichnungen über Tofte bei einem Interview im April 1994 zur Verfügung und schickte mir anschließend einen schriftlichen Bericht, den er aus dem Gedächtnis verfaßt hatte.

## 14. Die Schweinebucht

Drei Darstellungen der Ereignisse in der Schweinebucht seien genannt: Karl F. Meyer und Tad Szulc, *The Cuban Invasion,* New York 1962; Piero Gleijese, »Ships in the Night: The CIA, the White House and the Bay of Pigs«, erschienen im *Journal of Latin American Studies,* Februar 1995; sowie Charles J. V. Murphy, »Cuba: The Record Set Straight«, erschienen in der Septemberausgabe 1961 des Magazins *Fortune.* Offenbar hat nur ein einziger Politikwissenschaftler, H. Bradford Westerfield von der Yale University, gezielt nach Verbindungen zwischen den Mordplänen gegen Castro und dem Schweinebucht-Unternehmen gesucht. In einem Brief, der am 23. Oktober 1997 im *New York Review of Books* abgedruckt wurde, vertrat Westerfield die Auffassung, Bissell habe die Kürzungen an dem Invasionsvorhaben deshalb so bereitwillig akzeptiert, weil er fest damit gerechnet habe, daß Castro zu dem Zeitpunkt, an dem die Exilkubaner landen sollten, schon tot sein würde. »In der Tat«, schrieb Westerfield, »mag auch Kennedys Beharren auf den Kürzungen durch dieses gut gehütete geheime Wissen gestärkt worden sein, aber beweisen läßt sich die Vermutung kaum.« Thomas Polgar wurde im Mai 1994 in seinem Haus in Orlando in Florida interviewt. Ernest Betancourt wurde im März 1994 in Washington befragt. Die zitierten Memoiren von Hedley Donovan tragen den Titel *Roosevelt to Reagan: A Reporter's Encounters with Nine Presidents,* New York 1987. Die zitierten Dokumente des Weißen Hauses sind freigegeben worden und in der geschichtlichen Reihe des Außenministeriums, *Foreign Relations of the United States 1961-1963,* zugänglich. Admiral Robert L. Dennisons Erinnerungen finden sich im US-Marine-Institut in Annapolis in Maryland; die Interviews wurden zwischen November 1972 und Juli 1973 geführt. Janet Weininger wurde vom April 1997 an in ihrem Haus in Florida mehrmals telefonisch befragt; sie stellte mir freundlicherweise Notizen und andere Dokumente über ihren Vater und die CIA zur Verfügung. Über den Tod ihres Vaters schrieb Candace M. Turtle unter der Überschrift »The Mission« in *Tropic,* dem *Miami Herald Sunday Magazine,* Ausgabe vom 21. Juni 1987. Rose Kennedys Memoiren tragen den Titel *Times to Remember,* New York 1974 (dt.: *Alles hat seine Stunde. Meine Lebenserinnerungen* (Frankfurt am Main 1974).

## 15. Geheime Dienste

Neben Tony Sherman und Larry Newman (siehe die Anmerkungen zu den Kapiteln 1 und 2) wurden zwei weitere Agenten des Secret Service ausführlich für dieses Buch befragt. Das Interview mit William »Tim« McIntyre fand im März 1995 in Phoenix in Arizona statt, für Lancer Productions wurde er im Mai 1997 ebenfalls in seinem Haus interviewt. Jerry Paolella wurde im Mai 1995 in Los Angeles interviewt, für Lancer Productions im März 1997 gleichfalls in Los Angeles. Hugh Sideys Bericht über Kennedys Lesetempo erschien am 17. März 1961 unter der Überschrift »The President's Voracious Reading Habits« im Magazin *Life.* Blair Clark wurde im Oktober 1994 in New York telefonisch interviewt, im Juni 1997 noch einmal für Lancer Productions. Fred Holborn wurde im Januar 1995 in Washington interviewt. Richard Reeves, Autor des Buches *President Kennedy,* hat mir freundlicherweise Einblick in Krankenunterlagen Jack Kennedys gewährt, einschließlich der Notizen von Dr. William P. Herbst jr. Dr. Sidney Wolf wurde im April 1995 in seinem Washingtoner Büro befragt. Ein ausgezeichneter Pressebericht über Chlamydien und ihre Auswirkungen insbesondere für Frauen ist der Artikel von Susan Okie »It's Called Chlamydia« in der Gesundheitsbeilage der *Washington Post* vom 24. Juni 1997. Mit dem in New Mexico lebenden Dr. Manfred Wasserman führte ich im April 1995 ein Telefoninterview. Dr. Max Jacobsens unveröffentlichtes Manuskript wurde mir freundlicherweise von Richard Reeves zur Verfügung gestellt. Eine umfassende Darstellung der hochriskanten Behandlungsmethode Jacobsens hat Boyce Rensberger in der *New York Times* vom 4. Dezember 1972 veröffentlicht unter der Überschrift »Amphetamines Used by a Physician to Lift Moods of Famous Patients«. Den Schriftsteller Gore Vidal habe ich von Dezember 1994 an mehrmals befragt. Richter William Orrick

vom US-Bezirksgericht in San Francisco wurde im Juni 1996 in seinem Amtszimmer interviewt. Mary Gallaghers Erinnerungen erschienen unter dem Titel
*My Life with Jacqueline Kennedy,* New York 1969. Über die Renovierung und
den Umbau des Schwimmbads im Weißen Haus berichtete *Time* arglos am
7. Dezember 1962.

## 16. Die Berlinkrise

Morton Halperin wurde im Juli 1995 in Washington interviewt. Die zitierte
Bemerkung von Joseph Alsop findet sich in Montague Kern, Patricia W. Levering und Ralph B. Levering, *The Kennedy Crises: The Press, the Presidency and
Foreign Policy,* Chapel Hill 1983. David Herbert Donald wurde im Jubi 1996
telefonisch in Boston interviewt. David E. Murphy von der CIA wurde im Juli
1997 telefonisch interviewt, weitere Informationen entstammen seinem Buch
*Battleground Berlin:* CIA vs. KGB in the Cold War, verfaßt in Zusammenarbeit
mit George Bailey und Sergej Kondraschow, New Haven 1997 (dt.: *Die un-
sichtbare Front: Der Krieg der Geheimdienste im geteilten Berlin,* Berlin 1997).
Raymond Garthoffs wichtiger Artikel zu Checkpoint Charlie »Berlin 1961: The
Record Corrected« erschien 1991 in der Herbstausgabe der Zeitschrift *Foreign
Policy.* Bobby Kennedys harte Worte im Fernsehen wurden am 25. September
1961 in Robert F. Whitneys Artikel »Robert Kennedy Says U.S. Would Use
A-Bombs« in der *New York Times* zitiert. Jack Kennedys Politik wird in der
*New-York-Times*-Ausgabe der Pentagon Papers beschrieben, New York 1971.
Tim Weiners Artikel »A Kennedy-C.I.A. Plot Returns to Haunt Clinton« über
Cheddi Jagan erschien am 30. Oktober 1994 in der *New York Times.*

## 17. Zielscheibe Castro

Peter Wrights Memoiren erschienen unter dem Titel *Spycatcher,* New York
1987 (dt.: *Spycatcher. Enthüllungen aus dem Secret Service,* Frankfurt am
Main, Berlin 1988). Einen guten Überblick über Taylors Gruppe und ihre Empfehlungen gibt Paul L. Desaris, *Operation Zapata,* Bethesda 1981. Gerry
McCabe schilderte in einem Interview im September 1995 in Washington das
Leben im Weißen Haus. Das Protokoll des Gesprächs zwischen Burke und Lemnitzer wurde von Lionel Krisel zur Verfügung gestellt.

(Admiral Burke bereitete mit seiner unerschütterlichen Geradlinigkeit dem
Präsidenten häufig Sorgen. Am 15. Februar 1961 veröffentlichten Dutzende
von amerikanischen und ausländischen Zeitungen ein Interview mit Burke, in
dem er gewagte Ansichten aussprach. Burke versicherte, die US-Marine habe
das Recht, »in internationalen Gewässern zu fahren, wohin sie will« – auch ins
Schwarze Meer. Das schien die direkte Verletzung einer früheren Regierungs-
direktive zu sein, die solche Interviews untersagte. Es stellte sich jedoch heraus, daß das Interview bereits am 12. Januar 1961 von einem prominenten

griechischen Journalisten namens Elias Demetrakopoulos von der *Athens Daily Post* geführt und von der noch amtierenden Regierung Eisenhower freigegeben worden war. Kennedy erntete gleichwohl viele Lacher, als er bei einer Pressekonferenz am 15. Februar bemerkte, angesichts von Burkes Interview sei er »besonders froh, daß eine solche Anweisung herausgegeben wurde«. Die öffentliche Rüge des Admirals, der im Zweiten Weltkrieg als Kommandeur einer erfolgreichen Zerstörer-Flotille im Pazifik als »Einunddreißig-Knoten-Burke« bekannt wurde, weckte sofort feindselige Gefühle bei den höherrangigen Offizieren im Pentagon und führte außerdem zu ausgedehnten Untersuchungen des Militärunterausschusses im Senat über Kennedys Versuche, dem Militär einen »Maulkorb anzulegen«, wie es damals genannt wurde. Über die Untersuchungen wurde seinerzeit in der Presse viel berichtet, später wurden sie jedoch von den vielen Kennedy-Biografen kaum beachtet, obwohl die Feindschaft zwischen den Militärs im Pentagon und der Regierung im Weißen Haus vielleicht eine Rolle dabei spielte, daß das Militär der schlecht geplanten und daher zum Scheitern verurteilten Invasion in der Schweinebucht so bereitwillig zustimmte. Kennedys Mißtrauen gegenüber dem Militär wurde bei der Invasion offensichtlich, als sich das Weiße Haus, wie zuvor schon in diesem Buch berichtet, über die normale Kommandokette hinwegsetzte und seine Anweisungen direkt der Atlantikflotte erteilte. Elias Demetrakopoulos sah sich wegen der Veröffentlichung des Interviews Repressalien ausgesetzt: An alle amerikanischen Botschaften in NATO-Ländern erging eine Warnung des amerikanischen Außenministeriums, Demetrakopoulos keine Interviews zu geben. Außerdem wurde er auf Wunsch Pierre Salingers, des Pressesprechers im Weißen Haus, jahrelang von der CIA überwacht.)

Walter N. Elder wurde zweimal in seinem Haus in einem Vorort in Virginia interviewt, einmal im November 1993 und ein zweites Mal im Oktober 1994; für Lancer Productions wurde er im Juni 1997 interviewt. Thomas Parrott wurde im Juni 1995 in Washington interviewt. Robert Hurwitch wurde von November 1993 an mehrere Male in Santo Domingo in der Dominikanischen Republik telefonisch interviewt; seine privat veröffentlichten Erinnerungen tragen den Titel *Most of Myself.* Informationen über Edward Landsdale (aber nicht über Kuba) enthält Lansdales Autobiografie *In the Midst of Wars: An American's Mission to Southeast Asia,* New York 1972. Aufschlußreich über Maxwell Taylor ist sein Buch *The Uncertain Trumpet,* New York 1959 (dt.: *Und so die Posaune einen undeutlichen Ton gibt, wer wird sich zum Streite rüsten,* Gütersloh 1962). Ein Großteil der Dokumente zur Operation Mongoose wurde freigegeben und ist den Ausgaben des Jahres 1961 der Veröffentlichungsreihe *Foreign Relations of the United States* des Außenministeriums zu finden. Tad Szulc wurde im März und im Mai 1994 in Washington interviewt. Das kurze Telefongespräch zwischen Angie Costello und mir fand im Dezember 1994 statt. Das Zitat von John Lewis Gaddis findet sich in *We Now Know: Rethinking Cold War History,* Oxford 1997.

## 18. Judy

Judith Campbell Exner wurde im Juli 1994 ausführlich in ihrem Haus im kalifornischen Newport interviewt, es folgten noch etliche telefonische Interviews. Im August 1997 wurde sie für Lancer Productions in Newport Beach befragt. Zu den wichtigsten Werken, die über sie veröffentlicht worden sind, zählen neben *My Story* (London 1977) die Artikel »The Dark Side of Camelot« von Kitty Kelley in der Zeitschrift *People* vom 29. Februar 1988; »Kennedy, the Mafia and Me« von Anthony Summers in der Londoner *Sunday Times* vom 6. Oktober 1991, und »The Exner Files« von Liz Smith in der Zeitschrift *Vanity Fair* vom Januar 1997. Im Stil der fünfziger Jahre wurden Judith Campbell und ihr damaliger Mann in dem Filmmagazin *Movie Stars* im August 1955 unter der Überschrift »New Men in Town« porträtiert. Bill Thompsons Tochter Gail Laird wurde im Januar 1995 in Miami in Florida interviewt. William R. Carter wurde im Februar 1997 in Oklahoma City interviewt. Jane Leahy wurde telefonisch im November 1995 in ihrem Haus in Cape Cod interviewt. Die FBI-interne Korrespondenz zu dem Einbruch in Exners Wohnung im August 1962 wurde nach dem Freedom of Information Act freigegeben. Eine gute Darstellung der Diskussion um die TFX-Jäger, so weit die Fakten damals bekannt waren, gibt Robert J. Art in seinem Buch *The TFX Decision: McNamara and the Military*, Boston 1968. Siehe dazu auch Clark R. Mollenhoff, *The Pentagon: Politics, Profits, and Plunder*, New York 1967. George Spangenberg wurde im März 1997 in einem Vorort Virginias interviewt. Johnny Grant wurde im November 1994 in Los Angeles interviewt und für Lancer Productions ein weiteres Mal im Juli 1997, ebenfalls in Los Angeles.

## 19. Erste Ehe

Die britische Presse hat in den letzten Jahren viel über Durie Malcolm und ihre angebliche Heirat mit John F. Kennedy berichtet. Siehe dazu den Artikel von Tim Carroll »JFKs EX File« in der Londoner *Sunday Times* vom 26. Januar 1997. Pater James J. O'Rourke wurde telefonisch im Juni 1997 in seiner Gemeinde in Boston interviewt, einige Zeit später im selben Monat wurde er von Lancer Productions in Boston interviewt. Frances Howe wurde im Juni 1997 telefonisch interviewt. Morton Downey jr. wurde im August 1997 telefonisch interviewt. Clark Cliffords Erinnerungen, verfaßt unter Mitarbeit von Richard Holbrooke, sind erschienen unter dem Titel *Counsel to the President,* New York 1991.

## 20. Die Kubakrise

Unter den zahlreichen Büchern über die Kubakrise stechen einige besonders hervor: Aleksandr Fursenko und Timothy Naftali, *»One Hell of a Gamble«: Khrushchev, Castro, and Kennedy, 1958–1964*, New York 1997; Michael R. Beschloss, *The Crisis Years: Kennedy and Khrushchev, 1960–1963*, New York 1991 (dt.: *Powergame. Kennedy und Chruschtschow. Die Krisenjahre 1960–1963*, Düsseldorf u.a. 1991); Dino A. Brugioni, *Eyeball to Eyeball*, New York 1991; Anatolij Dobrynin, *In Confidence*, London 1995; Raymond L. Garthoff, *Reflections on the Cuban Missile Crisis*, Washington 1989; James A. Nathan (Hg.), *The Cuban Missile Crisis Revisited*, New York 1992 (vgl. insbesondere das Kapitel »Reconsidering the Missile Crisis« von Barton J. Bernstein); Robert Kennedy, *Thirteen Days*, New York 1969 (dt.: *Dreizehn Tage. Die Verhinderung des 3. Weltkrieges durch die Brüder Kennedy*, München 1969). Arthur Schlesingers Buch *Die Tausend Tage Kennedys* und Ted Sorensens *Kennedy* enthalten ebenfalls lange Passagen über die Kubakrise. Die Perspektive der amerikanischen und sowjetischen Militärs ist dargestellt in *Operation Anadyr*, verfaßt von General Anatoli I. Gribkow und General William Y. Smith, Carol Stream 1994. Die Ausführungen zu DEFCON 2 stammen von Brugioni. Die ersten Einzelheiten über das Projekt Mongoose und seine Bedeutung für die Kuba betreffenden Planungen der Sowjets wurden Anfang 1989 freigegeben, gerade als eine internationale Konferenz über die Kubakrise in Moskau angesetzt war. Siehe Michael Dobbs' Artikel »Document Details '62 Plan on Cuba« am 27. Januar 1989 in der *Washington Post*. Zwei Tage darauf erschienen die ersten ausführlichen Berichte über die Stationierung von Atomwaffen durch die Sowjets 1962. Vgl. dazu Dobbs' Artikel »Missiles Aimed at U.S. in '62« am 29. Januar 1989 in der *Washington Post*. Einen ausgezeichneten Bericht über die Aufstellung der Jupiter-Raketen gibt Philip Nash in *The Other Missiles of October*, Chapel Hill 1997. Der erste Band von Nikita Chruschtschows Memoiren, *Khrushev Remembers*, Boston 1970, wurde von Strobe Talbott herausgegeben (dt.: *Chruschtschow erinnert sich*, Hamburg 1971). Die ausführlichen Geheimdienstberichte der CIA über den Umfang der sowjetischen Raketenstationierung können in Band XI der von US-Außenministerium herausgegebenen Reihe *Foreign Relations of the United States, Cuban Missile Crisis and Aftermath*, nachgelesen werden. Walter Lippmanns Probleme mit Kennedy und seine spätere »Kapitulation« beschreibt Ronald Steel in *Walter Lippmann and the American Century*, Boston 1980. Kennedys Rolle bei den öffentlichen Angriffen auf Adlai Stevenson nach der Kubakrise werden geschildert in *The Papers of Adlai E. Stevenson,* herausgegeben von Walter Johnson u.a, Boston 1979, Bd. VIII.

## 21. Täuschungsmanöver

Alexander Haigs Memoiren tragen den Titel *Inner Circles*, New York 1992. Die Aussagen von Dean Rusk und Robert McNamara sowie der Brief Raymond Arons an Bundy zitiert Philip Nash in *The Other Missiles of October*. Das Protokoll der Befragung von General Charles Johnson durch den Church-Ausschuß wurde nach dem Freedom of Information Act freigegeben; es ist nicht im Bericht des Ausschusses enthalten. Die Begegnung Jack Kennedys mit den Exilkubanern in Miami beschreibt Haynes Johnson in *The Bay of Pigs*, New York 1964. Evan Thomas' Buch trägt den Titel *The Very Best Men*, New York 1995. Einige Dokumente über die Aktivitäten der Exilkubaner-Gruppen wurden Ende 1996 freigegeben und veröffentlicht innerhalb der Reihe *Foreign Relations of the United States, Cuban Missile Crisis and Aftermath*, Band XI. Die beste Darstellung der heimlichen Schachzüge der Regierung Kennedy während der Verhandlungen über ein Atomteststopp-Abkommen 1963 gibt I. F. Stone in seinem Artikel »The Test Ban Comedy« am 7. Mai 1970 im *New York Review of Books*. Stones Artikel war der dritte in einer vierteiligen Serie über das weltweite Wettrüsten.

## 22. Ellen

Ellen Rometsch erlangte Mitte der sechziger Jahre durch ihre Verwicklung in den Bobby-Baker-Skandal kurzzeitig Berühmtheit, seither ist sie von den Medien ignoriert worden. Der Abschlußbericht über den Fall Baker wurde am 8. Juli 1964 im Senat vorgelegt: *Financial or Business Interests of Officers or Employees of the Senate,* veröffentlicht vom Committee on Rules and Administration. Ein guter, zu einem frühen Zeitpunkt erschienener Artikel über den Baker-Skandal stammt von Keith Wheeler, »The Bobby Baker Scandal«, erschienen im Magazin *Life* vom 22. November 1963. Bobby Bakers Memoiren *Wheeling and Dealing*, New York 1978, sind zwar reine Selbstdarstellung, aber dennoch sehr lesenswert. Mitte 1963 wirbelte der Profumo-Skandal in den Vereinigten Staaten wie in Großbritannien viel Staub auf; einen Eindruck der Ereignisse vermittelt der Artikel von Edward Behr »The Crisis over Christine« in der *Saturday Evening Post* vom 13. Juli 1963. Beschloss und Reeves haben gute Zusammenfassungen des Skandals und seiner Auswirkungen auf die Macmillan-Regierung und die britische Diplomatie vorgelegt. Zwei Bücher zum Profumo-Skandal seien genannt: Anthony Summer und Stephen Dorril, *Honey Trap,* New York 1987; Phillip Knightley und Caroline Kennedy *An Affair of State: The Profumo Case and the Framing of Stephen Ward,* New York 1987. Cleveland Cram wurde im Juli 1997 in Washington und einen Monat später für Lancer Productions ebenfalls in Washington interviewt. Brian Horan wurde im August 1997 telefonisch in seinem Haus in New Jersey interviewt, sein Bruder Gary einige Tage darauf in seinem Büro in Brooklyn, ebenfalls telefonisch. Warren Rogers wurde im Februar 1994 und noch einmal im

August 1997 telefonisch interviewt. George Miron wurde im Februar 1996 in seinem Washingtoner Büro interviewt. Pat Holt wurde im Oktober 1994 in seinem Haus in Maryland interviewt, Courtney Evans im Mai 1994, Mai 1995 und April 1997 in seinem Washingtoner Büro. Evans' FOIA-Dokument gelangte in den achtziger Jahren an die Öffentlichkeit, ebenso einige andere Memoranden des US-Justizministeriums, auf die in diesem Kapitel zurückgegriffen wurde. Die ganze Tragweite der Unterlagen im Hinblick auf Präsident Kennedy war bis zu dem vorliegenden Buch nicht bekannt. Raymond Wannell wurde im März 1994 in seinem Haus in Maryland interviewt und noch einmal telefonisch im August 1997. Wayne Duffy wurde in seinem südkalifornischen Haus im Juli und August 1997 viermal telefonisch befragt. Der zitierte Artikel von Mollenhoff trug den Titel »U.S. Expels Girl Linked to Officials« und erschien am 26. Oktober 1963 im *Des Moines Register*. Mike Mansfield wurde im September 1997 telefonisch in seinem Washingtoner Büro befragt. Burkett Van Kirk wurde für das vorliegende Buch von Dezember 1993 an viele Male in Washington interviewt und im Juni 1997 in seinem Haus in Sea Pines in Georgia für Lancer Productions. Frank Harrington wurde von Feburar 1994 an dreimal in seinem Haus auf Cape Cod telefonisch interviewt. Das Interview mit Grant Stockdale fand im April 1996 in Washington statt.

## 23. Vietnam

Die beste Darstellung der Ereignisse, die zu Diems Ermordung führten, gibt Ellen J. Hammer in *A Death in November*, Santa Rosa 1987. Das Buch fand sehr viel weniger Aufmerksamkeit, als es verdient hätte. Einen guten Überblick über die Politik der Regierung Kennedy in Südvietnam vermitteln das Standardwerk *The Best and the Brightest* von David Halberstam, New York 1972 (dt.: *Die Elite. The best and the brightest,* Reinbek bei Hamburg 1974), *The Irony of Vietnam: The System Worked* von Leslie H. Gelb in Zusammenarbeit mit Richard K. Betts, Washington 1979, und *An International History of the Vietnam War. The Kennedy Strategy* von R. B. Smith, New York 1987. Unbedingt lesenswert ist auch der glänzende Essay von Noam Chomsky über den Einfluß Kennedys auf die Ereignisse in Vietnam *Rethinking Camelot,* London 1993. Michael Forrestals Aussage wird zitiert in *The U.S. Government and the Vietnam War. Part* II, 1961–1964 (S.138), herausgegeben vom Forschungsdienst der Library of Congress für den Senatsausschuß für Auswärtige Beziehungen, Washington 1984. Die Bände wurden vom Mitarbeiter des Forschungsdienstes Dr. William Conrad Gibbons verfaßt. Eine kritische Darstellung des Wirkens von Henry Cabot Lodge in Vietnam gibt Anne E. Blair in *Lodge in Vietnam: A Patriot Abroad,* New Haven 1995. Die Vorgeschichte der Beziehung zwischen den Kennedys und Ngo Dinh Diem wird in Teil 1 der zitierten Gesamtdarstellung der amerikanischen Beteiligung in Vietnam geschildert, ebenfalls 1984 herausgegeben von der Library of Congress. Lucien Conein wurde im Januar 1996 in seinem Haus in einer Vorstadt Virginias interviewt. General Paul Harkins' lobende Worte über Diem finden sich in den Pentagon-Papieren. William Manchester wurde im Juli 1995 in seinem Büro in Middleton in Connecticut interviewt und danach noch telefonisch. Henry Cabot Lodges Unterlagen und unveröffentlichte Memoiren werden von der Massachusetts Historical Society in Boston aufbewahrt. Der zitierte Beitrag Mieczyslaw Maneli erschien am 27. Januar 1975 in der *New York Times* unter dem Titel »Vietnam '63 and Now«. Robert K. Brigham vom Vassar College hat sehr intensiv darüber geforscht, welche Rolle der Neutralitätsgedanke Anfang der sechziger Jahre in Südvietnam spielte. In Kürze erscheint seine Studie *The NLF's Foreign Relations and the Viet Nam War*. Richard Smyser wurde im Juli 1995 in Washington interviewt, Allen Whiting im September 1995 in Washington, Tom Hughes im Dezember 1994 ebenfalls in Washington und telefonisch im September 1997 in Neu-Delhi. Rufus Phillips wurde im Dezember 1995 in seinem Haus in einer Vorstadt von Virginia interviewt, er stellte dem Autor einen nicht veröffentlichten Erinnerungsbericht über seine Dienstzeit in Vietnam zur Verfügung. Daniel Ellsberg wurde zunächst im Dezember 1995 zu seinen Gesprächen mit Edward Lansdale interviewt, im April 1997 schrieb er für dieses Buch eine ausführliche Zusammenfassung der Gespräche. Senator Mike Mansfields Äußerung zu Kennedys Plänen für einen Rückzug aus Südvietnam ist oft zitiert worden; siehe dazu den Beitrag »LBJ and the Kennedys« von Kenneth O'Donnell im Magazin *Life*, Ausgabe vom 7. August 1970. Joe Croken wurde im September 1997 telefonisch in Boston interviewt. Herbert Parmet stellte dem Autor freundlicherweise die Tonbandaufzeichnungen seiner Interviews mit Eleanore Carney zur Verfügung. Torbert Macdonald jr. wurde im Dezember 1994 und im September 1997 telefonisch in seinem Haus in Cape Neddick im Bundesstaat Maine interviewt. Tran Van Dinh wurde im Juni 1995 in seinem Haus in Washington interviewt.

### 24. Die letzten Tage

Malcolm Kilduff wurde ab Februar 1995 dreimal telefonisch in Kentucky interviewt, im September 1996 wurde er noch einmal für Lancer Productions in Washington interviewt. Hugh Sideys Artikel über Kennedy »Upstairs at the White House« erschien am 18. Mai 1987 in *Time*. James Johnston wurde im März 1994 und im Mai 1995 in Washington interviewt. Der zitierte Artikel von Stewart Alsop trug den Titel »A Conversation with President Kennedy« und erschien am 1. Januar 1966 in der *Saturday Evening Post*. Karl Kaysen wurde im Mai 1994 in Boston interviewt. Donald Reynolds Aussage vor Burkett Van Kirk und dem Rechtsausschuß des Senats wird zitiert bei Clark Mollenhoff, *Despoilers of Democracy*, New York 1965.

James Dingeman wurde im November 1993 und im Mai 1995 in seinem Haus in einem Vorort in Virginia telefonisch interviewt. Richard Burke wurde im März 1994 in Washington und im Januar 1997 in Los Angeles interviewt. Sein vielkritisiertes Buch über Senator Ted Kennedy, das dennoch ein Bestseller wurde, trägt den Titel *The Senator: My Ten Years with Ted Kennedy,* New York 1992 (dt.: *Ted Kennedy und die Macht eines Clans,* Bergisch Gladbach 1993). Frank Mankiewicz wurde im April 1994 in seinem Büro in Washington interviewt. Bobby Kennedys Briefwechsel mit Earl Warren findet sich in den Unterlagen der Warren-Kommission.

# Register

Accardo, Anthony 147
Acheson, Dean 364–365
Adonis, Joey 63, 106
Agnelli, Marella 410
Alderman, Jerome S. 331
Alsop, Joseph 177, 178, 180, 261, 441–442
Alsop, Stewart 85, 180, 459
Ambrose, Stephen E. 184
American University, Rede von JFK an der 396–398, 399, 408
Appleton, Frank 339
Arbenz Guzman, Jacobo 167, 189, 226
Artime, Manuel 392
Arvad, Inga Marie 90–92, 150
Atomwaffen
   Berlin-Krise und 274
   China und 459–461
   JFKs Rede über 396–397
   Kuba-Raketenkrise und 388
   US-sowjetischer Umgang mit 358–359, 397–400
   US-Überlegenheit in 272
Attentatsausschuß des Repräsentantenhauses 143
Außenministerium 189, 257, 259, 262–263, 413

Bacon, James 111–112, 307
Baker, Bobby 40, 119–120, 402–404, 415–416, 420, 421–422, 427, 465–466
Balletti, Arthur J. 298
Barron, W. W. (Wally) 103, 104

Bartlett, Charles 15–16, 29, 44, 126, 213, 311, 343, 367, 372, 374, 434–435, 447, 448, 462–463, 464–465
Bates, Charles 406, 407
Batista, Fulgencio 161, 182, 183
Beck, Ludwig 75
Behn, Jerry 247
Belin, David W. 194
Bellino, Carmine 116
Bergquist, Laura 344–345
Berlin 191, 276, 356, 359, 360, 371
   Krise in 257, 259–261, 265–273, 343, 346
   JFK in 408
Berliner Mauer 267
Beschloss, Michael 82, 197–198, 396, 398, 408
Betancourt, Ernest 213–214
Biddle, Anthony Drexel 83
Billings, K. LeMoyne 260
Bissell, Richard M., Jr. 168–169, 174, 175, 176, 177–179, 180, 185, 189–197, 199, 200, 202, 204, 209, 210, 222–225, 281, 283
Blakey, G. Robert 143, 144, 157
Blauvelt, Gerri Hendricksen 342
Blauvelt, Louis L. 342–343, 344, 345, 348, 349, 351
Block, Charlie 65–66
Bolschakow, Georgi N. 256–258, 259, 262–263, 268, 270, 271, 272, 355–360, 356, 359–360, 362, 372, 472–473

Bolton, Seymour 458
Bonanno, Joseph 61
Born, Roscoe C. 100-101
Bouck, Robert I. 18, 19
Bowles, Chester 265
Bracken, Brendan 85
Bradlee, Benjamin 37, 44, 136, 258, 343, 344, 349-352, 405, 419, 425, 462
Bradlee, Tony 352
Bross, John 180
Brown, Bonn 103, 104
Brown, Malcolm 430
Bruce, David 405
Bruno, Jerry 45-46, 311
Bullitt, William C. 78, 83
Bundy, McGeorge 12, 33, 42, 43, 44, 47, 116, 192-196, 208, 209, 217-218, 226, 255, 285, 288, 363, 374, 377, 453, 472
Burke, Arleigh 283, 285, 286, 287, 493
Burke, Richard 474-475
Burnham, Forbes 277
Burns, John J. 72
Byrd, Harry F. 136, 156

Cabell, Charles P. 176, 288
Cagney, James 152
Campbell, Judith. Siehe Exner, Judith Campbell
Campbell, William 307
Capeheart, Homer 386
Capone, Al 59, 62, 63, 64, 137, 144
Carlson, Alex 224
Carney, Eleanore 450-451
Carter, Clifton 156
Carter, Marshall 295
Carter, William R. 321, 322, 328-329
Casey, Joseph E. 53-54
Cassara, Thomas J. 62-64
Cassini, Igor 202-203
Cassini, Oleg 202
Castro, Fidel 456, 466-67
  als Bedrohung 284, 287, 448
  Chruschtschow und 353
  Eisenhower und 13, 170, 181
  Kennedys und 194, 227, 276, 278, 279, 281, 291, 395; JFK 13, 161, 162, 175, 181, 182-84, 188, 355,

357, 383; RFK 281, 283, 287-288, 299, 355
  Mordpläne gegen 189, 190-196, 202, 205-207, 388, 433, 456, 466-467; CIA und 167-171, 180-181, 279-303, 317, 335, 458; Kubakrise und 354-355, 358-359, 374-376, 383; Kennedys Kenntnis der 13-14, 300-301, 468; Organisiertes Verbrechen und 14-15, 167-174, 181, 182, 209-212, 215, 217-220, 280, 282, 283, 295-301, 317, 318, 389; und Schweinebucht 209-212, 217-220, 224-225, 280-281, 301-303; als Sicherheitsrisiko 236
  Nixon und 162, 171-172, 181-184, 186
  Popularität 213
  als Wahlkampf-Thema 161-162, 181-184, 186
Castro, Raul 168, 282
Celler, Emanuel 164
Central Intelligence Agency (CIA)
  Abteilung für ausländische Nachrichtendienste des 170
  Abteilung für technische Dienste (Technical Services Division (TSD) 199
  in Berlin 268-269
  Bundy und 195-196
  CIA-Bericht 173, 192, 211, 299-301, 468
  Exilkubaner und 391-395
  FBI und 298
  Geheime Kanäle zur Sowjetunion und 259
  JFK und 175, 180, 181, 184, 281, 282, 290, 300
  Joseph Kennedy und 60, 83, 154, 155, 179
  in Kuba 170, 189, 271, 288-289, 458
  Kubakrise und 361, 363, 377-378
  Mordpläne gegen Castro und 13, 236-237, 279-303, 456, 458, 466-469; unter Eisenhower 167-172, 173-174, 180-181; Organisiertes Verbrechen und 144, 168-172, 209-212, 298-300, 301, 317-319, 335

in Lateinamerika 277–278
Nixon und 162, 163, 164, 165, 176
Politische Morde und 189–207
Profumo-Skandal und 406–407
RFK und 279–280, 281, 282–283,
   287–288, 299
Schweinebucht und 213, 215–224
in Saigon 432–443
Siehe auch: Operation Moongoose
Chamberlain, Neville 73
Chang, Gordon H. 459
Chang, Suzy 405, 409, 412
Checkpoint Charlie (Kreuzung
   Friedrichstraße) 268, 270–273, 276
Christ, David L. 170, 171
Christie, Sid 103, 104, 105
Church, Frank 168, 192, 225, 301
Church-Report 168, 172, 173, 300,
   304, 324
Church-Untersuchungsausschuß 168,
   192–193, 195, 201, 203, 204–205,
   211, 219, 224, 287, 298, 299, 300,
   301, 304, 305, 324–325, 388, 395,
   446, 452, 458, 468
Churchill, Randolph 73, 85
Churchill, Winston 78, 81, 83
Chruschtschow, Nikita 168, 185, 283,
   302–303, 354–355
Absetzung von 400
Atomteststopp-Vertrag und 397–400
Berlin-Krise und 264, 267–268,
   271–273, 274
Bolschakow und 262, 472
Jagan und 278
JFK und 197, 218, 244, 264, 400,
   408; in Berlin 256, 258, 260,
   261–262; China und 460; in
   Wien 259–262
RFK und 472–473
Kubakrise und 14, 386, 387, 388;
Atom-Sprengköpfe 368; Jupiter-
Raketen 358; JFK und 353, 354,
   356, 357, 362, 366, 367, 374, 376,
   377, 378, 380, 381; Kuriere in den
   geheimen Kanälen 354–355, 359–
   360, 361, 364, 372
CIA-Bericht (1967) 173, 192, 211,
   299–301, 467–468
Clark, Alfred Corning 118

Clark, Alicia Darr (Barbara
   Kopszinska) 116–124
Clark, Blair 231–232, 308
Clay, Lucius 267, 270–272
Clifford, Clark M. 120–121, 128–129,
   227, 343–344, 349, 351
Cockburn, Claud 75
Colby, William L. 292
Conein, Lucien 433, 446–447, 450
Cooper, Chester 460
Cooper, John Sherman 463
Corbin, Paul 461–464
Corcoran, Thomas G. 76
Costello, Frank 59, 60, 61, 62, 63
Costello, John 82
Cotten, Joseph 306
Cram, Cleveland 406–407
Cretzianu, Alexandre 164–165
Croken, Joe 450
Cronkite, Walter 231, 436
Crosby, Bing 252, 253, 457
Crosby, Kenneth M. 167
Crowley, Robert T. 83
Cubela, Rolando 458, 466–468
Curtis, Carl 416, 422
Cushing, Richard Kardinal 105,
   339–341
Cushman, Robert E., Jr. 172

Daley, Richard J. 62, 135–137, 156
Dalton, George E. 474–476
D'Amato, Paul (Skinny) 105–107, 203
Darr, Alicia. Siehe Clark, Alicia Darr
Davis, Sammy, Jr. 308
Dearborn, Henry 202
de Gaulle, Charles 437
DeLoach, Cartha D. 60, 150–151,
   158–159
Demaris, Ovid 305
Demokraten, Parteitag der
   1956 94
   1960 98, 100, 114, 120, 127–128,
   316, 321; JFK auf dem 95, 125,
   127–128
Dennison, Robert L. 221, 365
Desloge, Firmin V. 343–344
DeStefano, Rocco 64
Deutschland 260, 265
Siehe auch Berlin; Ostdeutschland

Devlin, Lawrence 200
Diem, Ngo Dinh. Siehe Ngo Dinh, Diem
Dillinger, Joe 152
DiMaggio, Joe 108
Dingeman, James R. 474
Dinneen, Joe 71
Dirksen, Everett 158–159, 417–419, 421
Dirksen, Herbert von 70
Dobrynin, Anatolij 360, 372–375,
  378–382, 384, 473
Dolan, Joseph F. 12, 323–324, 461
Donald, David Herbert 263–264
Donovan, Hedley 215
Donovan, William J. (Wild Bill) 78
Douglas, William O. 432
Downey, Morton 342
Downey, Morton, Jr. 342
Draznin, Julius 20, 470–471
Duffy, LaVern 413–415
Duffy, Wayne A. 414–415, 425
Dulles, Allen 165, 167, 175–176,
  179–181, 184, 185–186, 190, 210,
  212, 213, 225, 283, 287
Dungan, Ralph A. 43
Duong Van Minh (Big Minh) 431, 433,
  446, 448, 450

Earle, Peter 411
Early, Steve 77
Edwards, Sheffield 169, 283, 299–302
Eisenhower, Dwight D. 14, 94, 124,
  154, 162, 165–168, 177, 181, 182,
  198, 200, 215, 224, 227, 283, 358,
  370–371, 382–383, 458
Eisenhower-Regierung 124, 160–161,
  170, 177, 183, 185, 189, 199, 201,
  202, 206, 316
  Aufstände in Lateinamerika und
    206–207
  Castro und 14, 167, 168, 170–171,
    181, 185, 316
  Geheimdienstaktivitäten während
    227–228
  Kritik von JFK an 182, 183
  Kuba und 162, 167, 170, 172, 176,
    181, 182, 186
  Politik der »flexible response« 283
  Politische Morde 189, 190, 200, 201,
    224

Elder, Walter N. 287, 293
Ellsberg, Daniel 443–445
Ellwood, Richard 326–327
Emerson, Gloria 35–36, 37, 40, 41, 43,
  44
Engelhard, Charles W. 115–116
Evans, Courtney 410–411, 412–413,
  417–418
Exner, Dan 304
Exner, Judith Campbell 15, 143, 299,
  304–335, 336, 419, 468, 475

Falin, Walentin 272–273
Federal Bureau of Investigation
  (FBI) 17, 20, 59, 60, 65–66, 82, 89,
  92, 93, 142–144, 147–148, 150, 151,
  152, 153, 298, 305–306, 320–325,
  328, 331–332, 334, 378, 406–407,
  412–413, 417–418, 470
Fejos, Paul 90
Felt, Harry 251
Ferraro, Frank 147
FitzGerald, Desmond 391–393, 395,
  396, 466–468
FitzGerald, Frances 391, 393
FitzGerald, John Francis (Honey Fitz)
  49–55, 58, 59
  Ermittlungen über 49–51
  JFK und 54
  Joseph Kennedy und 53
  Korruption von 17, 51, 58
  Politisches Erbe 49, 51–52, 53
  Wahlen von 1918 und 50, 51, 52, 58
Fleming, Ian 175, 180
Ford, Charles 295–297, 299, 302
Ford, Gerald R. 193
Forrestal, Michael V. 429–430, 441,
  442–443
Foster, William C. 459–460
Frankfurter, Felix 290
Frasca, Dom 409, 410–412, 416
Friedman, Jacob W. 117
Fulbright, J. William 269
Fursenko, Aleksandr 210, 259,
  359–360, 376–377, 472–473
Fusco, Joseph Charles (Joey) 63, 64

Gabriel, Victor 102–104
Gaddis, John Lewis 303

Gallagher, Mary 246
Garden, Robert 121–122
Garthoff, Raymond L. 271–273
General Dynamics Corporation 332
  TFX-Kampfflugzeug 306, 328, 329,
    330–331
Genfer Indochina-Abkommen
  (1954) 438
  Verletzungen des Abkommens durch
    die USA 275, 276
Gewerkschaften 14, 20, 134, 137,
  140–141, 145, 147, 148–150, 219
Ghormley, Robert L. 78
Giancana, Antoinette 145
Giancana, Sam 144–146, 147, 419
  Judith Exner und 143, 299, 304,
    309–310, 313–326, 332–334
  in Hollywood 145
  JFK und 144, 171, 173–174, 304–
    305, 310, 315–320, 332, 336
  Joseph Kennedy und 134, 137–140,
    143, 146, 149
  Kennedys und 14, 19, 137–138, 144
  Mord an 305
  Mord an Kennedy und 20, 470–471
  Mordpläne gegen Castro und 15,
    171–174, 180, 182, 209–212,
    217–219, 283, 298–301, 317, 318
  Rosselli und 169–170
  Sinatra und 106, 140–141, 145–146,
    309–310, 315
  Wahl von 1960 und 139, 140–141,
    147, 171–172, 182
Gilpatric, Roswell 272, 288, 331, 369
Goldberg, Arthur 288
Goldwater, Barry 121, 122
Goodwin, Doris Kearns 51
Goodwin, Richard N. 41, 226, 289–291
  Kuba und 208–209, 289
Göring, Albert 163
Göring, Hermann 74, 89, 163
Gottlieb, Sidney 196, 199, 200
Gould, Milton S. 348
Grant, Johnny 307, 334–335
Greenson, Ralph 109
Grober, Bert (Wingy) 66
Gromyko, Andrej 365–369, 376, 382
Großbritannien 69, 78–79, 86–87, 394
  MI5 73, 85, 406, 407

Profumo-Skandal in 404–412
Guatemala 189, 226
  Training für die Schweinebucht-
    Landung in 172, 211, 212, 219
Guevara, Ernesto (Che) 168, 226, 282
Guthman, Edwin O. 257
Guayana 276–277
Guzmán. Siehe Arbenz Guzmán,
  Jacobo

Haig, Alexander M., Jr. 387
Halberstam, David 292
Halder, Franz 75
Hale, Billy 329, 332
Hale, Bobby 329, 332
Hale, I. B. 329, 332
Halifax, Lord 76, 78, 80
Halperin, Morton 255
Halpern, Samuel 197, 279–281, 293,
  294–295, 302, 375, 383, 388–389,
  392–393, 396, 466–468
Hamilton, Nigel 30, 91, 239
Harkins, Paul D. 434
Harriman, Averell 397, 460
Harrington, Frank 424
Hart, Gary 457
Harvey, William K. 191–193, 195,
  196–197, 201, 269, 280, 282, 300–
  301, 355, 365, 388–389, 391, 395
Hatcher, Andrew 347
Helms, Richard 192, 206, 281, 294,
  364, 389, 467–468
Herbst, William P., Jr. 239–241
Hickenlooper, Bourke B. 387
Hill, Clint 234, 245, 248
Hitler, Adolf 70, 73, 75, 76, 78, 79, 83,
  86, 89, 92, 167
Hobson, Valerie 405
Ho Chi Minh 438, 441
Hochstein, Philip 157
Hoffa, James R. (Jimmy) 20, 149–150
Holborn, Fred 232
Holeman, Frank 257
Hollis, Roger 406
Holt, Pat 410
Hoover, J. Edgar 150–153
  Arvad-Ermittlungen und 90, 91, 92
  LBJ und 133
  Florence Kater und 113

JFK und 60, 117, 150, 180–181, 310–311, 322–323; Ermordung 470; Erste Ehe 345; Mittagessen mit 324–325, 328, 419
Joseph Kennedy und 59–60, 88–89, 92–93, 133, 150, 153, 154, 155
RFK und 20, 24, 117, 118, 119, 121–122, 283, 322–323, 417–419
Palmer-Kampagne und 151
Profumo-Skandal und 406–407, 411–412
Ellen Rometsch und 412–413, 417–421, 425
FDR und 89, 90–91, 152
Wahlen von 1960 und 142
Wiederernennung 17, 155, 157, 181
Siehe auch Federal Bureau of Investigation (FBI)
Hope, Bob 306
Hopkins, Harry 85
Horan, James D. 409, 410–412, 416
Houston, Lawrence 299–302
Howe, Deering, Jr. 341–342
Howe, Frances 341–342
Hughes, Tom 440
Hull, Cordell 74
Humphrey, Hubert H. 96, 98, 100, 101, 102, 104–105, 310
Humphreys, Jeanne 146–150, 171
Humphreys, Murray (Das Kamel) 138, 146–150
Hurst, Q. Byrum 61
Hurwitch, Robert A. 289

Ickes, Harold 71, 75, 77
Immoor, Frederick 306
Immoor, Jacqueline (Susan Morrow) 306
Immoor, Katherine 306
Iwanow, Jewgenj 404–405, 407

Jacobsen, Max 16, 242–244
Jagan, Cheddi 279–279
James, Henry 28
Jelke, Minot Frazier, III. 118
Johnson, Charles E. III 388
Johnson, Haynes 390
Johnson, Lady Bird 40, 466
Johnson, Lyndon Baines (LBJ) 241, 252

Baker und 119, 402, 415, 421, 465, 466
J. Edgar Hoover und 133
JFK und 14, 125–127, 456; Ermordung 11, 471
Kennedys 12, 16, 19, 21, 40, 84, 421–423, 464, 465–466
Krieg der Armut (War on Poverty) 476
als Präsident 11, 461, 472, 473, 476
Vietnamkrieg und 358, 454
als Vizepräsidentschafts-Kandidat 98, 125–133
Wahlen von 1960 98, 156
Vorwahlen in West Virginia 101–102
Johnston, James 458
Jupiter-Raketen in der Türkei 358, 361, 377, 381–383, 384, 387–388
Justizministerium 92, 93, 148, 462
Alien Enemy Bureau des 151
JFK und 323, 324
Wahlen von 1960 und 15, 143, 157, 158
Organisiertes Verbrechen und 19, 60, 297, 471
RFK und 461, 470

Kane, Joseph L. 54–55
Kassem, Abdul Karim 199
Kater, Florence M. 112–115
Katzenbach, Nicholas 323
Kaysen, Karl 460
Keating, Kenneth 360, 363
Keeler, Christine 404–405, 407
Kefauver, Estes 62, 63, 94
Kelly, Machine Gun 152
Kempton, Murray 185
Kennedy, Caroline (Tochter) 32, 33, 45, 230, 231, 338
Kennedy, Edward M. (Ted) 30, 53, 93, 102, 134, 185, 245, 250–251, 308, 386, 474, 475
Kennedy, Ethel (Frau von RFK) 425
Kennedy, Eunice (Schwester) 39, 153, 185, 341
Kennedy, Jacqueline Bouvier (Frau) 24, 202, 227, 231–232, 258, 338, 352, 435
Fernsehen und 233

Gesundheit von 243
JFK und 32, 35, 39, 245–246, 248,
250, 315, 336; Affären 310, 344;
Ermordung 11, 12, 22, 470; Kam-
pagne zur Wiederwahl 456–457
RFK und 258
Wahlkampf 1960 und 96
Kennedy, John Fitzgerald, Jr.
(Sohn) 33, 231, 338
Kennedy, John Fitzgerald, Jr. (JFK)
Attraktivität von 24, 35, 37, 187
über Atomwaffen 396–398, 399
Außenpolitik von 357, 455
Berlin-Krise und 259–261, 264–273
Bissell und 175, 176, 177, 178, 179,
180, 182, 185
Bürgerrechte und 41, 356
Castro und 161, 291; Besessenheit
von 13, 227, 357, 468–469; Kuba-
krise 354, 357–358, 383; Mord-
pläne 13, 205, 206–207, 212,
281, 291, 317, 334, 433, 458, 468;
Wahl 1960 162, 175, 181–183,
187–188
CIA und 175, 176, 177, 184, 281,
282–283, 291, 300
China und 456, 458–461
Chruschtschow und 197, 218, 264,
400
über Depression (Weltwirtschafts-
krise) 47
Diem und 431, 432–433, 435, 443,
444–445, 446, 447–448, 450, 451
Dulles und 175–176, 177, 179, 182,
184, 185, 186
Ehe von 39, 40, 315–316, 456–457;
erste Ehe 12–13, 336–352
Eisenhower und 370–371, 382–383
Ernennung von Richtern 52
Ermordung von 11, 20, 24–25, 468;
Konspirationstheorien 471, 472,
477; Erwähnungen 104, 295,
306, 331, 369, 447, 449, 461–
462, 464
Exilkubaner und 390–391, 392–395
Fernsehen und 160, 183, 187, 231,
386
Gesundheit von 16, 26–27;
Addison-Krankheit 16, 26, 27;

Amphetamine 242–244;
Geschlechtskrankheit 239–242
Giancana und 14, 182, 304, 310,
315, 316, 319, 332, 336; Wahl
1960 134, 139, 144, 171, 173–174
beim Gipfel von Wien 259–262, 265
Gromyko und 365, 366
Historisches Wissen von 263–264
Honey Fitz und 52, 54
Hoover und 60, 118, 150, 181,
310–311, 321–326, 328, 418–419
Intellektuelle und 43
LBJ und 126–133, 422–423
RFK und 41, 53, 133
Kinder und 33–35
Korruption von 14–16, 327, 462
über Kubakrise 386
über Lateinamerika 458
Lesegewohnheiten von 38, 230
Männer und 35, 37, 42–44, 45
Mitarbeiter und 42
Mutter und 30–31, 33
Nixon und 130, 182, 186
O'Donnell und 463–464
Öffentliches Bild von 48, 208,
229–234
Persönlichkeit von 26, 37, 44
Persönliche Aufzeichnungen von 12,
15, 21, 474
als Politiker 40
Politische Morde und 189–190, 191,
194–195, 196, 201
Präsidentschaftskandidatur von 95,
127–128
Presse und 37, 69, 348; letzte
Pressekonferenz 449
Religöse Themen und 96, 98, 105
Senatsausschuß zur Bekämpfung des
Organisierten Verbrechens und
138
Sexuelle Aktivitäten von 15, 22–23,
24–25, 28, 30, 31–33, 35–37, 42,
44–45, 47, 125, 133, 142, 161,
229, 234–238, 250–254; Inga
Arvad 89–92; Erpressung
und 133, 251; Alicia Darr
116–124; Judith Exner 304,
308–335, 336; Florence Kater
über 110–115; Marilyn Monroe

108–112, 152, 348, 475; Fotografien 23; im Schwimmbad 244, 245–251, 404, 457; Profumo-Skandal 404, 412; Ellen Rometsch 401, 403–404, 418–419
Sinatra und 142, 308, 310
Stevenson und 218, 265
Tagesablauf von 233–234
Trujillo und 203–204
über Ungleichheit 46–47
Unterstützung für 266
Vater und 29, 32, 40, 55, 57, 66, 71, 334
Vietnam und 228, 261, 429, 430, 434–435, 442
Wahlkämpfe von; Kongreßwahlen 1946 66; Senatswahlen 1952 30; Präsidentschaftswahlen 456; Siehe auch Präsidentschaftswahlen (1960)
Zynismus von 187
Siehe auch Schweinebucht-Invasion; Kubakrise
Kennedy, Joseph, Jr. (Bruder) 52, 91, 344
Joseph Kennedy, Sr. und 85, 89
Tod 29, 54, 57, 342
Kennedy, Joseph Patrick (Vater) 28, 40
Antisemitismus und 69, 70–71, 75
Behandlung von Angestellten 46
über Berlinkrise 268
als Botschafter in England 53, 57, 67–79
Churchill-Roosevelt-Telegramme und 78–79, 81–84
CIA und 60, 154, 155, 179
Diem und 431, 451
Dulles und 179
Eisenhower und 154
Familie und 30
Geheimnisse von 56, 58, 67
Geld und 56–57, 58
Geschäftskarriere von 56–66
Gewerkschaften und 138
Giancana und 14, 134, 137, 138–140, 144, 147, 149
Hitler und 70, 73, 74, 75, 76, 86, 89
Honey Fitz und 50, 52
Hoover und 47–48, 81–82, 86, 129, 147, 149, 150, 150, 151

Isolationismus von 57, 88
LBJ und 40, 125, 126–127
Journalisten und 68–69
JFK und; Affären 91, 92, 116, 121, 123, 246–247; Erste Ehe 337, 339, 340, 341; Krankheit 28–29; Öffentliches Bild 232–233; Politische Karriere 54–55, 91–92, 95, 97, 101–102, 105, 134, 140
MI5-Überwachung von 73, 85
Organisiertes Verbrechen und 59, 60, 61, 105, 106–107, 137, 138
Prohibition und 58, 59, 60, 61, 68, 146, 154
Rechtsanwällte von 93, 113
FDR und 57, 68, 73, 74, 75, 76, 77, 78–79, 80–93, 152
James Roosevelt und 59, 67, 68, 69
Schlaganfall 57
Schweinebucht und 226
Söhne und 89–90, 92–93, 134, 138, 155, 157, 158
Töchter von 40
Trujillo und 203–204
Vorwahlen in West Virginia und 102, 105
Wahlen und; 1918 50, 52; 1940 77, 86–87; 1960 64
im Zweiten Weltkrieg 69–70, 71–72, 75, 86–87
Kennedy, Kathleen (Schwester) 57
Kennedy, Patricia. Siehe Lawford, Patricia Kennedy
Kennedy, Patrick (Sohn) 33–34, 456
Kennedy, Robert Francis (RFK)
Abhörsystem im Weißen Haus und 18–19, 474
Aufzeichnungen von 296
über Berlinkrise 264–265, 268, 271, 273, 274
Cassini und 203
Castro und 228, 279, 281, 282, 283, 287–288, 291, 299, 354, 468
über Chruschtschow 260
CIA und 279, 280, 281, 282, 283, 288, 298
Corbin und 461–462
über Diem 453
Ermordung 461–462

und geheime Kanäle zur Sowjetunion 258–260, 262–263, 472
Geheimnisse und 17, 24, 27, 28
Giancana und 137, 317–318
Hoffa und 20, 149–150
Hoover 20, 24, 117, 118, 121–122,
282–283, 322–323, 416–419
LBJ und 125, 126–127, 128, 129,
131, 132, 133, 421–423, 461
als Justizminister 158–159
Kuba und 186, 293, 295, 378–393;
Exilkubaner 392–393
Kubakrise 13, 357, 363–364, 365,
366, 374, 377, 383–384; Bolscha-
kow und 359–360, 361, 362,
372–373; Dobrynin und 372,
378–379, 380, 381, 384
JFK und 39, 41, 110, 122, 133,
323–324, 441, 450; Ermordung
11–12, 19, 20, 21, 470–473, 476,
477; Erste Ehe 336, 345; Gesund-
heit 241, 245; Gipfel in Wien
261–262; Kampagne zur Wiederwahl 456
Krieg gegen das Verbrechen und 288
Lansdale und 365
Evelyn Lincoln und 423–424
Marilyn Monroe und 348
O'Donnell und 464
Organisiertes Verbrechen und 20,
106, 141, 295–297, 322, 332
Politische Morde und 194, 197,
204–205
Position von 255–256, 259
Präsidentschaftswahlen von 1960
und 15, 95, 157, 187
Presse und 346–348
Profumo-Skandal und 404–412
Ellen Rometsch und 412–415,
417–421
Schweinebucht und 222–223, 284,
286–287
über Senatsausschuß zur Bekämp-
fung des organisierten Verbre-
chen 93, 141, 297, 331
Sexuelle Aktivitäten von 245, 250
Sondergruppe für Anti-Guerilla-
Kriegführung (Counter Insur-
gency, CI) und 287–288

Vater und 29, 57, 101–102, 138
Vietnam und 228, 428, 453–455
Vorwahlen in West Virginia und 101,
102, 103, 104, 106
Wahlspenden und 15–16
Kennedy, Rose (Mutter) 52, 59, 82, 226,
347–348
LBJ 40
JFK 30–31, 33
Joseph Kennedy 40, 56
Roosevelt 84
Kennedy, Rosemary (Schwester) 82
Kent, Tyler 81–83, 86
Kerr, Robert 415
Kihss, Peter 183
Kilduff, Malcolm 457
Kissinger, Henry A. 255, 269
Klein, Herbert G. 186
Klemmer, Harvey 70, 72, 76, 80, 85
Knickerbocker, Cholly (Igor Cassini)
202
Knight, John S. 131, 132
Kondraschow, Sergej A. 269
Kongo 13, 189, 197, 198–201
Kopszinska, Barbara. Siehe Clark,
Alicia Darr
Krock, Arthur 68–69, 77, 81, 84, 85, 90
Kuba
Angriffspläne auf 288–290, 302–303
Blockade von 365, 366, 369, 372,
374
CIA-Aktivitäten in 164, 189–190,
269, 388–393, 458
Exilkubaner und 280, 284, 285, 289,
292;
Brigade 2506 390, 392; CIA
und 392–395; JFK und 389–390,
393–395; Schweinebucht
und 211–212, 213–215, 216–220
Kennedys und 47, 227, 265, 357,
364
Kalter Krieg und 197
Organisiertes Verbrechen und 19,
162, 295
Sowjetunion und 167, 168, 292,
302–303, 354, 358–359, 361, 394–
395
Wahl von 1960 und 174, 175,
180–181, 190

US-Geschäftsleute in 161
  Siehe auch: Castro, Fidel; Schweinebucht-Invasion; Kubakrise;
  Operation Moongoose, U-2-Flüge
Kubakrise (Oktober 1962) 14, 100, 181,
  244, 257, 270, 302-303, 312,
  353-385, 353, 354-355, 356, 357,
  358, 359-360, 361, 362, 363-364,
  365-369, 370-371, 372-373, 374,
  375, 375-376, 377, 378, 379, 380,
  381-382, 382-383, 384, 385, 386,
  387-388, 389, 397, 398-399, 424

Laird, Gail 312-313
Lalouette, Roger 437-438, 441
Lansdale, Edward G. 13, 280, 281,
  291-293, 293-294, 302, 355, 365,
  442-446
Lansky, Meyer 63
Lawford, Patricia Kennedy 108-109,
  145
Lawford, Peter 108-109, 111, 145,
  252-254, 308, 412
Lawrence, Barbara 391
Leahy, Jane 323
Lebow, Richard Ned 379
Lemnitzer, Lyman, L. 221, 275, 286-
  287, 288
Lightner, Allan 270-271
Lincoln, Evelyn 18, 19, 21, 45, 102,
  115, 120, 132-133, 190, 232-233,
  246, 311, 323, 324, 383, 423-424,
  463, 464
Lippmann, Walter 185, 367, 382
Lodge, Henry Cabot, Jr. 30, 54, 429,
  431-436, 440, 446, 447, 450, 453
Lothian, Lord 80
Lovett, Robert A. 365
Lowe, Jacques 230
Luce, Clare Boothe 85
Luce, Henry 85, 432
Lumumba, Patrice 13, 189, 192, 196,
  198-201, 202
Lynch, Grayston 284-285
Lyons, Louis 86

Maas, Peter 60
MacArthur, Douglas 454
McCabe, Gerry M. 285

McCahey, James B. 100
McCarthy, Joe 154, 448
McClellan, John L. 297, 330
McCone, John A. 287, 293, 301, 361-
  363, 364, 388-389, 406-407, 467
McCoy, Thomas F. 154
McCoy, Tim 91
McDonald, David J. 219
Macdonald, Torbert 449-451
MacDonald, Torbert, Jr. 451
McDonnell, Robert J. 139-140, 171
McGarr, Lionel 275-276
McGrory, Mary 308
McGuire, Phyllis 145-146, 298, 333
McInerney, James M. 93, 113, 121
McIntyre, William T. 247-249
MacMillan, Harold 24, 404-405, 408,
  417, 419
McNamara, Robert S. 21, 42, 43, 44,
  47, 198, 282, 330-331, 362-363,
  374, 384, 387-388, 400, 443-445,
  446, 453, 473
Madden, Owney 61
Mafia. Siehe Organisiertes Verbrechen
Maheu, Robert A. 169, 171, 209,
  218-220, 298
Malaxa, Nicolae 163-165
Malcolm, Durie 12, 16, 336-352, 420
Malraux, André 459
Manchester, William 29, 268, 435
Maneli, Mieczyslaw 437-439, 441
Mankiewicz, Frank 476
Mansfield, Mike 417-419, 421,
  447-448, 454
Marovitz, Abraham Lincoln 61-62
Martin, Dean 308
Martin, John Barlow 454-455
Martin, Ralph G. 54
Mason, Gordon B. 164-166
Meredith, James 357
Metrik, Simon 117, 121, 122-123
Meyner, Robert B. 115
Mickelson, Sidney 23
Mikojan, Anastas 168
Militär, US-
  Berlinkrise und 265-266
  General Dynamics und 329-331
  Kuba und 302-303, 353-354, 365,
    388-389, 371-372

Schweinebucht und 213–215,
217–220, 222, 293
Vietnamkrieg und 443–445
Miller, Arthur 108
Miller, Herbert J. 298, 323
Miner, John 109
Minh, Duog Van. Siehe Duong Van
Minh
Mirage, Doris 190
Mollenhoff, Clark 416, 421
Monroe, Marilyn 108–111, 152–153,
348, 475
Mooney, James D. 74
Moore, Edward E. 81, 82
Morde, politische 12, 189–207
Siehe auch Castro, Fidel; Kennedy
John F.; Kennedy, Robert F.;
Lumumba, Patrice; Ngo Dinh
Diem; Trujillo, Rafael
Morgenthau, Henry 77
Morgenthau, Robert 12
Morrow, Susan. Siehe Immoor,
Jacqueline
Mouvement National Congolais 199
Munden, H. Edward 121–122
Murphy, David E. 268–270
Murphy, Robert D. 203–204
Murrow, Edward R. 288, 289

Naar, Joe 39
Naftali, Timothy 209, 259, 359–360,
376–377, 472–473
Newcomb, Patricia 109, 111
Newman, Larry 33–34, 234–239, 240,
242, 244–247, 252–254, 401
Ngo Dinh Diem 13, 401, 428–455
Ngo Dinh Nhu 428–455
Ngo Dinh Thuc 432
Nguyen Ngoc Tho 449
Nhu, Madame 431
Nicaragua, Schweinebucht und 214,
222
Nixon, Patricia 162
Nixon, Richard M. 387
Außenpolitische Themen 181–182
Castro und 162, 171–172, 181–182,
184, 186
CIA und 162, 163, 164, 166, 176
Dulles und 179

Eisenhower und 160, 162, 163
JFK und 130, 186, 187;
Debatten 160, 185, 187, 244
Kuba-Thema und 181, 182,
184–185, 190, 217
Malaxa und 163–166
Rede in Checkers 162, 166
Rücktritt von 188
Vietnamkrieg und 358
Wahlkämpfe; 1952 162–164, 167;
1960 14, 107, 135, 136–137, 149,
157, 160, 171–172, 187; 1968 188
Nixon, Tricia 162
Noel, James 167
Novello, Angie 296, 470
Nowotny, Maria 405, 409, 411, 412

O'Brien, Lawrence 227
O'Connell, James 169, 219
O'Donnell, Kenneth 15, 30, 133, 227,
235, 236, 260, 268, 282, 323, 366,
447–448, 454, 456, 461–464
Operation Moongoose 280, 281,
288–293, 294, 302, 355, 361, 389,
395, 444
Organisiertes Verbrechen 59–66,
105–106, 150, 335
Abhörmaßnahmen gegen 20,
142–144, 171
in Chicago 65, 144–145, 147, 148,
149, 169, 316, 322–323
CIA und 144, 168, 169, 171–173,
298–301
Ermordung JFKs und 470–471
FBI und 140–141, 145
Gewerkschaften und 137, 140, 141,
147
Hotels und 62–63
Joseph Kennedy und 59–60
in Kuba 19–20, 161, 294–295
Mordplan gegen Castro
und 167–170, 171–174, 209–212,
217–220, 280, 281, 282, 294–296,
388–389
Politische Morde und 395
Senatsuntersuchungen über 62–63,
138–139, 147
in der Unterhaltungsindustrie
321–322, 334

Vorwahlen in West Virginia 105
Wahlkampf von 1960 und 105, 134,
    137–141, 146–148, 171–172, 310
O'Rourke, James J. 340–341
Orta Cordova, Juan 211–212, 220
Oswald, Lee Harvey 24, 457, 470–471
Ostdeutschland 191, 401, 412–415,
    416, 418
Otten, Alan L. 98–101

Paolella, Joseph 251–254
Papich, Sam J. 298–299
Parmet, Herbert 450–451
Parrott, Thomas A. 287–288
Pearl Harbor 89
Pentagon 302, 330, 353, 354, 365, 371,
    442, 443, 444, 445
Pentagon-Papers (Pentagon-Papiere)
    275, 228, 432, 433, 441, 443
Pham Van Dong 438
Philby, Harold (Kim) 191
Phillips, Rufus 442–443, 446
Plaut, Ed 54, 95
Plijew, Issa 368, 375
Polgar, Thomas 212
Powers, David 22, 233, 234–235, 236–
    238, 242, 248, 253, 319–320, 461
Powers, Francis Gary 168, 170,
    222–223
Powers, Thomas 206–207
Präsidentschaftswahlen (1960) 14,
    94–101, 96–105, 97, 108, 114, 119,
    124, 125, 135–137, 137–159, 160,
    174, 181–188, 187, 310, 462
Profumo, John 24, 404–407, 419
Profumo-Skandal 24, 404–407, 408,
    409, 411, 413, 416
Proxmire, William 45, 46
Purdom, Edmond 116–117, 118, 123

Raab, Maxwell 124
Raborn, William 467
Radziwill, Stanislaus 243
Raketen 272, 373, 368–369
    Boden-Luft-R. (BLR; Surface-to-air =
        SAM) 361, 370, 376, 377
    Interkontinentalraketen
        (ICBM) 160–161, 176, 353, 355,
        356, 361, 366, 376, 398–400

Jupiter-R. in der Türkei 358–359,
    361, 377, 378–383, 384, 387–388
    Siehe auch Kubakrise
Raskin, Frances 97
Raskin, Hyman B. 97, 127–132,
    311–312
Raskin, Marcus 33, 208–209, 225–226
Rayburn, Sam 127, 128–130, 131, 132
Reed, James 26, 39, 42
Reed, Jewel 29–30, 39, 42
Reeves, Richard 240, 364, 367
Reinfeld, Joseph 64, 66
Republikanische Partei
    Ermittlungen von 401, 402,
        415–416, 418
    RFK und 421–422
    Kubakrise und 356–357, 364, 370,
        373, 377
    Wahlen von 1960 und 135
Reston, James 75, 185, 260–261, 367
Reynolds, Donald 415, 422, 465–466
Ricca, Paul 147
Roberts, Emory 247–248
Rockefeller, Nelson 193, 340
Roemer, William F., Jr. 143
Rogers, Warren 409
Rometsch, Ellen 401–427, 465
Rometsch, Rolf 413
Roosevelt, Eleanor 87–88
Roosevelt, Franklin Delano (FDR) 53,
    57, 59, 67, 68, 73, 74, 75, 76, 77, 78,
    79, 80, 82, 83, 84, 85, 110, 142, 152,
    153, 231–232, 264, 386, 420
Roosevelt, James (Jimmy) 67–69
Roselli, Jonny 169, 171, 173, 209, 211,
    215, 280, 282, 299–300, 301, 304,
    317–318, 320–322, 322–325, 334
Rostow, Walter W. 226, 227–228, 266,
    292
Rowan, Dan 298
Rowley, James J. 18
Ruby, Jack 470–471
Rudin, Milton (Mickey) 106–107
Rusk, Dean 274, 353, 374, 381, 384,
    387–388, 394, 410, 453, 473

Salinger, Pierre 120, 131–132, 344,
    347, 349, 350
Salisbury, Harrison E. 65

Sanford, Terry 423
San Román, Pepe 390
Schlesinger, Arthur, Jr. 43, 66, 181,
    200, 216–217, 225, 226, 233, 244,
    256, 258, 274, 276–279, 285, 297,
    301, 354, 432, 434, 449
Schukow, Georgij 256
Schweinebucht-Invasion 13, 41, 171,
    172, 178, 183, 203, 204, 208–228,
    240, 257, 259, 261, 280–281,
    282–287, 289, 293, 298, 300, 301,
    319, 346, 356, 359, 380, 384, 389,
    458, 468
Secret Service 16, 20, 22–23, 33,
    229–254, 363, 463, 474, 475–476
Seigenthaler, John 348, 461
Selsman, Michael 111
Shearer, Lloyd 348–349
Sheridan, Walter 20, 471
Sherman, Tony 22, 249–251, 401
Shevlin, Thomas 341–342, 351
Shriver, Eunice Kennedy 100
Shriver, R. Sargent 100
Sidey, Hugh 38, 41, 46, 125–126,
    261–262, 346–348, 457
Silver, Arnold 196
Sinatra, Dolly 142
Sinatra, Frank 14, 106, 140–142, 144,
    145, 146, 149, 171, 304, 307, 308,
    309, 310, 315
Sinatra, Tina 140–142, 171
Smathers, Frank 242
Smathers, George 38, 40, 109, 110, 158,
    203–204, 205, 242, 311–312, 452
Smith, Bernard E. (Ben) 88–89
Smith, Bromley 226, 393
Smith, Jean Edward 271
Smith, Sandy 65, 145, 148
Smith, Stephen 106, 461
Smith, Walter Bedell (Beedle) 165–166
Smyser, Richard R. 440
Sorensen, Theodore C. (Ted) 43–44,
    96–97, 105, 200–201, 215–216, 225,
    233, 244, 366, 377, 384, 399, 449
Soucy, Edward A. 93
Sowjetunion
    Atom-Tests und 359, 397–400
    Berlin und 255–256, 268–278
    China und 438, 460

Geheime Kanäle zur 256–259,
    262–263, 268–269, 270, 271;
    während der Kubakrise 355, 360,
    361, 362, 372–373
LBJ und 473
JFK und 197, 396–397; Ermordung
    471
RFK und 256
KGB und 83, 210, 355
im Kongo 198, 199–200
Kuba und 167, 168, 292, 293,
    302–303, 354, 359, 361, 393–395;
    Exilkubaner 391
in Lateinamerika 276
Raketenlücke der 160–161, 176, 272
Schweinebucht und 257, 259, 261,
    368
Spione der 191
Vietnamkrieg und 261, 434
Siehe auch Kubakrise
Spaatz, Carl 78
Spalding, Betty 39, 243, 341
Spalding, Charles 13, 26, 30–31, 39,
    103, 109, 111, 243, 336–338, 339,
    341, 346, 423
Spangenberg, George A. 329
Sparkman, John 163
Spionage 24, 83, 90, 92, 189, 191, 292
Springer, Axel 212–213
Sprouse, Clarence B. 175–176, 180
Stein, Janice 379
Stennis, John C. 387
Stevenson, Adlai 97, 101, 163, 218, 265
Stockdale, Grant, Jr. 425–427
Stockdale, Grant, Sr. 425–427
Stone, I. F. 400
Strong, George 78
Sullivan, Daniel P. 62–63
Sulzberger, C. L. 85
Summers, Anthony 132–133, 157, 412
Symington, Stuart 96, 120–121,
    128–129, 130, 131
Szulc, Tad 209, 288–291

Tague, Peter F. 50, 52, 58
Taylor, Maxwell 274–275, 282–287,
    378, 387, 434, 453, 474
Taylor-Report 283–287
Thomas, Evan 391, 393

Thompson, Bill 311–313, 402–403
Thompson, Llewellyn E., Jr. 263, 381
Tofte, Hans 206–207
Tolson, Clyde 152
Tower, John G. 121–122
Trafficante, Santos 173, 209, 211
Tran Van Dinh 452
Travell, Janet 240
Trohan, Walter 77–78
Trujillo, Rafael 13, 189, 192, 196,
    201–205, 452
Truman, Harry S. 128, 165–166, 227,
    241
Touhy, William J. 138–139
Turnure, Pamela 112–114
Tyler, William R. 459

U-2-Flüge 160, 168, 362, 363, 366,
    370, 378
Ulbricht, Walter 413
Underwood, Martin E. 15
U Thant 384, 437

Valdés, Ramiro 209–210
Vandenbroucke, Lucien S. 209–210
Vander Zee, Rein 104–105
Van Kirk, Burkett 421–422, 465–466
Vansittart, Sir Robert 71
Varona, Tony (Manuel Antonio de
    Varona y Loredo) 211–212, 220,
    282
Ventura, Charles 337
Vidal, Gore 87–88, 425
Vietnam 227–228, 425, 428–455
    Buddhistische Mönche in 430–431,
        441
    Nordvietnam 428, 429, 434, 437,
        438, 440, 441
    Politik Kennedys in 265, 266,
        274–276, 401
    Saigoner Pressecorps 413, 429, 434,
        438
    Südvietnam 13, 47, 228, 265,
        274–275, 425, 428, 429, 430, 435,
        437, 438, 440, 448, 449, 455
    Teilung von 438, 439, 440
    US-sowjetische Beziehungen
        und 261
    Wiedervereinigung 437, 438–439

Vietnamkrieg 345, 346, 412
    Befriedung im 443
    Dominotheorie im 453–454, 456
    Geheime Kanäle im 434, 435, 440
    Herbizideinsatz im 275, 430
    Landwirtschaftliches Hilfspro-
        gramm 442
    Opfer im 429
    Programm zur Errichtung
        strategischer Dörfer 442
Visoianu, Constantin 164–165
Volksrepublik China 170, 272, 398,
    459–461

Wahlen
    Finanzierung der 15, 52, 462
    Kongreßwahlen (1962) 386
    Senatsvorwahlen (1946) 53–55, 66
    Senatswahlen (1952) 30
    Siehe auch Präsidentschaftswahlen
        (1960)
Waldrop, Frank 90, 91
Walton, William 472–473
Wannell, Raymond 413
Warren, Earl 477
Warren-Kommission 194, 471, 477
Wasserman, Manfred 241
Weiner, Mickey 119–120
Weiner, Tim 277
Weininger, Janet 222–223
West, J. B. 22
Whalen, Richard J. 66, 71
White, Theodore H. 99, 102
Whitehead, T. North 87
Whiting, Allen 440
Wiesner, Jerome B. 33
Williams, John 415–416, 418, 422
Willkie, Wendell 84, 89
Winchell, Walter 90
Wisner, Frank 165
Wohltat, Helmut 74
Wolfe, Sidney 240
Woodfield, Bill 146
Wrightsman, Charles B. 202
Wyatt, Oscar 156–157, 223
Wyden, Peter 172, 186

Zwillman, Abner (Longy) 59, 63, 64,
    66